Thomas Fränznick (Hrsg.)

Christian Bähr/Christoph Freichel/René Jacobi/Thorsten Jahn/
Jörg-Thomas Knies/Katja Koke/Elke Lehmann/Katrin Schramm

Die schriftliche Steuerberaterprüfung 2024/2025
Klausurtechnik und Klausurtaktik
15. Auflage

2024
HDS-Verlag
Weil im Schönbuch

HDS
Verlag

Bibliografische Information der Deutschen Nationalbibliothek
Die Deutsche Nationalbibliothek verzeichnet diese Publikation
in der Deutschen Nationalbibliografie; detaillierte bibliografische Daten
sind im Internet über http://dnb.de abrufbar.

Gedruckt auf säure- und chlorfreiem, alterungsbeständigem Papier

ISBN: 978-3-95554-914-5

Dieses Werk einschließlich aller seiner Teile ist urheberrechtlich geschützt. Jede Verwertung außerhalb der engen Grenzen des Urheberrechtsgesetzes ist ohne Zustimmung des Verlages unzulässig und strafbar. Das gilt insbesondere für Vervielfältigungen, Übersetzungen, Mikroverfilmungen und die Einspeicherung und Verarbeitung in elektronischen Systemen.

© 2024 HDS-Verlag
www.hds-verlag.de
info@hds-verlag.de

Einbandgestaltung: Peter Marwitz – etherial.de
Layout: HDS-Verlag
Druck und Bindung: Mazowieckie Centrum Poligrafii

Printed in Poland
2024

HDS-Verlag Weil im Schönbuch

Der Herausgeber

Thomas Fränznick, Rechtsanwalt und Steuerberater, Fachanwalt für Handels- und Gesellschaftsrecht, Fachanwalt für Bank- und Kapitalmarktrecht, Gesellschafter-Geschäftsführer der OT-Rechtsanwaltsgesellschaft in Mosbach und Heidelberg, in der er unter anderem auch als Berater für Berater tätig ist. Seit vielen Jahren ist er in der Aus- und Fortbildung von Rechtsanwälten und Steuerberatern für verschiedene Anbieter sowie als Lehrbeauftragter verschiedener Hochschulen tätig.

Die Autoren

Ministerialdirigent **Christian Bähr** war nach verschiedenen Stationen in der bayerischen Steuerverwaltung seit 2009 Referatsleiter im bayerischen Finanzministerium und ist seit Ende 2018 Abteilungsleiter im Bayerischen Staatsministerium für Digitales. Er ist Dozent an der Hochschule München im Studiengang Master of Taxation, Referent bei Fortbildungsveranstaltungen im Steuerrecht und war über lange Jahre Mitglied in den Prüfungsausschüssen für die Steuerberaterprüfung und für die Wirtschaftsprüferprüfung.

Thomas Fränznick, Rechtsanwalt und Steuerberater, Fachanwalt für Handels- und Gesellschaftsrecht, Fachanwalt für Bank- und Kapitalmarktrecht, Gesellschafter-Geschäftsführer der OT-Rechtsanwaltsgesellschaft in Mosbach und Heidelberg, in der er unter anderem auch als Berater für Berater tätig ist. Seit vielen Jahren ist er in der Aus- und Fortbildung von Rechtsanwälten und Steuerberatern für verschiedene Anbieter sowie als Lehrbeauftragter verschiedener Hochschulen tätig.

Prof. Dr. Christoph Freichel, Steuerberater, Fachberater für Internationales Steuerrecht und Wirtschaftsprüfer ist Geschäftsführer der Moore Treuhand Kurpfalz, Mannheim, Berlin, Saarbrücken und Merzig.

René Jacobi, Dozent Steuerlehrgänge Dr. Bannas sowie an der LMU München. Steuerberater in Berlin.

Thorsten Jahn, Diplom Finanzwirt, Betriebsprüfer und seit Jahren bundesweit als Dozent in der Steuerberateraus- und -fortbildung, sowie im Studiengang Master of Taxation tätig.

Prof. Dr. Jörg-Thomas Knies, Professor an der DHBW-Stuttgart. Autor verschiedener Fach- und Lehrbücher zum Steuerrecht und seit Jahren in der Ausbildung zum Steuerberater tätig.

Katja Koke, Dipl.-Finanzwirtin (FH). Mehrjährige Tätigkeit in der Finanzverwaltung, Dozentin in der Steuerberateraus- und -fortbildung.

Dr. Elke Lehmann, Diplom-Ökonom-Pädagoge, Steuerberaterin in Berlin. Sie ist seit Jahren als Dozentin in der Aus- und Fortbildung von Steuerberatern, Steuerfachwirten und Steuerfachangestellten sowie als Lehrbeauftragte in Bachelor- und Master of Taxation-Studiengängen tätig.

Katrin Schramm, Steuerberaterin und seit vielen Jahren in der Umsatzsteuer spezialisiert. Bei Moore TK leitet sie die Umsatzsteuerabteilung und ist im MOORE Netzwerk Mitglied der internationalen Expertengruppe für Umsatzsteuer.

Bearbeiterübersicht

Themenbereich	Verfasser
Vorwort	Thomas Fränznick
Allgemeine Klausurhinweise	Thomas Fränznick
Klausur Verfahrensrecht	Christian Bähr
Klausur Umsatzsteuer	Christoph Freichel/Katrin Schramm
Klausur Erbschaftsteuer und Bewertung	Elke Lehmann
Klausur Ertragsteuer	Jörg-Thomas Knies
Klausur Körperschaftsteuer	René Jacobi
Klausur Buchführung und Bilanzierung	Thorsten Jahn
Klausur Umwandlungssteuer	Katja Koke
Stichwortverzeichnis	HDS-Verlag

Vorwort zur 15. Auflage

Die schriftliche Steuerberaterprüfung setzt ein großes Wissen über die steuerrechtlichen Gesetzesbestimmungen, die dazu ergangenen Verwaltungsanweisungen und Erlasse voraus, wie auch die Kenntnis der wichtigsten höchstrichterlichen Rechtsprechung. Das zu bewältigende Lernfeld erscheint dem Examenskandidaten gerade in der ersten Phase seiner Vorbereitung mitunter wie ein Fass ohne Boden. Nach wie vor bestehen Jahr für Jahr mehr als die Hälfte der Kandidaten die Steuerberaterprüfung nicht.

Doch oftmals sind es nicht die fehlenden Kenntnisse, die dem Scheitern im schriftlichen Examen zuzuschreiben sind. Es reicht nicht aus, Wissen zu haben. Man muss das vorhandene Wissen im „Schriftlichen" auch abrufen und anwenden können. Und daran fehlt es allzu häufig.

Die Autoren dieses Buches sind seit vielen Jahren damit betraut, Examenskandidaten erfolgreich auf das Steuerberaterexamen vorzubereiten. Dabei wurde immer wieder festgestellt, dass die Prüflinge insbesondere Probleme haben, den gezielten Einstieg in eine Klausur zu finden und die Klausur punkteorientiert zu bearbeiten. Seitenlange Ausführungen „neben der Sache" kosten wertvolle Zeit und verfehlen die zu verteilenden Punkte. Hier setzt das vorliegende Buch an. Es bringt zunächst formale und fachübergreifende Hinweise und Tipps, die für alle drei Examensklausuren (Verfahrensrecht und andere Rechtsgebiete, Ertragsteuern, Buchführung und Bilanzwesen) gleichsam gelten. Danach widmen sich die Autoren den einzelnen Klausuren und zeigen auf, dass und wie die sog. Fußgängerpunkte zu gewinnen sind. Dazu sind bewährte Bearbeitungsschemata und Formulierungshilfen zu beachten und einzuhalten.

Die Verfasser haben die (Original-)Klausuren aus den Steuerberaterprüfungen der letzten Jahre aufgearbeitet. Sie heben die sich von Prüfung zu Prüfung wiederholende Thematik in den einzelnen Klausuren hervor und stellen die im Examen zu erwartenden Schwerpunkte und Problemfelder dar. Lösungsstandards führen auf eine zeitoptimierte und zielstrebige, gleichsam aber problem- und punktebewusste Klausurbearbeitung hin. Der aufmerksame Leser lernt, den roten Klausurfaden nicht aus den Augen zu verlieren und die „einfachen Punkte" mitzunehmen. Das kann über „Bestehen und Nichtbestehen" entscheiden.

Ausschlaggebend bei der Auswahl der Autoren für dieses Buch war die Gewissheit, dass diese infolge ihrer jahrelangen Erfahrung in der Vorbereitung auf die Steuerberaterprüfung ein Gespür für das haben, was die Examenskandidaten wissen und sich typisierend beibringen müssen, um den schriftlichen Teil des Examens erfolgreich zu bestehen.

Die große positive Resonanz auf die 1. bis 14. Auflage des Buches hat uns dazu veranlasst, auch zur Vorbereitung auf die schriftliche Steuerberaterprüfung 2024/2025 eine neu überarbeitete und aktualisierte 15. Auflage zu veröffentlichen.

Dieses Werk eignet sich nicht nur zur Vorbereitung auf die Klausuren im Steuerberaterexamen. Es hilft auch all denen, die sich auf schriftliche Prüfungen in ihrem Studium an Dualen Hochschulen (vormals Berufsakademien), Fachhochschulen oder Universitäten zur Erlangung des Bachelor- oder des Masterabschlusses oder in der Fortbildung zum Steuerfachwirt oder Bilanzbuchhalter vorbereiten.

So bleibt, all denen viel Erfolg zu wünschen, die mit diesem Buch eine optimierte Klausurbearbeitung angehen wollen. Das Autorenteam sieht gerne Anregungen und Hinweisen zur Optimierung dieser 15. Auflage entgegen und freut sich auf eine weiterhin gute Resonanz bei den Lesern.

Heidelberg, im April 2024 **Thomas Fränznick**

Inhaltsverzeichnis

Der Herausgeber	V
Die Autoren	VII
Bearbeiterübersicht	VIII
Vorwort zur 15. Auflage	IX
Abkürzungsverzeichnis	XVII

I.	**Allgemeine Klausurhinweise**	1
1.	**Allgemeines**	1
2.	**Ablauf der schriftlichen Steuerberaterprüfung**	2
3.	**Zugelassene Hilfsmittel**	3
4.	**Vorbereitungsmöglichkeiten**	4
5.	**Die Klausurlösung**	5
	5.1 Vollständiges Erfassen des Sachverhaltes	5
	5.2 Erfassen der Aufgabenstellung	9
6.	**Form der Klausur**	10
	6.1 Die äußere Form	10
	6.2 Rechtschreibung, Satzbau etc.	12
	6.3 Begründungen und inhaltlicher Aufbau	12
	6.4 Zitieren der Paragrafen- und Richtlinienfundstellen	14
7.	**Vor der Prüfung – die letzten Tipps**	14
8.	**Der erste Prüfungstag**	15
9.	**Noch einige allgemeine Tipps**	16
II.	**Klausur Verfahrensrecht**	17
1.	**Klausur Abgabenordnung**	17
	1.1 Besonderheiten der Klausur Abgabenordnung	17
	1.2 Themenschwerpunkte der letzten 15 Jahre	17
	1.3 Standardaufgaben und Standardfragestellungen	21
	1.3.1 Korrektur von Verwaltungsakten	22
	1.3.2 Einspruchs- und Klageverfahren	25
	1.3.2.1 Einspruchsverfahren (§§ 347 ff. AO)	25
	1.3.2.2 Klageverfahren	28
	1.3.3 Prüfungsfolge Haftung gemäß § 69 AO	29
	1.4 Standardthemen und Prüfungsschwerpunkte	31
	1.4.1 Berichtigung im Rechtsbehelfsverfahren und Berichtigung nach Bestandskraft	31
	1.4.2 Berichtigung bei Festsetzung unter Vorbehalt der Nachprüfung und vorläufige Steuerfestsetzung	31
	1.4.3 Sonstige Änderungsmöglichkeiten nach der Abgabenordnung	32
	1.4.3.1 Änderung wegen offenbarer Unrichtigkeit	32
	1.4.3.2 Allgemeine Änderungsbefugnis nach § 172 AO	32
	1.4.3.3 Änderung wegen neuer Tatsachen (§ 173 AO)	33

		1.4.3.4	Änderung wegen widerstreitender Steuerfestsetzung (§ 174 AO)	33
		1.4.3.5	Änderungen nach § 175 AO	33
		1.4.3.6	Fehlerberichtigung nach § 177 AO	34
		1.4.3.7	Festsetzungsverjährung	34
	1.4.4	Rechtsbehelfs- und Klageverfahren		35
		1.4.4.1	Die Zulässigkeitsvoraussetzungen für das außergerichtliche und das gerichtliche Rechtsbehelfsverfahren	35
		1.4.4.2	Verfahrensvorschriften bei Änderung eines Verwaltungsaktes	36
		1.4.4.3	Haftung	39
		1.4.4.4	Weitere potenzielle Klausurthemen	42
1.5	Die Musterklausur			42
1.6	Ausblick auf die Steuerberaterprüfung 2024/2025			56

2. Klausur Umsatzsteuer ... 57

2.1	Besonderheiten der Klausur Umsatzsteuer			57
2.2	Themenschwerpunkte der letzten 16 Jahre			58
2.3	Konkrete Bearbeitungshinweise			61
	2.3.1	Standardaufgaben und Standardfragestellungen		61
		2.3.1.1	Allgemeine Angaben	61
		2.3.1.2	Beispiele zum Allgemeinen Teil einer Prüfungsaufgabe	62
		2.3.1.3	Ausführungen zu den Einzelsachverhalten (Schwerpunkte)	64
	2.3.2	Themen der letzten Examen		69
		2.3.2.1	Die Übertragung der Steuerschuld auf den Leistungsempfänger gemäß § 13b UStG	69
		2.3.2.2	Die Geschäftsveräußerung im Ganzen, § 1 Abs. 1a UStG	82
		2.3.2.3	Das umsatzsteuerliche Reihengeschäft	87
		2.3.2.4	Das innergemeinschaftliche Dreiecksgeschäft (§ 25b UStG)	95
		2.3.2.5	Die Versandhandelsregelung (§ 3c UStG)	99
		2.3.2.6	Der Vorsteuerabzug (§ 15 UStG)	107
		2.3.2.7	Die Berichtigung des Vorsteuerabzugs (§ 15a UStG)	119
	2.3.3	Der „Dauerbrenner" (Die unentgeltlichen Wertabgaben)		123
	2.3.4	Exkurs: PV-Anlagen ab 2023		125
	2.3.5	Der Kleinunternehmer nach § 19 UStG		127
		2.3.5.1	Allgemeines	127
		2.3.5.2	Voraussetzungen für die Anwendung des § 19 UStG	127
		2.3.5.3	Beginn der unternehmerischen Tätigkeit im laufenden Jahr	128
		2.3.5.4	Folgen der Kleinunternehmerregelung	128
		2.3.5.5	Die Option zur Regelbesteuerung	129
		2.3.5.6	Der Wechsel der Besteuerungsform	129
2.4	Musterklausur			130
2.5	Ausblick auf die Steuerberaterprüfung 2024/2025			144

3. Klausur Erbschaft-/Schenkungsteuer und Bewertung ... 147

3.1	Besonderheiten der Klausur Erbschaft-/Schenkungsteuer und Bewertung	147
3.2	Aufgabenstellungen und Themenschwerpunkte der Examensklausuren 2014/2015 bis 2023/2024	147

3.2.1 Aufgabenstellungen der Examensklausuren 2014/2015 bis 2023/2024   147
3.2.2 Überblick über die Themenschwerpunkte der Examensklausuren 2014/2015 bis 2023/2024 149
3.2.3 Gemeinsamkeiten und Unterschiede in den Examensklausuren 2014/2015 bis 2023/2024 152
    3.2.3.1 Zu den zu beurteilenden Sachverhalten 152
    3.2.3.2 Examensklausur 2014/2015 153
    3.2.3.3 Examensklausur 2015/2016 153
    3.2.3.4 Examensklausur 2016/2017 154
    3.2.3.5 Examensklausur 2017/2018 155
    3.2.3.6 Examensklausur 2018/2019 156
    3.2.3.7 Examensklausur 2019/2020 156
    3.2.3.8 Examensklausur 2020/2021 157
    3.2.3.9 Examensklausur 2021/2022 157
    3.2.3.10 Examensklausur 2022/2023 158
    3.2.3.11 Examensklausur 2023/2024 159
3.2.4 Die Original-Examensklausur 2014/2015 als Musterklausur 159
3.2.5 Wiederkehrende Themenschwerpunkte 163
    3.2.5.1 Dauerthema 1: Bewertung und Besteuerung von Grundvermögen 163
    3.2.5.2 Dauerthema 2: Bewertung und Besteuerung von Betriebsvermögen bzw. nicht notierten Anteilen an Kapitalgesellschaften 165
    3.2.5.3 Dauerthema 3: Bewertung und Besteuerung übriger Vermögenswerte 167
    3.2.5.4 Dauerthema Nachlassverbindlichkeiten 168
3.3 Herangehensweise an die Lösung der Klausur Erbschaft-/Schenkungsteuer und Bewertung 170
  3.3.1 Lösungsschema für die Klausur Erbschaft-/Schenkungsteuer und Bewertung 170
  3.3.2 Hinweise zur formalen Herangehensweise an die Klausurbearbeitung . 172
  3.3.3 Visuelle Aufbereitung der Original-Examensklausur 2014/2015 175
3.4 Zu den Lösungsschritten im Einzelnen 176
  3.4.1 Klausureinstieg – Steuerpflicht 176
  3.4.2 Ermittlung des steuerpflichtigen Erwerbs 180
    3.4.2.1 Einleitung 180
    3.4.2.2 Allgemeines zur Ermittlung des Vermögensanfalls 181
    3.4.2.3 Bewertung und Besteuerung von Grundvermögen 182
    3.4.2.4 Bewertung und Besteuerung von Betriebsvermögen und von nicht notierten Anteilen an Kapitalgesellschaften 194
    3.4.2.5 Bewertung und Besteuerung von übrigem Vermögen 200
    3.4.2.6 Ermittlung des Wertes der Bereicherung 202
    3.4.2.7 Ermittlung des steuerpflichtigen Erwerbs 204
    3.4.2.8 Ermittlung der festzusetzenden Erbschaft-/Schenkungsteuer . 205
3.5 Ausblick auf das Steuerberaterexamen 2024/2025 205

III.	**Klausur Ertragsteuer**		207
1.	**Klausur Einkommensteuer/Internationales Steuerrecht**		207
	1.1	Besonderheiten der Klausur Einkommensteuer/Internationales Steuerrecht	207
	1.2	Themenschwerpunkte der letzten 16 Jahre	208
		1.2.1 Klausur 2023/2024	208
		1.2.2 Klausur 2022/2023	210
		1.2.3 Klausur 2021/2022	212
		1.2.4 Klausur 2020/2021	213
		1.2.5 Klausur 2019/2020	214
		1.2.6 Klausur 2018/2019	215
		1.2.7 Klausur 2017/2018	216
		1.2.8 Klausur 2016/2017	217
		1.2.9 Klausur 2015/2016	218
		1.2.10 Klausur 2014/2015	218
		1.2.11 Klausur 2013/2014	219
		1.2.12 Klausur 2012/2013	219
		1.2.13 Klausur 2011/2012	220
		1.2.14 Klausur 2010/2011	221
		1.2.15 Klausur 2009/2010	221
		1.2.16 Klausur 2008/2009	222
	1.3	Der innere Bereich – Fachliche Prüfungsinhalte – Analyse	222
	1.4	Der äußere Bereich – Aufgabenstellungen und Gliederung – Allgemeines	224
		1.4.1 Der äußere Bereich – Aufgabenstellungen im Detail	224
		1.4.1.1 Typ I	224
		1.4.1.2 Typ II	229
		1.4.1.3 Typ III	229
		1.4.2 Prüfungsschemata, Vorgehensweise und weitere Formulierungsvorschläge	232
		1.4.3 Prüfungsschema zur Ermittlung des Gewerbesteuermessbetrags	236
	1.5	Die Musterklausur – angelehnt an Teil I, Sachverhalt 2 aus dem Jahr 2013/2014 und an einen Teil der Fragestellung des Sachverhalts 3 im Teil I der Klausur 2015/2016 angepasst an den Veranlagungszeitraum 2024, über den die Klausur im Jahr 2024 wohl zu schreiben sein wird	237
	1.6	Ausblick auf die Steuerberaterprüfung 2024/2025 und Hinweise zur Vorbereitung	245
2.	**Klausur Körperschaftsteuer**		247
	2.1	Besonderheiten der Klausur Körperschaftsteuer	247
		2.1.1 Punkteanteil und Zeitpunkt im Rahmen der Steuerberaterprüfung	247
		2.1.2 Mehrläufige Fragestellungen und Zeitmanagement	249
	2.2	Themenschwerpunkte der letzten Jahre	250
	2.3	Konkrete Bearbeitungshinweise	255
		2.3.1 Standardaufgaben und Standardfragestellungen	255
		2.3.1.1 Ausweis des sogenannten „Bilanzgewinns"	255

		2.3.1.2	Ermittlung des Handelsbilanzgewinns, Steuerbilanzgewinns und des zu versteuernden Einkommens mit dem Fünfspaltenschema 256

                2.3.1.3 Feststellung des steuerlichen Einlagenkontos – Auswirkungen beim Gesellschafter 257
                2.3.1.4 Kapitalerhöhung und -herabsetzung, Sonderausweis nach § 28 KStG 259
                2.3.1.5 Reihenfolge der rechtlichen Würdigung – die RGMB-Regel ... 261
        2.3.2 Die verdeckte Gewinnausschüttung 266
        2.3.3 Die verdeckte Einlage 267
        2.3.4 Unterscheidung von verdeckter Gewinnausschüttung oder verdeckter Einlage – ein Münzwurf? 272
        2.3.5 Wechselwirkungen zwischen dem Körperschaftsteuerrecht und anderen Rechtsgebieten 275
    2.4 Ausblick auf die Steuerberaterprüfung 2024/2025 und Hinweise zur Vorbereitung 277

IV. Klausur Buchführung und Bilanzierung 279
1. Klausur Bilanzierung 279
    1.1 Besonderheiten der Klausur Bilanzierung 279
    1.2 Themenschwerpunkte ab 2005/2006 281
    1.3 Standardaufgaben und Standardfragestellungen 283
        1.3.1 Allgemeine Ausführungen 283
        1.3.2 Das Zahlenwerk in der Bilanzklausur 287
        1.3.3 Die Angabe von Fundstellen 288
        1.3.4 Standardaufgabenstellungen 288
        1.3.5 Standardthemen und Prüfungsschwerpunkte 297
        1.3.6 Weitere potenzielle Klausurthemen 299
        1.3.7 Gutachterliche Stellungnahme 300
        1.3.8 Die Musterklausur 302
    1.4 Rückblick auf die Prüfungsklausur 2015/2016 334
    1.5 Rückblick auf die Prüfungsklausur 2016/2017 (soweit Teilnehmern bekannt) . 334
    1.6 Rückblick auf die Prüfungsklausur 2017/2018 (soweit Teilnehmern bekannt) . 335
    1.7 Rückblick auf die Prüfungsklausur 2018/2019 (soweit Teilnehmern bekannt) . 335
    1.8 Rückblick auf die Prüfungsklausur 2019/2020 (soweit Teilnehmern bekannt) . 335
    1.9 Rückblick auf die Prüfungsklausur 2020/2021 (soweit Teilnehmern bekannt) . 336
    1.10 Rückblick auf die Prüfungsklausur 2021/2022 (soweit Teilnehmern bekannt) . 336
    1.11 Rückblick auf die Prüfungsklausur 2022/2023 (soweit Teilnehmern bekannt) . 336
    1.12 Rückblick auf die Prüfungsklausur 2023/2024 337
    1.13 Ausblick auf die Steuerberaterprüfung 2024/2025 338
2. Klausur Umwandlungssteuer 341
    2.1 Besonderheiten der Umwandlungssteuer im Steuerberaterexamen 341
        2.1.1 Umwandlungen in der Steuerberaterprüfung als Teile der Ertrags- und Bilanzklausur 341

		2.1.2	Steuerliche Systematik bei Umwandlungen	342

- 2.1.2.1 Änderungen durch das SEStEG 342
- 2.1.2.2 Überblick über die Grundsätze des UmwStG 343

2.2 Themenschwerpunkte der Klausuren 1992/93 bis 2023/24 344
2.3 Konkrete Bearbeitungshinweise 349
    2.3.1 Einordnung des Sachverhalts 349
        2.3.1.1 Bedeutung der Einordnung des Sachverhalts nach dem UmwG 349
        2.3.1.2 Umwandlungsarten 351
    2.3.2 Systematik des Umwandlungssteuergesetzes 355
        2.3.2.1 Überblick: Systematik des Umwandlungssteuergesetzes 355
        2.3.2.2 Teil 1 des Umwandlungssteuergesetzes (§§ 1, 2 UmwStG) . . . 356
        2.3.2.3 Teile 2 bis 5 des Umwandlungssteuergesetzes: sog. Umwandlungsteil des UmwStG 358
        2.3.2.4 Teile 6 bis 8 des Umwandlungssteuergesetzes: sog. Einbringungsteil des UmwStG 359
        2.3.2.5 Teile 9 und 10 des Umwandlungssteuergesetzes 359
        2.3.2.6 Aktuelle Änderungen im Zusammenhang mit der neu geschaffenen Option nach § 1a KStG 359
    2.3.3 Standardthemen und Prüfungsschwerpunkte 361
        2.3.3.1 Der Wertansatz des übergehenden Vermögens 361
        2.3.3.2 Steuerliche Folgen der Rückwirkung 362
        2.3.3.3 Grunderwerbsteuer im Zusammenhang mit Umwandlungsfällen 364
        2.3.3.4 Steuerliche Folgen bei dem Anteilseigner bei und nach der Umwandlung 368
2.4 Die Musterklausur 369
2.5 Ausblick auf die Steuerberaterprüfung 2024/2025 377

Stichwortverzeichnis 379
Weitere Bücher des HDS-Verlags 388

Abkürzungsverzeichnis

Abs.	Absatz
AdV	Aussetzung der Vollziehung
AEAO	Anwendungserlass zur Abgabenordnung
a.F.	alte Fassung
AfA	Absetzung für Abnutzung
AG	Aktiengesellschaft
AO	Abgabenordnung
a.o.	außerordentlicher
ARAP	Aktiver Rechnungsabgrenzungsposten
AStG	Außensteuergesetz
Az.	Aktenzeichen
BewG	Bewertungsgesetz
BFH	Bundesfinanzhof
BGB	Bürgerliches Gesetzbuch
BGBl	Bundesgesetzblatt
BilMoG	Bilanzrechtsmodernisierungsgesetz
BMF	Bundesministerium der Finanzen
Bp	Betriebsprüfung
BRZ	Berichtigungszeitraum
BStBl	Bundessteuerblatt
BVerfG	Bundesverfassungsgericht
DBA	Doppelbesteuerungsabkommen
DVStB	Verordnung zur Durchführung der Vorschriften über Steuerberater, Steuerbevollmächtigte und Steuerberatungsgesellschaften
EK	Eigenkapital
ErbStG	Erbschaftsteuergesetz
ErbStH	Erbschaftsteuerhinweise
ErbStR	Erbschaftsteuerrichtlinien
ErbStRG	Erbschaftsteuerreformgesetz
EStG	Einkommensteuergesetz
EStH	Einkommensteuerhinweise
EStR	Einkommensteuerrichtlinien
EU	Europäische Union
FEK	Fertigungseinzelkosten
FG	Finanzgericht
FGK	Fertigungsgemeinkosten
FGO	Finanzgerichtsordnung

GbR	Gesellschaft bürgerlichen Rechts	
GewStG	Gewerbesteuergesetz	
GmbH	Gesellschaft mit beschränkter Haftung	
GmbHG	Gesetz betreffend die Gesellschaften mit beschränkter Haftung	
GrEStG	Grunderwerbsteuergesetz	
GWG	Geringwertige Wirtschaftsgüter	
HB	Handelsbilanz	
HGB	Handelsgesetzbuch	
i.d.R.	in der Regel	
i.H.v.	in Höhe von	
InvZulG	Investitionszulagengesetz	
KStG	Körperschaftsteuergesetz	
KStR	Körperschaftsteuerrichtlinien	
MEK	Materialeinzelkosten	
MGK	Materialgemeinkosten	
Mio.	Million	
n.F.	neue Fassung	
R	Richtlinie	
RAP	Rechnungsabgrenzungsposten	
Rz.	Randziffer	
s.	siehe	
StB	Steuerbilanz	
UmwStG	Umwandlungssteuergesetz	
UStAE	Umsatzsteueranwendungserlass	
UStDV	Umsatzsteuerdurchführungsverordnung	
UStG	Umsatzsteuergesetz	
UStR	Umsatzsteuerrichtlinien	
VAZ	Veranlagungszeitraum	
vGA	verdeckte Gewinnausschüttung	

I. Allgemeine Klausurhinweise

1. Allgemeines

Die **Bewältigung der drei Klausuraufgaben in der schriftlichen Steuerberaterprüfung** ist die Grundlage für ein erfolgreiches Examen. Hieran scheitert bereits mehr als die Hälfte der Teilnehmer. Nach der zur Drucklegung dieses Buches aktuellsten bundesweiten Statistik für das Prüfungsjahr 2022/2023 (Quelle: Bundessteuerberaterkammer, die Ergebnisse der Prüfung 2023/2024 waren zur Drucklegung noch nicht veröffentlicht) haben in diesem Prüfungszeitraum statistisch gesehen 45,1 % (Vorjahr: 48,5 %) der Teilnehmer die Steuerberaterprüfung bestanden.

Zur Prüfung zugelassen	Schriftliche Prüfung abgelegt	Rücktritt vor oder während der Prüfung	Schriftliche Prüfung nicht bestanden	Teilnahme an der mündlichen Prüfung	Bestanden in Teilnehmern	Bestanden
5.007	3.878	1.129	1.986	1.891	1.750	45,1 %

Betrachtet man sich die Statistik aber genauer, so haben tatsächlich wesentlich weniger Teilnehmer die schriftliche Steuerberaterprüfung erfolgreich absolviert. Im Verhältnis der zur Prüfung zugelassenen Teilnehmer/Kandidaten zu der Zahl der Teilnehmer, die die Steuerberaterprüfung bestanden haben, ergibt sich am Ende lediglich eine **Bestehensquote** von 35,0 % (Vorjahr: 46,0 %). Die Statistik zeigt nämlich, dass 1.129 (Vorjahr: 1.170) von 5.007 (Vorjahr: 5.519) und somit 22,5 % (Vorjahr: 21,2 %), der Kandidaten in der offiziellen Erfolgsquote gar nicht berücksichtigt sind, weil sie entweder nicht zur Prüfung erschienen sind oder während der Prüfung ihren Rücktritt erklärt haben. Diese Zahlen lassen Rückschlüsse auf eine unzureichende und falsche Vorbereitung einer Vielzahl der Teilnehmer zu.

Die Steuerberaterprüfung hat gem. § 28 Abs. 1 S. 2 DVStB bestanden, wer eine Gesamtnote aus schriftlicher und mündlicher Prüfung von mindestens 4,15 erzielt. Hierbei wird die Note der schriftlichen und der mündlichen Steuerberaterprüfung jeweils hälftig gewichtet. Die Prüfungsergebnisse der vergangenen Jahre zeigen allerdings auch, dass nur wenige Teilnehmer mit einer schriftlichen Gesamtnote bis zu 3,50 in die mündliche Prüfung gehen und somit ein beruhigendes Polster haben. Bei mehr als der Hälfte der Teilnehmer an der schriftlichen Prüfung steht vor dem Komma eine 4! Mit diesem Ergebnis ist es aber recht schwierig, im „Mündlichen" so abzuschneiden, dass die Prüfung doch noch bestanden wird. Wer mit einer Note in der schriftlichen Prüfung von 4,5 noch ins Mündliche kommt, muss dort, d.h. für den mündlichen Teil mindestens die Gesamtnote 3,8 erreichen, um am Ende noch mit der Note 4,15 bestanden zu haben. Dies muss jedem Teilnehmer schon bei Beginn seiner Vorbereitung auf die Steuerberaterprüfung bewusst sein.

In der Regel werden in der Steuerberaterprüfung 100 Korrekturpunkte vergeben. Die Notenvergabe wird grundsätzlich wie folgt vorgenommen:

Punkte	Note	
95–100	sehr gut	1,0
88–94	gut – sehr gut	1,5
81–87	gut	2,0
74–80	befriedigend – gut	2,5
67–73	befriedigend	3,0
59–66	ausreichend – befriedigend	3,5
50–58	ausreichend	4,0
40–49	mangelhaft – ausreichend	4,5
30–39	mangelhaft	5,0
20–29	ungenügend – mangelhaft	5,5
0–19	ungenügend	6,0

Von dieser Punktevergabe muss der Prüfling grundsätzlich ausgehen. In manchen Jahren, insbesondere wenn die Klausuren sehr schlecht ausfielen, wurde der Notenschlüssel auch schon einmal angepasst, sodass im Verhältnis gesehen weniger Punkte für die entsprechende Note erforderlich waren. Dies sind aber Ausnahmeerscheinungen auf die sich der Prüfling nicht verlassen kann.

Für die „magische" Note 4,5, die den Einzug in die mündliche Prüfung ermöglicht, sind in der Regel 40 Korrekturpunkte, für die sichere Note 4,0, die auch insgesamt zum Bestehen ausreichen würde, sind in der Regel mindestens 50 Korrekturpunkte zu erzielen. Das Minimalziel des Prüfungsteilnehmers sollten daher 50 Wertungspunkte und das Hauptziel 59 Wertungspunkte mit dem Erzielen der sicheren Note 3,5 sein.

2. Ablauf der schriftlichen Steuerberaterprüfung

Die **schriftliche Steuerberaterprüfung 2024** wird vom 08.10.2024 bis 10.10.2024 stattfinden. Sie beginnt am Dienstag, den 08.10.2024 mit der Prüfungsarbeit aus dem Verfahrensrecht und anderen Steuerrechtsgebieten (insbesondere Abgabenordnung, Umsatzsteuer, Erbschaftsteuer und Bewertung), wird am 09.10.2024 mit der Klausur „Ertragsteuern" (insbesondere Einkommensteuer, Körperschaftsteuer, Gewerbesteuer) fortgesetzt und endet donnerstags (10.10.2024) mit der Klausur „Buchführung und Bilanzwesen". Die Prüfungsarbeiten sind jeweils über sechs Zeitstunden, in der Regel von 9:00 Uhr bis 15:00 Uhr zu absolvieren.

Üblicherweise werden Platzziffern ausgegeben, d.h. der Kandidat bekommt eine Nummer, unter der er seine Arbeiten schreiben wird und mittels derer ihm ein Tisch zugewiesen wird. Dies bedeutet aber nicht, dass der Prüfling sich an allen drei Tagen am selben Platz befindet, in der Regel werden die Plätze an allen drei Tagen morgens neu vergeben. Je nach Ort der Prüfung und Aufsichtspersonal werden die vom Prüfling mitgebrachten Gesetze mehr oder weniger kontrolliert. Verlässt der Prüfling den Prüfungsraum (z.B. Gang auf die Toilette), wird dies dokumentiert, es darf stets nur ein Prüfling den Prüfungsraum verlassen.

> **Tipp!** Sollte das Aufsichtspersonal sich Ihre Gesetze genauer ansehen, so sollte Sie das nicht sonderlich beunruhigen. In der Regel handelt es sich hierbei um eine reine Routinekontrolle, derer man sich nicht entziehen kann. Da die Kontrollen mal mehr und mal weniger intensiv ausfallen können, sollte insoweit immer von einer intensiven Kontrolle ausgegangen werden. Unzulässige Kommentare, Unterstreichungen etc. sind daher keinesfalls im Gesetz zu vermerken.
>
> Kommt es dann bei der Kontrolle zu Bedenken seitens des Aufsichtspersonals, so sollten Sie die vom Aufsichtspersonal festgestellten und aus deren Sicht unzulässigen Markierungen etc. feststellen lassen und die Prüfung dennoch vollumfänglich zu Ende schreiben. Bei einem ggf. nachgewiesenen Täuschungsversuch gilt die Prüfung so oder so als nicht bestanden. Insoweit ist der „Versuch" bereits verwirkt, sodass Sie diesen bis zum Ende, vollumfänglich nutzen sollten. So besteht wenigstes die Möglichkeit die Auffassung des Aufsichtspersonals überprüfen zu lassen, ggf. kann die Einschätzung des Aufsichtspersonals unzutreffend sein. Geben Sie aber direkt auf, so besteht in keinem Fall die Chance für Sie ggf. dennoch, bei nicht zutreffender Beurteilung des Aufsichtspersonals, die schriftliche Steuerberaterprüfung erfolgreich abzulegen.

3. Zugelassene Hilfsmittel

Für den schriftlichen Teil der Steuerberaterprüfung werden als **Hilfsmittel** Textausgaben (Loseblattsammlung oder gebunden) beliebiger Verlage zugelassen, die mindestens die Texte folgender Gesetze einschließlich ggf. hierzu erlassener Durchführungsverordnungen und Richtlinien enthalten müssen:

- Abgabenordnung, Finanzgerichtsordnung, Verwaltungszustellungsgesetz,
- Erbschaftsteuer- und Schenkungsteuergesetz, Bewertungsgesetz,
- Umsatzsteuergesetz,
- Einkommensteuergesetz, Körperschaftsteuergesetz, Gewerbesteuergesetz,
- Umwandlungsgesetz, Umwandlungssteuergesetz,
- Außensteuergesetz,
- Investitionszulagengesetz,
- Grunderwerbsteuergesetz, Grundsteuergesetz,
- Bürgerliches Gesetzbuch, Handelsgesetzbuch, Aktiengesetz, GmbH-Gesetz,
- Steuerberatungsgesetz.

Es liegt in der Verantwortung des Kandidaten, dafür Sorge zu tragen, dass neben dem aktuellen Rechtsstand des laufenden Prüfungsjahres die vorgenannten Vorschriften auch in der für das vorangegangene Kalenderjahr geltenden Fassung zur Verfügung stehen. Sofern bei der Lösung einzelner Aufgaben ein anderer Rechtsstand maßgeblich ist, werden die entsprechenden Rechtsvorschriften dem Aufgabentext als Anlage beigefügt. Die Textausgaben dürfen weitere Gesetzestexte, Verwaltungsanweisungen der Finanzbehörden, Leitsatzzusammenstellungen, Fußnoten und Stichwortverzeichnisse enthalten. Fachkommentare sind ausdrücklich nicht zugelassen.

Die jeweiligen Textausgaben sind von den Bewerbern selbst zu beschaffen und zur Prüfung mitzubringen. Sie dürfen außer Unterstreichungen, Markierungen und Hilfen zum schnelleren Auffinden der Vorschriften (sog. Griffregister) keine weiteren Anmerkungen oder Eintragungen enthalten. Die Griffregister dürfen Stichworte aus der Überschrift und Paragrafen enthalten. Eine weitere Beschriftung ist nicht zulässig.

Andere Texte dürfen nicht verwendet werden. Schriftliche Ergänzungen und Anmerkungen jeder Art in den Textausgaben sind unzulässig; sie können vom Prüfungsausschuss als Täuschungsversuch angesehen werden.

> **Tipp!** Sie sollten stets darauf achten, dass sich auch keinerlei Kommentierungen in den Gesetzestexten befinden.

4. Vorbereitungsmöglichkeiten

Es ist gesicherte Erkenntnis der Lernpsychologie, dass ein Prüfungsstoff mehrmals wiederholt werden muss, bis er sich tatsächlich einprägt und abrufbar zur Verfügung steht. Diese Erkenntnis hat unter anderem ihre Grundlage in der Funktionsweise unseres Gedächtnisses. Hier ist zwischen dem Ultrakurzzeitgedächtnis, dem Kurzzeitgedächtnis und dem Langzeitgedächtnis zu unterscheiden. Während das Ultrakurzzeitgedächtnis und das Kurzzeitgedächtnis Informationen nur kurzfristig verarbeiten oder speichern können, ist das Langzeitgedächtnis in der Lage Informationen auf eine gewisse Dauer, nämlich Tage, Wochen, Jahre (sekundäres Gedächtnis) oder gar ein ganzes Leben lang (tertiäres Gedächtnis) zu speichern.

Diese Erkenntnis und der vom Umfang her nahezu nicht zu bewältigende Prüfungsstoff erfordern eine **langfristige Vorbereitung auf die Steuerberaterprüfung**. Andererseits macht ein nicht zu unterschätzender Faktor eine überlange Vorbereitungszeit undenkbar: **die Motivation**. Immer wieder muss sich der Kandidat Zwischen- und Hilfsziele setzen und sich nach Erreichung eines Zieles selbst dafür belohnen. Die Belohnung kann je nach Größe des Lernschrittes – eine Kaffee- oder Tee-Pause, eine Shoppingtour, ein Ausflug oder ähnliches sein.

Dem Prüfungskandidaten wird es schwerfallen, sich über einen Zeitraum, der weit über ein Jahr hinaus geht zu motivieren. Gerade die **Motivation** ist es aber, die es ermöglicht sich über einen solch langen Zeitraum vorzubereiten. Die einschlägige langjährige Erfahrung der Autoren und Herausgeber hat gezeigt, dass ein Vorbereitungszeitraum von etwas mehr als einem Jahr optimal sein dürfte. Vor dem Eintritt in diesen Vorbereitungszeitraum kann das steuerliche Grundlagenwissen auch bereits durch Fernkurse, Vorkurse oder Literaturstudium begründet, aufgefrischt, wiederholt oder gefestigt werden.

Viele Kandidaten scheitern an der Steuerberaterprüfung nicht, weil sie zu wenig gelernt haben, oder gar weil ihnen der Intellekt fehlen würde, sondern weil ihnen **Klausurtechnik- und Klausurtaktik, kurzum die notwendige Klausurpraxis**, fehlt. Diesen Kandidaten fehlt somit auch die erforderliche Anzahl an Stoffwiederholungen, die für ein Einprägen des Stoffes in das Langzeitgedächtnis erforderlich sind.

Diese so wichtige **Klausurpraxis** kann man lernen. Durch das Schreiben von Klausuren unter Prüfungsbedingungen lernt der Kandidat mit der Prüfungssituation umzugehen und innerhalb der zur Verfügung stehenden Zeit den Sachverhalt zu lesen und zu lösen sowie eine ausformulierte Lösung aufs Papier zu bringen. Das Prüfungswissen wird permanent abgerufen, wiederholt und gefestigt. Optimal ist es, wenn sich an die Klausur eine Klausurbesprechung anschließt, in der die Musterlösung nochmals visuell und akustisch aufbereitet wird.

Ein ganz entscheidender Erfolgsfaktor für eine gute Steuerberaterklausur ist die **Routine im Lösen von Standardfragestellungen** und dem damit verbundenen Erzielen der sogenannten „Fußgängerpunkte".

5. Die Klausurlösung

Der **Schwerpunkt der Vorbereitung** muss somit eindeutig auf die **Prüfungsklausuren** gerichtet sein. Soweit der Lehrgangsteilnehmer einen anderen Schwerpunkt setzt, wird ein erfolgreiches Abschneiden eher unwahrscheinlich sein.

Vielen Teilnehmern ist die **Gewichtung der Prüfungsvorbereitung** durchaus bekannt, jedoch mangelt es häufig an der praktischen Umsetzung. Die Vortragsveranstaltungen der Dozenten werden nahezu vollständig besucht. Die unter Zeitdruck und unter Prüfungsbedingungen zu schreibenden Übungsklausuren ziehen jedoch leider nur eine wesentlich geringere Anzahl von Teilnehmern durch.

Bitte beachten Sie bei Ihrer Vorbereitung deshalb Folgende Punkte:
- Es ist **absolut unzureichend**, die Übungsklausuren und die entsprechenden Musterlösungen nur durchzulesen.
- Bei einer Bearbeitung zu Hause muss die Prüfungssituation „simuliert" werden. D.h., das vorgegebene Zeitlimit von sechs Stunden darf grundsätzlich nicht überschritten werden. Kleine Pausen sind zu vermeiden und man sollte sich nicht durch andere Personen (Telefon, Familie etc.) stören lassen. Der Übungseffekt einer Klausur wird nicht erreicht, wenn diese in drei Teilen und an drei verschiedenen Tagen gelöst wird.

Die **drei sechsstündigen Steuerberaterklausuren** sind zweifelsfrei eine nervliche und auch körperliche Belastung für jeden Prüfling. Diese „Belastung" wie bei einem Leistungssportler, ist nur durch ständiges Training zu bestehen.

> **Tipp!** Versuchen Sie möglichst viele „Generalproben" vor der Premiere stattfinden zu lassen. Nutzen Sie die Möglichkeiten, die Klausuren nicht zu Hause zu schreiben, sondern vor Ort. Der Lerneffekt ist um ein vielfaches höher als der von in gewohnter und ggf. entspannter Atmosphäre geschriebener häuslicher Klausuren.

5. Die Klausurlösung

Die **Lösung einer Klausur in der Steuerberaterprüfung** vollzieht sich im Wesentlichen in **vier Schritten**:
1. Vollständiges Erfassen des Sachverhaltes.
2. Erfassen der Aufgabenstellung.
3. Erstellen eines Lösungskonzeptes.
4. Ausarbeitung der Lösung.

5.1 Vollständiges Erfassen des Sachverhaltes

Grundlage für eine vernünftige Klausurlösung ist das vollständige und vor allen Dingen auch **richtige Erfassen des Sachverhaltes**. Fehler beim Erfassen des Sachverhaltes sind schwerwiegend und folgenschwer. Wer den Sachverhalt falsch erfasst, löst einen anderen Sachverhalt und wird daher zwangsläufig zu einer falschen Lösung kommen. In diesem Fall werden auch die Kandidaten mit den besten steuerlichen Kenntnissen nicht (mehr) punkten (können).

Der Sachverhalt sollte zunächst zweimal vollständig gelesen werden. Der erste Durchgang dient dazu den Sachverhalt zu erfassen und schon erste Probleme ausfindig zu machen. Bereits vor dem ersten Lesen des Sachverhalts ist die Aufgabenstellung zu lesen, um eine grobe Orientierung darüber, wo die „Reise hingeht", zu erhalten.

Selbst wenn der Sachverhalt dem Prüfling bekannt vorkommen sollte, muss er dennoch sorgfältig gelesen werden. Viele Klausurersteller nehmen als Grundlage Fälle aus der Rechtsprechung und wandeln diese ab. Vermeintlich ähnliche oder gleiche Sachverhalte unterscheiden sich oft nur in wenigen Punkten, die aber zu einer völlig anderen Lösung führen können.

Bei umfangreichen Sachverhalten sollte der Bearbeiter den Sachverhalt skizzieren. Während des ersten Lesens können schon wichtige Passagen des Aufgabentextes markiert werden. Während der Prüfungsvorbereitung hat sich der Bearbeiter bereits ein sinnvolles und logisches Markierungssystem angeeignet und perfektioniert, das nun auch befolgt werden muss.

Der Sachverhalt ist vollständig vorgegeben. Sachverhaltslücken bestehen in der Regel nicht. Werden diese vermutet, muss der Bearbeiter der Klausur seinen Lösungsansatz überdenken. Nur im äußersten Notfall sollte ein Sachverhalt ergänzend ausgelegt werden.

Die im Sachverhalt vorgegeben Informationen sollten vollumfänglich ausgewertet werden. Selbst wenn Angaben nicht für die Lösung benötigt werden, so erwartet der Klausurersteller, dass sich der Prüfling mit den Argumenten auseinandersetzt, und vergibt hierfür in der Regel auch Punkte. Dies gilt entsprechend, wenn im Sachverhalt selbst bereits die steuerrechtliche Behandlung vorgeschlagen wird.

> **Tipp!** Nehmen Sie sich neben dem Textmarker auch einen Bleistift zur Hand und notieren Sie alle Ihnen in den Kopf „schießenden" Gedanken. Die erste Idee ist oftmals die Beste und sollte deshalb auch nicht später „verloren" gehen.

Klausursachverhalte können verschieden verpackt und gekleidet werden. Denkbar ist es, einen großen Sachverhalt mit wenigen abschließenden Aufgaben zu bilden. Denkbar ist aber auch, dass die Prüfungsarbeit in viele kleine Sachverhalte zerlegt ist und jeder der Sachverhalte für sich zu bearbeiten ist. Andere Klausuren wiederum bestehen aus einem großen Sachverhalt mit anschließender Fallfrage. In diesem Fall ist höchste Aufmerksamkeit an den Tag zu legen. Es könnte dann beispielsweise die Information, die auf Seite 3 der Aufgabe benötigt wird, erst auf Seite 9 erscheinen. In der Vergangenheit gab es schon Einkommensteuerklausuren, bei denen eine Information, die für den Einkommensteuerteil benötigt worden ist, erst im zweiten Sachverhalt zur Körperschaftsteuer gebracht worden ist. Wer in dieser Klausur zunächst nur den Einkommensteuerteil gelesen und gelöst hatte, hatte am Ende ein großes Problem.

Grundsätzlich bietet es sich an, den **Sachverhalt grafisch aufzubereiten**. Das kostet zunächst etwas Zeit. Es spart am Ende aber auch eine Menge Zeit, da man den Sachverhalt verinnerlicht und zu jedem Zeitpunkt sofort die entsprechenden Tatsachen parat hat.

Nachstehend ist der Sachverhalt aus der **AO/FGO-Klausur 2001** (aktualisiert), der auch heute noch aktuell ist, wiedergegeben (Loddenkötter). Der Sachverhalt wird im Anschluss grafisch aufbereitet.

> **Sachverhalt:** Am Vormittag des 4. Oktober 2023 erscheinen in Ihrer Kanzlei Herr Alfons Loddenkötter (im Folgenden L) und seine verheiratete Schwester Berta Bunse (im Folgenden B). Sie schildern Ihnen den folgenden, in tatsächlicher Hinsicht zutreffenden Sachverhalt:

5. Die Klausurlösung

L und B sind Gesellschafter der im Jahre 2003 gegründeten und im Handelsregister eingetragenen Loddenkötter Hallensystembau GmbH in Münster. L hält 51 % und B 49 % der Gesellschaftsanteile.

Als Geschäftsführer der GmbH sind L und B bestellt. Sowohl im Gesellschaftsvertrag wie auch in den schriftlichen Geschäftsführeranstellungsverträgen ist vereinbart, dass L als Diplomingenieur allein für den bautechnischen Bereich und B für den kaufmännischen Teil sowie die Steuerangelegenheiten der GmbH ausschließlich zuständig ist.

L und B erklären Ihnen, dass die GmbH durch die abflauende Baukonjunktur und unvorhergesehenen Forderungsausfälle infolge Eröffnung des Insolvenzverfahrens bei verschiedenen Kunden in den Monaten April und Mai 2023 zunehmend in Zahlungsschwierigkeiten geraten ist, sodass auch laufende Steuerschulden sowie Forderungen anderer Gläubiger nicht mehr bezahlt werden konnten. Das für die GmbH zuständige Finanzamt Münster Außenstadt habe, als die Zahlungsprobleme noch nicht so groß waren, die Körperschaftsteuer und die Umsatzsteuer aufgrund der Körperschaftsteuerbescheide und Umsatzsteuerbescheide 2021 vom 27.01.2023 auf Antrag bis zum 31.08.2023 gestundet.

Mit gleichlautendem Schreiben vom 11.09.2023 habe das für die GmbH zuständige Finanzamt Münster Außenstadt Haftungsanfragen an L und B gerichtet und mitgeteilt, dass es beabsichtige, gegen L und B Haftungsbescheide wegen rückständiger Steuern aus allen in Betracht kommenden gesetzlichen Möglichkeiten zu erlassen, da die GmbH ihre Steuern und sonstigen Abgaben nicht mehr bezahlen könne. Kurzfristig vorgenommene Vollstreckungsversuche in das bewegliche Vermögen der GmbH sowie Forderungspfändungen seien erfolglos geblieben.

L und B legen Ihnen das Schreiben vom 11.09.2023 vor, aus denen sich die Rückstände der GmbH zum 31.08.2023 und damit die möglichen Haftungsbeträge ergeben. Das Schreiben ist nachfolgend auszugsweise wiedergegeben:

1. Körperschaftsteuer 2021 laut Bescheid vom 27.01.2023 fällig am 31.08.2023 — 30.000 €
2. Solidaritätszuschlag zur Körperschaftsteuer 2021 — 2.250 €
3. Stundungszinsen Körperschaftsteuer 2021 bis zum 31.08.2023 — 900 €
4. Umsatzsteuer 2021 laut Bescheid vom 26.01.2023 fällig am 31.08.2023 — 4.500 €
5. Stundungszinsen Umsatzsteuer 2021 bis zum 31.08.2023 — 135 €
6. Umsatzsteuervoranmeldung Juni 2023 — 1.000 €
   (die Umsatzsteuervoranmeldung ging am 15.07.2023 beim Finanzamt ein)
7. Säumniszuschläge zur Umsatzsteuervoranmeldung Juni 2023 — 20 €
8. Kraftfahrzeugsteuer für MS – L 100, fällig am 31.08.2023 — 500 €

Summe — **39.305 €**

Hinweis! Die Umsatzsteuervoranmeldung und die Lohnsteueranmeldung Juli 2023 sind bisher nicht eingereicht worden. Steuerforderungen gegenüber der GmbH aus diesen Anmeldungen werden die Haftungssumme ggf. erhöhen. Der Erlass von Schätzungsbescheiden ist zu prüfen. Der Geschäftsführer/die Geschäftsführerin werden zur Abgabe der Anmeldungen binnen zwei Wochen nach Erhalt dieses Schreibens aufgefordert. Eine Prüfung der Haftung wird alle in Betracht kommenden gesetzlichen Vorschriften umfassen.

L und B haben, bevor sie den Steuerberater aufgesucht haben, mit Schreiben vom 30.09.2023 zu der Haftungsanfrage Stellung genommen. Die Angaben sind in tatsächlicher Hinsicht zutreffend und werden nachfolgend auszugsweise wiedergegeben:

„...

1. Wegen der schlechter gewordenen wirtschaftlichen Situation sowie unvorhergesehener Forderungsausfälle verschiedener Kunden infolge der Eröffnung von Insolvenzverfahren in den Monaten April und Mai 2023 ist die GmbH seit dem 1. Juli 2023 nicht mehr in der Lage gewesen, die im Schreiben des Finanzamts genannten Steuerrückstände, Verbindlichkeiten gegenüber Lieferanten sowie die Löhne für die Arbeitnehmer der GmbH und die Geschäftsführergehälter von L und B zu bezahlen. Lediglich die Lohnsteueranmeldung für Juni 2023 wurde noch fristgerecht eingereicht und die Steuern aus privaten Mitteln des L für die GmbH entrichtet.

   Anfang Juli wurden Verhandlungen mit der Hausbank zur Erweiterung des Kreditrahmens aufgenommen, die aber mangels Sicherheiten Ende August 2023 scheiterten.

2. B hat die Umsatzsteuervoranmeldung Juli 2023 (Zahllast 5.000 €) und die Lohnsteueranmeldung Juli 2023 (Zahllast 0 €) fristgerecht erstellt, sie aber bisher dem Finanzamt nicht eingereicht, da sie es aufgrund der finanziellen Lage der GmbH für zwecklos gehalten hat. Die Anmeldungen sind diesem Schreiben beigefügt.

   Die Umsatzsteuerschuld für August 2023 beträgt nach der vorliegenden Berechnung 1.200 €, die Lohnsteuer wegen nicht gezahlter Löhne und Gehälter für diesen Monat 0 €.

3. Am 31.08.2023 haben L und B wegen der seit dem 01.07.2023 bestehenden Zahlungsunfähigkeit und nach dem Scheitern der Verhandlungen mit der Hausbank beim Amtsgericht Münster Antrag auf Eröffnung des Insolvenzverfahrens für die GmbH gestellt.

   Das Antragsschreiben sowie die Eingangsbestätigung des Amtsgerichtes sind in Kopie beigefügt. Mangels Masse wird das Verfahren nicht erfolgreich sein.

4. B hat den L laufend über die steuerliche und kaufmännische Situation der GmbH informiert.

5. L hatte zwar versprochen, durch Einsatz privater Mittel die Zahlungsschwierigkeiten der GmbH abzufangen, letztlich ist dies jedoch nicht geschehen.

   L hat sein Privatgrundstück „Albersloher Weg 10" seit dem 01.01.2022 als Lagerplatz an die GmbH verpachtet. Er hat ab März 2023 gegenüber der GmbH auf die Pachtzinsen verzichtet, um die Ausgaben der GmbH zu senken. Der Pachtvertrag ist von L mit Wirkung ab 01.09.2023 gekündigt worden, und das Grundstück wird seitdem von der GmbH nicht mehr genutzt.

6. Der betriebliche Pkw der GmbH (MS – L 100) ist der Hausbank sicherungsübereignet und wird voraussichtlich Ende Oktober 2023 verwertet.

..."

5. Die Klausurlösung

Aufgabe: L und B möchten von Ihnen unter Angabe aller in Betracht kommenden einschlägigen Vorschriften wissen, ob das Finanzamt berechtigt ist, Haftungsbescheide gegen L und B wegen der genannten Steuerrückstände und Abgaben zu erlassen und ggf. in welcher Höhe.

Grafisch könnte der Sachverhalt wie folgt aussehen:

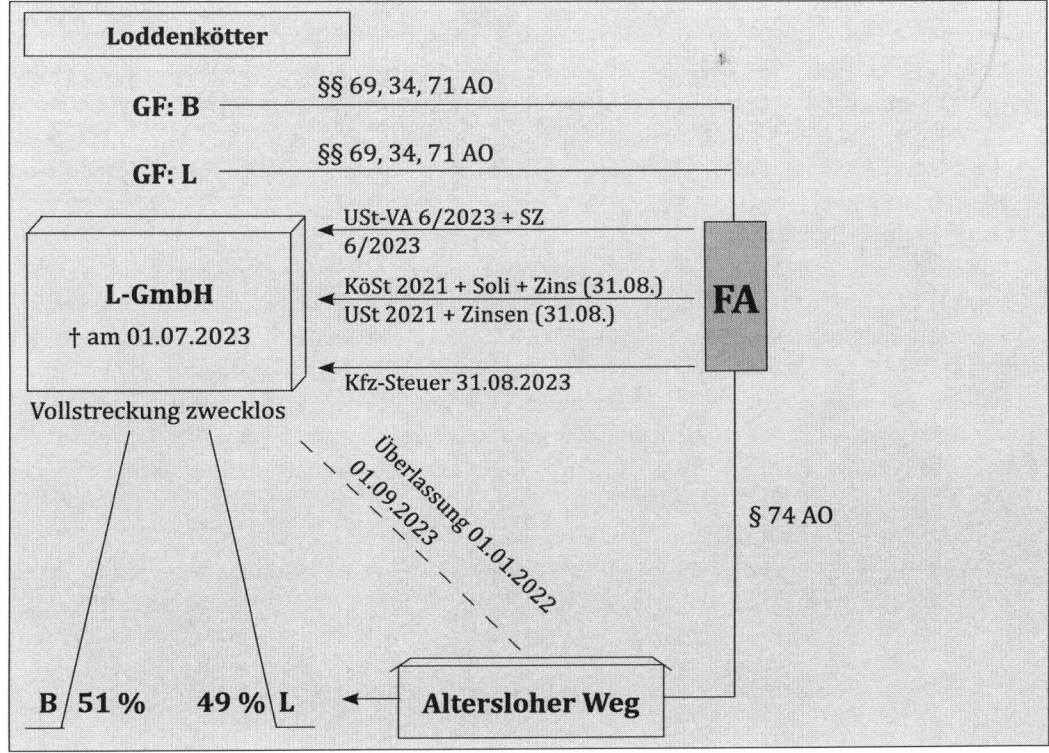

5.2 Erfassen der Aufgabenstellung

Ganz zentrale Bedeutung hat das **Erfassen und Verstehen der Fallfrage**. Versteht der Prüfling die Aufgabe falsch, wird er eine andere Frage beantworten und dafür keine Punkte erzielen. Macht der Kandidat überflüssige Ausführungen, weil diese über die Fragestellung hinausgehen, so werden für die überflüssigen Ausführungen zwar keine Punkte abgezogen, aber der Prüfling verschwendet an dieser Stelle wertvolle Zeit, in der er keine weiteren Punkt erzielen können wird.

Die Aufgaben sollten in der **vorgegebenen Reihenfolge** bearbeitet werden, da diese oftmals aufeinander aufbauen. **Fallabwandlungen** führen in der Regel auch zu einer anderen Lösung. Soweit sich grundsätzliche Ausführungen überschneiden würden kann insoweit auf die vorhergehende Lösung verwiesen werden.

Folgende Schritte sollten eingehalten werden:

1. **Erstellen eines Lösungskonzepts**
   Die Erstellung des Lösungskonzepts beginnt mit dem Erarbeiten der durch die Fallfrage aufgeworfenen Fragen und den ersten Lösungsansätzen mit den dazugehörigen Rechtsvor-

schriften. Sodann wird eine Lösungsskizze erstellt, mit deren Hilfe die Klausurlösung dann ausformuliert werden kann. Die Lösungsskizze sollte so knapp wie möglich aber so ausführlich wie nötig ausfallen. Jedenfalls müssen dort alle wesentlichen Aspekte stichwortartig hinterlegt sein, sodass keine Punkte vergessen werden. Die einschlägigen Rechtsvorschriften müssen sich ebenfalls aus dem Lösungskonzept ergeben.

Es ist darauf zu achten, dass das Lösungskonzept vollständig durchdacht ist, um beim Niederschreiben der Klausurlösung keine Korrekturen vornehmen zu müssen. Erfordern Klausuren allerdings größere Rechenoperationen wird es ggf. sinnvoll sein, diese direkt in der Ausarbeitung vorzunehmen. Es wird zu viel Zeit in Anspruch nehmen, diese im Lösungskonzept durchzuführen und sodann nochmals abzuschreiben. In solchen Fällen sind auch Notizen am Rand des Sachverhaltes, die beim Durchlesen des Sachverhaltes aufgenommen werden, als guter Leitfaden nützlich.

2. Ausarbeitung der Lösung

In der Ausarbeitung wird das Lösungskonzept umgesetzt. Die Ausarbeitung ist die Grundlage für die Korrektur, die Vergabe von Korrekturpunkten und letzten Endes für die Bewertung der Klausur. Diese muss daher leserlich aber auch vollständig sein.

Erfordert die Klausur eine juristische bzw. steuerrechtliche argumentative Auseinandersetzung ist diese in ganzen Sätzen darzustellen. Dies ist im Fachbereich Abgabenordnung durchgängig der Fall, in den Fachbereichen Umsatzsteuer und Erbschaftsteuer jedenfalls dann, wenn und soweit es um die Begründung umsatzsteuerlicher bzw. erbschaftsteuerlicher Fragen geht. In diesem Falle ist der sogenannte Gutachterstil zu wählen, der im Fachbereich Abgabenordnung (s. Kap. II. 1.) näher dargestellt wird.

Geht es allerdings um Rechenoperationen, reichen Stichworte und die Berechnung aus. Dies spart Zeit und die Korrekturpunkte gibt es in diesem Falle ohnehin in der Regel für die zutreffenden Rechenschritte sowie für die Angabe der entsprechenden Fundstelle in Gesetz und Richtlinien.

6. Form der Klausur
6.1 Die äußere Form

Das steuerliche Fachwissen eines Prüflings und die entsprechende Umsetzung auf den konkreten Klausurfall sind sicherlich wesentliche Grundsteine des Erfolgs in der Steuerberaterprüfung. Aber auch eine optimale Vorbereitung kann nicht vor einem kleinen oder größeren „Blackout" in der Prüfung schützen. Das ist aufgrund des enormen Drucks nicht auszuschließen, muss und darf aber nicht zum Abbruch der Prüfung führen.

Vielfach unterschätzt wird der Einfluss, den der **äußere Eindruck Ihrer Ausführungen** auf die Gesamtnote hat. Beachten Sie stets, dass Ihre Klausur für die geplagten Augen eines Korrektors bestimmt ist. Der erste Eindruck Ihrer schriftlichen Arbeit ist die Visitenkarte, mit der Sie sich beim Korrektor vorstellen.

Versetzen Sie sich in die **Lage eines Korrektors**, der ja auch „nur" ein Mensch ist:
- Die Bereitschaft, Ihre Klausur mit einer ausreichenden Anzahl von Punkten zu versehen, steigt sicherlich mit ansprechender Ästhetik und einem ordentlichen Schriftbild.
- Beachten Sie, dass Korrektoren mitunter tagelang unzählige Klausuren korrigieren und regelrecht unter den unleserlichen Schriftzügen und falschen Begründungen leiden.

6. Form der Klausur

- Unleserliche Ausführungen werden grundsätzlich nicht positiv ausgepunktet, **Unklarheiten gehen somit zulasten des Prüflings.**
- Schreiben Sie nicht zu klein und zu engzeilig. Eine Korrektur muss auch ohne Lupe möglich sein.

Das äußere Erscheinungsbild wird in erster Linie durch eine **gut leserliche Handschrift** geprägt. Prüflinge mit einer „unruhigen Schrift" werden durch die Vorbereitung auf die Steuerberaterprüfung sicherlich nicht zu Schriftästheten. Sie müssen aber erreichen, dass ihre Schrift wenigstens lesbar ist.

Die Übungsklausuren der letzten Jahre zeigen leider, dass manche Teilnehmer unter Zeitdruck jeglichen **Ordnungssinn** und das **Gefühl für Lesbarkeit** verlieren. Das darf nicht passieren.

Folgende Punkte sind für eine ansprechende äußere Form unbedingt zu beachten:

- Die Pluspunkte, die durch eine **optisch ansprechende Darstellung** und eine **klare Gliederung** zu erzielen sind, können mit einem sehr geringen Aufwand erreicht werden.
- Auf dem steinigen Weg zum Steuerberater sollten Sie diese sogenannten **„Fußgängerpunkte"** auf keinen Fall leichtfertig am Wegesrand liegen lassen.
- Beschreiben Sie die Blätter **niemals beidseitig.**
- Benutzen Sie **keinen Bleistift!**
- Beginnen Sie **jeden Aufgabenteil** auf einem **neuen Blatt**. Das hat den Vorteil, dass Sie zu einem späteren Zeitpunkt Ergänzungen und Einfügungen vornehmen können, ohne das optische Bild Ihrer Klausur zu zerstören und dem Korrektor den roten Faden zu nehmen. Bei dieser Arbeitsweise sind die altbekannten „Kreuzchen" und „Sternchen" überflüssig.
- Überschreiben Sie falsche Aussagen nicht mit weißen Korrekturlösungen; benutzen Sie besser ein **Lineal** um entsprechende Passagen sauber durchzustreichen. Sie verhindern dadurch, dass ihre Klausur am Ende der Bearbeitungszeit wie ein Irrgarten aussieht. Darüber hinaus sparen Sie auch noch Zeit.
- Lassen Sie unbedingt einen ausreichenden ca. **sechs Zentimeter breiten Korrekturrand**, den Sie zuvor mit dem Lineal gezogen haben. Ob der Rand links oder rechts sein soll, ist vom Bundesland abhängig. Schreiben Sie **niemals** über diese Begrenzung hinaus, damit das „ordentliche Erscheinungsbild" nicht zerstört wird. Aus diesem Grund ist von einem einfachen „Abknicken" des Korrekturrandes abzuraten.
- Lockern Sie Ihre Darstellungsweise durch regelmäßige Absätze und gelegentliches Unterstreichen von wichtigen Aussagen auf. Eine **Nummerierung** der einzelnen Seiten ist aufgrund der umfangreichen Lösungen durchaus **ratsam**. Bei fehlerhaften Klausurarbeiten ist es mitunter unmöglich, die Seiten den entsprechenden Aufgaben zuzuordnen. Sie sollten jedoch die Seitennummerierungen erstmals mit Bleistift vergeben, um diese zum Ende der Bearbeitungszeit nochmals einheitlich zu vergeben, falls „Zwischenseiten" eingeführt wurden. So vermeiden Sie Seitenzahlen wie Seite 17.1 oder Seite 17a bzw. müssen solche Nummerierungen nur in der größten Not verwenden.
- Beenden Sie Ihre Bearbeitung nicht 1 Minute nach der Abgabefrist, also wenn das Aufsichtspersonal Ihnen die Klausur „aus der Hand reißt". Es ist vielmehr wesentlich sinnvoller 2 bis 3 Minuten vor dem offiziellen Abgabezeitpunkt aufzuhören und die Lösung der Klausur sodann noch ordentlich zu sortieren, die Seiten zu nummerieren und die losen Blätter zu heften oder zu klammern. Der dadurch entstehende bessere Gesamteindruck ist höher zu bewerten als der ggf. noch erhaschte halbe Punkt in den letzten 3 Minuten.

Aus diesen Gründen ist es enorm wichtig, von der ersten Klausur an das „Layout" ständig zu verbessern. Eine Orientierung und somit ein roter Faden für den Korrektor können Überschriften sein, die sich entweder aus dem vorliegenden Sachverhalt ableiten lassen (z.B. Bilanzierung – Posten der Bilanz) oder sich aus der Systematik im Gesetz ergeben (z.B. Einkunftsarten unterteilt nach (Betriebs-)Einnahmen und (Betriebs-)Ausgaben bzw. Werbungskosten).

6.2 Rechtschreibung, Satzbau etc.

Defizite in der Rechtschreibung, Grammatik oder beim Satzbau hinterlassen einen katastrophalen Eindruck beim Korrektor. Leider zeigen die Übungsklausuren, dass manche Teilnehmer unter Zeitdruck die einfachsten Grundregeln der deutschen Sprache vergessen.

Beachten Sie bitte:
- Die inhaltliche Aussagekraft Ihrer Begründungen wird auch durch eine mehrfache Wiederholung nicht größer. Der Korrektor wird nur entnervt, wenn er Wiederholungen lesen muss, für die er eventuell bereits Punkte vergeben hat.
- Bei einer ausschweifenden Ausdrucksweise werden Sie innerhalb von sechs Stunden mit der Prüfungsklausur nicht fertig.
- Ihre **Sätze** sollten möglichst **kurz**, Ihr **sprachlicher Ausdruck** straff und prägnant sein. Verschachtelte Endlossätze in der Prüfungsklausur deuten auf Ihre Unsicherheit bzw. Unbeholfenheit und keine klare Gedankenstruktur hin.
- Nehmen Sie jede **Übungsklausur so ernst** wie ein Schauspieler seine Generalprobe. Beginnen Sie nicht erst bei der Ausgabe der Klausuren Ihre Schreibunterlagen zu suchen und die Gesetzestexte auszupacken. Lassen Sie sich von den Äußerungen und Tipps der anderen Lehrgangsteilnehmer nicht beeinflussen.
- Nutzen Sie bereits bei jeder Übungsklausur die vorgegebene Bearbeitungszeit von der ersten bis zur letzten Sekunde aus. Geben Sie die Übungsklausuren **niemals vorzeitig** ab, auch wenn Ihnen zum Sachverhalt nichts mehr einfällt.

Bei einer gewissenhaften Vorbereitung können Sie die Steuerberaterprüfung im kommenden Oktober zwar vor Aufregung nervös, aber ansonsten sehr routiniert angehen.

6.3 Begründungen und inhaltlicher Aufbau

Jeder Klausurschreiber fragt sich: „Womit fange ich an? Mit dem Sachverhalt oder mit der Aufgabe?" Die Antwort ergibt sich für jeden aufgrund seiner persönlichen Befindlichkeiten. Erfahrungswerte haben gezeigt, dass das **genaue Lesen der Aufgabenstellung** die erste „Bürgerpflicht" **vor Beginn** der Klausurbearbeitung ist.

Beachten Sie bitte:
- Um den Sachverhalt im Hinblick auf die Aufgabenstellung zu lesen, ist es ratsam, sich die **Aufgabenstellung vor dem Lesen des Sachverhaltes** genau anzusehen.
- So sollten Sie zum Beispiel bei der Umsatzsteuer stets beachten, ob Sie zur Unternehmereigenschaft überhaupt Stellung nehmen müssen.
- Bei der Einkommensteuer gilt Gleiches hinsichtlich der persönlichen Steuerpflicht, der Veranlagungsart, der Sonderausgaben, der außergewöhnlichen Belastungen und der tariflichen Einkommensteuer.

6. Form der Klausur

Ausgangspunkt für die Lösung einer Klausur ist immer eine Frage. Die Frage kann sehr detailliert gestellt sein, sie kann jedoch auch pauschal lauten: „Wie ist die Rechtslage?". In diesem Fall muss die Frage untergliedert werden, d.h. es müssen alle Fragen, die sich aufgrund des Sachverhaltes ergeben, gestellt und beantwortet werden.

> **Tipp!** Die Auffächerung der Fragestellung muss **solange** erfolgen, bis eine weitere Aufgliederung in Einzelfragen nicht mehr möglich ist.

Danach ist der Sachverhalt insgesamt sorgfältig zu lesen. Denn **Zusammenhänge** innerhalb des Sachverhaltes können **nur erkannt** werden, wenn der **komplette Sachverhalt bekannt** ist.

> **Tipps!**
> - Als Gedächtnisstütze können wichtige Aspekte oder Lösungsansätze bereits beim ersten Lesen am Rand des Sachverhaltes oder auf einem gesonderten Blatt (Konzeptpapier) notiert werden oder auch kleine Schaubilder gefertigt werden (z.B. in der Umsatzsteuer oder zeitliche Abfolgen in der Abgabenordnung). Sie werden diese später dann sicherlich nicht vergessen.
> - Hierzu reichen jedoch **Stichwörter**. Beim ersten Lesen des Sachverhaltes sollten Sie nicht auf die Uhr schauen. Denn Sie sparen viel Zeit, wenn Sie den Sachverhalt insgesamt verstanden haben und danach mit der schriftlichen Lösung beginnen.

Eine ausführliche Begründung in der Lösung der Klausur wird vom Prüfling nur dort verlangt, wo die Auslegung der Klausuraufgabe ein Problem aufwirft.

Bitte beachten Sie:
- Schreiben Sie niemals den Gesetzestext ab.
- Versuchen Sie vielmehr, den Sachverhalt in den gesetzlichen Tatbestand zu projizieren, um somit die eintretenden Rechtsfolgen ableiten zu können.
- Da sich die Begründung in fast allen Fällen aus dem Gesetz oder den Richtlinien ableiten lässt, genügt die Angabe der Rechtsgrundlage. Die **Angabe der Rechtsgrundlage ist sogar unerlässlich,** wobei dem Gesetzeszitat immer **Vorrang** vor der Richtlinienfundstelle einzuräumen ist.
- Zweifeln Sie in der Regel nicht an der Vollständigkeit des Klausursachverhalts. Soweit Sie weitere Angaben für Ihren Lösungsweg unterstellen müssen, sollten Sie Ihren Lösungsansatz überdenken und evtl. verwerfen.

Einer der wichtigsten Grundsteine für den Erfolg in der Steuerberaterprüfung ist die vollständige Bearbeitung aller drei Prüfungsklausuren.

Ebenso wichtig ist es, die einzelnen Klausurteile zu lösen und nicht in dem einen oder anderen Fach „auf Lücke" zu setzen. Denn häufig werden einzelne Fächer im Rahmen der Vorbereitungen stiefmütterlich behandelt. Deshalb unser Appell: Legen Sie bei Ihren Vorbereitungen auch bei den unbeliebten Fächern einen Schwerpunkt. In der Regel kann die Note 4,5 am ersten Tag nur mit der Umsatzsteuerklausur nicht erreicht werden.

> **Tipps!**
> - „Verzetteln" Sie sich nicht in lapidaren Einzelproblemen, die von ihrer Bedeutung her nur gering oder nicht ausgepunktet sind.
> - Es ist viel wichtiger, die **Klausur bis zum Ende zu lösen**, als das gesamte steuerliche Wissen in der Lösung unterzubringen und dann mit der Lösung nicht fertig zu werden.

6.4 Zitieren der Paragrafen- und Richtlinienfundstellen

Die Steuergesetze und die Steuerrichtlinien sind das „Handwerkszeug" in Ihrer Steuerberaterprüfung. Jeder Prüfling muss zur Begründung seiner Lösung unbedingt die einschlägigen Rechtsvorschriften **exakt zitieren**. Die Paragrafen in den Gesetzen und die Fundstellen in den Richtlinien müssen möglichst genau angegeben werden. Wichtig ist es, den Zusammenhang zwischen dem Sachverhalt und dem Paragrafen schriftlich herzustellen. Eine Auflistung der Paragrafen mit denen der Sachverhalt zu tun hat (haben könnte), **ist absolut unzureichend** und bringt keine Punkte.

> **Tipp!** Es ist z.B. unzureichend, den Vorsteuerabzug bei der Umsatzsteuer nur mit § 15 UStG zu begründen. Die genaue Rechtsgrundlage muss vielmehr heißen: § 15 Abs. 1 S. 1 Nr. 1 S. 1 UStG.

Ob die entsprechenden Paragrafen-Absätze in römischen oder arabischen Ziffern angegeben werden, ist für die Benotung Ihrer Klausuraufgabe ohne Bedeutung. Sie können die entsprechende Rechtsgrundlage auch mit § 15 I Satz 1 Nr. 1 Satz 1 UStG zitieren. Da die amtlichen Gesetzestexte jedoch die arabischen Zahlen enthalten, ist die erstgenannte Zitierweise zu bevorzugen.

Zu Beginn der Klausurbearbeitung kann vermerkt werden, dass §§-Angaben ohne Angabe des Gesetzes solche des UStG, Richtlinienabschnitte ohne nähere Angabe solche des UStAE sind:
„§§ (ohne Gesetzesangabe) = UStG, A (ohne Richtlinienangabe) = UStAE".

Eigennamen sollten Sie sofort abkürzen und keinesfalls immer komplett ausschreiben. Der „Unternehmer Karl-Heinz Schimanski (K) oder (S)" kann nach der ersten vollen Namensangabe bereits zu Beginn der Klausurbearbeitung mit „K" oder „S" abgekürzt werden. Sollte im Sachverhalt bereits eine Abkürzung genannt sein, so kann diese ohne weiteres verwendet werden.

Ein allgemeines Abkürzungsverzeichnis ist allerdings nicht erforderlich, soweit es sich um **gebrauchsübliche Abkürzungen** handelt wie BGH, BFH, AfA, GwG, vGA, vE, zvE etc.

Eigenschöpferische Abkürzungen dürfen verwendet werden, wenn Sie das Wort einmal vollständig ausgeschrieben haben und die Abkürzung in Klammern ausweisen – „Gesamthandsvermögen (GHV)".

7. Vor der Prüfung – die letzten Tipps

Es sind nur noch wenige Tage bis zur schriftlichen Steuerberaterprüfung. Wer sich gut vorbereitet hat und sich insbesondere durch das Üben und Schreiben von Klausuren das notwendige klausurtechnische und taktische Know-how angeeignet hat, kann diese Tage nun ganz entspannt angehen. Jedenfalls wird wenige Tage vor der Prüfung kein neuer Stoff mehr gelernt. Dieser kann sich in dieser kurzen Zeit ohnehin nicht mehr setzen und würde nur in der Prüfung zur Verwirrung beitragen. Am letzten Tag vor der Prüfung sollte überhaupt nichts Fachliches mehr gelernt oder gelesen werden, gehen Sie spazieren.

8. Der erste Prüfungstag

Es ist sicherzustellen, dass sämtliche Vorbereitungen abgeschlossen sind, der Teilnehmer über Schreibgerät und Verpflegung verfügt, der Weg zum Prüfungsort bekannt ist, Hotels und Fahrtkarten ggf. gebucht sind usw. Dementsprechend hat der Teilnehmer pünktlich und ohne in Hektik zu gelangen am Prüfungsort zu sein. Nervösen Prüfungskandidaten sollten Sie aus dem Weg gehen. Fachgespräche und Diskussionen darüber, was denn wohl dran kommen könnte und was man vielleicht nicht gelernt hat, sollten vor der Prüfung vermieden werden. Doch auch im direkten Anschluss sollte man seine Lösungen nicht mehr mit denen der Mitstreiter vergleichen. Das macht nur unnötig nervös und ändert auch nichts mehr am Ergebnis.

> **Tipp!** Setzen Sie sich die Kopfhörer Ihres MP3-Players auf oder nutzen Sie Ohrenstöpsel. Dann werden Sie keinesfalls von dem Gerede der anderen Prüfungskandidaten vor und nach der Klausur abgelenkt.

8. Der erste Prüfungstag

Am ersten Tag der schriftlichen Steuerberaterprüfung wird die sogenannte „Gemischte Klausur" bestehend aus Abgabenordnung/Finanzgerichtsordnung, Umsatzsteuer sowie Bewertungsrecht/Erbschaftsteuer (s. Kap. II.) geschrieben.

Gelegentlich besteht die gemischte Klausur **nur aus zwei Teilbereichen**, der Umsatzsteuer (s. Kap. II. 2.) und der Abgabenordnung (s. Kap. II. 1.). Zwangsläufig werden dann sowohl der Umsatzsteuerteil als auch der Teil der Abgabenordnung/Finanzgerichtsordnung zeitmäßig auf drei Stunden ausgedehnt, wodurch die Prüfungsfelder noch umfangreicher werden.

Seit 1997 wurde die Erbschaftsteuer in die Prüfung mit eingebunden. In dieser Klausur (s. Kap. III. 3.) werden darüber hinaus regelmäßig die Probleme des Bewertungsrechtes (Bewertung von Forderungen, Renten, Anteilen etc.) aufgegriffen. Es ist auch nicht gänzlich auszuschließen, dass weitere andere Steuerbereiche (z.B. Grunderwerbsteuer) noch mit in diese Klausur einbezogen werden können.

Die **Reihenfolge der Bearbeitung** der einzelnen Fachgebiete in der gemischten Klausur kann selbstverständlich jeder Prüfungsteilnehmer frei wählen. Eine allgemeingültige Bearbeitungsreihenfolge verbietet sich, da jeder Prüfling die zwei oder drei Aufgabenteile nach seinen persönlichen Fertigkeiten und Kenntnissen bearbeiten sollte. Auch eine spontane Entscheidung anhand des Schwierigkeitsgrads der einzelnen Aufgabenteile muss in Erwägung gezogen werden.

Erfahrungswerte haben jedoch gezeigt, dass Sie **mit Ihrem „Lieblingsfach" beginnen** sollten, damit Sie erstens einen guten Prüfungseinstieg haben und die zweifelsohne vorhandene Nervosität dem konzentrierten Arbeiten weicht.

Unabhängig vom Umfang der einzelnen Teile der gemischten Klausur (zwei oder drei Stunden) müssen Sie sich genau an das vorgegebene Zeitlimit halten. Dabei ist regelmäßig davon auszugehen, dass den Teilbereichen der gleiche zeitliche Umfang einzuräumen ist. Nahezu jeder Prüfling neigt dazu, den Umsatzsteuerteil zu umfangreich mit allgemeinen Begründungen auszustatten. Ihre gemischte Klausur kann keine Benotung mit 4,50 oder besser erhalten, wenn Sie die Aufgabe aus dem Verfahrensrecht nicht oder nur unvollständig bearbeiten.

9. Noch einige allgemeine Tipps
Bitte beachten Sie Folgendes:
- Optimieren Sie Ihre Arbeitsmittel, kennzeichnen und markieren Sie Ihre Gesetzestexte im Rahmen des Zulässigen.
- Lernen Sie Standardparagrafen und sich ständig wiederholende Definitionen auswendig, das spart wertvolle Zeit.
- Lassen Sie Ihr Handy im Pkw oder am besten direkt zu Hause. Sollte Ihr Handy während der Prüfung klingeln oder sich an Ihrem Platz befinden, so wird dies als Täuschungsversuch gewertet.
- Führen Sie stets ein Ersatzschreibgerät sowie Ersatztinte bzw. Ersatzminen mit, mit dem Sie im Vorfeld zur Eingewöhnung bereits einige Klausuren geschrieben haben sollten.
- Benutzen Sie ein Lineal.
- Eine Uhr zur besseren Zeiteinteilung – und Kontrolle – darf nicht fehlen.
- Stellen Sie Ihre Versorgung mit Getränken und Nahrungsmitteln sicher.

Beachten Sie diese Punkte bereits bei jeder Übungsklausur, sodass Ihnen diese in „Fleisch und Blut" übergehen!

II. Klausur Verfahrensrecht

1. Klausur Abgabenordnung
1.1 Besonderheiten der Klausur Abgabenordnung

Der **Klausurteil Abgabenordnung** wurde in den Steuerberaterprüfungen vergangener Jahre unterschiedlich eingekleidet. Eine Variante ist es, mehrere kurze Sachverhalte mit einer abschließenden Fallfrage zu präsentieren. Eine andere Möglichkeit der Prüfung besteht darin, einen ausgedehnten und ausgiebigen Sachverhalt zu schildern und zu diesem entweder mehrere Teilfragen zu stellen oder vom Prüfling ein umfassendes Gutachten zu verlangen. So war es auch bei der Prüfung 2023.

Der Sachverhalt kann sich hierbei auch aus einem Aktenauszug, einem Bericht der Betriebsprüfung, einem Schreiben des Finanzamts, des Steuerpflichtigen oder Dritter sowie der Wiedergabe von Gesprächen und Telefonaten ergeben. In diesem Falle besteht eine zusätzliche Schwierigkeit darin, die klausurrelevanten Daten herauszufiltern. Der Trend im Klausurteil Abgabenordnung geht dahin, den Sachverhalt anhand von Aktenauszügen, Schreiben und wiedergegebenen Telefonaten und Gesprächen darzustellen. Oftmals enthält der Klausurteil Anlagen, wie beispielsweise Steuerbescheide, Betriebsprüfungsberichte, Gesellschaftsverträge und andere Dokumente. Auch ein Kalenderblatt ist immer beigefügt.

Bei allen Varianten der Sachverhalts- und Aufgabendarstellung kommt es darauf an, dass der Prüfling ganz genau auf die Aufgabenstellung achtet. Ist eine konkrete Frage gestellt, z.B. „Untersuchen Sie, ob ein zulässiger Einspruch gem. § 358 AO eingelegt worden ist?", dann wird auch eine konkrete Beantwortung erwartet. Ist die Frage allgemein formuliert, z.B. „Nehmen Sie in einem Gutachten Stellung?", dann sind sämtliche Aspekte zu durchleuchten.

1.2 Themenschwerpunkte der letzten 15 Jahre

Betrachtet man sich die AO/FGO-Klausuren der letzten 15 Jahre, so fällt auf, dass diese regelmäßig die Standardthemen Korrekturvorschriften für Steuerbescheide, Einspruchsverfahren und Festsetzungsverjährung abfragten. Darüber hinaus kamen regelmäßig immer wieder Fragen zu den Bereichen Bekanntgabe, Fristen und Wiedereinsetzung. Zu einem geringen Anteil tauchen auch hin und wieder weitere (sonstige) Themen auf, etwa die Rechtmäßigkeit eines Verspätungszuschlags in der Prüfung 2023. Während das Steuerstrafrecht in dem Zeitraum vor mehr als 20 Jahren immer wieder sehr intensiv geprüft worden ist, hat dieses zuletzt eine untergeordnete Rolle gespielt. Entsprechendes gilt für die Haftung, welche bis 2001 „hoch und runter" geprüft worden ist, seitdem aber gar nicht mehr abgefragt wurde.

Nahezu gleiche Problembereiche behandelten die Klausuren der letzten 5 Jahre, welche lediglich mit Kenntnissen aus den Bereichen Korrekturvorschriften, Einspruchsverfahren und Bekanntgabe ausreichend gelöst werden konnten. Die Prüfung 2023/2024 fokussierte erneut Korrekturvorschriften für Steuerbescheide und das Einspruchsverfahren.

Im Bereich der Abgabenordnung wurden in den letzten Jahren auch „exotische Themen" immer beliebter. Es ist deshalb anzuraten, sich auch den Themen Vollstreckung und Einzelfragen der FGO zumindest im Überblick zu widmen. In der Prüfung 2019/2020 kamen, wie im Jahr zuvor, Problemstellungen aus dem Bereich „Erstattung eines zu Unrecht gezahlten Steuerbetrages" infolge einer vermeintlichen aber tatsächlich nicht bestehenden Erbenstellung hinzu. Die

Prüfung 2021/2022 hatte einen Einspruch gegen eine Prüfungsanordnung mit Querverbindung zur BpO, Auskunftsverweigerungsrecht eines ehemaligen Ehegatten sowie Bekanntgabe und Zustellung (VwZG, ZPO) zum Gegenstand, 2022 dann Voraussetzungen für die Vollstreckung von Steuerbescheiden.

Grafisch lässt sich die Themengewichtung der letzten 15 Jahre wie folgt darstellen:

1.2 Themenschwerpunkte der letzten 15 Jahre

Examens-Jahr	Korrektur	FGO, Rechts-behelf, vorläu-figer Rechts-schutz	Haftung	Bekanntgabe, Fristen, Wie-dereinsetzung, Verjährung	Steuer-strafrecht	Sons-tiges	Sonstige Themen	%
2009/10	70	20	0	10	0	0		100
2010/11	20	40	0	40	0	0		100
2011/12	90	0	0	5	0	5	örtliche Zuständigkeit, Ablaufhemmung	100
2012/13	30	70	0	0	0	0		100
2013/14	45	20	0	25	0	10	Einheitliche und geson-derte Feststellung	100
2014/15	65	10	0	15	0	10	Betriebsprüfung	100
2015/16	80	0	0	5	0	15		100
2016/17	60	20	0	20	0	0		100
2017/18	10	40	0	35	0	15	Adressat bei Gesamt-rechtsnachfolge; Erstattungsanspruch nach § 37 Abs. 2 AO	100
2018/19	35	15	0	50	0	0	Adressat bei Gesamt-rechtsnachfolge, einheitliche und gesonderte Feststellung, Empfangsbevoll-mächtigung und Bekanntgabe	100

Examens-Jahr	Korrektur	FGO, Rechts-behelf, vorläu-figer Rechts-schutz	Haftung	Bekanntgabe, Fristen, Wie-dereinsetzung, Verjährung	Steuer-strafrecht	Sons-tiges	Sonstige Themen	%
2019/20	25	0	0	50	0	25	Adressat bei Gesamt-rechtsnachfolge; Erstattungsanspruch nach § 37 Abs. 2 AO, Zahlung und Rückforde-rung des Scheinerben	100
2020/21	25	0	0	40	0	35		100
2021/22	0	50	0	35	0	15	Einspruch gegen eine Prüfungsanordnung mit Querverbindung zur BpO, Auskunftsver-weigerungsrecht eines ehemaligen Ehegatten, Bekanntgabe und Zustellung (VwZG, ZPO)	100
2022/23	0	35	0	50	0	15	Einspruchseinlegung durch Gesamtrechts-nachfolger, Wiederein-setzung und Vollstre-ckungsvoraussetzungen	100
2023/2024	40	15	0	20	0	25	Rechtmäßigkeit einer Einspruchsentschei-dung, Verspätungs-zuschlag, Korrek-turvorschriften für Steuerbescheide	100
Summe 2009–2023	595 40 %	335 22 %	0 0 %	400 27 %	0 0 %	170 11 %		1.500 100 %

1.3 Standardaufgaben und Standardfragestellungen

Für die Lösung der AO/FGO-Klausur kann kein pauschales Generalschema, wie etwa für die Umsatzsteuerklausur, an die Hand gegeben werden. Gleichwohl sind diverse **Prüfungsschemata** einsetzbar, um die Lösung zu strukturieren und die sog. Fußgängerpunkte mitzunehmen. Wichtig für die Abgabenordnung ist, dass alle infrage kommenden Vorschriften nach ihren Tatbestandsmerkmalen geprüft werden.

Vorschriften, die offensichtlich und dem Grunde nach nicht einschlägig sein können, sollten gar nicht bzw. nur kurz erwähnt werden. Liegt z.B. ein fehlerhafter Steuerbescheid vor, so darf als Korrekturvorschrift nicht § 130 oder § 131 AO problematisiert werden, weil diese für Steuerbescheide überhaupt nicht gelten (§ 172 Abs. 1 Nr. 2d AO am Ende). Die übrigen Korrekturvorschriften sind jedoch detailliert unter den Sachverhalt zu subsumieren. Im Zweifel gilt, lieber einmal zu viel negativ abgrenzen, als einen Punkt zu verschenken.

Grundsätzlich gilt, dass der Sachverhalt in der Lösung nicht wiederholt werden soll. Im Rahmen der Subsumtion muss jedoch die Gesetzesnorm in all ihren Tatbestandsmerkmalen an den Sachverhalt angelehnt werden. Den einzelnen zu definierenden Tatbestandsmerkmalen ist der konkrete Sachverhalt zuzuordnen. Ist eine Norm einschlägig, so können Sie in der Regel die Prüfung hier nicht abschließen, sondern müssen auch alle übrigen Normen, die infrage kommen, überprüfen.

Dieses Erfordernis resultiert daraus, dass in der Steuerberaterprüfung nicht der Urteilsstil, sondern der **Gutachtenstil** anzuwenden ist. Ein Gutachten führt von der Frage zur Antwort und zeigt den Weg, auf dem das Ergebnis gefunden wird. Der **Urteilsstil** nimmt die Antwort vorneweg und begründet sie nachfolgend. Beim Gutachtenstil dominieren die Worte „könnte" und „wenn", beim Urteilsstil die Worte „denn" und „weil".

> **Beispiel Gutachtenstil:** Der Steuerbescheid könnte nach § 173 Abs. 1 Nr. 2 S. 1 AO geändert werden, **wenn** neue Tatsachen oder Beweismittel der Finanzbehörde nachträglich bekannt geworden sind. Die nachgemeldeten Zinsaufwendungen sind solche neuen Tatsachen i.S.d. § 173 Abs. 1 Nr. 2 S. 1 AO. Neue Tatsachen sind jedoch zugunsten des Steuerpflichtigen nur zu berücksichtigen, **wenn** diesen kein grobes Verschulden am nachträglichen Bekanntwerden trifft. Das ist hier zu verneinen. Der Steuerpflichtige hat ....

> **Beispiel Urteilsstil:** Der Steuerbescheid kann nicht nach § 173 Abs. 1 Nr. 2 S. 1 AO geändert werden, **weil** den Steuerpflichtigen ein grobes Verschulden am nachträglichen Bekanntwerden der Zinsaufwendungen trifft. Die nachgemeldeten Zinsaufwendungen sind zwar neue Tatsachen. Nachdem der Steuerpflichtige jedoch vom Veranlagungsbeamten auf die Zinsen angesprochen worden war, ist das spätere Nachmelden grob verschuldet.

Der Gutachterstil problematisiert zu Beginn des Falles und kommt am Ende zu der Lösung. Der klassische Klausureinstieg orientiert sich an der den Sachverhalt abschließenden Frage.

> **Beispiel:** Am Ende des Sachverhalts heißt es: Kann das Finanzamt den X als Haftenden in Anspruch nehmen? Dann beginnt die Ausarbeitung mit dem Satz: Das Finanzamt kann den X für die Umsatzsteuerschuld der GmbH in Anspruch nehmen, wenn dieser nach §§ 191 Abs. 1, 5 AO dafür haftet. Eine Haftung könnte nach §§ 69, 34 Abs. 1 AO infrage kommen.

Die Prüfungsschritte

Folgende Schritte sollten Sie einhalten:

1. Die Ausgangsfrage entspricht der Fragestellung der Klausur.
2. Aufteilung in Teilfragen, wenn eine pauschale Fragestellung vorliegt.
3. Darstellung der einzelnen Tatbestandsmerkmale und deren Definition.
4. Vergleich der Tatbestandsmerkmale mit dem konkreten Sachverhalt (Subsumtion).
5. Schlussfolgerungen für die jeweilige Vorschrift.
6. Gesamtschlussfolgerung und Endergebnis **(bitte nicht vergessen)**.

1.3.1 Korrektur von Verwaltungsakten

In einem Umfang von etwa 40 % wurde in den Prüfungsarbeiten der letzten 15 Jahre aus dem Bereich Abgabenordnung das Korrekturrecht geprüft. Es gehört zu den absoluten Klassikern, erlaubt es doch besonders, das systematische Gesamtverständnis der Prüfungsteilnehmenden abzufragen.

Typische Fragestellungen sind hier:
- Besteht eine Änderungsmöglichkeit nach der AO?
- Besteht für das Finanzamt eine Möglichkeit, nach Eintritt der Bestandskraft noch zu ändern?
- Hat das Finanzamt zutreffend berichtigt?
- Ist die Berichtigung zu Recht erfolgt?
- Wie sind die Erfolgsaussichten des Einspruchs (wenn eine Änderung bzw. ein geänderter Bescheid Gegenstand des Verfahrens ist)?
- Stellen Sie in einem Gutachten dar, ob und wie der Einkommensteuerbescheid 2023 gegenüber Max Mustermann aufgrund der im Sachverhalt dargestellten Erkenntnisse festgesetzt werden muss.

In einer **Klausur aus dem Bereich Korrekturrecht** ist es wichtig, systematisch die einzelnen einschlägigen Vorschriften zu prüfen und darzustellen. Wichtige Punkte können schon durch diese Prüfung erzielt werden.

Es bietet sich folgendes Prüfungsschema an:

Prüfungsfolge bei Korrektur von Verwaltungsakten:

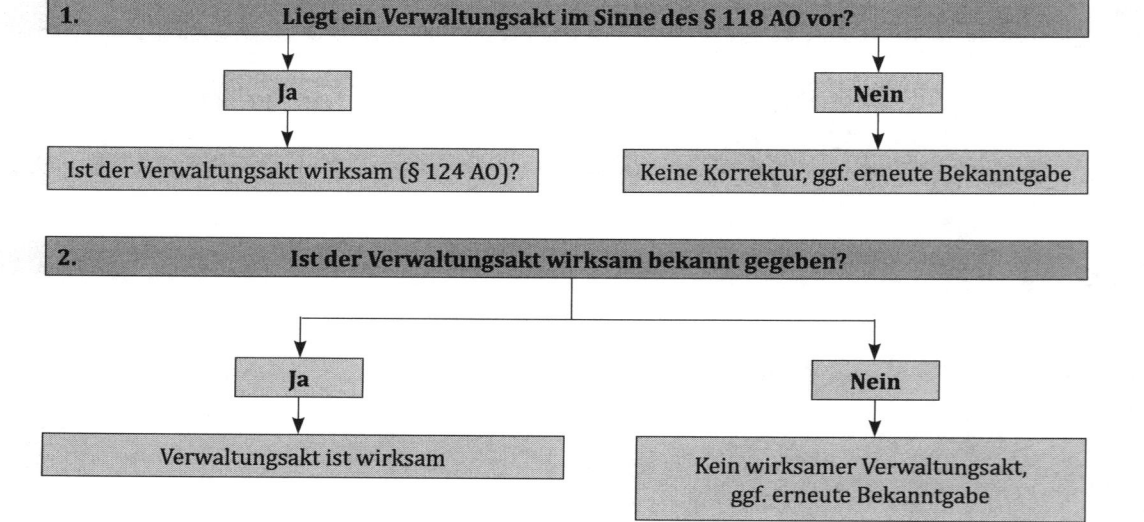

1. Liegt ein Verwaltungsakt im Sinne des § 118 AO vor?

- Ja → Ist der Verwaltungsakt wirksam (§ 124 AO)?
- Nein → Keine Korrektur, ggf. erneute Bekanntgabe

2. Ist der Verwaltungsakt wirksam bekannt gegeben?

- Ja → Verwaltungsakt ist wirksam
- Nein → Kein wirksamer Verwaltungsakt, ggf. erneute Bekanntgabe

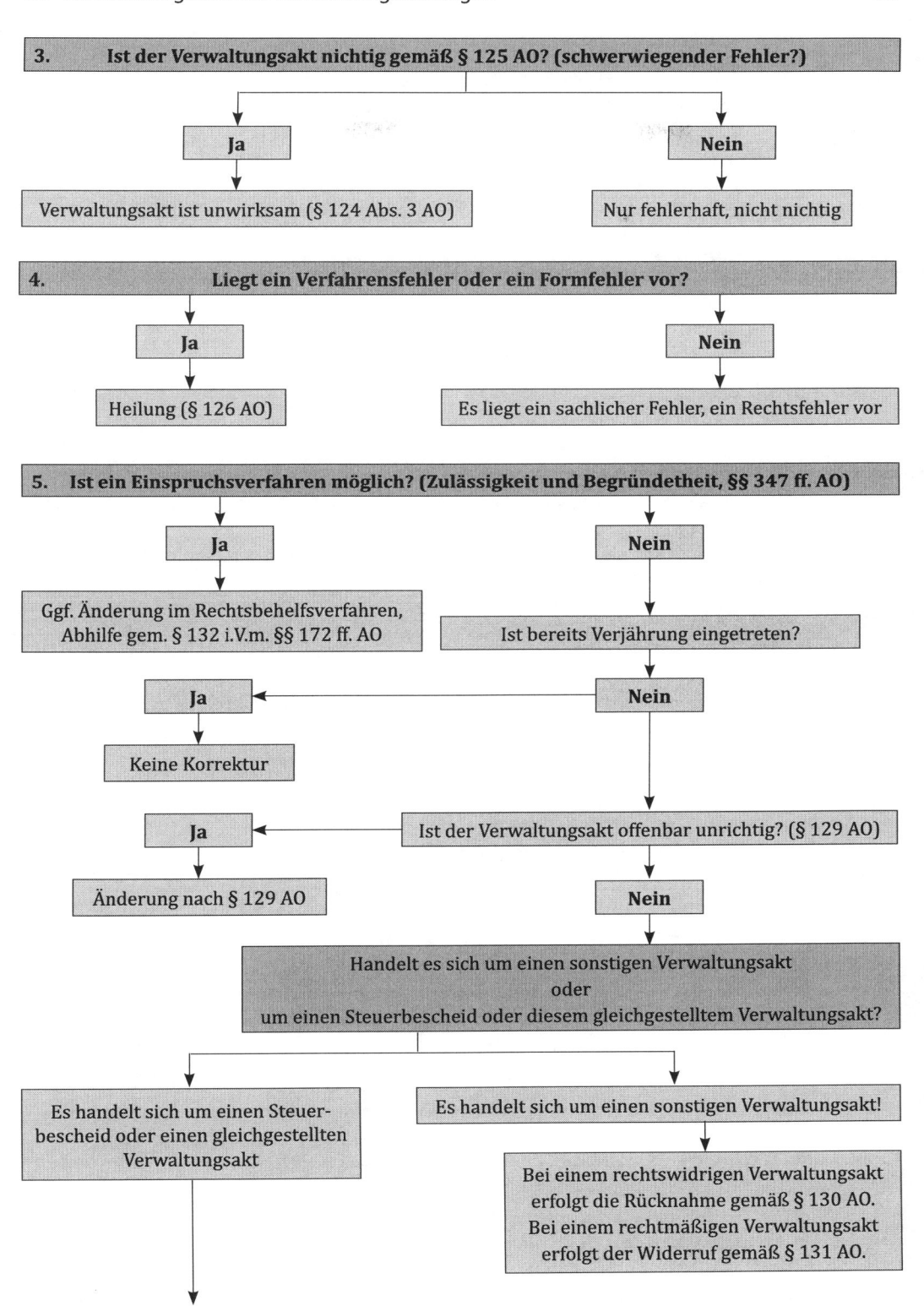

1.3 Standardaufgaben und Standardfragestellungen

3. Ist der Verwaltungsakt nichtig gemäß § 125 AO? (schwerwiegender Fehler?)

- **Ja** → Verwaltungsakt ist unwirksam (§ 124 Abs. 3 AO)
- **Nein** → Nur fehlerhaft, nicht nichtig

4. Liegt ein Verfahrensfehler oder ein Formfehler vor?

- **Ja** → Heilung (§ 126 AO)
- **Nein** → Es liegt ein sachlicher Fehler, ein Rechtsfehler vor

5. Ist ein Einspruchsverfahren möglich? (Zulässigkeit und Begründetheit, §§ 347 ff. AO)

- **Ja** → Ggf. Änderung im Rechtsbehelfsverfahren, Abhilfe gem. § 132 i.V.m. §§ 172 ff. AO
- **Nein** → Ist bereits Verjährung eingetreten?
  - **Ja** → Keine Korrektur
  - **Nein** → Ist der Verwaltungsakt offenbar unrichtig? (§ 129 AO)
    - **Ja** → Änderung nach § 129 AO
    - **Nein** → Handelt es sich um einen sonstigen Verwaltungsakt oder um einen Steuerbescheid oder diesem gleichgestelltem Verwaltungsakt?
      - Es handelt sich um einen Steuerbescheid oder einen gleichgestellten Verwaltungsakt
      - Es handelt sich um einen sonstigen Verwaltungsakt!
        - Bei einem rechtswidrigen Verwaltungsakt erfolgt die Rücknahme gemäß § 130 AO. Bei einem rechtmäßigen Verwaltungsakt erfolgt der Widerruf gemäß § 131 AO.

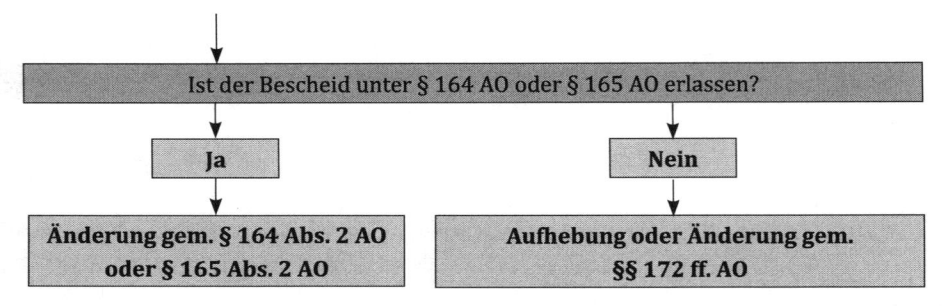

```
                    │
                    ▼
    ┌─────────────────────────────────────────────┐
    │  Ist der Bescheid unter § 164 AO oder § 165 AO erlassen?  │
    └─────────────────────────────────────────────┘
           │                              │
          Ja                             Nein
           ▼                              ▼
┌──────────────────────────┐   ┌──────────────────────────┐
│ Änderung gem. § 164 Abs. 2 AO │   │ Aufhebung oder Änderung gem. │
│     oder § 165 Abs. 2 AO      │   │         §§ 172 ff. AO         │
└──────────────────────────┘   └──────────────────────────┘
```

Klausurfall

Die Finanzbehörde beabsichtigt, einen Schätzungsbescheid sechs Monate nach Bekanntgabe zu ändern.

Klausurlösung

Die ersten Fußgängerpunkte können Sie sich durch eine zielgerichtete Hinführung zu den Problemen, ob z.B. eine neue Tatsache vorliegt, sichern. „Springen" Sie nicht gleich auf das Problem der neuen Tatsachen, da Sie in diesem Fall eine Vielzahl von Punkten „liegen lassen".

Der **standardisierte Einstieg in die Klausurlösung** im Falle der Änderung von Steuerbescheiden nach §§ 172 ff. AO könnte wie folgt lauten:

Die Finanzbehörde könnte den Steuerbescheid (Schätzungsbescheid) ändern, wenn eine Korrekturvorschrift nach §§ 129, 164 Abs. 2, 165 Abs. 2 oder nach §§ 172 ff. AO zur Anwendung kommt.

1. Voraussetzung ist zunächst, dass ein Verwaltungsakt i.S.d. § 118 S. 1 AO vorliegt. Das ist zu bejahen. Dieser Verwaltungsakt müsste nach § 124 AO wirksam bekannt gegeben sein und er dürfte an keinen besonders schwerwiegenden Fehlern leiden. Die Bekanntgabe erfolgte gegenüber dem S; ihm wurde der Verwaltungsakt als Steuerschuldner bekannt gegeben. Ein schwerwiegender Mangel ist nicht ersichtlich.

2. Seit Bekanntgabe des Steuerbescheides sind sechs Monate vergangen. Eine Änderung des Bescheides im Rahmen eines Einspruchsverfahrens ist nach Ablauf der einmonatigen Einspruchsfrist gem. § 355 Abs. 1 AO nicht mehr möglich, sodass eine Korrektur nur noch über §§ 129, 164 Abs. 2, 165 Abs. 2 oder nach §§ 172 ff. AO erfolgen kann. Die setzt aber voraus, dass die Festsetzungsverjährung noch nicht eingetreten ist. Nach §§ 169 Abs. 2 Nr. 2, 170 Abs. 2 Nr. 1 AO endet die vierjährige Festsetzungsfrist erst mit Ablauf XX, sodass eine Änderung noch möglich ist.

3. Es stellt sich die Frage, ob eine der o.g. Korrekturvorschriften anzuwenden ist:
   a) Eine Änderung könnte nach § 129 AO erfolgen, wenn der Steuerbescheid offensichtlich unrichtig ist. § 129 AO ist eine für alle Verwaltungsakte zutreffende Norm – auch für Steuerbescheide. Gleichwohl fehlt es an den Voraussetzungen dieser Vorschrift, nämlich einem mechanischen Fehler wie etwa an einem Verschreiben. Der Steuerbescheid ist nicht offensichtlich unrichtig.
   b) Eine Änderung könnte sich nach §§ 164 Abs. 2, 165 Abs. 2 AO ergeben. Dann müsste der Bescheid unter Vorbehalt der Nachprüfung stehen oder vorläufig ergangen sein. Schätzungsbescheide sollen zwar nach Ziffer 4 zu § 162 AEAO unter Vorbehalt der Nachprüfung nach § 164 AO erlassen werden. Sie stehen aber nicht kraft Gesetzes unter Vorbehalt der Nachprüfung – wie etwa Steueranmeldungen nach § 168 S. 1 AO. Wenn das Finanzamt keine Nebenbestimmung „Vorbehalt der Nachprüfung" anbringt, kommt die Änderung

eines Schätzungsbescheides nach § 164 Abs. 2 AO nicht in Betracht. Gleichfalls enthielt der Bescheid keinen Hinweis auf eine Vorläufigkeit, weshalb auch eine Änderung nach § 165 Abs. 2 AO ausscheidet.

c) Nach alledem kann der Bescheid allenfalls nach den §§ 172 ff. AO geändert werden. In Betracht kommt § 173 Abs. 1 Nr. 2 Satz 1 AO. Dann müsste eine neue Tatsache ... usw.

1.3.2 Einspruchs- und Klageverfahren

In den letzten 15 Jahren war das Einspruchs- und Klageverfahren einschließlich des vorläufigen Rechtsschutzes zu rund 23 % Prüfungsumfang.

1.3.2.1 Einspruchsverfahren (§§ 347 ff. AO)

Themen aus dem Bereich **Einspruchs- und Klageverfahren** sind in der Steuerberaterprüfung im Fachbereich Abgabenordnung dankbare Themen, da sich diese Aufgaben durch eine schematische Prüfung lösen lassen. Zudem tauchen immer wieder Standardprobleme auf.

Typische Fragestellungen sind:
- Wie sind die Erfolgsaussichten des Einspruchs?
- Besteht die Möglichkeit, sich gegen den Bescheid des Finanzamts zur Wehr zu setzen?
- Prüfen Sie die Erfolgsaussichten des Einspruchs von S.
- Prüfen Sie das Schreiben des S (dann ist in der Regel eine Auslegung als Einspruch erforderlich).
- Prüfen Sie, was S gegen den Bescheid unternehmen kann.
- Durfte das Finanzamt den Bescheid erlassen?

Folgende Prüfungsfolge sollten Sie bei der Bearbeitung einer Aufgabe aus dem Bereich Einspruchsverfahren einhalten:

---

1. Prüfung der Statthaftigkeit gemäß §§ 347, 348 AO

↓

2. Prüfung der Zulässigkeit
- Erfolgte der Einspruch fristgerecht gemäß § 355 AO?
- Erfolgte der Einspruch formgerecht d.h. schriftlich oder elektronisch gemäß § 357 AO?
- Liegt eine Beschwer gemäß § 350 AO vor?
  - Ist der Einspruch unzulässig, d.h., ist ein Merkmal nicht erfüllt, so ist der Einspruch als unzulässig zu verwerfen.
  - Ist der Einspruch zulässig, hat die Prüfung der Begründetheit des Einspruchs zu erfolgen.

↓

3. Prüfung der Begründetheit
- Hat der Einspruchsführer in seinem Begehren recht?
- Es hat eine Gesamtüberprüfung des Falles gemäß § 367 Abs. 2 AO zu erfolgen.
- Eine Verböserung ist möglich, jedoch erfolgt eine Anhörung gemäß § 367 Abs. 2 AO.
- Es besteht die Möglichkeit der Rücknahme des Einspruchs.

↓

- ☒ Ist der Einspruch begründet, erfolgt Abhilfe gemäß § 132 AO i.V.m. §§ 172 ff. AO durch den Erlass eines geänderten Steuerbescheides.
- ☒ Ist der Einspruch unbegründet, erfolgt die Einspruchsentscheidung durch das Finanzamt.

Geht es um eine Prüfungsaufgabe aus dem Bereich Rechtsbehelfsverfahren, können mit den einleitenden standardisierten Ausführungen erste Fußgängerpunkte abgeholt werden.

Klausurfall
Das Finanzamt erlässt einen Haftungsbescheid. Sie haben die Aufgabe, die Erfolgsaussichten eines Einspruchs zu prüfen. Die Postaufgabe des Bescheids erfolgt am 16.08.2024, die Übergabe durch den Briefträger am 17.08.2024. Das Einspruchsschreiben wird vom Steuerpflichtigen (S) am 18.09.2024 in den Briefkasten eingeworfen. Hier kann wie folgt eingeleitet werden.

Klausurlösung
Der Einspruch des S gegen den Haftungsbescheid könnte Erfolg haben, wenn er zulässig und begründet ist (§§ 347, 348 AO; Merksatz: Der Einspruch in Erfolg nur mündet, wenn zulässig und begründet):

1. **Zulässigkeit**
   Die Finanzbehörde hat die Zulässigkeit des Einspruchs nach § 358 S. 1 AO zu prüfen. Ein Einspruch ist danach insbesondere dann unzulässig, wenn er nicht in der vorgeschriebenen Form und Frist eingelegt ist.
   Der Einspruch ist nach § 355 Abs. 1 AO innerhalb eines Monats nach Bekanntgabe einzulegen. S, dem der Bescheid vom Briefträger am 17.08.2024 übergeben worden war, warf das Einspruchsschreiben erst am 18.09.2024 in den Briefkasten des Finanzamts. Das könnte zu spät sein. Nachdem jedoch das Finanzamt den Bescheid am 16.08.2024 zur Post gegeben hat, gilt die Drei-Tages-Fiktion des § 122 Abs. 2 Nr. 1 AO, wonach der Bescheid als mit Ablauf des 19.08.2024 bekanntgegeben gilt. Der Einspruch ist damit fristgerecht. S hat den Einspruch schriftlich eingelegt. Die fehlende Unterschrift ist nach § 357 Abs. 1 S. 2 AO unbeachtlich. Letztendlich muss S geltend machen, dass er in seinen Rechten verletzt ist (§ 350 AO). In der Anfechtung eines belastenden Haftungsbescheides liegt konkludent die Geltendmachung der Beschwer. Der Einspruch des S ist zulässig.

2. **Begründetheit**
   Der zulässige Einspruch ist begründet, wenn der Haftungsbescheid gegen formelles oder materielles Recht verstößt. Nach § 367 Abs. 2 S. 1 AO hat das Finanzamt dabei die Sache in vollem Umfange erneut zu prüfen. Das kann auch zu einer verbösernden Entscheidung führen. In diesem Fall ist S jedoch zuvor zu hören, um ggf. den Einspruch zurücknehmen zu können (§ 367 Abs. 2 S. 2 AO).
   Der Haftungsbescheid verstößt nicht gegen formelles Recht. Ihm fehlt zwar die erforderliche Begründung. Sie wurde aber im Einspruchsverfahren ergänzt. Damit ist dieser Fehler nach § 126 Abs. 1 Nr. 2 AO geheilt.
   Der Einspruch des S ist begründet, wenn er für die Steuer nicht haftet. Eine Haftung könnte sich jedoch aus §§ 69, 34 AO ergeben usw.

Probleme Form und Frist eines Einspruchs und Wiedereinsetzung
Typische Problematik in Klausuren aus dem Bereich Rechtsbehelfsverfahren ist die Form und die Frist des Einspruchs. Hier bietet sich folgendes Prüfungsschema an:

1.3 Standardaufgaben und Standardfragestellungen

> **Form des Einspruchs (§ 357 AO):**
> - schriftlich, elektronisch oder zur Niederschrift,
> - Bezeichnung des angefochtenen Verwaltungsakts (Sollvorschrift),
> - Bezeichnung des Einspruchs (eine falsche Bezeichnung ist unschädlich),
> - Bezeichnung des Einspruchsführers (zumindest Einspruchsführer erkennbar).

> **Frist des Einspruchs gemäß § 355 AO:**
> Die Frist beträgt einen Monat nach der Bekanntgabe des Einspruchs (§ 108 AO i.V.m. §§ 187, 188 BGB).

> **Wird diese Frist versäumt, erfolgt die Wiedereinsetzung in den vorigen Stand gemäß § 110 AO:**
> - Versäumen einer gesetzlichen Frist (etwa der Einspruchsfrist),
> - kein Verschulden,
> - Antrag auf Wiedereinsetzung,
> - Einhalten der Wiedereinsetzungsfrist (ein Jahr).

Fälle aus den Bereichen Form, Frist und Wiedereinsetzung lassen sich standardisiert lösen.

Klausurfall

Dem Steuerpflichtigen (S) wurde am 16.08.2024 ein Steuerbescheid 2023 bekannt gegeben. Hiergegen wendet sich S mit einem Schreiben, das die Überschrift „Einwendung" trägt und nicht unterschrieben ist. S sendet dem Finanzamt seine Einwendungen am 27.09.2024 per E-Mail. S hatte am 14.09.2024 einen schweren Verkehrsunfall und lag bis zum 25.09.2024 im Krankenhaus.

Klausurlösung

Der Einspruch des X vom 27.09.2024 gegen den Einkommensteuerbescheid 2023 ist zulässig, wenn er in der richtigen Form und in der vorgeschriebenen Frist eingelegt worden ist (§ 358 S. 1 AO):

a) Der Einspruch ist schriftlich oder elektronisch oder zur Niederschrift zu erklären. Schriftlich bedeutet in Papierform, wobei auch die Einlegung durch Fax bzw. elektronisch durch E-Mail zulässig ist. Eine Unterschrift ist nicht erforderlich.
b) Dass X statt „Einspruch" das Wort „Einwendung" gewählt hat, ist nach § 357 Abs. 1 S. 3 AO unbeachtlich. Es genügt – ist aber andererseits auch erforderlich – dass sich X als Einspruchsführer bezeichnet (§ 357 Abs. 1 S. 2 AO).
c) X hat gegen den ihm am 16.08.2024 bekannt gegebenen Einkommensteuerbescheid 2023 erst am 27.09.2024 Einspruch eingelegt. Damit ist die gesetzliche Frist des § 355 Abs. 1 AO versäumt. Die Monatsfrist nach § 355 AO ist gem. §§ 108 Abs. 1 AO, 187, 188 BGB mit Ablauf des 16.09.2024 abgelaufen. S hatte jedoch am 14.09.2024 einen schweren Verkehrsunfall und lag bis zum 25.09.2024 im Krankenhaus. Das ist ein Wiedereinsetzungsgrund i.S.d. § 110 Abs. 1 AO. Nachdem S den Einspruch innerhalb eines Monats nach Wegfall des Hindernisses eingelegt und das fehlende Verschulden glaubhaft gemacht hat, kann ihm nach § 110 Abs. 2 S. 4 AO Wiedereinsetzung auch ohne ausdrücklichen Antrag gewährt werden.

1.3.2.2 Klageverfahren

Die Fragestellungen aus dem **Bereich Klageverfahren und FGO** lassen sich ähnlich wie die aus dem Rechtsbehelfsverfahren schematisch lösen.

Typische Fragestellungen sind hier:
- Erfolgsaussichten der Klage?
- Besteht die Möglichkeit, sich gegen den Einspruchsbescheid des Finanzamts zur Wehr zu setzen?
- Prüfen Sie die Erfolgsaussichten der Klage von S.
- Prüfen Sie, was S gegen die Einspruchsentscheidung unternehmen kann.

Es bietet sich an, für Fragestellungen aus dem Bereich Klageverfahren und FGO immer nach folgendem Prüfungsschema zu verfahren:

Zulässigkeit der Klage
1. **Finanzgerichtsweg**
   Liegt eine Abgabenangelegenheit gemäß § 33 FGO vor?
2. **Klageart**
   Die Klage gegen einen Verwaltungsakt (Bescheid) stellt grundsätzlich eine Anfechtungsklage gemäß § 40 Abs. 1, 1. Alternative FGO dar.
3. **Rechtsverletzung**
   Die Rechtsverletzung ist schlüssig geltend zu machen gemäß § 40 Abs. 2 FGO.
4. **Vorverfahren**
   Ist ein außergerichtlicher Rechtsbehelf gegeben, so ist die Klage – vorbehaltlich der §§ 45 und 46 FGO – dann zulässig, wenn das Vorverfahren ganz oder zum Teil erfolglos geblieben ist (§ 44 FGO).
5. **Form der Klageerhebung**
   Die Klageerhebung hat schriftlich oder zur Niederschrift des Urkundsbeamten zu erfolgen (§ 64 FGO). Berufsträger wie etwa Steuerberater sind seit Anfang 2023 verpflichtet, die Klage elektronisch einzureichen, vgl. § 52d FGO.
6. **Klagefrist**
   Die Frist für die Erhebung der Anfechtungsklage beträgt gemäß § 47 FGO einen Monat. Die Frist beginnt mit der Bekanntgabe der Entscheidung über den außergerichtlichen Rechtsbehelf. In den Fällen des § 45 FGO und wenn ein außergerichtlicher Rechtsbehelf nicht gegeben ist, beginnt die Frist mit der Bekanntgabe des Verwaltungsakts.

Begründetheit der Klage

Die Klage ist begründet, wenn der angefochtene Verwaltungsakt rechtswidrig ist und der Kläger dadurch in seinen Rechten verletzt ist (§ 100 Abs. 1 S. 1 FGO).

Hier folgt die Prüfung der materiellen Rechtmäßigkeit des Verwaltungsakts!

Klausurfall

Unternehmer S klagt gegen Einkommensteuerbescheid 2022 vom 16.06.2024 nach Einspruchsentscheidung vom 11.10.2024 und Klageerhebung am 22.10.2024.

Klausurlösung

Die Klage des S ist erfolgreich, wenn die eingereichte Klage zulässig und begründet ist.

1.3 Standardaufgaben und Standardfragestellungen

1. Zulässigkeit der Klage

Es handelt sich vorliegend um eine Abgabenangelegenheit, daher ist gemäß § 33 FGO der Weg zum Finanzgericht eröffnet.

S greift mit seiner Klage den Einkommensteuerbescheid 2022 vom 16.06.2024 an und begehrt die Herabsetzung der Steuerschuld wegen nicht berücksichtigter Betriebsausgaben. S erhebt somit eine Anfechtungsklage nach § 40 Abs. 1, 1. Alternative FGO. Diese Anfechtungsklage richtet sich auch gegen einen Verwaltungsakt, hier den Einkommensteuerbescheid 2022. Infolge der behaupteten Nichtberücksichtigung von Betriebsausgaben hat S schlüssig gemäß § 40 Abs. 2 FGO eine Rechtsverletzung geltend gemacht.

Das nach § 44 FGO erforderliche Vorverfahren, d.h. das Einspruchsverfahren wurde durchgeführt. Der Einspruch des S wurde abgewiesen.

Die Klage wurde schriftlich erhoben, somit sind die Voraussetzungen des § 64 FGO erfüllt. Darüber hinaus wurde auch die Klagefrist von einem Monat gemäß § 47 FGO eingehalten, nachdem gegen die am 11.10.2024 ergangene und am 14.10.2024 bekannt gegebene (§ 122 Nr. 1 AO) Einspruchsentscheidung am 22.10.2024 und somit innerhalb der Monatsfrist Klage erhoben wurde.

> **Hinweis:** Die Zulässigkeitsvoraussetzungen können – um möglichst wenig Zeit bei der Abfassung des Lösungstextes zu verlieren – jedenfalls in den unproblematischen Passagen im Urteilsstil abgehandelt werden.

2. Begründetheit der Klage

Die Klage des S ist begründet, wenn der angefochtene Einkommensteuerbescheid 2019 rechtswidrig und der Kläger dadurch in seinen Rechten verletzt ist (§ 100 Abs. 1 S. 1 FGO). Der Einkommensteuerbescheid 2019 ist rechtswidrig, denn die von S geltend gemachten Betriebsausgaben hätten nach materiellem Recht berücksichtigt werden müssen. Dies wäre dann der Fall gewesen, wenn …

> **Hinweis:** Hier werden regelmäßig materielle Vorschriften ausführlich zu prüfen sein, sodass an dieser Stelle wieder in den Gutachterstil übergangen werden sollte.

1.3.3 Prüfungsfolge Haftung gemäß § 69 AO

Die Haftung war in den vergangenen 20 Jahren kein Prüfungsstoff. Auffallend ist, dass in den Jahren 2000/2001 und 2001/2002 der Prüfungsstoff zu rund 50 % aus Haftungsproblemen bestand. Es ist davon auszugehen, dass Haftungsthemen in einer der nächsten Prüfungskampagnen wieder eine Rolle spielen werden. Jedenfalls sollte der Prüfungskandidat hier keinesfalls „blank" sein. Die Lösung einer Klausuraufgabe kann schematisch angegangen werden.

Typische Fragestellungen aus dem Bereich der Haftung sind:
- Muss B (Beihilfe Steuerhinterziehung) mit weiteren Maßnahmen rechnen, wenn S (Steuerpflichtiger) kurzfristig in Insolvenz fallen würde und diese mangels Masse abgewiesen werden würde?
- S möchte von Ihnen wissen, ob sein Rechtsbehelf Aussicht auf Erfolg hat. Prüfen Sie unabhängig davon, ob und in welchem Umfang und nach welchen gesetzlichen Bestimmungen möglicherweise ein Haftungsgrund gegen ihn besteht.

- S möchte von Ihnen unter Angaben aller in Betracht kommenden einschlägigen Vorschriften wissen, ob das Finanzamt berechtigt ist, Haftbescheid gegen S wegen der gesamten Steuerrückstände und Abgaben zu erlassen und ggf. in welcher Höhe?

Prüfungsaufgaben aus dem Bereich der Haftung sind meist nach dem gleichen Strickmuster erstellt und lösbar. Regelmäßig ist die Rechtmäßigkeit eines Haftungsbescheides oder der tatsächlichen Inanspruchnahme zu prüfen. In diesem Rahmen sind die Haftungstatbestände zu prüfen. Teilweise wird aber auch nur nach der Haftung gefragt. Zwar entfallen in dann die Ausführungen zum formellen Haftungsrecht, demnach sollte aber stets ein Hinweis auf die Durchsetzung des Haftungsproblems mit Haftungsbescheid gem. § 191 AO erfolgen. Hierfür gibt es in der Regel Punkte.

Prüfung der Haftung nach § 69 AO

	Voraussetzungen
Personenkreis	Zugehörigkeit zum Personenkreis der Haftenden (§§ 34, 35 AO)
Pflichtverletzung	Verletzung der auferlegten Pflichten (§ 34 Abs. 1 AO)
Haftungsschäden	Ansprüche aus dem Steuerschuldverhältnis (§ 38 AO) werden: a) nicht oder zu niedrig festgesetzt („soweit"), b) nicht rechtzeitig festgesetzt, c) nicht oder nur teilweise erfüllt („soweit"), **oder** d) Steuervergütungen oder Steuererstattungen werden ohne rechtlichen Grund ausgezahlt
Kausalität	Pflichtverletzung muss ursächlich sein
Verschulden	Pflichtverletzung muss vorsätzlich oder grob fahrlässig erfolgt sein
Umfang der Haftung	Haftung für alle Ansprüche aus dem Steuerschuldverhältnis (§ 37 AO) = persönliche unbeschränkte Haftung

Klausurfall

Der Geschäftsführer (G) einer GmbH hat Umsatzsteuerbeträge aus dem Jahr 2020 nicht abgeführt, obwohl in diesen Zeiten die Ansprüche weiterer Gläubiger berechnet worden sind.

Klausurlösung

Das Finanzamt könnte G nach §§ 191 Abs. 1, 5 AO per Haftungsbescheid für die Umsatzsteuer der GmbH aus dem Jahr 20 in Anspruch nehmen, wenn dieser dafür haftet. Eine Haftung des G könnte sich aus §§ 69 Abs. 1, 34 Abs. 1 AO ergeben.

1. G könnte zu dem Personenkreis des § 34 Abs. 1 AO gehören. Er ist Geschäftsführer der GmbH gem. § 35 GmbHG und damit der gesetzliche Vertreter der juristischen Person GmbH.
2. Eine Haftung kann sich nur dann ergeben, wenn G seine steuerlichen Pflichten als gesetzlicher Vertreter der GmbH verletzt hat. Die Pflichtverletzung liegt im vorsätzlichen Nichtabführen der Umsatzsteuer, obgleich G im Haftungszeitraum die anderweitigen Verbindlichkeiten der GmbH vollständig erfüllen konnte und erfüllte. Dadurch sind Ansprüche aus

dem Steuerschuldverhältnis nicht erfüllt worden und dem Finanzamt ist infolgedessen ein gleichlautender Schaden entstanden. Dafür hat G einzustehen.
3. Die Haftung nach §§ 69, 34 AO richtet sich nach der durchschnittlichen Tilgungsquote im Haftungszeitraum. Nachdem G jedoch alle anderen Gläubiger voll befriedigt hat und nachdem er auch die Steuerschulden hatte voll erfüllen können, trifft ihn die Haftung in voller Höhe.
4. G haftet nach §§ 69, 34 AO persönlich mit seinem gesamten Vermögen. Das Finanzamt darf aber G erst als Haftungsschuldner in Anspruch nehmen, wenn die Vollstreckung in das bewegliche Vermögen der GmbH ohne Erfolg geblieben ist (§ 219 S. 2 AO).

> **Hinweise!**
> - Bei Haftungsfällen bitte die Prüfung des **§ 166 AO** nicht vergessen.
> - Die Inanspruchnahme des Haftungsschuldners steht im Ermessen der Finanzbehörde (§ 5 AO).
> - Der Haftungsbescheid richtet sich nach der Vorschrift des § 191 AO, mit besonderen Vorschriften zur Haftungsverjährung.
> - Der Haftungsbescheid ist ein sonstiger Verwaltungsakt, die Korrektur richtet sich nach den Vorschriften des § 129 und der §§ 130, 131 AO.

1.4 Standardthemen und Prüfungsschwerpunkte

1.4.1 Berichtigung im Rechtsbehelfsverfahren und Berichtigung nach Bestandskraft

Ein Großteil von Steuerbescheiden wird geändert, nachdem der Steuerpflichtige hiergegen Einspruch eingelegt hat. Eine gesonderte Berichtigungsnorm findet sich in den §§ 347 ff. AO nicht (vgl. den Hinweis in § 172 Abs. 1 Nr. 2a AO am Ende). Die Verpflichtung der Finanzbehörde, einen fehlerhaften Steuerbescheid im Rechtsbehelfsverfahren aufzuheben, zu ändern oder zu berichtigen, ergibt sich aus § 367 Abs. 2 S. 1 AO. Danach hat die Finanzbehörde, die über den Einspruch entscheidet, die Sache in vollem Umfange erneut zu prüfen. Das Thema **Berichtigung von Steuerbescheiden** zielt auf die Berichtigungsmöglichkeiten, die selbst bei Bestandskraft eines Bescheides greifen. Das sind die §§ 164, 165 AO einerseits und die §§ 129, 172 ff. AO andererseits. Grundvoraussetzung einer jeden Änderung oder Berichtigung ist jedoch, dass die Festsetzungsfrist für die betreffende Steuer noch nicht abgelaufen ist, vgl. § 169 Abs. 1 S. 1 AO.

1.4.2 Berichtigung bei Festsetzung unter Vorbehalt der Nachprüfung und vorläufige Steuerfestsetzung

Nach § 164 AO können Steuern unter dem Vorbehalt der Nachprüfung festgesetzt werden, wenn der Steuerfall nicht abschließend geprüft ist. Solange der Vorbehalt wirksam ist, kann die Steuerfestsetzung jederzeit geändert werden (§ 164 Abs. 2 AO). Die **Verlängerung der Festsetzungsfrist bei Steuerhinterziehung und leichtfertiger Steuerverkürzung** wirkt im Rahmen der Steuerfestsetzung unter Vorbehalt der Nachprüfung gem. § 164 Abs. 4 S. 2 AO nicht. Gleiches gilt für die Verlängerung nach § 171 Abs. 7, 8 und 9 AO.

Die **vorläufige Steuerfestsetzung nach § 165 AO** unterscheidet sich von der Festsetzung unter dem Vorbehalt der Nachprüfung dadurch, dass nicht der gesamte Steuerfall offen ist. Bei der vorläufigen Steuerfestsetzung ist die Vorläufigkeit auf bestimmte Sachverhalte, d.h. **punktuell** beschränkt, deren Beurteilung ungewiss ist, die aber für die Entstehung der Steuer von

Bedeutung sind. Soweit die Vorläufigkeit reicht, kann ein solcher Steuerbescheid jederzeit geändert werden. Die vorläufige Steuerfestsetzung ist aufzuheben, zu ändern oder für endgültig zu erklären, wenn die Ungewissheit beseitigt ist. Nach § 171 Abs. 8 AO endet die Festsetzungsfrist nicht vor dem Ablauf eines Jahres bzw. von zwei Jahren, nachdem die Ungewissheit beseitigt ist und die Finanzbehörde hiervon Kenntnis erlangt hat.

1.4.3 Sonstige Änderungsmöglichkeiten nach der Abgabenordnung

Die **allgemeinen Berichtigungsbestimmungen** sind im 4. Teil der AO (Durchführung der Besteuerung) und dort unter III. (Bestandskraft) in den §§ 172–177 AO geregelt. Neben diesen Berichtigungsnormen kann ein Steuerbescheid auch nach § 129 AO berichtigt werden, wenn ihm ein Schreibfehler, Rechenfehler oder eine ähnliche offenbare Unrichtigkeit anhaftete, der beim Erlass unterlaufen ist. Die §§ 130 und 131 AO, die die Rücknahme und den Widerruf von Verwaltungsakten regeln, sind auf die Aufhebung und Änderung von Steuerbescheiden (Berichtigung) nicht anzuwenden (§ 172 Abs. 1 Nr. 2d AO am Ende). Für die verschiedenen Berichtigungen können sich nach § 171 AO bestimmte Ablauftatbestände ergeben. Wird z.B. vor Ablauf der Festsetzungsfrist ein Antrag nach § 129 AO gestellt, so läuft die Festsetzungsfrist insoweit nicht ab, bevor über den Antrag unanfechtbar entschieden worden ist. Eine Sonderregelung bringt insoweit auch § 171 Abs. 10 AO. Danach endet die Festsetzungsfrist für einen Folgebescheid nicht vor Ablauf von zwei Jahren nach Bekanntgabe des Grundlagenbescheids.

1.4.3.1 Änderung wegen offenbarer Unrichtigkeit

Nach § 129 AO kann ein Steuerbescheid, dem eine **offenbare Unrichtigkeit** (Schreibfehler, Rechenfehler u.ä.) anhaftet, jederzeit berichtigt werden. Bei der offenbaren Unrichtigkeit müssen mechanische Fehler unterlaufen sein, die außerhalb einer Entscheidungsbildung einer Finanzbehörde liegen. Eine offenbare Unrichtigkeit kann auch dann vorliegen, wenn der mechanische Fehler vom Steuerpflichtigen stammt, wenn aber die Finanzbehörde diesen Fehler übernommen hat. Tatsachen und Rechtsirrtümer schließen die Berichtigung wegen offenbarer Unrichtigkeit aus.

1.4.3.2 Allgemeine Änderungsbefugnis nach § 172 AO

§ 172 AO ist die Eingangsvorschrift zu den Berichtigungsnormen. Nach § 172 Abs. 1 Ziff. 2 AO sind Steuerbescheide dann zu ändern, wenn der Steuerpflichtige zustimmt. Soll ein Steuerbescheid zugunsten des Steuerpflichtigen geändert werden, muss er vor Ablauf der Einspruchsfrist zugestimmt oder einen diesbezüglichen Antrag gestellt haben (§ 172 Abs. 1 Ziff. 2a AO). Ein Steuerbescheid ist ferner dann zu ändern, soweit er von einer sachlich unzuständigen Behörde erlassen oder durch unlautere Mittel wie **arglistige Täuschung, Drohung oder Bestechung** erwirkt worden ist, oder wenn eine Änderung sonst gesetzlich zugelassen ist. Letzteres ist der Verweis auf die §§ 173–175b AO. In der Praxis wird sehr häufig von der Änderungsmöglichkeit nach § 172 Abs. 1 Nr. 2a, 2. Alternative AO Gebrauch gemacht. Hierbei muss aber gesondert darauf geachtet werden, dass im Falle des Antrags auf Änderung der Steuerfall zwar noch offen bleibt, dass aber – anders als im Einspruchsverfahren – vorläufiger Rechtsschutz in Form der Aussetzung der Vollziehung nicht gewährt werden kann.

1.4 Standardthemen und Prüfungsschwerpunkte

1.4.3.3 Änderung wegen neuer Tatsachen (§ 173 AO)

Steuerbescheide sind zu ändern, soweit Tatsachen und Beweismittel nachträglich bekannt werden, die zu einer höheren oder niedrigeren Steuer führen. Tatsachen können Zustände, Vorgänge, Beziehungen und Eigenschaften materieller und immaterieller Art sein. Beweismittel sind insbesondere Urkunden, Schriftstücke etc. Die Tatsachen und Beweismittel müssen der Finanzbehörde nachträglich bekannt werden. Entscheidend ist der Wissensstand der zur Bearbeitung des Steuerfalles berufenen Dienststelle. Ein Kennen können oder Kennen müssen reicht nicht aus. Gibt der Steuerpflichtige der Finanzbehörde nachträglich Tatsachen und Beweismittel bekannt, so darf ihn hieran kein grobes Verschulden treffen. Ein bloßes Vergessen, Verwechseln oder Verrechnen begründet kein grobes Verschulden. Hingegen ist grobes Verschulden zu bejahen, wenn der Steuerpflichtige die von der Finanzbehörde angebotenen Hilfen (Erklärungsvordrucke und Erläuterungen etc.) nicht beachtet bzw. falsch ausfüllt. Das grobe Verschulden ist im Zusammenhang mit dem **Bekanntwerden steuererhöhender Tatsachen** unschädlich. So kann beispielsweise bei nachträglich bekannt gewordenen Einnahmen (Verkaufserlös) die darauf entfallenden und gegebenenfalls den Verkaufserlös übersteigenden Betriebsausgaben (Wareneinsatz) nach § 173 Abs. 1 Nr. 2, 2. Alternative AO zu einer niedrigeren Steuerfestsetzung führen. Diese Grundsätze sind dann allerdings nicht anzuwenden, wenn Einkünfte einer bestimmten Einkunftsart überhaupt nicht erklärt und in einem Steuerbescheid nicht berücksichtigt sind. Dann stellen die Einkünfte dieser betroffenen Einkunftsart, also die gesamte Einkunftsquelle die neue Tatsache dar und es kommt nicht zu einer Aufteilung von Einnahmen und Betriebsausgaben.

1.4.3.4 Änderung wegen widerstreitender Steuerfestsetzung (§ 174 AO)

§ 174 AO will vermeiden, dass weder steuererhöhende Tatsachen noch steuermindernde Tatsachen doppelt berücksichtigt werden. Alle Änderungstatbestände des § 174 Abs. 1–4 AO haben gemein, dass ein bestimmter Sachverhalt von zwei Steuerbescheiden erfasst wird. Ist z.B. ein bestimmter Sachverhalt sowohl im Jahre 01 als auch im Jahre 02 bei der Steuerfestsetzung zuungunsten oder zugunsten des Steuerpflichtigen berücksichtigt worden, kommt § 174 Abs. 1 und 2 AO zur Anwendung. Geht die Finanzbehörde erkennbar davon aus, dass Betriebseinnahmen/Betriebsausgaben bei der Veranlagung 02 zu berücksichtigen sind und wird deshalb das Jahr 01 nicht angesprochen, so kann der Bescheid 01 geändert werden, wenn sich nachträglich herausstellt, dass die Einnahmen/Ausgaben in 01 gehören. Diesen Sachverhalt erfasst § 174 Abs. 3 AO. Wendet sich ein Steuerpflichtiger gegen den Ansatz von Betriebseinnahmen in 02 und hebt die Finanzbehörde aufgrund eines Rechtsbehelfs oder eines sonstigen Antrags den Bescheid zugunsten des Steuerpflichtigen auf, so kann die Finanzbehörde nachträglich die richtigen steuerlichen Folgerungen ziehen. Gehören die Betriebseinnahmen in 01, so kann sie den Bescheid 01 selbst dann noch ändern, wenn die Festsetzungsfrist abgelaufen ist (s. § 174 Abs. 4 AO).

1.4.3.5 Änderungen nach § 175 AO

Ein Steuerbescheid ist auch dann zu erlassen, aufzuheben oder zu ändern, soweit ein Grundlagenbescheid aufgehoben oder geändert wird oder soweit ein Ereignis eintritt, das steuerliche Wirkung für die Vergangenheit hat (**rückwirkendes Ereignis**). Ein rückwirkendes Ereignis ist beispielsweise dann zu bejahen, wenn die Rechtsfolgen aus einem Veräußerungsgeschäft wegfallen, weil dieses angefochten wird. Nach § 175 Abs. 2 S. 2 AO beginnt die Festsetzungsfrist erst in dem Jahr, in dem das rückwirkende Ereignis eintritt. Nach § 171 Abs. 10 AO endet die

Einspruchsfrist für den Folgebescheid nicht vor Ablauf von zwei Jahren nach Bekanntgabe des Grundlagenbescheids.

1.4.3.6 Fehlerberichtigung nach § 177 AO
Ist ein fehlerhafter Bescheid z.B. nach § 173 AO zu berichtigen, kann ein materieller Fehler, für den es grundsätzlich keine Berichtigungsmöglichkeit gibt, im Rahmen anderer Berichtigung mitberücksichtigt werden – jedoch nur, soweit die Änderung reicht.

1.4.3.7 Festsetzungsverjährung
Ungeschriebenes aber wichtigstes **Tatbestandsmerkmal für jede Berichtigungsnorm** (§§ 164, 165, 129, 172 ff. AO) ist, dass noch keine Festsetzungsverjährung eingetreten ist (vgl. § 169 Abs. 1 S. 1 AO).

1.4.3.7.1 Begriffsbestimmung und Rechtsfolgen
Die **Festsetzungsverjährung** ist in §§ 169 ff. AO geregelt. Steuern kann das Finanzamt erst erheben und beim Steuerpflichtigen geltend machen, wenn sie in einem Steuerbescheid festgesetzt worden sind. Das Recht auf Steuerfestsetzung unterliegt nach §§ 169 ff. AO einer Festsetzungsverjährung. Ist diese eingetreten, so kann die Finanzbehörde die betreffende Steuer nicht mehr erheben. Der Steueranspruch erlischt (§ 47 AO).

Ist eine Steuer hingegen schon festgesetzt, so unterliegt diese Steuerfestsetzung einer **Zahlungsverjährung** nach §§ 228 ff. AO. Die Finanzbehörde kann danach eine festgesetzte Steuer nicht mehr durchsetzen, wenn die Zahlungsverpflichtung nach §§ 228 ff. AO verjährt ist. Auch in diesem Fall erlischt der Steueranspruch (§§ 47, 232 AO).

Steuern, die nach Eintritt der Festsetzungsverjährung oder nach Eintritt der Zahlungsverjährung gezahlt werden, sind ohne Rechtsgrund gezahlt und können vom Steuerpflichtigen wieder zurückgefordert werden.

Die **Festsetzungsverjährung** nach den §§ 169 ff. AO gilt entsprechend für Steuermessbeträge (§ 184 Abs. 1 AO), für die gesonderte Feststellung von Besteuerungsgrundlagen (§ 181 Abs. 1 AO) und für den Erlass von Haftungsbescheiden nach § 191 Abs. 1 S. 1 AO. Die Festsetzungsverjährung von Zinsen und von Vollstreckungskosten beträgt nach §§ 239, 346 AO ein Jahr.

1.4.3.7.2 Verjährungsfristen
Die **Festsetzungsfrist** beträgt nach § 169 Abs. 2 S. 1 Nr. 1 AO bei den untergeordneten und in der Praxis wenig bedeutsamen Verbrauchsteuern (Stromsteuer, Tabaksteuer, Mineralölsteuer, etc.) ein Jahr. Die Festsetzungsfrist für die – in der Praxis allein bedeutenden – sonstigen Steuern (Einkommensteuer, Umsatzsteuer, Körperschaftsteuer etc.) beläuft sich nach § 169 Abs. 2 S. 1 Nr. 2 AO auf vier Jahre. Die Festsetzungsfrist beträgt zehn Jahre, soweit eine Steuer hinterzogen (§ 370 AO), und fünf Jahre, soweit sie leichtfertig verkürzt worden ist (§ 378 AO). Die zehn- bzw. fünfjährige Festsetzungsfrist gilt auch dann, wenn die Steuerhinterziehung oder Steuerverkürzung ein gesetzlicher Vertreter des Steuerschuldners begangen hat (§ 169 Abs. 2 S. 3 AO).

Die Festsetzungsfrist (vier, fünf oder zehn Jahre) ist gewahrt, wenn der Steuerbescheid das Finanzamt verlassen hat (§ 169 Abs. 1 S. 2 AO). Voraussetzung ist jedoch, dass dieser Bescheid dem Steuerpflichtigen noch bekannt gegeben wird. Das Risiko des Nachweises des Zugangs bleibt beim Finanzamt. Das Finanzamt trägt auch die Feststellungslast hinsichtlich der rechtzeitigen Absendung.

1.4 Standardthemen und Prüfungsschwerpunkte

1.4.3.7.3 Beginn der Festsetzungsfrist nach § 170 AO

Die Festsetzungsfrist beginnt nach § 170 Abs. 1 AO grundsätzlich mit Ablauf des Kalenderjahres, in dem die Steuer entstanden ist. § 170 Abs. 1 AO hat nur dann praktische Bedeutung, wenn keine Pflicht zur Abgabe einer Steuererklärung besteht (z.B. bei der Antragsveranlagung nach § 46 Abs. 2 Nr. 8 EStG oder bei **Haftungsbescheiden**). Sonst greift regelmäßig § 170 Abs. 2 S. 1 Nr. 1 AO. Wenn eine Steuererklärung abzugeben oder eine Steueranmeldung einzureichen ist, beginnt die Festsetzungsfrist mit Ablauf des Kalenderjahres, in dem die Steuererklärung etc. eingereicht wird, spätestens jedoch mit Ablauf des dritten Kalenderjahres das auf das Kalenderjahr folgt, in dem die Steuer entstanden ist. Letzteres gilt nicht, wenn die Festsetzungsfrist nach § 170 Abs. 1 AO später beginnt, wie dies beispielsweise bei der Erbschaft- und Schenkungsteuer nach § 170 Abs. 5 AO der Fall sein kann.

1.4.3.7.4 Ablaufhemmung nach § 171 AO

Während § 170 AO den Beginn der Festsetzungsfrist hinausschiebt, verlängert § 171 AO den Ablauf dieser Frist. In § 171 AO sind Sachverhalte aufgezeigt, die eine Ablaufhemmung bewirken.

Die wichtigsten **Ablaufhemmungen** sind wie folgt zu nennen:

- Aufgrund höherer Gewalt innerhalb der letzten sechs Monate keine Steuerfestsetzung (§ 171 Abs. 1 AO),
- Antrag auf Aufhebung oder Änderung oder Berichtigung nach § 129 AO außerhalb eines Einspruchs- oder Klageverfahrens; kein Fristablauf vor unanfechtbarer Entscheidung darüber (§ 171 Abs. 3 AO),
- bei zulässigem Einspruch oder bei zulässiger Klage kein Fristablauf vor unanfechtbarer Entscheidung (§ 171 Abs. 3a AO),
- kein Fristablauf, wenn und soweit vor Ablauf der Festsetzungsfrist Beginn einer Außenprüfung, bis Steuerfestsetzung unanfechtbar (§ 171 Abs. 4 AO),
- kein Fristablauf in den Fällen des § 169 Abs. 2 S. 2 AO vor Verfolgungsverjährung der Steuerhinterziehung oder leichtfertigen Steuerverkürzung (§ 171 Abs. 7 AO),
- kein Fristablauf bei vorläufiger Steuerfestsetzung vor Ablauf eines Jahres nach Kenntnis um die Beseitigung der Ungewissheit, zwei Jahre in den Fällen des § 165 Abs. 1 S. 2 AO (§ 171 Abs. 8 AO),
- kein Fristablauf vor Ablauf eines Jahres nach Anzeige gem. §§ 153, 371 und 378 Abs. 3 AO (§ 171 Abs. 9 AO) oder
- kein Ablauf der Festsetzungsfrist für Folgebescheid vor Ablauf von zwei Jahren vor Bekanntgabe des Grundlagenbescheids (§ 171 Abs. 10 AO).

1.4.4 Rechtsbehelfs- und Klageverfahren
1.4.4.1 Die Zulässigkeitsvoraussetzungen für das außergerichtliche und das gerichtliche Rechtsbehelfsverfahren
1.4.4.1.1 Zulässigkeit des Rechtsbehelfsverfahrens

Nach § 347 Abs. 1 AO kann der Steuerpflichtige gegen Verwaltungsakte der Finanzbehörde Einspruch einlegen. In diesem Fall hat die Finanzbehörde, die den Verwaltungsakt erlassen hat, die Sache in vollem Umfang erneut zu prüfen (§ 367 Abs. 2 S. 1 AO). Die Steuersache ist – sofern dem Begehren nicht abgeholfen werden kann – jetzt nicht mehr bei der Veranlagungsstelle, sondern bei der betreffenden Rechtsbehelfsstelle des gleichen Finanzamts.

Nach § 358 AO hat die Finanzbehörde (Rechtsbehelfsstelle) vorab zu prüfen, ob der Einspruch zulässig ist, insbesondere in der vorgeschriebenen Form und Frist eingelegt ist. Die **neun wichtigsten Zulässigkeitsvoraussetzungen** (ein anderes Wort dafür ist Sachurteilsvoraussetzungen) lassen sich wie folgt zusammenstellen:
1. **§ 347 AO:** Abgabenangelegenheit ist gegeben,
2. **§ 348 AO:** Kein Ausschluss (gegen Einspruchsentscheidungen etc.),
3. **§ 350 AO:** Geltendmachung der Beschwer (liegt immer vor bei Steuerfestsetzung größer Null),
4. **§ 352 AO:** Einspruchsbefugnis (nur) bei einheitlicher Feststellung,
5. **§ 354 AO:** Kein Einspruchsverzicht nach Erlass des Verwaltungsakts,
6. **§ 355 AO:** Rechtzeitige Einspruchseinlegung bei Belehrung (ein Monat),
7. **§ 356 AO:** Rechtzeitige Einspruchseinlegung ohne Belehrung (ein Jahr),
8. **§ 357 AO:** Wie und wo wird Einspruch eingelegt (schriftlich, Anbringungsbehörde etc.),
9. **§ 362 AO:** Reine Rücknahme des Einspruchs (Verlust des eingelegten Rechtsmittels).

1.4.4.1.2 Zulässigkeit des Klageverfahrens

Ebenso wie bei einem Einspruchsverfahren müssen auch bei einem **Klageverfahren** besondere Voraussetzungen gegeben sein, damit die Klage zulässig ist. Das ergibt sich aus den §§ 33 ff. FGO. **Die zwölf wichtigsten Zulässigkeitsvoraussetzungen** (Sachurteilsvoraussetzungen) lassen sich wie folgt zusammenfassen:
1. **§ 33 FGO:** Rechtsstreit in Abgabenangelegenheiten (wie § 347 AO),
2. **§ 40 FGO:** Geltendmachung der Beschwer – Abs. 2 (wie § 350 AO),
3. **§ 44 FGO:** Vorheriges Einspruchsverfahren – Ausnahme Sprungklage,
4. **§ 44 FGO:** Abschluss Einspruchsverfahren – Ausnahme Untätigkeitsklage,
5. **§ 47 FGO:** Rechtzeitige Klage bei Belehrung – ein Monat (wie § 355 AO),
6. **§ 48 FGO:** Klagebefugnis bei einheitlicher Feststellung (wie § 352 AO),
7. **§ 50 FGO:** Kein Klageverzicht vor Erlass des Verwaltungsakts (wie § 354 AO),
8. **§ 55 FGO:** Rechtzeitige Klage ohne Belehrung – ein Jahr (wie § 356 AO),
9. **§ 64 FGO:** Form der Klage (ähnlich wie § 357 AO),
10. **§ 65 FGO:** Inhalt der Klage – Ergänzung nach Abs. 2,
11. **§ 66 FGO:** Keine anderweitige Rechtshängigkeit,
12. **§ 72 FGO:** Keine Rücknahme der Klage – Klageverlust nach Abs. 2 (wie § 362 AO).

1.4.4.2 Verfahrensvorschriften bei Änderung eines Verwaltungsaktes

Nach § 132 S. 1 AO gelten die Vorschriften über die Rücknahme, den Widerruf, die Aufhebung und Änderung von Verwaltungsakten auch während eines Einspruchsverfahrens und während eines finanzgerichtlichen Verfahrens. Hier ist besonders auf die Problematik der Bindungswirkung der Vorverwaltungsakte zu achten und auf das Schicksal des Änderungsbescheides.

1.4.4.2.1 Bindungswirkung anderer Verwaltungsakte

Nach § 351 Abs. 1 AO können Verwaltungsakte, die **unanfechtbare Verwaltungsakte ändern**, nur insoweit angegriffen werden, als die Änderung betragsmäßig reicht. Etwas anderes ergibt sich nur dann, wenn sich aus den Vorschriften über die Aufhebung oder Änderung von Verwaltungsakten etwas anderes ergibt (§§ 129–131, 164, 165, 172 ff. AO). Die Parallelvorschrift findet sich für das finanzgerichtliche Verfahren in § 42 FGO. Änderungs- und Folgebescheide können im finanzgerichtlichen Verfahren nicht in weiterem Umfang angegriffen werden, als sie in dem außergerichtlichen Vorverfahren angefochten werden können.

1.4.4.2.2 Verfahrensrechtliches Schicksal des Änderungsverwaltungsakts

Wird während eines **außergerichtlichen Rechtsbehelfsverfahrens** der angegriffene Verwaltungsakt geändert, berichtigt oder ersetzt, so wird der neue Verwaltungsakt (automatisch) Gegenstand des Einspruchsverfahrens. Ein neuerlicher Einspruch hiergegen wäre unzulässig. Dieselbe Rechtsfolge gilt, wenn während eines finanzgerichtlichen Klageverfahrens der betreffende Bescheid (nach Bekanntgabe der Einspruchsentscheidung) geändert, berichtigt oder ersetzt wird. In diesem Fall wird der neue Verwaltungsakte Gegenstand des Gerichtsverfahrens. Ein Einspruch gegen diesen Bescheid ist insoweit nach § 68 S. 2 FGO ausgeschlossen – und damit unzulässig.

1.4.4.2.3 Aussetzung der Vollziehung
1.4.4.2.3.1 Einspruch und Aussetzung der Vollziehung (AdV)
Keine Hemmung durch Einspruchseinlegung

Wenn es im Steuerrecht um die **Aussetzung der Vollziehung** geht, so handelt es sich dabei um einen vorläufigen Rechtschutz gegen einen belastenden Verwaltungsakt. Legt der Steuerpflichtige hiergegen Einspruch ein, hat die Finanzbehörde nach § 367 Abs. 2 S. 1 AO die Sache in vollem Umfange erneut zu prüfen. Nach § 361 Abs. 1 AO wird jedoch durch die Einlegung des Einspruchs die Vollziehung des angefochtenen Verwaltungsakts grundsätzlich nicht gehemmt. Eine Hemmung der Vollziehung allein durch die Einlegung des Einspruchs tritt dann ein, wenn es um einen Einspruch gegen die Untersagung des Gewerbebetriebes oder der Berufsausübung geht (§ 361 Abs. 4 AO). Der Steuerpflichtige muss mithin über die Einlegung des Einspruchs hinaus tätig werden, wenn er eine Vollziehungshemmung erreichen will.

Antrag auf AdV nach § 361 AO, § 69 FGO

Eine Möglichkeit, AdV zu erhalten, eröffnet sich für den Steuerpflichtigen nach § 361 Abs. 2 S. 2 AO und nach § 69 Abs. 2 und 3 FGO. Damit stehen dem Steuerpflichtigen als Mittel des vorläufigen Rechtschutzes die Vollziehungsaussetzung durch die Finanzbehörde oder das Finanzgericht zur Verfügung. Grundvoraussetzung ist jedoch, dass der auszusetzende Verwaltungsakt nicht bereits bestandskräftig ist. Stellt z.B. der Steuerpflichtige bei einem ihm bekannt gegebenen Steuerbescheid lediglich einen Änderungsantrag nach § 172 Abs. 1 Ziff. 2 AO, so vergibt er die Möglichkeit, deswegen im Wege des vorläufigen Rechtschutzes eine Vollziehungsaussetzung zu bekommen.

1.4.4.2.3.2 Voraussetzungen für eine Aussetzung der Vollziehung

Zunächst muss es sich bei dem Verwaltungsakt, gegen den Einspruch eingelegt worden ist, um einen vollziehbaren Verwaltungsakt handeln. Ein **Verwaltungsakt ist dann vollziehbar**, wenn er in einem Klageverfahren im Wege der Anfechtungsklage angreifbar wäre. Ein besonderer Antrag ist hierfür nicht erforderlich. Die Finanzbehörde kann von sich aus die Vollziehung ihres Verwaltungsakts aussetzen. Das kommt aber in der Praxis so gut wie nicht vor. Der Regelfall ist bei einer AdV-Gewährung ein vorausgehender Antrag des Steuerpflichtigen.

Auf einen solchen Antrag hin soll die Finanzbehörde die Vollziehung aussetzen, wenn ernstliche **Zweifel an der Rechtmäßigkeit des angefochtenen Verwaltungsaktes** bestehen oder wenn die Vollziehung für den Betroffenen eine unbillige, nicht durch das überwiegende öffentliche Interesse gebotene Härte zur Folge hat. Zweifel an der Rechtmäßigkeit ist zu bejahen, wenn sich bei summarischer Prüfung eine gewisse Unentschiedenheit oder Unsicherheiten der Beurteilung von Rechts- und Tatfragen ergeben. Die beim Steuerpflichtigen eintretende unbillige Härte ist mit dem öffentlichen Interesse an der sofortigen Vollziehung zu messen. Aus diesem Grunde haben Vollziehungsaussetzungen mit dieser Begründung kaum Erfolg und damit auch keine Bedeutung in der Praxis. Dies gilt umso mehr, als nach der Rechtsauffassung des BFH das öffentliche Interesse an der Vollziehung nur dann hinter der unbilligen Härte zurücktritt, wenn auch Zweifel an der Rechtmäßigkeit der angegriffenen Entscheidung nicht ausgeschlossen werden können.

1.4.4.2.3.3 Umfang der Aussetzung der Vollziehung

AdV kann gewährt werden, um die Vollziehung eines Verwaltungsaktes auszusetzen. Das bedeutet, dass in einem solchen Fall das Finanzamt den Steuerfall trotz festgesetzter Steuer nicht an die Vollstreckungsstelle weitergibt. Die **Beitreibung des Steueranspruchs** wird (zunächst) zurückgestellt. Ist der Verwaltungsakt schon vollzogen, tritt an die Stelle der Aussetzung der Vollziehung nach § 361 Abs. 2 S. 3 AO die Aufhebung der Vollziehung. Allerdings sind bei Steuerbescheiden die Aussetzung und die Aufhebung der Vollziehung auf die festgesetzte Steuer vermindert um die anzurechnenden Steuerabzugsbeträge, um die anzurechnende Körperschaftsteuer und um die festgesetzten Vorauszahlungen beschränkt; in allen Fällen kann die Aussetzung von einer Sicherheitsleistung abhängig gemacht werden (§ 361 Abs. 2 S. 4 und 5 AO). Wird AdV gegen einen Grundlagenbescheid gewährt, so ist nach § 363 Abs. 3 S. 1 AO auch die Vollziehung des Folgebescheids auszusetzen. Wird AdV gewährt, fallen keine Säumniszuschläge an. Eine rückwirkende Aufhebung der Vollziehung lässt bereits entstandene Säumniszuschläge entfallen. Wenn auch keine Säumniszuschläge anstehen, so führt die AdV nach §§ 237 Abs. 1, 238 Abs. 1 AO zu einer Aussetzungsverzinsung mit monatlich 0,5 %.

Aussetzungsanträge sind Eilsachen, über die unverzüglich zu entscheiden ist. Solange über einen entsprechenden bei der Finanzbehörde gestellten Antrag noch nicht entschieden ist, soll die Finanzbehörde von Vollstreckungsmaßnahmen Abstand nehmen, es sei denn, der Antrag ist offensichtlich aussichtslos (vgl. AEAO zu § 361 Ziffer 3.1 S. 2).

1.4.4.2.3.4 Aussetzung der Vollziehung nach § 361 AO oder nach § 69 FGO

Auch durch die **Erhebung der Klage** wird die Vollziehung des angefochtenen Verwaltungsaktes grundsätzlich nicht gehemmt, es sei denn, die Klage richtet sich gegen die Untersagung des Gewerbebetriebes oder die Berufsausübung. Ist der Rechtsstreit bereits bei dem Finanzgericht anhängig, so kann gleichwohl – und nach wie vor – die zuständige Finanzbehörde die Vollziehung aussetzen. Nach § 69 Abs. 2 S. 2 FGO soll sie die Vollziehung aussetzen bei Zweifel an der Rechtmäßigkeit des angefochtenen Verwaltungsaktes oder wenn die Vollziehung eine unbillige Härte zur Folge hätte. § 69 Abs. 2 FGO korrespondiert mit § 361 Abs. 2 AO. § 69 Abs. 2 FGO besagt mithin inhaltlich dasselbe wie § 361 Abs. 2 AO. § 69 Abs. 2 FGO kommt jedoch nur dann zur Anwendung, wenn das Hauptsacheverfahren beim Finanzgericht anhängig ist.

Dann, d.h. wenn das Finanzgericht mit der Hauptsache bereits befasst ist (Klage ist erhoben), kann das FG aber auch selbst auf Antrag die Vollziehung ganz oder teilweise nach § 69 Abs. 3 S. 1 FGO aussetzen oder die Aussetzung aufheben und zwar unter denselben Voraussetzungen wie die Finanzbehörde aussetzen oder aufheben könnte bzw. müsste.

Ein AdV-Antrag an das Gericht ist aber auch schon vor Erhebung der Klage möglich (§ 69 Abs. 3 S. 2 FGO). Auf den ersten Blick scheint dies einen Zuständigkeitskonflikt auszulösen. Dem entgegnet jedoch § 69 Abs. 4 FGO. Danach ist ein AdV-Antrag an das Gericht erst zulässig, wenn die Finanzbehörde einen entsprechenden Antrag ganz oder zum Teil abgelehnt hat, wenn Vollstreckung droht oder wenn diese bereits in Gang gesetzt ist.

1.4.4.2.3.5 Rechtsmittel gegen die Ablehnung der Aussetzung der Vollziehung

Wird vom Finanzamt der AdV-Antrag abgelehnt, so kann hiergegen der Steuerpflichtige Einspruch einlegen. Erlässt die Finanzbehörde für den Steuerpflichtigen eine ablehnende Einspruchsentscheidung, so kann dieser jedoch hiergegen keine Klage erheben. Eine solche wäre unzulässig. Das ergibt sich aus § 69 Abs. 7 FGO und aus § 361 Abs. 5 AO. Danach kann das Gericht in AdV-Sachen nur im Wege eines Antragsverfahrens (§ 69 Abs. 3 FGO) befasst werden und nicht in einem ordentlichen Klageverfahren.

Lehnt das Finanzgericht einen AdV-Antrag ab, so hat der Steuerpflichtige grundsätzlich die Möglichkeit, hiergegen Beschwerde beim BFH einzulegen. Nach § 128 Abs. 3 FGO ist eine solche Beschwerde aber nur zulässig, wenn sie in der AdV-Entscheidung des FG zugelassen worden ist.

1.4.4.3 Haftung

1.4.4.3.1 Schulden und Haften

Die Begriffe **Schulden und Haften** schließen sich grundsätzlich nicht aus. Schulden heißt, einen Anspruch/eine Forderung begleichen zu müssen. Haften heißt, dafür mit seinem gesamten Vermögen einstehen zu müssen. Wer schuldet, haftet in der Regel auch. Das ist der Grundsatz im Privatrecht/Zivilrecht. Schulden und Haften können aber auch auseinanderfallen, so z.B. wenn der Erbe Gesamtrechtsnachfolger des Erblassers wird und damit dessen Schulden übernimmt. Das bedeutet aber nicht, dass der Erbe für die Schulden des Erblassers mit seinem gesamten Vermögen haftet. Eine Haftung kann in diesem Fall z.B. nach den §§ 1975 ff. BGB (Nachlassverwaltung) begrenzt sein.

Wenn hingegen im Steuerrecht von Haftung gesprochen wird, so ist damit ausschließlich das Einstehen müssen (Haften) für eine **fremde** Steuerverbindlichkeit gemeint. Die maßgeblichen und praxisrelevanten abgabenrechtlichen Vorschriften finden sich in den §§ 69, 71, 73, 74 und 75 AO. Die **Anspruchsvoraussetzungen** sind dort sehr unterschiedlich geregelt. Zum Einen sind die Vorschriften eng gefasst, indem eine Haftung auf bestimmte Steuern (betriebliche Steuern) begrenzt ist. Zum Anderen sind sie weiter gefasst, indem sie eine Haftung nicht nur für Steuern begründen, sondern auch für sonstige Ansprüche aus dem Steuerverhältnis (steuerliche Nebenleistungen etc.).

1.4.4.3.2 Haftung des gesetzlichen Vertreters (§ 69 AO)

Nach § 69 AO haften gesetzliche Vertreter von natürlichen Personen (Eltern etc.), von juristischen Personen (Vorstand einer AG oder Geschäftsführer einer GmbH) oder von Personenvereinigungen (offene Handelsgesellschafter oder Komplementäre) für **schuldhaft begangene Pflichtverletzungen**. Ferner muss durch eine solche Pflichtverletzung dem Fiskus ein Schaden entstanden sein, weil beispielsweise keine Steuern gezahlt worden sind. Der im Haftungsbescheid verwirklichte Schadenersatzanspruch des Fiskus (Finanzamt) greift aber nur insoweit, als die gesetzlichen Vertreter im fraglichen Haftungszeitraum die anderen Gläubiger besser gestellt haben (Grundsatz anteiliger Tilgung). Vorsteuererstattungen/Verrechnungen gelten dabei als Zahlungen auf die Umsatzsteuerschuld. Eine Berufung auf Zuständigkeitsvereinbarungen (Geschäftsführer G1 ist für den technischen Bereich zuständig und Geschäftsführer G2 für den kaufmännischen Bereich) ist haftungsfreistellend nur anzuerkennen, wenn solche Vereinbarungen schriftlich vorliegen und wenn für den „nicht zuständigen" Vertreter kein Anlass zur Prüfung/Überprüfung etc. bestand.

1.4.4.3.3 Haftung bei Steuerhinterziehung (§ 71 AO)

Eine dem § 69 AO verwandte Vorschrift ist § 71 AO. § 71 AO ähnelt § 69 AO insoweit, als der Haftende steuerliche Pflichten verletzt (z.B. keine Umsatzsteuer abführt) und dadurch dem Fiskus ein Schaden entsteht. In § 71 AO besteht die Pflichtverletzung zudem darin bzw. es kommt hinzu, dass der Haftende den Tatbestand des § 370 AO verwirklicht hat, indem er vorsätzlich Steuern verkürzte. Steuern sind namentlich dann verkürzt, wenn sie nicht, nicht zur rechten Zeit oder nicht in der richtigen Höhe festgesetzt worden sind (§ 370 Abs. 4 AO). In der Praxis liegen die Voraussetzungen des § 69 AO und des § 71 AO vielfach kumulativ vor.

Auch § 71 AO begründet eine Haftung nur insoweit, als andere Gläubiger höher befriedigt worden sind bzw. als überhaupt Mittel zur Erfüllung der Steuer vorhanden waren (**Grundsatz der anteiligen Tilgung**). § 71 AO lässt nicht nur den Täter einer Steuerhinterziehung haften, sondern auch den Anstifter und Gehilfen. Das macht die Vorschrift auch für Dritte gefährlich. Zudem ist zu beachten, dass eine Selbstanzeige nach § 371 AO zwar die Strafbefreiung bewirkt, nicht jedoch von der Haftung befreit.

1.4.4.3.4 Haftung bei Organschaft (§ 73 AO)

Nach § 73 AO haftet das Organ für Steuern des Organträgers, die sich auf das Organschaftsverhältnis beziehen. **Organschaften** können sich für die Körperschaftsteuer bilden (§§ 14, 17, 18 KStG), für die Gewerbesteuer (§ 2 Abs. 2 GewStG) und für die Umsatzsteuer (§ 2 Abs. 2 Nr. 2 UStG). Der klassische Praxisfall, in dem § 73 AO zum Tragen kommt, ist die Betriebsaufspaltung. Nachdem nur das Besitzunternehmen Steuerschuldner ist, hätte die Finanzbehörde keine Möglichkeit, die Umsatzsteuer auf Umsätze des Organs beim Organ geltend zu machen. Diese Lücke schließt § 73 AO.

Die **Haftung nach § 73 AO** ist nur für die Steuer möglich, für die das Organschaftsverhältnis besteht. Eine Haftung der Tochtergesellschaft kann sich deshalb für die Körperschaftsteuer und die Gewerbesteuer nicht ergeben, wenn nur eine Umsatzsteuer-Organschaft besteht. Umstritten ist, ob das Organ (Tochtergesellschaft) nur für die Steuern haftet, die wirtschaftlich von ihrer Tätigkeit stammen oder ob über § 73 AO auch eine Verantwortlichkeit für Steuern des Organträgers oder anderer Gesellschaften im Organkreis besteht. Das ist eine Ermessensfrage. Eine Vollhaftung für alle Steuern aus dem Organkreis wird dann anzunehmen sein, wenn dem Organ (aus dem Organkreis) so erhebliche Vermögenswerte übertragen worden sind, dass eine Haftungsbegrenzung auf ihren Anteil unbillig erschiene.

1.4.4.3.5 Haftung des Gesellschafters nach § 74 AO

§ 74 AO bringt eine Haftung für wesentlich beteiligte Gesellschafter mit mehr als 25 % Anteilen am Kapital oder am Vermögen der Gesellschaft, wenn diese bewegliche oder unbewegliche, in ihrem Eigentum stehende Vermögensgegenstände ihrer Gesellschaft zur Verfügung stellen. Die Haftung ist auf Steuern begrenzt, bei denen die Steuerpflicht auf den Betrieb des Unternehmens gründen. Diese Steuern müssen in der Zeit entstanden sein, in der die wesentliche Beteiligung bestand und in der der betreffende Gegenstand der Gesellschaft überlassen war und ihr diente.

Bei der Haftung nach § 74 AO handelt es sich um eine **dingliche Haftung**. Die betreffenden Gesellschafter haften nicht mit ihrem gesamten Vermögen, sondern mit dem Gegenstand, der der Gesellschaft überlassen worden ist. Wenn im Zeitpunkt der Haftungsinanspruchnahme dieser Gegenstand vom Gesellschafter veräußert worden ist oder aus einem anderen Grunde nicht mehr in seinem Eigentum steht, erstreckt sich die Haftung nach § 74 AO auch auf das Surrogat.

1.4.4.3.6 Haftung des Betriebsübernehmers nach § 75 AO

Wer ein Unternehmen von einem anderen Unternehmer übernimmt (übereignet bekommt) und dieses fortführt, haftet nach § 75 AO für betriebliche Steuern des Veräußerers (Steuern, die sich auf den Betrieb des Unternehmens gründen). Eine gegenteilige Vereinbarung zwischen Veräußerer und Erwerber hat gegenüber der Finanzbehörde keine Wirkung. Die Haftung ist jedoch auf die betrieblichen Steuern begrenzt, die seit dem Beginn des letzten, vor der Übereignung liegenden Kalenderjahres entstanden sind und bis zum Ablauf von einem Jahr nach Anmeldung des Betriebes durch den Erwerber festgesetzt oder angemeldet werden. **Voraussetzung einer Haftung nach § 75 AO** ist ferner, dass der Veräußerer einen lebensfähigen Betrieb übergibt. Aus diesem Grunde greift § 75 AO nicht, wenn ein Insolvenzunternehmen übergeht. Der Erwerber muss die wesentlichen Grundlagen des Unternehmens erworben haben. Die Zurückbehaltung einzelner unbedeutender Gegenstände ist unbeachtlich. Die Haftung ist dem Grunde nach persönlich; sie beschränkt sich aber nach § 75 Abs. 1 S. 2 AO auf den Bestand des übernommenen Vermögens.

1.4.4.3.7 Die Festsetzungsverjährung

Ein Haftungsbescheid kann generell nicht mehr erlassen werden, wenn die Festsetzungsfrist abgelaufen ist. Die **Festsetzungsfrist bei Haftungsbescheiden** regelt § 191 Abs. 3 AO. Danach beträgt die Festsetzungsfrist regelmäßig vier Jahre, in den Fällen der leichtfertigen Steuerverkürzung fünf Jahre und in den Fällen der Steuerhinterziehung zehn Jahre. Die Frist beginnt mit Ablauf des Jahres, in dem der Tatbestand verwirklicht worden ist, an den das Gesetz die Haftungsfolge knüpft. Ist die Festsetzungsfrist für die zu haftende Steuer noch nicht abgelaufen, so kann auch noch ein Haftungsbescheid ergehen. § 171 Abs. 10 AO gilt entsprechend. In den Fällen der §§ 73, 74 AO endet die Festsetzungsfrist nicht, bevor die gegen den Steuerschuldner festgesetzte Steuer verjährt ist (Zahlungsverjährung nach § 228 AO).

1.4.4.3.8 Die Haftungsinanspruchnahme

Wenn ein Steuerpflichtiger, wozu der Haftende nach § 33 AO zählt, in Anspruch genommen werden soll, so reicht es nicht aus, dass dieser die Tatbestandsvoraussetzungen der vorbenannten Haftungsnormen erfüllt. Ein durchsetzbarer oder vollstreckbarer Haftungsanspruch der Finanzbehörde erwächst erst dann, wenn diese nach §§ 191, 5 AO in pflichtgemäßem Ermessen einen rechtmäßigen Haftungsbescheid erlassen hat.

Gegen diesen Haftungsbescheid hat der Haftende die Möglichkeit, Einspruch einzulegen und gegen eine ablehnende Einspruchsentscheidung beim Finanzgericht eine **Anfechtungsklage** zu erheben. Der Einspruch und die Klage haben jedoch keine aufschiebende Wirkung. Will dies der haftende Steuerpflichtige erreichen, muss er einen Antrag auf Aussetzung der Vollziehung nach § 361 AO oder nach § 69 Abs. 2 und 3 Abs. 4 FGO stellen. Fehlt es an der Vollziehungsaussetzung, kann die Finanzbehörde aus dem Haftungsbescheid vollstrecken. In diesem Fall muss sie jedoch gem. § 219 AO zunächst die Vollstreckung beim Steuerschuldner in das bewegliche Vermögen versuchen, es sei denn, eine Vollstreckung beim Schuldner ist offensichtlich erfolglos.

1.4.4.4 Weitere potenzielle Klausurthemen

Weitere potenzielle Klausurthemen können aus den Klausuren vergangener Jahre und aus aktuellen Entwicklungen in Rechtsprechung und Gesetzgebung entnommen werden. Darüber hinaus gab es vereinzelt Aufgaben aus den Bereichen Aufrechnung, Ermessen, Stundung, Erlöschen der Steuerschuldverhältnisses (§ 47 AO), Steuerliche Nebenleistungen, Betriebsprüfung, Betriebsprüfungsordnung, Verwaltungsakt und Zuständigkeit. Über diese Nebengebiete sollte sich der Prüfling zumindest einen Überblick verschaffen und die Grundzüge aneignen.

1.5 Die Musterklausur

Sachverhalt: Die Eheleute Ernst und Adele Schallhammer wohnen in einer Mietwohnung im ersten Obergeschoss in Freising, Am Markt 119 (Zuständigkeitsbezirk des Finanzamtes Freising, Bundesland Bayern). Ihre gemeinsame Einkommensteuererklärung für 19 ist am 27. März 20 beim Finanzamt Freising mit dem Antrag auf Zusammenveranlagung eingegangen.

Ernst hat darin Einkünfte aus seiner Tätigkeit als angestellter Bankkaufmann und Vermietungseinkünfte erklärt. Adele hat ausschließlich Einkünfte aus Gewerbebetrieb in Form eines Verlustes in Höhe von 35.000 € erklärt. Sie ist eine regional bekannte Hobby-Turnierspringreiterin und betreibt einen Pferde- und Ponyhof mit Übernachtungspension. Diesen führte sie auf dem Gelände der von ihren Eltern geerbten, von ihr umgebauten Landwirtschaft in Erding (Ort der Geschäftsleitung i.S.d. § 18 Abs. 1 Nr. 2 AO).

Im November 18 hatte Ernst eine gebrauchte Wohnimmobilie in Freising, Wittelsbacherstraße 34, erworben. Die gesamten Aufwendungen für die Anschaffung betrugen 480.000 €, davon entfiel ein Anteil von 360.000 € auf das Gebäude. Als Termin für den Übergang von Nutzen, Lasten und der Gefahr des zufälligen Unterganges war im notariellen Kaufvertrag der 01.01.19 vereinbart.

In der Steuererklärung 19 hatte Ernst angegeben, dass er im Jahr 19 für die Modernisierung der Heizungsanlage 29.750 € brutto investiert hatte. Eine Vermietung ist beabsichtigt, konnte aber wegen der durchgeführten Renovierungsmaßnahmen noch nicht realisiert werden.

Das Finanzamt stellte die Vermietungseinkünfte von Ernst mit einem Verlust i.H.v. 61.550 € fest. Es hat die folgenden Angaben aus der Anlage V der Steuererklärung übernommen:

AfA, § 7 Abs. 4 Nr. 2a EStG	7.200 €
Erhaltungsaufwand für Renovierung	29.750 €
Schuldzinsen	21.000 €
Sonstige Werbungskosten	3.600 €

Im Einkommensteuerbescheid 19 ist als „Art der Festsetzung" angegeben: „Teilweise vorläufig nach § 165 Abs. 1 S. 1 AO". Die Begründung des Steuerbescheides enthält folgende Ausführungen:

„Der Bescheid ergeht bezüglich der Vermietungseinkünfte des Ehemannes vorläufig, da die Einkunftserzielungsabsicht nicht aufgeklärt werden kann, insbesondere bestehen Zweifel, ob nicht eine Eigennutzung geplant ist.

1.5 Die Musterklausur

Auch hinsichtlich der gewerblichen Einkünfte von Adele Schallhammer ergeht der Bescheid vorläufig, § 165 Abs. 1 S. 1 AO. Die Feststellung erfolgt mit 0 €. Nach der derzeitigen Beweislage ist von Liebhaberei auszugehen, da aufgrund des erzielten Verlustes und der Nähe der Tätigkeit zum Hobby von Frau Schallhammer derzeit das Bestehen einer Gewinnerzielungsabsicht fraglich ist."

Der Einkommensteuerbescheid 19 wurde den Eheleuten Schallhammer am 11.05.20 wirksam bekannt gegeben. Das aufgrund der Zusammenveranlagung gemeinsam zu versteuernde Einkommen war auf 60.000 € festgestellt worden.

In einem Telefonat mit seinem Bearbeiter im Finanzamt Freising am 30.04.21 gestand Ernst einen Fehler beim Ausfüllen der Anlage V der Steuererklärung 19. Beim Eintrag der Schuldzinsen im Zusammenhang mit seinen Vermietungseinkünften sei ihm aus Versehen ein Zahlendreher unterlaufen; er habe statt 12.000 € den Betrag von 21.000 € eingetragen. Zu seiner Ehrenrettung sei aber auch festzustellen, dass der Finanzbeamte den Fehler leicht hätte erkennen können, er hätte nur die der Steuererklärung beigefügte Zinsbescheinigung der Bank mit den Angaben in der Anlage V vergleichen müssen.

Das Finanzamt hat den Einkommensteuerbescheid nach § 172 Abs. 1 S. 1 Nr. 2a AO geändert (zu versteuerndes Einkommen 69.000 €) und am 20.05.21 zur Post gegeben. Der Bescheid enthält zu einer Vorläufigkeit der Steuerfestsetzung keine Aussage. Die Begründung lautet nur „Änderung nach § 172 Abs. 1 Nr. 2a AO, Ihrem Antrag wurde entsprochen".

In ihrer am 14.05.21 abgegebenen Einkommensteuererklärung 20 haben die Eheleute Schallhammer bei den Vermietungseinkünften von Ernst für das Grundstück, Freising, Wittelsbacherstraße 34, erneut Renovierungskosten erklärt (Wärmeisolierung der Dachhaut, Erneuerung der Fußböden und der Elektroinstallation in Höhe von 59.500 € brutto). Seit 01.05.20 ist das Grundstück vermietet.

Dies veranlasste das Finanzamt Freising, den Einkommensteuerbescheid 19 nach § 165 Abs. 2 AO zu ändern. Die Renovierungskosten der Jahre 19 und 20 wurden jetzt insgesamt als anschaffungsnaher Herstellungsaufwand, § 6 Abs. 1 Nr. 1a EStG, behandelt. Statt des bisherigen Erhaltungsaufwandes in Höhe von 29.750 € wurde für den Veranlagungszeitraum 19 nur die aus dem auf diesen Veranlagungszeitraum entfallenden anschaffungsnahen Aufwand zusätzlich berechnete Absetzung für Abnutzung in Höhe von 595 € (2 % von 29.750 €) zum Abzug als Werbungskosten zugelassen. Damit wurden die Vermietungseinkünfte von Ernst nur noch mit einem Verlust in Höhe von 23.395 € statt bisher 52.550 € angesetzt. Das zu versteuernde Einkommen erhöhte sich auf 98.155 €.

Dieser entsprechend begründete Einkommensteuerbescheid 19 wurde am 28.05.21 in einer Ausfertigung für Ernst und Adele Schallhammer zur Post gegeben, ein Vorläufigkeitsvermerk wie im Erstbescheid war nicht enthalten.

Am 23.07.21 rief Ernst Schallhammer im Finanzamt Freising an und teilte mit, er könne sich eine Mahnung wegen der Rückstände aus dem Einkommensteuerbescheid 19 vom 28.05.21 nicht erklären. Ein solcher Bescheid sei nie bei ihm und seiner Ehefrau angekommen. Das Finanzamt Freising entschloss sich, den Änderungsbescheid vom 28.05.21 erneut bekannt zu geben und wählte dazu die Zustellung durch die Post mit Zustellungsurkunde. Der Bearbeiter kopierte den Bescheid vom 28.05.21 und übergab am 25.07.21 eine Ausfertigung für Ernst und eine für Adele Schallhammer der Post mit dem Auftrag, die Zustellung vorzunehmen und die Beurkundung der Zustellung an das Finanzamt zurückzusenden.

Als der Postbedienstete am 30.07.21 niemanden in der Wohnung der Schallhammers antraf, übergab er die beiden Briefe der im Parterre des gleichen Mehrfamilienhauses wohnenden Hauseigentümerin, da diese schon öfter Sendungen für die Schallhammers entgegengenommen hatte. Auf der Postzustellungsurkunde vermerkte er: „Übergabe am 30.07.21 um 10.15 Uhr an Hauswirtin Frau Carola Schmidt". Carola Schmidt übergab den Bescheid am 18.08.21 den Eheleuten Schallhammer.

Am 13.09.21 ging beim Finanzamt Freising um 16.00 Uhr folgendes Telefax der Eheleute Schallhammer ein; eine Unterschrift fehlte:

> Ernst und Adele Schallhammer   13.09.21
> Rosenstraße 9
> Freising
>
> **Betrifft:** Einkommensteuerbescheid 2019 vom 28.05.2021
>
> Sehr geehrte Damen und Herren,
> wir sind mit Ihrem Bescheid nicht einverstanden, eine nachteilige Veränderung des Steuerbetrages halten wir für rechtswidrig, wir bitten um Aufhebung.

Am 18.09.21 ging beim Finanzamt Freising ein Schreiben von Steuerberater Feiger vom 17.09.21 ein. Darin erklärte Feiger, er lege namens und im Auftrag der Eheleute Schallhammer Einspruch ein. Ihm sei heute fernmündlich Auftrag und Vollmacht erteilt worden, Einspruch einzulegen, eine schriftliche Vollmacht sei ja nicht nötig. Die Unterlagen seien ihm per Boten überbracht worden. Er stelle den Antrag, die letzten Steuerbescheide 18 aufzuheben und die Einkommensteuer 19 neu festzusetzen. Sein Einspruch sei rechtzeitig, da seine Mandanten erst am 18. August den Bescheid von Frau Schmidt erhalten hätten. Da ein vom Finanzamt eingesetzter Bote versagt habe, sei seinen Mandanten keine Pflichtverletzung hinsichtlich der Fristeinhaltung vorzuwerfen, er stelle vorsorglich Antrag auf Wiedereinsetzung in den vorigen Stand.

Die Steuerbescheide seien allesamt rechtswidrig:

1. Die Kürzung des Erhaltungsaufwandes bei den Vermietungseinkünften sei auf jeden Fall unzulässig gewesen. Dies sei schon materiell-rechtlich nicht richtig, da Reparaturaufwendungen im Veranlagungszeitraum 20 mit denen im Veranlagungszeitraum 19 nichts zu tun hätten, es gelte schließlich bei Überschusseinkünften § 11 Abs. 2 EStG. Unabhängig davon hätte auch keine Korrekturmöglichkeit bestanden. § 165 Abs. 2 AO sei aus mehreren Gründen unanwendbar. Erstens sei der Vorläufigkeitsvermerk zu Unrecht im Erstbescheid aufgenommen gewesen, da nicht Tatsachen unaufklärbar gewesen seien, sondern das Finanzamt habe unzulässigerweise eine steuerliche Schlussfolgerung vorläufig ziehen wollen. Zweitens habe die Vorläufigkeit nicht mehr bestanden, und drittens habe sich diese auf die Annahme von Liebhaberei bezogen und nicht auf den Abzug von Erhaltungsaufwendungen. Andere Korrekturtatbestände seien auch nicht erfüllt gewesen.
2. Auch die Bescheidänderung nach § 172 Abs. 1 S. 1 Nr. 2a AO wegen des Zahlendrehers bei den Schuldzinsen sei unzulässig gewesen. Das Finanzamt habe das Recht zur Änderung verwirkt, da es ohne Weiteres den Fehler aus den eingereichten Unterlagen hätte erkennen können. Es habe ein Ermittlungsverschulden vorgelegen, ein Antrag sei darüber hinaus auch nicht gestellt worden.

1.5 Die Musterklausur

3. Noch etwas sei zu berücksichtigen:
   Frau Adele Schallhammer habe im Jahr 19 einen Arbeitsgerichtsprozess wegen Krankentagegeld aus dem zum 31.12.18 beendeten Arbeitsverhältnis geführt, der mit einem Vergleich beendet worden sei. Bisher seien nach der Rechtsprechung des BFH die dafür notwendigen Aufwendungen nicht als außergewöhnliche Belastung abziehbar gewesen. Im Juli 20 habe sich die Rechtsprechung geändert (dies ist ohne weitere Prüfung als zutreffend zu unterstellen), deshalb stelle er jetzt den Antrag, die von Adele zu übernehmenden Anwalts- und Gerichtskosten nach § 33 EStG abzuziehen (Angabe des Verfassers: Das zu versteuernde Einkommen würde sich im Fall des Abzugs um 4.700 € vermindern).
4. Und zu guter Letzt sei der Ansatz der Einkünfte aus Gewerbebetrieb von Adele mit 0 € falsch. Bereits mit Gewinnfeststellungsbescheid des Finanzamts Erding, Bescheiddatum 03.09.20 (Postversand am gleichen Tag), bei Frau Schallhammer am 05.09.20 im Briefkasten, sei ihr Verlust aus Gewerbebetrieb 19 auf 30.000 € festgestellt worden. Aber auch diese Feststellung sei falsch, da der wahre Verlust 35.000 € betrage. Das Arbeitsverhältnis mit ihrem 30-jährigen Sohn Maximilian, ihrem einzigen Kind, sei nämlich zu Unrecht steuerlich nicht anerkannt worden. Die Betriebsausgaben daraus betrügen 5.000 €. Auf jeden Fall würde jetzt der Ansatz eines Verlustes in Höhe von 35.000 € beantragt.

Das Schreiben war von Feiger eigenhändig unterschrieben.

Am 01.10.21 ging beim Finanzamt Freising ein weiteres Schreiben von Steuerberater Feiger ein: Der Beratungsvertrag mit Ernst und Adele Schallhammer sei einvernehmlich mit sofortiger Wirkung beendet worden. Um Ordnung zu schaffen und alle offenen Verfahren zu beenden, nehme er seinen Einspruch vom 17.09.21 in der Sache Schallhammer zurück, damit sei die Sache dann für ihn erledigt.

Bei Durchsicht der Akten stellt der Bearbeiter in der Rechtsbehelfsstelle des Finanzamtes Freising Folgendes fest:

1. Eine Feststellungsmitteilung des Finanzamtes Erding (Bayern) über den Verlust aus Gewerbebetrieb 19 von Adele i.H.v. 30.000 € ist in der Einkommensteuer-Veranlagungsakte mit Eingangsstempel 06.09.20 enthalten. Der Verlustfeststellungsbescheid war ohne Nebenbestimmungen ergangen.
2. Eine Vollmachtsurkunde ist von Steuerberater Feiger nicht übersandt worden.

Bearbeitungshinweise:
1. Die vorgebrachten und die ermittelten Tatsachen sind richtig. Alle Verwaltungsakte enthalten eine zutreffende Rechtsbehelfsbelehrung.
2. Das Arbeitsverhältnis zwischen Adele und Maximilian ist steuerlich anzuerkennen, alle für diese Beurteilung notwendigen Fakten waren dem Finanzamt Erding bei der Entscheidung über den Gewinnfeststellungsbescheid 19 bekannt.
3. Ernst hat bereits im Jahr 19 eine Vermietungsabsicht für das Grundstück in Freising.

Aufgabe 1:
Teil 1
Untersuchen Sie in einem Gutachten, ob und ggf. wie viele Einsprüche sich gegen welche Maßnahmen (Einspruchsgegenstand) der Finanzbehörden aus den Schreiben vom 13.09.21 und vom 17.09.21 ergeben können.

Teil 2
Prüfen Sie, ob die in Teil 1 ermittelten Einsprüche zum jetzigen Zeitpunkt die Zulässigkeitsvoraussetzungen erfüllen.

Aufgabe 2: Prüfen Sie in einem Gutachten die Erfolgsaussichten der in Aufgabe 1 ermittelten Einsprüche.
Setzen Sie sich dabei mit dem Vorbringen in den oben genannten Schreiben unter Einbeziehung der Feststellungen des Bearbeiters in der Rechtsbehelfsstelle auseinander.
Stellen Sie Ihre Lösung auf Basis von Veränderungen des zu versteuerndes Einkommens dar. Eine Steuerberechnung wird nicht verlangt.
Gehen Sie dabei auf alle aufgeworfenen Rechtsfragen ein und begründen Sie Ihre Lösung ausführlich unter Angabe der Gesetzes- und Verwaltungsvorschriften.

Anlage zum Klausurtext:
Zivilprozessordnung
§ 178 Ersatzzustellung in der Wohnung, in Geschäftsräumen und Einrichtungen
(1) Wird die Person, der zugestellt werden soll, in ihrer Wohnung, in dem Geschäftsraum oder in einer Gemeinschaftseinrichtung, in der sie wohnt, nicht angetroffen, kann das Schriftstück zugestellt werden
  1.) in der Wohnung einem erwachsenen Familienangehörigen, einer in der Familie beschäftigten Person oder einem erwachsenen ständigen Mitbewohner,
  2.) in Geschäftsräumen einer dort beschäftigten Person,
  3.) in Gemeinschaftseinrichtungen dem Leiter der Einrichtung oder einem dazu ermächtigten Vertreter.
(2) Die Zustellung an eine der in Absatz 1 bezeichneten Personen ist unwirksam, wenn diese an dem Rechtsstreit als Gegner der Person, der zugestellt werden soll, beteiligt ist.

1.5 Die Musterklausur

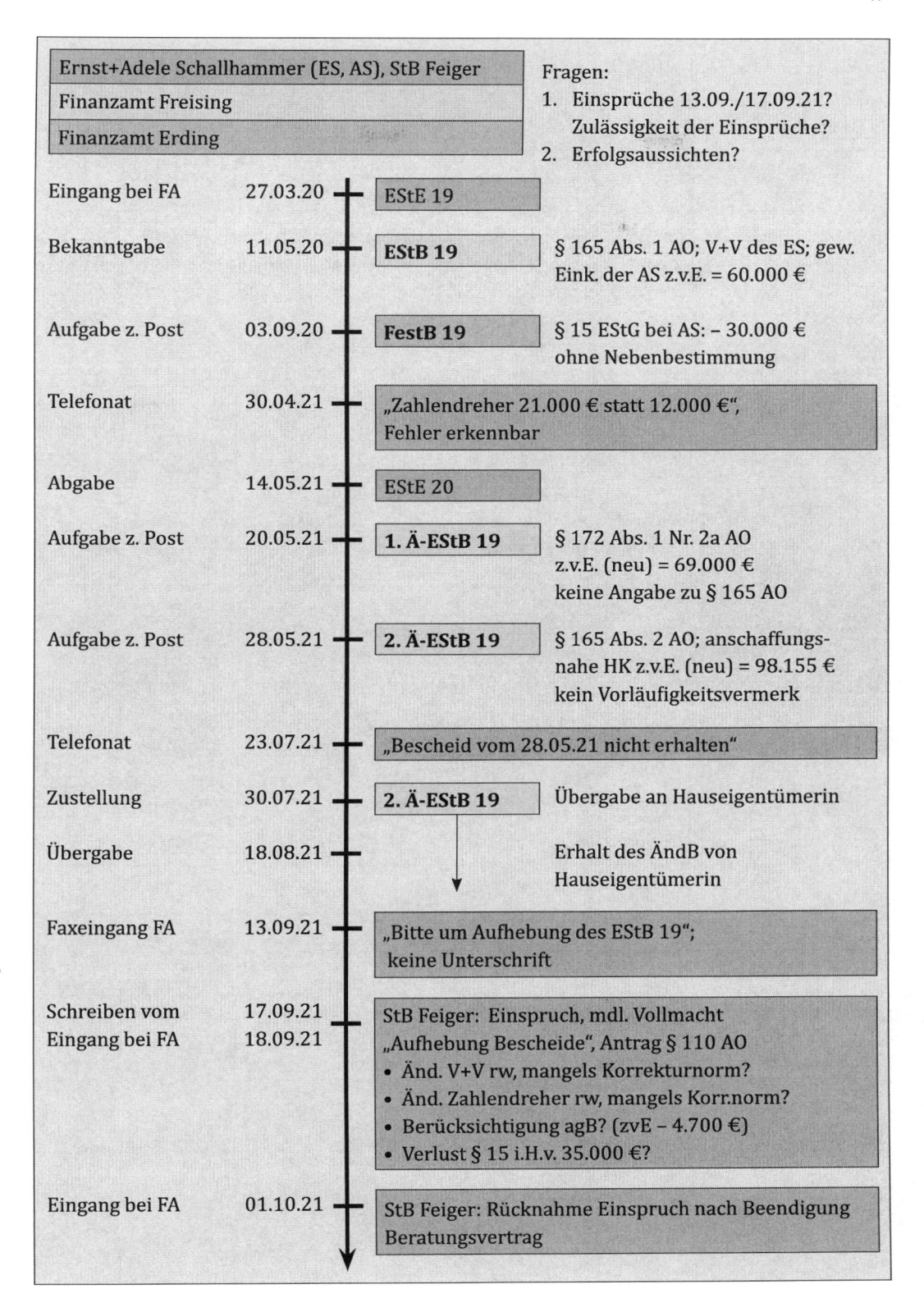

Ernst+Adele Schallhammer (ES, AS), StB Feiger	Fragen:
Finanzamt Freising	1. Einsprüche 13.09./17.09.21? Zulässigkeit der Einsprüche?
Finanzamt Erding	2. Erfolgsaussichten?

Ereignis	Datum	Dokument	Inhalt
Eingang bei FA	27.03.20	EStE 19	
Bekanntgabe	11.05.20	EStB 19	§ 165 Abs. 1 AO; V+V des ES; gew. Eink. der AS z.v.E. = 60.000 €
Aufgabe z. Post	03.09.20	FestB 19	§ 15 EStG bei AS: – 30.000 € ohne Nebenbestimmung
Telefonat	30.04.21		„Zahlendreher 21.000 € statt 12.000 €", Fehler erkennbar
Abgabe	14.05.21	EStE 20	
Aufgabe z. Post	20.05.21	1. Ä-EStB 19	§ 172 Abs. 1 Nr. 2a AO z.v.E. (neu) = 69.000 € keine Angabe zu § 165 AO
Aufgabe z. Post	28.05.21	2. Ä-EStB 19	§ 165 Abs. 2 AO; anschaffungsnahe HK z.v.E. (neu) = 98.155 € kein Vorläufigkeitsvermerk
Telefonat	23.07.21		„Bescheid vom 28.05.21 nicht erhalten"
Zustellung	30.07.21	2. Ä-EStB 19	Übergabe an Hauseigentümerin
Übergabe	18.08.21		Erhalt des ÄndB von Hauseigentümerin
Faxeingang FA	13.09.21		„Bitte um Aufhebung des EStB 19"; keine Unterschrift
Schreiben vom Eingang bei FA	17.09.21 18.09.21		StB Feiger: Einspruch, mdl. Vollmacht „Aufhebung Bescheide", Antrag § 110 AO • Änd. V+V rw, mangels Korrekturnorm? • Änd. Zahlendreher rw, mangels Korr.norm? • Berücksichtigung agB? (zvE – 4.700 €) • Verlust § 15 i.H.v. 35.000 €?
Eingang bei FA	01.10.21		StB Feiger: Rücknahme Einspruch nach Beendigung Beratungsvertrag

Punktzahl (Gesamt-punktzahl)	
	Aufgabe 1 **Teil 1** **a) Fax der Eheleute Schallhammer vom 13.09.21** Die Eheleute bitten in ihrem Fax vom 13.09.21 um Aufhebung des Einkommensteuerbescheids 19. Fraglich ist, ob dies als Änderungsantrag i.S.d. § 172 Abs. 1 S. 1 Nr. 2a AO oder als Einspruch zu werten ist. Zwar fehlt die Bezeichnung der Eingabe als Einspruch, dies ist jedoch nicht zwingend nötig (§ 357 Abs. 1 S. 4 AO). In Zweifelsfällen ist von einem Einspruch auszugehen, da dieser die Rechte des Steuerpflichtigen umfassender wahrt als ein Korrekturantrag und zur Gesamtaufrollung
1/1	des Steuersachverhaltes führt (§ 367 Abs. 2 AO).
1/2	Angegebener Gegenstand des Einspruchsverfahrens ist der „Einkommensteuerbescheid 19". Da die Eheleute die Zusammenveranlagung gewählt haben, schulden Sie die Einkommensteuer als Gesamtschuldner (§ 44 AO). Daher konnte gegen die Eheleute ein zusammengefasster Steuerbescheid ergehen (§ 155 Abs. 3 Satz 1 AO), der ihnen an ihre gemeinsame Anschrift übermittelt wurde (§ 122 Abs. 7 S. 1 AO). Dabei handelt es sich formal um die Zusammenfassung zweier Bescheide zu einer nur äußerlich gemeinsamen Festsetzung. Es liegen daher zwei Einsprüche vor: ein Einspruch des ES gegen die ihn betreffende Steuerfestsetzung für das Jahr 19 und ein Einspruch der AS gegen die sie betreffende Steuerfestsetzung für 19 jeweils vom 28.05.21.
1/3	Zwar könnte der Text des Faxes auch dahingehend ausgelegt werden, dass sich die Eheleute gegen den Änderungsbescheid vom 20.05.21 richten, diese Auslegung würde jedoch zu einem unzulässigen Einspruch führen, da die Einspruchsfrist (§ 355 Abs. 1 AO) gegen diesen Bescheid am 13.09.21 bereits abgelaufen war. (Diese begann nachdem der 23.05.21 ein Sonntag war, mit Ablauf des 24.05.21 und endete nach einem Monat mit Ablauf des 24.06.21 (§§ 122 Abs. 2 Nr. 1, 108 Abs. 1 AO, 108 Abs. 3 AO, 187 Abs. 1, 188 Abs. 2 BGB).)
	b) Schreiben des Steuerberaters Feiger vom 17.09.21 Die Bezeichnung des Schreibens als Einspruch lässt keinen Spielraum für eine anderweitige Interpretation des Anliegens. Fraglich ist, gegen welche Maßnahmen sich der Einspruch richtet, da als Gegenstand lediglich angegeben ist, dass sich der F gegen die „letzten Steuerbescheide 19" richtet. Die angefochtenen Maßnahmen sind daher im Wege der Auslegung zu ermitteln (§ 133 BGB analog).

1/4	Aus den o.g. Gründen ist von zwei weiteren Einsprüchen gegen die zusammengefassten Einkommensteuerbescheide 19 vom 28.05.21 auszugehen. Gem. §§ 365 Abs. 1, 80 Abs. 1 AO konnten sich die Eheleute durch F vertreten lassen. Dass dieser keine schriftliche Vollmacht vorgelegt hat, schadet nicht (§ 80 Abs. 1 AO).
1/5	Schließlich richtet sich F gegen den Gewinnfeststellungsbescheid des Finanzamts Erding, mit dem der Verlust aus Gewerbebetrieb der AS festgestellt wurde (§ 180 Abs. 1 Nr. 2b AO). Somit kann dies als Einspruch gegen den Gewinnfeststellungsbescheid 19 vom 04.09.20 ausgelegt werden.
(1/6)	Der Gewinnfeststellungsbescheid stellt einen Grundlagenbescheid (§ 171 Abs. 10 AO) dar, der für den Einkommensteuerbescheid der AS Bindungswirkung entfaltet (§ 182 AO). Einwendungen gegen die Höhe des festgestellten Verlustes aus Gewerbebetrieb können daher nur durch Anfechtung des Feststellungsbescheids geltend gemacht werden (§ 351 Abs. 2 AO).
(1/7)	Da bezüglich des Gewinnfeststellungsbescheids nur AS Einspruchsbefugnis hat, wird das Vorbringen des F insoweit als Einspruch der AS gegen den Gewinnfeststellungsbescheid ausgelegt.

	c) Zusammenfassung
	Es liegen folgende Einsprüche vor:
	• aus dem Fax vom 13.09.21:
	   – Einspruch des ES gegen den Einkommensteuerbescheid 19 vom 28.05.21
	   – Einspruch der AS gegen den Einkommensteuerbescheid 19 vom 28.05.21
	• aus dem Schreiben des F vom 17.09.21:
	   – Einspruch des ES gegen den Einkommensteuerbescheid 19 vom 28.05.21
	   – Einspruch der AS gegen den Einkommensteuerbescheid 19 vom 28.05.21
	• Einspruch der AS gegen den Gewinnfeststellungsbescheid 19 vom 03.09.20.

	Teil 2 Die Einsprüche vom 13.09.21 bzw. vom 17.09.21 sind zulässig, wenn sie statthaft sind, form- und fristgerecht eingelegt wurden und die Einspruchsführer durch die angefochtenen Verwaltungsakte beschwert sind.

(1/8)	**a) Zulässigkeit der Einsprüche vom 13.09.21 gegen die Einkommensteuerbescheide 19 vom 28.05.21** Die Einsprüche wenden sich gegen die Einkommensteuerbescheide für ES und AS, mithin gegen Verwaltungsakte (§ 118 AO) in Abgabenangelegenheiten (§ 1 Abs. 1 AO). Die Einsprüche sind daher statthaft (§ 347 Abs. 1 S. 1 Nr. 1 AO). Ausschlussgründe nach § 348 AO liegen nicht vor.
(1/9)	Fraglich ist, ob die Einsprüche formgerecht eingelegt wurden. Gemäß § 357 Abs. 1 S. 1 AO sind Einsprüche schriftlich einzulegen. Die Schriftform wurde vorliegend durch die Übersendung per Fax gewahrt (vgl. AEAO zu § 357, Tz. 1). Die fehlende Bezeichnung als Einspruch (§ 357 Abs. 1 Satz 4 AO) ist ebenso unschädlich wie die fehlenden Unterschriften, da aus der Absenderangabe hervorgeht, dass die Eheleute die Einsprüche einlegt haben (§ 357 Abs. 1 Satz 2 AO). Durch die Übersendung an das Finanzamt Freising wurden die Einsprüche bei der richtigen Behörde angebracht (§ 357 Abs. 2 AO).
(1/10)	Die Einsprüche müssten darüber hinaus auch fristgerecht, d.h. innerhalb eines Monats nach Bekanntgabe der Bescheide eingelegt worden sein (§ 355 Abs. 1 AO), da die Bescheide mit einer zutreffenden Rechtsbehelfsbelehrung versehen waren (§ 356 Abs. 2 AO). Fraglich ist, wann die wirksame Bekanntgabe erfolgt ist. Der am 28.05.21 zur Post gegebene Änderungsbescheid hat die Eheleute nicht erreicht. Diese Ausfertigung wurde somit nicht bekannt gegeben, da die Finanzbehörde den Zugang nicht nachweisen kann (§ 122 Abs. 2 AO).
(1/11)	Fraglich ist, ob die Bekanntgabe der zweiten Ausfertigung des Änderungsbescheids durch Zustellung an die Hauseigentümerin am 30.07.21 erfolgt ist. Zunächst war die Zustellung des Steuerbescheids mit Zustellungsurkunde zulässig (§ 122 Abs. 5 AO) und im vorliegenden Fall auch ermessensgerecht. Dabei ist zu beachten, dass eine gemeinsame Zustellung an die Ehegatten nicht möglich ist, sondern der Steuerbescheid jedem Ehegatten gesondert zuzustellen ist (vgl. AEAO zu § 122, Tz. 3.1.1.3, 3.2 und 3.4). Dies wurde vorliegend berücksichtigt, da laut SV je eine Ausfertigung für ES und AS zugestellt wurde. Gemäß § 122 Abs. 5 Satz 2 AO i.V.m. § 3 Abs. 2 S. 1 VwZG i.V.m. § 178 Abs. 1 ZPO konnte die Zustellung nicht an die Hauseigentümerin erfolgen, da sie nicht zum Personenkreis des § 178 Abs. 1 ZPO gehört. Die Verletzung der Zustellungsvorschriften wurde aber durch die Übergabe des Schriftstückes am 18.08.21 geheilt (§ 8 VwZG), sodass die Bescheide am 18.08.21 wirksam geworden sind. § 108 Abs. 3 AO greift bei der Bekanntgabe durch Zustellung nicht.

(1/12)	Die Einspruchsfrist beginnt daher mit Ablauf des 18.08.21 (§ 108 Abs. 1 AO i.V.m. § 187 Abs. 1 BGB) und endet nach einem Monat mit Ablauf des 20.09.21 (§ 108 Abs. 1 AO, § 108 Abs. 3 AO i.V.m. § 188 Abs. 2 BGB). Die per Fax übermittelten Einsprüche erfolgten somit fristgerecht. Nachdem der Einspruch fristgerecht ist, bedarf es keiner Prüfung des vorsorglich eingegangenen Antrags auf Wiedereinsetzung.
(1/13)	Durch die Steuerfestsetzungen sind die Eheleute als Adressaten der Einkommensteuerbescheide auch beschwert (§ 350 AO). Eine Beschwer ist auch insoweit gegeben, als die Einkünfte des jeweils anderen Ehegatten betroffen sind, da die Einkommensteuer nach dem gemeinsamen zu versteuernden Einkommen berechnet wird.
	Die Einsprüche der Eheleute gegen die Steuerbescheide vom 28.05.21 sind zulässig.
(1/14)	**b) Zulässigkeit der Einsprüche vom 17.09.21 gegen die Einkommensteuerbescheide 19 vom 28.05.21** Bezüglich der Ausführungen zu Statthaftigkeit, Form und Frist wird auf die Ausführungen unter a) verwiesen. Allerdings ist hinsichtlich der Einsprüche vom 17.09.21 das Rechtsschutzbedürfnis zu verneinen, da bereits durch das Fax vom 13.09.21 zulässige Einsprüche eingelegt wurden. Das Schreiben des F ist daher als zusätzliche Erläuterung und Begründung der Einsprüche zu sehen.
	c) Zulässigkeit des Einspruchs vom 17.09.21 gegen den Gewinnfeststellungsbescheid vom 03.09.20 Der Feststellungsbescheid ist ein Verwaltungsakt in Abgabenangelegenheiten, sodass der Einspruch statthaft ist (§ 347 Abs. 1 Satz 1 Nr. 1 AO). Ausschlussgründe nach § 348 AO liegen nicht vor. Durch die Festsetzung eines zu geringen Verlustes ist AS auch beschwert i.S.v. § 350 AO. Die Schriftform des § 357 Abs. 1 AO ist gewahrt. Grundsätzlich wäre der Einspruch zwar beim Finanzamt Erding anzubringen (§ 357 Abs. 2 Satz 1 AO), gem. § 357 Abs. 2 Satz 2 AO ist aber auch die Anbringung beim Finanzamt Freising möglich, da diese Behörde für die Erteilung des Steuerbescheids zuständig ist. Der Feststellungsbescheid gilt gemäß § 122 Abs. 2 Nr. 1 AO als am 06.09.20 bekannt gegeben. Da dies ein Sonntag ist, verschiebt sich die fingierte Bekanntgabe auf den nächsten Werktag, Montag, den 07.09.20 (§ 108 Abs. 3 AO). Die Einspruchsfrist beginnt somit mit Ablauf des 07.09.20 (§ 108 Abs. 1 AO i.V.m. § 187 Abs. 1 BGB) und endet nach einem Monat (§ 355 Abs. 1 AO) mit Ablauf des 07.10.20 (§ 108 Abs. 1 AO i.V.m. § 188 Abs. 2 BGB). Die Einspruchsfrist war somit am 18.09.21 abgelaufen.

(1/15)	Gründe für eine Wiedereinsetzung in den vorigen Stand (§ 110 AO) sind nicht ersichtlich. Der Einspruch gegen den Feststellungsbescheid ist als unzulässig zu verwerfen.
(1/16)	**d) Rücknahme der Einsprüche durch F** Fraglich ist, wie die Rücknahme der Einsprüche zu werten ist. Grundsätzlich führt die Rücknahme der Einsprüche (§ 362 Abs. 1 AO) zum Verlust des eingelegten Einspruchs (§ 362 Abs. 2 AO). Nach eigener Angabe des F wurde der Beratungsvertrag jedoch mit sofortiger Wirkung beendet, sodass auch die erteilte Vollmacht erloschen ist (§ 168 S. 1 BGB). Diese Mitteilung an das Finanzamt bewirkt das Erlöschen der Vollmacht auch gegenüber dem Finanzamt (§ 80 Abs. 1 S. 4 AO). F konnte somit keine Erklärungen für die Eheleute mehr abgeben. Die Rücknahme der Einsprüche durch F war nicht mehr möglich.
(1/17)	**e) Zusammenfassung** Es liegen zwei zulässige Einsprüche vor: • Einspruch des ES vom 13.09.21 gegen den Einkommensteuer-Bescheid 19 vom 28.05.21. • Einspruch der AS vom 13.09.21 gegen den Einkommensteuer-Bescheid 19 vom 28.05.21.
(1/18)	**Aufgabe 2** **Erfolgsaussichten der Einsprüche** Die Einsprüche werden Erfolg haben, wenn sie – zusätzlich zur bereits festgestellten Zulässigkeit – begründet sind. Die Einsprüche sind begründet, wenn die Steuerbescheide des ES und der AS rechtswidrig sind. Grundsätzlich führt ein Einspruch zur erneuten vollumfänglichen Prüfung des steuerlichen Sachverhalts (Grundsatz der Gesamtaufrollung). Da aber ein Änderungsbescheid angefochten wird, ist eine Änderung gem. § 351 Abs. 1 AO im Einspruchsverfahren nur auf ein zu versteuerndes Einkommen von 69.000 € möglich. Darüber hinausgehende Änderungen können nur berücksichtigt werden, wenn entsprechende Korrekturnormen greifen (§ 351 Abs. 1 2. HS AO).
(1/19)	**a) Renovierungskosten** Das Finanzamt hat die Aufwendungen für die Renovierungskosten zutreffend als anschaffungsnahe Herstellungskosten behandelt, da die Kosten von 75.000 € ohne Umsatzsteuer 15 % der Anschaffungskosten des Gebäudes übersteigen (§ 6 Abs. 1 Nr. 1a EStG).
(1/20)	Der Vorläufigkeitsvermerk ist auch nicht entfallen, da er in den geänderten Bescheiden zwar nicht wieder aufgenommen, aber auch nicht eingeschränkt oder für erledigt erklärt wurde (vgl. AEAO zu § 165, Tz. 7, Tz. 9 S. 2).

(1/21)	Die Argumentation des F, der Vorläufigkeitsvermerk hätte nur die Einkunftserzielungsabsicht, nicht aber den Abzug von Erhaltungsaufwendungen betroffen, geht ins Leere. Die Vorläufigkeit bezieht sich auch auf den festgestellten Betrag. Wenn bereits die Einkunftserzielungsabsicht als Voraussetzung für die Steuerentstehung ungewiss ist, kann sich der Steuerpflichtige nicht auf einen Vertrauensschutz in den angesetzten Betrag berufen. Die Änderung der Einkünfte konnte daher nach § 165 Abs. 2 AO erfolgen.
(1/22)	Selbst wenn man die Vorläufigkeit hinsichtlich der Erhaltungsaufwendungen verneinen würde, wäre dennoch eine Änderung aufgrund eines rückwirkenden Ereignisses möglich gewesen (§ 175 Abs. 1 S. 1 Nr. 2 AO).
(1/23)	**b) Zahlendreher bei den Schuldzinsen** Die Schuldzinsen wurden durch die Änderung in materiell richtiger Höhe angesetzt. Der Einspruch hätte daher insoweit nur Erfolg, wenn die Änderung mangels Korrekturnorm nicht hätte erfolgen dürfen. Das Finanzamt stützt seine Änderung auf § 172 Abs. 1 Nr. 2a AO. Nach dieser Vorschrift wäre eine Änderung möglich, wenn ES zustimmt oder einen entsprechenden Antrag gestellt hätte. Fraglich ist, ob in dem Telefonat vom 30.04.21 ein entsprechender Antrag bzw. eine Zustimmung zur Änderung zu sehen ist. ES hat, nachdem er seinen Fehler erkannt hatte, die nach § 153 Abs. 1 S. 1 Nr. 1 AO vorgeschriebene Richtigstellung vorgenommen. In dieser Handlung ist jedoch keine Zustimmung zur Änderung oder ein Antrag i.S.d. § 172 Abs. 1 Nr. 2a AO zu sehen (AEAO zu § 172 AO, Tz. 3 S. 2). Die Änderung konnte folglich nicht nach § 172 Abs. 1 Nr. 2a AO vorgenommen werden. Eine Änderung könnte nach § 173 Abs. 1 Nr. 1 AO erfolgen, wenn nachträglich Tatsachen bekannt werden, die zu einer höheren Steuer führen. Zwar erhält der Sachbearbeiter erst durch das Telefonat Kenntnis von der zutreffenden Höhe der Zinsen, dies ist jedoch auf einen Ermittlungsfehler seinerseits zurückzuführen, da ES alle Unterlagen beigefügt hat, aus denen die korrekte Höhe der Zinsen hätte ermittelt werden können. Damit fällt das nachträgliche Bekanntwerden in den Verantwortungsbereich des Finanzamts, sodass eine Änderung nach § 173 Abs. 1 Nr. 1 AO nicht möglich war.
	Eine Änderung könnte noch nach § 129 AO möglich sein. Ein Zahlendreher ist ein Fehler i.S.d. § 129 AO, welcher berichtigt werden kann, wenn er beim Erlass des Verwaltungsaktes unterlaufen ist.

(1/24)	Vorliegend ist der Schreibfehler zwar dem ES unterlaufen, da der Fehler aus den beigefügten Unterlagen aber für das Finanzamt erkennbar war, handelt es sich um einen (offenkundigen) Übernahmefehler, d.h. das Finanzamt hat sich den Fehler des ES zu eigen gemacht. Es liegt somit eine offenbare Unrichtigkeit beim Erlass des Verwaltungsaktes vor, die nach § 129 AO korrigiert werden konnte. Die Angabe einer falschen Korrekturnorm im Einkommensteuerbescheid stellt einen Begründungsmangel dar, der im Rahmen des Einspruchsverfahrens geheilt werden kann (§ 126 Abs. 1 Nr. 2 AO).
(1/25)	Darüber hinaus ist die Änderung der Schuldzinsen nach § 165 Abs. 2 AO möglich, da die Einkünfte aus V+V vom Vorläufigkeitsvermerk erfasst wurden und sich der Abzug der Schuldzinsen auf die Berechnung der Einkünfte aus V+V bezieht.
(1/26)	**c) Außergewöhnliche Belastungen** Durch den fehlenden Ansatz der außergewöhnlichen Belastungen ist der Bescheid materiell rechtswidrig. Die außergewöhnlichen Belastungen können im Rahmen der Gesamtaufrollung des Verfahrens (§ 367 Abs. 2 AO) berücksichtigt werden. Durch die Anfechtung eines Änderungsbescheides ist § 351 Abs. 1 AO zu beachten (s.o.). Eine Änderung wäre jedenfalls uneingeschränkt möglich, wenn eine Änderungsnorm greifen würde.
(1/27)	Als Korrekturnorm könnte § 173 Abs. 1 Nr. 2 AO greifen. Dafür müssten steuermindernde Tatsachen nachträglich bekannt werden, ohne dass den Steuerpflichtigen grobes Verschulden am nachträglichen Bekanntwerden trifft. Die Anwalts- und Gerichtskosten stellen steuererhebliche Tatsachen dar, da durch den Ansatz der Kosten die Steuer gemindert würde. Diese werden auch nachträglich, d.h. nach abschließender Zeichnung des Ursprungsbescheids vom 12.05.20 bekannt.
(1/28)	Ein grobes Verschulden der AS kann vorliegend verneint werden. Aufgrund der damaligen Rechtslage bestand für AS mangels steuerlicher Abziehbarkeit der Kosten kein Grund, entsprechende Angaben zu machen.
(1/29)	Eine Änderung nach § 173 Abs. 1 Nr. 2 AO scheidet dennoch aus, da es an der Rechtserheblichkeit der Tatsachen fehlt. Rechtserheblich wären die Tatsachen dann, wenn das Finanzamt bei rechtzeitiger Kenntnis der Tatsachen oder Beweismittel schon bei der ursprünglichen Veranlagung am 11.05.20 zu einer niedrigeren Steuer gelangt wäre. Die damalige Rechtslage ließ aber einen Abzug der Kosten nicht zu. Daher sind die Tatsachen nicht rechtserheblich.

(1/30)	Eine Änderung nach § 175 Abs. 1 S. 1 Nr. 2 AO als rückwirkendes Ereignis scheidet ebenfalls aus, da weder die Änderung der Rechtsprechung noch der nunmehr gestellte Antrag nach § 33 Abs. 1 EStG ein Ereignis mit rückwirkendem Charakter darstellen.
	Hinweis! Im Ergebnis würde für den Ansatz der außergewöhnlichen Belastungen keine eigenständige Korrekturnorm greifen. Allerdings darf nicht vergessen werden, dass eine Korrekturnorm nur benötigt wird, wenn die Änderung den zulässigen Rahmen gem. § 351 Abs. 1 AO überschreiten würde. Ansonsten ist der Ansatz der außergewöhnlichen Belastungen über § 367 Abs. 2 AO möglich.
(1/31)	**d) Verlust aus Gewerbebetrieb** Da der am 05.09.20 (§ 122 Abs. 2 Nr. 1 AO, § 108 Abs. 3 AO) bekannt gegebene Feststellungsbescheid einen Grundlagenbescheid mit Bindungswirkung für den Steuerbescheid (§ 182 Abs. 1 AO) darstellt, ist die Änderung nach § 175 Abs. 1 Nr. 1 AO vorzunehmen.
	Hinweis! Vertretbar ist auch eine Korrektur nach § 129 AO, wenn davon ausgegangen wird, dass die Feststellungsmitteilung des Finanzamts Erding vom Sachbearbeiter in der Veranlagungsakte übersehen wurde. Das Übersehen stellt in diesem Fall ein mechanisches Versehen dar, welches beim Erlass des Steuerbescheides unterlaufen ist. Des Weiteren ist auch eine Änderung nach § 165 Abs. 2 AO denkbar, wenn argumentiert wird, dass die Ungewissheit durch die Bindungswirkung des Feststellungsbescheids beseitigt ist.
(1/32)	Anzusetzen ist der im Grundlagenbescheid festgestellte Verlust i.H.v. 30.000 €. Der Inhalt des Feststellungsbescheides kann im Einspruchsverfahren gegen den Folgebescheid nicht angefochten werden (§ 351 Abs. 2 AO).
(1/33)	Dabei ist unerheblich, dass der festgestellte Verlust von 30.000 € tatsächlich materiell falsch ist oder ob der Grundlagenbescheid noch geändert werden könnte. Die Bindungswirkung des Grundlagenbescheids führt zum Ansatz von – 30.000 € (§§ 182 Abs. 1, 351 Abs. 2 AO). Das zu versteuernde Einkommen wird dadurch um 30.000 € gemindert.

(1/34)	**e) Ergebnis** Die Änderungen des Finanzamtes hinsichtlich der anschaffungsnahen Herstellungskosten und der Schuldzinsen sind rechtmäßig erfolgt. Hinsichtlich der fehlenden außergewöhnlichen Belastungen und des fehlenden Verlustes aus Gewerbebetrieb ist der Bescheid zu ändern, sofern § 351 Abs. 1 AO dieser Änderung nicht entgegensteht. Das materiell-rechtlich richtige zu versteuernde Einkommen beträgt: Zu versteuerndes Einkommen gemäß Bescheid vom 20.05.21 69.000,00 € + anschaffungsnahe Herstellungskosten 29.155,00 € ./. festgestellter Verlust aus Gewerbebetrieb ./. 30.000,00 € ./. außergewöhnliche Belastungen ./. 4.700,00 € = **zu versteuerndes Einkommen** **63.455,00 €** **Hinweis!** Damit würde das zu versteuernde Einkommen im unanfechtbaren Bescheid vom 20.05.21 (i.H.v. 69.000,00 €) unterschritten werden. Ein Ansatz des materiell-rechtlich richtigen zu versteuernden Einkommens könnte daher gem. § 351 Abs. 1 AO nur erfolgen, wenn Korrekturnormen greifen.
(1/35)	Obergrenze (§ 351 Abs. 1 AO) durch steuererhöhende Korrekturen: Zu versteuerndes Einkommen gemäß Bescheid vom 20.05.21 69.000,00 € + § 175 Abs. 1 S. 1 Nr. 2 AO 29.155,00 € = **Obergrenze** **98.155,00 €** Untergrenze durch steuermindernde Korrekturen: Zu versteuerndes Einkommen gemäß Bescheid vom 20.05.21 69.000,00 € ./. § 175 Abs. 1 Nr. 1 AO ./. 30.000,00 € = **Untergrenze** **39.000,00 €** Da das materiell-rechtlich richtige zu versteuernde Einkommen innerhalb dieser Grenze liegt, werden die Einsprüche insoweit erfolgreich sein, als die Steuer auf der Grundlage eines zu versteuernden Einkommens i.H.v. 63.455 € festsetzt wird.

1.6 Ausblick auf die Steuerberaterprüfung 2024/2025

Die Themen der Steuerberaterprüfung 2024/2025 lassen sich selbstverständlich nicht voraussagen. In den AO-Klausuren vergangener Jahre sind bestimmte Themen aber immer wieder regelmäßig aufgetaucht (s. Kap. 1.2). Diese Standardthemen muss der Prüfungsteilnehmer „drauf haben". So konnte man in den letzten fünf Prüfungskampagnen die AO-Klausur mit den Themen Korrekturrecht, Rechtsbehelfsverfahren, Festsetzungsverjährung und Bekanntgabe, Fristen, Wiedereinsetzung bestreiten. Diese Themen sind nach wie vor hochgradig prüfungsrelevant.

2. Klausur Umsatzsteuer
2.1 Besonderheiten der Klausur Umsatzsteuer

Im Gegensatz zur Ertragsteuer- oder Bilanzklausur wird bei der Umsatzsteuer regelmäßig auch aktuelles Recht abgefragt. Die Gesetzes- und Rechtslage sollte daher bis kurz vor der Prüfung verfolgt werden.

Der **Lösungsaufbau** erfolgt zumeist als gutachterliche Stellungnahme unter Berücksichtigung der Umsatzsteuersystematik. Dabei sind die einzelnen Geschäftsvorfälle umsatzsteuerrechtlich zu überprüfen und die umsatzsteuerlichen Ergebnisse zu ermitteln.

Erst die **vollständige Erfassung des Sachverhaltes** ermöglicht die Erstellung einer sachgerechten Lösung. Der Sachverhalt sollte möglichst schnell erfasst werden, wie das bereits in den Übungsklausuren geübt wurde, da die Bearbeitungszeit der Klausuraufgaben in der Regel so bemessen ist, dass der Prüfungsteilnehmer mit der Lösung gerade noch fertig werden kann.

Nach dem ersten Erfassen des Sachverhaltes ist die **Aufgabenstellung genau zu ermitteln.** Anschließend sollten Sie sich den Sachverhalt selektiv, d.h. unter Berücksichtigung der Aufgabenstellung durchlesen. Achten Sie dabei auf typische Wahlmöglichkeiten des zu bearbeitenden Unternehmers. Ist die für den Unternehmer günstigste Lösung zu wählen, beachten Sie z.B. den Verzicht auf Steuerbefreiungen, den Verzicht auf die Anwendung von Erwerbs- und Lieferschwellen, die unterschiedlichen Möglichkeiten zur Ermittlung der umsatzsteuerlichen Bemessungsgrundlage (nichtunternehmerische Pkw-Nutzung, 1 %-Regelung oder Fahrtenbuchmethode) sowie die Möglichkeiten zur Wahl der entsprechenden Besteuerungsform (vgl. z.B. § 19 UStG; § 24 UStG, § 25a Abs. 8 UStG). Wichtig ist es generell, den Umfang des Unternehmens abzugrenzen. Häufig werden vorliegende umsatzsteuerliche Organschaften übersehen. Wesentlich ist oft auch die Höhe des möglichen Vorsteuerabzugs, welcher immer erst nach der Betrachtung der Ausgangsumsätze ermittelt werden kann.

> **Tipp!** Insbesondere bei komplexen Sachverhalten ist es sehr wichtig, erst dann mit der Lösung zu beginnen, wenn Sie den Sachverhalt vollständig erfasst und verstanden haben.

Nach dem zweiten Lesen kennen Sie die Schwerpunkte des Sachverhaltes und können Ihre Zeiteinteilung entsprechend planen. Anmerkungen bzw. Markierungen des Sachverhaltes sollten eher sparsam verwendet werden, da beim ersten Durchlesen der Aufgabenstellung die Gewichtung oft nicht gleich zu erkennen ist.

Zeitverluste entstehen im Examen insbesondere durch Angaben zu Prüfungspunkten, die in der Aufgabenstellung ausdrücklich von der Lösung ausgenommen sind, weil sie als gegeben gelten (wie z.B. die Unternehmereigenschaft an sich).

Die **rechtliche Würdigung eines Sachverhaltes** erfolgt zuerst immer mit den Rechtsgrundlagen im Umsatzsteuergesetz und der Umsatzsteuerdurchführungsverordnung. **Erst danach** werden Zweifelsfragen mit Hilfe des Umsatzsteueranwendungserlasses (UStAE) geklärt. Es ist nicht erforderlich, die im UStAE gebrauchten Zitate zu wiederholen. Vielmehr genügt der einfache Verweis auf die entsprechende Fundstelle. **Zitate** sollten dabei immer einen konkreten Bezug zum Sachverhalt haben.

Allgemeine Ausführungen ohne Bezug zum Sachverhalt oder die Wiedergabe des Gesetzestextes und der gleichlautenden Regelungen im UStAE sind überflüssig und verärgern schlimmstenfalls nur den Korrektor.

Bitte beachten Sie bei ihrer Lösung, dass **Verwaltungsanweisungen** (sprich: der **UStAE**) grundsätzlich nur dann zu zitieren sind, wenn sie über den Gesetzestext hinausgehende Ausführungen enthalten. Zudem kann das Auffinden der entsprechenden Fundstelle im UStAE unter Umständen sehr zeitraubend und nicht immer zielführend sein. Es ist auch anzumerken, dass beim Zitieren von Aussagen aus dem UStAE der Grundsatz „manchmal ist weniger mehr" zu beachten ist. Diese Handhabung ähnelt recht häufig einer „Gratwanderung".

Wenn sich für den Einen die Lösung schon eindeutig aus dem Gesetzestext ergibt, benötigt ein Anderer zur sicheren Darstellung seines Lösungsansatzes noch die Aussage aus den Verwaltungsanweisungen.

Weiterhin sollten Sie bei Ihrer Lösung auch **Begriffe vermeiden**, die **dem Umsatzsteuerrecht wesensfremd** sind. Dazu gehören insbesondere die Wörter „Betriebsvermögen" und „Entnahme", da diese Begriffe ihren Ursprung im Ertragsteuerrecht haben.

Zu viel Fantasie und Misstrauen sind im Examen nicht angebracht. Der misstrauische Klausurteilnehmer wittert überall eine Falle und kommt deshalb nicht mit der Lösung voran, während der fantasievolle Klausurteilnehmer über seine Unterstellungen den Sachverhalt variiert.

> **Hinweis!** Ein Klassiker ist dabei u.a. das Anzweifeln des dargestellten Steuersatzes. Wenn im Sachverhalt der Regelsteuersatz mit 19 % gegeben ist, Sie aber der Meinung sind der ermäßigte USt-Satz von 7 % wäre einschlägig, können Sie sich gerne auf die Suche in den Untiefen der Anlage zu § 12 Abs. 2 UStG begeben um am Ende festzustellen, nichts Passendes gefunden, aber mehrere Minuten Ihrer kostbaren Zeit eingebüßt zu haben.

Manchmal sind derartige kreative Ausführungen zwar richtig und auch brillant, diese kosten in der Regel aber nur nicht vorhandene Zeit und bringen keine Punkte.

> **Tipp!** Vorrangiges Ziel des Examensteilnehmers ist es deshalb, mit der Bearbeitung der gestellten Aufgabe/n fertig zu werden. Generell ist das Ergebnis Ihrer umsatzsteuerlichen Prüfungen kurzzufassen und unter Angabe der gesetzlichen Bestimmungen und ggf. der entsprechenden Verwaltungsanweisungen darzustellen.

Die erforderliche Punktzahl kann nur erreicht werden, wenn Sie mit der Bearbeitung der Aufgabe fertig geworden sind. Wenn es nicht anders geht, versuchen Sie, dieses Ziel zu erreichen, indem Sie Ihre Ausführungen kürzer fassen, in Stichpunkten schreiben und die Lesbarkeit Ihrer Schrift auf ein noch erträgliches Maß reduzieren.

2.2 Themenschwerpunkte der letzten 16 Jahre

Wir haben an dieser Stelle die Themenschwerpunkten seit dem Examen 2007/2008 ausgewertet und anhand der Häufigkeit dargestellt. Dabei kann man nun erkennen, welche Themenbereiche in der Regel im Examen abgefragt werden und welche eher als Exotenthemen nur in einem oder maximal zwei Jahren abgefragt wurden. Die Tabelle zeigt eine ungefähre Richtung und enthält keine Gewähr für Vollständigkeit, da seit der Steuerberaterprüfung 2015 die Aufgabentexte aus urheberrechtlichen Gründen nicht mehr veröffentlicht werden. Ab dem Jahr 2016 dürfen die Prüfungsaufgaben auch nicht mehr von den Kandidaten/-innen im Anschluss an die schriftliche

2.2 Themenschwerpunkte der letzten 16 Jahre

Prüfung mitgenommen werden; sie müssen mit der eigenen Klausurlösung abgegeben werden. Die Schwerpunkte der Examen 2016 bis 2023 wurden durch Gespräche mit Teilnehmern der Prüfung zusammengestellt und erheben keinen Anspruch auf Vollständigkeit. Anhand dieser zusammengetragenen Punkte werden nachfolgend vergleichbare Beispiele zu Übungszwecken dargestellt.

Des Weiteren zeigt die Tabelle die Häufigkeit der Themen pro Jahr mit einer Anzahl, wobei einige Themen in dem betreffenden Jahr gleich in mehreren Teilaufgaben und in verschiedenen Variationen enthalten waren. Es war erkennbar, dass z.B. im Jahr 2007/2008 und 2008/2009 das Thema Steuersatz enthalten war, danach aber nicht mehr. Im Jahr 2017/2018 waren fast alle Themen zum Kleinunternehmer im Examen und in anderen Jahren waren erkennbar die unentgeltlichen Wertabgaben (2016/2017) ausführlich abgefragt. Das hängt sicher mit den jeweiligen aktuellen Gesetzesänderungen, bspw. zum Steuersatz oder bei der Kleinunternehmergrenze zusammen. Für die kommenden Examen ist deshalb unbedingt zu empfehlen, die neuen Themen der letzten Jahre, wie z.B. den innergemeinschaftlichen Fernverkauf (e-Commerce Paket), die Elektrofahrzeuge oder vielleicht auch die Steuersatzthematik aus dem Jahr 2020 zu erarbeiten. Einen Überblick der wesentlichen BMF-Schreiben der letzten Jahre finden Sie am Ende des Umsatzsteuerteils.

Bitte beachten Sie auch, dass die Standardthemen wie z.B. die umsatzsteuerliche Beurteilung von Grundstücken, der Vorsteuerabzug, Pkws oder auch die Reihengeschäfte immer wieder und sehr häufig in den Klausuren der Jahre seit 2007/2008 enthalten waren. Diese Themen sind sozusagen Pflichtprogramm, wenn es um die Umsatzsteuer geht.

Sie können die Häufigkeit der jeweiligen Themen aus der nachfolgenden Tabelle entnehmen.

§§ UStG	Thema	Anzahl gesamt pro Jahr
§ 1	Leistungsaustausch (2015/2016) Schadenersatz (2023/2024)	2
§ 1 Abs. 1a	Geschäftsveräußerung im Ganzen ohne Grundstück	6
§ 1 Abs. 1a	Geschäftsveräußerung im Ganzen mit Grundstück	7
§ 1a	innergemeinschaftlicher Erwerb	11
§ 1b	Fahrzeugeinzelbesteuerung (2015/2016)	1
§ 2	Umfang des Unternehmens	13
§ 2	Organschaft	3
§ 2a	Fahrzeuglieferer (2015/2016)	1
§ 3	Verfügungsmacht (2008/2009)	1
§ 3 Abs. 3	Kommissionsgeschäft	5
§ 3 Abs. 4	Werklieferung/-leistung, Bauleistungen	8
§ 3 Abs. 6a / § 25b	Reihengeschäft/Dreiecksgeschäft	7

§ 3 Abs. 9a	unentgeltliche Wertabgaben allgemein	6
§ 3 Abs. 9a	unentgeltliche Wertabgaben an Personal	5
§ 3a Abs. 3a	Grundstück allgemein	13
§ 3c	innergemeinschaftlicher Fernverkauf (2016/2017 und 2018/2019)	3
§ 4	Steuerbefreiung	3
§ 6a / § 6	innergemeinschaftliche Lieferung / Ausfuhrlieferung	3
§ 7	Lohnveredelung (2014/2015)	1
§ 12	Steuersatz (2007/2008 und 2008/2009)	2
§ 13	Entstehung/Anzahlungen	3
§ 13b	Übergang Steuerschuld	12
§ 14c	Rechnung (2008/2009 und 2021/2022)	2
§ 15	Vorsteuer allgemein	11
§ 15 Abs. 2	Vorsteuerausschluss	2
§ 15 Abs. 4	Vorsteueraufteilung	4
§ 15 / § 3 Abs. 9a	Pkw / Erwerb, VoSt, Privatnutzung	12
§ 15a	Vorsteuerberichtigung	11
§ 17	Änderung Bemessungsgrundlage	3
§ 19	Kleinunternehmer	3
§ 24	Land- und Forstwirtschaft (2023/2024)	1
§ 25	Reiseleistungen (2010/2011 und 2017/2018)	2
§ 25a	Differenzbesteuerung (2014/2015 und 2022/2023)	2

Anmerkung! Für den Aufgabensteller eines Examens gibt es zwei Kriterien, auf die er unbedingt achten muss:
1. der Schwierigkeitsgrad der zu bearbeitenden Aufgabe,
2. der Umfang der zu bearbeitenden Aufgabe.

Sind beide Kriterien in einer Aufgabe zu stark ausgeprägt, wird diese in der vorgegebenen Zeit mit einer möglichst geringen Fehlerquote fast nicht zu bearbeiten sein.

Die Teilnehmer kamen beim Examen des Jahres 2020 zum Ergebnis, dass die Aufgabe sowohl im Hinblick auf den Schwierigkeitsgrad als auch auf den Umfang angemessen und somit lösbar war. Selbstredend sind diese subjektiven Aussagen mit „Vorsicht" zu genießen, decken sich jedoch im Kern mit den unter 1. und 2. aufgeführten Grundsätzen.

2.3 Konkrete Bearbeitungshinweise
2.3.1 Standardaufgaben und Standardfragestellungen
2.3.1.1 Allgemeine Angaben

Verlangt die Aufgabenstellung, die nachfolgenden Klausursachverhalte „umsatzsteuerlich zu würdigen", sind zunächst allgemeine Angaben erforderlich, die andernfalls bei der Bearbeitung der einzelnen Geschäftsvorfälle wiederholt werden müssten.

Bitte beachten Sie dabei die Aufgabenstellung. Insbesondere bei mehreren voneinander unabhängigen Sachverhalten sind allgemeine Angaben nicht immer bei jedem Sachverhalt gefordert.

Werden in der Aufgabenstellung die allgemeinen Angaben nicht ausdrücklich ausgeschlossen, sind somit zwingend Angaben zur Unternehmereigenschaft, dem Rahmen des Unternehmens, der grundsätzlichen Berechtigung zum Vorsteuerabzug, der Steuerschuld, der Entstehung der Steuer und der Besteuerungsart erforderlich.

> **Hinweis!** Sollte laut der Aufgabenstellung, wie auch schon in ehemaligen Examen geschehen, die Unternehmereigenschaft der zu bearbeitenden Person unstrittig sein, dann vermeiden Sie bitte weitere Angaben dazu.
> Jede nicht erforderliche Aussage bringt keine Punkte, kostet aber Zeit!

Sachverhaltswiederholungen aus der Klausuraufgabe sind grundsätzlich zu vermeiden.

Klausurangaben wie „Der Steuerpflichtige A ist kein Kleinunternehmer und versteuert seine Umsätze nach den allgemeinen Vorschriften und nach vereinbarten Entgelten" sollten Sie aus Zeitgründen nicht wiederholen, da der Klausurverfasser hierzu keine Angaben erwartet.

Zu beachten ist, dass sich der **Umfang des Unternehmens** häufig in einer späteren Textziffer der Klausur noch erweitern kann.

Die Angaben im allgemeinen Teil werden somit oft durch nachfolgende Aufgabenteile ergänzt. Soweit sich das Unternehmen des Steuerpflichtigen im Laufe der Klausur noch erweitert (zum Beispiel durch den Erwerb und die anschließende Vermietung eines Grundstücks oder die Begründung einer umsatzsteuerlichen Organschaft), sollten diese Erweiterungen bereits im Vorspann beim Umfang des Unternehmens berücksichtigt werden.

Insoweit könnte beim Aufbau der Lösung ausreichend Platz gelassen werden um eventuell erforderliche Ergänzungen, die sich erst aus nachfolgenden Aufgabenteilen ergeben, in entsprechender Form einfügen zu können.

Die **wichtigsten bei der Lösung des allgemeinen Teils zu beachtenden Punkte** sind:
1. **Unternehmer**

    Ist der **umsatzsteuerliche Unternehmerbegriff** des § 2 UStG erfüllt (Steuerfähigkeit, Selbständigkeit, gewerbliche oder berufliche Tätigkeit, Nachhaltigkeit, Einnahmenerzielungsabsicht)? Bitte fassen Sie sich beim Prüfen der einzelnen Merkmale kurz.
    Vermeiden Sie bitte, alle Facetten der Unternehmereigenschaft bis hin zu den Negativabgrenzungen anhand des UStAE ausführlich zu beleuchten, denn die Auspunktung der Lösung dazu ist eher spärlich:

    > **Beispiele für entsprechende Formulierungen:**
    > - A ist Unternehmerin, da sie als natürliche Person gemäß § 1 BGB i.V.m. Abschn. 2.1 Abs. 1 Satz 1 UStAE eine gewerbliche und berufliche Tätigkeit selbständig und nachhaltig zur Erzielung von Einnahmen ausübt, § 2 Abs. 1 Satz 1 und 3 UStG.

- Die B-GmbH ist Unternehmerin, da sie eine gewerbliche Tätigkeit selbständig und nachhaltig zur Erzielung von Einnahmen ausübt, § 2 Abs. 1 S. 1 und 3 UStG.
- Die GmbH ist als juristische Person des Privatrechts unternehmerfähig, Abschn. 2.1 Abs. 1 Satz 1 UStAE.

Hinweis! Wenn Sie nicht schon am Anfang Ihrer Lösung eine „Todsünde" begehen wollen, vermeiden Sie bei der Prüfung der Unternehmereigenschaft bitte den (aus der Ertragsteuer stammenden) Begriff „Gewinnerzielung". Dieser ist der Umsatzsteuer wesensfremd, es reicht die Absicht Einnahmen zu erzielen aus.

Besonderheiten beim Unternehmerbegriff:
- Leistungsbeziehungen zwischen Gesellschaft und Gesellschaftern (Leistungsaustausch und Sonderentgelt),
- umsatzsteuerliche Organschaft (Beschränkung der Wirkung auf Inlandsumsätze),
- Innengesellschaften (typisch und atypisch stille Gesellschaft, Metaverbindung, Gewinnpoolung, schlichte Rechtsgemeinschaft).

2. **Rahmen des Unternehmens**
   Merksatz: „Highlanderprinzip" – Es kann nur einen geben. Ein Unternehmer hat ein Unternehmen aber ggf. mehrere Betriebe bzw. Unternehmensbereiche. Die verschiedenen Unternehmensbereiche des Unternehmers sind anzugeben.

3. **Besteuerungsart**
   Es gibt **drei Besteuerungsarten**:
   1. **Sollbesteuerung**; das ist die Besteuerung nach **vereinbarten** Entgelten gem. § 16 UStG,
   2. **Istbesteuerung**; das ist die Besteuerung nach **vereinnahmten** Entgelten unter den Voraussetzungen des § 20 UStG,
   3. **Anzahlungsversteuerung** in den Fällen des § 13 Abs. 1 Nr. 1 Buchst. a Satz 4 UStG (auch „Mindest-Ist-Versteuerung" genannt).

Welche Pflichten ergeben sich daraus für den Unternehmer (Steuerschuldnerschaft, Entstehung der Steuer, Steuerberechnung, Besteuerungszeitraum, Voranmeldungszeitraum, Zusammenfassende Meldung)?

Erörtern Sie die bestehenden Optionsmöglichkeiten.

2.3.1.2 Beispiele zum Allgemeinen Teil einer Prüfungsaufgabe

Beispiel 1: Silke Rößler (R) betreibt in Leipzig seit Mai 2009 einen Fachhandel für Bastelbedarf mit angeschlossenem Bastelstudio, welches sie regelmäßig an wechselnde Kunden vermietet. Sie lebt mit ihrem Ehemann Boris in einer Eigentumswohnung im Leipziger Waldstraßenviertel. Außerdem vermietet sie ein in Leipzig Gohlis gelegenes, viergeschossiges Gebäude.
Die Ersparnisse legt R sowohl in Aktienfonds als auch auf dem Sparkonto bei der Leipziger Volksbank eG an. Freude findet R an ihrer stattlichen Euro-Münzensammlung, in der sich auch sehr seltene Sonderprägungen finden. R versteuert ihre Umsätze zutreffend nach den allgemeinen Vorschriften des UStG. Am 19. Mai 2009 stellte R einen Antrag auf Versteuerung nach vereinnahmten Entgelten beim zuständigen Finanzamt. Dem Antrag wurde mit

2.3 Konkrete Bearbeitungshinweise

Schreiben vom 4. Juni 2009 stattgegeben. Im Kalenderjahr 2022 betrug der zutreffende Gesamtumsatz 859.000 € sowie die Umsatzsteuerzahllast 15.200 €.

Fragen:
Unternehmereigenschaft, Umfang des Unternehmens, Besteuerungsart und Voranmeldungszeitraum im Jahr 2023.

Lösung:

1. Unternehmer/Unternehmen, Negativabgrenzung

R ist Unternehmerin, da sie als natürliche Person gem. § 1 BGB i.V.m. Abschn. 2.1 Abs. 1 UStAE eine gewerbliche und eine berufliche Tätigkeit selbstständig und nachhaltig zur Erzielung von Einnahmen ausübt, § 2 Abs. 1 Satz 1 und 3 UStG.

Das Unternehmen umfasst die gesamte gewerbliche und berufliche Tätigkeit, § 2 Abs. 1 Satz 2 UStG.

Zum Unternehmen der R gehören:
- Fachhandel für Bastelbedarf inkl. Studio,
- Vermietung des Gebäudes in Leipzig Gohlis.

Nicht zum Unternehmen gehören:
- Eigengenutzte Eigentumswohnung mangels Einnahmeerzielungsabsicht, Folgerung aus Abschn. 2.3 Abs. 8 Satz 1 UStAE,
- Aktienfonds, da keine gewerbliche und berufliche Tätigkeit, Abschn. 2.3 Abs. 2 UStAE,
- Sparkonto, da kein Leistungsaustausch vorliegt, Abschn. 1.1 Abs. 14 UStAE,
- Euro-Münzensammlung, mangels Nachhaltigkeit, Abschn. 2.3 Abs. 6 Satz 2 UStAE.

2. Besteuerungsart/Voranmeldezeitraum

R hat am 19. Mai 2009 einen Antrag auf Versteuerung nach vereinnahmten Entgelten gestellt, der im Jahr der Gründung des Unternehmens vom Finanzamt gestattet wurde. Die Grenzen des § 20 Satz 1 Nr. 1 UStG werden jedoch im Vorjahr (2022) nicht mehr erfüllt. Der Gesamtumsatz betrug im Kalenderjahr 2022 859.000 € und somit mehr als 600.000 €. Andere Voraussetzungen des § 20 Satz 1 Nr. 2 und 3 UStG liegen ebenso nicht vor.

R muss daher ihre Umsätze im Kalenderjahr 2023 im Rahmen der Regelbesteuerung nach vereinbarten Entgelten gemäß § 16 Abs. 1 Satz 1 UStG versteuern.

Beim Wechsel von der Besteuerung nach § 20 UStG zu § 16 UStG dürfen Umsätze nicht doppelt erfasst oder unversteuert bleiben, § 20 Satz 3 UStG.

Voranmeldungszeitraum im Kalenderjahr 2023 ist der Kalendermonat, da die Zahllast des Vorjahres mehr als 7.500 € betrug, § 18 Abs. 2 S. 1 und 2 UStG.

Beachte! Die Umsatzgrenze für die Besteuerung nach vereinnahmten Entgelten wurde zum 01.01.2020 auf **600.000 €** erhöht und ist mit dem Wachstumschancengesetz erneut auf 800.000 € erhöht worden. Damit entspricht sie betragsmäßig der Umsatzgrenze für Buchführungspflicht nach § 141 Abs. 1 Nr. 1 AO (auch diese Grenze ist mit dem Wachstumschancengesetz auf 800.000 € angehoben worden).

2.3.1.3 Ausführungen zu den Einzelsachverhalten (Schwerpunkte)

Bei der **Bearbeitung der einzelnen Aufgabenteile** der Klausur ist die Einhaltung der „**gesetzlichen Reihenfolge**" von **erheblicher Bedeutung**. Die gesetzliche Reihenfolge der Prüfung stellt zugleich einen „**Lösungsalgorithmus**" von umsatzsteuerlichen Problemstellungen dar, der die Bearbeitung der Umsatzsteuerklausuren erleichtert.

Häufig wird das Problem der einzelnen Textziffern zwar richtig erkannt und auch das korrekte zahlenmäßige Ergebnis dargestellt. Es werden jedoch unzählige Begründungspunkte verschenkt, weil die Begründungen unvollständig sind bzw. nicht in der sinnvollen Reihenfolge dargelegt werden. Ein typisches Beispiel ist das Unterlassen von **Angaben zur Steuerbarkeit** bei Lieferungen und sonstigen Leistungen nach § 1 Abs. 1 Nr. 1 UStG. **Einen leichteren Punkt kann man in Umsatzsteuerklausuren nicht bekommen!**

> **Tipp!** Halten Sie sich also bitte an die Systematik des Umsatzsteuergesetzes.

Das Prüfungsschema für Aufgaben aus dem Umsatzsteuerrecht

> **Beachte!** Dem Besteuerungssystem der Umsatzsteuer entsprechend regelt das Gesetz zunächst in den §§ 1–13 UStG die Ausgangsumsatzsteuer, in §§ 14, 14a–c UStG den Rechnungsbegriff und daraus folgende Fragen sowie in §§ 15 und 15a UStG die Vorsteuer.
>
> Da gem. § 15 Abs. 2 UStG Fragen der Umsatzsteuer des Ausgangsumsatzes für den Vorsteuerabzug von Bedeutung sind, sollte man **zunächst** die **Ausgangsumsätze** prüfen, ehe man sich der Vorsteuerproblematik zuwendet:
>
> **I. Steuerbarkeit (§ 1 UStG)**
> Ist der Handelnde Unternehmer (§ 2 UStG):
> - eine natürliche Person?
> - eine juristische Person?
> - ein Personenzusammenschluss, der nach außen als Einheit auftritt?
> - eine Privatperson bei Lieferung eines neuen Fahrzeugs (§ 2a UStG)?
>
> Besteht die Leistung des Unternehmers in einer **Lieferung** (§ 3 Abs. 1 UStG) oder **sonstigen Leistung** (§ 3 Abs. 9 UStG)?
>
> Beachten Sie **Sonderfälle:**
>
> | bei Lieferungen |
> |---|
> | • Kommissionsgeschäfte (§ 3 Abs. 3 UStG) |
> | • Ab 01.07.2021: Lieferfiktion bei E-Commerce-Umsätzen (§ 3 Abs. 3a und Abs. 6b UStG) |
> | • Werklieferungen (§ 3 Abs. 4 UStG) |
> | • Lieferung des Gehalts eines Gegenstandes (§ 3 Abs. 5 UStG) |
> | • Reihengeschäfte (ab 01.01.2020 § 3 Abs. 6a UStG) |
> | • Einfuhr aus Drittländern (§ 3 Abs. 8 UStG) |
> | • Tausch und tauschähnlicher Umsatz (§ 3 Abs. 12 UStG) |
> | • Gutscheine (§ 3 Abs. 13 bis 15 UStG) |

2.3 Konkrete Bearbeitungshinweise

und bei sonstigen Leistungen
• Werkleistung (§ 3 Abs. 4 UStG) Umkehrschluss
• „Umtauschmüllerei" (§ 3 Abs. 10 UStG)
• Dienstleistungskommission (§ 3 Abs. 11 UStG)

Und **Ersatztatbestände**:

• Unentgeltliche Wertabgaben: – der Lieferung gleichgestellt (§ 3 Abs. 1b UStG), – der sonstigen Leistung gleichgestellt (§ 3 Abs. 9a UStG).
• Einfuhr (§ 1 Abs. 1 Nr. 4 UStG).
• Innergemeinschaftlicher Erwerb (§ 1 Abs. 1 Nr. 5 UStG).
• Anzahlungen gem. § 13 Abs. 1 Nr. 1a UStG.

Erfolgt der Umsatz im Inland (§ 1 Abs. 2 UStG)?

Ortsbestimmungen prüfen	
Lieferungen	Zuerst § 3 Abs. 5a i.V.m. §§ 3c (neu ab 01.07.2021), 3e, 3g prüfen und dann § 3 Abs. 6–8 UStG
Sonstige Leistungen	Zuerst §§ 3b, 3e prüfen und dann § 3a UStG
Einfuhr	§ 3 Abs. 8 UStG
Innergemeinschaftlicher Erwerb	§ 3d UStG

⬇

Umsatz ausgeführt im	
Inland (§ 1 Abs. 2 Satz 1 UStG) **steuerbar**	**Ausland (§ 1 Abs. 2 Satz 2 UStG)** **nicht steuerbar**
Sind die **Tatbestandsmerkmale des § 1 Abs. 1 Nr. 1, 4 oder 5 UStG erfüllt**, ist der Umsatz **steuerbar (Fußgängerpunkt!)**. Beachten Sie auch den **Sonderfall der nicht steuerbaren Geschäftsveräußerung im Ganzen** nach § 1 Abs. 1a UStG.	keine weitere Prüfung des deutschen UStG

II. Steuerpflicht

Steuerpflichtig	Steuerfrei
	Greift eine Steuerbefreiungsvorschrift der §§ 4, 4b oder 5 UStG ohne Geltendmachung einer Option?
	↓
	Steuerfrei (Entgelt brutto = netto)
Steuerpflichtig (Entgelt = netto zzgl. USt) ←	**oder** ist auf die Befreiung wirksam verzichtet worden (Option) (§ 9 UStG)?

III. Bestimmung der Bemessungsgrundlage gem. §§ 10, 11 UStG

Geben Sie die Bemessungsgrundlage und die jeweilige Umsatzsteuerschuld immer genau an. Centbeträge werden nur abgerundet, wenn die Aufgabenstellung dies zulässt.

Hinweis! (Da es im Klausurstress, sehr häufig vergessen wird!)
Auch bei **steuerfreien Umsätzen** ist die Bemessungsgrundlage zwingend anzugeben, da diese ja auch im Rahmen des Voranmeldungsverfahrens bzw. in der Jahreserklärung mit einem Wert angegeben werden muss.

Bemessungsgrundlage bei Lieferungen, sonstigen Leistungen und innergemeinschaftlichen Erwerben (§ 10 Abs. 1 UStG)
• tatsächlich aufgewendetes Entgelt des Leistungsempfängers
• Höhe des Entgelts genau angeben
• Entgeltsminderungen (Skonti, Boni, Rabatte) oder Entgeltserhöhungen beachten
• ggf. Mindestbemessungsgrundlage prüfen (§ 10 Abs. 5 UStG)
Bemessungsgrundlage beim Tausch oder tauschähnlichen Umsätzen (§ 10 Abs. 2 UStG)
• gemeiner Wert (§ 9 Abs. 1 BewG) des anderen Umsatzes
• bei Tausch mit Baraufgabe gilt als Entgelt für die geringerwertige Sachleistung der um die Baraufgabe gekürzte Wert des vereinbarten Entgelts (Abschn. 10.2 Abs. 1 UStAE)

2.3 Konkrete Bearbeitungshinweise

Bemessungsgrundlage bei unentgeltlichen Wertabgaben und beim innergemeinschaftlichen Verbringen (§ 10 Abs. 4 UStG)

- Verbringen und unentgeltliche Wertabgabe/Gegenstände: Einkaufspreis zuzüglich Nebenkosten bzw. Selbstkosten, jeweils zum Zeitpunkt des Umsatzes (§ 10 Abs. 4 Nr. 1 UStG)
- unentgeltliche Wertabgaben/sonstige Leistungen: vorsteuerbehaftete Ausgaben (§ 10 Abs. 4 Nr. 2 UStG)
- unentgeltliche Wertabgaben/andere sonstige Leistungen: anteilige (auch die nicht mit Vorsteuer belasteten) Ausgaben (§ 10 Abs. 4 Nr. 3 UStG)

Bemessungsgrundlage bei der Einfuhr (§ 11 UStG)

Zollwert (der Zollwert der eingeführten Waren ist in erster Linie der Transaktionswert, das heißt, der für die Waren tatsächlich gezahlte oder zu zahlende Preis, der ggf. um Kosten, Werte und Gebühren lt. § 11 Abs. 3 UStG berichtigt werden muss)

Sondertatbestände

- Besteuerung von Reiseleistungen (Margenbesteuerung), § 25 UStG
- Differenzbesteuerung (§ 25a UStG)
- Bemessungsgrundlage für bestimmte Beförderungsleistungen (Durchschnittsbeförderungsentgelt), § 10 Abs. 6 UStG

IV. Ermittlung des zutreffenden Steuersatzes:
- Regelsteuersatz (§ 12 Abs. 1 UStG),
- ermäßigter Steuersatz (§ 12 Abs. 2 UStG),
- „Null" Steuersatz für PV-Anlagen (§ 12 Abs. 3 UStG, ab 01.01.2023),
- eventuell besonderer Steuersatz (Durchschnittssätze § 24 UStG).

V. Je nach Aufgabenstellung Stellungnahme zum:
- Zeitpunkt der Entstehung der Steuerschuld (§§ 13, 20 UStG),
- Steuerschuldner (§§ 13a, 13b UStG),
- Besteuerungsverfahren (§§ 16, 18, 18a und 18b sowie ab 01.07.2021 § 18h bis § 18k UStG),
- Berichtigung der Umsatzsteuer und Vorsteuer (§ 17 UStG),
- Anwendbarkeit der Kleinunternehmerregelung (§ 19 UStG) sowie
- Aufzeichnungspflichten (§ 22 UStG).

VI. Vorsteuerabzug

Ermittlung der abziehbaren Vorsteuer gem. § 15 Abs. 1 UStG – zu beachten:

Abziehbar sind folgende Vorsteuern:
- Gesetzlich geschuldete Steuer auf Eingangsleistung an das Unternehmen (§ 15 Abs. 1 Nr. 1 UStG); **nur hier erforderlich:** ordnungsgemäße Rechnung gem. §§ 14, 14a UStG. **Zu beachten:** Vorsteuerabzug bei Anzahlungen (Rechnung + Zahlung = Vorsteuerabzug)
- entstandene Einfuhrumsatzsteuer (§ 15 Abs. 1 Nr. 2 UStG)
- Steuer auf den innergemeinschaftlichen Erwerb (§ 15 Abs. 1 Nr. 3 UStG)
- Steuer für Leistungen i.S.d. § 13b Abs. 1 und Abs. 2 UStG (§ 15 Abs. 1 Nr. 4 UStG)
- geschuldete Steuer bei Umsatzsteuerlagerregelung (§ 15 Abs. 1 Satz 1 Nr. 5)

Beachte! Bagatellregelung zur Zuordnung von Leistungen zum Unternehmen
Gegenstände, die ein Unternehmer sowohl für seine unternehmerischen als auch für seine privaten Zwecke verwendet, können nur dann dem Unternehmen zugeordnet werden, wenn der Gegenstand **mindestens zu 10 % für die unternehmerischen Zwecke** verwendet werden soll (§ 15 Abs. 1 Satz 2 UStG).

Prüfreihenfolge beim Vorsteuerabzug:
Besteht ein **generelles** Vorsteuerabzugs**verbot** (§ 15 Abs. 1a, Abs. 1b UStG)?
Beachte! Bei gemischt genutzten Gebäuden Übergangsregelung in § 27 Abs. 16 UStG.
↓
Für welchen **Unternehmensbereich** wird die Eingangsleistung bezogen (vgl. hierzu das BMF-Schreiben vom 02.01.2014, IV D 2-S7300/12/10002:001, 2013/1156482).
↓
Besteht ein Vorsteuerabzugs**verbot** aufgrund der **getätigten Ausgangsumsätze**?
- Vorsteuer**ausschluss** nach § 15 Abs. 2 UStG
- Einschränkung des Ausschlusses nach § 15 Abs. 3 UStG
↓
Stehen die Vorsteuerbeträge im **direkten** Zusammenhang mit Abzugs-/Ausschlussumsätzen? Falls nicht: Vorsteuer**aufteilung** nach § 15 Abs. 4 UStG
↓
Haben sich **Änderungen** in den nachfolgenden Zeiträumen ergeben? Falls ja: **Berichtigung** des Vorsteuerabzugs nach § 15a UStG

Wichtigste Regel beim Vorsteuerabzug: zuerst die Ausgangsumsätze prüfen!
➡ Für die Beurteilung des Vorsteuerabzugs und auch der Vorsteuerberichtigung ist die tatsächliche Verwendung bzw. Verwendungsabsicht maßgebend.

Zu § 15a UStG:
Über die Inanspruchnahme des Vorsteuerabzugs nach **§ 15 UStG** ist immer im **Zeitpunkt des Leistungsbezuges** zu entscheiden. Für die Berechnung des **§ 15a UStG** ist jedoch auf den Zeitpunkt der **erstmaligen Verwendung** des Berichtigungsobjektes abzustellen. In der Zeit zwischen Leistungsbezug und tatsächlicher Verwendung kommt es für den Vorsteuerabzug auf die Verwendungsabsicht an.

2.3 Konkrete Bearbeitungshinweise

Haben sich nun die Verhältnisse im Zeitpunkt der erstmaligen Verwendung im Vergleich zum Zeitpunkt des Leistungsbezuges geändert, so ist eine Korrektur nach § 15a UStG ab dem Zeitpunkt der erstmaligen Verwendung vorzunehmen.

➡ **Zu prüfen ist in Bezug auf § 15a UStG:**
- Bestimmung des Berichtigungsobjektes,
- Bestimmung des Berichtigungszeitraumes (5 bzw. 10 Jahre, ggf. kürzer) und des Beginns,
- Beachtung der Bagatellgrenzen des § 44 UStDV,
- Verteilung der gesamten Vorsteuer auf den Berichtigungszeitraum,
- Vornahme der Berichtigung für den jeweiligen Besteuerungszeitraum unter Beachtung der zeitlichen Regelungen des § 44 UStDV.

> **Tipp!** Beachten Sie Zusammenhänge zwischen den bereits bearbeiteten und den noch folgenden Klausursachverhalten. Typischerweise ergeben sich z.B. die Sachverhaltsangaben für Vorsteuerberichtigungen gem. § 15a UStG und Änderungen der Bemessungsgrundlage gem. § 17 UStG aus mehreren Textziffern.

2.3.2 Themen der letzten Examen
2.3.2.1 Die Übertragung der Steuerschuld auf den Leistungsempfänger gemäß § 13b UStG

Nach § 13a UStG schuldet im deutschen Umsatzsteuerrecht grundsätzlich der leistende Unternehmer die Umsatzsteuer.

Für Fälle, in denen der Gesetzgeber das Steueraufkommen für gefährdet hält, sieht § 13b Abs. 5 UStG aus Sicherheitsgründen vor, dass die Steuerschuld auf den Leistungsempfänger übergeht, um so sicherzustellen, dass die Steuer auch erhoben wird (sog. **Reverse-Charge-Verfahren**).

Aus verfahrenstechnischen Gründen trifft diese Pflicht nur:

1.	Unternehmer im Sinne des § 2 UStG und
2.	Juristische Personen des öffentlichen Rechts (§ 13b Abs. 5 Satz 1 UStG). **Beachte Ausnahme in § 13b Abs. 5 Satz 11 UStG** ⬇ In den in Absatz 2 Nr. 4, 5 Buchstabe b und Nr. 7 bis 12 genannten Fällen schulden juristische Personen des öffentlichen Rechts die Steuer allerdings dann nicht, wenn sie die Leistung für den nichtunternehmerischen Bereich beziehen. D.h. juristische Personen des öffentlichen Rechts werden bei Bezug von folgenden Leistungen für den nichtunternehmerischen Bereich, **nicht** zum Steuerschuldner nach § 13b UStG:

§ 13b Abs. 2 Nr. 4 UStG	Bauleistungen (zur Definition siehe nachfolgende Ausführungen)
§ 13b Abs. 2 Nr. 5b UStG	Lieferungen von Gas über das Erdgasnetz und von Elektrizität

§ 13b Abs. 2 Nr. 7 UStG	Die Lieferung von Industrieschrott, Altmetallen und sonstigen Abfallstoffe
§ 13b Abs. 2 Nr. 8 UStG	Das Reinigen von Gebäuden und Gebäudeteilen
§ 13b Abs. 2 Nr. 9 UStG	Lieferungen von Gold
§ 13b Abs. 2 Nr. 10 UStG	Lieferungen von Mobilfunkgeräten
§ 13b Abs. 2 Nr. 11 UStG	Lieferungen von Edelmetallen, unedlen Metallen, Selen und Cermets
§ 13b Abs. 2 Nr. 12 UStG	Sonstige Leistungen auf dem Gebiet der Telekommunikation

In welchen Fällen greift der Übergang der Steuerschuldnerschaft ein?

§ 13b Abs. 1 UStG	Für nach § 3a Abs. 2 UStG im Inland steuerbare und steuerpflichtige sonstige Leistungen eines im übrigen Gemeinschaftsgebiet ansässigen Unternehmers
§ 13b Abs. 2 Nr. 1 UStG	Für **Werklieferungen** oder **andere sonstige Leistungen ausländischer** Unternehmer die im Inland steuerbar und steuerpflichtig sind
§ 13b Abs. 2 Nr. 2 UStG	Lieferungen **sicherungsübereigneter Gegenstände** durch den Sicherungsgeber an den Sicherungsnehmer außerhalb des Insolvenzverfahrens
§ 13b Abs. 2 Nr. 3 UStG	Generell alle steuerpflichtigen Umsätze, die unter das **GrEStG** fallen
§ 13b Abs. 2 Nr. 4 UStG	Sämtliche Werklieferungen und sonstige Leistungen im Zusammenhang mit Grundstücken, die der Herstellung, Instandsetzung, Instandhaltung, Änderung oder Beseitigung von Bauwerken dienen, mit Ausnahme von Planungs- und Überwachungsleistungen (sog. **Bauleistungen**). **Ausführliche Begriffsbestimmungen** finden sich hierzu in **Abschn. 3a.3, Abschn. 13b.2 und Abschn. 13b.3 UStAE** oder auch in Art. 31a EU-VO 282/2011. Werklieferungen von Fotovoltaikanlagen auf/an einem Gebäude/Bauwerk sowie sog. Freiland-Fotovoltaikanlagen gehören zu den Bauleistungen (Abschn. 13b.2 Abs. 5 Nr. 11 UStAE).

2.3 Konkrete Bearbeitungshinweise

	Keine Bauleistung i.S.d. § 13b UStG ist z.B. lt. Abschn. 13b.2 Abs. 7 UStAE (dies bitte unbedingt in Klausur kontrollieren): • Materiallieferungen, • Planungs- und Überwachungsleistungen, • Gerüstbau, • Anlegen von Bepflanzung. **Beachte auch:** Wirkung der Bescheinigung **USt 1TG** beachten. „**Nr. 1 bleibt unberührt**": im Inland steuerbare und steuerpflichtige Bauleistungen eines im Ausland ansässigen Unternehmers – Nr. 1 geht der Besteuerung nach Nr. 4 vor.
§ 13b Abs. 2 Nr. 5 UStG	Lieferungen von **Gas, Elektrizität, Wärme und Kälte** Lieferung: a) der in § 3g Abs. 1 Satz 1 UStG genannten Gegenstände eines im Ausland ansässigen Unternehmers unter den Bedingungen des § 3g UStG („**Wiederverkäufer**") und b) von Gas über das Erdgasnetz und von Elektrizität, die nicht unter Buchstabe a) fallen.
§ 13b Abs. 2 Nr. 6 UStG	Übertragung von Berechtigungen nach § 3 Nr. 3 des Treibhausgas-Emissionshandelsgesetzes, Emissionsreduktionseinheiten nach § 2 Nr. 20 des Projekt-Mechanismen-Gesetzes, zertifizierten Emissionsreduktionen nach § 2 Nr. 21 des Projekt-Mechanismen-Gesetzes sowie Gas- und Elektrizitätszertifikaten.
§ 13b Abs. 2 Nr. 7 UStG	Lieferung von **Industrieschrott, Altmetallen** und **sonstigen Abfallstoffen** (siehe Anlage 3 zum Gesetz).
§ 13b Abs. 2 Nr. 8 UStG	**Reinigen von Gebäuden und Gebäudeteilen:** • Wirkung der Bescheinigung **USt 1TG** beachten. • § 13b Abs. 2 Nr. 8 Satz 2 UStG: „**§ 13b Abs. 2 Nr. 1 UStG bleibt unberührt.**" ! erbringen im Ausland ansässige Unternehmer im Inland steuerbare und steuerpflichtige Gebäudereinigungsleistungen geht die Besteuerung nach Nr. 1, der Besteuerung nach Nr. 8 vor.
§ 13b Abs. 2 Nr. 9 UStG	Lieferungen von **Gold** mit einem Feingehalt von mindestens 325 Tausendstel, in Rohform oder als Halbzeug und von Goldplattierungen mit einem Goldfeingehalt von mindestens 325 Tausendstel.

§ 13b Abs. 2 Nr. 10 UStG	Lieferungen von **Mobilfunkgeräten, Tablet-Computern** und **Spielekonsolen** sowie von **integrierten Schaltkreisen** vor Einbau in einen zur Lieferung auf der Einzelhandelsstufe geeigneten Gegenstand, wenn die Summe der für sie in Rechnung zu stellenden Entgelte im Rahmen eines wirtschaftlichen Vorgangs mindestens 5.000 € beträgt; nachträgliche Minderungen des Entgelts bleiben dabei unberücksichtigt.
§ 13b Abs. 2 Nr. 11 UStG	Lieferungen von **Edelmetallen**, unedlen **Metallen, Selen und Cermets**, wenn die Summe der für sie in Rechnung zu stellenden Entgelte im Rahmen eines wirtschaftlichen Vorgangs mindestens 5.000 € beträgt; nachträgliche Minderungen des Entgelts bleiben dabei unberücksichtigt.
§ 13b Abs. 2 Nr. 12 UStG	**Sonstige Leistungen auf dem Gebiet der Telekommunikation** • Für nach dem 31.12.2020 ausgeführte Telekommunikationsleistungen an sog. Wiederverkäufer geht die Steuerschuld auf den Leistungsempfänger über. • Von einer Wiederverkäufereigenschaft ist gem. Abschn. 13b.7b Abs. 3 UStAE auszugehen, wenn dem Leistungsempfänger eine Bescheinigung UST 1 TQ ausgestellt wurde (Funktionsweise wie bei Bauleistungen). • § 13b Abs. 2 Nr. 1 UStG bleibt auch hier unberührt.

Beispiel zur Anwendung des § 13b UStG/Leistungsempfänger ist Unternehmer:
Der Maschinenhersteller M mit Sitz in Zürich montiert bei der Großdruckerei G in Stuttgart im Januar 2020 eine Druckmaschine.
M stellt der Fa. G nach erfolgter Montage eine Rechnung über 100.000 € zuzüglich gesondert ausgewiesener USt i.H.v. 19.000 €.
G überweist an M nur 100.000 €.

Lösung: G muss als Leistungsempfänger nach § 13b Abs. 5 i.V.m. Abs. 2 Nr. 1 UStG die aufgrund der steuerpflichtigen Werklieferung entstandene Umsatzsteuer einbehalten und darf sie nicht an M ausbezahlen. Diese einbehaltene Umsatzsteuer ist in die Voranmeldung der G für den Monat der Entgeltsentrichtung aufzunehmen und an das Finanzamt abzuführen, sofern kein Vorsteuerabzug hierfür möglich ist.

Das Verfahren wird in der Weise durchgeführt, dass der Leistungsempfänger seinem Leistungsgeber nur den Nettobetrag der Rechnung ausbezahlt und die Ausgangsumsatzsteuer als eigene Schuld in seiner Umsatzsteuervoranmeldung anmeldet (und abführt).

Die Möglichkeit, diesen Betrag als Vorsteuer geltend zu machen, wird hiervon nicht berührt, sodass in derselben Voranmeldung regelmäßig neben der im Verfahren nach § 13b Abs. 5 UStG geschuldeten Umsatzsteuer der entsprechende Vorsteueranspruch geltend gemacht wird.

2.3 Konkrete Bearbeitungshinweise

> **Beachte zum Vorsteuerabzug der Steuer nach § 13b UStG:**
> - § 15 Abs. 1 Nr. 4 UStG/Abschn. 13b.15 UStAE
> - Vorsteuerabzugsrecht ist auch hier abhängig von Ausgangsumsätzen.
> - Vorsteuerabzug wird auch gewährt, wenn Vermerk „Steuerschuldnerschaft des Leistungsempfängers" auf der Rechnung fehlt (Abschn. 13b.15 Abs. 2 UStAE).

Gem. § 13b Abs. 8 UStG sind bei der Berechnung der Steuer die §§ 19 und 24 UStG nicht anzuwenden, d.h. auch Kleinunternehmer und pauschalbesteuernde Land- und Forstwirte haben die bei Eingangsleistungen anfallende Steuer nach § 13b UStG anzumelden und abzuführen (bitte nicht verwechseln mit Ausgangsleistungen des Kleinunternehmers: Hier kommt § 13b UStG nicht zur Anwendung, da die Umsatzsteuer nicht erhoben wird).

Im Übrigen ist davon auszugehen, dass der in der Rechnung ausgewiesene Betrag ein Nettobetrag ist. In Tauschfällen ist dementsprechend der Wert der entrichteten Gegenleistung als Nettowert anzusetzen (Abschn. 13b. 13 Satz 3 UStAE i.V.m. § 10 Abs. 2 Satz 2 UStG).

§ 13b Abs. 1 UStG greift bei allen nach § 3a Abs. 2 UStG im Inland steuerpflichtigen sonstigen Leistungen, die von einem im übrigen Gemeinschaftsgebiet ansässigen Unternehmer erbracht wurden (Leistungsgeber im EU-Ausland).

Nach **§ 13b Abs. 2 UStG** werden folgende differenzierte Tatbestandsmerkmale vorausgesetzt:

Merkmale des Leistungsgebers:	
1.	In den Fällen des § 13b Abs. 2 Nr. 1 UStG muss der Leistungs**geber** ein im **Ausland** ansässiger Unternehmer sein (Definition: § 13b Abs. 7 UStG).
2.	In den übrigen Fällen des § 13b Abs. 2 muss der Leistungs**geber** ein Unternehmer im **Inland** sein der eine in § 13b Abs. 2 UStG aufgeführte Leistung erbringt.

Gem. § 13b Abs. 5 UStG muss Leistungsempfänger in folgenden Fällen:	
Abs. 1 und 2 Nr. 1–3 UStG	ein Unternehmer oder eine juristische Person sein § 13b Abs. 5 **Satz 1; 1. Halbsatz UStG**
Abs. 2 Nr. 5a, Nr. 6, 7, 9, 10 und 11 UStG	ein Unternehmer sein § 13b Abs. 5 **Satz 1; 2. Halbsatz UStG**
Abs. 2 Nr. 4 Satz 1 UStG	ein Unternehmer sein, der nachhaltig entsprechende Leistungen im Sinne des Abs. 2 Nr. 4 UStG erbringt, unabhängig davon, ob er die erhaltene Leistung für eine von ihm erbrachte Leistung im Sinne des Abs. 2 Nr. 4 UStG verwendet hat (Bescheinigung USt 1 TG). § 13b Abs. 5 **Satz 2 UStG**
Abs. 2 Nr. 5b UStG	**Erdgas**: ein Unternehmer sein, der Lieferungen von Erdgas als **Wiederverkäufer** im Sinne des § 3g UStG erbringt. § 13b Abs. 5 **Satz 3 UStG**

	Elektrizität: ein Unternehmer sein, der Lieferungen von Elektrizität als Wiederverkäufer im Sinne des § 3g UStG erbringt. Gleichzeitig muss auch der Unternehmer Wiederverkäufer im Sinne des § 3g UStG sein. § 13b Abs. 5 **Satz 4 UStG**
Abs. 2 Nr. 8 UStG	ein Unternehmer sein, der nachhaltig entsprechende Leistungen im Sinne des Abs. 2 Nr. 8 UStG erbringt, unabhängig davon, ob er die erhaltene Leistung für eine von ihm erbrachte Leistung im Sinne des Abs. 2 Nr. 8 UStG verwendet hat (Bescheinigung USt 1 TG). § 13b Abs. 5 **Satz 5 UStG**
und in den Fällen des Abs. 2 Nr. 12 UStG	ein Unternehmer sein, dessen Haupttätigkeit in Bezug auf den Erwerb dieser Leistungen und deren Erbringung besteht (Bescheinigung USt 1 TQ). § 13b Abs. 5 **Satz 6 UStG**

Da der leistende Unternehmer nicht mehr Steuerschuldner ist, darf er dem Leistungsempfänger **keine Umsatzsteuer** in Rechnung stellen (§ 14a Abs. 5 Satz 2 UStG).

In der **Rechnung** ist dafür gem. § 14a Abs. 5 Satz 1 UStG auf die Steuerschuldnerschaft des Leistungsempfängers hinzuweisen. („Steuerschuldnerschaft des Leistungsempfängers"), wenngleich der Verstoß gegen diese Vorgabe ohne Sanktion bleibt, da der in § 15 UStG genannte Vorsteuerabzug nicht von einer „ordnungsgemäßen Rechnung" abhängt (§ 15 Abs. 1 Nr. 4 UStG enthält keinen Verweis auf die §§ 14, 14a UStG). Weist der Leistende die Steuer trotzdem gesondert aus, schuldet er sie nach § 14c Abs. 1 UStG (vgl. Abschn. 14c.1 Abs. 1 Satz 5 Nr. 2 UStAE).

> **Hinweise:**
> Ist der Leistungsempfänger Unternehmer, so schuldet er die Steuer auch dann, wenn die Leistung für den **nichtunternehmerischen Bereich** bezogen wird. **§ 13b Abs. 5 Satz 7 UStG**
> **Ausnahme hiervon:** Bezug von Leistungen nach § 13b Abs. 2 Nr. 4, 5b, 7-12 UStG für nichtunternehmerischen Bereich von jur. Personen d.ö.R. (Aufpassen!).
> Kein Übergang der Steuerschuld, wenn manche Gegenstände unter Anwendung der **Differenzbesteuerung** nach § 25a UStG geliefert wurden. **§ 13b Abs. 5 Satz 10 UStG.**
> **Kleinunternehmer**, deren Steuer nach § 19 UStG nicht erhoben wird, sind als Leistende aus der Regelung des § 13b UStG ausgenommen. **§ 13b Abs. 5 Satz 9 UStG**
> **Beachte! Kleinunternehmer als Leistungsempfänger** werden Steuerschuldner nach § 13b Abs. 5 UStG, siehe § 13b Abs. 8 UStG.
> **Eingangsleistungen: § 13b – möglich**
> **Ausgangsleistungen: § 13b – ohne Anwendung!**

Das Tatbestandsmerkmal ausländischer bzw. im übrigen Gemeinschaftsgebiet ansässiger Unternehmer ist in § 13b Abs. 7 UStG definiert und muss für den Zeitpunkt bestehen, in dem die Leistung erbracht wird.

2.3 Konkrete Bearbeitungshinweise

Von der Regelung ausgenommen sind gem. § 13b Abs. 6 UStG zunächst Fälle, in denen die Beförderungseinzelbesteuerung nach § 16 Abs. 5 UStG greift sowie weitere Fälle von Beförderungsleistungen (Nr. 1–3) und Leistungen im Zusammenhang mit der Veranstaltung von Messen, Ausstellungen und Kongressen im Inland (Nr. 4 und 5) und die Restaurationsleistungen an Bord eines Schiffes, Flugzeuges oder einer Eisenbahn (Nr. 6).

Beispiel zu § 13b Abs. 2 Nr. 2 UStG:
Für den Unternehmer B in Bautzen finanziert die ortsansässige Volksbank den Kauf eines Kleintransporters. Bis zur vollständigen Rückführung des Darlehens lässt sich die Bank den Transporter sicherungsübereignen. Da B seinen Zahlungsverpflichtungen nach 3 Monaten nicht mehr nachkommen konnte, verwertete die Bank den Transporter durch Verkauf an den Unternehmer U aus Ulm.

Lösung: Mit der Veräußerung des Transporters durch die Bank liegt umsatzsteuerlich eine Lieferung des B (Sicherungsgeber) an die Bank (Sicherungsnehmer) sowie eine Lieferung der Bank an den U vor.
Für die Lieferung des B schuldet die Bank als Leistungsempfänger die Umsatzsteuer **(§ 13b Abs. 5 Satz 1 UStG).**
Die Bank hat die überwälzte Steuerschuld bei ihrem Finanzamt anzumelden.
Gleichzeitig steht ihr aber hieraus der Vorsteuerabzug zu (§ 15 Abs. 1 Nr. 4 UStG).
Nachfolgend hat sie die Steuerschuld für ihre eigene Lieferung zu tragen.

Beispiel zu § 13b Abs. 2 Nr. 3 UStG vs. § 1 Abs. 1a UStG – Veräußerung von Grundstücken:
Der Beamte B aus Bautzen verkauft sein durch zulässige Option steuerpflichtig vermietetes Geschäftshaus (Baujahr 2017; Vorsteuer 50.000 €, Vermietung ab 01.01.2012) mit Wirkung zum 31.12.2022 an den Unternehmer L aus Leipzig. L tritt nicht in die bestehenden Mietverhältnisse ein und verwendet das Gebäude für eigene (steuerpflichtige) unternehmerische Zwecke.

Lösung: Es liegt hier keine Geschäftsveräußerung im Ganzen (GiG) vor, da der Erwerber L den Betrieb des Verkäufers B („Vermietung") nicht unverändert fortführt, vgl. auch Abschn. 1.5 Abs. 1 Satz 2 UStAE. Der Verkauf des Grundstückes ist somit steuerbar und bei erfolgter Option zur Steuerpflicht (§§ 4 Nr. 9a i.V.m. 9 Abs. 1 und 3 UStG) auch steuerpflichtig. Für die Lieferung schuldet L als Leistungsempfänger die Umsatzsteuer (§ 13b Abs. 2 Nr. 3 UStG i.V.m. Abs. 5 UStG). L hat die übergewälzte Steuer beim Finanzamt anzumelden. Gleichzeitig steht ihm hieraus der Vorsteuerabzug zu (§ 15 Abs. 1 Satz 1 Nr. 4 UStG).

Lösung bei einer GiG: Es handelt sich bei einer GiG nicht um einen Anwendungsfall des § 13b Abs. 2 Nr. 3 UStG, da kein steuerbarer Umsatz vorliegt (§ 13b Abs. 2 UStG: „... steuerpflichtige Umsätze..."). Der Erwerber L würde den vom Verkäufer B begründeten Berichtigungszeitraum nach § 15a Abs. 1 Satz 2 UStG (10 Jahre) fortführen; § 1 Abs. 1a Satz 3 UStG.

BMF-Schreiben vom 01.10.2020 (III C 2 – S 7112/19/10001 :001) Begriff der Werklieferung/Werkleistung/Auswirkungen auf § 13b Abs. 2 Nr. 1 UStG

Anpassung des Abschnitts 3.8 Abs. 1 Satz 1 UStAE BFH-Urteil vom 22.08.2013, V R 37/10, BStBl II 2014, 128	
Grundsätzliches Der BFH hat in seinem o.g. Urteil festgestellt, dass Werklieferungen vorliegen, sobald zusätzlich zur Verschaffung der Verfügungsmacht (§ 3 Abs. 1 UStG) ein fremder Gegenstand be- oder verarbeitet wird. Darüber hinaus stellt der BFH fest, dass die Be- oder Verarbeitung **eigener** Gegenstände des Leistenden nicht für die Annahme einer Werklieferung ausreichend ist.	
Der UStAE wird zu diesem Thema geändert. Abschnitt 3.8 Absatz 1 der Satz 1 wurde wie folgt gefasst:	
ab 01.10.2020	bis 30.09.2020
„Eine Werklieferung liegt vor, wenn der Werkhersteller für das Werk einen **fremden Gegenstand** be- oder verarbeitet und dafür selbstbeschaffte Stoffe verwendet, die nicht nur Zutaten oder sonstige Nebensachen sind (vgl. BFH-Urteil vom 22.08.2013, V R 37/10, BStBl II 2014, 128)."	Eine Werklieferung liegt vor, wenn der Werkhersteller für das Werk selbstbeschaffte Stoffe verwendet, die nicht nur Zutaten oder sonstige Nebensachen sind.
Eine Werklieferung erfordert eine Be- oder Verarbeitung eines fremden Gegenstandes. Das Urteil unterscheidet hier u.a. zwischen der Be- oder Verarbeitung von Gegenständen bzw. Grundstücken einerseits von **klassischen Bauunternehmern** (fremde Grundstücke) und andererseits durch **Bauträger** (eigene Grundstücke). Nach der Rechtsprechung des BFH (Urteil vom 22.8.2013, V R 37/10) ist eine Werklieferung dabei eine einheitliche, aus Liefer- und Dienstleistungselementen bestehende Leistung in Form der Be- und Verarbeitung eines nicht dem Leistenden gehörenden Gegenstands.	
Beachte! Die Be- oder Verarbeitung ausschließlich eigener Gegenstände des Leistenden kann demnach keine Werklieferung i.S.d. § 13b UStG sein. Es handelt sich in diesem Fall vielmehr um eine sog. **Montagelieferung**. Eine Montagelieferung zeichnet sich dadurch aus, dass zwar gegenüber dem Kunden ebenfalls ein Werk mit zugehörigem Material des leistenden Unternehmers geschuldet wird, dieses aber nicht in einen fremden Gegenstand eingebaut wird. Eine Montagelieferung wird zwar ebenfalls wie die Werklieferung gemäß § 3 Abs. 7 Satz 1 UStG dort ausgeführt, wo sich der Gegenstand zum Zeitpunkt der Verschaffung der Verfügungsmacht befindet, wenn die gegenüber dem Kunden laut Vertrag geschuldete Maschine erst vor Ort entsteht. Allerdings fällt eine Montagelieferung nach der o.g. Rechtsprechung **nicht unter den Begriff der Werklieferung, weshalb in der Folge § 13b Abs. 2 Nr. 1 UStG nicht mehr anwendbar ist.**	

2.3 Konkrete Bearbeitungshinweise

Achtung: Ferner ist bei einer Montagelieferung zu beachten, dass diese zu einer „normalen" Lieferung mit Ortsbestimmung nach § 3 Abs. 6 Satz 1 UStG wird, wenn diese Maschine lediglich zum Zweck eines besseren und leichteren Transports in einzelne Teile zerlegt und dann von einem Monteur des Lieferers am Bestimmungsort wieder zusammengesetzt wird (Abschn. 3.12 Abs. 4 Satz 7 UStAE). Dann hat eine funktionstüchtige Maschine bereits vor dem Transport vorgelegen.

Ansonsten wird in der Praxis bislang z.B. die Lieferung einer Maschine, die beim Kunden aus Einzelteilen errichtet wird, ohne dass der Kunde hierzu selbst Gegenstände beistellt, oft als Werklieferung i.S.d. § 13b UStG eingeordnet, obwohl tatsächlich eine Montagelieferung vorliegt.

Aus dem Wortlaut des § 3 Abs. 4 UStG „... Bearbeitung oder Verarbeitung eines (fremden) Gegenstandes ..." lässt sich die Definition einer Werklieferung nicht eindeutig herauslesen.

Definition einer Be- oder Verarbeitung
Hinsichtlich der o.g. Überarbeitung in Abschn. 3.8 lässt der UStAE leider Fragen offen. Konkret fehlt eine Definition, wann ein fremder Gegenstand als be- oder verarbeitet gilt.
Im Zollrecht liegt bspw. eine Verarbeitung vor, wenn der fremde Gegenstand im Werk untergeht. Ausreichend ist im Umsatzsteuerrecht jedoch auch eine feste Verbindung der vom Lieferanten beschafften Gegenstände mit dem fremden Gegenstand. Das wäre z.B. der Fall, wenn ein Gebäude auf einem Grundstück des Kunden errichtet wird oder wenn Einbauten in einem Gebäude des Kunden erfolgen. Dabei muss die Verbindung derart fest sein, dass sie nicht wieder leicht gelöst werden kann, der Gegenstand also beim Lösen zerstört, beschädigt oder verändert wird. Die Tatsache, dass der Liefergegenstand aufgrund seiner Größe und seines Gewichts nicht bewegt werden kann, führt aber nicht bereits zu einer festen Verbindung.

Rechtsfolge des o.g. BMF-Schreibens zusammengefasst:
Ab 2021 kann der Steuerschuldübergang nach § 13b Abs. 2 Nr. 1 i.V.m. Abs. 5 Satz 1 UStG nur für Werklieferungen zur Anwendung kommen. Weil es zu § 13b UStG keine gesonderte Definition für den Begriff der Werklieferung gibt, muss auf § 3 Abs. 4 UStG zurückgegriffen werden, vgl. Abschn. 13b.1 Abs. 2 Satz 1 Nr. 2 Satz 3 i.V.m. Abschn. 3.8 UStAE.
Hier zeigt sich die eigentliche Auswirkung der Klarstellung des BMF:
Im Ausland ansässige Unternehmer, die in Deutschland Montagelieferungen ausführen, müssen sich damit hier registrieren und deutsche Umsatzsteuer berechnen.
Beachte! BMF-Schreiben vom 11.03.2021. Die Angabe „01.01.2021" in der Anwendungsregelung des BMF-Schreibens vom 01.10.2020 wird durch die Angabe „01.07.2021" ersetzt. Übergangsregelung gilt also bis zum 30.06.2021.

Beispiel zu § 13b Abs. 2 Nr. 4 UStG – Werklieferungen:
Der Bauunternehmer Bernd Baumann (B) beauftragt den selbständigen Heizungsbauer Heinz Heißwasser (H) mit dem Einbau einer Heizungsanlage in sein Bürogebäude in Stuttgart für (netto) 40.000 €.

Lösung: Mit dem Einbau der neuen Heizungsanlage bewirkt H gegenüber dem B eine Werklieferung gem. § 3 Abs. 1 i.V.m. Abs. 4 UStG, da Heißwasser das Material für den Einbau der Heizungsanlage selbst beschafft.

Der Ort der Lieferung richtet sich gem. § 3 Abs. 5a, Abs. 7 Satz 1 UStG für diese ruhende Lieferung danach, wo sich der Gegenstand der Lieferung (Heizungsanlage) im Zeitpunkt der Verschaffung der Verfügungsmacht befindet.

Da dies wegen der Belegenheit des Grundstücks im Inland (Stuttgart) ist, ist der Umsatz gem. § 1 Abs. 1 Nr. 1 Satz 1 UStG steuerbar und mangels Steuerbefreiung (§ 4 UStG) zum Regelsteuersatz (§ 12 Abs. 1 UStG) steuerpflichtig.

Die Bemessungsgrundlage beläuft sich gem. § 10 Abs. 1 Sätze 1 und 2 UStG auf 40.000 € und die Umsatzsteuer somit auf 7.600 € (19 % × 40.000 €).

Da es sich mit dem Einbau der Heizungsanlage um eine Werklieferung im Zusammenhang mit der Instandsetzung bzw. Instandhaltung von Bauwerken handelt, entsteht gem. § 13b Abs. 2 Satz 1 Nr. 4 Satz 1 UStG die Steuer mit Ausstellung der Rechnung, spätestens jedoch mit Ablauf des der Ausführung der Leistung folgenden Kalendermonats.

Steuerschuldner ist nunmehr gem. § 13b Abs. 5 Satz 2 UStG der B, da er selbst nachhaltig Umsätze nach § 13b Abs. 2 Satz 1 Nr. 4 Satz 1 UStG erbringt.

Beachte: Laut bisherigem Recht kam es für § 13b Abs. 5 UStG nicht darauf an, welche „Art" einer Werklieferung vorliegt. Nach BFH vom 22.08.2013, V R 37/10 ist es für die Anwendung des § 13b UStG aber nun entscheidend, ob der Werkunternehmer einen eigenen oder fremden Gegenstand bearbeitet. In diesem Urteil ging man davon aus, dass Generalunternehmer stets einen „fremden" Gegenstand und Bauträger einen „eigenen" Gegenstand bearbeiten. Ein Heizungsbauer müsste hiernach einem Generalunternehmer gleich zu setzen sein, weshalb die in der Aufgabe genannte Werklieferung auch weiterhin unter § 13b UStG fallen dürfte und nicht als Montagelieferung anzusehen ist.

Beispiel: Der in Prag (Tschechische Republik) ansässige Unternehmer P produziert Industrieanlagen für den gewerblichen Bedarf. Er verkauft diese überwiegend ins europäische Ausland. Am 12.01.2020 verkaufte P eine Waffelproduktionsanlage an den Unternehmer B aus Berlin für 300.000 €. Die Anlage wurde durch P nach Berlin transportiert und dort von dem ebenfalls von P beauftragten Unternehmer M aus Meißen betriebsfertig montiert.

Die Montagekosten belaufen sich auf 20.000 € und werden dem Abnehmer B zusammen mit der Lieferung von D in Rechnung gestellt.

Gegenüber seinem Auftraggeber P rechnet M für die Montage 19.000 € ab.

Frage:
Beurteilung der Leistung des Unternehmers P:
a) im Jahr 2020,
b) wenn der Vorgang im 2. Halbjahr 2021 stattgefunden hätte.

Hinweis: oben genannte Übergangsregelung ist zu beachten.

Kurzlösung zu a) (Annahme: Werklieferung):
P erbringt gegenüber B eine Lieferung, § 3 Abs. 1 UStG, in Form einer Werklieferung, § 3 Abs. 4 UStG. Der Ort bestimmt sich entgegen § 3 Abs. 6 Satz 1 UStG nach § 3 Abs. 7 Satz 1 UStG (Montagefall beim Abnehmer, Abschn. 3.12 Abs. 4 UStAE) danach wo die Verfügungsmacht an dem veräußerten Gegenstand verschafft wird = Berlin = Inland.

2.3 Konkrete Bearbeitungshinweise

> **Beachte:** Eine Ortsbestimmung nach § 3 Abs. 6 Satz 1 UStG käme dann zur Anwendung, wenn die Anlage in Prag bereits einen Probelauf erfahren hat („betriebsfertige" Maschine, ertragsteuerlich wohl als Betriebsvorrichtung einzuordnen) und lediglich für den Transport nach Deutschland in Einzelteile zerlegt wurde (Abschn. 3.12 Abs. 4 UStAE).
> Die (Werk-)Lieferung ist somit in Deutschland steuerbar, § 1 Abs. 1 Nr. 1 UStG. Die in Rechnung gestellten Montagekosten sind für die Beurteilung unerheblich (Abschn. 3.12. Abs. 4 Satz 6 UStAE). Grundsätzlich müsste sich der Unternehmer P in Deutschland für diesen Umsatz steuerlich registrieren lassen. Die Werklieferung an B unterliegt aber der Regelung des § 13b Abs. 2 Nr. 1 UStG zur Umkehr der Steuerschuldnerschaft. Das heißt, die Umsatzsteuer aus der Werklieferung des P an B wird von B gem. § 13b Abs. 5 UStG in Deutschland geschuldet. Somit entfällt die Registrierung des P in Deutschland.

> **Kurzlösung zu b) (Annahme: Montagelieferung):**
> P erbringt gegenüber B eine Lieferung, § 3 Abs. 1 UStG, in Form einer Montagelieferung. Eine Werklieferung liegt zwar grundsätzlich noch vor, da P gegenüber B eine fertig eingebaute Anlage schuldet. Allerdings stellt dies ab dem 01.07.2021 keine „Werklieferung" i.S.d. § 13b UStG mehr dar, da P für das Werk keinen fremden Gegenstand be- oder verarbeitet.
> Die Anlage stellt als ertragsteuerliche Betriebsvorrichtung und nach der zugehörigen Rechtsprechung zu § 13b Abs. 2 Nr. 4 UStG gerade kein Gebäudebestandteil dar, weshalb der Einbau dieser Anlage auch nicht als ein Einbau an einem fremden Gegenstand – dem Gebäude – anzusehen ist (BFH vom 28.08.2014, V R 7/14).
> Der Ort bestimmt sich entgegen § 3 Abs. 6 Satz 1 UStG ebenfalls nach § 3 Abs. 7 Satz 1 UStG (Montagefall beim Abnehmer, Abschn. 3.12 Abs. 4 UStAE) danach wo die Verfügungsmacht an dem veräußerten Gegenstand verschafft wird = Berlin = Inland. Die Montagelieferung ist somit in Deutschland steuerbar, § 1 Abs. 1 Nr. 1 UStG.
> Die Lieferung an B unterliegt aber ab dem 01.07.2021 nicht mehr der Regelung des **§ 13b Abs. 2 Nr. 1 UStG** zur Umkehr der Steuerschuldnerschaft, da dort nur Werklieferungen aufgeführt sind. **Eine Montagelieferung ist von dieser Regelung nicht mehr abgedeckt.**
> Im Ergebnis heißt das, dass sich der Unternehmer P in Deutschland für diesen Umsatz steuerlich registrieren lassen muss und dem Unternehmer B eine Rechnung mit gesondert ausgewiesener deutscher Umsatzsteuer zu stellen hat.

➡ **Fazit für die Examensklausur in Bezug auf § 13b UStG:**
- Fälle mit enthaltenen Werklieferungen sind dahingehend zu prüfen, ob ggf. eine Montagelieferung vorliegt, deren Ortsbestimmung zwar mit der Werklieferung übereinstimmen kann (§ 3 Abs. 7 UStG), die allerdings ab dem 01.07.2021 nicht mehr unter die Regelung des § 13b Abs. 2 Nr. 1 UStG fällt.
- Zu unterscheiden ist im neuen Recht (ab 01.07.2021) also:
  - **Werklieferung**: Be-/Verarbeitung **fremder** Gegenstand (= Gebäude bei Generalunternehmer) **mit** Materiallieferung, Ort nach § 3 Abs. 7 Satz 1 UStG, wo Verfügungsmacht verschafft wird, § 13b UStG kommt weiter zur Anwendung.
  - **Werkleistung**: Be-/Verarbeitung **fremder** Gegenstand (= Gebäude bei Generalunternehmer) **ohne** Materiallieferung, Ort nach § 3a Abs. 2 UStG wo Empfänger sein Unternehmen betreibt oder nach § 3a Abs. 3 Nr. 1 UStG, wo das Grundstück belegen ist. § 13b UStG kann in beiden Fällen nach den allgemeinen Regelungen zur Anwendung kommen.

- **Montagelieferung**: Be-/Verarbeitung **eigener** Gegenstand (= Gebäude bei Bauträgerunternehmer oder Anlagen ohne Bezug zu einem Gebäude wie z.B. Betriebsvorrichtungen), Ortsbestimmung nach § 3 Abs. 7 Satz 1 UStG oder auch nach § 3 Abs. 6 Satz 1 UStG, wenn Maschine lediglich für Transport auseinandergebaut wird.
- **Betriebsvorrichtung: kein Gebäudebestandteil** i.S.d. § 13b Abs. 2 Nr. 4 UStG, daher kein „fremder" Gegenstand, keine Werklieferung i.S.d. § 13b Abs. 2 Nr. 4 UStG.

- Sollten im Sachverhalt Hinweise zu etwaigen **Bescheinigungen UST 1 TG oder UST 1Q** enthalten sein, ist das vermutlich ein Anwendungsfall des § 13b Abs. 2 Nr. 4, Nr. 8 oder Nr. 12 UStG.
- Unter § 13b UStG fallen nur „**(im Inland) steuerpflichtige**" Umsätze: Der Leistungsort der Leistung (Lieferungen oder sonstige Leistungen) muss sich also im Inland befinden und die Leistung darf nicht steuerfrei sein.
- Leistungsbezüge von **Kleinunternehmern** können aufgrund der grundsätzlichen Unternehmereigenschaft des Kleinunternehmers der Regelung des § 13b UStG unterfallen, nicht jedoch die Ausgangsumsätze eines Kleinunternehmers (wird oft verwechselt).
- Sofern die Leistungen für den **nichtunternehmerischen Bereich eines Unternehmers oder einer juristischen Person** bezogen werden, ist über § 13b Abs. 5 UStG detailliert zu prüfen, ob die Steuerschuld tatsächlich auf diesen Leistungsempfänger übergeht.
- § 13b UStG führt zu Umsatzsteuer, die gemäß § 15 Abs. 1 Nr. 4 UStG als **Vorsteuer** wieder abzugsfähig ist – wenn der Unternehmer keine den Vorsteuerabzug ausschließende Ausgangsumsätze hat. Dann wäre diese Vorsteuer entsprechend ganz oder teilweise nicht abzugsfähig.

2.3 Konkrete Bearbeitungshinweise

Man kann sich in diesem Zusammenhang die Einteilung der Begriffe etwa wie folgt merken:

	Werkvertrag Unternehmer schuldet ein fertiges „Werk"	
Montagelieferung	**Werklieferung**	**Werkleistung**
Be-/Verarbeitung eigener Gegenstand **kein Einbau in fremden Gegenstand**	Be-/Verarbeitung fremder Gegenstand **Einbau in fremden Gegenstand**	Be-/Verarbeitung fremder Gegenstand **reine sonstige Leistung ohne Material**
z.B. große Industriemaschinen ohne Fundament	z.B. Gewerke im Hausbau z.B. große Industriemaschinen mit Fundament	z.B. Anschluss Elektroleitungen an Hausanlage z.B. Montage einer Maschine, die bereits geliefert ist
§ 3 Abs. 7 UStG: Ort der Verfügungsmacht	**§ 3 Abs. 7 UStG: Ort der Verfügungsmacht**	**§ 3a Abs. 2 UStG: wenn kein Grundstück betroffen ist**
Ausnahme hier: Gegenstand ist bereits vor Transport funktionstüchtig und in Betrieb genommen. Abschn. 3.12. Abs. 4 UStAE		**§ 3a Abs. 3 Nr. 1 UStG: wenn Werkleistung an einem Grundstück ausgeführt wird**
§ 13b Abs. 2 Nr. 1 UStG nicht möglich	**§ 13b Abs. 2 Nr. 1 UStG möglich**	**§ 13b Abs. 2 UStG grds. möglich (unabhängig vom Begriff „Werklieferung")**

2.3.2.2 Die Geschäftsveräußerung im Ganzen, § 1 Abs. 1a UStG

Die Umsätze im Rahmen einer Geschäftsveräußerung (Teilbetriebsveräußerung) an einen anderen Unternehmer unterliegen nicht der Umsatzsteuer (§ 1 Abs. 1a UStG). Zu beachten sind folgende Tatbestandsmerkmale einer Geschäftsveräußerung im Ganzen:

Tatbestandsvoraussetzungen – Übersicht § 1 Abs. 1a S. 2 UStG

Unternehmen im Ganzen	Ein in der Gliederung eines Unternehmens gesondert geführter Betrieb im Ganzen (vgl. Abschn. 1.5 Abs. 6 UStAE)

- d.h. alle wesentlichen Betriebsgrundlagen (vgl. Abschn. 1.5 Abs. 3 UStAE)
- organische Zusammenfassung von Sachen und Rechten, die dem Erwerber die Fortführung des Unternehmens ohne großen finanziellen Aufwand ermöglicht

Beachte! Unschädlich ist, wenn einzelne unwesentliche Wirtschaftsgüter nicht übertragen werden (Abschn. 1.5 Abs. 3 Satz 1 UStAE).

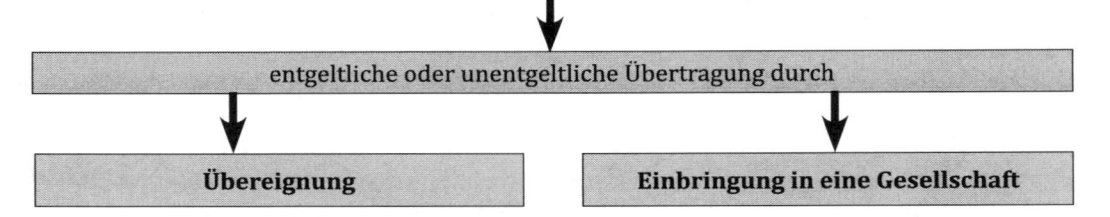

entgeltliche oder unentgeltliche Übertragung durch

Übereignung	Einbringung in eine Gesellschaft

- Durch dingliche Eigentumsübertragung

Beachte! Die dingliche Eigentumsübertragung kann auf mehreren zeitlich versetzten Kausalgeschäften beruhen, wenn diese in einem engen sachlichen und zeitlichen Zusammenhang stehen und die Übertragung des ganzen Vermögens – zur Beendigung der bisherigen gewerblichen Tätigkeit – auf einen Erwerber für diesen offensichtlich ist (Abschn. 1.5 Abs. 5 S. 1 UStAE).

an einen (oder auch mehrere) Unternehmer für dessen (deren) Unternehmen

Beachte! Der erwerbende Unternehmer muss das erworbene Unternehmen (auch in geänderter Form) fortführen oder seine eigene unternehmerische Tätigkeit neu beginnen. Schädlich ist danach, wenn der Erwerber die übernommene Geschäftstätigkeit sofort abwickelt (Abschn. 1.5 Abs. 1 S. 2 UStAE).

2.3 Konkrete Bearbeitungshinweise

➡ **Was ist wichtig bei der Frage, ob eine Geschäftsveräußerung im Ganzen vorliegt oder nicht?**

1. Eine Geschäftsveräußerung ist ein nicht steuerbarer Umsatz (§ 1 Abs. 1a UStG) ➡ auf den Verkauf eines „Geschäftsbetriebes" entfällt/entsteht keine Umsatzsteuer.
2. Wenn eine Geschäftsveräußerung im Ganzen vorliegt, tritt der Käufer in die Rechtsstellung des Verkäufers ein ➡ Art der Nutzung des Verkäufers geht in die Betrachtung des Berichtigungszeitraums des § 15a UStG ebenfalls auf den Käufer über.
Nutzungsverhältnisse des Verkäufers sind im Berichtigungszeitraum des § 15a UStG für den Vorsteuerabzug des Käufers relevant.
3. Nutzungsänderungen des Käufers nach Erwerb des Geschäftsbetriebes wirken auch auf die geltend gemachte Vorsteuer des Verkäufers, welche ggf. durch den Käufer zu berichtigen ist.
4. Sofern keine Geschäftsveräußerung im Ganzen vorliegt, sind in der Regel die Steuerbefreiungsvorschriften des § 4 Nr. 8 oder Nr. 9a UStG (Beteiligungen und Grundstücke) zu prüfen, auf die über § 9 UStG verzichtet werden kann.
5. Für Grundstücksveräußerungen, die nicht als Geschäftsveräußerung im Ganzen zu beurteilen sind, kommt der Übergang der Steuerschuldnerschaft nach § 13b Abs. 2 Nr. 3 UStG in Betracht (in Klausur bitte nicht vergessen!)

Klassischer Fall:
Verkauf eines steuerpflichtig vermieteten Grundstücks als GiG ➡ Nutzungsänderung durch den Käufer (teilweise steuerfrei) ➡ Vorsteuerberichtung nach § 15a UStG beim Käufer ➡ Verhältnisse des Verkäufers und des Käufers ab Beginn des Berichtigungszeitraums des § 15a UStG sind zu beachten ➡ etwaige Vorsteuerbeträge aus dem Erwerb oder einer Renovierung des Grundstücks sind zusammenzustellen ➡ geltend gemachter Vorsteuerbetrag ist entsprechend der Nutzung der Höhe nach zu korrigieren.

Wichtig bei Grundstücken (oder anderen Berichtigungsobjekten) bei Erwerb ohne Vorsteuerabzug:
Zuordnung zum Unternehmensvermögen ist Bedingung für Anwendbarkeit des § 15a UStG (Abschn. 15a. Abs. 6 UStAE)! wenn ein Grundstück ohne Vorsteuerabzug erworben wird, ist der Vorsteuerabzug nicht als Indiz zur Zuordnung des Grundstücks zum Unternehmensvermögen verwendbar. Deshalb muss in diesen Fällen das Grundstück über eine Dokumentation (gegenüber dem Finanzamt) dem Unternehmensvermögen zugeordnet werden (ausführlich dazu: Abschn. 15.2c. UStAE; beachte aktuelles BFH-Urteil vom 04.05.2022, XI R 29/21 – Zuordnung im Rahmen der Bezeichnung eines Zimmers als Arbeitszimmer auf dem Flächenplan).

➡ **Folgende Besonderheiten können in einer Klausur in Zusammenhang mit einer Geschäftsveräußerung im Ganzen enthalten sein:**
- Verkauf des vermieteten Grundstücks an den bisherigen Mieter (keine GiG),
- Aufgabe der Vermietungstätigkeit unmittelbar nach der Veräußerung (keine GiG),
- Verkauf von Grundstücken durch einen Bauträger/nachhaltige Vermietungstätigkeit bei Vermietungsdauer von mindestens 6 Monaten (GiG, allerdings nicht, wenn die Vermietung lediglich der Ertragssteigerung beim Verkauf dient. Abschn. 1.5 Abs. 2 Satz 3 ff. UStAE – kritisch zu betrachten!),
- Verkäufe in mehreren Kausalgeschäften (kann GiG sein, wenn zeitlicher und sachlicher Zusammenhang),

- Verkauf von Gesellschaftsbeteiligungen (Share-Deal – keine GiG, § 4 Nr. 8 UStG/Asset-Deal – kann GiG sein – Betrieb, Teilbetrieb oder ledigl. ein vermietetes Grundstück).

> **Beispiel – Geschäftsveräußerung im Zusammenhang mit Grundstücksverkäufen:**
> Der Unternehmer Schuster (S) der in seinem Unternehmen bisher nur vorsteuerunschädliche Umsätze ausführte, erwarb als Meistbietender am 01.02.2021 im Zwangsversteigerungsverfahren ein Grundstück zum Meistgebot von 500.000 €.
> Der Voreigentümer, Rentner Richter (R) hatte im Rahmen der Zwangsversteigerung vor der Aufforderung zur Abgabe von Geboten auf die Steuerbefreiung nach § 4 Nr. 9a UStG verzichtet. Er erteilte S noch am 01.02.2021 eine Rechnung über den Betrag von 500.000 €. R hatte nach seiner Frühpensionierung im Sommer 2018 beabsichtigt, als Vermieter tätig zu werden und das mit einem Einfamilienhaus bebaute Grundstück am 01.11.2018 (Übergang Nutzen und Lasten) laut ordnungsgemäßer Rechnung des Grundstücksmaklers Meier (M) für 600.000 € unter Verzicht auf die Steuerbefreiung nach § 4 Nr. 9a UStG erworben. Seitdem vermietete er es an den Allgemeinmediziner Pohl (P) für monatlich 1.000 €. P nutzt das Einfamilienhaus für seine Arztpraxis. Weitere Vermietungsleistungen konnte R jedoch nicht ausüben.
> S führte den Mietvertrag mit P in unveränderter Form bis zum 31.10.2021 fort. Zum 01.11.2021 war S gezwungen, den Mietvertrag mit P zu kündigen, da er aufgrund unerwarteter Umsatzsteigerungen das Gebäude nunmehr als Lager für sein Unternehmen benötigte.
>
> **Lösung:**
> **Geschäftsveräußerung im Ganzen – § 1 Abs. 1a UStG**
> R führt die Lieferung des Grundstücks an den Unternehmer S im Rahmen einer Geschäftsveräußerung im Ganzen (GiG) aus, die gemäß § 1 Abs. 1a Satz 1 UStG nicht steuerbar ist.
> Die Voraussetzungen einer GiG liegen vor, da R als Unternehmer mit dem vermieteten Grundstück sämtliche wesentlichen Grundlagen seines Unternehmens in einem einheitlichen Vorgang auf den S als Unternehmer übertragen hat, welcher das Grundstück seinem Unternehmen zuordnet und fortführt (§ 1 Abs. 1a Satz 2 UStG, Abschn. 1.5 Abs. 2 UStAE „vermietetes Grundstück").
>
> **Hinweis für die Praxis:** Die Zuordnung zum Unternehmensvermögen ist maßgebendes Kriterium um eine Vorsteuerberichtigung nach § 15a UStG vornehmen zu können (Abschn. 15a. Abs. 6 UStAE).
>
> Die spätere Beendigung der Vermietungstätigkeit durch S steht der Annahme einer Geschäftsveräußerung nicht entgegen, da er beim Erwerb des Grundstücks nicht die Absicht hatte, die Vermietungstätigkeit zu beenden.
> Aufgrund der GiG wurde der maßgebliche Berichtigungszeitraum (BRZ) nicht unterbrochen (§ 15a Abs. 10 Satz 1 UStG) und der S ist an die Stelle des R getreten (§ 1 Abs. 1a Satz 3 UStG). Die Geschäftsveräußerung im Ganzen ist kein Verwendungsumsatz nach § 15 Abs. 2 UStG (Abschn. 1.5 Abs. 7 UStAE).

2.3 Konkrete Bearbeitungshinweise

Vorsteuerabzug – § 15 UStG
Im Zeitpunkt des Erwerbs durch R (01.11.2018) war die abziehbare Vorsteuer für R nicht abzugsfähig, da er das Grundstück mit der Vermietung an P zur Ausführung vorsteuerabzugsschädlicher Umsätze im Sinne der §§ 15 Abs. 2 Nr. 1 und 4 Nr. 12a UStG verwendete. Eine Option zur Steuerpflicht auf die Miete war nicht möglich (§ 9 Abs. 2 Satz 1 UStG), da P als Arzt umsatzsteuerfreie Umsätze ausführt, die nicht zum Vorsteuerabzug berechtigen (§§ 15 Abs. 2 Nr. 1 und 4 Nr. 14a Satz 1 UStG). Beginn des Berichtigungszeitraums: 01.11.2018, Dauer: 10 Jahre, Ende des Berichtigungszeitraums: 30.10.2028.
Ab dem 01.11.2021 wird das Grundstück von S dagegen ausschließlich für Ausgangsumsätze verwendet, die den Vorsteuerabzug nicht nach § 15 Abs. 2 UStG ausschließen. Da S in die Rechtsstellung des R eintritt, ist die Vorsteuer aus dem Erwerb durch R dem S als Rechtsnachfolger zuzurechnen (§ 1 Abs. 1a Satz 3 UStG).

Vorsteuerberichtigung – § 15a UStG
Die auf den Erwerb des Grundstücks durch R entfallende Vorsteuer in Höhe von 114.000 € (19 % von 600.000 €, 01.11.2018) ist deshalb im Rahmen der Jahresfestsetzung 2021 zugunsten des S in Höhe von 1.900 € gemäß § 15a Abs. 1 Satz 2 UStG zu berichtigen:
- Da S das Grundstück ab dem 01.11.2021 für eigenbetriebliche Zwecke nutzt, ist innerhalb des 10jährigen Berichtigungszeitraums für das Berichtigungsobjekt „Einfamilienhaus" für im Kalenderjahr 2021 eine für den Vorsteuerabzug maßgebende Änderung der Verhältnisse i.H.v. 16,7 % eingetreten: (10 Monate á 0 % + 2 Monate á 100 %)/12 Monate).
- Dieses Verhältnis ist auf den Jahresbetrages nach § 15a UStG von 11.400 € der beim Erwerb durch R angefallenen Vorsteuer von 114.000 € anzuwenden (§ 15a Abs. 5 Satz 1 UStG gleichmäßige Verteilung des Vorsteuerbetrags auf die Dauer des Berichtigungszeitraums). Für das Kalenderjahr 2021 ergibt sich somit ein Berichtigungsbetrag von 1.900 € (114.000 €/10 Jahre × 16,7 %).
- In den Folgejahren, also ab 2022 und bis zum Ende des Berichtigungszeitraums kann S die aus dem Erwerb durch R angefallene Steuer jeweils mit dem vollen Jahresbetrag in Höhe von 11.400 € gemäß § 15a UStG berichtigen, wenn die Nutzung durch S zu 100 % für umsatzsteuerpflichtige Umsätze erfolgt.

Bagatellregelung – § 44 UStDV
Da die auf das Grundstück entfallende Vorsteuer i.H.v. 114.000 €, die Beträge von 1.000 € bzw. 2.500 € übersteigt, steht § 44 Abs. 1 und Abs. 3 UStDV der Vorsteuerberichtigung im Kalenderjahr 2021 nicht entgegen. § 44 Abs. 2 Satz 1 UStDV kommt ferner ebenfalls nicht zur Anwendung, da die Änderung der Verhältnisse für das Kalenderjahr 2021 mit 16,7 % größer als 10 % ist. Die Vorsteuerberichtigung ist im Rahmen der Jahresfestsetzung 2021 durchzuführen, da der Korrekturbetrag 6.000 € (§ 44 Abs. 3 Satz 1 UStDV) nicht übersteigt.

➡ **Fazit für Examensklausur – Geschäftsveräußerung im Ganzen:**
Prüfungsreihenfolge einhalten!
- **Liegt eine Geschäftsveräußerung im Ganzen vor?**
  Tatbestandsmerkmale des § 1 Abs. 1a UStG prüfen, Abschnitt 1.5 UStAE auf etwaige Besonderheiten – kurz – prüfen.

- **Falls ja** ➜ Hinweis auf Eintritt des Käufers in die Rechtsstellung des Verkäufers ➜ Übergang des Berichtigungszeitraums nach § 15a UStG auf den Käufer ➜ Hinweis auf § 15a Abs. 10 UStG zum Vorsteuerabzug ➜ bei Geschäftsveräußerungen im Ganzen Berichtigungszeitraum richtig berechnen: Beginn ab tatsächlicher Verwendung (Ausnahme: Bauphase: hier ist Verwendungsabsicht maßgebend, wird allerdings durch tatsächliche Verwendung evtl. später korrigiert), Ende nach 5 bzw. 10 Jahren. ! Bagatellregelungen in § 44 UStDV beachten ➜ Besonderheiten zum Ende des Berichtigungszeitraums in § 45 UStG prüfen und nennen.
- **Falls nein** ➜ Steuerfreiheit nach § 4 Nr. 9a UStG bei Grundstücken oder § 4 Nr. 8 UStG prüfen ➜ evtl. Optionsmöglichkeit in § 9 UStG genutzt? Bei Grundstücken § 9 Abs. 3 UStG beachten und nennen ➜ falls zur Steuerpflicht optiert wurde und es sich um eine Grundstücksveräußerung handelt: § 13b Abs. 2 Nr. 3 UStG zum Übergang der Steuerschuldnerschaft auf den Käufer beachten (wenn dieser ein umsatzsteuerlicher Unternehmer i.S.d. § 2 UStG ist) ➜ bei späterer Grundstücksnutzung Höhe des möglichen VoSt-Abzugs beachten (u.a. § 15 Abs. 1b und Übergangsregel in § 27 Abs. 16 UStG).

Sonderfall Erwerb eines Betriebes/Teilbetriebs

Die Veräußerung eines Unternehmens im Ganzen bzw. die Teilbetriebsveräußerung unterliegt gem. § 1 Abs. 1a UStG unter den dort genannten Voraussetzungen nicht der Umsatzsteuer.

§ 1 Abs. 1a S. 3 UStG wendet auf den Erwerber die Grundsätze der Gesamtrechtsnachfolge an. Korrespondierend bestimmt § 15a Abs. 10 S. 1 UStG, dass bei einer Geschäftsveräußerung der für das einzelne Wirtschaftsgut maßgebliche Berichtigungszeitraum nicht unterbrochen wird.

Im Zusammenhang mit dem Erwerb eines Betriebs/Teilbetriebs sind u.a. **folgende Besonderheiten** zu berücksichtigen (Abschn. 1.5 Abs. 3 ff. UStAE):
- Einbringung Betrieb in eine Gesellschaft = Geschäftsveräußerung im Ganzen.
- Zurückbehaltung wesentlicher Betriebsgrundlagen ist unschädlich, wenn diese nach der dinglichen Übertragung des Betriebs an den Käufer vermietet werden. Eine kurzfristige Kündigungsmöglichkeit des Mietvertrages ist insoweit unschädlich.
- Wesentliche Betriebsgrundlagen sind z.B.:
    - Herstellungsbetrieb: Betriebsgrundstücke, Maschinen, Fertigungsanlagen,
    - nicht eigentumsfähige Güter wie z.B. Rechte oder Forderungen, Geschäftsbeziehungen können wesentliche Betriebsgrundlagen sein, wenn diese für die Fortführung des Geschäftsbetriebs notwendig sind.
    - Es ist nicht zwingend erforderlich, dass beim veräußernden Unternehmen bereits ein organisatorisch getrennter Unternehmensteil oder tatsächliche Umsätze dieses Geschäftsbetriebs bestehen. Die Fortführung durch den Erwerber ist hier entscheidend.

Beispiel: Ein Einzelunternehmer EU verwendet ab 01.07.01 ein im Unternehmensvermögen genutztes, selbst hergestelltes Gebäude zur Ausführung steuerpflichtiger Umsätze. Zutreffender Vorsteueranspruch aus den Herstellungskosten waren 75.000 € für den VZ 01. Zum 01.04.02 veräußert EU sein Unternehmen im Ganzen an den Erwerber T. T veräußert mit Wirkung vom 01.08.04 das Gebäude steuerfrei.

2.3 Konkrete Bearbeitungshinweise

> **Lösungshinweis:**
> Die Geschäftsveräußerung im Ganzen des Einzelunternehmens am 01.04.02 unterliegt nicht der Umsatzsteuer (§ 1 Abs. 1a UStG). Bezüglich § 15a UStG beginnt bei dem Erwerber T kein neuer Berichtigungszeitraum, sondern die durch den Veräußerer EU gesetzten Verhältnisse des Erstjahres 01 entfalten rechtliche Wirkung für den Erwerber T.
> Der **Berichtigungszeitraum** für das Gebäude beginnt mit der erstmaligen Verwendung durch den Einzelunternehmer EU am **01.07.01** und endet nach 10 Jahren mit Ablauf des **30.06.11**. Durch die steuerfreie Veräußerung des Gebäudes am **01.08.04** löst T eine Änderung der Verhältnisse aus (§ 15a Abs. 8 UStG). Der Korrekturbetrag wird wie folgt ermittelt: Nach der Veräußerung am 31.07.04 haben sich die zum Vorsteuerabzug berechtigenden Verhältnisse um 100 % verändert.

> **Insgesamt ist die Vorsteuer damit wie folgt zu berichtigen:**
> Für die Zeit ab 01.08.04 (steuerfreie Veräußerung Grundstück) bis 30.06.11 (Ende Berichtigungszeitraum) verbleibt ein Vorsteuerbetrag in Höhe von:
> = 83 Monate (04: 5 Monate, 05-10: 6 × 12 Monate, 11: 6 Monate)
> = $^{83}/_{120}$ von 75.000 € = 51.875 €.
> Dieser Betrag ist gem. § 15a Abs. 9 UStG als Gesamtbetrag im Voranmeldungszeitraum 08/04 (§ 44 Abs. 3 Satz 2 UStDV) an die Finanzbehörde zu entrichten, da die Verwendung des Gegenstandes durch die steuerfreie Veräußerung endet.
> Der Veräußerer des Einzelunternehmens EU ist verpflichtet, die für die Berichtigung maßgeblichen Daten dem T mitzuteilen, § 15a Abs. 10 Satz 2 UStG.

2.3.2.3 Das umsatzsteuerliche Reihengeschäft
a) Wo liegt die Besonderheit des Reihengeschäfts?

Bei Ketten- oder Streckengeschäften des Zivilrechts wird aus wirtschaftlichen Gründen der Lieferweg dadurch verkürzt, dass der Verkäufer einer Ware diese nicht an seinen Abnehmer, sondern unmittelbar an den letzten Abnehmer in der Kette ausliefert. Die umsatzsteuerliche Besonderheit des Reihengeschäfts ist, dass diese einheitliche Warenbewegung als Erfüllungsgeschäft für sämtliche Liefergeschäfte gilt.

Es liegen daher so viele Lieferungen vor, wie Liefergeschäfte abgeschlossen sind, aber nur eine einzige Beförderungslieferung.

> **Beispiel:** Kunde K kauft beim Kraftfahrzeughändler H einen Pkw, den dieser nicht vorrätig hat und daher beim Hersteller bestellt. Nach Fertigstellung holt K den Pkw selbst im Herstellerwerk ab.
>
> **Lösung:** K und der Hersteller haben keine Rechtsbeziehungen miteinander. Trotzdem wirkt die Übergabe durch den Hersteller als Erfüllung seiner Verpflichtung gegen H und als Erfüllung der Verpflichtung des H gegen K.
>
> Es liegen umsatzsteuerlich 2 Lieferungen vor.

b) Was sind die Voraussetzung eines Reihengeschäfts?

Voraussetzung ist die Beteiligung mehrerer, mindestens zweier Unternehmer, wobei der Endabnehmer nicht notwendigerweise Unternehmer sein muss. Ein Reihengeschäft liegt daher auch vor, wenn ein Nichtunternehmer (als letzter Abnehmer) in die Reihe eingeschaltet ist. Ferner müssen zwischen den Beteiligten in der Reihe **mehrere Kausal- oder Umsatzgeschäfte** über einen **identischen Gegenstand** abgeschlossen sein.

Diese Kausalgeschäfte müssen so erfüllt werden, dass die Warenbewegung vom ersten Unternehmer in der Reihe, d.h. demjenigen Unternehmer, bei dem die Warenbewegung ihren Anfang nimmt, **unmittelbar zum Endabnehmer** verläuft (vgl. § 3 Abs. 6a S. 5, 6 UStG i.V.m. Abschn. 3.14 UStAE).

> **Beachte!** Das unmittelbare Gelangen setzt grundsätzlich die Beförderung oder Versendung durch einen einzigen am Reihengeschäft beteiligten Unternehmer voraus; diese Voraussetzung ist bei der Beförderung oder Versendung durch mehrere Unternehmer (sog. gebrochene Beförderung oder Versendung) nicht erfüllt (Abschn. 3.14 Abs. 4 UStAE).
> Hiervon gibt es allerdings **folgende Ausnahmen:** Abschn. 6.1 Abs. 3a, Abschn. 6a.1 Abs. 8 UStAE: Ein **gebrochener Transport** bei Ausfuhrlieferung oder innergemeinschaftlicher Lieferung ist unschädlich, wenn keine nennenswerten Unterbrechungen stattfinden und der Abnehmer zu Beginn des Transports feststeht. Zeitlicher und sachlicher Zusammenhang der Beförderung sowie der kontinuierliche Ablauf des Transports muss nachgewiesen werden. Der Gegenstand der Lieferung gelangt auch dann unmittelbar an den letzten Abnehmer, wenn die Beförderung oder Versendung durch einen beauftragten Dritten ausgeführt wird, der nicht unmittelbar in die Liefervorgänge eingebunden ist (**Lagerhalter, Lohnveredler**). Die Einschaltung eines selbständigen Spediteurs oder des Frachtführers ist in diesem Sinn kein beauftragter Dritter, da seine Leistung jeweils dem Auftraggeber zugerechnet wird (Versendungsfall), vgl. hierzu Abschn. 3.14 Abs. 3 und 4 UStAE.

c) Bedeutet das, dass alle Lieferungen im Reihengeschäft das gleiche umsatzsteuerliche Schicksal erleiden?

Nein.

Für den Lieferort gelten nach **§ 3 Abs. 6, 6a und 7 UStG** folgende Grundsätze:

1.	Da die Lieferungen nacheinander ausgeführt werden, ist für jede Lieferung der Lieferort gesondert zu bestimmen.
2.	Die Warenbewegung kann immer nur einer Lieferung zugeordnet werden (§ 3 Abs. 6a Satz 1 UStG); diese ist die Beförderungs- bzw. Versendungslieferung, hier gilt der Lieferort nach § 3 Abs. 6 Satz 1 UStG: Beginn der Beförderung.
3.	Bei allen anderen Lieferungen findet keine Warenbewegung statt (ruhende Lieferungen); der Lieferort liegt entweder am Beginn oder am Ende der Beförderung oder Versendung (§ 3 Abs. 7 UStG).

Im Vorfeld einer **umfassenden Reform des Europäischen Umsatzsteuerrechts** wurden in allen Mitgliedstaaten der EU sog. „Quick Fixes" i.S.v. „schnelle Maßnahmen" mit Wirkung ab **01.01.2020** umgesetzt. Dabei wurden auch auf EU-Ebene Regelungen zum Reihengeschäft eingeführt. In der Folge wurde das Reihengeschäft im deutschen Umsatzsteuergesetz in § 3 Abs. 6a UStG neu formuliert. Die wesentlichen Inhalte entsprechen jedoch den bisher in Deutschland geltenden Regelungen.

2.3 Konkrete Bearbeitungshinweise

Reihengeschäfte (§ 3 Abs. 6a UStG)

Reihengeschäfte liegen vor, wenn mehrere Parteien über denselben Gegenstand Liefergeschäfte abschließen, während die Ware tatsächlich direkt (i.S.v. unmittelbar) von dem ersten Lieferer an den letzten Abnehmer der Kette transportiert wird. Trotz des einen Warenwegs liegen umsatzsteuerrechtlich zwei oder mehrere umsatzsteuerliche Lieferungen vor.

Wird die Ware in einen anderen Staat transportiert, ist (nur) eine dieser Lieferungen möglicherweise eine umsatzsteuerbefreite innergemeinschaftliche Lieferung oder Ausfuhrlieferung. Alle anderen Lieferungen sind ruhende Lieferungen, die im Abgangs- oder im Bestimmungsland steuerbar sind.

Die Regelungen zur Bestimmung der einen bewegten und der übrigen, ruhenden Lieferungen wurden durch die zuvor genannte Reform europaweit vereinheitlicht. Dies führte zu Änderungen in den Tatbestandsmerkmalen für die Einordnung der einzelnen Lieferungen innerhalb des Reihengeschäfts, wobei die bisher bestehenden deutschen Regelungen zum Reihengeschäft im Wesentlichen übernommen wurden.

Die Zuordnung der **warenbewegten Lieferung** kann wie folgt vorgenommen werden:
- Bei Beförderung oder Versendung durch den ersten Unternehmer in der Reihe soll entsprechend der Transportveranlassung die Warenbewegung der Lieferung des ersten Unternehmers zuzuordnen sein.
- Bei Beförderung oder Versendung durch den letzten Abnehmer in der Reihe soll die Warenbewegung entsprechend der Transportveranlassung der Lieferung an den letzten Abnehmer zuzuordnen sein.
- Bei **Beförderung durch einen Zwischenhändler** (ein in der Kette stehender Abnehmer, der zugleich Lieferer ist) soll die Warenbewegung grundsätzlich der Lieferung an ihn zuzuordnen sein (gesetzliche Vermutung), es sei denn, der Zwischenhändler weist nach, dass er den Gegenstand als Lieferer befördert oder versendet (Transportverantwortung?). In diesem Fall ist die Warenbewegung seiner Lieferung an den Anschlusskunden zuzurechnen. Beachte zur weiteren Definition der Transportverantwortung BMF-Schreiben vom 25.04.2023 (III C 2 – S 7116-a/19/10001 :03).
- Bei **innergemeinschaftlichen Transporten** wird dieses Regel-/Ausnahmeverhältnis durch die Verwendung der USt-Id.Nr. durch den Zwischenhändler gekennzeichnet: Verwendet der Zwischenhändler gegenüber dem leistenden Unternehmer seine ihm vom Abgangsstaat (Beginn der Beförderung) der Ware erteilte USt-Id.Nr., ist die Beförderung oder Versendung seiner Lieferung zuzuordnen. Verwendet der Zwischenhändler eine andere USt-Id.Nr., ist die Beförderung der Lieferung an ihn zuzuordnen.
- Im Falle einer **Ausfuhrlieferung** soll die Beförderungslieferung der Lieferung des Zwischenhändlers zuzuordnen sein, wenn dieser gegenüber dem leistenden Unternehmer eine vom Mitgliedstaat des Beginns der Beförderung oder Versendung erteilten USt-Id.Nr. oder Steuernummer verwendet.
- Im **Einfuhrfall** in das Gemeinschaftsgebiet wird durch das Abstellen auf die Anmeldung zum zoll- und steuerrechtlichen freien Verkehr typisierend geregelt, dass die durch den Zwischenhändler ausgeführte Lieferung die warenbewegte Lieferung ist, wenn der Gegenstand der Lieferung in seinem Namen oder im Rahmen der indirekten Stellvertretung für seine Rechnung zum zoll- und steuerrechtlich freien Verkehr angemeldet wird.

> **Beispiel (siehe oben unter 2.3.2.3):** Es liegt ein Reihengeschäft im Sinne des § 3 Abs. 6a Satz 1 UStG vor.
>
> ```
> ┌───────────┐                    ┌─────────┐                    ┌───────┐
> │ Hersteller│ ─────────────────▶ │ Händler │ ─────────────────▶ │ Kunde │
> └───────────┘  Umsatzgeschäft 1  └─────────┘  Umsatzgeschäft 2  └───────┘
>       └──────── Transport des Pkws durch den Kunden (Abholfall) ────────┘
> ```
>
> Hier ist die Warenbewegung aufgrund des Abholfalls (Beförderung durch den letzten Abnehmer) der Lieferung des Händlers an den Kunden zuzuordnen. Da sich hier alles im Inland abspielt, hat dies letztlich keine Auswirkung, denn beide Umsatzgeschäfte haben ihren Lieferort im Inland und sind mit 19% deutscher Umsatzsteuer abzurechnen.
>
> **Hinweis für die Klausur:** Die Frage der Zuordnung der Warenbewegung zu einer Lieferung ist insbesondere bei grenzüberschreitenden Reihengeschäften von Bedeutung, da nur diese die umsatzsteuerfreie innergemeinschaftliche Lieferung/Ausfuhrlieferung sein kann.
> Der Ort der bewegten Lieferung des Händlers an den Kunden (Umsatzgeschäft 2) ist gem. § 3 Abs. 6a Satz 3 i.V.m. Abs. 6 Satz 1 UStG im Herstellerwerk, da dort der Transport beginnt.

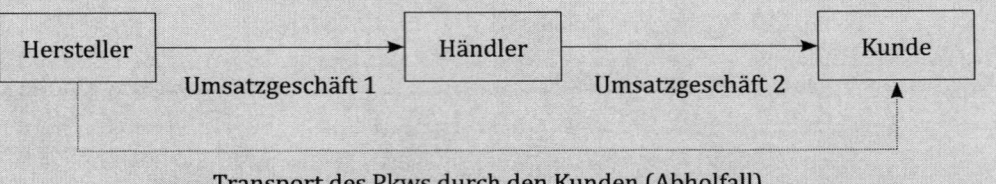

d) **Der Ort der Lieferungen bei Reihengeschäften** (vgl. hierzu Abschn. 3.14 Abs. 5 und 6 UStAE)

Für die korrekte umsatzsteuerliche Beurteilung ist bei Reihengeschäften von wesentlicher Bedeutung, wo sich der Ort der jeweiligen Lieferung befindet.

Nur so kann geklärt werden, ob sich der Leistungsort im In- oder Ausland befindet und ob mit deutscher oder ggf. ausländischer Umsatzsteuer fakturiert werden muss. Eine Steuerbefreiung (für ansonsten steuerpflichtige Lieferungen) für innergemeinschaftliche Lieferungen oder Ausfuhrlieferungen kommt z.B. nur dann in Betracht, wenn sich der Leistungsort der bewegten Lieferung im Inland befindet.

In reinen Inlandsfällen ist das bzw. sind die Folgen unspektakulär, da sämtliche Orte im Inland liegen. Sofern jedoch internationale Transaktionen betroffen sind, sind die Wirkungen von besonderem Interesse bzw. komplexer.

Der **Ort der Lieferungen bei Reihengeschäften** bestimmt sich wie folgt:

1.	Lieferort der (zugeordneten) **Beförderungs- oder Versendungslieferung** ist immer dort, wo die Warenbewegung (tatsächlich) beginnt (§§ 3 Abs. 6a, 6 Satz 1 UStG).
2.	Für die (übrig gebliebene) **ruhende Lieferung** gilt, dass der Lieferort einer ruhenden Lieferung (§ 3 Abs. 6a, 7 Satz 2 Nr. 1 oder 2 UStG),
	a) die der Beförderungs- oder Versendungslieferung **vorangeht**, dort ist, wo die Beförderung oder Versendung des Gegenstandes **beginnt**; **§ 3 Abs. 7 Satz 2 Nr. 1 UStG.**
	b) die der Beförderungs- oder Versendungslieferung **nachfolgt**, dort ist, wo die Beförderung oder Versendung des Gegenstandes **endet**; **§ 3 Abs. 7 Satz 2 Nr. 2 UStG.**

2.3 Konkrete Bearbeitungshinweise

e) Wie erfolgt die Zuordnung der Beförderung oder Versendung des Gegenstandes zur Lieferung genau?

Zunächst kann man sich folgende Regelungen merken (detailliert in Abschn. 3.14 UStAE):

1. Veranlasst der **erste Unternehmer** in der Kette die Beförderung oder Versendung, ist ihm die Beförderungs- bzw. Versendungslieferung zuzuordnen.

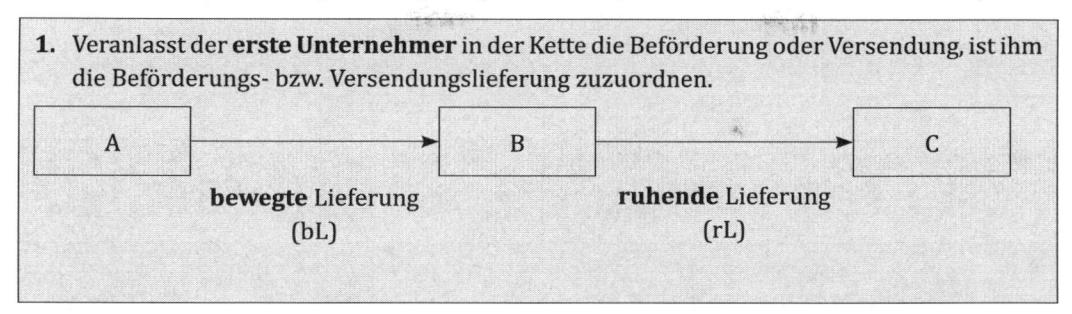

   A ———→ B ———→ C

   bewegte Lieferung   **ruhende** Lieferung
   (bL)   (rL)

2. Veranlasst der **letzte Unternehmer** in der Kette die Beförderung oder Versendung, ist die Beförderung- bzw. Versendungslieferung der Lieferung **an ihn** zuzuordnen.

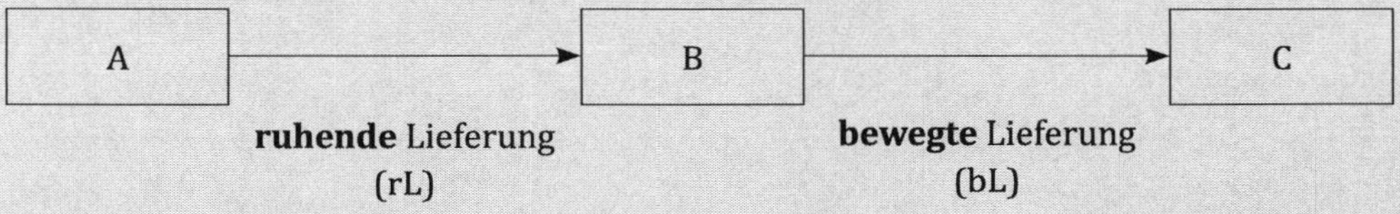

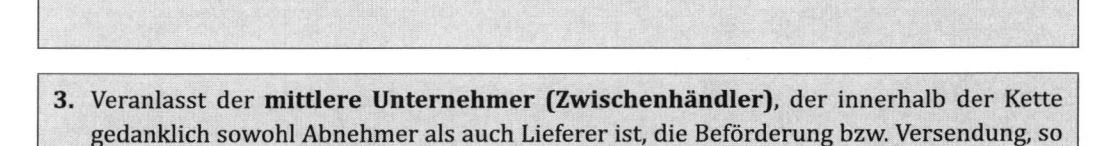

   A ———→ B ———→ C

   ruhende Lieferung   **bewegte** Lieferung
   (rL)   (bL)

3. Veranlasst der **mittlere Unternehmer (Zwischenhändler)**, der innerhalb der Kette gedanklich sowohl Abnehmer als auch Lieferer ist, die Beförderung bzw. Versendung, so **hängt** die Zuordnung **davon ab**, ob dieser den Transport in seiner Eigenschaft:
   - als **Abnehmer** der Vorlieferung oder
   - als **Lieferer** seiner eigenen Folgelieferung tätigt.

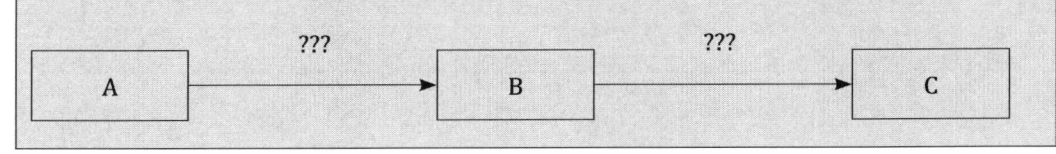

   A —??? → B —??? → C

Für die Zuordnung bei dieser Variante (mittlerer Unternehmer/Zwischenhändler befördert) gilt zunächst die Vermutung für die **Variante 1**, d.h. dass der Zwischenhändler **als Abnehmer** der Vorlieferung tätig wird, § 3 Abs. 6a Satz 4 erster Halbsatz UStG **(Zuordnung zur 1. Lieferung A ➡ B)**.

Der Zwischenhändler kann jedoch anhand von Aufzeichnungen oder Belegen nachweisen, dass er als **Lieferer** tätig wird. Dann wird die bewegte Lieferung seiner Lieferung (2. Lieferung, B ➡ C) zugeordnet.

Dieser Nachweis des mittleren Unternehmers/Zwischenhändlers kann wie folgt erbracht werden:
- der mittlere Unternehmer „verwendet" in Zusammenhang mit internationalen Transaktionen bis zum Beginn der Beförderung eine ihm zugeteilte USt-Id.Nr. des Mitgliedstaats, in dem die Beförderung oder Versendung beginnt (neu formuliert in Abschn. 3.14 Abs. 10 UStAE) bzw.

- es bestehen Vereinbarungen mit seinem Vorlieferanten (A) und seinem Abnehmer (C), aus denen hervorgeht, dass er die Transportverantwortung, d.h. Gefahr und die Kosten der Beförderung oder Versendung übernommen hat. Im Fall der Versendung ist dabei auf die Auftragserteilung an den selbständigen Beauftragten abzustellen

Beachte: allein die Mitteilung an den Vorlieferanten über den Weiterverkauf des Liefergegenstands ist hierfür nicht ausreichend (BFH vom 28.05.2013, XI R 11/09).

Vgl. hierzu Abschn. 3.14 Abs. 7, 9 und 10 UStAE. Neu gefasst mit BMF vom 25.04.2024 (III C 2 – S 7116-a/19/10001 :003).

Beispiel zu § 3 Abs. 6a Satz 4 UStG: Unternehmer B aus Berlin bestellt bei Unternehmer A in Augsburg eine Maschine welche für den Abnehmer des B den Unternehmer C in Chemnitz bestimmt ist.
B holt die Ware mit eigenem Fahrer ab bzw. gibt den Speditionsauftrag:
a) Es werden keine besonderen Lieferklauseln vereinbart.
b) B vereinbart mit A **EXW** (ab Werk) und B vereinbart mit C **DDP** (frei Haus).

Lösung Variante a):
Es gilt die gesetzliche Vermutung, d.h. die Beförderungs- bzw. Versendungslieferung wird der Lieferung des A an B zugeordnet (**Grundsatz**).

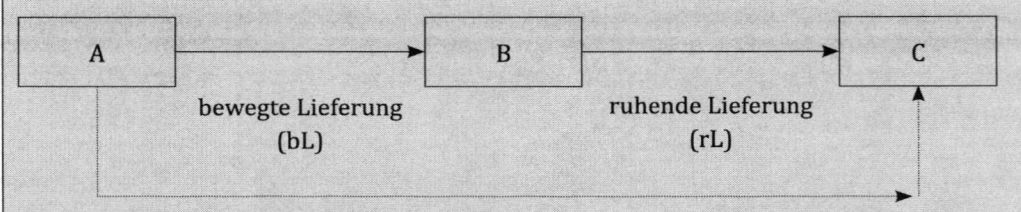

```
  A ─────────────► B ─────────────► C
      bewegte Lieferung    ruhende Lieferung
          (bL)                 (rL)
```

Lösung Variante b):
B kann nachweisen, dass er als Lieferer auftritt, weil er ab dem Hoftor bei A das Transportrisiko (EXW) trägt. Deshalb ist die Beförderung/Versendung seiner Lieferung an C zuzuordnen.

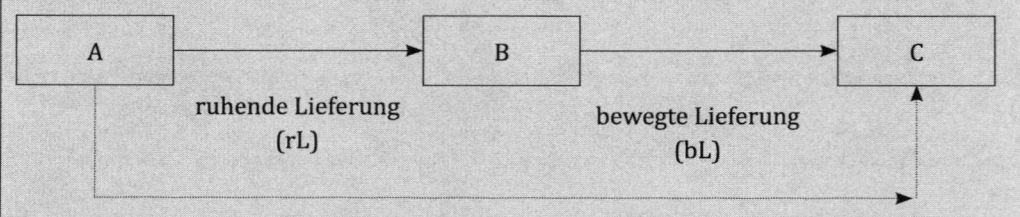

```
  A ─────────────► B ─────────────► C
      ruhende Lieferung    bewegte Lieferung
          (rL)                 (bL)
```

Nur die bewegte Lieferung kann die umsatzsteuerfreie innergemeinschaftliche oder Ausfuhrlieferung sein! Nur bei der bewegten Lieferung können innergemeinschaftliche Erwerbe in anderen EU-Ländern stattfinden.
Im vorliegenden Fall hat die Zuordnung der bewegten Lieferung keine Auswirkung auf die Höhe des Umsatzsteuersatzes, da alle Lieferorte im Inland liegen.

> Wäre aber C beispielsweise ein polnischer Abnehmer, so wäre im Fall a) der Ort der Lieferung von B an C in Polen (Ende der Beförderung) und im Fall b) in Deutschland. Im Fall b) wäre diese bewegte Lieferung als innergemeinschaftliche Lieferung umsatzsteuerfrei, wenn die zugehörigen Voraussetzungen vorliegen.

f) Reihengeschäfte mit privaten Endabnehmern, Abschnitt 3.14 Absatz 18 UStAE

An Reihengeschäften können auch **Nichtunternehmer als letzte Abnehmer** in der Reihe beteiligt sein.

Wenn der letzte Abnehmer im Rahmen eines Reihengeschäfts, bei dem die Warenbewegung im Inland beginnt und im Gebiet eines anderen Mitgliedstaates endet (oder umgekehrt), nicht die subjektiven Voraussetzungen für die Besteuerung des innergemeinschaftlichen Erwerbs erfüllt und demzufolge nicht mit einer USt-Id.Nr. auftritt, ist § 3c UStG zu beachten, wenn der letzten Lieferung in der Reihe die Beförderung oder Versendung zugeordnet wird; dies gilt jedoch nicht, wenn der private Endabnehmer den Gegenstand abholt (dann wäre dies keine „Versendungslieferung" i.S.d. § 3c UStG).

> **Beispiel:** Der in Cottbus wohnhafte Frank **Lukas** (L, Privatperson) bestellt übers Internet bei dem in Warschau (Polen) ansässigen Unternehmer **Grosicki** (G) einen neuen Wohnzimmerschrank für 5.000 €, den dieser nicht vorrätig hat und den Schrank bei dem Hersteller **Milik** (M) aus Breslau (Polen) ordert.
> Aufgrund der Lieferklauseln wurde der Schrank von Milik an Grosicki ab Werk und von Grosicki an Lukas „frei Haus" (DDP) geliefert.
> Grosicki holte den Schrank am 10.05. in Breslau ab und transportierte den Schrank unmittelbar nach Cottbus. Sowohl Grosicki als auch Milik treten mit ihrer polnischen USt-Id.Nr. auf. Welche Folgen ergeben sich für Grosicki, der die europäische Lieferschwelle für den innergemeinschaftlichen Fernverkauf überschritten hat (Rechtslage ab 01.07.2021)?
>
> **Lösung:**
> Mit der Übertragung von Substanz, Wert und Ertrag – also der Verschaffung der Verfügungsmacht – wurde der Schrank von Milik an Grosicki und von Grosicki an Lukas im Sinne von § 3 Abs. 1 UStG geliefert.
> Da **mehrere Unternehmer** (Milik und Grosicki) über **denselben Gegenstand** (Schrank) Umsatzgeschäfte abgeschlossen haben und der Gegenstand **unmittelbar vom ersten** Unternehmer (Milik) **an den letzten** Abnehmer (Lukas) gelangt ist, liegt ein **Reihengeschäft** i.S.d. § 3 Abs. 6a Satz 1 UStG vor, bei der es nur eine sog. bewegte Lieferung, als Beförderungs- bzw. Versendungslieferung geben kann.
> Da **Grosicki als mittlerer Unternehmer** die Beförderung des Schranks übernommen hat, ist die bewegte Lieferung gem. § 3 Abs. 6a Satz 4 HS 1 UStG entsprechend der Vermutung grundsätzlich **an ihn** zuzuordnen. Diese widerlegbare Vermutung tritt hier jedoch gem. § 3 Abs. 6a Satz 4 HS 2 UStG nicht ein, weil Grosicki als mittlerer Unternehmer nachweist, dass er nicht als Abnehmer in dem Vertragsverhältnis zu seinem Vorlieferanten (Milik), sondern in seiner **Eigenschaft als Lieferer** im Rahmen seiner Vertragsbeziehung zu seinem Käufer (Lukas) auftritt.

Hiervon kann vorliegend ausgegangen werden, da Grosicki unter der USt-Id.Nr. des Mitgliedstaates aufgetreten ist, in dem die Beförderung des Gegenstands begann (Polen) (Verwendung der USt-Id. ist hier ausreichend, Übernahme des Transportrisikos durch Vereinbarung „ab Werk" (EXW) mit Milik und **„frei Haus"** (DDP) mit seinem Abnehmer Lukas ist deshalb für den Nachweis des Auftretens als Lieferer nicht mehr unbedingt erforderlich).

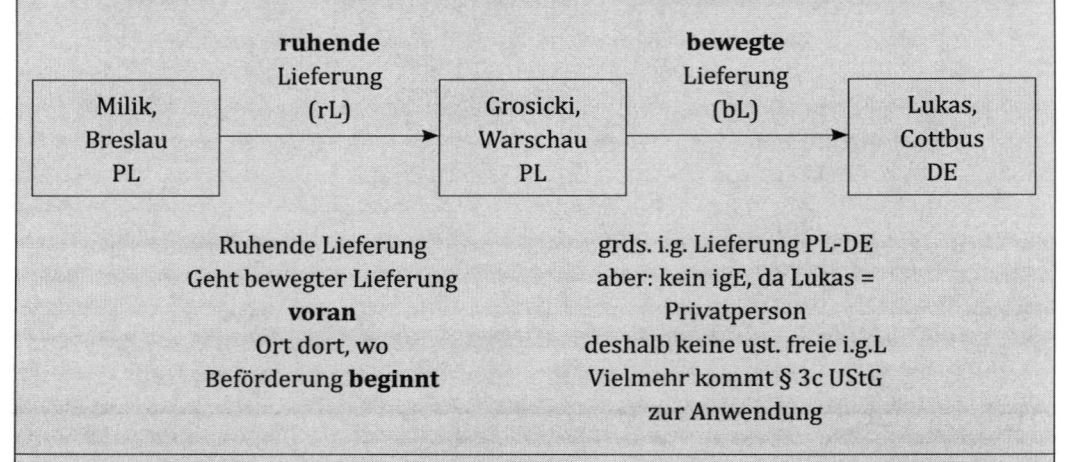

	ruhende Lieferung (rL)		**bewegte** Lieferung (bL)	
Milik, Breslau PL	→	Grosicki, Warschau PL	→	Lukas, Cottbus DE

Ruhende Lieferung	grds. i.g. Lieferung PL-DE
Geht bewegter Lieferung **voran**	aber: kein igE, da Lukas = Privatperson
Ort dort, wo Beförderung **beginnt**	deshalb keine ust. freie i.g.L Vielmehr kommt § 3c UStG zur Anwendung

Aus diesem Grund ist die bewegte Lieferung der Vertragsbeziehung zwischen Grosicki und Lukas zuzuordnen. Folglich wäre grundsätzlich der Ort dieser Lieferung gem. § 3 Abs. 6 Satz 1 UStG bei Beginn der Lieferung in Breslau (Polen) zuzuordnen.

Da die bewegte Lieferung der Lieferung von Grosicki an Lukas zugeordnet und Lukas keine Person i.S.d. § 1a Abs. 1 Nr. 2 UStG ist (also kein umsatzsteuerlicher Unternehmer), kommt eine innergemeinschaftliche Lieferung nach § 6a UStG nicht in Betracht (§ 6a Abs. 1 Nr. 2 UStG nicht erfüllt). Vielmehr kommt § 3c UStG zur Anwendung, wobei zu beachten ist, dass Grosicki lt. Sachverhalt die europäische Lieferschwelle (§ 3c Abs. 4 UStG) überschritten hat und sich der Lieferort deshalb nach § 3c Abs. 1 Satz 1 UStG danach richtet, wo die Beförderung der Lieferung endet, also in Deutschland.

Beachte Rechtslage ab 01.07.2021:
Ab 01.07.2021 gelten die neuen sogenannten sog. **E-Commerce-Regelungen**, wonach sich der Lieferort für solche Lieferungen (Grosicki an Lukas) dort befindet, wo die Beförderung **endet**, es sei denn, alle Lieferungen (und sonstige Leistungen) in diesem Sinne in alle EU-Mitgliedstaaten zusammen überschreiten nicht 10.000 €. Details dazu in einem späteren Kapitel. Die Versandhandelsregelung des § 3c UStG ist im Kontext von Reihengeschäften nur bei der bewegten Lieferung anwendbar (Abschnitt 3.14 Abs. 18 UStAE). Dies gilt aber nicht, wenn der private Endabnehmer den Gegenstand abholt.

Grosicki hat aufgrund des Lieferorts in Deutschland einen nach § 1 Abs. 1 Nr. 1 Satz 1 UStG steuerbaren Umsatz, der mangels Steuerbefreiung (§ 4 UStG) auch zum Regelsteuersatz des § 12 Abs. 1 UStG mit 19 % steuerpflichtig ist.
Die Bemessungsgrundlage beläuft sich gem. § 10 Abs. 1 Satz 1 und 2 UStG auf 4.201,68 € (= 5.000 €/1,19) und die Umsatzsteuer auf 798,32 € (= 4.201,68 € × 19 %). Die Steuer entsteht gem. § 13 Abs. 1 Nr. 1 Buchst. a Satz 1 UStG im VAZ Mai.

2.3 Konkrete Bearbeitungshinweise

➡ Fazit für Examensklausur – Reihengeschäfte
Worum geht es eigentlich bei Reihengeschäften?
Reihengeschäfte sind Lieferkettengeschäfte mehrerer Unternehmer. Aber es können nicht alle Lieferungen Beförderungs- bzw. Versendungslieferungen sein ➡ es kann nur eine bewegte Lieferung geben!
Für diese bewegte Lieferung gilt bezüglich der Ortsbestimmung § 3 Abs. 6 Satz 1 UStG; für die ruhende Lieferung gilt § 3 Abs. 7 UStG. Die weitere Prüfung der daraus resultierenden umsatzsteuerlichen Folgen ist dann in der Regel nicht mehr problematisch.

Folgende Hinweise für die Klausur:
- **Finden Sie die bewegte Lieferung!**
- **Nur bei der bewegten Lieferung** kann vorliegen:
  - innergemeinschaftliche Lieferung,
  - innergemeinschaftlicher Erwerb,
  - Ausfuhrlieferung,
  - Einfuhrlieferung i.S.d. § 3 Abs. 8 UStG,
  - Versandhandel nach § 3c UStG.
- Der **Leistungsort** der Lieferungen richtet sich (streng) nach dem **Warenweg** der Güter, **nicht nach dem Sitz des Unternehmens** des leistenden Unternehmers oder des Leistungsempfängers.
- Deshalb können bei **grenzüberschreitenden Reihengeschäften** weitere Länder betroffen sein: z.B. Rechnungsweg: Polen – Polen – Deutschland, Warenbewegung aber von Polen nach Österreich! Auch diese Fälle sind möglich.
- Sollte lt. Sachverhalt der **Gegenstand verändert** werden, handelt es sich ggf. nicht mehr um den in § 3 Abs. 6a UStG geforderten „selben Gegenstand".
- In diesem Zusammenhang kommt es allerdings oft auch zu einer **Unterbrechung der Warenbewegung**, was zur Verneinung der „unmittelbaren" Beförderung vom ersten zum letzten Abnehmer führt, siehe Abschn. 3.14 Abs. 4 UStAE (hierzu bitte nicht mit Abschn. 6.1 Abs. 3a UStAE argumentieren! – Ausfuhrlieferungen).
- Ein Reihengeschäft kann auch bei Lieferketten mit mehr als drei Beteiligten vorliegen.
- Bitte lesen Sie den **UStAE** dazu unbedingt genau durch, **Abschn. 3.14**!

2.3.2.4 Das innergemeinschaftliche Dreiecksgeschäft (§ 25b UStG)

Ein innergemeinschaftliches Dreiecksgeschäft **ist auch ein Reihengeschäft** – nur mit folgenden Besonderheiten:
1. Es sind genau **drei Unternehmer** beteiligt. Nicht mehr und nicht weniger und keine Privatperson.
2. Die drei Unternehmer sind **jeweils in verschiedenen Mitgliedstaaten** für Zwecke der Umsatzsteuer erfasst (haben/verwenden also eine jeweils unterschiedliche USt-Id.Nr.) – und treten unter dieser Nummer auf.
3. Der Gegenstand wird **aus dem Gebiet** eines Mitgliedstaates **in das Gebiet eines anderen** Mitgliedstaates **befördert**.
4. Die Beförderung wird **durch den ersten** Unternehmer oder **ersten** Abnehmer durchgeführt.

Warum gibt es das innergemeinschaftliche Dreiecksgeschäft?

Die Unternehmer, die von der bewegten Lieferung betroffen sind, haben bei einer grenzüberschreitenden Beförderung eine innergemeinschaftliche Lieferung bzw. einen innergemeinschaftlichen Erwerb. Der **innergemeinschaftliche Erwerb** führt im Mitgliedstaat der Beendigung der Beförderung (siehe § 3d Satz 1 UStG: Leistungsort für innergemeinschaftliche Erwerbe – analoge Anwendung in allen EU-Mitgliedstaaten) zu einem steuerbaren und meist steuerpflichtigen Umsatz, der für den Unternehmer zu einer Registrierungspflicht in diesem Mitgliedstaat führt. Auch die nachfolgende nationale Lieferung an den „Endabnehmer" im Bestimmungsmitgliedstaat führt zu einer umsatzsteuerlichen Registrierungspflicht. Das soll vermieden werden!

Rechtsfolgen bei Vorliegen eines innergemeinschaftlichen Dreiecksgeschäfts:

- Zuordnung der bewegten Lieferung zur ersten Lieferung vgl. Abschn. 25b.1 Abs. 5 UStAE.
- Mittlerer Unternehmer hat – aus der 1. Lieferung – einen innergemeinschaftlichen Erwerb im Mitgliedstaat, wo die Beförderung endet. Dieser innergemeinschaftliche Erwerb gilt allerdings gem. § 25b Abs. 3 UStG als besteuert (keine Registrierungspflicht des mittleren Unternehmers im Bestimmungsland).
- § 3d Satz 2 UStG kommt nicht zur Anwendung, wenn der erste Abnehmer seiner Erklärungspflicht nach § 18a Abs. 7 Satz 1 Nr. 4 UStG nachkommt (Ausgangsumsatz des ersten Abnehmers im Rahmen eines innergemeinschaftlichen Dreiecksgeschäft muss in dessen Zusammenfassenden Meldung erklärt werden).
- Die Umsatzsteuer aus der 2. Lieferung (ruhende Lieferung, Ort ebenfalls im Bestimmungsland, Ende der Beförderung), die der mittlere Unternehmer im Bestimmungsland erklären müsste, geht auf den letzten Abnehmer über (§ 25b Abs. 2 UStG, weitere Voraussetzungen beachten!).

Beispiel 1: Der Unternehmer D aus Dresden kauft beim Unternehmer S in Madrid (Spanien) eine Maschine.

Da S diese Maschine nicht auf Lager hatte, bestellte er die Ware beim Fabrikanten P in Porto (Portugal), mit der Bitte die Maschine unmittelbar an den Abnehmer D in Dresden auszuliefern. Dies geschah mit eigenem Lkw des P.

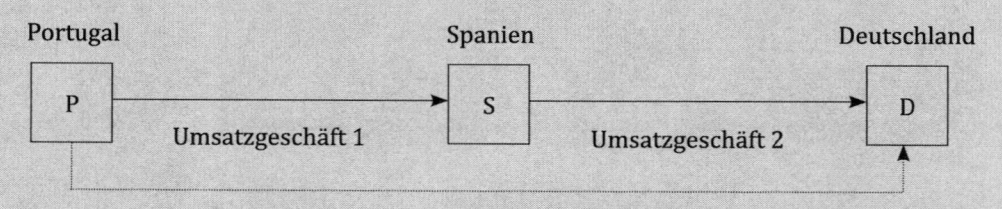

```
Portugal                    Spanien                    Deutschland

  [P] ─────────────────────▶ [S] ─────────────────────▶ [D]
       Umsatzgeschäft 1            Umsatzgeschäft 2      ▲
                                                         │
       └─────────────────────────────────────────────────┘
                  Beförderung durch P direkt an D
```

Lösung: (Die Ausführungen zum allgemeinen Reihengeschäft ist hier aus didaktischen Gründen enthalten. In der Klausur können die Ausführungen auch direkt mit der Feststellung des Dreiecksgeschäft beginnen [Faktor: Zeit]). Es liegt ein Reihengeschäft gem. § 3 Abs. 6a UStG vor. Der erste Unternehmer in der Reihe ist P aus Portugal; der mit eigenem Lkw die zu liefernde Maschine an den letzten Abnehmer in der Reihe (nämlich an D) transportiert.

Zuordnung: Bewegte Lieferung ist folglich die **1. Lieferung** in der Reihe (P an S). Der Ort dieser bewegten Lieferung (Beförderungslieferung) ist gem. § 3 Abs. 6 S. 1 UStG dort, wo die Beförderung **beginnt** (Portugal), sodass die Lieferung (nach dem deutschen UStG) im Inland nicht steuerbar ist.

1. **Lieferung P an S**

   P muss diese Lieferung in Portugal nach portugiesischem Recht umsatzsteuerlich erfassen; sie ist bei analoger Anwendung des § 4 Nr. 1b i.V.m. § 6a UStG als innergemeinschaftliche Lieferung umsatzsteuerfrei.

   Der in Madrid ansässige Unternehmer S verwirklicht als Abnehmer im Rahmen dieser 1. Lieferung in der Reihe (P an S) grundsätzlich einen gem. § 1 Abs. 1 Nr. 5 i.V.m. § 1a und § 3d Satz 1 UStG (in Deutschland) steuerbaren und – mangels einer Steuerbefreiung gem. § 4b UStG – steuerpflichtigen innergemeinschaftlichen Erwerb, da die Beförderung der Maschine durch P in Deutschland endet. S hat unter den Voraussetzungen des § 15 Abs. 1 Nr. 3 UStG bezüglich der Erwerbssteuer den Vorsteuerabzug (ebenfalls nach deutschem Umsatzsteuerrecht).

2. **Lieferung S an D**

   Die 2. Lieferung in der Reihe (S an D) ist eine nachfolgende ruhende Lieferung, deren Ort gem. § 3 Abs. 7 Satz 2 Nr. 2 UStG dort ist, wo die Beförderung der Maschine endet, d.h. in Dresden. Diese Lieferung ist daher gem. § 1 Abs. 1 Nr. 1 UStG im Inland steuerbar und – mangels einer Steuerbefreiung – auch steuerpflichtig.

3. **Im vorliegenden Fall liegt allerdings ein innergemeinschaftliches Dreiecksgeschäft vor:**

   a) die drei Unternehmer – D, S und P – schließen über denselben Gegenstand (unveränderte Fertigungsmaschine) Umsatzgeschäfte (d.h. Verpflichtungsgeschäfte; hier: Kaufverträge) ab und der Liefergegenstand gelangt unmittelbar von dem 1. Lieferer P innerhalb der Reihe an den letzten Abnehmer D,

   b) alle drei Unternehmer sind in jeweils verschiedenen Mitgliedstaaten umsatzsteuerlich erfasst: D in Deutschland, S in Spanien und P in Portugal (hierbei ist die Registrierung unter der entsprechenden nationalen USt-Id.Nr. entscheidend und nicht die Ansässigkeit des einzelnen Unternehmers),

   c) die zu liefernde Maschine ist im Rahmen der Warenbewegung aus dem Gebiet des Mitgliedstaates Portugal in das Gebiet eines anderen Mitgliedstaates (Deutschland) gelangt und

   d) der Liefergegenstand wurde durch den ersten Lieferer P befördert.

   ⬇

§ 25b Abs. 1 Nr. 1 bis 4 UStG

Beachte! Nach § 25b Abs. 1 Nr. 4 UStG würde auch die Beförderung bzw. Versendung durch den ersten Abnehmer, also durch den mittleren Unternehmer (hier: S) genügen.
Hierbei ist allerdings zu beachten, dass ein innergemeinschaftliches Dreiecksgeschäft dann nur vorliegt, wenn der mittlere Unternehmer S die Beförderung/Versendung als Abnehmer/ nicht als Lieferer durchführt und somit die Warenbewegung (Beförderung oder Versendung) der ersten Lieferung zugeordnet wird (vgl. Abschn. 25b.1 Abs. 5 UStAE).

Es ergeben sich folgende Rechtsfolgen aus dem Vorliegen eines innergemeinschaftlichen Dreiecksgeschäftes:

Lieferung S and D
Die Umsatzsteuer aus der **2. Lieferung** in der Reihe (S an D) wird von dem Abnehmer D geschuldet, § 25b Abs. 2 UStG mit folgenden Voraussetzungen:
- Der 2. Lieferung in der Reihe (S an D) muss ein innergemeinschaftlicher Erwerb vorausgegangen sein. Dies ist zu bejahen, da S in D (eigentlich) einen innergemeinschaftlichen Erwerb verwirklicht (s.o.).
- Der erste Abnehmer (also S) darf in dem Ankunfts-Mitgliedstaat der Ware nicht ansässig sein. S ist in Deutschland nicht ansässig, sodass diese Bedingung erfüllt ist.
- Weiterhin muss S bei seiner Bestellung gegenüber P und bei seiner Lieferung gegenüber D dieselbe USt-Id.Nr. verwendet haben, die von einem anderen als dem Ankunftsmitgliedstaat stammt. Diese Voraussetzung ist lt. Sachverhalt erfüllt.
- Der erste Abnehmer S muss dem letzten Abnehmer D eine Rechnung i.S.d. § 14a Abs. 7 UStG erteilt haben, in der er die Umsatzsteuer nicht gesondert ausgewiesen hat und einen Hinweis enthält, der auf das innergemeinschaftliche Dreiecksgeschäft hinweist.
- Der letzte Abnehmer D muss bei seiner Bestellung gegenüber S die USt-Id.Nr. des Ankunfts-Mitgliedstaates der Ware verwendet haben. Da lt. Sachverhalt D unter der USt-Id.Nr. seines Landes auftritt, ist auch diese Voraussetzung erfüllt.

Lieferung P an S
Die **zweite Rechtsfolge eines innergemeinschaftlichen Dreiecksgeschäfts** ergibt sich aus § 25b Abs. 3 UStG:
Unter den Voraussetzungen des Absatzes 2 gilt der innergemeinschaftliche Erwerb des ersten Abnehmers S (s.o.) im Bestimmungsland Deutschland als besteuert.

Beachte! Der **Vorteil des § 25b UStG** liegt vor allem darin, dass der **mittlere Unternehmer** S weder seinen im Rahmen der 1. Lieferung steuerbaren und im Regelfall steuerpflichtigen innergemeinschaftlichen Erwerb, noch seine steuerbare und steuerpflichtige Lieferung an D in Deutschland versteuern muss.
Die Vereinfachungsregelung erspart ihm daher die umsatzsteuerliche Registrierung im Ankunfts-Mitgliedstaat der Ware, also in diesem Fall in Deutschland.
Die von dem letzten Abnehmer D von S übernommene Umsatzsteuer (vgl. § 13a Abs. 1 Nr. 5 UStG) ist nach der zwischen S und D vereinbarten Gegenleistung zu berechnen; diese gilt als Entgelt, § 25b Abs. 4 UStG.

2.3 Konkrete Bearbeitungshinweise

Unter den übrigen Voraussetzungen des § 15 UStG ist der letzte Abnehmer D berechtigt, die nach § 25b Abs. 2 UStG geschuldete Umsatzsteuer als Vorsteuer abzuziehen, § 25b Abs. 5 UStG.

S muss in seiner Rechnung, die gem. § 25b Abs. 2 Nr. 3 UStG keinen gesonderten Umsatzsteuer-Ausweis enthalten darf, auf das Vorliegen eines innergemeinschaftlichen Dreiecksgeschäfts und die Steuerschuld des letzten Abnehmers ausdrücklich hinweisen, § 14a Abs. 7 UStG (Hinweis in der Rechnung ist materiellrechtliche Voraussetzung für den Übergang der Steuerschuldnerschaft! Abschn. 25b.1 Abs. 8 UStAE, bestätigt durch EuGH-Urteil vom 08.12.2022, C-247/21 Luxury Trust Automobil GmbH) (der Vollständigkeit halber beachte hierzu anhängige Verfahren beim BFH, XI R 34/22 und XI R 38/19).

Die Vorschrift über den gesonderten Steuerausweis in einer Rechnung findet hier keine Anwendung; § 14a Abs. 7 Satz 3 UStG i.V.m. § 14 Abs. 4 Satz 1 Nr. 8 UStG.

Da der innergemeinschaftliche Erwerb des S gem. § 25b Abs. 3 UStG als besteuert gilt, verwirklicht S insoweit auch nicht den Tatbestand des § 3d Satz 2 UStG, obwohl er mit seiner spanischen USt-Id.Nr. eine vom Ankunfts-Mitgliedstaat Deutschland abweichende USt-Id. Nr. verwendet.

➡ **Fazit für Examensklausur – Dreiecksgeschäfte:**
Worauf muss man achten?
- Dreiecksgeschäfte sind auch Reihengeschäfte!
- Sobald drei Unternehmer mit drei unterschiedlichen USt-Id.Nr. beteiligt sind, sollten Sie an ein Dreiecksgeschäft denken.
- Nur der erste oder zweite Unternehmer befördert die Ware (bewegte Lieferung = 1. Lieferung).
- Warenbewegung von einem in einen anderen Mitgliedstaat.
- weitere Voraussetzungen des § 25b UStG prüfen!

2.3.2.5 Die Versandhandelsregelung (§ 3c UStG)

Vorweg sei Folgendes gesagt:
In Bezug auf die Versandhandelsregelung nach § 3c UStG gibt es zwei Rechtslagen: die **Rechtslage bis zum 30.06.2021** und die Rechtslage nach der sog. E-Commerce-Reform ab dem 01.07.2021. Da die Rechtslage bis zum 30.06.2021 vermutlich nicht mehr im Steuerberaterexamen relevant sein wird, wird die Rechtslage bis zum 30.06.2021 nur noch verkürzt dargestellt. Das E-Commerce Paket wurde in folgenden neu eingefügten §§ im UStG umgesetzt:

§ 3 Abs. 3a, Abs. 6b und Abs. 7, § 3a Abs. 5 Satz 3, § 3c aF und nF, § 4 Nr. 4c, § 5 Abs. 1 Nr. 7, § 13 Abs. 1 Nr. 1 Buchstabe f), g), h) und j), § 13a Abs. 1 Nr. 7, § 14a Abs. 2 nF, § 16 Abs. 1c, Abs. 1d, Abs. 1e und Abs. 6, § 18 Abs. 1, Abs. 3, Abs. 4c und Abs. 4e, Abs. 9, § 18e Nr. 3, § 18g, § 18h, § 18i, § 18j, § 18k, § 21a, § 22 Abs. 1 nF, § 22f nF, § 25e; die Anwendungsregel findet sich in § 27 Abs. 34 UStG. Man kann erkennen, dass sich das E-Commerce-Paket auf eine Vielzahl von §§ im UStG verteilt.

Im Folgenden werden dabei lediglich die Änderungen des § 3c UStG beim klassischen Versandhandel „Lieferer direkt an privaten Abnehmer" dargestellt. Die kompletten Regelungen des E-Commerce-Pakets können Sie im zugehörigen BMF-Schreiben (vom 01.04.2021, S 7340/19/1003, 35 Seiten) und im BMF-Schreiben zur Haftung der Onlinemarktplätze (vom 20.04.2021, S 7420/19/10002, 10 Seiten) nachlesen.

Fassung des § 3c UStG bis zum 30.06.2021
Nach § 3c UStG befindet sich der Ort einer Lieferung an „private" Abnehmer grds. dort, wo die Beförderung oder Versendung der Ware beendet wird, also im Bestimmungsmitgliedstaat. Es sei denn, die Lieferschwelle des jeweiligen EU-Mitgliedstaates wird nicht überschritten: dann befindet sich der Ort dieser Lieferung gem. § 3 Abs. 6 Satz 1 UStG dort, wo die Beförderung oder Versendung beginnt. § 3c UStG hat vor allem in den Fällen umsatzsteuerlich relevante Folgen, in denen Gegenstände im Rahmen von **innergemeinschaftlichen Versendungsfälle** befördert oder versendet werden.

> § 3c UStG greift nur für Lieferungen an folgende Gruppen von Abnehmern ein:
> - Der Abnehmer ist eine Privatperson (§ 3c Abs. 2 Nr. 1 UStG) oder
> - der Abnehmer ist Unternehmer i.S.d. § 3c Abs. 2 Nr. 2a–d UStG, der den Erwerb im Bestimmungsland nicht besteuert, weil er die maßgebende Erwerbsschwelle nicht überschreitet bzw. auf ihre Anwendung auch nicht verzichtet hat (vgl. § 1a Abs. 3 UStG).

Eine Ortsverlagerung nach § 3c UStG in den jeweiligen EU-Bestimmungsmitgliedstaat setzt voraus, dass das Gesamtentgelt für alle Lieferungen des Lieferers im Abnahmestaat die in § 3c Abs. 3 UStG festgesetzten Werte übersteigt („**maßgebende Lieferschwelle**"). Die **Lieferschwelle** kann dabei von den Mitgliedstaaten der EU unterschiedlich festgelegt werden. Maßgebende Lieferschwelle für Lieferungen in das Inland ist der Betrag von **100.000 €** (§ 3c Abs. 3 UStG).

Der Wert der anderen Staaten bestimmt sich nach den von diesen festgesetzten Beträgen (vgl. die Übersicht in Abschnitt 3c.1 Abs. 3 UStAE). Bei der Ermittlung dieses Gesamtbetrags der Entgelte sind sämtliche Lieferungen i.S.d. § 3c UStG pro Kalenderjahr in denselben EU-Mitgliedstaat zu berücksichtigen.

§ 3c Abs. 1 UStG a.F. greift allerdings nicht ein, wenn die jeweilige Lieferschwelle im vorangegangenen Jahr und im laufenden Kalenderjahr nicht überschritten wird (§ 3c Abs. 3 UStG, keine Prognose).

Übersteigt der Gesamtbetrag aller Lieferungen eines deutschen Lieferers an Abnehmer in denselben Mitgliedstaat die maßgebliche Lieferschwelle eines EU-Mitgliedstaates, so verlagert sich ab diesem ersten, die Lieferschwelle übersteigenden Umsatz und alle folgenden Umsätze der Ort der Lieferung vom Beginn der Beförderung/Versendung an das Ende der Beförderung/Versendung (= Mitgliedstaat des Abnehmers) und die Lieferung ist dort steuerbar (Abschnitt 3c.1 Abs. 3 Satz 5 UStAE). Dasselbe Ergebnis kann der Lieferer erreichen, wenn er gem. § 3c Abs. 4 UStG für eine Besteuerung im Bestimmungsland optiert. An diese Option ist er für 2 Jahre gebunden.

Befördert oder versendet der Lieferer **verbrauchsteuerpflichtige Waren** in einen anderen EU-Mitgliedstaat an Privatpersonen, greift § 3c Abs. 1 UStG stets ein, so dass sich der Ort dieser Lieferung stets im Bestimmungs-Mitgliedstaat befindet. (§ 3c Abs. 5 UStG, Abschnitt 3c.1 Abs. 3 Satz 4 UStAE)! Von § 3c UStG a.F. ferner nicht erfasst sind die Lieferungen **neuer Fahrzeuge** (§ 3c Abs. 5 UStG).

Außerdem greift § 3c UStG nur in den Fällen, in denen die Ware **durch den Lieferer** befördert oder versendet wird.

> **Fazit:** Die Regelung des § 3c UStG soll bei Beförderungs- bzw. Versendungslieferungen von einem Mitgliedstaat in einen anderen Mitgliedstaat die Versteuerung der Lieferung durch den Lieferer im Bestimmungsland sicherstellen, in denen eine Besteuerung im Bestimmungsland nicht durch den innergemeinschaftlichen Erwerb beim Abnehmer gewährleistet ist.

2.3 Konkrete Bearbeitungshinweise

Fassung des § 3c UStG ab dem 01.07.2021

Nach der neuen Fassung des § 3c UStG befindet sich der Ort einer Lieferung an „private" Abnehmer grds. immer noch dort, wo die Beförderung oder Versendung der Ware beendet wird, also im Bestimmungsmitgliedstaat. Diese Lieferungen werden nun aber als sog. „innergemeinschaftliche Fernverkäufe" bezeichnet, welche wie folgt definiert sind:

Ein **innergemeinschaftlicher Fernverkauf** ist die Lieferung eines Gegenstands, der durch den Lieferer oder für dessen Rechnung aus dem Gebiet eines Mitgliedstaates in das Gebiet eines anderen Mitgliedstaates oder aus dem übrigen Gemeinschaftsgebiet in die in § 1 Abs. 3 bezeichneten Gebiete an den Erwerber befördert oder versandt wird, einschließlich jener Lieferung, an deren Beförderung oder Versendung der Lieferer indirekt beteiligt ist.

> **§ 3c UStG n.F. greift nur** für Lieferungen an folgende Gruppen von Abnehmern ein:
> - Der Abnehmer ist eine Privatperson i.S. § 3a Abs. 5 Satz 1 UStG oder
> - der Abnehmer ist Unternehmer i.S.d. § 1a Abs. 3 Nr. 1 UStG, der den Erwerb im Bestimmungsland nicht besteuert, weil er die maßgebende Erwerbsschwelle nicht überschreitet bzw. auf ihre Anwendung auch nicht verzichtet hat (vgl. § 1a Abs. 3 UStG).

Diese Ortsbestimmung wird in § 3c Abs. 4 UStG n.F. wie folgt eingeschränkt (und das ist das Entscheidende an der Änderung des § 3c UStG).

Sollte:
- der leistende Unternehmer seinen Sitz, Geschäftsleitung, Betriebsstätte, Wohnsitz oder gewöhnlichen Aufenthalt in nur einem Mitgliedstaate haben **und**
- der Gesamtbetrag der Entgelte
  - der in § 3a Abs. 5 Satz 2 UStG bezeichneten sonstigen Leistungen (Telekommunikation, Rundfunk- und Fernsehen und elektronische Leistungen) an in § 3a Abs. 5 Satz 1 UStG bezeichnete Empfänger **sowie**
  - der innergemeinschaftlichen Fernverkäufe nach Abs. 1 des § 3c UStG

insgesamt (für alle EU-Mitgliedstaaten zusammen) 10.000 € im vorangegangenen und im laufenden Kalenderjahr nicht übersteigen

befindet sich der Ort **nicht** nach § 3c UStG am Ende der Beförderung/Versendung, sondern nach § 3 Abs. 6 Satz 1 UStG dort, wo die Beförderung/Versendung **beginnt**.

Auch in der Fassung des § 3c UStG ab dem 01.07.2021:
- kann der leistende Unternehmer auf die Anwendung der Einschränkung verzichten, was den Ort der Lieferung generell zum Ende der Beförderung/Versendung verlagert. An diesen Verzicht ist der Unternehmer für zwei Kalenderjahre gebunden (§ 3c Abs. 4 Satz 2 und 3 UStG).
- kommt die Ortsverlagerung des § 3c UStG nicht zur Anwendung, wenn es sich u.a. um neue Fahrzeuge, um differenzbesteuerte Gegenstände oder um an Personen i.S.d. § 1a Abs. 3 Nr. 1 UStG gelieferte verbrauchsteuerpflichtige Waren handelt.

Sollte ein im Inland ansässiger leistender Unternehmer die o.g. Grenze von 10.000 € für die genannten Leistungen überschreiten, besteht für ihn die Möglichkeit, die durch die Ortsverlagerung ins Bestimmungsland notwendige Registrierung in den jeweiligen Mitgliedstaaten zu vermeiden, wenn er am besonderen Besteuerungsverfahren des § 18j UStG teilnimmt. Dann kann er die im anderen EU-Mitgliedstaat zu besteuernden Umsätze über das Bundeszentralamt für Steuern (BZST) gesammelt melden und auch die Zahlung der ausländischen Umsatzsteuern an das BZST leisten.

> **Bitte beachten Sie folgende zusätzliche Ortsbestimmungen des neuen § 3c UStG**
> **Abs. 2: Einfuhr aus dem Drittland „übers Eck"**, d.h. Einfuhr eines Gegenstands in einen anderen Mitgliedstaat, als dem, in dem die Beförderung oder Versendung endet (z.B. Einfuhr aus Norwegen über Dänemark mit Ende der Beförderung/Versendung in Deutschland).
> **Abs. 3: Einfuhr direkt** in den Mitgliedstaat, in dem die Beförderung/Versendung endet (z.B. Einfuhr direkt von Norwegen nach Deutschland), wenn diese Einfuhr im besonderen Besteuerungsverfahren des § 18k UStG (sog. IOSS) angemeldet wird.
> Hier kommt es darauf an, in welchem Mitgliedstaat – ggf. abweichend vom Einfuhr-Mitgliedstaat – die Lieferung an private Abnehmer zu versteuern ist.
>
> **Hinweis zu Einfuhr – Versandhandel:**
> Etwaige Registrierungspflichten ausländischer Unternehmer könnten – theoretisch – durch die Teilnahme am IOSS-Verfahren des § 18k UStG vermieden werden, wenn sie einen in der EU ansässigen Stellvertreter vorweisen können. Praktisch kann das IOSS allerdings nur für Unternehmer aus Norwegen ohne einen in der EU ansässigen Stellvertreter angewendet werden (§ 18k Abs. 1 Satz 3 UStG; nur mit Norwegen gibt es das geforderte europäischen bilaterale Abkommen). Darüber hinaus kann ein im Drittland ansässiger leistender Unternehmer am IOSS-Verfahren des § 18k UStG nur dann teilnehmen, wenn der Wert pro Sendung (pro Packstück) höchstens 150 € beträgt.

Besondere Besteuerungsverfahren der §§ 18h bis 18k UStG
Diese besonderen Besteuerungsverfahren sollen umsatzsteuerliche Registrierungen in andere Mitgliedstaaten vermeiden.

Dabei lassen sich diese Besteuerungsverfahren zusammenfassen:	
§ 18h UStG „VAT on e-services" bisheriges MOSS-Verfahren	OSS-Verfahren für elektronische Dienstleistungen i.S.d. § 3a Abs. 5 UStG.
§ 18i UStG OSS, nicht-EU-Regelung	Sonstige Leistungen an Empfänger i.S.d. § 3a Abs. 5a UStG durch einen im Drittland ansässigen Unternehmer.
§ 18j UStG OSS, EU-Regelung	**innergemeinschaftlicher Fernverkauf** oder **sonstige Leistungen** an Empfänger i.S.d. § 3a Abs. 5 UStG (z.B. grundstücksbezogene Leistungen an Privatpersonen).
§ 18k UStG IOSS	IOSS Einfuhr von Gegenständen aus dem Drittland mit einem Sendungswert von höchstens 150 €.

Die Bedingungen zur Teilnahme an den genannten Verfahren sind im Wesentlichen gleich. Dabei hat die Anzeige zur Teilnahme am Verfahren rechtzeitig vor Beginn des Besteuerungszeitraums zu erfolgen, für den das Verfahren gelten soll.

2.3 Konkrete Bearbeitungshinweise

Im Folgenden wird beispielhaft das Verfahren nach § 18j UStG näher dargestellt, da dieses für die zuvor erläuterten innergemeinschaftliche Fernverkäufe i.S.d. § 3c UStG gilt.

Das Verfahren nach § 18j UStG gilt für innergemeinschaftliche Fernverkäufe nach § 3c UStG oder für sonstige Leistungen an Empfänger i.S.d. § 3a Abs. 5 UStG. In der Regel können Sie sich merken, dass es immer bei sog. B2C Leistungen Anwendung findet. Das besondere Besteuerungsverfahren kann dabei nur einheitlich für alle in § 18j UStG genannten Leistungen und für alle Mitgliedstaaten einheitlich angewandt werden. In Bezug auf die sonstigen Leistungen i.S.d. § 3a Abs. 5 UStG kann das Verfahren nur für die Mitgliedstaaten angewandt werden, in denen der Unternehmer keinen Sitz oder Betriebstätte hat.

In § 18j Abs. 2 UStG finden sich Regelungen zum Mitgliedstaat, in dem sich ein Unternehmer für das Verfahren nach § 18j UStG/Art. 369b MwStSystRL anmelden kann. Dies ist i.d.R. der Mitgliedstaat, in dem der Unternehmer ansässig ist (§ 18j Abs. 2 Satz 2 UStG).

Der Ort eines innergemeinschaftlichen Fernverkaufs ist bei Überschreitung der Grenze von 10.000 € am Ende der Beförderung/Versendung. Das führt zu Registrierungspflichten im Bestimmungsland, welche nur dann vermieden werden können, wenn sich der Unternehmer rechtzeitig vor Beginn des Besteuerungszeitraums, für den es gelten soll, zum Verfahren nach § 18j UStG anmeldet. Hat der Unternehmer das verpasst, sind die jeweiligen Umsätze im Bestimmungsland im Rahmen einer umsatzsteuerlichen Registrierung zu melden.

Hinweis: Die o.g. Regelungen kommen dann nicht mehr zur Anwendung, wenn der Unternehmer vor dem Versand an einen privaten Endkunden im jeweiligen Mitgliedstaat ein **Lager** nutzt. Dann kommt es für die Lieferung der Gegenstände ins Versandlager zu einem innergemeinschaftlichen Verbringen, das i.d.R. zu einer Registrierungspflicht im Mitgliedstaat des Lagers führt. Eine Ausnahme hiervon würde nur bei der evtl. Anwendung einer sog. Konsignationslagerregelung gelten.

Beispiel 1: Die Audiomax GmbH betreibt in Freiburg einen Groß- und Einzelhandel auf dem Gebiet der Unterhaltungselektronik. Sie tätigt u.a. folgende Umsätze:
a) Ein französischer Privatmann bestellt ein Fernsehgerät für 5.000 € für sein Privathaus in Straßburg (Frankreich). Die GmbH befördert das Gerät mit eigenem Lkw nach Straßburg.
b) Ein niederländischer Privatmann bestellt bei der Audiomax GmbH 5 Tablets für 2.500 €. Die GmbH lässt die Geräte durch einen Spediteur zum Abnehmer transportieren.
c) Ein italienischer Autoschrauber (ohne USt-Id.Nr.) bestellt bei der Audiomax GmbH 5 Autoradios für 2.000 €. Die GmbH lässt die Geräte durch einen Spediteur zum Abnehmer transportieren.

Lösung:
Alle drei Vorgänge sind gem. § 3c UStG n.F. als sog. „innergemeinschaftliche Fernverkäufe" zu definieren. Die Entgelte für alle ins EU-Ausland versandten Gegenstände übersteigen nicht die Grenze von 10.000 €. Der Ort der Lieferungen befindet sich deshalb in Deutschland, da die Beförderung/Versendung in Deutschland beginnt (§ 3 Abs. 6 Satz 1 UStG). Die Audiomax GmbH könnte auf die Anwendung gem. § 3c Abs. 4 Satz 2 UStG verzichten, z.B. weil aus praktischen Gründen absehbar ist, dass in naher Zukunft ohnehin die Grenze von 10.000 € überschritten wird und die Umstellung der Rechnungsschreibung innerhalb eines Jahres zuviel Umstände bereiten würde.

Abwandlung:
Der niederländische Privatmann bestellt 10 Tablets für 5.000 €.

Lösung:
Die Entgelte aller Lieferungen ins EU-Ausland übersteigt nun die Grenze von 10.000 €. Der Ort aller Lieferungen wäre deshalb gemäß § 3c UStG n.F. dort, wo die jeweilige Beförderung/Versendung endet, mithin in Frankreich, in den Niederlanden und in Italien. Die Audiomax GmbH müsste sich in allen drei Ländern zur umsatzsteuerlichen Registrierung melden, um die dort steuerbaren Umsätze zu erklären (die privaten Endkunden können die ausländische Umsatzsteuer mangels Unternehmereigenschaft nicht übernehmen).

Gem. § 18j UStG kann die Audiomax GmbH diese im EU-Ausland steuerbaren Umsätze aber über das besondere Besteuerungsverfahren („OSS") beim BZST melden und abführen, wodurch eine Registrierung in den einzelnen Mitgliedstaaten vermieden wird.

Beispiel 2: Der in Deutschland ansässige Sportartikelhändler D-Sport hat in 2023 per 30.09.2023 an Privatkunden über einen Onlinemarktplatz Waren wie folgt verkauft:

a) direkt an seine Kunden (Privatpersonen) in Spanien für 7.000€, Italien 3.000 € und in der Schweiz 6.000 €.

b) über ein Lager in Österreich des Onlinemarktplatzes an die österreichischen Kunden 10.000€

c) D-Sport erwartet durch das Weihnachtsgeschäft im IV. Quartal 2023 weitere Waren-lieferungen an seine Kunden in Spanien und Italien mit mindestens 5.000 € pro Land.

d) den Versand der Ware organisiert D-Sport jeweils selbst.

Lösung:
Die Lieferung der Sportartikel in den ersten drei Quartalen 2023 an seine **Privatkunden in Spanien und Italien** sind gem. § 3c UStG n.F. als sog. „innergemeinschaftliche Fernverkäufe" zu definieren. Die Entgelte für die ins EU-Ausland versandten Gegenstände übersteigen nicht die Grenze von 10.000 € (§ 3c Abs. 4 UStG: „... insgesamt 10.000 € nicht überschritten hat"). Der Ort der Lieferungen befindet sich deshalb in Deutschland, da die Beförderung/Versendung in Deutschland beginnt (§ 3 Abs. 6 Satz 1 UStG). Die Lieferung an die **Privatkunden in der Schweiz** stellen keine i.g. Fernverkäufe i.S.d. § 3c UStG dar. Bei diesen Lieferungen handelt es sich bei Vorliegen der weiteren Voraussetzungen der §§ 6, 4 Nr. 1a UStG um umsatzsteuerfreie Ausfuhrlieferungen. Das fiktive Reihengeschäft nach § 3c Abs. 3a UStG kommt nicht zur Anwendung, da zum einen kein Drittlandsunternehmer als Verkäufer auftritt und zum anderen auch keine Einfuhr von Gegenständen aus dem Drittland stattfindet. Die **Lieferungen über das Lager in Österreich** sind als innergemeinschaftliches Verbringen nach § 3 Abs. 1a UStG zu beurteilen, weil die Ware ohne einen feststehenden Empfänger zur eigenen Verfügung des D-Sport von Deutschland in das österreichische Lager verbracht wird (Abschn. 1a.2 Abs. 6 Satz 1 und Satz 7 UStAE). Dies führt in Deutschland zu einer (fiktiven innergemeinschaftlichen Lieferung und in Österreich zu einem (fiktiven) innergemeinschaftlichen Erwerb. Dieser Erwerb führt in Österreich zu einer Registrierungspflicht für umsatzsteuerliche Zwecke. Die Weiterlieferung aus dem Lager an die österreichischen Privatkunden ist als nationale Lieferung in Österreich steuerbar und steuerpflichtig. Da D-Sport ab dem IV. Quartal 2023 die für innergemeinschaftliche Fernverkäufe geltende **Grenze** nach § 3c Abs. 4 UStG **überschreitet, verlagert**

2.3 Konkrete Bearbeitungshinweise

sich der Ort dieser Lieferungen ab dem ersten Umsatz der Überschreitung an den Ort des Empfängers. Die Lieferungen an die Privatkunden in Spanien und Italien sind mit jeweils 5.000 € dem spanischen und italienischen Umsatzsteuersatz zu unterwerfen. Die Rechnungsstellung sollte entsprechend mit Ausweis des jeweiligen Steuersatzes erfolgen (Beachte aber: für im Inland steuerpflichtige Fernverkäufe ist gem. § 14a Abs. 2 UStG keine zwingende Rechnungsstellung erforderlich, wenn das OSS-Verfahren nach § 18j UStG in Anspruch genommen wird). Die Ortsverlagerung nach Italien und Spanien führt grundsätzlich zu Registrierungspflichten im jeweiligen Bestimmungsland, die D-Sport durch die Teilnahme am besonderen Besteuerungsverfahren nach § 18j UStG (OSS-Verfahren) vermeiden kann. Die Anzeige zur Teilnahme am OSS-Verfahren hat gem. § 18j Abs. 1 Satz 5 UStG vor Beginn des Besteuerungszeitraums zu erfolgen, für dass es gelten soll. Besteuerungszeitraum für dieses Verfahren ist das Kalendervierteljahr, § 16 Abs. 1d UStG. Das heißt, dass D-Sport bis zum 30.09.2023 beim Bundeszentralamt für Steuern die Teilnahme am OSS-Verfahren anzeigen müsste und in der Folge davon quartalsweise die (alle) im anderen EU-Mitgliedstaat steuerpflichtigen Fernverkäufe melden kann.

Hinweis: Die Teilnahme am OSS-Verfahren verhindert nicht die Ortsverlagerung an den Ort des Empfängers. Es erlaubt lediglich die Meldung dieser ausländischen Umsätze im Rahmen einer zentralen Meldung in Deutschland.

D-Sport kann das OSS-Verfahren darüber hinaus auch nur in Deutschland anzeigen, da dies der EU-Mitgliedstaat ist, in dem er ansässig ist, § 18j Abs. 2 Satz 1 UStG.

Zu melden hat D-Sport über das OSS-Verfahren:
a) Die in Italien steuerpflichtige Umsätze im IV. Quartal 2023 – 5.000 €,
b) Die in Spanien steuerpflichtige Umsätze im IV. Quartal 2023 – 5.000 €.

Die Umsätze aus den Lieferungen nach Italien und Spanien bis zum 30.09.2023, die Lieferungen an die Schweizer Kunden sowie das innergemeinschaftliche Verbringen in das österreichische Lager des Onlinemarktplatzes sind keine Umsätze, die über das OSS-Verfahren zu melden sind.

Hinweis für etwaige Umsätze des D-Sport in 2024: gem. § 18j Abs. 1 Satz 5 und 6 UStG könnte D-Sport die Teilnahme am OSS-Verfahren mit Wirkung zum Beginn eines Besteuerungszeitraums widerrufen, wenn er im Kalenderjahr 2024 z.B. die Grenze von 10.000 € (wahrscheinlich) nicht mehr überschreitet. Auch dieser Verzicht wäre vor Beginn des Besteuerungszeitraums anzuzeigen, für den er gelten soll.

Bitte merken Sie sich in diesem Zusammenhang folgendes Bild zu den „Grundrechenarten" bei E-Commerce Fällen:

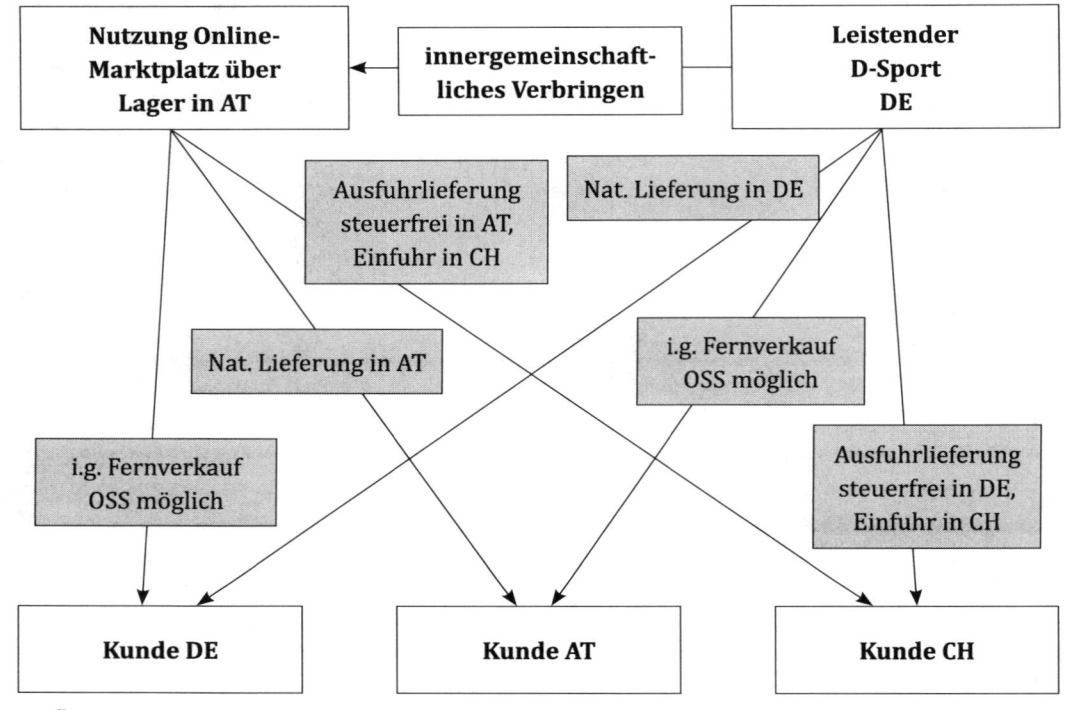

```
┌─────────────────┐                              ┌─────────────────┐
│ Nutzung Online- │    innergemeinschaft-        │   Leistender    │
│ Marktplatz über │ ◄── liches Verbringen ───    │    D-Sport      │
│   Lager in AT   │                              │       DE        │
└─────────────────┘                              └─────────────────┘

         Ausfuhrlieferung        Nat. Lieferung in DE
         steuerfrei in AT,
         Einfuhr in CH

     Nat. Lieferung in AT            i.g. Fernverkauf
                                     OSS möglich

  i.g. Fernverkauf                          Ausfuhrlieferung
  OSS möglich                                steuerfrei in DE,
                                             Einfuhr in CH

  ┌──────────┐        ┌──────────┐         ┌──────────┐
  │ Kunde DE │        │ Kunde AT │         │ Kunde CH │
  └──────────┘        └──────────┘         └──────────┘
```

➡ **Übersicht zu den Regelungen des E-Commerce Pakets:**

1. **Allgemein**
   a) Anwendung immer nur bei **B2C**-Leistungen,
   b) gültig für **ab dem 01.07.2021** ausgeführte Lieferungen/sonstige Leistungen,
   c) **Ausführliche BMF-Schreiben** vom 01.04.2021 zur Umsetzung der zweiten Stufe des Mehrwertsteuer-Digitalpakets (III C 3 – S 7340/19/10003 :022) und vom 20.04.2021 zur Haftung für Umsatzsteuer beim Handel mit Waren im Internet (III C5 – S 7420/19/10002 :013).

2. **Lieferungen**
   a) Anwendbar für **innergemeinschaftliche** Fernverkäufe EU,
   b) Grundsatz: Ort am Ende der Beförderung,
   c) Ausnahme: Alle Leistungen zusammen ≤ 10.000 €,
   d) Besonderes Besteuerungsverfahren des **§ 18j UStG** n.F. für innergemeinschaftliche Fernverkäufe mit Ort im EU-Ausland,
   e) Besonderheiten bei Einfuhren aus dem **Drittland** (Stichwort: IOSS, 150 €-Grenze, §§ 3c Abs. 2 und 3, 18k UStG).

3. **Sonstige Leistungen**
   a) Bisherige Ortsbestimmungen des § 3a Abs. 5 UStG unverändert anwendbar.
   b) Es ist nun aber möglich, die in anderen EU-Mitgliedstaaten steuerbaren Umsätze (z.B. § 3a Abs. 3 UStG, Grundstücksleistungen) nach **§ 18h UStG** über das BZST zu melden – vermeidet Registrierungspflicht inländischer Unternehmer im EU-Ausland.

2.3 Konkrete Bearbeitungshinweise

c) Meldung von im Drittland ansässigen Unternehmen für im Inland steuerbare sonstige Leistungen des § 3a Abs. 5 UStG gemäß **§ 18i UStG** über das deutsche BZST möglich – vermeidet Registrierungspflicht im Inland für Drittlandsunternehmer.

4. **Nutzung von Onlinemarktplätzen**
   a) **Fiktives Reihengeschäft** nach § 3 Abs. 3a UStG: (immer nur bei) Lieferung von einem **Drittlandsunternehmer** innerhalb der EU oder bei Einfuhr von Waren aus dem Drittland unter Nutzung von Onlinemarktplätzen.
   b) Fiktive Lieferkette an den Onlinemarktplatz und von diesem an den privaten Endkunden.
   c) **Zuordnung der Warenbewegung** der Lieferung durch den Onlinemarktplatz – § 3 Abs. 6b UStG.
   d) Lieferung an den Onlinemarktplatz ist nach **§ 4 Nr. 4c UStG umsatzsteuerfrei**, wenn die Warenbewegung innerhalb der EU stattfindet.
   e) **Besondere Pflichten** für Betreiber eines Onlinemarktplatzes – § 22f UStG n.F.
   f) **Haftung** für die Betreiber eines Onlinemarkplatzes – § 25e UStG n.F.

➡ **Fazit für Examensklausur – Versandhandel/E-Commerce:**
- Einen schnellen Überblick über die Ortsregelungen bei innergemeinschaftlichen Fernverkäufen liefert Abschnitt 3c.1 UStAE.
- Die Ortsverlagerung tritt schon ab dem ersten Umsatz ein, der zur Überschreitung der Grenze führt.
- Achten Sie genau darauf, **wer den Versand durchführt** (bei Drittländern kommt immer das fiktive Reihengeschäft in Frage, wenn ein Onlinemarktplatz genutzt wird).
- Achten Sie genau darauf, welchen **Transportweg** die Ware nimmt und welche Landesgrenzen sie überschreitet (Drittland – EU, EU – EU).
- Vergessen Sie nicht, die besonderen **Besteuerungsverfahren nach den §§ 18h–18k UStG** zu prüfen und in der Lösung zu erwähnen.
- Bitte achten Sie darauf, diese **verschiedenen Besteuerungsverfahren richtig zuzuordnen**. Hier kommt es auf die vielen „und", „oder" und die Auflistungen im Gesetzestext an.
  Das eine Besteuerungsverfahren gilt z.B. für innergemeinschaftliche Fernverkäufe von im EU-Gebiet ansässigen Lieferern und für die, welche einen Onlinemarktplatz nutzen (§ 18j UStG), das andere gilt für die Drittlandsunternehmer (§ 18k UStG). Drittlandsunternehmer mit sonstigen Leistungen im EU-Land sind dagegen wiederum in einem eigenen §§ (§ 18i UStG) geregelt, usw.
- Das E-Commerce-Paket gilt für Lieferungen (und sonstige Leistungen), die ab dem 01.07.2021 ausgeführt werden.

2.3.2.6 Der Vorsteuerabzug (§ 15 UStG)
2.3.2.6.1 Allgemeines/Überblick

Der Vorsteuerabzug ist in der Umsatzsteuer immer ein zentrales Thema.

Grundsätzlich ist ein Vorsteuerabzug immer dann zu gewähren, wenn der Unternehmer den Leistungsbezug für steuerbare – den Vorsteuerabzug nicht ausschließende – Ausgangsumsätze verwendet. Der Vorsteuerabzug kann deshalb immer erst nach Prüfung der Ausgangsumsätze beurteilt werden. Vermeiden Sie deshalb in der Klausur unbedingt die Beurteilung des Vorsteuerabzugs bevor Sie die Ausgangsumsätze geprüft haben!

Dabei gibt es (umgangssprachlich gesprochen) „gute" und „schlechte" Ausgangsumsätze, wobei schlechte Ausgangsumsätze den Vorsteuerabzug auf die zugehörigen Eingangsleistungen ausschließen (siehe § 15 Abs. 2 UStG). In § 15 Abs. 3 UStG werden die schlechten Ausgangsumsätze dann wieder zu guten Ausgangsumsätzen, weil insoweit der Ausschluss des Vorsteuerabzugs wieder ausgenommen ist.

Ein erster Überblick:	
§ 15 Abs. 1 Satz 1 Nr. 1 UStG	
Bezug von Leistungen für das Unternehmen	die Vorsteuer ist abziehbar (Frage dem Grunde nach)
§ 15 Abs. 2 (meist Nr. 1) UStG	
Verwendung für Ausschlussumsätze	die Vorsteuer ist nicht abzugsfähig (Frage der Höhe nach)
§ 15 Abs. 3 UStG	
Ausschluss vom Vorsteuerausschluss	die Vorsteuer ist (doch) abzugsfähig

Die durch die Finanzverwaltung festgelegten Begrifflichkeiten in Bezug auf die Verwendung von bezogenen Lieferungen und sonstigen Leistungen finden sich in den BMF-Schreiben vom 02.01.2014 (IV D 2-S 7300/12/10002:001 mit Bezug vor allem auf BFH vom 07.07.2011, V R 41/09 und V R 42/09 sowie V R 21/10) und vom 10.04.2014 (IV D 2 – S 7306/13/10001). Diese beiden BMF-Schreiben sind das Grundwerk zum Vorsteuerabzug und in den Abschnitten 15.2b und 15.2c UStAE verarbeitet (unbedingt gut lesen!).

Man kann sich merken, dass man zunächst folgende Frage beantworten muss (abziehbar?):
- Kann man einen Leistungsbezug (Gegenstand oder Dienstleistung) dem umsatzsteuerlichen Unternehmensvermögen grundsätzlich zuordnen?
- In welchem Umfang kann oder muss man den Leistungsbezug (Gegenstand oder Dienstleistung) dem Unternehmensvermögen zuordnen?

Im Anschluss daran stellt sich folgende Frage (abzugsfähig?):
- Kann der Leistungsbezug direkt einem zugehörigen Ausgangsumsatz zugeordnet werden?
- Welche Qualität hat der Ausgangsumsatz (vorsteuerschädlich oder vorsteuerunschädlich? (§ 15 Abs. 2 und 3 UStG)?
- Ist keine direkte Zuordnung zu einem Ausgangsumsatz möglich, muss der Vorsteuerabzug nach § 15 Abs. 4 UStG aufgeteilt werden („Sammeltopf", Aufteilungsschlüssel?).

2.3 Konkrete Bearbeitungshinweise

Übersicht zum umsatzsteuerlichen Unternehmensvermögen und zur Zuordnung bezogener Leistungen:

Unternehmenssphären	
unternehmerischer Bereich	**nicht unternehmerischer Bereich**
Zuordnungs-Gebot (bei ausschließlicher Verwendung)	Zuordnungs-Verbot (bei ausschließlicher Verwendung)
Beispiel: Erwerb Hebebühne durch Kfz-Werkstatt zweifelsfrei für unternehmerischen Bereich ! keine Zuordnungsentscheidung notwendig	**Beispiel:** Erwerb Kinderzimmer durch Autohändler zweifelsfrei für nicht unternehmerischen Bereich ! keine Zuordnungsentscheidung notwendig

Unterteilung des nicht unternehmerischen Bereichs:

nichtwirtschaftliche Tätigkeit i.e.S.		unternehmensfremde Tätigkeit	
tätigkeitsspezifisch		Gegenstands-entnahmen	Leistungs-entnahmen
unternehmens-spezifisch	Veräußern gesell-schaftsrechtliche Beteiligungen, wenn Beteiligung nicht im UV gehalten wurde.	§ 3 Abs. 1b UStG	§ 3 Abs. 9a UStG
Hoheitsbereich juristi-scher Personen döR			
Ideeller Bereich Vereine			

nicht steuerbare Leistungen ohne privaten Charakter	steuerbare Leistungen mit privatem Charakter
steuerbare, steuerpflichtige oder steuerfreie Umsätze	

Leistungsbezug sowohl für unternehmerischen als auch nichtunternehmerischen Bereich:
- vertretbare Sachen und sonstige Leistungen
- einheitliche Gegenstände
- Aufwendungen in Zushang mit teilweise unternehmerisch genutzten, einheitlichen Gegenständen

Direkte Zuordnung hat immer Vorrang! Ist keine direkte Zuordnung möglich: „Sammeltopf", § 15 Abs. 4 UStG, Aufteilungsschlüssel

vertretbare Sachen (Gegenstände, die nach Maß, Zahl oder Gewicht bestimmbar sind) und son-stige Leistungen (Nr. 1a) des BMF-Schreibens)	einheitliche Gegenstände (Nr. 1 b) des BMF-Schreibens)		Aufwendungen in Zusammenhang mit **teilunternehmerisch** genutzten, einheitl. Gegenständen (Nr. 1. c) des zugehörigen BMF-Schreibens
	nichtunternehmerische Verwendung: nichtwirtschaftlich	nichtunternehmerische Verwendung: unternehmensfremd	
Aufteilungs-Gebot	Aufteilungs-Gebot	Zuordnungs-Wahlrecht	Aufteilungs-Gebot

> **Nichtwirtschaftliche Tätigkeiten im engeren Sinne sind dabei:**
> - Unentgeltliche Tätigkeiten eines Vereins die aus ideellen Vereinszwecken verfolgt werden.
> - Hoheitliche Tätigkeiten einer juristischen Person des öffentlichen Rechts.
> - Veräußerungen von gesellschaftsrechtlichen Beteiligungen, wenn diese nicht dem Unternehmensvermögen zugeordnet waren.
> - nicht steuerbare Leistungen ohne privaten Charakter.

In Abhängigkeit der Verwendung des Gegenstands bzw. der sonstigen Leistung bestehen verschiedene Zuordnungsregelungen (Zuordnung des Leistungsbezugs) zum Unternehmensvermögen, siehe Abschn. 15.2c. Abs. 1 UStAE:

a) **Zuordnungsgebot**
Verwendung ausschließlich für unternehmerische Tätigkeiten.

b) **Zuordnungsverbot**
Verwendung ausschließlich für nicht unternehmerische Tätigkeiten.
Verwendung zu weniger als 10 % für unternehmerische Tätigkeiten.

c) **Zuordnungswahlrecht**
Verwendung für unternehmerische und nicht unternehmerische unternehmensfremde Tätigkeiten:
- in vollem Umfang zum Unternehmensvermögen,
- in vollem Umfang zum nicht unternehmerischen Bereich,
- im Umfang der tatsächlichen unternehmerischen Verwendung.

d) **Aufteilungsgebot**
Verwendung sowohl für unternehmerische als auch nicht unternehmerische (teilunternehmerische) Tätigkeiten:
- Vertretbare Sachen (Sachen die nach Zahl, Maß oder Gewicht bestimmt werden können) und sonstige Leistungen – immer Aufteilungsgebot.
- Einheitliche Gegenstände:
  Aufteilungsgebot nur bei einer teilunternehmerischen nicht wirtschaftlichen Verwendung (in Abgrenzung zur teilunternehmerischen unternehmensfremden Verwendung, siehe c): hier Zuordnungswahlrecht) möglich.
  Besonderheit: Grundstücke – s. u.

➡ **Fazit für Examensklausur:**
- Sie müssen die o.g. **Begrifflichkeiten** verstehen und einordnen können. Von diesen Begriffen hängt die weitere Beurteilung in Bezug auf den Vorsteuerabzug ab.
- Prüfen Sie immer **zuerst die Zuordnung** zum umsatzsteuerlichen Unternehmensvermögen und **danach die Höhe** des möglichen Vorsteuerabzugs (zuerst „ob" und dann „wie hoch").
- **Merken Sie sich** die Stelle im UStAE und lesen diese gut durch: **Abschnitt 15.2b** ff., sodass Sie in der Klausur noch einmal kurz nachlesen können, welche Verwendungsart zu welcher Zuordnungsregel führt. Das müssen Sie nicht auswendig können.
- In Abschn. 15.2b Abs. 2 UStAE gibt es außerdem eine gute Übersicht zu den Folgen der unterschiedlichen Verwendung von Eingangsleistungen für Ausgangsumsätze.
- **Keinesfalls** dürfen die Zuordnungsregeln bezüglich des **umsatzsteuerlichen Unternehmensvermögens** mit denen des **ertragsteuerlichen Betriebsvermögens** verwechselt werden oder gleichgesetzt werden. Die Umsatzsteuer geht hier eigene Wege.

2.3 Konkrete Bearbeitungshinweise

2.3.2.6.2 Materiellrechtliche Voraussetzungen für den Vorsteuerabzug

Unabhängig von der Frage der Zuordnung eines Gegenstandes bzw. einer Dienstleistung zum umsatzsteuerlichen Unternehmensvermögen ist für die – ggf. auch nur teilweise – Gewährung bzw. Versagung des Vorsteuerabzugs entscheidend, ob ein Zusammenhang mit einer vorsteuerabzugsschädlichen Ausgangsleistung existiert.

Zum Vorsteuerabzug können Sie sich als vereinfachte Übersicht einprägen:

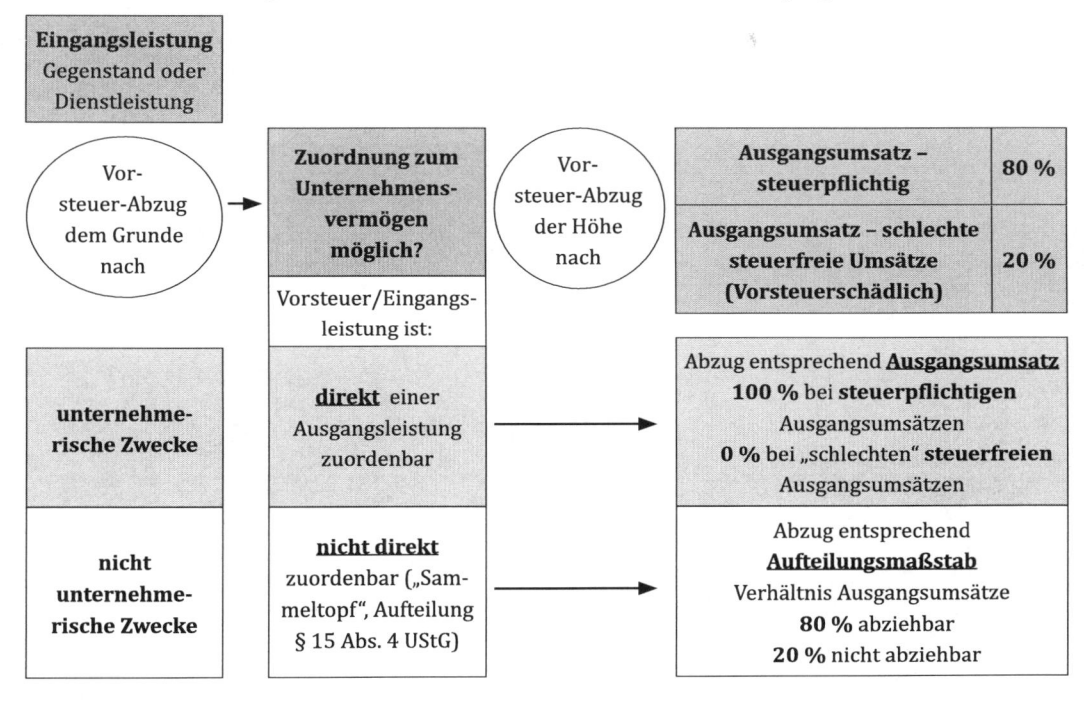

Eingangsleistung Gegenstand oder Dienstleistung			
Vorsteuer-Abzug dem Grunde nach	Zuordnung zum Unternehmensvermögen möglich?	Vorsteuer-Abzug der Höhe nach	Ausgangsumsatz – steuerpflichtig: **80 %** Ausgangsumsatz – schlechte steuerfreie Umsätze (Vorsteuerschädlich): **20 %**
	Vorsteuer/Eingangsleistung ist:		
unternehmerische Zwecke	**direkt** einer Ausgangsleistung zuordenbar	→	Abzug entsprechend **Ausgangsumsatz** 100 % bei **steuerpflichtigen** Ausgangsumsätzen 0 % bei „schlechten" **steuerfreien** Ausgangsumsätzen
nicht unternehmerische Zwecke	**nicht direkt** zuordenbar („Sammeltopf", Aufteilung § 15 Abs. 4 UStG)	→	Abzug entsprechend **Aufteilungsmaßstab** Verhältnis Ausgangsumsätze 80 % abziehbar 20 % nicht abziehbar

1. Frage: Zuordnung zum Unternehmensvermögen möglich? Abziehbarkeit der Vorsteuer

Für die Zuordnung von Leistungen zum Unternehmen gelten folgende Grundsätze:

- Der Unternehmer ist nach § 15 Abs. 1 UStG zum Vorsteuerabzug berechtigt, soweit er Leistungen für seine unternehmerischen Tätigkeiten zur Erbringung vorsteuerunschädlicher Ausgangsumsätze zu verwenden beabsichtigt (Zuordnung zum Unternehmen).
- Beabsichtigt der Unternehmer bereits bei Leistungsbezug, die bezogene Leistung ausschließlich für den nichtunternehmerischen Bereich (Definition: vgl. Abschnitt 2.3 Abs. 1a UStAE) zu verwenden, ist keine Zuordnung zum Unternehmensvermögen möglich und der Vorsteuerabzug zu versagen.
- Die nichtunternehmerischen Tätigkeiten sind in nichtwirtschaftliche Tätigkeiten i.e.S. und unternehmensfremde Tätigkeiten zu unterteilen.
- Bezieht der Unternehmer eine Leistung sowohl für seine unternehmerische als auch für seine nichtwirtschaftliche Tätigkeit i.e.S., ist die Zuordnung zum Unternehmensvermögen nur insoweit zulässig, als die Aufwendungen seiner unternehmerischen Tätigkeit zuzuordnen sind und wenn bei Gegenständen zusätzlich die „10 %-Grenze" nach § 15 Abs. 1 Satz 2 UStG (unternehmerische Mindestnutzung) erreicht ist. → **Aufteilungsgebot**
- Bezieht der Unternehmer einen einheitlichen Gegenstand sowohl für unternehmerische als auch für unternehmensfremde Zwecke, kann der Unternehmer den bezogenen Gegenstand

insgesamt seiner unternehmerischen Tätigkeit zuordnen, sofern die „10 %-Grenze" nach § 15 Abs. 1 Satz 2 UStG (unternehmerische Mindestnutzung) erreicht ist.
→ **Zuordnungswahlrecht**

2. Frage: In welcher Höhe ist der Vorsteuerabzug möglich? Abzugsfähigkeit der Vorsteuer.
In welchem Zusammenhang steht die erhaltene Eingangsleistung mit einer getätigten Ausgangsleistung?
- Besteht ein direkter und unmittelbarer Zusammenhang mit einem oder mehreren Ausgangsumsätzen, so ist der Vorsteuerabzug entsprechend dieser Ausgangsumsätze vorzunehmen (vorsteuerunschädliche und vorsteuerschädliche Ausgangsumsätze, § 15 Abs. 1 bis Abs. 3 UStG, Abschn. 15.2b Abs. 2 Nr. 1 UStAE).
- Fehlt dieser direkte Zusammenhang ist auf die wirtschaftliche Gesamttätigkeit abzustellen („Sammeltopf"). Die Höhe der Vorsteuer richtet sich nach einem Aufteilungsschlüssel („sachgerechte Schätzung", § 15 Abs. 4 UStG und Abschn. 15.2c Abs. 2 Satz 4 und Abs. 8 UStAE: Umsatzschlüssels, Flächenschlüssels oder auch eines Investitionsschlüssels).
- Ein direkter Zusammenhang zu Ausgangsleistungen ist dabei vorrangig zu prüfen (Abschn. 15.2c Abs. 2 Satz 3 UStAE).

> **Hinweis:**
> - Bitte beachten Sie in Bezug auf die Aufteilung von Vorsteuerbeträgen bei gemischt genutzten Gebäuden unbedingt das **BMF-Schreiben vom 20.10.2022** (III C 2 – S 7306/19/10001 :003).
> - Hiernach sind die **Vorsteuern** in Bezug auf ein **gemischt genutztes Gebäude** wie folgt **aufzuteilen**:
> Aufwendungen für:
> **a.** Nutzung, Erhaltung und Unterhaltung – Objektbezogener Umsatzschlüssel
> **b.** Anschaffung, Herstellung
>   – Objektbezogener Flächenschlüssel (Ausnahme erhebliche Unterschiede in Ausstattung)
>   – Objektbezogener Umsatzschlüssel, wenn erhebliche Unterschiede in Ausstattung
>   – Gesamtumsatzschlüssel (z.B. bei Verwaltungs-/Produktionsgebäuden, eigenbetriebliche Nutzung durch Unternehmer)
>   – Umbauter Raum – bei erheblichen Unterschieden in der Geschosshöhe
>
> **Da der Vorsteuerabzug bei gemischt genutzten Gebäuden in der Vergangenheit immer wieder Thema in den Klausuren zum Examen war, ist es unbedingt zu empfehlen, dieses BMF-Schreiben zu lesen! Die Verarbeitung der Inhalte wurde mit den wesentlichen Teilen im Abschn. 15.17 des UStAE vorgenommen.**

3. Frage: Wann ist der Vorsteuerabzug möglich? Zeitpunkt des Vorsteuerabzugs
- Der Vorsteuerabzug entsteht grundsätzlich im Zeitpunkt des Leistungsbezugs (Art. 167 MwStSystRL, Abschn. 15.2b Abs. 3 und 15.2c Abs. 12 und 16 UStAE).
- Gibt es im Zeitpunkt des Leistungsbezugs noch keine tatsächlichen Ausgangsumsätze, ist auf die geplante Verwendungsabsicht abzustellen (insbesondere bei Errichtung von Gebäuden relevant). Die Verwendungsabsicht ist gleichzusetzen mit der geplanten Zuordnung des Gegenstands bzw. der Leistung zum umsatzsteuerlichen Unternehmensvermögen.

2.3 Konkrete Bearbeitungshinweise

- Zuletzt darf nicht vergessen werden, dass der Vorsteuerabzug nach § 15 Abs. 1 Satz 1 Nr. 1 Satz 2 UStG eine nach §§ 14, 14a UStG vorliegende, ordnungsgemäße Rechnung verlangt. Bei anderen in § 15 Abs. 1 UStG aufgeführten Umsätzen findet man dagegen keinen Verweis auf die §§ 14, 14a UStG.

Fallgruppen:
Für den Vorsteuerabzug des Unternehmers ergeben sich nach den o.g. Grundsätzen folgende Fallgruppen:
1. Direkter und unmittelbarer Zusammenhang mit einer unternehmerischen (vorsteuerunschädlichen) oder nichtunternehmerischen (vorsteuerschädlichen) Tätigkeit.
2. Verwendung sowohl für unternehmerische als auch nichtunternehmerische Tätigkeiten (sog. teilunternehmerische Verwendung, Aufteilung möglich).
3. Unmittelbarer Zusammenhang nicht mit einzelnen Ausgangsumsätzen, sondern nur mit der Gesamttätigkeit (keine Aufteilung auf einzelne Tätigkeiten möglich, z.B. Buchführungs- oder Beratungsleistungen! Aufteilungsschlüssel § 15 Ab. 4 UStG – im Folgenden keine separate Darstellung).

Zu 1. Direkter und unmittelbarer Zusammenhang mit einer unternehmerischen oder nichtunternehmerischen Tätigkeit

> **Beispiel 1:** Ein Arzt erbringt sowohl nach § 4 Nr. 14 Buchst. a UStG steuerfreie Heilbehandlungsleistungen als auch steuerpflichtige Leistungen (plastische und ästhetische Operationen).
> Er erwirbt einen Behandlungsstuhl für 1.000 € zzgl. 190 €, den er zu 80 % für seine steuerfreien Leistungen und zu 20 % für seine steuerpflichtigen Umsätze verwendet.
> Der Behandlungsstuhl wird unmittelbar und direkt für die unternehmerische Tätigkeit des Arztes bezogen (100 % der Vorsteuer dem Grunde nach abziehbar).
>
> **Lösung:** Da er zu 80 % steuerfreie Leistungen ausführt, sind nach § 15 Abs. 2 Nr. 1 UStG, jedoch nur 38 € (20 % von 190 €) als Vorsteuer tatsächlich abzugsfähig.
>
> **Beispiel 2:** Klempner K aus Köln verlost anlässlich seiner Hausmesse ein iPad unter allen Besuchern. Das iPad hatte K für 300 € zzgl. 19 % USt ausschließlich für diesen Zweck eingekauft.
>
> **Lösung:** Die Abgabe des iPads erfolgte aus unternehmerischen Gründen und fällt der Art nach unter § 3 Abs. 1b Satz 1 Nr. 3 UStG; es handelt sich nicht um ein Geschenk von geringem Wert.
> Da K die Verwendung für unternehmensfremde Zwecke bereits bei Leistungsbezug beabsichtigt, berechtigen die Anschaffungskosten nach § 15 Abs. 1 UStG nicht zum Vorsteuerabzug (Abschn. 15.2b Abs. 2 Satz 5 UStAE).
> Eine Wertabgabenbesteuerung unterbleibt mangels des Abzuges der Vorsteuer (§ 3 Abs. 1b Satz 2 UStG).

Zu 2. Verwendung sowohl für unternehmerische als auch nichtunternehmerische Tätigkeiten (sog. teilunternehmerische Verwendung)

a) Verwendung sowohl für unternehmerische als auch für nichtwirtschaftliche Tätigkeiten i.e.S. (= unternehmensfremde Zwecke)

Der Kindererholungszentrum (KIEZ) e.V. erwirbt am 31.05.01 einen Pkw (einheitlicher Gegenstand, Vorsteuer = 5.000 €), den er sowohl für den wirtschaftlichen Geschäftsbetrieb (unternehmerische Tätigkeit = 15 %) als auch für seinen ideellen Bereich (nichtwirtschaftliche Tätigkeit i.e.S.= 85 %) zu verwenden beabsichtigt und auch tatsächlich verwendet.

Der Vorsteuerabzug aus der Anschaffung des Pkw ist anteilig nur insoweit zu gewähren, als der Verein den Pkw für den wirtschaftlichen Geschäftsbetrieb zu verwenden beabsichtigt (15 % = 750 €).

Eine Zuordnung des Gegenstandes (Pkw) kann nur für den unternehmerisch genutzten Teil (15 %) erfolgen. Der Rest (85 %) befindet sich nicht in der unternehmerischen Sphäre.

Vgl. hierzu Abschn. 15.2c Abs. 2 Nr. 2a UStAE: kein Wahlrecht der vollständigen Zuordnung, sondern Aufteilungsgebot

⬇

Problem = § 15a UStG

Umsatzsteuerliche Behandlung bei später abweichender Nutzung

1. Verringerung der unternehmerischen Nutzung

- ab 01.06.01: 15 % unternehmerische Nutzung
- ab 01.01.02: 10 % unternehmerische Nutzung

Pkw = 15 % Unternehmensvermögen ab Anschaffung
Verminderung der Nutzung für (zum Vorsteuerabzug berechtigende Zwecke) hier um 5 %.
Keine Änderung der Verhältnisse i.S.d. § 15a UStG, sondern Besteuerung einer Nutzungsentnahme nach § 3 Abs. 9a UStG; vgl. Abschn. 15a.1 Abs. 7 UStAE.

> **Beachte!** Änderung der unternehmerischen Nutzung auf unter 10 % führt zu einer Zwangsentnahme nach § 3 Abs. 1b UStG, da die unternehmerische Mindestnutzung (§ 15 Abs. 1 Satz 2 UStG) nicht mehr gegeben ist.

2. Erhöhung der unternehmerischen Nutzung

- ab 01.06.01: 15 % unternehmerische Nutzung
- ab 01.01.02: 50 % unternehmerische Nutzung

Pkw = 15 % Unternehmensvermögen ab Anschaffung
Erhöhung der unternehmerischen Nutzung um 35 %
Einlage = umsatzsteuerrechtlich irrelevant, grundsätzlich keine Auswirkung auf die Vorsteuer, aber vgl. hierzu vgl. Abschn. 15a.1 Abs. 7 UStAE und Abschn. 15.2c Abs. 19, Beispiel 15.
Keine „Einlagenentsteuerung", sondern Vorsteuerberichtigung nach § 15a UStG aus Billigkeitsgründen. Bagatellgrenzen des § 44 UStDV beachten.

Auswirkungen auf das vorherige Beispiel:

Pkw = Vorsteuer gesamt = 5.000 € (01)
15 % Unternehmensvermögen ab Anschaffung/Vorsteuer = 750 €
Erhöhung der unternehmerischen Nutzung um 35 % (von 15 % auf 50 %) ab 02

2.3 Konkrete Bearbeitungshinweise

Vorsteuerberichtigung nach § 15a UStG
Grenze des § 44 Abs. 1 UStDV (1.000 €) überschritten
Jahresbetrag = 1.000 € ($1/5$ von 5.000 €), § 15a Abs. 5 S. 1 UStG
davon in 01 abzugsfähig = 150 € ($1/5$ von 750 €)
davon in 02 abzugsfähig = 500 € (50 % von 1.000 €)
Differenz = 350 € (zusätzliche Vorsteuer ab 02)
Korrektur ist durchzuführen, da Änderung zwar kleiner als 1.000 €, aber prozentual größer 10 %; § 44 Abs. 2 UStDV.

b) Verwendung sowohl für unternehmerische als auch für unternehmensfremde Tätigkeiten

Handelt es sich bei der nichtunternehmerischen Tätigkeit um unternehmensfremde Zwecke in Form einer Entnahme für Zwecke, die außerhalb des Unternehmens liegen (§ 3 Abs. 1b und Abs. 9a UStG) und bezieht der Unternehmer eine Leistung zugleich für seine unternehmerische Tätigkeit, so kann er die bezogene Leistung insgesamt seiner unternehmerischen Tätigkeit zuordnen, sofern die 10 %-Grenze nach § 15 Abs. 1 Satz 2 UStG überschritten ist. (Zuordnungswahlrecht, keine Änderung zur bisherigen Rechtsauffassung.) Vgl. auch Abschn. 15.2c Abs. 2 Nr. 2 b UStAE, Zuordnungswahlrecht.

Ein Vorsteuerabzug ist sowohl für die unternehmerische Tätigkeit (wenn kein Ausschluss nach § 15 Abs. 2 UStG gegeben), als auch für die unternehmensfremde Verwendung möglich.

Insoweit erfolgt eine Besteuerung der unternehmensfremden Verwendung nach § 3 Abs. 1b oder 9a UStG.

Ausgenommen sind hiervon teilweise unternehmensfremd genutzte Grundstücke i.S.d. § 15 Abs. 1b UStG.

Beispiel 1: Ein Versicherungsvertreter hat ausschließlich nach § 4 Nr. 11 UStG steuerfreie Vermittlungsumsätze und kauft am 31.05.01 einen Pkw (Vorsteuer 10.000 €), den er unternehmensfremd (privat) und unternehmerisch nutzt.

Lösung: Eine Zuordnung des Pkw mit Wahlrecht zum Unternehmensvermögen ist zwar möglich (Vorsteuer dem Grunde nach abziehbar, § 15 Abs. 1 Nr. 1 UStG).
Der Versicherungsvertreter führt jedoch keine Umsätze aus, die zum Vorsteuerabzug berechtigen (§ 15 Abs. 2 Nr. 1 kein Ausschluss nach § 15 Abs. 3 UStG, keine Abzugsfähigkeit).
Der Vorsteuerabzug aus der Anschaffung und Nutzung des Pkw wäre grundsätzlich möglich, da dieser sowohl unternehmerisch als auch für unternehmensfremde (private) Zwecke verwendet wird. Aufgrund der Verwendung des Pkws für vorsteuerschädliche Ausgangsumsätze (§ 15 Abs. 2 Nr. 1 UStG) ist der Vorsteuerabzug aber (der Höhe nach) ausgeschlossen.
Die private Verwendung führt in der Folge mangels Vorsteuerabzug nicht zu einer steuerbaren unentgeltlichen Wertabgabe (§ 3 Abs. 9a Nr. 1 UStG).

> **Beispiel 2:** Ein Arzt erbringt im Umfang von 80 % seiner entgeltlichen Umsätze steuerfreie Heilbehandlungsleistungen und nimmt zu 20 % steuerpflichtige plastische und ästhetische Operationen vor.
> Er erwirbt einen Pkw (Vorsteuer = 10.000 €), den er je zur Hälfte privat (unternehmensfremd) und für seine gesamte ärztliche Tätigkeit nutzt.
>
> **Lösung:** Die Vorsteuern sind bei Zuordnung des Pkw zu 100 % zum Unternehmensvermögen i.H.v. 100 % = 10.000 € dem Grunde nach abziehbar.
> Die Vorsteuer ist lediglich i.H.v. 60 % = 6.000 € abzugsfähig (50 % u.e. Wertabgabe § 3 Abs. 9a UStG zzgl. 50 % von 20 % steuerpflichtige unternehmerische Nutzung).
> Die unentgeltliche Wertabgabe nach § 3 Abs. 9a Nr. 1 UStG (50 % Privatanteil) ist in voller Höhe steuerbar und steuerpflichtig.
>
> **Hinweis:** Die generelle Versagung des Vorsteuerabzugs in Abschn. 15.2b Abs. 2 Satz 5 UStAE gilt nur bei einer beabsichtigten ausschließlichen und unmittelbaren nichtunternehmerischen Verwendung. Dies trifft hier nicht zu, weshalb der Arzt grundsätzlich den „vollen" Vorsteuerabzug geltend machen kann (50 % für u.e. Wertabgabe zzgl. 20 % der verbleibenden 50 % für die Verwendung für steuerpflichtige Ausgangsumsätze).

2.3.2.6.3 Sonderfall Grundstücke als einheitliche Gegenstände, § 15 Abs. 1b UStG

Mit einem in 2011 neu eingefügten § 15 Abs. 1b UStG wurde der Vorsteuerabzug für gemischt genutzte Grundstücke neu geregelt.

Nach dieser Vorschrift ist die Steuer für die Lieferungen, die Einfuhr und den innergemeinschaftlichen Erwerb sowie für die sonstigen Leistungen im Zusammenhang mit einem Grundstück vom Vorsteuerabzug ausgeschlossen, soweit sie nicht auf die Verwendung des Grundstücks für Zwecke des Unternehmens entfällt. Ein voller Vorsteuerabzug – auch für den privat genutzten Gebäudeteil – war ab 2011 nicht mehr möglich.

Diese „neue" Regelung ist damals zum 01.01.2011 in Kraft getreten und deshalb auf alle Wirtschaftsgüter anwendbar, die aufgrund eines ab dem 01.01.2011 rechtswirksam abgeschlossenen obligatorischen Vertrags oder gleichstehenden Rechtsakts angeschafft worden sind, § 27 Abs. 16 UStG. Ein Beispiel dazu haben wir in der vorherigen Auflage (bis einschl. 13. Auflage) dargestellt.

Der BFH hat in verschiedenen Urteilen über Fragen der Zuordnung eines einheitlichen Gegenstands zum Unternehmen nach § 15 Abs. 1 UStG im Fall der Errichtung eines teilunternehmerisch genutzten Gebäudes entschieden. Diese Rechtsprechung ist in **Abschn. 15.2c Abs. 18 ff UStAE** ausführlich verarbeitet. Hier geht es einerseits um die mögliche **Zuordnung** eines Grundstücks zum Unternehmensvermögen und andererseits um deren Folgen für den Vorsteuerabzug bzw. dessen Berichtigung bei Änderungen der Nutzung. Weitere Ausführungen zum **Vorsteuerabzug** selbst finden Sie dann in **Abschn. 15.6a und Abschn. 15.17 UStAE**.

Beide Bereiche sollten Sie aufgrund des beliebten Examensthemas „Grundstücke" gut durcharbeiten. Bei Grundstücken geht es immer darum,

- wie die **Aufteilung des Gebäudes in Bezug auf die Zuordnung zum Unternehmensvermögens** vorzunehmen ist (Flächenschlüssel, Umsatzsschlüssel). Denn nur insoweit ist überhaupt ein Vorsteuerabzug möglich.

2.3 Konkrete Bearbeitungshinweise

- Wie hoch der dann evtl. **mögliche Vorsteuerabzug** ist (steuerfreie/steuerpflichtige Vermietung oder Verkauf?)
- Zu welchem Zeitpunkt ggf. eine **Vorsteuerberichtigung** vorzunehmen ist (Leistungsbezug während Bauphase, beabsichtigte Verwendung, tatsächliche Verwendung)

> **Beachte!** Für einheitliche Gegenstände, die keine Grundstücke im Sinne des § 15 Abs. 1b UStG sind und für die der Unternehmer sein Wahlrecht zur vollständigen Zuordnung zum Unternehmen ausgeübt hat, kann für Aufwendungen, die durch die Verwendung des Gegenstands anfallen, aus Vereinfachungsgründen grundsätzlich der volle Vorsteuerabzug geltend gemacht werden. Hierunter fallen z.B. Vorsteuerbeträge für den Bezug von Kraftstoff für einen zu 100 % dem Unternehmensvermögen zugeordneten Pkw, der durch den Unternehmer (zutreffend) zu 60 % unternehmerisch und zu 40 % nichtunternehmerisch (privat) genutzt wird (Abschnitt 15.2c Abs. 2 Satz 6 UStAE).

➡ **Fazit für Examensklausur – Grundstücke als einheitliche Gegenstände, § 15 Abs. 1b UStG:**

- Achten Sie bei **Grundstücksfällen** auf Angaben zum Bauantrag! Sofern dieser um die Jahre 2010 und 2011 liegt, sollten Sie an die vorstehende Regelung in § 27 Abs. 16 UStG denken!
- Nach dem ab 2011 geltenden **§ 15 Abs. 1b UStG** ist die Steuer für die Lieferungen, die Einfuhr und den innergemeinschaftlichen Erwerb sowie für die sonstigen Leistungen im Zusammenhang mit einem Grundstück vom Vorsteuerabzug ausgeschlossen, soweit sie nicht auf die Verwendung des Grundstücks für Zwecke des Unternehmens entfällt (Gesetz gegen EuGH-Urteil Seeling). Einige Ausführungen dazu finden Sie in **Abschn. 15.6a UStAE**.
- Das **Zuordnungswahlrecht bezüglich gemischt genutzter Grundstücke** (Grundstücke, die sowohl für unternehmerische Zwecke als auch für Zwecke, die außerhalb des Unternehmens liegen, oder für den privaten Bedarf des Personals verwendet werden) soll unberührt bleiben.
- Bei der Aufteilung für Zwecke des § 15 Abs. 1b UStG gelten die Grundsätze des § 15 Abs. 4 UStG entsprechend.
- Bei späterer Änderung der Verwendung i.S.d. § 15 Abs. 1b UStG ist eine Vorsteuerberichtigung i.S.d. § 15a UStG möglich (§ 15a Abs. 6a UStG).
- Gem. § 3 Abs. 9a Nr. 1 2. HS UStG ist keine zusätzliche Wertabgabenbesteuerung nach § 3 Abs. 9a Nr. 1 UStG vorzunehmen, wenn der Vorsteuerabzugs nach § 15 Abs. 1b UStG ausgeschlossen oder wenn eine Vorsteuerberichtigung i.S.d. § 15a Abs. 6a UStG durchzuführen ist.
- Bitte beachten Sie auch die Folgeänderung in Bezug auf Veräußerung oder Entnahme des dem umsatzsteuerlichen Unternehmensvermögen zugeordneten Gegenstands in § 15a Abs. 8 Satz 2 UStG (= finale Verwendung).
- Zuletzt ist auf das **BMF-Schreiben vom 20.10.2022 (**III C 2 – S 7306/19/10001 :003) hinzuweisen, in welchem die **Aufteilungsmaßstäbe bei gemischt genutzten Gebäuden** nach vielen Jahren und Urteilen des EuGH und BFH geregelt wurde. Die Inhalte der zugehörigen Rechtsprechung wurde in **Abschn. 15.17** Abs. 5 bis Abs. 8 UStAE aufgenommen.

Da dieses Thema klar im Umsatzsteueranwendungserlass aufgenommen wurde und aufgrund des beliebten Examensthemas „Grundstücke", sollte man diese Regelungen gut kennen. Hierzu ein kurzes Beispiel als Überblick:

Ein Gebäude wird errichtet und soll wie folgt genutzt werden:

Fläche	%	Lage	Kaltmiete	%	Nutzungsart
50 qm	10 %	DG	500 €	12,5 %	Wohnung Steuerfreie Vermietung, § 4 Nr. 12 UStG
100 qm	20 %	2. OG	1.000 €	25 %	Wohnung Steuerfreie Vermietung, § 4 Nr. 12 UStG
100 qm	20 %	1. OG	1.000 €	25 %	Wohnung Steuerfreie Vermietung, § 4 Nr. 12 UStG
250 qm	50 %	EG	1.500 €	37,5 %	Ladengeschäft, aufwendige Ausstattung Steuerpflichtige Vermietung, § 4 Nr. 12 mit § 9 UStG
500 qm	100 %		4.000 €	100 %	

Bei der Aufteilung der Vorsteuerbeträge aus der **Errichtung/Anschaffung** und der **Nutzung und Erhaltung** (Strom, Wasser, Abfall oder Schönheitsreparaturen etc.) ist nun die folgende Regel aus o.g. BMF-Schreiben und Abschn. 15.17 UStAE zu beachten:

1. Die Vorsteuerbeträge aus der **Errichtung/Anschaffung** des Gebäudes sind grundsätzlich nach dem **objektbezogenen Flächenschlüssel** aufzuteilen (Abschn. 15.17 Abs. 7 UStAE). Das wären hier die o.g. Quadratmeter mit den dort genannten %-Sätzen.
2. Dagegen wären die Vorsteuerbeträge aus der **Errichtung/Anschaffung** eines Gebäudes nach dem **objektbezogenen Umsatzschlüssel** aufzuteilen, wenn die Ausstattung der unterschiedlichen Räume erheblich voneinander abweicht. Dann sind die %-Sätze der Kaltmiete zu verwenden.
3. Eine **direkte Zuordnung** von Eingangsleistungen zu den Ausgangsumsätzen entfällt bei Vorsteuerbeträgen aus der **Errichtung/Anschaffung** von Gebäuden (Abschn. 15.17 Abs. 7 Satz 3 UStAE).
4. Bei **Erhaltungsaufwendungen** ist dagegen im ersten Schritt zu prüfen, ob diese ggf. direkt einem Gebäudeteil (und damit dem zugehörigen Ausgangsumsatz) zuzuordnen sind. Falls dies nicht möglich ist (z.B. bei einer Erneuerung der Fassade), ist der **objektbezogene Flächenschlüssel** als vorrangiger Aufteilungsmaßstab bei Gebäuden zu verwenden.
5. Ausnahme **Verwaltungsgebäude** eines gesamten Betriebs: hier gilt der Gesamtumsatzschlüssel (also der Gesamtumsatz des Betriebes anstatt des objektbezogenen Umsatzschlüssel).

2.3.2.6.4 Option zur Umsatzsteuer nach § 9 UStG

Im Zusammenhang mit dem Vorsteuerabzug ist zu erwähnen, dass die für den Vorsteuerabzug notwendigen steuerpflichtigen Ausgangsumsätze über die Option in § 9 UStG hergestellt werden können. Hiernach kann für folgende umsatzsteuerfreie Umsätze zur Steuerpflicht optiert werden:
Umsätze nach:
- § 4 Nr. 8 Buchstabe a bis g UStG (bestimmte Umsätze im Finanzbereich),
- § 4 Nr. 9 Buchstabe a UStG (Veräußerung von Grundstücken allgemein),
- § 4 Nr. 12, 13 oder 19 UStG (Überlassung von Grundstücken, Leistungen von Wohnungseigentümer im Zusammenhang mit Grundstücken und Umsätze der Blinden).

2.3 Konkrete Bearbeitungshinweise

Bedingung hierfür ist, dass die Umsätze an einen anderen Unternehmer für dessen Unternehmen ausgeführt werden.

Weitere zusätzliche Bedingung für die Umsätze:
- § 4 Nr. 9 Buchstabe a UStG (Übertragung von Erbbaurechten),
- § 4 Nr. 12 Satz 1 UStG (Vermietung und Verpachtung von Grundstücken).

ist, dass der Leistungsempfänger das Grundstück ausschließlich für Umsätze verwendet oder zu verwenden beabsichtigt, die den Vorsteuerabzug nicht ausschließen.

Zuletzt findet sich in § 9 Abs. 3 UStG folgende weitere Bedingung:
Bei der Lieferung von Grundstücken nach § 4 Nr. 9 Buchstabe a UStG
- ist die Option im Zwangsversteigerungsverfahren nur bis zur Aufforderung zur Abgabe von Geboten im Versteigerungstermin und
- kann die Option bei anderen Umsätzen nach § 4 Nr. 9a UStG nur im notariellen Vertrag (§ 311b Abs. 1 BGB) erklärt werden.

Sie sollten also bei diesen Umsätzen darauf achten, ob sich aus dem Sachverhalt Hinweise darauf ergeben, dass ein beteiligter Unternehmer eine Option zur Steuerpflicht vornimmt oder ein möglichst hoher Vorsteuerabzug erreicht werden kann. Des Weiteren sind die Bedingungen für die Option wie oben dargestellt genau zu prüfen, da nicht generell bei den vorgenannten umsatzsteuerfreien Umsätzen eine Optionsmöglichkeit gegeben ist. Diese hängt maßgebend davon ab, in welcher Form der Leistungsempfänger das Grundstück oder den Finanzumsatz weiterverwendet oder ob man die Option auf dem richtigen Papier und zur rechten Zeit geltend macht.

➡ **Fazit für Examensklausur – Vorsteuerabzug allgemein**
- **Halten Sie die Reihenfolge ein:** Zuordnung zum Unternehmensvermögen – (Umfang der) Verwendung für den Vorsteuerabzug nicht ausschließende Zwecke – direkte Zuordnung zu Ausgangsumsätzen möglich? – Ausschlussumsätze – Option zur Steuerpflicht in Anspruch genommen?
- Prüfen Sie **zuerst** die **Ausgangsumsätze**, bevor Sie den Vorsteuerabzug bearbeiten.
- **Besonderheiten** sind vor allem bei Grundstücken (§ 15 Abs. 1b UStG, Abschn. 15. 6a UStAE), unentgeltlichen Wertabgaben (Abschn. 15.2b Abs. 2 Satz 5 UStAE) oder auch PV-Anlagen zu beachten (Abschn. 2.5 Abs. 9 ff. und Abschn. 15.2c Abs. 10 UStAE).

2.3.2.7 Die Berichtigung des Vorsteuerabzugs (§ 15a UStG)

Da die Vorsteuerberichtigung nach § 15a UStG so gut wie jedes Jahr Bestandteil des Examens ist, werden nachfolgend zur Erläuterung einige Fälle dargestellt. Grundsätzlich sind bei § 15a UStG immer der Leistungsbezug, die Verwendungsabsicht und die dann tatsächliche Verwendung zu beurteilen. Dabei ist ferner zu beachten, wie viele Berichtigungsobjekte es gibt.

Die Vorsteuerberichtigung ist während der Investitionsphase anhand der Verwendungsabsicht zu beurteilen. Der Berichtigungszeitraum beginnt dagegen erst ab dem Zeitpunkt der tatsächlichen Verwendung. Erst im Berichtigungszeitraum ist die Vorsteuer auf den final abzugsfähigen Betrag zu berechnen.

Beispiel 1: (Prozentuales Verhältnis zu § 15a UStG, Gebäudenutzung, Investitionsphase)

Ein Unternehmer errichtet ein Bürogebäude. Die während der Investitionsphase in Rechnung gestellte Umsatzsteuer beträgt:

Jahr 02	100.000 €
Jahr 03	400.000 €
Gesamt	500.000 €

Die abziehbaren Vorsteuerbeträge nach § 15 UStG belaufen sich vor dem Zeitpunkt der erstmaligen Verwendung (Investitionsphase) auf 100.000 €, da der Unternehmer **beabsichtigte** im Jahr 02, das Gebäude zu 100 % (z.B. steuerpflichtige Vermietung) für zum Vorsteuerabzug berechtigende Zwecke zu verwenden, während er im Jahr 03 **beabsichtigte**, das Gebäude nach der Fertigstellung zu 0 % für zum Vorsteuerabzug berechtigende Zwecke zu verwenden (z.B. steuerfreie Vermietung). Diese Verwendungsabsicht wurde durch den Unternehmer jeweils schlüssig dargelegt. Auf die tatsächliche Verwendung ist nicht einzugehen.

Aufgabe: Nehmen Sie zur Höhe des Vorsteuerabzugs während der Investitionsphase kurz Stellung.

Lösung: Für den Vorsteuerabzug ist bei fehlender tatsächlicher Verwendung die Verwendungsabsicht im Zeitpunkt des Leistungsbezugs maßgebend (Abschn. 15a.2 Abs. 2 Satz 2 UStAE). Bei Gebäudeerrichtungen ist somit bis zur tatsächlichen Verwendung – also während der Investitionsphase – auf die Verwendungsabsicht abzustellen.

Der Berichtigungszeitraum nach § 15a UStG beginnt allerdings erst mit der tatsächlichen Nutzung, mithin mit der tatsächlichen Vermietung (Abschn. 15a.3 Abs. 1 UStAE).

Im vorliegenden Fall richtet sich also die Vorsteuerberichtigung nach der Verwendungsabsicht im Jahr 02 und 03. Hiernach ändert sich der Vorsteuerabzug von 100 % auf 0 %. Während der Investitionsphase verbleibt es also zunächst (bis zum Beginn des Berichtigungszeitraums) bei der in 02 abgezogenen Vorsteuer in Höhe von 100.000 €.

Das Verhältnis des ursprünglichen Vorsteuerabzugs zum Vorsteuervolumen insgesamt, das für eine Berichtigung nach § 15a UStG maßgebend ist, beläuft sich auf 20 % (100.000 € /500.000 €). Dieses Verhältnis ist auf den Gesamtbetrag der Vorsteuerbeträge im Berichtigungszeitraum anzuwenden. Ab dem Zeitpunkt der erstmaligen Verwendung sind 20 % der gesamten in Rechnung gestellten Vorsteuer über den Berichtigungszeitraum von 10 Jahren verteilt zu korrigieren, mithin 10.000 € (20 % von 500.000 € = 100.000 €, verteilt auf 10 Jahre) pro Jahr.

Beispiel 2: (Prozentuales Verhältnis zu § 15a UStG. PKW-Kauf)

Der selbständige Grundstücksmakler U schließt mit dem Fahrzeughändler H im Januar 01 einen Vertrag über die Lieferung eines Pkw ab. Der Pkw soll im Juli 01 geliefert werden. U leistet bei Vertragsabschluss eine Anzahlung i.H.v. 15.000 € zzgl. 2.850 € USt. Bei Lieferung des Pkw im Juli 01 leistet U die Restzahlung von 85.000 € zzgl. 16.150 € USt.

2.3 Konkrete Bearbeitungshinweise

Im Zeitpunkt der Anzahlung **beabsichtigte** U, den Pkw ausschließlich zur Ausführung von zum Vorsteuerabzug berechtigenden Umsätzen zu nutzen. U kann die Verwendungsabsicht durch entsprechende Erläuterungen gegenüber dem Finanzamt glaubhaft machen/schlüssig nachweisen. Im Zeitpunkt der Lieferung **steht hingegen fest**, dass U den Pkw nunmehr ausschließlich zur Erzielung von nicht zum Vorsteuerabzug berechtigenden Umsätzen verwenden will, da er seine Grundstücksmaklertätigkeit aufgegeben hat und künftig als selbständiger Handelsvertreter einer größeren Versicherungsgesellschaft Versicherungsverträge vermittelt (vgl. § 4 Nr. 11 UStG).

Lösung: Im Zeitpunkt der Anzahlung steht dem U der Vorsteuerabzug nach § 15 Abs. 1 Satz 1 Nr. 1 UStG zu, da er im Zeitpunkt der Anzahlung **beabsichtigte**, den Pkw in vollem Umfang für zum Vorsteuerabzug berechtigende Umsätze als Grundstücksmakler zu nutzen (vgl. hierzu Abschnitt. 15.12 UStAE).
Für die Restzahlung hingegen steht U der Vorsteuerabzug nicht zu, da er als Versicherungsmakler gem. § 4 Nr. 11 UStG im Hinblick auf § 15 Abs. 2 Nr. 1 UStG (ohne Rückausnahme gem. § 15 Abs. 3 UStG) vorsteuerschädliche Ausgangsumsätze (sog. Ausschlussumsätze) hat.
Das Verhältnis des ursprünglichen Vorsteuerabzugs zum Vorsteuervolumen insgesamt, das für eine Berichtigung nach § 15a UStG maßgebend ist, beläuft sich daher auf 15 % (2.850 €/19.000 €).
15 % der Vorsteuer des Leistungsbezugs (19.000 €) ist somit nicht abzugsfähig und ab dem Zeitpunkt der tatsächlichen Verwendung auf den Berichtigungszeitraum von 5 Jahren verteilt zu korrigieren.

Beispiel 3: Ein Unternehmer erwirbt ein Fahrzeug, das eine betriebsgewöhnliche Nutzungsdauer von fünf Jahren hat, am 09.08.01 und nimmt es am selben Tag in Gebrauch.
Bis zum 15.04.03 verwendet er das Fahrzeug ausschließlich im Zusammenhang mit steuerpflichtigen Umsätzen, anschließend nur noch im Zusammenhang mit solchen steuerfreien Umsätzen, die den Vorsteuerabzug ausschließen.
Die abziehbare Vorsteuer betrug 6.000 €.

Lösung: Der Überwachungs- und Berichtigungszeitraum beginnt gem. § 15a UStG, § 45 UStDV und Abschn. 15a.3 Abs. 1 UStAE am 01.08.01 und endet am 30.07.06.
Im Rahmen der USt-Jahresveranlagung für 01 kann aufgrund der Verwendung für steuerpflichtige Umsätze die volle Vorsteuer von 6.000 € gem. § 15 Abs. 1 UStG geltend gemacht werden.
Im Kalenderjahr 02 ergeben sich keine Änderungen in Bezug auf die Verwendung des Fahrzeugs.
Im Kalenderjahr 03 allerdings trifft § 15a Abs. 1 UStG zu:
Bei entsprechender Anwendung des § 45 UStDV sind die ersten drei Monate noch solche, die den Vorsteuerabzug zulassen, während für die Zeit vom 01.04.03 bis zum 31.12.03 der Vorsteuerabzug zu berichtigen ist.

Für das Jahr 03 sind deshalb 1.200 € (6.000 €/5 Jahre) an Vorsteuern zu überwachen, wobei in der Jahresveranlagung 03 nur 900 € ($^9/_{12}$ von 1.200 €) Vorsteuern zurückzuzahlen sind (§ 15a Abs. 5 UStG).
In den Jahresveranlagungen 04 und 05 sind jeweils 1.200 € zurückzuzahlen, im Jahr 06 700 € ($^7/_{12}$ von 6.000 €).
Dem Unternehmer verbleibt somit insgesamt nur ein Vorsteuerabzug von 2.000 €.

Beispiel 4: Bauunternehmer B hat vom Hersteller H einen Baukran für 200.000 € zuzüglich 38.000 € Umsatzsteuer erworben. Er setzt den Baukran im Jahr des Erwerbs zunächst auf Baustellen ein, wo er lediglich den Rohbau auf dem Grund und Boden des Erstellers errichtet (400 Betriebsstunden). Danach (noch im Jahr des Erwerbs) setzt er den Baukran zum Bau von Reihenhäusern ein, die er nach Fertigstellung schlüsselfertig mitsamt dem Grund und Boden an Privatleute veräußert (600 Betriebsstunden).

Aufgabe: Ist eine Vorsteuerberichtigung durchzuführen?

Lösung: Die Veräußerung der Reihenhäuser mit Grund und Boden ist steuerfrei nach § 4 Nr. 9a UStG (ohne Optionsausübung). Soweit der Baukran zur Herstellung dieser Reihenhäuser verwendet wurde, steht der Erwerb des Baukrans im Zusammenhang mit vorsteuerschädlichen Ausgangsumsätzen (§ 15 Abs. 2 Nr. 1 UStG, kein § 15 Abs. 3 UStG).
Die Errichtung von Rohbauten auf dem Grund und Boden des Bestellers stellen dagegen steuerpflichtige Werklieferungen dar. Soweit der Baukran zu diesen Lieferungen eingesetzt wurde, steht sein Erwerb im Zusammenhang mit vorsteuerunschädlichen Ausgangsumsätzen.
Für das Abzugsverbot des § 15 Abs. 2 UStG kommt es grundsätzlich auf die Verwendungsabsicht des Unternehmers an. Dabei ist im vorliegenden Fall mangels anderer Anhaltspunkte auf die Nutzung des Baukrans im Kalenderjahr der erstmaligen Verwendung abzustellen (Abschnitt 15.12 und 15.16 Abs. 1 UStAE).
Da der Baukran somit im Jahr der erstmaligen Verwendung sowohl für vorsteuerunschädliche, als auch für vorsteuerschädliche Ausgangsumsätze genutzt wurde, ist die Vorsteuer gem. § 15 Abs. 4 UStG aufzuteilen. Eine Vorsteuerberichtigung greift (noch) nicht ein; dies ist erst ab dem Zeitpunkt der tatsächlichen Verwendung zu beurteilen (= tatsächliche Ausgangsumsätze).
Als Maßstab für die Aufteilung bietet sich das Verhältnis der Betriebsstunden an. Danach kann B $^{400}/_{1.000}$ × 100 = 40 % der Umsatzsteuer von 38.000 € = 15.200 € als Vorsteuer geltend machen.

➡ **Fazit für Examensklausur – Vorsteuerberichtigung – insbesondere zu beachten:**

- § 15a UStG zielt im Grundsatz immer darauf ab, den Vorsteuerabzug aus einem Leistungsbezug auf die tatsächliche Verwendung des Gegenstandes/sonstige Leistung (§ 15a Abs. 3 UStG) anzupassen. Folgendes müssen Sie aus der Aufgabe herausfiltern:
  - Verwendung für vorsteuerschädliche/vorsteuerunschädliche Ausgangsumsätze.
  - Für welchen Zeitraum innerhalb des Berichtigungszeitraums von 5 oder 10 Jahren hat sich die Verwendung geändert?
  - Beginn des Berichtigungszeitraums (tatsächliche Verwendung)?
  - Die Aufteilung der Vorsteuer kann nach Prozent, Betriebsstunden, Nutzungsflächen etc. vorgenommen werden (§ 15 Abs. 4 UStG, Abschn. 15.17 UStAE).

2.3 Konkrete Bearbeitungshinweise

- Eine Vorsteuerberichtigung ist immer nur dann möglich, wenn der Gegenstand zuvor dem Unternehmensvermögen zugeordnet war. Hat der Unternehmer keine Zuordnung vorgenommen, eröffnet sich keine Möglichkeit zur Berichtigung nach § 15a UStG. Eine Ausnahme gilt hier nur bei Grundstücken über § 15a Abs. 6a UStG.
- Im Bereich der Vorsteuerberichtigung ist es immer hilfreich, den in Frage stehenden Vorsteuerbetrag auf den Berichtigungszeitraum von 60 oder 120 Monaten aufzuteilen und mit diesen Beträgen zu rechnen.
- Eine Veräußerung während des Berichtigungszeitraums gilt als finale Verwendung (§ 15 Abs. 8 UStG). Die verbliebene Zeit/der verbliebene Vorsteuerbetrag ist zu korrigieren.
- Eine Geschäftsveräußerung im Ganzen (§ 1 Abs. 1a UStG) löst keine Vorsteuerberichtigung aus, der Berichtigungszeitraum des einstigen Unternehmers läuft weiter.
- Solange ein Berichtigungsobjekt (Abschn. 15a.1. Abs. 2 UStAE) noch nicht tatsächlich verwendet wird, kommt es auf die Verwendungsabsicht an (Abschn. 15a.2. Abs. 2 Satz 2 UStAE).
- Der Berichtigungszeitraum beginnt erst ab dem Zeitpunkt der tatsächlichen Verwendung (Abschn. 15a.3. Abs. 1 UStAE) – das ist insbesondere bei der Herstellung von Gebäuden relevant.
- Bitte auch immer – wenn auch nur kurz – die §§ 44 und 45 UStDV prüfen.

2.3.3 Der „Dauerbrenner" (Die unentgeltlichen Wertabgaben)

Unentgeltliche Wertabgaben sind immer wieder in den Examensaufgaben zur Umsatzsteuer enthalten.

Aus diesem Grund werden nachfolgend einige Beispiele dargestellt, um diese Norm nicht aus den Augen zu verlieren.

> **Beispiel 1 – ursprünglicher Erwerb ohne Vorsteuerabzug:**
> a) Der Rechtsanwalt B betreibt in Meißen eine Rechtsanwaltskanzlei.
> Im Oktober 2023 **verkaufte** er einen gebrauchten PC (bestehend aus Festplatte, Bildschirm, Tastatur und Flachbildscanner) für 2.000 € an den Studenten C aus Dresden; den PC hatte B im Februar 2021 für 2.500 € von der Privatperson D aus Meißen ohne Vorsteuerabzug erworben und zutreffend dem Unternehmensvermögen zugeordnet.
> Der PC wurde von B bis zum Verkauf ausschließlich unternehmerisch genutzt.
> b) Im Oktober 2023 **schenkte** B den PC seinem Sohn Claus zu dessen Geburtstag; ansonsten wie a).
>
> **Aufgabe:** Nehmen Sie zur Steuerbarkeit/Nichtsteuerbarkeit bzw. Steuerpflicht der geschilderten Sachverhalte 1 und 2 Stellung; begründen Sie Ihre umsatzsteuerrechtlichen Entscheidungen.
>
> **Lösung:**
> a) Der Rechtsanwalt B bewirkt mit dem Verkauf des PC eine Lieferung gem. § 3 Abs. 1 UStG. Es liegt ein Hilfsgeschäft gem. Abschnitt 2.7 Abs. 2 S. 1 bis 4 UStAE vor, welches steuerbar (§ 1 Abs. 1 Nr. 1 UStG) und mangels der Anwendung des § 4 UStG steuerpflichtig ist.
> b) Der Rechtsanwalt B bewirkt mit der Entnahme des PC einen Umsatz, der gem. § 3 Abs. 1b S. 1 Nr. 1 UStG einer Lieferung gegen Entgelt gleichgestellt wird. Es liegt ein Hilfsgeschäft gem. Abschnitt 2.7 Abs. 2 S. 4 UStAE vor, welches jedoch mangels Vorsteuerabzug bei Erwerb gem. § 3 Abs. 1b Satz 2 UStG nicht steuerbar ist.

Beispiel 2: Die Unternehmerin R (§ 16 UStG, VAZ = Monat) betreibt in Leipzig einen Einzelhandel für Naturholzmöbel.

Aufgrund eines attraktiven Angebots des Autohauses am Waldplatz beschloss R, einen VW Caddy für ihr Unternehmen zu erwerben. Der Listenpreis belief sich auf 40.000,00 € + 19 % Umsatzsteuer. R konnte den lt. Angebot angepriesenen Rabatt von 25 % in Anspruch nehmen, da es sich um einen Vorführwagen handelte. Den rabattierten Kaufpreis in Höhe von 35.700,00 € brutto überwies R am 26.02.2023 vom Geschäftskonto an das Autohaus und holte den Wagen am 02.03.2023 ab.

Bei Abholung erhielt sie die ordnungsgemäße Rechnung.

Da ihr Ehemann meistens den privaten Audi fährt, nutzte R den VW Caddy auch für private Fahrten.

Diese private Nutzung beläuft sich auf ungefähr 20 % der gesamten Nutzung. Ein Fahrtenbuch wollte R nicht führen, da es ihr zu viel Arbeit ist.

Die laufenden PKW-Kosten betrugen im Kalenderjahr 2023 insgesamt 2.929,00 € brutto. Dabei entfielen 2.380,00 € auf Benzin und Werkstattkosten sowie 549,00 € auf Versicherungen und Steuern.

Lösung:

Zuordnung zum Unternehmensvermögen:

Da der PKW lt. Sachverhalt mindestens 10 % für unternehmerische Zwecke genutzt wird, kann R den VW mit Wahlrecht entsprechend ihrer Verwendungsabsicht zu 100 % dem Unternehmensvermögen zuordnen, § 15 Abs. 1 Satz 2 UStG, Abschn. 15.2c Abs. 2 Satz 1 Nr. 2b UStAE.

Vorsteuer:

Die Vorsteuer aus dem Erwerb des PKW ist im VAZ März 2023 abziehbar und abzugsfähig in Höhe von 5.700,00 €, § 15 Abs. 1 Satz 1 Nr. 1 Satz 1 und 2 UStG.

Die Zahlung im Februar 2023 berechtigt noch nicht zum Vorsteuerabzug, da zu diesem Zeitpunkt noch keine Rechnung vorlag (Abschn. 15.2 Abs. 2 UStAE).

Aus den laufenden Kosten ist eine Vorsteuer in Höhe von 380 € (19 % von brutto 2.380,00 €) im Kalenderjahr 2023 abziehbar und abzugsfähig nach § 15 Abs. 1 Satz 1 UStG.

Versicherungskosten und Steuern enthalten keine Umsatzsteuer und berechtigen daher nicht zum Vorsteuerabzug.

Private PKW-Nutzung:

Es handelt sich um unentgeltliche Wertabgaben nach § 3 Abs. 9a Nr. 1 UStG.

Ort des Umsatzes ist Leipzig, § 3 Abs. 5a UStG i.V.m. **§ 3a Abs. 1 UStG.**

Leipzig ist Inland, § 1 Abs. 2 Satz 1 UStG.

Der Umsatz ist steuerbar nach, § 1 Abs. 1 Nr. 1 UStG, und mangels Steuerbefreiung nach § 4 UStG steuerpflichtig.

Die Bemessungsgrundlage sind die entstandenen Ausgaben mit Vorsteuerabzug, § 10 Abs. 4 Satz 1 Nr. 2 UStG.

Da der PKW zu mehr als 50 % betrieblich genutzt wird, kann der Wert der Nutzungsentnahme nach § 6 Abs. 1 Nr. 4 Satz 2 EStG bestimmt werden (1 %-Regelung, Abschn. 15.23. Abs. 5 Nr. 1 UStAE).

2.3 Konkrete Bearbeitungshinweise

Ein Fahrtenbuch wird lt. Sachverhalt nicht geführt.
Bruttolistenpreis des Fahrzeugs: 47.600,00 €, davon 1 % = 476,00 € pro Monat × 10 Monate in 2023 = 4.760,00 €.
Für nicht mit Vorsteuern belastete Ausgaben ist ein pauschaler Abschlag von 20 % vorzunehmen (952,00 €, Abschn. 15.23 Abs. 5 Satz 4 Nr. 1 a) Satz 3 UStAE).
Unentgeltliche Wertabgabe also: 80 % von 4.760,00 € = 3.808,00 €.
Der Steuersatz beträgt 19 % nach § 12 Abs. 1 UStG. Die Umsatzsteuer beträgt: 3.808,00 € × 19 % = 723,52 €.
Die Umsatzsteuer entsteht jeweils mit Ablauf des VAZ März – Dezember 2023 in Höhe von monatlich 72,35 €, § 13 Abs. 1 Nr. 2 UStG.
Steuerschuldnerin ist R, § 13a Abs. 1 Nr. 1 UStG.

Achtung:
Der 1 %-Wert vom Bruttolistenpreis ist bei Unternehmern als Nettowert und bei Arbeitnehmern als Bruttowert zu behandeln (Abschn. 15.23 Abs. 5 Satz 4 Nr. 1 Buchstabe a) Satz 4 UStAE im Vergleich zu Abschn. 15.23 Abs. 11 Satz 2 und Nr. 1 Satz 4 UStAE). Die Umsatzsteuer ist also einmal aufzuschlagen und einmal herauszurechnen!

Beachte!
Änderung durch das Gesetz zur weiteren steuerlichen Förderung der Elektromobilität
Die Umsatzsteuer folgt in Bezug auf Elektrofahrzeuge nicht der ertragsteuerlichen Vergünstigung auf 0,5 % (Abschn. 15.23. Abs. 5 Nr. 1 Buchstabe a) Satz 2 UStAE, nochmals bestätigt durch BMF-Schreiben vom 7. Februar 2022.

➡ **Fazit für Examensklausur – unentgeltliche Wertabgaben:**
- Sofern bereits bei Leistungsbezug klar ist, dass ein Gegenstand für unentgeltliche Wertabgaben verwendet werden soll, ist ein Vorsteuerabzug ausgeschlossen.
- Besonderheiten gelten bei **PV-Anlagen**. Hier wurde ähnlich wie bei der Aufhebung des Seeling-Modells der Vorsteuerabzug aus der Anschaffung ausgeschlossen, soweit eine Entnahme für private Zwecke erfolgt (Abschn. 2.5 Abs. 11 UStAE).
- Bei der Pkw-Nutzung achten Sie bitte auf Unterschiede zwischen der Entnahme für unternehmensfremde Zwecke allgemein und der Entnahme für das Personal. Details dazu finden Sie in Abschn. 15.23 Abs. 5 und Abs. 8 UStAE.
- Wurde ein Gegenstand ohne Vorsteuerabzug erworben, erfolgt auch keine Besteuerung der unentgeltlichen Wertabgabe (das wäre unlogisch…)

2.3.4 Exkurs: PV-Anlagen ab 2023

An dieser Stelle wollen wir einige Hinweise zur – neuen – umsatzsteuerlichen Beurteilung der Lieferung von PV-Anlagen ergänzen.

Durch das Jahressteuergesetz 2022 (BStBl. I 2023 S. 7) wurde ein neuer Absatz 3 in § 12 UStG angefügt. Nach § 12 Abs. 3 Nr. 1 Satz 1 UStG ermäßigt sich die Steuer auf 0 % für die Lieferungen von Solarmodulen an den Betreiber einer Photovoltaikanlage, einschließlich der für den Betrieb einer Photovoltaikanlage wesentlichen Komponenten und der Speicher, die dazu dienen, den mit Solarmodulen erzeugten Strom zu speichern, wenn die Photovoltaikanlage auf oder in der

Nähe von Privatwohnungen, Wohnungen sowie öffentlichen und anderen Gebäuden, die für dem Gemeinwohl dienende Tätigkeiten genutzt werden, installiert wird.

Die Regelungen sind im Gesetz und im Anwendungserlass (Abschn. 12.18) enthalten, weshalb es durchaus möglich ist, dass dies als „neues" Thema in einem nächsten Examen enthalten sein kann.

Durch diese neue Regelung wurde in Deutschland erstmalig von der Möglichkeit eines Nullsteuersatzes Gebrauch gemacht. Warum? Man wollte die Lieferung/den Erwerb einer PV-Anlage für die privaten Erwerber erleichtern, in dem man die darauf – eigentlich bzw. bisher – anfallende Umsatzsteuer auf 0 % reduziert. Der Erwerber muss so nicht mehr auf die Kleinunternehmerregelung verzichten, um den Vorsteuerabzug aus der Anschaffung geltend machen zu können.

Der Nullsteuersatz ist keine (vorsteuerschädliche) Steuerbefreiung nach § 4 UStG, sondern lediglich ein Steuersatz von 0 %. Der Nullsteuersatz ermöglicht den Unternehmen, die PV-Anlagen liefern, die auf die zugehörigen Eingangsleistungen der Hersteller anfallende Vorsteuer weiterhin geltend zu machen.

Heißt für die PV-Anlagenbauer:
Eingangsleistungen mit 100 + 19 % Umsatzsteuer + Vorsteuerabzug
Ausgangsleistungen – Lieferung der PV-Anlage mit 100 + 0 % Umsatzsteuer

Wo kann es hier speziell werden?
1. **Welche Komponenten** gehören zu einer „Lieferung einer PV-Anlage"?
   Hier ist beispielsweise möglich, dass ein Fall die Lieferung einer Wallbox enthält, welche nicht als Komponente einer PV-Anlage anzusehen ist. Die Wallbox dient nicht der Speicherung von Strom, sondern lediglich dem Transport von Strom als Energiequelle in ein Fahrzeug.
2. Ist der Erwerber einer PV-Anlage ein für den Nullsteuersatz benötigter „**Betreiber einer PV-Anlage**"?
   Beispielsweise ist zu beachten, dass die Vereinfachungsregelung der 30 kW (peak) nur für die Gebäudeart gilt, nicht aber für die Betreibereigenschaft (Abschn. 12.18 Abs. 5 UStAE).
3. Erfüllt der Einbau-Ort die zugehörigen **Belegenheitsbedingungen**?
   Hier kann vereinfachend davon ausgegangen werden, dass eine begünstigte Gebäudeart vorliegt, wenn die o.g. Grenze von 30 kW (peak) nicht überschritten wird.
4. Inwieweit handelt es sich um **Bauleistungen im Sinne des § 13b UStG**?
   Hier ist es wichtig zu wissen, dass gem. Abschn. 13b.2 Abs. 5 Nr. 11 UStAE die Werklieferung einer PV-Anlage als Bauleistung im Sinne des § 13b UStG gilt.
   Insoweit kann die Steuerschuld dann wiederum nur auf den Leistungsempfänger übergehen, wenn dieser selbst eine entsprechende Bauleistung ausführt und eine zugehörige Bescheinigung USt 1 TG vorlegen kann (§ 13b Abs. 2 Nr. 4 UStG). Dies ist in Bezug auf die Eingangs- und Ausgangsleistungen eines PV-Anlagenbauers zu prüfen.

Unwahrscheinlich in einem nächsten Examen ist die evtl. Diskussion über etwaige „einheitliche" Leistungen (gehört eine Wallbox ggf. als Bestandteil einer Gesamtlieferung zu einer PV-Anlagen-Lieferung). Der Begriff der einheitlichen Leistung ist im Moment in der Rechtsprechung noch in Klärung und unklar in der Definition.

Dagegen kann ein Fall durchaus eine Lieferung einer PV-Anlage in Kombination mit dem o.g. Begriff einer Bauleistung nach § 13b UStG enthalten.

2.3 Konkrete Bearbeitungshinweise

Achten Sie deshalb bei etwaigen Fällen mit PV-Anlagen darauf, die jeweiligen Eingangs- und Ausgangsleistungen unter diesen Gesichtspunkten genau zu prüfen und vergessen Sie nicht den etwaigen Übergang der Steuerschuld auf den Leistungsempfänger.

Sollte möglicherweise noch ein ausländischer Leistungserbringer involviert sein, ist neben dem für „inländische Bauleistungen" geltenden § 13b Abs. 2 Nr. 4 UStG auch § 13b Abs. 2 Nr. 1 UStG zu prüfen.

2.3.5 Der Kleinunternehmer nach § 19 UStG
2.3.5.1 Allgemeines

Die Kleinunternehmerregelung regelt den Verzicht auf die Steuererhebung für Unternehmer, die gewisse Freigrenzen nicht überschreiten. Diese Unternehmer werden mit ihren Umsätzen nicht der Umsatzsteuer unterworfen und erhalten im Gegenzug keinen Vorsteuerabzug.

Die Vorschrift ist vor allem für Existenzgründer oder Unternehmer im Nebenberuf bedeutsam. Denn sowohl bei Gründung eines Unternehmens als auch bei der Ausübung der Tätigkeit im Nebenerwerb unterliegen dem Grunde nach sämtliche Umsätze der Umsatzsteuer. Unabhängig von der Größe des Unternehmens sind ansonsten Aufzeichnungen zu führen und regelmäßig Voranmeldungen abzugeben (**Regelbesteuerung**).

Erfüllt ein Unternehmer jedoch die Voraussetzungen, gilt er kraft Gesetzes als Kleinunternehmer und kommt in den Genuss der Verwaltungs- und Arbeitserleichterung. Allerdings könnte er bis zur Unanfechtbarkeit der Steuerfestsetzung auch auf die Erleichterung und den Kleinunternehmerstatus verzichten (§ 19 Abs. 2 UStG).

2.3.5.2 Voraussetzungen für die Anwendung des § 19 UStG

Die Vereinfachungsregelung für Kleinunternehmer gilt nur für inländische Unternehmer, welche die einschlägigen Umsatzgrenzen nicht überschreiten **(§ 19 Abs. 1 S. 1 UStG)**.

Der Gesamtumsatz i.S.d. § 19 Abs. 1 Satz 2 UStG (Umsatz zuzüglich der darauf entfallenden Steuer) darf:	
1.	im vorangegangenen Kalenderjahr **22.000 €** nicht überstiegen haben **und**
2.	im laufenden Kalenderjahr **50.000 €** voraussichtlich nicht übersteigen.

Der Gesamtumsatz (§ 19 Abs. 3 UStG) ist die Summe aller steuerbaren Umsätze gemäß § 1 Abs. 1 Nr. 1 UStG, vermindert um die steuerfreien Umsätze nach §§ 4 Nr. 8i, 9b, 11–29 UStG.

Zusätzlich wird der Gesamtumsatz noch um die steuerfreien Umsätze nach §§ 4 Nr. 8a–h, 9a und 10 UStG vermindert, wenn diese Umsätze sogenannte **Hilfsumsätze** darstellen.

Beispiel Gesamtumsatz:	
Lieferungen/sonstige Leistungen Inland (§ 1 Abs. 1 Nr. 1 UStG)	8.000 €
Unentgeltliche Wertabgaben (§ 1 Abs. 1 Nr. 1 UStG)	1.500 €
Steuerpflichtiger innergemeinschaftlicher Erwerb (§ 1 Abs. 1 Nr. 5 UStG)	15.000 €
Einfuhr aus dem Drittland (§ 1 Abs. 1 Nr. 4 UStG)	7.000 €
Gesamtumsatz i.S.d. § 19 Abs. 3 UStG	**9.500 €**

> **Beachte!** Da der Unternehmer zu Beginn des (laufenden) Kalenderjahrs unter Umständen nicht mit hinreichender Sicherheit sagen kann, ob er die 50.000 €-Grenze überschreiten wird, ist zur Beurteilung der Kleinunternehmerregelung eine Prognoseentscheidung des Unternehmers erforderlich.
> Ergibt seine Prognose zu Beginn des Kalenderjahrs, dass er die Umsatzgrenze von 50.000 € voraussichtlich nicht überschreiten wird **und** hat er auch die Umsatzgrenze des Vorjahrs nicht überschritten, bleibt es definitiv bei der Anwendung der Kleinunternehmerregelung, selbst wenn er die Grenze im laufenden Kalenderjahr tatsächlich überschreiten sollte (Abschn. 19.1 Abs. 3 Satz 2 ff. UStAE).
> Auf Verlangen hat der Unternehmer jedoch dem Finanzamt die Verhältnisse darzulegen, aus denen sich ergibt, wie hoch der Umsatz des laufenden Kalenderjahrs voraussichtlich sein wird.

2.3.5.3 Beginn der unternehmerischen Tätigkeit im laufenden Jahr

Beginnt der Unternehmer seine unternehmerische Tätigkeit im laufenden Kalenderjahr, so war für das vorangegangene Kalenderjahr kein Umsatz vorhanden. Maßgebend ist der voraussichtliche Umsatz zu Beginn der unternehmerischen Tätigkeit. Allerdings gilt hier nicht die Umsatzgrenze von 50.000 €, sondern die Umsatzgrenze von 22.000 € (Abschn. 19.1 Abs. 4 UStAE).

Ferner ist für einen Unternehmer bei einer Neugründung die Prognose der zu erwartenden Umsätze von entscheidender Bedeutung. Es kommt mithin nicht darauf an, dass bereits Einnahmen erzielt werden, denn die Unternehmereigenschaft beginnt bereits mit ersten Vorbereitungshandlungen.

2.3.5.4 Folgen der Kleinunternehmerregelung

Unternehmer, die unter § 19 Abs. 1 UStG fallen, können gem. § 19 Abs. 1 Satz 4 UStG keine steuerbefreite innergemeinschaftliche Lieferung ausführen und nicht nach § 9 UStG auf Steuerbefreiungen verzichten (Option). Der Kleinunternehmer darf keine Vorsteuer nach § 15 UStG abziehen und in Rechnungen keine Umsatzsteuer gesondert ausweisen (§ 14UStG).

Die nach § 13b Abs. 2 UStG, § 14c Abs. 2 UStG und § 25b Abs. 2 UStG geschuldete Steuer muss der Unternehmer jedoch für den jeweiligen Zeitraum an das Finanzamt abführen (§ 19 Abs. 1 Satz 3 UStG; § 18 Abs. 4a UStG). Hierzu ist eine Voranmeldung (nur) für den Monat abzugeben, in dem die Umsätze realisiert worden sind (§ 18 Abs. 4a UStG).

> **Hinweise zu § 19 UStG (Wiederholung – siehe Kapitel zu § 13b UStG):**
> **Kleinunternehmer**, deren Steuer nach § 19 UStG nicht erhoben wird, sind als **Leistende** aus der Regelung des § 13b UStG ausgenommen. **§ 13b Abs. 5 Satz 9 UStG.**
> **Kleinunternehmer** als Leistungs**empfänger** werden dagegen Steuerschuldner nach § 13b Abs. 5 UStG, siehe § 13b Abs. 8 UStG.
>
> Es gilt bei Kleinunternehmern:
> **Eingangsleistungen: § 13b – möglich.**
> **Ausgangsleistungen: § 13b – keine Anwendung!**

> **Hinweis! Innergemeinschaftlicher Erwerb im Sinne des § 1a Abs. 3 UStG (Schwellenerwerb)**
> Innergemeinschaftliche Lieferungen sind im Abgangsstaat grundsätzlich umsatzsteuerfrei und unterliegen im Bestimmungsmitgliedstaat als innergemeinschaftlicher Erwerb der Umsatzbesteuerung. Für Unternehmer, die nur steuerfreie Umsätze ausführen, die zum Ausschluss vom Vorsteuerabzug führen, **Kleinunternehmer**, Land- und Forstwirte, die die Durchschnittssatzbesteuerung nach § 24 UStG anwenden, und juristische Personen, die nicht Unternehmer sind oder die einen Gegenstand nicht für ihr Unternehmen erwerben, gilt dies gem. § 1a Abs. 3 UStG allerdings nur, wenn der Gesamtbetrag der Entgelte für solche Erwerbe den Betrag von 12.500 € im vorangegangenen Kalenderjahr nicht überstiegen hat und diesen Betrag im laufenden Kalenderjahr voraussichtlich nicht übersteigen wird (Erwerbsschwelle). Die genannten Unternehmer können jedoch auf die Anwendung der Erwerbsschwelle verzichten. Der Verzicht ist nach geltender Rechtslage gegenüber dem Finanzamt zu erklären. Als Verzicht gilt die Verwendung einer dem Erwerber erteilten USt-Id.Nr. gegenüber dem Lieferer (§ 1a Abs. 4 Satz 2 UStG).
> Der Verzicht bindet den Erwerber mindestens für zwei Kalenderjahre.

2.3.5.5 Die Option zur Regelbesteuerung

Der Unternehmer kann dem Finanzamt bis zur Unanfechtbarkeit der Steuerfestsetzung erklären, dass er auf die Anwendung des § 19 Abs. 1 UStG verzichtet **(§ 19 Abs. 2 UStG)**. Er unterliegt damit ab dem Beginn des erklärten Kalenderjahrs (Abschn. 19.2 Abs. 1 UStAE) der Besteuerung nach den allgemeinen Vorschriften des UStG. Die Erklärung gilt vom Beginn des Kalenderjahrs oder vom Beginn der Tätigkeit an, für das sie der Unternehmer abgegeben hat.

Sie ist an keine bestimmte Form gebunden, und kann daher auch durch Abgabe einer Umsatzsteuervoranmeldung oder einer Umsatzsteuerjahreserklärung erfolgen, in der die Steuer nach den allgemeinen Vorschriften des Umsatzsteuergesetzes berechnet wird. Die Erklärung bindet den Unternehmer für mindestens **fünf Kalenderjahre**.

Vor Eintritt der Unanfechtbarkeit der Steuerfestsetzung kann der Unternehmer die Erklärung mit Wirkung für die Vergangenheit zurücknehmen. Hat er in einer Rechnung bereits Umsatzsteuer gesondert ausgewiesen, kann er diese in entsprechender Anwendung des § 14c Abs. 2 Satz 3 bis 5 UStG berichtigen **(Abschn. 19.2 Abs. 2 UStAE)**.

> **Beachte!** Unanfechtbarkeit einer Steuerfestsetzung liegt vor, wenn diese nicht oder nicht mehr mit den ordentlichen Rechtsbehelfen des außergerichtlichen Rechtsbehelfsverfahrens oder mit den Rechtsbehelfen des Steuerprozesses angefochten werden kann, während es auf die Statthaftigkeit außerordentlicher Rechtsbehelfe nicht ankommt. Die Unanfechtbarkeit als formelle Bestandskraft ist unabhängig vom Vorhandensein materieller Bestandskraft, bei der es um die Verbindlichkeit einer Verwaltungsentscheidung geht.

2.3.5.6 Der Wechsel der Besteuerungsform

Umsätze, die ein Kleinunternehmer vor dem Übergang zur Regelbesteuerung ausgeführt hat, fallen auch dann noch unter § 19 Abs. 1 UStG, wenn die Entgelte nach diesem Zeitpunkt vereinnahmt werden. Demzufolge unterliegen konsequenterweise solche Umsätze der Regelbesteuerung, die nach dem Übergang ausgeführt werden.

Wechselt ein Regelbesteuerer zur Kleinunternehmerregelung, unterliegen auch die Umsätze, die vor dem Wechsel der Besteuerungsform ausgeführt worden sind, der Regelbesteuerung (Abschn. 19.5. Abs. 6 und 7 UStAE). Es kommt also insoweit immer auf den Zeitpunkt der Ausführung einer Leistung an.

Weiterhin ist beim Wechsel der Besteuerungsform eine Änderung der Verhältnisse nach § 15a Abs. 7 UStG gegeben.

➡ **Fazit für Examensklausur – Kleinunternehmer:**
- In Bezug auf Fälle mit Kleinunternehmern merken Sie sich beispielsweise, dass **§ 13b UStG eingangsseitig wirkt, ausgangsseitig aber nicht**. Der Kleinunternehmer ist ein Unternehmer, der die fremde Umsatzsteuer übernehmen kann und muss.
- Die **Umsatzgrenzen** nach § 19 Abs. 3 UStG sind genau zu berechnen. Hier hilft die Lektüre des Abschn. 19.1. Abs. 2 und 3 UStAE. Es geht hier um Bruttoumsätze nach vereinnahmten Entgelten. Nach dem Gesamtumsatz entscheidet sich, ob ein Unternehmer Kleinunternehmer sein kann oder nicht. Die nachfolgende umsatzsteuerliche Würdigung ist falsch, wenn man sich hier vertan hat.
- Eine **Option zur Regelbesteuerung** ist nur dann zu wählen, wenn lt. Aufgabenstellung bspw. die günstigste Lösung für den Unternehmer zu wählen ist und entsprechend hohe Vorsteuerbeträge abziehbar sein könnten.
- Im Hinblick auf den Wechsel der Besteuerungsform ist die Regel, dass nichts unversteuert sein und nichts doppelt besteuert werden darf. Hier geht es dagegen um den Zeitpunkt der Ausführung des Umsatzes, unabhängig davon, wann das zugehörige Entgelt vereinnahmt wurde (Abschn. 19.2. UStAE)

2.4 Musterklausur

A. Z-KG
Gegenstand des von der Z-KG betriebenen Unternehmens ist die Herstellung und der Verkauf von Fertighäusern.
1. Im Jahre 01 bebaute die Z-KG (Bauträger für Errichtung und Verkauf inländischer Grundstücke) ein ihr gehörendes Grundstück mit einem Fertighaus, das sie als Büro und gleichzeitig als Musterhaus benutzen wollte. Die Bauarbeiten dauerten vom 14. Mai bis 31. Mai 01. Ab dem 1. Juni 01 nutzte die Z-KG das Erdgeschoss mit einer Nutzfläche von 100 m² des insgesamt 150 m² umfassenden Hauses als Büro. Außerdem wurde das ganze Haus ab diesem Zeitpunkt laufend von Kaufinteressenten besichtigt.
Zum 1. Juni 01 hatte das Haus einen (geschätzten) Verkehrswert von 290.000 €. Die von der Z-KG für den Bau verwendeten Materialien und bezogenen Fremdleistungen hatten einen Wert von 90.000 € netto.
Entgegen dem ursprünglichen Vorhaben der Z-KG, das Haus längerfristig als Musterhaus zu nutzen, veräußerte sie es aus finanziellen Gründen schon zum 01.12.01 mit notariellem Kaufvertrag für netto 300.000 € an die Eheleute A und B (AB) und verzichtete im notariellen Kaufvertrag auf die Steuerbefreiung. Im Vertrag war außerdem vereinbart, dass die Z-KG das Haus gegen ein Nutzungsentgelt von monatlich 2.000 € zuzüglich USt weiterhin für ihre Zwecke nutzen konnte. Die Grunderwerbsteuer hatte laut Kaufvertrag die KG allein zu tragen. AB machten die Umsatzsteuer als Vorsteuer geltend.

2. Da die Eheleute AB ihrerseits ebenfalls in finanzielle Schwierigkeiten kamen, veräußerten sie das Haus mit notariellem Kaufvertrag zum 01.03.03 an einen Rechtsanwalt R, der bereit war, für das Objekt 350.000 € zuzüglich Umsatzsteuer zu zahlen. Außerdem übernahm R die gesamte Grunderwerbsteuerschuld aus dem Verkauf. R trat in den mit der Z-KG bestehenden Mietvertrag ein, vereinbarte aber sofort mit ihr, dass das Mietverhältnis zum 31.12.03 beendet wird. R nutzte ab 01.01.04 das Haus für fremde Wohnzwecke. Zwei von der übrigen Wohnung abgetrennte Räume mit einer Nutzfläche von 50 m² im Erdgeschoß nutzte er als Rechtsanwaltspraxis.

Aufgabe: Die Vorfälle bei der Z-KG, den Eheleuten AB und dem Rechtsanwalt R sind unter Angabe der gesetzlichen Bestimmungen und ggf. der Verwaltungsregelungen umsatzsteuerrechtlich zu beurteilen. Dabei sind insbesondere anzugeben: Art des Umsatzes, Steuerbarkeit, Steuerpflicht oder Steuerbefreiung, abziehbare Vorsteuerbeträge (soweit Angaben dazu im Sachverhalt), Auswirkungen späterer Ereignisse auf bereits abgezogene Vorsteuerbeträge.

Lösung zum Verkauf des Grundstücks an die Eheleute AB:

Die **Z-KG** tätigt mit der Herstellung und dem Verkauf von Fertighäusern grundsätzlich im Inland steuerbare und mangels Steuerbefreiungsvorschrift auch steuerpflichtige Ausgangsumsätze. Sowohl die Nutzung als Büro als auch die Verwendung des ganzen Hauses als Musterhaus dienen diesen Zwecken und sind somit vorsteuerunschädlich. Die Z-KG kann deshalb die Vorsteuer aus den für die Bebauung verwendeten Materialien und sonstigen Eingangsleistungen in Höhe von 17.100 € (90.000 € × 19 %) nach § 15 Abs. 1 i.V.m. Abs. 2 UStG abziehen.

Die Verwendung des Hauses für unternehmerische Zwecke beginnt mit der tatsächlichen Nutzung am 01.06.01 und endet am 30.11.01, da zum 01.12.01 das Grundstück in das Eigentum der Eheleute AB übergeht und die Z-KG das Haus ab diesem Zeitpunkt nur noch als Mieter nutzt.

Mit dem Verkauf bewirkt die KG eine steuerbare und grundsätzlich nach § 4 Nr. 9a UStG steuerfreie Lieferung. Da die Lieferung jedoch von einem Unternehmer an die Eheleute zu Vermietungszwecken und damit zu unternehmerischen Zwecken der Eheleute erfolgte, ist eine Option gem. § 9 UStG möglich, sinnvoll und von der Z-KG durch den ausdrücklichen Verzicht auf die Befreiung im notariellen Kaufvertrag auch wirksam vollzogen (vgl. § 9 Abs. 3 UStG; Abschn. 9.1 i.V.m. Abschn. 9.2 Abs. 9 UStAE).

Eine Geschäftsveräußerung im Ganzen ist in Bezug auf den Verkauf des Grundstücks auszuschließen, da dieses mangels Vermietung zuvor nicht als Geschäftsbetrieb im Sinne des § 1 Abs. 1a UStG anzusehen ist (Abschn. 1.5 Abs. 2a UStAE).

Nach § 15a Abs. 8 i.V.m. Abs. 9 UStG ist dieser Verkauf jedoch so anzusehen, als wäre das Grundstück nach der Veräußerung, bis zum Ablauf des maßgeblichen Berichtigungszeitraums, in der Art für das Unternehmen genutzt worden, wie der Verkauf umsatzsteuerrechtlich zu würdigen ist. Da dieser umsatzsteuerpflichtig vorgenommen wurde, ist auch für den restlichen Berichtigungszeitraum von einer umsatzsteuerpflichtigen Verwendung des Grundstücks auszugehen, obwohl der Verkauf eines Grundstücks eine finale Verwendung eines dem Unternehmensvermögens zugeordneten Gegenstands bedeutet.

AB haben gleichzeitig mit Abschluss des notariellen Kaufvertrags einen Mietvertrag geschlossen und ihrerseits durch den gesonderten Ausweis der Umsatzsteuer auf den Vermietungsumsatz nach § 9 Abs. 1 UStG zur Steuerpflicht optiert.

Das Optionsverbot nach § 9 Abs. 2 UStG greift nicht, da die KG letztendlich das Grundstück ausschließlich für steuerpflichtige Umsätze verwendet.

Ergebnis Z-KG:
Der Verkauf des Grundstücks ist der Umsatzsteuer zu unterwerfen. Die Bemessungsgrundlage beträgt nach § 10 Abs. 1 UStG 300.000 €. Die Umsatzsteuer beläuft sich auf 57.000 €. Auf den von der KG bisher vorgenommenen Vorsteuerabzug hat der Vorgang deshalb keinen Einfluss, insbesondere liegt, mangels Geschäftsveräußerung im Ganzen, keine Änderung der Verhältnisse i.S.d. § 15a UStG vor.

Die Ehegattengemeinschaft AB wird mit dem Erwerb und der Vermietung des Hauses zum Unternehmer und schuldet daher gem. § 13b Abs. 5 Satz 1 i.V.m. Abs. 2 Satz 1 Nr. 3 UStG als Leistungsempfänger die Umsatzsteuer aus dem Verkauf des Hauses.

Sie hat die Steuer i.H.v. 57.000 € als eigene Steuer anzumelden und abzuführen, kann aber in derselben Voranmeldung den Vorsteuerabzug vornehmen. Die KG darf in ihrer Rechnung die Umsatzsteuer nicht gesondert ausweisen und muss auf die Steuerschuldnerschaft von AB hinweisen (§ 14a Abs. 5 UStG).

Außerdem hat AB monatlich 2.000 × 19 % = 380 € Umsatzsteuer an das Finanzamt abzuführen.

Die **Eheleute AB** veräußern mit dem Grundstück ihr Unternehmen im Ganzen an R, der Unternehmer ist, und der das Unternehmen mit Eintritt in den Mietvertrag auch fortführt. Es liegt eine Geschäftsveräußerung im Ganzen i.S.d. § 1 Abs. 1a Satz 2 UStG vor, mit der Folge, dass keine steuerbare Leistung erbracht wird und keine Umsatzsteuer anfällt. AB dürfen im Kaufvertrag keine Umsatzsteuer gesondert ausweisen, da sie keine steuerbare Leistung erbracht haben (und R hat hieraus keinen Vorsteuerabzug). Die durch R angekündigte Beendigung des Mietverhältnisses zum 31.12.03 steht dem grundsätzlich nicht entgegen, da die Vermietungstätigkeit – im Wesentlichen, wenn auch nicht in derselben Form – für mindestens 6 Monate fortgeführt wird (Abschn. 1.5 Abs. 1 und 2 Satz 4 UStAE).

R tritt nach der gesetzlichen Regelung des § 15a Abs. 10 UStG an die Stelle der veräußernden Eheleute AB. Der für das Grundstück maßgebliche Berichtigungszeitraum wird nicht unterbrochen. Die Veräußerung hat für AB keine weiteren Folgen, R jedoch hat sich den von AB vorgenommenen Vorsteuerabzug zurechnen zu lassen und gegebenenfalls eine Berichtigung nach § 15a UStG vorzunehmen.

Der Berichtigungszeitraum für das Grundstück beginnt daher mit der erstmaligen Nutzung des Hauses durch AB am 01.12.01, dauert 10 Jahre und endet mit Ablauf des 30.11.11.

Die Nutzung durch AB erfolgte zu 100 % zu vorsteuerunschädlichen Zwecken (steuerpflichtige Vermietung an Z-KG). Dies setzt sich mit der Vermietung durch R bis zum 31.12.03 fort. Erst die Vermietung zu fremden Wohnzwecken sowie die eigenbetriebliche Nutzung für die Rechtsanwaltspraxis ab 01.01.04 durch R, führt zu einer Änderung der Verhältnisse i.S.d. § 15a UStG.

Die Nutzung der 50 m² umfassenden Räume im Erdgeschoß als Anwaltspraxis ist ein nichtsteuerbarer Innenumsatz, der den steuerpflichtigen und damit vorsteuerunschädlichen Ausgangsumsätzen aus der Tätigkeit des R als Rechtsanwalt zuzurechnen ist.

Die Nutzung der übrigen 100 m² des Hauses für Wohnzwecke ist eine nach § 3 Abs. 9 Satz 1 i.V.m. § 3a Abs. 3 Nr. 1a UStG steuerbare sonstige Leistung. Dieses unterliegt zwingend der Steuerbefreiung gem. § 4 Nr. 12a UStG, da eine Option gem. § 9 Abs. 1 UStG bei der Vermietung an private Mieter ausgeschlossen ist und führt zum Vorsteuerabzugsverbot nach § 15 Abs. 1

i.V.m. Abs. 2 Nr. 1 UStG. Der Anteil der Verwendung des Hauses für steuerpflichtige Ausgangsumsätze verringert sich. Dies stellt im Kalenderjahr 04 damit auf 33 $\frac{1}{3}$ % (50 qm/150 qm) gegenüber der bisherigen 100% igen Nutzung eine Änderung von 66 $\frac{2}{3}$ % (100 qm/150 qm) zu Ungunsten des R dar.

Ergebnis:
Die zu berichtigende, auf das Kalenderjahr 04 entfallende, anteilige Vorsteuer, aus den Anschaffungskosten der Eheleute AB, beträgt 5.700 € (57.000 €/10 Jahre bzw. 475 € pro Monat).
R hat daher nach § 44 Abs. 1 und Abs. 3 UStDV in seiner Jahressteuererklärung 04 (und alle folgenden Jahre) einen Berichtigungsbetrag von 5.700 € × 66 $\frac{2}{3}$ % = 3.800 € zu seinen Ungunsten anzumelden.

B. Elektromotoren:
Der Abnehmer A aus Zürich (Schweiz) bestellte bei dem Unternehmer U2 in Bielefeld 20 Elektromotoren. Da U2 diese nicht vorrätig hatte, bestellte er sie seinerseits beim Unternehmer U1 in Hannover, mit der Bitte, sie unmittelbar an den A in Zürich auszuliefern.
Die erste Lieferung von 10 Motoren transportierte U1 daraufhin vereinbarungsgemäß mit der Deutschen Bahn (DB) von Hannover nach Zürich.
Die restlichen Motoren ließ der Abnehmer A, nach Rücksprache mit U2, durch seinen Angestellten mit einem betriebseigenen Lkw in Hannover abholen.

Abwandlung: U2 beauftragt den Frachtführer F aus Frankfurt mit dem Transport sämtlicher Motoren nach Zürich.

Lösung:
Vorbemerkung:
Bei dem (hier gem. § 3 Abs. 6a Satz 1 UStG vorliegenden) Reihengeschäft liegen folgende Lieferungen (jeweils in der Gegenrichtung der Bestellung) vor, also:
- 1. Lieferung = U1 an U2 und
- 2. Lieferung = U2 an A.

Dies bedeutet für die 1. Lieferung (U1 an U2), dass U1 eine Leistung erbringen muss, durch die er im Auftrag des Abnehmers U2 den Dritten A befähigt, im eigenen Namen über die Motoren zu verfügen, und für die 2. Lieferung (U2 an A), dass U2 eine Leistung erbringen muss, durch die in seinem Auftrag (des U2) der Dritte U1 den Abnehmer A befähigt, im eigenen Namen über die Motoren zu verfügen.
Dabei wird i.R. eines grenzüberschreitenden Reihengeschäftes der Inlandsbegriff des Grundtatbestandes eine entscheidende Rolle spielen, d.h. es ist der Lieferort der zu beurteilenden Lieferung zu bestimmen.
Hierfür muss zunächst (gem. § 3 Abs. 6a UStG) die Lieferung mit Warenbewegung (bewegte Lieferung) innerhalb der Reihe ermittelt werden, deren Ort sich dann nach § 3 Abs. 6 Satz 1 UStG (Abgangsort des Liefergegenstandes) bestimmt.
Die übrige Lieferung dieses Reihengeschäfts (zwangsläufig die ruhende Lieferung) beurteilt sich sodann nach der Ortsvorschrift des § 3 Abs. 7 Satz 2 Nr. 1 oder Nr. 2 UStG, abhängig davon, ob sie der „bewegten" Lieferung vorangehen („Abgangsort") oder nachfolgen („Ankunftsort").

Lösungshinweis:
Es liegt ein **Reihengeschäft gem. § 3 Abs. 6a Satz 1 UStG** vor, da mehrere (mindestens zwei) Unternehmer (U1 und U2) über dieselben (unveränderten) Liefergegenstände (20 Elektromotoren) mehrere (mindestens zwei) Umsatzgeschäfte (Verpflichtungsgeschäfte: hier Kaufverträge) abgeschlossen haben und diese Liefergegenstände bei der Versendung (1. Partie: durch DB) bzw. bei der Beförderung (2. Partie: mit eigenem Lkw des Abnehmers) unmittelbar vom ersten Unternehmer (U1) an den letzten Abnehmer (A) gelangt sind.
Gemäß § 1 Abs. 1 Nr. 1 UStG liegen daher Lieferungen nach § 3 Abs. 1 UStG:
1. des U1 an U2 und
2. des U2 an A

vor, deren Ort zu bestimmen ist.

Da ein Reihengeschäft vorliegt, ist gem. § 3 Abs. 6a Satz 1 UStG die bewegte Lieferung nur einer der Lieferungen innerhalb der Reihe zuzuordnen, die andere eine „ruhende" Lieferung!

1. Lieferung – Versendung 1. Partie von 10 Motoren
Da die erste Lieferung von zehn Elektromotoren vom ersten Unternehmer in der Reihe (nämlich von U1) versendet wurde, ist die **bewegte Lieferung der Lieferung des U1 an U2** zuzuordnen. Der Ort dieser bewegten Lieferung von U1 an U2 innerhalb der Reihe bestimmt sich daher nach § 3 Abs. 6 Satz 1 und Satz 2 UStG. Dies ist folglich der Übergabeort an die DB (Abschn. 3.12 Abs. 3 Satz 2 UStAE; Hannover: gem. § 1 Abs. 2 UStG Inland).
Diese **bewegte Lieferung der 1. Partie** ist somit gem. § 1 Abs. 1 Nr. 1 UStG im **Inland steuerbar** und als Ausfuhrlieferung gem. § 4 Nr. 1a i.V.m. § 6 Abs. 1 Nr. 1 UStG steuerfrei, weil der Lieferer U1 bei seiner Lieferung an U2 die Liefergegenstände (der 1. Lieferung) in das Drittlandsgebiet (Schweiz) versendet hat.

Wichtige Hinweise!
Eine steuerfreie Ausfuhrlieferung gem. § 4 Nr. 1a i.V.m. § 6 UStG kommt nur bei einer „bewegten" Lieferung in Betracht (niemals bei einer „ruhenden" Lieferung!), da § 6 UStG seinem Wortlaut nach eine Warenbewegung verlangt.
Dasselbe gilt für steuerfreie innergemeinschaftliche Lieferungen gem. § 4 Nr. 1b i.V.m. § 6a UStG.
Folgerichtigerweise kommt im Zusammenhang mit innergemeinschaftlichen Transaktionen ein innergemeinschaftlicher Erwerb gem. § 1 Abs. 1 Nr. 5 i.V.m. § 1a UStG auch nur bei dem Abnehmer einer „bewegten" Lieferung in Betracht.

Die **Lieferung des U2** an A gilt für diesen Teil (1. Partie – 10 Motoren) als „**nachfolgende ruhende Lieferung**", die gem. § 3 Abs. 7 Satz 2 Nr. 2 UStG dort als ausgeführt gilt, wo die Versendung der Motoren endet, d.h. am Ankunftsort Zürich (gem. § 1 Abs. 2 Satz 2 UStG Ausland). Diese **ruhende Lieferung** ist daher im Inland nicht steuerbar.

2. Lieferung – Beförderung 2. Partie von 10 Motoren, Abholfall
Da die 2. Partie der Lieferung (von ebenfalls zehn Motoren) von dem letzten Abnehmer A (mit eigenem Lkw) befördert wurde, ist die „bewegte" Lieferung der Lieferung des U2 an ihn (A) zuzuordnen.

2.4 Musterklausur

Der Ort dieser **bewegten Lieferung U2** an A innerhalb der Reihe bestimmt sich daher nach § 3 Abs. 6 Sätze 1 und 2 UStG. Es ist der Ort, an dem die Beförderung beginnt (Abgangsort, Hannover: gem. § 1 Abs. 2 UStG Inland).

Diese bewegte Lieferung U2 an A ist somit gem. § 1 Abs. 1 Nr. 1 UStG im Inland steuerbar. Diese im Inland steuerbare bewegte Lieferung (U2 an A) ist als **bewegte Lieferung** gem. § 4 Nr. 1a i.V.m. § 6 Abs. 1 Nr. 2 i.V.m. Abs. 2 Nr. 1 UStG als Ausfuhrlieferung steuerfrei, da der Abnehmer A die Liefergegenstände in das Drittlandsgebiet (Schweiz) befördert hat und sein Wohnort (Zürich) im Ausland liegt.

> **Beachte!** Im Abholfall muss bei einer Ausfuhrlieferung der Abnehmer zusätzlich noch ein „ausländischer Abnehmer" sein (Sitz im Drittland). Diese Bedingung ist im Fall der Versendung durch den 1. Unternehmer nicht notwendig!

Die **zugehörige ruhende Lieferung** (U1 an U2) gilt als der bewegten Lieferung vorangegangene „ruhende" Lieferung gem. § 3 Abs. 7 Satz 2 Nr. 1 UStG am Abgangsort Hannover als ausgeführt. Sie ist daher **ebenfalls im Inland steuerbar** und mangels Steuerbefreiung (Ausfuhrlieferung nur bei bewegter Lieferung möglich) auch steuerpflichtig.

Lösung zur Abwandlung: Hier liegt der Sonderfall vor, dass der mittlere Unternehmer U2 („Zwischenhändler") die Liefergegenstände versendet.

Da somit ein Abnehmer versendet, der zugleich Lieferer ist, wird gem. § 3 Abs. 6a Satz 4 1. HS UStG die Versendung der Lieferung an ihn zugeordnet. Die bewegte Lieferung ist – mangels weiterer Angaben im Sachverhalt zur Transportverantwortung – daher die 1. Lieferung in der Reihe (U1 an U2). Der Ort dieser Lieferung ist folglich gem. § 3 Abs. 6 Sätze 1, 3 und 4 UStG der Übergabeort = Hannover. Diese Lieferung ist daher ebenfalls im Inland steuerbar und – mangels einer Steuerbefreiung – auch steuerpflichtig.

> **Beachte!** Eine Ausfuhrbefreiung gem. § 4 Nr. 1a i.V.m. § 6 Abs. 1 Nr. 2 i.V.m. Abs. 2 Nr. 1 UStG kommt bei diesem Abholfall nicht in Betracht, da **Abnehmer U2 kein ausländischer Abnehmer** ist.
>
> Die 2. Lieferung in der Reihe (U2 an A) wird als nachfolgende ruhende Lieferung gem. § 3 Abs. 7 Satz 2 Nr. 2 UStG am Ankunftsort Zürich ausgeführt und ist daher im Inland nicht steuerbar.

Der **Sonderfall des § 3 Abs. 6a Satz 4 2. HS UStG** kann nur vorliegen, wenn der mittlere Unternehmer („Zwischenhändler") nachweist, dass er den Gegenstand als Lieferer befördert oder versendet hat, was alternativ möglich ist, der Sachverhalt enthält dazu jedoch keine Anhaltspunkte. Dabei ist der mittlere Unternehmer immer dann als Lieferer anzusehen, wenn er für die Gegenstände die Transportverantwortung übernimmt (Siehe hierzu auch das BMF-Schreiben vom 25.04.2023, S 7116-a/19/10001 :003).

Bei einem entsprechenden Nachweis wäre die 2. Lieferung (U2 an A) die bewegte Lieferung; der Ort dieser Lieferung wäre dann nach § 3 Abs. 6 Satz 1 UStG der Übergabeort Hannover. Diese 2. Lieferung wäre demnach im Inland steuerbar, aber gem. § 4 Nr. 1a i.V.m. § 6 Abs. 1 Nr. 1 UStG steuerfrei, da der liefernde Unternehmer U2 in diesem Fall die Liefergegenstände in das Drittland versendet hätte.

Die 1. Lieferung (U1 an U2) wäre in der Folge eine vorangegangene ruhende Lieferung mit dem sich gem. § 3 Abs. 7 Satz 2 Nr. 1 UStG bestimmenden Abgangsort Hannover; diese 1. Lieferung wäre steuerbar und – mangels einer Steuerbefreiung – steuerpflichtig.

C. Jonas Bertram/Shredder

Jonas Bertram (B) betreibt in Eisenhüttenstadt einen Wertstoffhandel. Vorrangig kauft er Papier und Pappe aus Privathaushalten, aber auch Verpackungsreste des Handels und der Industrie auf. Der Jahresumsatz betrug 2022 – wie auch in den Vorjahren – ca. 5 Mio. €. Für 2023 zeichnet sich ein ähnliches Ergebnis ab.

Hinweis! B besteuert seine Umsätze im Rahmen der Regelbesteuerung nach vereinbarten Entgelten und gibt seine Voranmeldungen monatlich ab. Alle Buch- und Belegnachweise gelten als erbracht, sofern im Sachverhalt keine gegenteilige Feststellung enthalten ist. Soweit sich aus dem Sachverhalt nichts anderes ergibt, ist davon auszugehen, dass ordnungsmäßige – dem Gesetz entsprechende – Rechnungen vorliegen.

Im Mai 2023 fing ein in seinem Betriebsgebäude fest montierter Papiershredder aus unerklärlichen Gründen Feuer, sodass dieser nur noch entsorgt werden konnte.
B demontierte den Shredder und veräußerte ihn an einen in Nairobi (Kenia) ansässigen Unternehmer für 60.000 € am 03.06.2023. Der Käufer holte am 05.06.2023 die Einzelteile in Eisenhüttenstadt ab und exportierte sie per Schiff nach Kenia, wo er am 05.08.2023 ankam. Bereits am 10.06.2023 überwies die Versicherungsgesellschaft dem B 150.000 € (Restwert der Maschine und Verdienstausfall).
B orderte daraufhin einen neuen Shredder für 1,5 Mio. € bei dem für den europäischen Markt zuständigen Vertriebspartner Frank Richter (FR) aus Metz (Frankreich). Da Richter eine derartige Maschine derzeit nicht vorrätig hatte, gab er die Bestellung an den Hersteller Pique (P) in Barcelona weiter, der sie am 07.07.2023 in Eisenhüttenstadt anlieferte. Die Rechnung (Rechnungsbetrag ohne USt) des Richter vom 20.08.2023 überwies B am 02.09.2023.
Die Montage übernahm vom 08.07. bis 14.07.2023 die Firma Tischer (T) aus Salzburg (Österreich) für 100.000 € zuzüglich 19.000 € offen ausgewiesener Umsatzsteuer. Die Rechnung des T ging am 20.07.2023 bei B ein und wurde am 02.08.2023 ohne Abzug überwiesen.
Die neue Maschine begeisterte B so sehr, dass er bei Frank Richter im September 2023 einen weiteren Shredder für 1,55 Mio. € orderte. Wieder gab Richter die Bestellung an den Hersteller in Spanien weiter, der die Maschine am 10.10.2023 auf dem Betriebsgelände in Eisenhüttenstadt anlieferte, wo sie anschließend durch Mitarbeiter des Richter vereinbarungsgemäß fest montiert wurde, sodass die Maschine am 19.10.2023 betriebsbereit war. Die Rechnung des Frank Richter überwies B noch im Oktober 2023.
Der Shredder muss dabei im Rahmen eines Fundaments fest in das Betriebsgebäude eingebaut werden und kann nicht ohne Zerstörung des Gebäudes wieder ausgebaut werden. Des Weiteren wird die Maschine in Bezug auf ihre Funktionalität erst nach dem Einbau im Rahmen einer Inbetriebnahme abgenommen.

Lösung:
1. Verkauf des alten Shredders nach Kenia
Mit der Veräußerung des zerstörten Shredders führt B an den Erwerber eine Lieferung i.S.d. § 3 Abs. 1 UStG aus, deren Lieferort sich im Hinblick auf § 3 Abs. 5a i.V.m. § 3 Abs. 6 Satz 1 UStG in Eisenhüttenstadt, also im Inland i.S.d. § 1 Abs. 2 Satz 1 UStG befindet, da die Beförderung (§ 3 Abs. 6 Satz 2 UStG) in Eisenhüttenstadt begann.

Der Umsatz ist daher gem. § 1 Abs. 1 Nr. 1 Satz 1 UStG im Inland steuerbar.
Die Lieferung nach Kenia ist als Ausfuhrlieferung i.S.d. § 4 Nr. 1a i.V.m. § 6 Abs. 1 Nr. 2 UStG steuerfrei, da die zerstörte Maschine ins Drittland (§ 1 Abs. 2a Satz 3 UStG) Kenia, durch den ausländischen Abnehmer (§ 6 Abs. 2 Nr. 1 UStG) befördert wird und laut dem Bearbeitungshinweis er die Steuerbefreiung gem. § 6 Abs. 4 UStG i.V.m. §§ 8 ff. UStDV auch nachweisen kann.
Die Bemessungsgrundlage beläuft sich gem. § 10 Abs. 1 Satz 1 UStG auf 60.000 €.

2. Zahlung der Versicherungsleistung
Die Zahlung der Versicherungsentschädigung löst keine umsatzsteuerlichen Folgen aus, da B an die Versicherung keinen Leistungsaustausch ausführt. Die Versicherungsleistung ist als echter Schadensersatz (Abschn. 1.3 Abs. 1 UStAE) nicht steuerbar.

3. Kauf des ersten Shredders

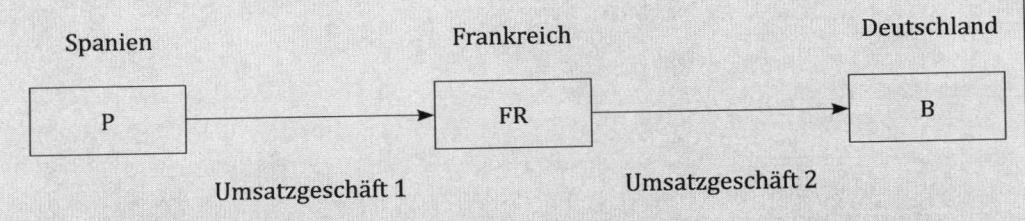

```
   Spanien            Frankreich              Deutschland
   ┌─────┐            ┌─────┐                 ┌─────┐
   │  P  │ ─────────▶ │ FR  │ ──────────────▶ │  B  │
   └─────┘            └─────┘                 └─────┘
      Umsatzgeschäft 1        Umsatzgeschäft 2
```

Beförderung/Versendung durch P
Da mehrere Unternehmer (P, FR und B) über denselben Gegenstand (Shredder) Umsatzgeschäfte abgeschlossen haben und dieser Gegenstand unmittelbar vom ersten Lieferer (Hersteller P) an den letzten Abnehmer (B) gelangt, liegt hier ein Reihengeschäft gem. § 3 Abs. 6a Satz 1 UStG vor. Dabei kann es nur eine Beförderungs- bzw. Versendungslieferung geben (sog. bewegte Lieferung, vgl. auch § 3 Abs. 6a Satz 1 UStG; Abschn. 3.14 Abs. 2 Satz 2 UStAE).
Da der Shredder durch P von Spanien nach Eisenhüttenstadt gebracht wurde, ist die Lieferung durch den ersten Lieferer P als ausgeführt anzusehen, sodass die bewegte Lieferung dem Vertragsverhältnis von P an FR zuzuordnen ist (Abschn. 3.14 Abs. 8 Satz 1 UStAE). Die nachfolgende Lieferung zwischen FR und B ist folglich die ruhende Lieferung.
Es liegt jedoch ein **innergemeinschaftliches Dreiecksgeschäft** vor, weil drei in unterschiedlichen Mitgliedstaaten (Spanien, Frankreich, Deutschland) umsatzsteuerlich registrierte Unternehmer (P, FR und B) über denselben Gegenstand (Papiershredder) Umsatzgeschäfte abgeschlossen haben und der Liefergegenstand unmittelbar vom ersten Lieferer (Hersteller P) an den letzten Abnehmer (B) gelangt; vgl. § 25b Abs. 1 Nr. 1 und Nr. 2 UStG. Auch die Voraussetzungen des § 25b Abs. 1 Nr. 3 und 4 UStG sind erfüllt, da der Liefergegenstand aus dem Gebiet eines Mitgliedstaates (Spanien) in das Gebiet eines anderen Mitgliedstaates (Deutschland) gelangt (§ 25b Abs. 1 Nr. 3 UStG) und der erste Lieferer (P) die Beförderung übernommen hat (§ 25b Abs. 1 Nr. 4 UStG).

a. Lieferung FR an B
Der Ort dieser (der bewegten Lieferung nachfolgenden) ruhenden Lieferung ist gem. § 3 Abs. 5a i.V.m. Abs. 7 Satz 2 Nr. 2 UStG dort, wo sich der Liefergegenstand am Ende der Beförderung bzw. Versendung befindet. Da die Beförderung/Versendung in Eisenhüttenstadt endete,

wurde die Lieferung im Inland (§ 1 Abs. 2 Satz 1 UStG) ausgeführt und ist folglich gem. § 1 Abs. 1 Nr. 1 Satz 1 UStG in Deutschland steuerbar. Da bei der ruhenden Lieferung eine Steuerbefreiung nach § 4 Nr. 1b i.V.m. § 6a UStG, mangels Beförderung/Versendung nicht möglich ist (vgl. Abschn. 3.14 Abs. 2 Satz 3 und Abschn. 3.14 Abs. 13 Satz 1 und 2 UStAE sowie Abschn. 6a.1 Abs. 2 UStAE), ist die Lieferung auch zum Regelsteuersatz des § 12 Abs. 1 UStG mit 19 % steuerpflichtig. **FR führt also in Deutschland einen steuerpflichtigen Umsatz aus**.

Aufgrund des vorliegenden innergemeinschaftlichen Dreiecksgeschäfts ist B jedoch gem. § 13a Abs. 1 Nr. 5 i.V.m. § 25b Abs. 2 UStG Steuerschuldner dieser im Inland steuerpflichtigen Lieferung des Frank Richter geworden, da die Voraussetzungen sowohl des § 25b Abs. 1 UStG, als auch die des § 25b Abs. 2 UStG vorliegen. Alle drei Unternehmer haben ihre nationale USt-Id.Nr. verwendet, weshalb auch die Voraussetzung des § 25b Abs. 2 Nr. 4 UStG erfüllt ist. Die Bemessungsgrundlage (Entgelt) für diese ruhende Lieferung beläuft sich gem. § 10 Abs. 1 Sätze 1 und 2 UStG i.V.m. § 25b Abs. 4 UStG auf die Gegenleistung i.H.v. 1,5 Mio. €. Die Umsatzsteuer beträgt daher 285.000 € (= 1,5 Mio. € × 19 %) und ist analog § 13 Abs. 1 Nr. 6 UStG im VAZ August 2023 entstanden (mit Ausstellung der Rechnung!).

Vorsteuerabzug des B
Da aufgrund der Unternehmenstätigkeit des B keine Ausschlussumsätze nach § 15 Abs. 2 Nr. 1 UStG ersichtlich sind und Vorsteuerabzugsbeschränkungen gem. § 15 Abs. 1a und 1b UStG ebenfalls nicht greifen, kann B die von ihm geschuldete Steuer gem. § 25b Abs. 5 UStG i.V.m. § 15 UStG als Vorsteuer im VAZ August 2023 i.H.v. 285.000 € abziehen.

b. Lieferung P an FR
Diese bewegte Lieferung ist nach deutschem Umsatzsteuerrecht dort steuerbar, wo die Beförderung beginnt, mithin in Spanien. Da wegen Abschn. 3.14 Abs. 2 Satz 1 UStAE die bewegte Lieferung im Rahmen des vorliegenden Reihengeschäftes der Lieferung zwischen P und FR zuzuordnen ist, kommt es korrespondierend im Inland zu einem innergemeinschaftlichen Erwerb für FR (§ 1 Abs. 1 Nr. 5 i.V.m. § 1a und § 3d Satz 1 UStG). § 25b Abs. 2 Nr. 1 UStG ist daher erfüllt. Weiterhin ist FR als erster Abnehmer in dem Mitgliedstaat, in dem die Beförderung endet (Deutschland), nicht ansässig und verwendet gegenüber seinem Lieferer (P) und dem letzten Abnehmer (B) seine französische USt-Id.Nr. (§ 25b Abs. 2 Nr. 2 UStG ist erfüllt). Darüber hinaus hat FR dem B keine Rechnung mit offen ausgewiesener Steuer ausgestellt (§ 25b Abs. 2 Nr. 3 UStG, vgl. hierzu auch § 14a Abs. 7 UStG).

Gemäß § 25b Abs. 3 UStG gilt bei Vorliegen eines innergemeinschaftlichen Dreiecksgeschäfts der innergemeinschaftliche Erwerb des ersten Abnehmers – hier FR – im Inland als besteuert, sodass insoweit nichts weiter zu erklären ist.

Hinweis! Gem. Abschn. 25b.1 Abs. 8 Satz 1 UStAE ist materiellrechtliche Voraussetzung eines innergemeinschaftlichen Dreiecksgeschäfts, dass in der Rechnung des mittleren Unternehmers (FR) ein Hinweis auf die Übertragung der Steuerschuld auf den letzten Abnehmer (B) enthalten ist. Dies wurde mit Urteil des EuGH vom 08.12.2022, Luxury Trust Automobile GmbH, C-247/21 ebenfalls so entschieden.

4. Montage durch Tischer (T) – Leistungsbeziehung zwischen T und B (Verlagerung der Steuerschuldnerschaft gem. § 13b Abs. 5 UStG)

Mit der Montage des Shredders erbringt die Firma Tischer aus Salzburg gegenüber B eine Werkleistung (§ 3 Abs. 4 und 9 UStG) im Zusammenhang mit einem Grundstück (§ 3a Abs. 3 Nr. 1 UStG; Abschn. 3a.3. Abs. 2 Satz 3 4. Spiegelstrich UStAE), die in Eisenhüttenstadt ausgeführt wurde (§ 1 Abs. 2 Satz 1 UStG) und daher gem. § 1 Abs. 1 Nr. 1 UStG im Inland steuerbar und mangels Steuerbefreiung (§ 4 UStG) zum Regelsteuersatz des § 12 Abs. 1 UStG mit 19 % steuerpflichtig ist.

Da die Firma Tischer aus Österreich ein im Ausland ansässiger Unternehmer i.S.d. § 13b Abs. 7 UStG ist, geht die Steuerschuld gem. § 13b Abs. 5 i.V.m. § 13b Abs. 2 Nr. 1 UStG auf B als Leistungsempfänger über. Die Steuer entsteht abweichend von § 13 Abs. 1 Nr. 1 Buchst. a UStG gem. § 13b Abs. 2 Nr. 1 UStG mit Ausstellung der Rechnung am 20.07.2023. Gemäß Abschn. 13b.13 Abs. 1 Satz 1 UStAE beläuft sich die Bemessungsgrundlage gem. § 10 Abs. 1 Satz 1 UStG immer auf den Rechnungsbetrag ohne Umsatzsteuer. Die Bemessungsgrundlage beträgt 100.000 € und die von B geschuldete Steuer 19.000 €.

Im Hinblick auf § 15 Abs. 1 Satz 1 Nr. 4 UStG kann B die von ihm gem. § 13b Abs. 2 UStG geschuldete Umsatzsteuer ebenfalls im VAZ Juli 2023 als Vorsteuer abziehen (Abschn. 13b.15 Abs. 1 UStAE).

5. Kauf des zweiten Papiershredders – Leistungsbeziehung zwischen FR und B (Verlagerung der Steuerschuldnerschaft gem. § 13b Abs. 5 UStG)

Da FR, im Gegensatz zu seinem Vertragspartner, dem spanischen Hersteller P, nicht nur die Lieferung (§ 3 Abs. 1 UStG) der Maschine gegenüber B schuldet, sondern auch deren Einbau, liegt kein Reihengeschäft i.S.d. § 3 Abs. 6a Satz 1 UStG vor, da insofern nicht über denselben (unveränderten) Gegenstand Umsatzgeschäfte abgeschlossen wurden. FR führt an B nicht nur eine bloße Lieferung, sondern eine Werklieferung i.S.d. § 3 Abs. 4 UStG aus, da er sämtliche Stoffe inklusive der Maschine, beistellt. Darüber hinaus liegt auch eine Werklieferung im Sinne des § 13b UStG vor, da der Einbau der Maschine in das Gebäude als eine Arbeit an einem fremden Gegenstand anzusehen ist.

Der Lieferort dieser Werklieferung liegt im Hinblick auf § 3 Abs. 5a, Abs. 7 Satz 1 UStG in Eisenhüttenstadt, da sich dort der Gegenstand der Lieferung im Zeitpunkt der Verschaffung der Verfügungsmacht (Abnahme) befindet und die Maschine nicht lediglich für den leichteren Transport auseinandergebaut wurde (Abschn. 3.12 Abs. 4 Satz 7 UStAE). Vielmehr wird der Shredder fest mit dem Gebäude verbunden.

Beachte! Eine Montagelieferung ist aufgrund des Einbaus der Maschine in den fremden Gegenstand (Gebäude des B) zwar nicht anzunehmen, der Leistungsort würde sich aber ebenfalls nach § 3 Abs. 7 UStG bestimmen.

Der im Leistungsaustausch ausgeführte Umsatz ist daher gem. § 1 Abs. 2 Satz 1 UStG im Inland gem. § 1 Abs. 1 Nr. 1 UStG steuerbar und mangels Steuerbefreiung (§ 4 UStG) zum Regelsteuersatz des § 12 Abs. 1 UStG mit 19 % steuerpflichtig.

Da FR aus Frankreich ein im Ausland ansässiger Unternehmer i. S. d. § 13b Abs. 7 UStG ist, entsteht die Steuer abweichend von § 13 Abs. 1 Nr. 1 Buchst. a UStG gem. § 13b Abs. 2 Nr. 1 UStG mit Ausstellung der Rechnung im Oktober 2023 und B ist gem. § 13b Abs. 5 Satz 1 UStG Steuerschuldner.

Hinweis auf Nettorechnung (§ 14a Abs. 5 UStG)! Da laut den Hinweisen ordnungsgemäße Rechnungen ausgegeben wurden, wurde im Hinblick auf § 14a Abs. 5 UStG in dieser Rechnung keine Umsatzsteuer ausgewiesen. Bei dem im Sachverhalt genannten Betrag in Höhe von 1,55 Mio. € handelt es sich daher um einen Nettobetrag und folglich um die Bemessungsgrundlage i. S. d. § 10 Abs. 1 Satz 1 und 2 UStG. Die Steuer beläuft sich daher auf 294.500 € (= 1,55 Mio. € × 19 %).
Im Hinblick auf § 15 Abs. 1 Satz 1 Nr. 4 UStG kann B die von ihm gem. § 13b Abs. 5 UStG geschuldete Umsatzsteuer ebenfalls im VAZ Oktober 2023 als Vorsteuer abziehen.

D. Weinhändler Wacker
Der in Radebeul bei Dresden ansässige Winzer und Weinhändler Wacker (W) veräußerte am 10.09.2023 an den in Zagreb (Kroatien) ansässigen Kleinunternehmer (nach kroatischem Recht) Mavrac (M) einen Posten Wein der Sorte „Meißener Spätauslese 2012" für 3.000 €.

Hinweis! W besteuert seine Umsätze im Rahmen der Regelbesteuerung nach vereinbarten Entgelten und gibt seine Voranmeldungen monatlich ab. M hatte 2022 keine Warenbezüge aus EU-Ländern. Anfang 2023 schätzte er derartige Warenbezüge auf insgesamt maximal 6.000 €. M hat keine Ust-Id.Nr. Die von W für das Jahr 2023 zutreffend geschätzten Lieferungen 2023 nach Kroatien belaufen sich – wie auch etwa in den Vorjahren – auf ca. 10.000 €.

Hinweis! Die Erwerbsschwelle für Kroatien beträgt 77.000 HRK (Kuna) und die maßgebende Lieferschwelle für Kroatien 270.000 HRK.
Der für die Umrechnung in Euro maßgebende Kurs beträgt: 1 € = 7,5061 HRK.
W beauftragte die in Bautzen ansässige Spedition „Scholz" (S) mit dem Transport der Ware von Radebeul nach Zagreb.
S beauftragte in eigenem Namen den Leipziger Fuhrunternehmer Lustig (L) mit der Durchführung des Transportes (inländischer Streckenanteil: 40 %). Der Transport wurde am September 2023 durchgeführt. Der L erteilte dem S eine Rechnung für die Beförderung i.H.v. 1.190 €. S berechnete dem W 1.309 € und fügte die Durchschrift der Rechnung des L zur Kenntnisnahme bei.
W überwies umgehend an S 1.309 €.

Beachte! Alle angegebenen Beträge sind Bruttobeträge, sofern der Sachverhalt bzw. das Gesetz nicht das Gegenteil aussagt. Aus den Bruttobeträgen ist die Umsatzsteuer bei steuerpflichtigen Umsätzen herauszurechnen.

Aufgabe: Umsatzsteuerliche Beurteilung des Sachverhaltes auf den Unternehmer W.

Lösung:
1. Lieferung des W an M (Recht ab 30.06.2021)
Es handelt sich um eine gem. § 1 Abs. 1 Nr. 1 UStG steuerbare Lieferung (§ 3 Abs. 1 UStG). Der Ort der Lieferung bestimmt sich grundsätzlich gem. § 3 Abs. 5a i.V.m. § 3c UStG, da ein Versendungsfall durch den Lieferer aus dem EU-Mitgliedstaat (Deutschland) in einen anderen EU-Mitgliedstaat (Kroatien) gemäß § 3c Abs. 1 UStG an einen sog. „Schwellenerwerber" (§ 3c Abs. 1 Satz 3 i.V.m. § 1a Abs. 3 Nr. 1 Buchstabe b) UStG) stattfindet. Hiernach wäre diese Lieferung dort als ausgeführt anzusehen, wo die Beförderung endet.

2.4 Musterklausur

Da aber eine **verbrauchsteuerpflichtige Ware** (Alkohol, § 1a Abs. 5 Satz 2 UStG) an einen Kleinunternehmer versendet wird, kommt eine Anwendung der Ortsverlagerung nach § 3c UStG an das Ende der Beförderung oder Versendung nicht in Betracht (vgl. § 3c Abs. 5 Satz 2 UStG). Folglich bestimmt sich der **Ort** gem. § 3 Abs. 5a i.V.m. Abs. 6 UStG nach dem Abgangsort der Ware = Radebeul = **Inland** (gem. § 1 Abs. 2 Satz 1 UStG).

Da M im Rahmen der Lieferung gegenüber W nicht seine kroatische USt-Id.Nr. verwendet (§ 6a Abs. 1 Nr. 4 UStG), ist die Weinlieferung **nicht** als innergemeinschaftliche Lieferung gem. § 4 Nr. 1b i.V.m. § 6a Abs. 1 UStG **steuerfrei**. Ab dem 01.01.2020 („Quick Fixes") ist weitere Voraussetzung für eine innergemeinschaftliche Lieferung, dass der Abnehmer gegenüber dem Lieferer seine ihm erteilte USt-Id.Nr. verwendet (§ 6 Abs. 1 Nr. 4 UStG); das ist lt. Sachverhalt hier nicht der Fall. Ergänzend hierzu ist zu erwähnen, dass auch die ordnungsgemäße Meldung in einer ZM gem. dem neuen § 4 Nr. 1b UStG als Voraussetzung einer umsatzsteuerfreien innergemeinschaftlichen Lieferung ins Gesetz aufgenommen wurde.

Deshalb ist die Lieferung im Inland steuerbar und mangels Steuerbefreiungsvorschrift auch steuerpflichtig. Die Bemessungsgrundlage für diese (steuerpflichtige) innergemeinschaftliche Lieferung beträgt gem. § 10 Abs. 1 Satz 1 und 2 UStG 3.000 €. W hat die Lieferung gem. § 18 Abs. 1 und Abs. 2 UStG den Verkauf in seiner Umsatzsteuervoranmeldung September 2023 aufzunehmen und die zugehörige Steuer bis zum 10. Oktober 2023 an das für Radebeul zuständige Finanzamt abzuführen (§ 18 Abs. 1 Satz 4 UStG).

2. Sonstige Leistung des S an W

S erbringt eine gem. § 1 Abs. 1 Nr. 1 UStG steuerbare und steuerpflichtige sonstige Leistung (§ 3 Abs. 9 UStG). Es handelt sich um eine sog. **Dienstleistungskommission** gem. § 3 Abs. 11 UStG (vgl. Abschn. 3.15 Abs. 1 und 2 UStAE). Da S in die Erbringung einer Beförderungsleistung eingeschaltet wird und dabei im eigenen Namen, jedoch für fremde Rechnung handelt, gilt diese Leistung gem. § 3 Abs. 11 UStG als an ihn und von ihm erbracht.

Insofern wird eine **Leistungskette fingiert**, was zu jeweils einer Transportdienstleistung führt. Denn S tritt gegenüber dem Dritten L „in eigenem Namen" aber für Rechnung seines Auftraggebers W auf. Somit „kauft" er zwar eine Beförderungsleistung für seinen Auftraggeber „ein". Diese Geschäftsbesorgungsleistung als weitere Leistung eines Spediteurs ist jedoch umsatzsteuerrechtlich unbeachtlich (Abschn. 3.15 Abs. 4 UStAE). Der Ort der fingierten Beförderungsleistung bestimmt sich daher gem. § 3 Abs. 11 UStG nach § 3a Abs. 2 UStG, als B2B-Geschäft danach, von wo aus der Leistungsempfänger sein Unternehmen betreibt (die Regelung des § 3b Abs. 3 UStG ist nur im B2C-Bereich einschlägig ist).

Die Beförderungsleistung gilt daher als in Radebeul, also im Inland i.S.d. § 1 Abs. 2 Satz 1 UStG ausgeführt. Eine Steuerbefreiung gem. § 4 Nr. 3a UStG kommt nicht in Betracht, da diese Vorschrift für innergemeinschaftliche Beförderungsleistungen nicht einschlägig ist.

Der Umsatz ist zum Regelsteuersatz des § 12 Abs. 1 UStG mit 19 % steuerpflichtig. Die Bemessungsgrundlage (§ 10 Abs. 1 Satz 1 und 2 UStG) beträgt 1.100 € (= 1.309/1,19); die Umsatzsteuer (§ 12 Abs. 1 UStG: 19 %) beläuft sich auf 209 €: Sie entsteht gem. § 13 Abs. 1 Nr. 1a Satz 1 UStG mit dem Ablauf des VAZ September 2023.

3. Vorsteuerabzug gem. § 15 Abs. 1 Nr. 1 UStG
Die Vorsteuer aus der Rechnung des S (Besorgungsleistung, fiktive Transportdienstleistung) ist für B gem. § 15 Abs. 1 Nr. 1 UStG in der vollen Höhe von 209 € abziehbar. Die Vorsteuer ist auch mangels Vorsteuerausschluss gem. § 15 Abs. 2 UStG in voller Höhe abzugsfähig, da sich die Eingangsleistung auf eine steuerpflichtige Ausgangsleistung bezieht. Hinweis: auch bei Bezug auf eine steuerfreie innergemeinschaftliche Lieferung wäre gem. § 15 Abs. 2 Nr. 1 i.V.m. Abs. 3 Nr. 1a i.V.m. § 4 Nr. 1b UStG ein Vorsteuerabzug möglich.

E. Jonas Kuhnert/Pkw
Jonas Kuhnert (K) betreibt in Magdeburg ein Handelsunternehmen. Am 01.03.2023 erwirbt er von einer Privatperson einen gebrauchten Pkw Audi A6 ohne gesonderten Umsatzsteuerausweis für 24.000 €. Ab diesem Zeitpunkt nutzte K den Audi sowohl privat als auch im Rahmen seines Handelsunternehmens (die unternehmerische Nutzung beträgt mehr als 10 %).

Die laufenden Pkw-Kosten zog er als Betriebsausgaben ab und nahm den Vorsteuerabzug in Anspruch. Beim Kauf des Audis trat K in seiner Eigenschaft als Handelsunternehmer auf. Der Audi ist als betriebliches Fahrzeug haftpflichtversichert.

Dem Finanzamt hatte K mitgeteilt, dass er den Pkw vollständig zum Unternehmensvermögen zugeordnet hat. Am 01.04.2023 ließ er nachträglich eine Standheizung in den Audi einbauen. Hierfür stellte ihm der Vertragshändler Bauer Ende April 2023 einen Betrag von 5.000 € zzgl. 950 € gesondert ausgewiesene USt in Rechnung. Die USt i.H.v. 950 € hat K im Voranmeldungszeitraum April 2023 als Vorsteuer geltend gemacht. Ab 01.10.2023 nutzte K den Audi nur noch privat. Laut der „Schwacke-Liste" wies der Audi zum 01.10.2023 einen Marktwert von 20.000 € auf. Ein vergleichbarer Audi ohne die nachträglich eingebaute Standheizung hätte laut „Schwacke-Liste" einen Marktwert von 18.500 €. Ende Februar 2024 verkaufte K den Audi für 17.000 € an eine Privatperson. Die von K ausgestellte Rechnung enthielt keinen Umsatzsteuerausweis. In der Buchführung von K sind sowohl der Kauf als auch die Sachentnahme (Oktober 2023) des Audis sowie die laufenden Kosten und die Nutzungsentnahme des Audis gebucht.

Frage: Wie ist der vorgenannte Sachverhalt in Bezug auf den Unternehmer K in den Jahren 2023 und 2024 umsatzsteuerlich zu würdigen? Auf die Versteuerung der Privatnutzung des Audis ist nicht einzugehen.

Lösung:
1. Anschaffung und Zuordnung des Audis im März 2023
Nach Abschn. 15.2c Abs. 2 Satz 1 Nr. 2 Buchst. b UStAE hat der Unternehmer ein Wahlrecht, ob er einen einheitlichen Gegenstand, vorliegend den Audi, insgesamt dem nichtunternehmerischen Bereich, insgesamt dem unternehmerischen Bereich oder nur den unternehmerisch genutzten Teil dem Unternehmen zuordnet. Die unternehmerische Mindestnutzung von 10 % ist erreicht (§ 15 Abs. 1 Satz 2 UStG). Das Zuordnungswahlrecht wird nach Abschn. 15.2c Abs. 17 Satz 1 UStAE regelmäßig durch die Geltendmachung des Vorsteuerabzugs bei der Anschaffung eines Gegenstandes ausgeübt. Im vorliegenden Sachverhalt konnte aber aus der Anschaffung des Audis kein Vorsteuerabzug geltend gemacht werden, da der Erwerb im März 2023 ohne Umsatzsteuerausweis von einer Privatperson erfolgte. K hat den Audi jedoch

insgesamt dem Unternehmen zugeordnet, da er beim Kauf in seiner Eigenschaft als Handelsunternehmer aufgetreten war (Abschn. 15.2c Abs. 17 Satz 5 UStAE). Darüber hinaus ist der Audi als betriebliches Fahrzeug haftpflichtversichert und aus dem Einbau der Standheizung bzw. den laufenden Fahrzeugkosten wurde der Vorsteuerabzug nach § 15 Abs. 1 UStG geltend gemacht (Abschn. 15.2c Abs. 17 Satz 1 UStAE). Das Finanzamt wurde ebenfalls entsprechend informiert.

2. Vorsteuerabzug aus dem Erwerb des Audi

K kann aus der Anschaffung des Audi keinen Vorsteuerabzug gem. § 15 Abs. 1 Satz 1 Nr. 1 UStG vornehmen, da der Erwerb im März 2023 zutreffend ohne Umsatzsteuerausweis von einem Nichtunternehmer erfolgte.

3. Einbau der Standheizung im April 2023

K kann die in der Rechnung des Vertragshändlers Bauer gesondert ausgewiesene USt i.H.v. 950 € gem. § 15 Abs. 1 Satz 1 Nr. 1 UStG als Vorsteuer abziehen. Die Werklieferung (§ 3 Abs. 4 UStG) des Vertragshändlers Bauer ist für das Unternehmen des K ausgeführt worden (§ 15 Abs. 1 Satz 1 Nr. 1 Satz 1 UStG). Der Vorsteuerbetrag i.H.v. 950 € kann mit Ablauf des Voranmeldungszeitraums April 2023 geltend gemacht werden (Abschn. 15.2 Abs. 2 UStAE).

4. Entnahme des Audi im Oktober 2023

Der Audi wurde von K vor dem Verkauf an die Privatperson (im Februar 2024) aus dem Unternehmensvermögen entnommen. Die Entnahme des Pkw ist darin zu sehen, dass K ab 01.10.2023 den Audi ausschließlich privat genutzt hat. Die Entnahmehandlung ist ferner dadurch belegt, dass die Entnahme in der Buchführung dokumentiert ist.

Die Entnahme des Pkw nach § 3 Abs. 1b Satz 1 Nr. 1 UStG ist nur insoweit steuerbar, als die der Erwerb zum vollen oder teilweisen Vorsteuerabzug berechtigt hat (§ 3 Abs. 1b Satz 2 UStG). Der Audi wurde ohne gesonderten Umsatzsteuerausweis von einem Nichtunternehmer erworben, sodass er nicht zum Vorsteuerabzug berechtigt hat. Die laufenden Kfz-Kosten haben zwar zum Vorsteuerabzug berechtigt, betreffen aber keine Bestandteile (Abschn. 3.3 Abs. 2 Satz 2 und 3 UStAE).

Hingegen ist die nachträglich eingebaute Standheizung ein Bestandteil, da sie durch den Einbau in den Audi ihre körperliche und wirtschaftliche Eigenart endgültig verloren hat und sie zu einer dauerhaften Werterhöhung führt, die im Zeitpunkt der Entnahme noch nicht vollständig verbraucht war (Abschn. 3.3. Abs. 2 Satz 3 UStAE).

Die dauerhafte Werterhöhung im Entnahmezeitpunkt ergibt sich aus der Differenz der beiden „Schwacke-Werte" und beträgt 1.500 € (20.000 € ./. 18.500 €, Abschn. 3.3. Abs. 3 UStAE).

Die vorsteuerentlasteten Aufwendungen für die Standheizung übersteigen mit 5.000 € auch die vorgesehene Bagatellgrenze von 20 % der Anschaffungskosten (20 % von 24.000 € = 4.800 €) sowie den Betrag von 1.000 € (Abschn. 3.3 Abs. 4 UStAE). Die Entnahme der Standheizung als Bestandteil des Pkw unterliegt daher der Umsatzsteuerbesteuerung. Der Ort der Wertabgabe bestimmt sich gem. § 3 Abs. 5a UStG i.V.m. § 3 Abs. 6 Satz 1 UStG und befindet sich in Magdeburg. Magdeburg liegt im Inland (§ 1 Abs. 2 Satz 1 UStG). Die Wertabgabe ist damit steuerbar (§ 1 Abs. 1 Nr. 1 UStG) und mangels § 4 UStG steuerpflichtig. Die Entnahme der Standheizung als Bestandteil des Pkw unterliegt daher gem. § 3 Abs. 1b Satz 1 Nr. 1 Satz 2 UStG mit einer Bemessungsgrundlage von 1.500 € (§ 10 Abs. 4 Satz 1 Nr. 1 UStG) der Umsatzbesteuerung. Die USt i.H.v. 285 €, 19 % gem. § 12 Abs. 1 UStG, entsteht mit Ablauf des Voranmeldungszeitraums Oktober 2023 (§ 13 Abs. 1 Nr. 2 UStG).

5. Verkauf des Pkw im Februar 2024
Der Verkauf des Pkw im Februar 2024 hat sich im Privatvermögen des K vollzogen. Mangels einer Lieferung „im Rahmen seines Unternehmens" scheidet die Umsatzsteuerbarkeit des Verkaufs daher aus (§ 1 Abs. 1 Nr. 1 UStG). K hat demnach in der Rechnung über den Verkauf des Audis zutreffend ohne Umsatzsteuer abgerechnet.

2.5 Ausblick auf die Steuerberaterprüfung 2024/2025

Die hier vorgestellten umsatzsteuerlichen Themen sind einige „Klassiker" im Umsatzsteuerrecht und werden für die Examensklausur immer wieder verwendet. Sicher wird es immer wieder Sonderfälle geben, jedoch sind diese relativ unvorhersehbar. Deshalb empfehlen wir, die hier dargestellten Themen ausreichend zu lernen und für die unerwarteten Sonderfälle in einer Klausur anhand der Umsatzsteuergesetzes vorzugehen. Beginnen Sie bei der Prüfung mit § 1 Abs. 1 UStG und prüfen, ob die/alle Tatbestandsmerkmale eines Leistungsaustausches gegeben sind. Und dann gehen Sie weiter in den Paragraphen – immer der Reihe nach (bitte bis zum letzten Paragraphen). Oft reicht es, die Überschriften zu prüfen und festzustellen, ob der Paragraph zur Anwendung kommen könnte oder eben nicht. So kommt man auch bei Unkenntnis u.U. dennoch zum Ziel und zu einigen – möglicher Weise entscheidenden – weiteren Punkten.

Die Umsatzsteuerklausur ist einer von drei Teilen des ersten Klausurtages, weshalb der zeitliche Umfang zwar kleiner ist, als die Themen der Folgetage, oftmals ist aber vor allem beim ersten Examenstag zu hören, dass die Zeit nicht gereicht hat. Deshalb ist es wichtig, zügig durch die Umsatzsteuerklausur zu kommen.

Das Umsatzsteuergesetz ist relativ systematisch aufgebaut, man beginnt immer bei § 1 UStG und folgt dann den Paragraphen. Lieferungen können beispielsweise immer dann schnell beurteilt werden, wenn man verstanden hat, wie man – über kleine Sachverhaltsnotizen – herausfindet, wer an wen eine Rechnung schreibt und welchen physischen Transportweg die Waren nehmen. Bei sonstigen Leistungen gilt ähnliches, wobei es hier immer auf die Art der Leistung und den Status des Leistungsempfängers ankommt (Ort der Leistung – B2B oder B2C). Durch diese wenigen wichtigen Merkmale eines Falles kann man in der Umsatzsteuer schnell den umsatzsteuerlichen Inhalt feststellen und dann inhaltlich abarbeiten. Oftmals ist die Anfertigung einer Skizze sinnvoll!

Wesentliche Rechtsänderung des Jahres 2021 war die Umsetzung des e-Commerce-Pakets ab 01.07.2021. Es ist damit zu rechnen, dass dieser Bereich trotz der Komplexität Eingang in eine

2.5 Ausblick auf die Steuerberaterprüfung 2024/2025

Examensklausur findet. Versuchen Sie deshalb, das Thema zu erarbeiten und mindestens die klassischen Fälle dazu zu kennen (z.B. B2C-Versand aus Deutschland heraus).

In der EuGH-Rechtsprechung wurde in 2023 zuletzt viel über Organschaften (Finanzamt T, C-269/20) und die Einheitlichkeit der Leistung (Finanzamt X, C-516/21) entschieden. Diese Entscheidungen haben aber noch keinen Eingang in ein BMF-Schreiben gefunden. Vielmehr sind aufgrund dieser Entscheidung weitere Verfahren anhängig, um Folgefragen zu klären. Heißt, dass diese Themen im Moment kaum für ein StB-Examen verwendbar sind. Lediglich die Entscheidung zum E-Charging (Dyrektor Krajowej Informacji, C-108/22) wurde mit BMF-Schreiben vom 22.12.2023 in den Umsatzsteueranwendungserlass übernommen. Hier empfiehlt es sich, das Urteil und die Umsetzung in Abschn. 3.10 Abs. 6 zu lesen.

Ein evtl. neues Thema ist die Lieferung einer PV-Anlage. Das ist neu in 2023, relativ ausführlich in BMF-Schreiben erläutert und ein aktuelles Thema. Insoweit empfehlen wir die Lektüre der zugehörigen Paragraphen und BMF-Schreiben.

Im Übrigen sind in Bezug auf die aktuellen Rechtsentwicklungen der hier vorgestellten Themenbereiche folgende BMF-Schreiben zu erwähnen (am Ende der jeweiligen BMF-Schreiben können Sie dann sehen, wo die Inhalte im UStAE aufgenommen wurden):

- BMF, Schreiben vom **01.10.2020**, S 7112/19/1001 (Erweiterung durch BMF, Schreiben vom 11.03.2021, S 7112/19/10001; Bezug auf BFH, Urteil vom 22.08.2013, V R 37/10): Vorliegen einer **Werklieferung**, sobald zusätzlich ein fremder Gegenstand be- oder verarbeitet wird, wobei die Be- oder Verarbeitung eigener Gegenstände nicht für die Annahme einer Werklieferung ausreichend ist. Abgrenzung zur Montagelieferung. Folgen für § 13b UStG.
- Das BMF, Schreiben vom **27.01.2023**, S 7270/20/10002 :001: Merkblatt **zur Umsatzbesteuerung in der Bauwirtschaft** wurde seit langem neu gefasst.
- BMF, Schreiben vom **08.07.2021**, S 7104/19/10001 (Bezug auf BFH, Urteil vom 27.11.2019, V R 23/19, V R 62/17): **Aufsichtsratsmitglieder** sind nicht als Unternehmer tätig, wenn sie aufgrund einer nicht variablen Festvergütung kein Vergütungsrisiko tragen.
- BMF, Schreiben vom **29.03.2022**, S 7104/19/10001 :005 (Bezug auf BMF, Schreiben vom 08.07.2021 s.o.): Unternehmereigenschaft von **AR-Mitgliedern** – Klärung weiterer Fragen zum BMF-Schreiben vom 08.07.2021; Fragen wie Zeitpunkt des Zuflusses der AR-Vergütungen oder Berechnung der 10 % werden näher erläutert. Hinweis für 2024: Mit EuGH-Urteil TP, C-288/22 vom 21.12.2023 wurde die Beurteilung der Selbständigkeit neu definiert, weshalb die Regelungen im UStAE überarbeitet werden müssen!
- BMF, Schreiben vom **21.10.2021**, S 7420/20/10019 (Bezug auf BMF, Schreiben vom 10.12.2020, S 7050/19/1001): Konsequenzen des **Austritts Großbritanniens und Nordirlands aus der EU** (Geltung als Drittland mit Ausnahmen für Nordirland, Übergangsregelungen, Behandlung von Dauerleistungen, Mini-OSS etc.).
- BMF, Schreiben vom **20.10.2022**, S 7306/19/10001 :003: **Vorsteueraufteilung nach § 15 Abs. 4 UStG bei gemischt genutzten Grundstücken** (Veröffentlichung BFH-Urteile vom 22.08.2013, V R 19/09, vom 07.05.2014, V R 1/10, vom 03.07.2014, V R 02/10 und andere sowie EuGH-Urteil vom 08.11.2012, C-511/10 BLC Baumarkt und vom 09.06.2016, C-332/14, Grundstücksgemeinschaft Dr. Wilfried Rey).
- BMF-Schreiben vom **27.02.2023**, S 7220/22/10002 :010: **Nullsteuersatz für Umsätze im Zusammenhang mit bestimmten Fotovoltaikanlagen** (§ 12 Abs. 3 UStG).

- BMF, Schreiben vom **30.11.2023**, S 7220/22/10002 :013: **Einzelfragen** bei der Anwendung des Nullsteuersatzes für bestimmte **Photovoltaikanlagen** (§ 12 Abs. 3 UStG). Umsetzung in Abschn. 12.18 Umsatzsteueranwendungserlass.
- BMF, Schreiben vom **25.04.2023**, S 7116-a/19/10001 :003: Umsatzsteuerliche Behandlung von **Reihengeschäften**. Wesentlicher Inhalt: Zuweisung der Transportverantwortung. Umsetzung in Abschn. 3.14 Umsatzsteueranwendungserlass.

3. Klausur Erbschaft-/Schenkungsteuer und Bewertung
3.1 Besonderheiten der Klausur Erbschaft-/Schenkungsteuer und Bewertung

Wie bereits aus der Überschrift „Erbschaft-/Schenkungsteuer und Bewertung" abgeleitet werden kann, untergliedert sich am ersten Examenstag der Teil III der Klausur „Verfahrensrecht und andere Steuerrechtsgebiete" in einen erbschaft-/schenkungsteuerrechtlichen und einen bewertungsrechtlichen Teil. Regelmäßig wird dieser Klausurteil themenbedingt kurz mit „Teil III: Erbschaftsteuer" bzw. „Teil III: Erbschaft-/Schenkungsteuer" betitelt, erfolgt doch die Bewertung ausschließlich für erbschaft- und schenkungsteuerliche Zwecke. Gelegentlich enthielt dieser Klausurteil im Rückblick der letzten zehn Jahre zusätzlich grunderwerbsteuerrechtliche Problemfelder, die sich jedoch erst aus dem Sachverhalt selbst und nicht aus der Überschrift zu Teil III der Klausur erschlossen. So wurden im Examen 2014/2015 rund 10 % der Punkte in diesem Klausurteil für die Ermittlung einer Grunderwerbsteuerverbindlichkeit und im Examen 2016/2017 sogar ca. 40 % der Punkte für die Lösung grunderwerbsteuerrechtlicher Fragestellungen vergeben. Erfahrungsgemäß entfallen im Verhältnis zu Teil I: Abgabenordnung/ Finanzgerichtsordnung und Teil II: Umsatzsteuer regelmäßig auf den Erbschaftsteuerteil 30 % der Wertungspunkte, sodass für die Lösung dieses Teils rd. 1 Stunde und 48 Minuten Bearbeitungszeit zur Verfügung stehen. In der Examensklausur 2022/2023 wurde erstmals die grobe Punkteverteilung, d.h. die Information angegeben, dass im Erbschaftsteuerteil insgesamt 30 Punkte erreichbar waren. Im Rahmen dieses engen zeitlichen Budgets den Anforderungen der Aufgabenstellung gerecht werden zu können, war rückblickend in jeder Examensklausur der letzten zehn Jahre eine extrem sportliche Herausforderung. Die nachfolgende Auswertung der Examensklausuren 2013/2014–2022/2023 und die daraus gewonnenen inhaltlichen und klausurstrategischen Erkenntnisse sollen den künftigen Examenskandidaten helfen, sich möglichst optimal auf ihre Prüfungssituation vorbereiten zu können.

3.2 Aufgabenstellungen und Themenschwerpunkte der Examensklausuren 2014/2015 bis 2023/2024

Die Auswertung der Examensklausuren der letzten zehn Jahre hat gezeigt, dass den Klausuren 2014/2015-2019/2020 sowie 2021/2022 und 2022/2023 stets ein **Gesamtfall** eines **Erwerbs von Todes wegen** und der Klausur 2020/2021 – erstmals – ein Fall einer **Schenkung unter Lebenden** sowie der Klausur 2023/2024 eine **Kombination** aus einer **Schenkung unter Lebenden** und einem **Erwerb von Todes wegen** mit weitestgehend **gleicher Aufgabenstellung** – die festzusetzende Erbschaft- bzw. Schenkungsteuer (2021/2022: Ermittlung des steuerpflichtigen Erwerbs; 2022/2023: Ermittlung des Wertes der Bereicherung) zu ermitteln – zugrunde lag und regelmäßig **wiederkehrende Themenschwerpunkte** zu bearbeiten waren.

3.2.1 Aufgabenstellungen der Examensklausuren 2014/2015 bis 2023/2024
Examen 2014/2015
Ermitteln Sie die zutreffend festzusetzende Erbschaftsteuer für Carola (Ehefrau), falls Heidi (Tochter) ihren Pflichtteilsanspruch nicht geltend gemacht hat, aber sich auch weigert, eine entsprechende Verzichtserklärung abzugeben und Hans (Sohn) gar nichts erklärt hat. Gehen Sie dabei auf alle durch den Sachverhalt aufgeworfenen Rechtsfragen ein. Selbst ermittelte Beträge sind ggf. auf zwei Nachkommastellen zu runden. Es sind keine vom Bundesgesetz abweichenden

Steuersätze zu verwenden. Alle erforderlichen Anträge gelten als gestellt. Begründen Sie Ihre Entscheidungen unter Angabe der maßgebenden Vorschriften.

Examen 2015/2016

Ermitteln Sie die zutreffend festzusetzende Erbschaftsteuer für den Erben (Sohn). Gehen Sie dabei auf alle durch den Sachverhalt aufgeworfenen Rechtsfragen ein. Selbst ermittelte Geldbeträge und Prozentsätze sind ggf. auf zwei Nachkommastellen zu runden. Der Basiszinssatz für das Jahr 2014 beträgt 2,59 %. Alle erforderlichen Anträge gegenüber dem Finanzamt gelten als gestellt. Begründen Sie Ihre Entscheidungen unter Angabe der maßgeblichen Vorschriften.

Examen 2016/2017 – Soweit den Teilnehmern bekannt (Die amtlichen Aufgabentexte werden aktuell nicht veröffentlicht.)

Ermitteln Sie die zutreffend festzusetzende Schenkung- bzw. Erbschaftsteuer für den Erben/ die Erbin bzw. den/die Beschenkten. Nehmen Sie zu **allen** grunderwerbsteuerlichen Fragen Stellung. Gehen Sie von einem Steuersatz i.H.v. 3,5 % aus. Gehen Sie dabei auf alle durch den Sachverhalt aufgeworfenen Rechtsfragen ein. Selbst ermittelte Geldbeträge und Prozentsätze sind ggf. auf zwei Nachkommastellen zu runden. Alle erforderlichen Anträge gegenüber dem Finanzamt gelten als gestellt. Begründen Sie Ihre Entscheidungen unter Angabe der maßgeblichen Vorschriften.

Examen 2017/2018 – Soweit den Teilnehmern bekannt (Die amtlichen Aufgabentexte werden aktuell nicht veröffentlicht.)

Ermitteln Sie die zutreffend festzusetzende Erbschaftsteuer für den Erben. Die Erbschaftsteuer soll möglichst niedrig gehalten werden. Alle erforderlichen Anträge gegenüber dem Finanzamt gelten als gestellt. Begründen Sie Ihre Entscheidungen unter Angabe der maßgeblichen Vorschriften.

Examen 2018/2019 – Soweit den Teilnehmern bekannt (Die amtlichen Aufgabentexte werden aktuell nicht veröffentlicht.)

Ermitteln Sie die nach dem Tod von Bernardo Soares festzusetzende Erbschaftsteuer für Maria (Ehefrau). Die steuerliche Belastung soll möglichst niedrig gehalten werden. Alle erforderlichen Anträge gelten als gestellt. Notwendige gesonderte Feststellungen sind ggf. vorab darzustellen, insbesondere § 13b Abs. 10 ErbStG. Begründen Sie Ihre Entscheidungen unter Angabe der maßgebenden Vorschriften. Auf § 13a Abs. 4 ErbStG und schenkungsteuerliche Aspekte ist nicht einzugehen.

Examen 2019/2020 – Soweit den Teilnehmern bekannt (Die amtlichen Aufgabentexte werden aktuell nicht veröffentlicht.)

Ermitteln Sie die nach dem Tod von Paul Liliental zutreffend festzusetzende Erbschaftsteuer für den/die Erben.

Die Erbschaftsteuerbelastung soll möglichst niedrig gehalten werden. Alle erforderlichen Anträge gegenüber dem Finanzamt gelten als gestellt. Notwendige gesonderte Feststellungen sind ggf. darzustellen. Auf § 13a Abs. 4 ErbStG ist ebenso wie auf eventuelle schenkungsteuerliche Aspekte nicht einzugehen. Begründen Sie Ihre Entscheidungen unter Angabe der maßgebenden Vorschriften.

3.2 Aufgabenstellung und Themenschwerpunkte der Examenklausuren

Examen 2020/2021 – Soweit den Teilnehmern bekannt (Die amtlichen Aufgabentexte werden aktuell nicht veröffentlicht.)
Ermitteln Sie die aufgrund des Sachverhalts festzusetzende Schenkungsteuer. Die Steuerbelastung soll möglichst gering gehalten werden. Alle erforderlichen Anträge gegenüber dem Finanzamt gelten als gestellt. Erforderliche gesonderte Feststellungen sind ggf., soweit nötig, darzustellen. Auf § 13a Abs. 4 ErbStG und die Grunderwerbsteuer ist nicht einzugehen. Begründen Sie Ihre Entscheidungen unter Angabe der maßgebenden Vorschriften.

Examen 2021/2022 – Soweit den Teilnehmern bekannt (Die amtlichen Aufgabentexte werden aktuell nicht veröffentlicht.)
Ermitteln Sie den steuerpflichtigen Erwerb für den/die Erben. Der steuerpflichtige Erwerb soll möglichst gering gehalten werden. Alle erforderlichen Anträge gegenüber dem Finanzamt gelten als gestellt. Erforderliche gesonderte Feststellungen sind ggf. vorab darzustellen. Auf § 13a Abs. 4 ErbStG und die Grunderwerbsteuer ist nicht einzugehen. Begründen Sie Ihre Entscheidungen unter Angabe der maßgebenden Vorschriften.

Examen 2022/2023 – Soweit den Teilnehmern bekannt (Die amtlichen Aufgabentexte werden aktuell nicht veröffentlicht.)
Nehmen Sie zur Steuerpflicht Stellung und ermitteln Sie für erbschaftsteuerliche Zwecke die für die Erbin anfallende Bereicherung. Diese soll möglichst gering gehalten werden. Alle erforderlichen Anträge gegenüber dem Finanzamt gelten als gestellt. Notwendige gesonderte Feststellungen sind ggf. vorab darzustellen. Auf § 13a Abs. 4 ErbStG und die Grunderwerbsteuer ist nicht einzugehen.

Examen 2023/2024 – Soweit den Teilnehmern bekannt (Die amtlichen Aufgabentexte werden aktuell nicht veröffentlicht.)
Ermitteln Sie die für (den Freund) festzusetzende Erbschaft- und Schenkungsteuer. Die Steuer soll so niedrig wie möglich gehalten werden. Erforderliche Anträge gelten als gestellt. Erforderliche gesonderte Feststellungen sind ggf. vorab darzustellen. Begründen Sie Ihre Entscheidungen unter Angabe der maßgebenden Vorschriften. Auf § 13a Abs. 3 und 4 ErbStG und die Grunderwerbsteuer ist nicht einzugehen.

3.2.2 Überblick über die Themenschwerpunkte der Examensklausuren 2014/2015 bis 2023/2024

In der nachstehenden Übersicht wird veranschaulicht, mit welcher Gewichtung die erbschaft- und schenkungsteuerrechtlichen Lösungsschritte zur Ermittlung des steuerpflichtigen Erwerbs (ausgehend von der Ermittlung des Vermögensanfalls über den Wert der Bereicherung) sowie der festzusetzenden Erbschaft-/Schenkungsteuer und – darin eingebettet – der Bewertung der übergehenden Vermögensgegenstände und damit verbundener Schulden sowie weiterer Verbindlichkeiten auf der Grundlage der gesetzlichen Regelungen des Erbschaftsteuer- und Schenkungsteuergesetzes (ErbStG) und des Bewertungsgesetzes (BewG) in den Examensklausuren der letzten zehn Jahre ihren Niederschlag fanden. Unschwer zu erkennen ist, dass im Rahmen der erbschaft- und schenkungsteuerrechtlichen Betrachtungen die Bewertungsproblematik einen maßgeblichen Stellenwert (mit regelmäßig mehr als 50 % der Wertungspunkte) hat.

In der Übersicht ist jede Klausur mit 100 % – bezogen auf die i.d.R. zu vergebenden 30 Wertungspunkte (Ausnahme: Examen 2014/2015 mit 35 Wertungspunkten) – dotiert. Die Zahlen in den Spalten geben an, mit welchem Prozentsatz die einzelnen Themenfelder in den jeweiligen

Klausuren angesprochen wurden. Wer die Zahl durch 3 teilt, kommt in etwa zu den vergebenen Wertungspunkten.

Themenfelder in %	14/15	15/16	16/17	17/18	18/19	19/20	20/21	21/22	22/23	23/24
Klausureinstieg – Steuerpflicht (§§ 1, 2, 9, 10, 11, 12, 15, 20 ErbStG)										
• Erwerb von Todes wegen (§ 3 Abs. 1 Nr. 1 ErbStG)	6	6	3	3	6	3		3	3	3
• Schenkung unter Lebenden (§ 7 Abs. 1 Nr. 1 ErbStG)							6			9
Ermittlung des Vermögensanfalls										
Bewertung Grundvermögen/Begünstigungsprüfung	19/3	27/4	–/3	11/–	31/6	12/–	(9)/–	–/9	12/3	–/6
Bewertung Betriebsvermögen/nicht notierte Anteile an KapGes und Begünstigungsprüfung	24/6	20/10	32/11	53	22/11	27/34	70/3	42/25	33/28	24/25
Bewertung übriges Vermögen und Begünstigungsprüfung										
• Kapitalforderungen (Kaufpreis-, Mietforderungen, Bankguthaben)	3				3	3		3		6
• Hausrat, körperliche Gegenstände, Freibeträge § 13 Abs. 1 Nr. 1 Buchst. a, b ErbStG		3	3	6	3				3	
• Sachleistungsansprüche	6	3							3	
• Nichtansatz ausländisches Vermögen				4						
Lebensversicherung, § 3 Abs. 1 Nr. 4 ErbStG				5				3		
Ermittlung des Wertes der Bereicherung – Abzug Nachlassverbindlichkeiten										
• § 10 Abs. 5 Nr. 1 ErbStG – Kaufpreisverbindlichkeiten, Renten, Darlehensschulden, ggf.- mit Abzinsung	12	18	3	10	3	3		6	3	
• § 10 Abs. 5 Nr. 2 ErbStG Pflichtteilshinweis, Vermächtnis	6			3	3	3			3	3/12
• § 10 Abs. 5 Nr. 3 ErbStG	3	3	3	3	3	3		6	3	3

ÜBERSICHT – Themenschwerpunkte der Examensklausuren 2014/2015 bis 2023/2024

Themenfelder in %	14/15	15/16	16/17	17/18	18/19	19/20	20/21	21/22	22/23	23/24
Erwerbsnebenkosten i.Z.m. einer Schenkung							3			
Wert der Bereicherung, § 10 Abs. 1 Satz 1 und 2 ErbStG							3		3	
Steuerpflichtiger Erwerb, festzusetzende Erbschaft-/Schenkungsteuer										
Steuerpflichtiger Erwerb und Steuerberechnung (Freibeträge, Steuer, Härteausgleich, Vorerwerb, Übernahme der Schenkungsteuer, §§ 10, 14, 15, 19 ErbStG)		6		3	12	6	6	6		9
Sonderthemen – GrESt	12		42							
Summe in %	100	100	100	100	100	100	100	100	100	100

3.2.3 Gemeinsamkeiten und Unterschiede in den Examensklausuren 2014/2015 bis 2023/2024

Den Examensklausuren der letzten zehn Jahre im Kern gemeinsam war die allgemeine Aufgabenstellung:

„Ermitteln Sie die festzusetzende Erbschaftsteuer bzw. Schenkungsteuer. Begründen Sie Ihre Entscheidungen unter Angabe der maßgebenden Vorschriften."

Eine geringfügige Ausnahme davon bildete die Examensklausur 2021/2022, wo der letzte systematische Schritt der Klausurlösung – Ermittlung der festzusetzenden Erbschaftsteuer – nicht mehr gefordert war: Hier lautete die Aufgabenstellung: "Ermitteln Sie den steuerpflichtigen Erwerb. ... Begründen Sie Ihre Entscheidungen unter Angabe der maßgebenden Vorschriften."

In der Examensklausur 2022/2023 war dann auch nicht einmal mehr der steuerpflichtige Erwerb, sondern lediglich der Wert der Bereicherung zu ermitteln.

3.2.3.1 Zu den zu beurteilenden Sachverhalten

Die zu beurteilenden Sachverhalte in den Examensklausuren 2014/2015 bis 2016/2017 reihten sich weiter in die im Examen 2006/2007 begonnene „Robert Rundlich-Ära" (siehe Vorauflagen) ein. Wenn von der Besonderheit in der Examensklausur 2016/2017 abgesehen wird, dass in dieser Klausur ein nicht unerheblicher Teil der Beurteilung grunderwerbsteuerrechtlicher Fragen gewidmet war, wiesen die Klausuren sehr viele Parallelen mit gleichgelagerten Problemfeldern auf, d.h. in vielen Teilen wiederholten sich die Prüfungsinhalte mehr oder weniger. Das ist kein Einzelfall. Es kommt immer wieder vor, dass die Klausurersteller der StB-Examensklausuren auf alte Klausurfragen und -themen zurückgreifen. Die familiäre Situation der Rundlich's war dadurch geprägt, dass stets auf der Grundlage der gewillkürten Erbfolge (über Testament oder Erbvertrag) entweder die Ehefrau Alleinerbin ihres Ehegatten Robert Rundlich (RR), mit dem sie vorwiegend im Güterstand der Gütertrennung gelebt hatte, wurde (2014/2015) oder der Sohn (2013/2014, 2015/2016). Die Pflichtteilsberechtigten überlegten sich regelmäßig noch, ob sie Pflichtteilsansprüche geltend machen sollten oder nicht bzw. wurde wirksam auf Pflichtteilsansprüche verzichtet. Die familien- und erbrechtliche Situation war somit in der Regel klar und eindeutig und die §§ 4–6 ErbStG nicht weiter relevant.

Hinsichtlich der Auffälligkeit des gleichbleibenden „Hauptdarstellers" Robert Rundlich stellte das Examen 2017/2018 eine Art Zäsur dar. Nicht nur, dass Robert Rundlich offensichtlich seine endgültige Ruhe gefunden hatte (nachdem er 11 Mal hintereinander im StB-Examen versterben durfte), plötzlich waren auch Erblasser und Erbe (Sohn) nicht im Inland ansässig (und auch nicht über die Zeitgrenzen doch einzubeziehen), sodass eine beschränkte Steuerpflicht zu beurteilen war. Besondere erbrechtliche Aspekte waren aber nicht relevant. Auch wurden die Klausuren ab diesem Examensjahr trotz der sich wiederholenden Themenschwerpunkte im Detail vielfältiger und somit weniger berechenbar.

In der Examensklausur 2018/2019 wurde das Problem der beschränkten Steuerpflicht vermeintlich erneut aufgegriffen. Erst beim Lesen der Aufgabenstellung war zu erkennen, dass lediglich die Erbschaftsteuerfestsetzung der hinterbliebenen Ehefrau (Wohnsitz in Deutschland, demnach unbeschränkte persönliche Steuerpflicht) zu prüfen war, während der im Ausland ansässige, nicht deutsche Staatsangehörige Sohn (laut Testament umfangreicher Vermächtnisnehmer) bei der Prüfung außen vor blieb. Eine neue Form der Aufgabenstellung fand sich durch die Vorgabe der Durchführung von Feststellungen nach § 13b Abs. 10 ErbStG.

Dagegen wies die Examensklausur 2019/2020 keine Fallen im allgemeinen Bereich auf.

Als Überraschung besonderer Art erwies sich der Sachverhalt in der Examensklausur 2020/2021, da diesem eine Schenkung unter Lebenden vom Vater an den Sohn zugrunde lag.

In der Examensklausur 2021/2022 kehrte der Klausurersteller zu einem klassischen Fall eines Erwerbs von Todes wegen nach gewillkürter Erbfolge ("Berliner Testament") bei unbeschränkter persönlicher Steuerpflicht zurück. Im Unterschied zu allen vorhergehenden Examensklausuren war hier allerdings nicht die festzusetzende Erbschaftsteuer, sondern lediglich der steuerpflichtige Erwerb für die erbende Ehefrau (mit der der Erblasser im Güterstand der Gütertrennung gelebt hatte) zu ermitteln.

Auch der Examensklausur 2022/2023 lag ein klassischer Fall eines Erwerbs von Todes wegen nach gewillkürter Erbfolge vom Erblasser auf dessen Ehefrau vor (Güterstand der Gütertrennung). Die Besonderheit in der Aufgabenstellung bestand darin, dass lediglich die anfallende Bereicherung für die Ehefrau zu ermitteln war.

Die Examensklausur 2023/2024 wies dahingehend eine Besonderheit auf, dass zunächst eine Schenkung unter Lebenden und anschließend für dieselben Personen (Schenker = Erblasser und Beschenkter = Erbe) ein Erwerb von Todes wegen zu beurteilen war. Die Aufgabenstellung zielte auf die Ermittlung der festzusetzenden Schenkung- bzw. Erbschaftsteuer.

3.2.3.2 Examensklausur 2014/2015

Mehrere Hürden besonderer Art hatten die Examenskandidaten im Examen 2014/2015 zu überspringen, deren Sachverhalt überraschenderweise im Jahr 2012 (Todestag am 31.12.2012) spielte. Damit ergab sich schon die Schwierigkeit, dass die Vervielfältiger für eine Rente nach § 14 Abs. 1 BewG nicht mehr in den Steuererlassen zu finden waren.

Die Bewertung von Grundvermögen folgte den Vorjahren, d.h. es war wieder ein Grundstück nach dem Ertragswertverfahren – ohne nennenswerte Probleme – zu bewerten und der Begünstigungsprüfung zu unterziehen. Auch die Bewertung von Betriebsvermögen (Einzelunternehmen) erfolgte hier wieder nach dem vereinfachten Ertragswertverfahren. Während sich aber bisher im Rahmen der §§ 199 ff. BewG die Anpassung der Jahresergebnisse des Unternehmens (Hinzurechnungen und Kürzungen) auf § 202 BewG konzentrierte, war das Problem hier, dass aufgrund der etwas komplizierten Sachverhaltsbeschreibung (Fehler in der Bilanz) erst einmal eine Korrektur des Bilanzgewinns vorzunehmen war. Damit war das Niveau dieser Examensklausur gegenüber dem Niveau der Vorjahre nicht unwesentlich angehoben. Die Begünstigung nach §§ 13a, 13b ErbStG a.F. erfolgte über die Optionsverschonung, wobei zu beachten war, dass auch nicht begünstigtes (junges) Verwaltungsvermögen vorlag.

Bei den Nachlassverbindlichkeiten waren eine Leibrente aus Nutzungsrechten sowie aus gleichem Rechtsgrund eine immerwährende Verpflichtung, die mit dem Vervielfältiger der ewigen Rente (18,6) anzusetzen war (§ 13 Abs. 2 BewG), zu berechnen. Darüber hinaus musste auch noch eine Grunderwerbsteuerverbindlichkeit für ein erworbenes Grundstück berechnet werden (Bemessungsgrundlage: Kaufpreis abzüglich enthaltener Kaufpreisbestandteile für Betriebsvorrichtungen).

Eher untypisch war auch die Punktevergabe – für diesen Teil konnten 35 Wertungspunkte erzielt werden.

3.2.3.3 Examensklausur 2015/2016

Die Schwerpunkte in der Examensklausur 2015/2016 lagen in der Bewertung eines gemischt genutzten Grundstücks, in der Bewertung eines Einzelunternehmens und in der Barwertermittlung von drei Rentenbezügen als Nachlassverbindlichkeit. Dem Grunde nach brachte diese Thematik nichts Neues.

Bei der Ermittlung des Grundbesitzwertes musste allerdings erstmals das Sachwertverfahren angewandt werden Das Einzelunternehmen des RR (Bücherrestaurator) war – wie in den Jahren zuvor – im Ertragswertverfahren nach §§ 199 ff. BewG zu bewerten. Zum nicht notwendigen (gewillkürten) Betriebsvermögen gehörten eine Wohnung im o.g. Grundstück, ein Bild und eine stille Beteiligung (deren vom Nennwert abweichender Wert nach R B 12.4 ErbStR 2011 zu ermitteln war). Unangenehm war auch die Berechnung des Barwerts der Rentenzahlungsverpflichtungen mit Höchstlaufzeit, Aufschubzeit, Interpolieren, Doppelrente mit erhöhter Überlebensrente etc.

Insgesamt waren aber auch diese Problemfelder zu bewältigen. Alles im Ergebnis machbar – aber „zeitfressend". Eine ordentliche oder gar gute Lösung des fünfseitigen Sachverhalts in zwei Stunden gelang den wenigsten Examenskandidaten. Dies gilt umso mehr, als in dem Sachverhalt einerseits einige (zur Verunsicherung beitragende) lösungsirrelevante Informationen eingebaut waren und andererseits z.T. „unübliche" Sachverhaltsvarianten zu beurteilen waren. Im Blick auf die Vorjahresklausuren sprengte der Sachverhalt die adäquaten Erwartungshaltungen der Kandidaten.

3.2.3.4 Examensklausur 2016/2017

Die Examensklausur 2016/2017 brachte zur Überraschung der Examenskandidaten einen erbschaftsteuerlichen Teil und einen grunderwerbsteuerlichen Teil. Der grunderwerbsteuerliche Examensteil machte ca. 40 % des Klausurumfangs aus. Dabei ging es um die nachfolgenden sieben Kleinfälle:

1. Ehemann R erwirbt mit notariellem Kaufvertrag vom 03.01.2012 von seiner Ehefrau ein 1.200 m² großes Grundstück zu einem Kaufpreis i.H.v. 330.000 €. Die Grundbucheintragung erfolgte am 03.07.2012.
   Kurzhinweise! Der Erwerb ist grunderwerbsteuerbar, aber steuerfrei nach § 3 Nr. 4 GrEStG.
2. R teilte dieses Grundstück am 01.07.2013 in zwei Teile (120 m² und 1.080 m²). Den großen Grundstücksteil vermietete er an das DRK.
   Kurzhinweise! In der Aufteilung liegt kein grunderwerbsteuerrelevanter Vorgang.
3. R schenkt seinem Sohn H die Hälfte des 1.200 m² großen Grundstücksteils (notarielle Beurkundung mit Auflassungserklärung am 13.11.2013 – Eintragung des H im Grundbuch am 10.12.2013).
   Kurzhinweise! Die Schenkung an H schließt einen grunderwerbsteuerpflichtigen Vorgang aus.
4. R und H übertragen ihre Miteigentumsanteile an dem Grundstück am 16.12.2013 in die am 13.11.2013 gegründete Gesellschaft des bürgerlichen Rechts (GbR), an der Beide hälftig beteiligt sind.
   Kurzhinweise! Die Übertragung der Anteile ist grundsätzlich grunderwerbsteuerbar – aber steuerfrei nach § 5 Abs. 1 GrEStG, wenn gleiche Beteiligungsverhältnisse an Miteigentümergemeinschaft und GbR bestehen.
5. Am 01.07.2014 wurde die GbR in eine OHG umgewandelt.
   Kurzhinweise! In dem Formwechsel GbR zu OHG liegt kein grunderwerbsteuerrelevanter Vorgang.

6. H und Sylvia (Tochter des R) waren (mittlerweile) jeweils zur Hälfte Gesellschafter der GbR. Beide waren auch Gesellschafter der GmbH, in deren Eigentum ein Grundstück stand (alleiniges Betriebsvermögen – Grundbesitzwert 900.000 € – Marktwert 950.000 €). Am 10.08.2015 legten H und S ihre jeweiligen GmbH-Anteile in das Gesamthandvermögen der OHG ein.
   Kurzhinweise! Die Einbringung der GmbH-Anteile führt zu einem grunderwerbsteuerpflichtigen Vorgang mit 3,5 % aus dem Grundbesitzwert.
7. R wollte seiner Nachbarin N eine Freude bereiten. Mit notariellem Vertrag vom 01.05.2015 übertrug er ihr zum Kaufpreis i.H.v. 10.000 € den kleineren Teil des o.g. 120 m² großen Grundstückes (Marktpreis 22.000 € – Grundbesitzwert 19.500 €). N wird am 01.08.2015 in das Grundbuch als neue Eigentümerin eingetragen.
   Kurzhinweise! Der Kaufpreis i.H.v. 10.000 € ist grunderwerbsteuerpflichtig mit 3,5 %. Der unentgeltliche Teil ist schenkungsteuerpflichtig. Bemessungsgrundlage ist der Grundbesitzwert abzüglich des Kaufpreises.

Es ist damit zu rechnen, dass vergleichbare Fallgestaltungen zur Grunderwerbsteuer auch in die Examensklausuren der kommenden Jahre Eingang finden. Die Examenskandidaten sollten sich deshalb mit den wesentlichen Bestimmungen der GrEStG vertraut machen.

Der erbschaftsteuerliche Klausurteil reihte sich nahtlos in die Thematik der zurückliegenden Examensjahre ein. Im Mittelpunkt stand hier der Erwerb von Betriebsvermögen (Einzelunternehmen). Die Bewertung musste nach dem vereinfachten Ertragswertverfahren der §§ 199 ff. BewG vorgenommen werden. Der Erwerb fiel unter die Privilegierungen der §§ 13a, 13b ErbStG i.d.F. bis 30.06.2016. Allerdings war erstmals kein Grundvermögen zu bewerten und erbschaftsteuerlich zu würdigen – offensichtlich zugunsten des Grunderwerbsteuerteils.

3.2.3.5 Examensklausur 2017/2018

Bei dem Sachverhalt dieser Klausur mit seiner starken Konzentration auf das Problem der beschränkten Erbschaftsteuerpflicht, der hinsichtlich der zu lösenden bewertungsrechtlichen Probleme und der Aufgabenstellung den vorhergehenden Klausuren vergleichbar war, ging es insbesondere um die Feststellung des inländischen und somit des erbschaftsteuerpflichtigen Vermögens gem. § 2 Abs. 1 Nr. 3, § 20 Abs. 1 Satz ErbStG und § 121 BewG. Dabei ging es um folgende Varianten:
1. Landwirtschaft in Argentinien → kein inländisches Vermögen.
2. Eigentumswohnung in Buenos Aires → kein inländisches Vermögen.
3. Girokonto bei der Deutschen Bank (ohne weitere Besonderheiten) → kein inländisches Vermögen.
4. Skulptur in deutschem Schließfach → kein inländisches Vermögen.
5. Gewinnausschüttungsanspruch gegen deutsche GmbH (Beschlussfassung vor dem Tod) → kein inländisches Vermögen.
6. Anteile an deutscher GmbH → inländisches Vermögen gem. § 121 Nr. 4 BewG mit Bewertung nach dem Substanzwertverfahren, jedoch kein begünstigungsfähiges Vermögen.
7. Unbebautes Grundstück in Deutschland → inländisches Vermögen gem. § 121 Nr. 2 BewG mit Bewertung nach § 179 BewG (bei abweichender Geschossflächenzahl).

Ein erneuter Aufgriff der Thematik ist sicher nicht ausgeschlossen. Daher sollte jeder Examenskandidat die Prüfung anhand von § 121 BewG und dessen abschließende Aufzählung kennen.

3.2.3.6 Examensklausur 2018/2019

War es vielleicht im Examen 2017/2018 noch zu erwarten, dass die Neufassung der §§ 13a ff. ErbStG (Fassung ab 01.07.2016) überhaupt keinen Einzug in die Klausur findet, war spätestens mit dem Erscheinen des Koordinierten Ländererlasses vom 22.06.2017 mit einer Aufnahme der Fälle zur reformierten Unternehmensvermögensbefreiung im Examen fest zu rechnen. Genauso bestätigte es sich dann auch, indem die Bewertung und Befreiung des Betriebsvermögens ca. ein Drittel der Wertungspunkte ausmachten. Neu, aber konstruktiv, war i.d.Z. die Erweiterung der Aufgabenstellung um den Hinweis, dass notwendige Feststellungen vorab darzustellen seien, insbesondere gem. § 13b Abs. 10 ErbStG. Dies führt zu einem neuen Aufbau der Prüfung von Betriebsvermögen in Erbschaftsteuerklausuren:

1. Feststellungen
1.1 nach § 151 BewG:
    1.1.1 Bewertung (Ableitung aus Verkäufen, Gutachten, vereinfachtes Ertragswertverfahren, Substanzwert)
    1.1.2 Zurechnung
1.2 nach § 13b Abs. 10 ErbStG
2. Begünstigung
2.1 Prüfung auf begünstigtes Vermögen i.S.v. § 13b Abs. 2 ErbStG
2.2 Prüfung nach § 13a ErbStG (Regel- bzw. Optionsverschonung)

Dieser Aufbau ist insofern sinnvoll, als er die Arbeitsteilung innerhalb der Finanzverwaltung zwischen Betriebsstättenfinanzamt (Feststellung) und Erbschaftsteuerfinanzamt (Begünstigung, Befreiung) abbildet. Damit war auch das Prüfungsschema nach Abschnitt 13b.9 Abs. 2 AEErbSt (jetzt R E 13b.9 Abs. 2 ErbStR 2019) voll anwendbar. Der Lösungsaufbau nach diesem Prüfungsschema und die Thematik an sich dürften weiter zu erwarteter fester Bestandteil der Examensklausur im Teil Erbschaft-/Schenkungsteuer und Bewertung sein.

3.2.3.7 Examensklausur 2019/2020

Selten war eine Erbschaftsteuerexamensklausur so fokussiert auf zwei Vermögensgegenstände (hier: ein OHG-Anteil sowie ein Grundstück im Privatvermögen). Abgesehen von einer kleinen zinslosen Ratendarlehenssituation waren keinerlei Nebenschauplätze zu bearbeiten. In der Kernstruktur unterschied sich diese Klausur aber nicht von den Vorjahren. Man könnte eher sagen, es zeigt die Essenz dessen, was geübt und gekonnt sein muss – Bewertung und Begünstigung von Grund- und Betriebsvermögen.

Zwar wurde der explizite Hinweis auf § 13b Abs. 10 ErbStG nicht mehr in die Aufgabenstellung aufgenommen, aber die Feststellungen wurden doch in der Lösung gefordert und insgesamt mit vier Wertungspunkten bedacht. Es kann für jeden Examenskandidaten nur nützlich sein, die Feststellung durchzuführen, da anschließend problemlos mit dem in R E 13b.9 Abs. 2 ErbStR 2019 zur Verfügung stehenden Prüfungsschema gearbeitet werden kann.

Das Examen hatte hier den besonderen Anspruch, eine Prüfung nach §§ 13a, 13b ErbStG bei einem Anteil an einer Mitunternehmerschaft durchzuführen. Das Besondere: das Verwaltungsvermögen wird nicht nach regulärer Quote durchgerechnet, sondern bei Verwaltungsvermögen, welches zum Gesamthandsvermögen gehört, im Verhältnis des zugerechneten Wertanteils (Kapitalkonto zzgl. Restverteilung) zum Gesamtwert des Gesamthandsvermögens; bei Verwaltungsvermögen im Sonderbetriebsvermögen erfolgt dagegen eine Berücksichtigung zu 100 %.

Hatte man dies im Blick und die Richtlinie R E 13b.9 Abs. 2 ErbStR 2019 zur Hand, waren alle weiteren Schritte schnell zu realisieren.

Erstmals lag der Grundstücksbewertung ein Sonderfall – Bewertung eines (bislang unbebauten) Grundstücks im Zustand der Bebauung – zugrunde.

3.2.3.8 Examensklausur 2020/2021

Nicht nur, dass in dieser Klausur dem Sachverhalt eine Schenkung zugrunde lag. Hinzu kam, dass diese freigebige Zuwendung den Übergang nur eines (!) Vermögensgegenstandes – GmbH-Anteile – umfasste. Die „Musik spielte" hier in der Bewertung dieser GmbH-Anteile. Allerdings, und das war der Knaller, machte dessen bewertungsrechtliche Würdigung allein ca. 80 % der Wertungspunkte aus, denn es musste eine Bewertung nach dem vereinfachten Ertragswertverfahren durchgeführt als auch der Substanzwert ermittelt werden mit der Krönung, dass keine Zwischenbilanz zum Bewertungsstichtag erstellt wurde. Sehr aufwändig und zeitintensiv. Aber: Dafür gab es keine Begünstigungsprüfung nach §§ 13a, 13b ErbStG, da die unmittelbare Beteiligung des Schenkers an der GmbH bei nur 15 % lag und somit kein begünstigungsfähiges Vermögen i.S.d. § 13b Abs. 1 Nr. 3 ErbStG vorlag.

Was als Besonderheit jedoch hinzukam, war die Bewertung eines Betriebsgrundstücks in Form eines Erbbaugrundstücks. Man blieb sich also treu, die Grundstücksbewertung als Klausurbestandteil zu haben und griff zum zweiten Mal einen Sonderfall auf.

Nebenschauplätze waren insofern nur vorhanden, als dass Erwerbsnebenkosten anfielen und dass sich der Schenker (Vater) zur Übernahme einer ggf. anfallenden Schenkungsteuer verpflichtet hatte. Problemlos dürfte erkannt worden sein, dass die Erwerbsnebenkosten mindernd zu berücksichtigen waren, da der Beschenkte sich verpflichtet hatte, diese zu tragen. Hier war entsprechend H E 10.7 „Behandlung von Erwerbsnebenkosten ..." ErbStH 2019 vorzugehen. Und auch die Verpflichtung des Schenkers zur Übernahme der Schenkungsteuer dürfte unter Beachtung des § 10 Abs. 2 ErbStG gut lösbar gewesen sein.

3.2.3.9 Examensklausur 2021/2022

Auch in dieser Examensklausur griff der Klausurersteller die Thematik der Bewertung von GmbH-Anteilen auf. Wie bereits in der Examensklausur 2020/2021 war die Wertermittlung für das Betriebsvermögen der GmbH sowohl nach dem vereinfachten Ertragswertverfahren vorzunehmen als auch der Substanzwert zu ermitteln. Allerdings war diese Bewertung im Vergleich zur Examensklausur 2020/2021 weniger umfangreich und damit auch weitaus weniger zeitintensiv.

Im Gegensatz zur Examensklausur des Vorjahres lag bei diesen GmbH-Anteilen aber begünstigungsfähiges Vermögen i.S.d. § 13b Abs. 1 Nr. 3 ErbStG vor, da die unmittelbare Beteiligung des Erblassers an der GmbH 30 % betrug.

Entsprechend der Aufgabenstellung war zunächst – wie in den Examensklausuren 2018/2019 und 2019/2020 eine gesonderte Feststellung nach § 13b Abs. 10 ErbStG vorzunehmen.

Allerdings war kein begünstigtes Vermögen gegeben, da der Anteil des Verwaltungsvermögens entsprechend § 13b Abs. 2 Satz 2 ErbStG über 90 % lag.

Diese Klausur stellte erneut den Facettenreichtum, den eine Examensklausur zum Dauerthema „Bewertung und Besteuerung von Betriebsvermögen bzw. nicht notierten Anteilen an Kapitalgesellschaften" haben kann, unter Beweis, denn in dieser Klausur wurden nicht nur GmbH-Anteile sondern darüber hinaus auch Anteile an einer AG übertragen, deren gesondert festgestellter

Anteilswert allerdings bereits vorgegeben war. Da die Beteiligungsquote bei lediglich 15 % lag, konnte auf den ersten Blick eigentlich davon ausgegangen werden, dass kein begünstigungsfähiges Vermögen i.S.d. § 13b Abs. 1 Nr. 3 ErbStG vorlag. Hier musste jedoch aus den Sachverhaltsangaben geschlossen werden, das eine sog. Poolvereinbarung gem. § 13b Abs. 1 Nr. 3 Satz 2 ErbStG und somit doch begünstigungsfähiges Vermögen gegeben war. Aus den Sachverhaltsangaben konnte darüber hinaus zügig abgeleitet werden, dass die Verwaltungsvermögensquote unter 90 % lag und die Anteile somit grundsätzlich nach der Regelverschonung begünstigt gewesen wären. Erstmals wurde in diesem Zusammenhang in einer Examensklausur das Thema der Behaltensfrist nach § 13a Abs. 6 Satz 1 Nr. 4 ErbStG aufgegriffen und zwar dahingehend, dass die Kandidaten aus den Sachverhaltsangaben schlussfolgern mussten, dass der Verschonungsabschlag (§ 13a Abs. 1 Satz 1 ErbStG) und der Abzugsbetrag (§ 13a Abs. 2 ErbStG) aufgrund des Anteilsverkaufs innerhalb des ersten Jahres nach dem Erwerb rückwirkend gänzlich wegfielen.

Zum übergehenden Vermögen gehörte auch wieder ein (gemischt genutztes) Grundstück. Die obligatorisch zu erwartende Grundstücksbewertung musste jedoch nicht vorgenommen werden, der gesondert festgestellte Grundbesitzwert war bereits vorgegeben. Zu prüfen und anteilig anzuwenden waren die Steuerbefreiungen nach § 13 Abs. 1 Nr. 4b ErbStG und § 13d ErbStG. Die zu würdigende Besonderheit hier war der Verstoß gegen die zehnjährige Selbstnutzungsfrist nach § 13 Abs. 1 Nr. 4b Satz 5 ErbStG bereits im ersten Jahr nach dem Erwerb, der damit den rückwirkenden Wegfall der Steuerbefreiung für das selbst genutzte Familienheim bewirkte.

Ein zu thematisierender Nebenschauplatz in dieser Klausur war – wie in der Examensklausur 2019/2020 – eine Nachlassverbindlichkeit in Form einer in Raten zu tilgenden unverzinslichen Kapitalschuld (§ 10 Abs. 3 ErbStG), für die der Gegenwartswert unter Berücksichtigung einer Aufschubzeit zu ermitteln war.

Darüber hinaus waren im Rahmen der Erbfallkosten erstmals Grabpflegekosten mit ihrem Kapitalwert für unbestimmte Dauer zu bewerten. Auch die Thematik der Kürzung des besonderen Versorgungsfreibetrags nach § 17 Abs. 1 ErbStG durch den Bezug eines gesetzlichen Versorgungsbezugs (Witwenrente) wurde erneut aufgegriffen.

3.2.3.10 Examensklausur 2022/2023

Den Schwerpunkt dieser Examensklausur bildeten die Bewertung und Begünstigung von Betriebsvermögen. Konkret handelte es sich um die Beteiligung des Erblassers (als Komplementär) an einer KG und erinnerte stark an die Examensklausur 2019/2020. Zunächst war für das Gesamthandsvermögen der KG der Wert nach dem vereinfachten Ertragswertverfahren zu ermitteln (Ertragswert zuzüglich betriebsnotwendiger Beteiligung) und dann mit dem vorgegebenen Substanzwert abzugleichen. Darüber hinaus war Sonderbetriebsvermögen (Pkw) zu berücksichtigen und die Wertermittlung war nach § 97 Abs. 1a BewG vorzunehmen. Auch in dieser Klausur fehlte ein expliziter Hinweis auf § 13b Abs. 10 ErbStG in der Aufgabenstellung, lediglich gab es den Hinweis, dass gesonderte Feststellungen vorab vorzunehmen sind. Daraus musste geschlossen werden, dass auch die Feststellungen nach § 13b Abs. 10 ErbStG in der Lösung gefordert waren und insgesamt auch vier Wertungspunkte einbrachten.

Das Examen hatte hier wiederum den besonderen Anspruch, eine Prüfung nach §§ 13a, 13b ErbStG bei einem Anteil an einer Mitunternehmerschaft durchzuführen. Das Besondere: das Verwaltungsvermögen wird nicht nach regulärer Quote durchgerechnet, sondern bei Verwaltungsvermögen, welches zum Gesamthandsvermögen gehört, im Verhältnis des zugerechneten

Wertanteils (Kapitalkonto zzgl. Restverteilung) zum Gesamtwert des Gesamthandsvermögens. Bei Verwaltungsvermögen im Sonderbetriebsvermögen erfolgt dagegen eine Berücksichtigung zu 100 %. Wurde dies beachtet und die Richtlinie R E 13b.9 Abs. 2 ErbStR 2019 genutzt, war die Begünstigungsprüfung problemlos durchführbar.

Weiter war eine Grundstücksbewertung vorzunehmen. Wiederum handelte es sich um einen Sonderfall – Bewertung eines Erbbaugrundstücks nach der finanzmathematischen Methode mit der Besonderheit abweichender Geschossflächenzahlen.

Im Rahmen des übrigen Vermögens waren Hausrat sowie ein Sachleistungsanspruch auf Lieferung eines Grundstücks zu berücksichtigen.

Hinzu kam der Erwerb einer hälftigen Versicherungsleistung aus einer gemeinsamen Lebensversicherung beider Ehegatten als ein Erwerb nach § 3 Abs. 1 Nr. 4 ErbStG.

Korrespondierend zu dem Sachleistungsanspruch war im Rahmen der Nachlassverbindlichkeiten die Restkaufpreisschuld für das Grundstück mindernd zu berücksichtigen.

3.2.3.11 Examensklausur 2023/2024

Diese Examensklausur bestand – erstmals – aus zwei Teilen, die allerdings über § 14 ErbStG miteinander verbunden waren. Zunächst war eine Schenkung unter Lebenden zu beurteilen, der die Übertragung eines Grundstücks (vermietetes Einfamilienhaus) durch freigebige Zuwendung zugrunde lag. Der Grundbesitzwert war vorgegeben, die Steuerbefreiung nach § 13d ErbStG fand Anwendung und die vom Beschenkten getragenen Erwerbsnebenkosten waren bereicherungsmindernd zu berücksichtigen.

Bei dem folgenden Erwerb von Todes wegen ging es schwerpunktmäßig wieder um die Bewertung und Begünstigung von Betriebsvermögen (Einzelunternehmen). Bewertungsseitig war der Substanzwert bei fehlender Zwischenbilanz auf den Bewertungsstichtag zu ermitteln und mit dem vorgegebenen Gutachterwert abzugleichen. Dies sollte für die Kandidaten gut „machbar" gewesen sein. Es lag zwar begünstigungsfähiges Vermögen i.S.d. § 13b Abs. 1 Nr. 2 ErbStG vor, jedoch ergab der 90 %-Test, dass kein begünstigtes Vermögen gegeben war, da die Verwaltungsvermögensquote über 90 % lag. Weiter war Grundvermögen bei vorgegebenem Grundbesitzwert hinsichtlich der Steuerbefreiung nach § 13d ErbStG zu beurteilen. Darüber hinaus war übriges Vermögen in Form einer Versicherungszahlung bezüglich eines Pkw-Schadens und eines Bankguthabens zu berücksichtigen. Im Rahmen der Nachlassverbindlichkeiten galt es, ein Vermächtnis in Form einer Rentenverpflichtung zu bewerten und den Abzug – erstmals - unter Berücksichtigung des § 10 Abs. 6 Satz 5 ErbStG vorzunehmen.

Weiter war über § 14 ErbStG die Schenkung als Vorerwerb bei der Ermittlung des steuerpflichtigen Erwerbs zu berücksichtigen. Als Besonderheit war auch zu beachten, dass der Auszahlungsanspruch aus einer Lebensversicherung nicht zum Nachlass gehörte, weil dieser direkt dem vertraglich bezugsberechtigten Sohn des Erblassers zufloss. Dieser war von der Erbfolge testamentarisch ausgeschlossen, verzichtete jedoch auf die Geltendmachung des Pflichtteilsanspruchs. Die erwerbende Person (Freund) gehörte – erstmals – nicht der Steuerklasse I an, sondern der Steuerklasse III.

3.2.4 Die Original-Examensklausur 2014/2015 als Musterklausur

Exemplarisch für eine Original-Examensklausur ist nachstehend der vollständige Klausurtext der Examensklausur 2014/2015 wiedergegeben, der letzten Examensklausur, die im Bundessteuerblatt veröffentlicht wurde. Wegen urheberrechtlicher Probleme werden die StB-Examensklausuren seit 2015 nicht mehr im Bundessteuerblatt veröffentlicht und die Klausurtexte dürfen seit der Prüfung 2016 auch nicht mehr von den Examenskandidaten nach der Klausur mitgenommen werden.

Sachverhalt: Der rüstige – in München wohnhafte – Unternehmer Robert Rundlich verstarb am 31.12.2012 um 23:00 Uhr durch einen fehlgeleiteten China-Böller.
Robert hatte im Oktober 2010 gleichzeitig mit seiner Ehefrau Carola – die Ehegatten lebten im Güterstand der Gütertrennung – ein handschriftliches Testament verfasst. Sowohl Carola als auch Robert hatten jeweils ein Testament ge- und unterschrieben. Carola und Robert setzten sich jeweils in ihrem Testament gegenseitig als Erben ein; Carola wäre ansonsten unversorgt. Heidi und Hans Rundlich, die gemeinsamen Kinder des Paares, beide geboren am 29.03.1968, sollten nach diesen Testamenten gleichberechtigte gemeinsame Erben des jeweils überlebenden Ehegatten sein.

1. Die Immobilien in Oberbayern
Eine Erbschaft ermöglichte Robert Rundlich im Jahr 2010, eine Tankstelle (aus einer Insolvenzmasse) in Starnberg, Am Seeweg 15, zu erwerben; der Kaufpreis ist vollständig entrichtet worden. Im Jahr 2009 war die Tankstelle auf den notwendigen Stand der Technik gebracht worden; der Veräußerer verlangte deshalb für die ganze Tankstelle 800.000 €, weil die Bodenversiegelung und die Tankanlage zum Verkaufszeitpunkt allein – laut Gutachten – je 62.000 € wert waren. Carola kannte in Nürnberg den Notar Heinrich Hurtig und setzte durch, dass bei diesem der Kaufvertrag beurkundet wurde. Hurtig setzte in seiner Kanzlei eine ältere EDV-Anlage ein; wegen einer EDV-Panne hat Hurtig seine mit dem Grundstückserwerb verbundenen Anzeigepflichten erst am 08.01.2013 nachgeholt; die Eintragung im Grundbuch erfolgte jedoch erst am 06.02.2013.
Robert – welcher bereits das Nachbargrundstück zu der Tankstelle besaß – hatte vor, die Tankstelle – welche ab 2011 nicht mehr betrieben wurde – demnächst abzureißen und die Fläche zu begrünen, um einen schönen Ausblick zu haben. Der gemeine Wert der Tankstelle zum Todeszeitpunkt betrug 960.000 €.
Im Jahr 2011 ließ Robert auf dem bereits in seinem Eigentum befindlichen Nachbargrundstück zu der Tankstelle (Am Seeweg 17) ein neues Gebäude errichten. Carola hatte sich – nachdem die Baubehörde einen geplanten großen Wintergarten baurechtlich als nicht genehmigungsfähig abgelehnt hatte – von Robert einen Pool im Außenbereich gewünscht, welcher auch in den späteren Planungen berücksichtigt wurde. Hans Rundlich, der nach Baubeginn den Grundbuchauszug in die Hand bekam, wies seinen Vater Robert darauf hin, dass der Pool mit einem dinglich gesicherten Rohrleitungsrecht des Nachbarn Ginsel (Am Seeweg 19) im Widerspruch stand. Nachbar Ginsel hatte dabei das Recht, auf einem bestimmten Bereich des Grundstücks von Robert Rohre zur Entwässerung und Versorgung seines Grundstücks zu legen. Robert wollte das Recht des Nachbarn mit einem einmaligen Geldbetrag ablösen. Darauf wollte dieser sich nicht einlassen und forderte regelmäßige Geldflüsse.
Beim Notar wurde letztlich im Juli 2012 folgendes vereinbart.
Robert durfte den Pool so bauen wie geplant, hatte sich jedoch zu folgenden Leistungen verpflichtet:

"Der jeweilige Grundstückseigentümer des Anwesens Starnberg, Am Seeweg 17, zahlt zum einen an den jeweiligen Eigentümer des Anwesens Am Seeweg 19 ab 01.08.2012 eine monatliche Ausgleichszahlung von 100 €. Des Weiteren zahlt der jeweilige Grundstückseigentümer des Anwesens Starnberg, Am Seeweg 17, an den Nachbarn Ginsel (geb. 19.03.1922) eine lebenslängliche Leibrente von 80 € pro Monat. Soweit Ginsel vor dem 01.01.2020 sterben sollte, hatte der jeweilige Eigentümer des Anwesens Am Seeweg 17 eine Abstandszahlung von 10.000 € an die Erben von Ginsel zu leisten."

Das Grundstück Am Seeweg 17 hat laut der notariellen Urkunde aus dem Jahr 2010 eine Fläche von 810 qm. Im Rahmen der Baugenehmigung kam Robert nicht umhin, 10 qm notariell beurkundet an die Gemeinde zwecks Errichtung eines Radwegs abzutreten. Nachdem die Gemeinde den geplanten Wintergarten baugenehmigungsrechtlich abgelehnt hatte, focht Robert die Abtretung der 10 qm für den Radweg an wegen arglistiger Täuschung. Nach Auskunft beteiligter Juristen ist es sicher, dass Robert einen entsprechenden Prozess gewinnt.

Das im Jahr 2011 neu errichtete Gebäude hat zwei Vollgeschosse mit je 120 qm sowie eine große Doppelgarage mit einer Fläche von 48 qm.

Carola betreibt einen Wollhandel im Erdgeschoss des Hauses, welches zu diesem Zweck mit einer großen Glasfassade zur Straße hin ausgestattet wurde.

Carola hat im Jahr 2011 eine Kaltmiete von 1.500 € pro Monat (fällig jeweils am 1. eines Monats im Voraus) gezahlt. Daneben musste sie noch monatlich Nebenkosten von 180 € für Heizung, 300 € für Strom und 21 € für Wasser bezahlen.

Wegen eines erheblichen finanziellen Engpasses hat Carola ab dem 01.01.2012 die für das Jahr 2012 vereinbarte Kaltmiete in Höhe von 13,50 €/qm nicht entrichtet.

Im Obergeschoss des Hauses hatte nur Robert seine Wohnung.

Für die dieser Wohnung zugeordnete Doppelgarage beträgt die übliche Miete 100 € pro Monat.

Die ortsübliche Kaltmiete für einen qm Wohnfläche im Anwesen Am Seeweg 17 betrug im Jahr 2011 11,50 €/qm und im Jahr 2012 12,00 €/qm. Für gewerbliche/freiberuflich genutzte Flächen war in den Jahren 2011 bis 2012 lediglich eine um 1,50 € höhere Miete pro qm zu erzielen. Der Gutachterausschuss für Starnberg hat den Wert von einem qm Grund und Boden zum 31.12.2012 auf 1.100 € festgestellt.

Nach dem Tod von Robert ist Carola unverzüglich in die Wohnung im ersten Stock eingezogen. Ein von Carola beauftragter Gutachter hat zum Todestag von Robert einen reinen Wert (Grund und Boden nebst Gebäude und Außenanlagen) für die Immobilie i.H.v. 1.125.000 € festgestellt. Wegen einer unstreitigen atypischen Instabilität des Hauses - bedingt durch hohe Bodenfeuchtigkeit - hat er von oben genanntem Wert einen Wertabschlag von 15 % vorgenommen.

2. Die Bodenaufbereitungsfirma Rundlich e. K. (gegr. 25. September 2009)

Robert Rundlich vermietete im Rahmen seines auf fremdem Grund und Boden betriebenen Gewerbebetriebs Bodenaufbereitungsgeräte (Geo Injektor) an Gärtnereien. Der Betrieb ist voll vorsteuerabzugsberechtigt. Das Wirtschaftsjahr entspricht dem Kalenderjahr. Auf dem gemieteten Grundstück befand sich auch eine Bürobaracke.

Carola stellte zum 31.12.2012 ein ertragsteuerliches Betriebsvermögen von 1.710.000 € fest, hierin sind folgende Positionen enthalten.

Patent
Rundlich hatte ein Patent auf eine Maschine zum Einbringen von Bodendüngungsgranulat im Januar 2010 erworben. Er hat hierfür 50.000 € aufgewendet. Unmittelbar nach der Patentierung hat ihm der Hersteller des Bodengranulats hierfür 80.000 € geboten.
Carola hat in der Bilanz das Patent mit 25.000 € angesetzt, dieses rührte daher, dass das Patent auf 10 Jahre linear abgeschrieben wurde und in 2012 noch eine zutreffende außergewöhnliche Wertminderung von 20 % der ursprünglichen Patentkosten hinzukam.

Bodentestfläche
Zum Testen des Bodengranulats hat Rundlich bei einem Bauern eine an sein gepachtetes Betriebsgrundstück angrenzende Fläche seit 2009 langfristig für 1.000 € pro Jahr gemietet. Um Standardbedingungen zu schaffen, hat er die Testfläche im Mai 2010 mit großen Lastwagen befahren lassen, um den Boden typisch zu verdichten.
Rundlich geht davon aus, dass dieser im Jahr 2010 erstmals durchgeführte Vorgang alle 5 Jahre wiederholt werden muss.
Rundlich hat den Aufwand für die Verdichtung der Bodentestfläche (30.000 €) im Jahr 2010 voll erfasst.
Die Bodentestfläche hat zum 31.12.2008 einen Grundbesitzwert von 180.000 €. Der GBW wurde anlässlich einer Erbschaft des verpachtenden Bauern zutreffend festgestellt. Auch in der Bilanz zum 31. Dezember 2009 des Rundlich ist die Bodentestfläche mit diesem Wert aktiviert.

Rohrleitung
Zur Wasser- und Düngemittelversorgung der Bodentestfläche hat Rundlich am 1. September 2011 eine spezielle chemikalienfeste Rohrleitung von dem gepachteten Grundstück, auf welchem sich sein Betrieb befindet, zur gemieteten Testfläche legen lassen. Die Rohrleitung kostete 80.000 €, wobei eine Hälfte der Aufwendungen auf das gepachtete Grundstück und die andere Hälfte auf das gemietete Grundstück entfallen. Die Rohrleitung auf dem gemieteten Testgrundstück hält – wegen der Erschütterungen – voraussichtlich 5 Jahre, während der Teil, welcher auf das gepachtete Grundstück entfällt, voraussichtlich 30 Jahre hält. Da Rundlich die Rohrleitung heimlich – ohne Zustimmung der Gemeinde und des Bauern – hat verlegen lassen, wurden der Aufwand und die Leitung zu keinem Zeitpunkt buchungstechnisch erfasst.

Anteile an der Granu KG
Rundlich hat im Jahr 2012 Anteile an der Granu KG in Bernried für 50.000 € gekauft. Der Anteilskauf garantiert wesentlich günstigere Einkaufbedingungen. Der Verwaltungsvermögensanteil der Granu KG betrug 51 %. Der Wert der Anteile sank zum 01.09.2011 auf 40.000 € ab. Zur Finanzierung seiner Rohrleitung musste Rundlich die Anteile am 01.09.2011 verkaufen.

Waldskulptur
Rundlich hat im April 2011 eine antike Skulptur mit einem Waldmotiv für 300.000 € erworben, um sich zu erfreuen, aber auch, um ein wenig den Kunden zu zeigen, wie schön der Wald früher war und damit auch als Werbung für sein neues Bodenveredelungsmittel „Waldfit – für den gesunden Wald" zu machen. Die Skulptur steht im Büro des Rundlich.
Durch die Erschütterungen bei Bodenverdichtungsmaßnahmen im Jahr 2012 fiel die Skulptur herunter und musste für 12.000 € restauriert werden.
Rundlich hat stets voll in seinem Betrieb mitgearbeitet, ein an seiner Stelle arbeitender angestellter Geschäftsführer hätte das Betriebsergebnis jährlich um ca. 60.000 € reduziert.
Die steuerbilanziellen Gewinne der Bodenaufbereitungsfirma betrugen im Jahr 2009: 140.000 €, im Jahr 2010: 360.000 €, im Jahr 2011: 380.000 € und im Jahr 2012: 340.000 €. Der Substanzwert des Betriebs kann mit 2.100.000 € angenommen werden.

3. Der Flachbildfernseher
Rundlich hatte von einem privaten Verkäufer via Internet einen Flachbildfernseher „Sony Bravia" für 500 € erworben. Um Versandkosten zu sparen, vereinbarten Rundlich und der Käufer, dass ein Freund von Rundlich das Gerät abholen sollte. Bei einer kurzen Rast wurde das Lieferfahrzeug des Freunds einschließlich Fernseher gestohlen. Der Verkäufer des Fernsehers verlangt (zu Recht) gleichwohl die Bezahlung des Fernsehers.

4. Die Lebensversicherung
Zur weiteren Absicherung von Heidi und Hans hatte Robert eine Lebensversicherung zugunsten der beiden Kinder abgeschlossen. Die Versicherungssumme betrug je 300.000 €, die Jahresprämie von 8.000 € war jeweils zum 01. Juli eines Jahres fällig; die Prämie des Jahres 2012 war von Robert bereits bezahlt worden.

Aufgabe: Ermitteln Sie die zutreffende festzusetzende Erbschaftsteuer für Carola, falls Heidi ihren Pflichtteilsanspruch nicht geltend gemacht hat, aber sich auch weigert, eine entsprechende Verzichtserklärung abzugeben, und Hans gar nichts erklärt hat.
Gehen Sie dabei auf alle durch den Sachverhalt aufgeworfenen Rechtsfragen ein.
Selbst ermittelte Beträge sind ggf. auf zwei Nachkommastellen zu runden. Es sind keine vom Bundesgesetz abweichenden Steuersätze zu verwenden.
Alle erforderlichen Anträge gelten als gestellt. Soweit sich nichts anderes aus dem Sachverhalt ergibt, entspricht der gemeine Wert den Anschaffungskosten.
Begründen Sie Ihre Entscheidungen unter Angabe der maßgebenden Vorschriften.
Aus Vereinfachungsgründen ist auf eine gewerbesteuerliche Hinzurechnung gem. § 202 Abs. 1 Nr. 1e BewG nicht einzugehen.

3.2.5 Wiederkehrende Themenschwerpunkte
3.2.5.1 Dauerthema 1: Bewertung und Besteuerung von Grundvermögen
Im StB-Examen ist in nahezu jeder Klausur Grundvermögen bzw. ein Betriebsgrundstück (unter Anwendung der Bewertungsvorschriften für Grundvermögen) zu bewerten und ggf. der Begünstigungsprüfung zu unterziehen.
In der Examensklausur 2014/2015 gehörte zum vererbten Grundvermögen ein gemischt genutztes Grundstück, das – eindeutig anhand der Sachverhaltsangaben erkennbar – nach dem Ertragswertverfahren gem. §§ 184 ff. BewG zu bewerten war. Auch im Examen 2015/2016

stand die Bewertung eines gemischt genutzten Grundstücks an. Aus der Fülle von Angaben hätte zunächst auch hier geschlussfolgert werden können, dass wieder nach dem Ertragswertverfahren zu bewerten ist und dass die zum Sachwertverfahren passend vorhandenen Angaben überflüssigen Ballast darstellten. Weit gefehlt, akribisches Lesen des Sachverhalts brachte auf Seite 3 (!) des Sachverhalts die Erhellung mit dem Hinweis, dass eine ortsübliche Miete nicht ermittelbar war, sodass das Sachwertverfahren (i.d.F. bis 31.12.2015) – erstmals – zur Anwendung kam (§ 182 Abs. 4 Nr. 2 BewG), zugleich mit der Besonderheit einer zu berücksichtigenden besonders werthaltigen Außenanlage (Schwimmbecken).

Zu beachtende „Kleinigkeiten": Rückständige Mieten, die allerdings z.T. wegen Insolvenz des Mieters kein bewertbares Vermögen darstellten oder wegen vom Mieter geltend gemachter Mängel z.T. nicht voll durchsetzbar waren, forderten gleichfalls ihre Berücksichtigung (i.R.d. übrigen Vermögens). Auch stellte sich die Frage, ob (zukünftige) Umfeldbelastungen zu einer Minderung des Grundbesitzwerts führen konnten (eine atypische Instabilität wegen Bodenfeuchtigkeit in der Klausur 2014/2015). Der Sachverhalt in der Examensklausur 2013/2014 wies auf werterhöhende Faktoren hin, weil „in unmittelbarer Nähe ein U-Bahnhof errichtet wurde", gleichfalls in der Examensklausur 2015/2016. In allen Examensklausuren der Jahre 2013/2014–2015/2016 war der nach BewG ermittelte Wert dementsprechend mit einem vorgegebenen Gutachterwert abzugleichen. Z.T. war auf Außenanlagen (besonders werthaltige Außenanlage eines Schwimmbeckens in der Klausur 2015/2016) bzw. Nebengebäude (zum Appartement umgebaute Doppelgarage in der Klausur 2013/2014, Doppelgarage in der Klausur 2014/2015) einzugehen.

In der Klausur 2013/2014 mussten die Examenskandidaten den im Ertragswertverfahren zu ermittelnden Bodenwert wegen abweichender Geschossflächenzahl umrechnen (vgl. R B 179.2 Abs. 2 ErbStR/H E 179.2 ErbStH).

Nachdem die Examensklausur 2016/2017 ohne Grundbesitzbewertung auskam und nur für ein Einfamilienhaus auf Gran Canaria mit einem vorgegebenen Verkehrswert die Steuerbefreiung nach § 13 Abs. 1 Nr. 4b ErbStG zur Anwendung kam, begnügte sich die Examensklausur 2017/2018 mit der Bewertung eines unbebauten Grundstücks, allerdings wieder mit der Problemstellung der Anpassung des Bodenrichtwerts wegen abweichender Geschossflächenzahlen (s.o.).

Das Examen 2018/2019 folgte dem klassischen Muster, indem ein gemischt genutztes Grundstück im Ertragswertverfahren zu bewerten war. Will man überhaupt von nennenswerten Problemen sprechen, waren es hier lediglich die Einbeziehung von Mieten für Reklamenutzung und für Stellplätze in den Rohertrag, die Verlängerung der Restnutzungsdauer aufgrund umfassender Modernisierung innerhalb der letzten zehn Jahre sowie der Nachweis eines niedrigeren gemeinen Werts.

Im Examen 2019/2020 war der Anspruch bzgl. der Grundbesitzbewertung wiederum nicht besonders hoch. Allerdings tastete sich der Klausurersteller erstmals in den Bereich der Bewertung von Sonderfällen (§§ 192–196 BewG) vor, konkret in die Bewertung eines (bisher unbebauten) Grundstücks im Zustand der Bebauung. Ein Blick in § 196 BewG brachte hier schnell die notwendige Lösung. Einzige „Hürde" war, dass erneut eine Geschossflächenzahl-Anpassung auf den Bodenrichtwert vorgenommen werden musste. Die hinzuzurechnenden Herstellungskosten waren entsprechend vorgegeben. Nicht vergessen werden darf in solchen Fällen, dass Klausurersteller hier gerne kleine Nebenschauplätze erzeugen. So waren die entstandenen Her-

3.2 Aufgabenstellung und Themenschwerpunkte der Examenklausuren

stellungskosten am Stichtag noch nicht vollständig bezahlt, was allerdings keinen Einfluss auf die Bewertung hatte (R B 196.2 Abs. 3 ErbStR), wohl aber als Nachlassverbindlichkeit (§ 10 Abs. 5 Nr. 1 ErbStG) zu berücksichtigen war. Vergleichbares fand sich mehrfach mit ausstehenden Mieten in davor liegenden Examensklausuren. Auch hier hatte die fehlende Zahlung keinen Einfluss auf die Bewertung des Grundstücks, gleichwohl war die offene Miete eine Forderung, die zum Nennwert in den Vermögensanfall einzubeziehen war.

Auch im Examen 2020/2021 verweilte der Klausurersteller bzgl. der Grundbesitzbewertung – hier eines Betriebsgrundstücks – in der Welt der Sonderfälle, indem ein Erbbaugrundstück nach § 194 BewG zu bewerten war.

Im Examen 2021/2022 gönnte sich der Klausurersteller hinsichtlich der Grundstücksbewertung eine Auszeit. Für das zu würdigende Grundstück war der Grundbesitzwert bereits vorgegeben.

Im Examen 2022/2023 war dann wieder ein Sonderfall – wie in der Klausur 2020/2021 – ein Erbbaugrundstück (hier im Grundvermögen) nach der finanzmathematischen Methode mit der Besonderheit abweichender Geschossflächenzahlen zu bewerten.

Dass der Klausurersteller im Examen 2023/2024 ebenfalls auf eine Grundstücksbewertung verzichtete, war fast zu erwarten, hatte doch das JStG 2022 gerade zum 01.01.2023 erhebliche Änderungen in der Grundstücksbewertung mit sich gebracht.

Auf der Besteuerungsebene waren die Steuerbefreiungsvorschriften des § 13 Abs. 1 Nr. 4b ErbStG (Klausuren 2014/2015, 2021/2022) sowie des § 13c ErbStG i.d.F. bis 30.6.2016 bzw. § 13d ErbStG (Klausuren 2015/2016, 2018/2019, 2021/2022, 2023/2024) hinsichtlich ihrer (teilweisen) Anwendbarkeit bzw. Nichtanwendbarkeit bzw. ihres rückwirkenden Wegfalls zu prüfen.

3.2.5.2 Dauerthema 2: Bewertung und Besteuerung von Betriebsvermögen bzw. nicht notierten Anteilen an Kapitalgesellschaften

In den Examensklausuren 2014/2015 und 2016/2017 mussten die Kandidaten jeweils ein Einzelunternehmen des Robert Rundlich (RR) oder GmbH-Anteile im vereinfachten Ertragswertverfahren gem. §§ 199 ff. BewG bewerten. In den Examen 2013/2014 und 2016/2017 spielte junges Betriebsvermögen eine Rolle wie auch gewillkürtes Betriebsvermögen (z.B. Patent, Borduhr, Vitrine beim Taschenuhrrestaurator RR). Dass bei diesen Sachverhalten der „Bewertungs-Focus" gezielt auf § 200 Abs. 2-4 BewG und auf § 202 Abs. 1 Satz 2 Nr. 1 und 2 BewG gerichtet werden musste, versteht sich von selbst. Es waren aber allesamt nachvollziehbare Korrekturen angesagt (Teilwertabschreibungen, Gewinnausschüttungen, a.o. Aufwand, Firmenwert-AfA, Unternehmerlohn).

Eine besondere Hürde hatten allerdings die Examenskandidaten im Examen 2014/2015 zu überspringen. Während sich bisher die Anpassung der Jahresergebnisse des Unternehmens (durch Hinzurechnungen und Kürzungen) auf § 202 BewG konzentrierte, waren in diesem Examen (zu aller Überraschung) allgemein fehlerhafte Ansätze (in der Bilanz und) in der G+V zu berichtigen. Nach § 202 Abs. 1 S. 1 BewG ist vom richtigen Gewinn gem. § 4 Abs. 1 S. 1 EStG auszugehen. Mithin stand im Examen 2014/2015 eine doppelte Prüfung an: Korrektur der vorgegebenen Jahresergebnisse auf das „richtige Ergebnis" und Korrektur/Anpassung dieses richtigen Ergebnisses nach § 202 BewG. Damit war das Niveau dieser Examensklausur gegenüber dem Niveau der Vorjahre nicht unwesentlich angehoben worden. Jedenfalls hatten seinerzeit viele Examenskandidaten diesen Exkurs in die „normale" Berichtigung der G+V nicht erkannt.

Auch in den Examen 2017/2018 und 2018/2019 lag ein Schwerpunkt auf der Bewertung von GmbH-Anteilen bzw. von Betriebsvermögen in Form eines Einzelunternehmens, allerdings mit der Spezifik, dass für das Betriebsvermögen im Sachverhalt bereits ein Gutachtenwert nach IDW S1 (anerkanntes Verfahren i.S.v. § 11 BewG) vorgegeben war. Hier lag die Schwierigkeit in den Besonderheiten der unterjährigen Substanzwertermittlung bei fehlender Zwischenbilanz, d.h. der Fortentwicklung der Vermögensaufstellung vom letzten Bilanzstichtag bis zum Bewertungsstichtag.

Im Examen 2019/2020 wurde überraschenderweise erstmals seit Langem überhaupt keine Grundbewertung von Betriebsvermögen von den Kandidaten gefordert. Vielmehr ging eine OHG-Beteiligung (50 %), für deren Gesamthandsvermögen sowohl ein Gutachtenwert nach IDW S1 als auch der Substanzwert vorgegeben waren, über. Hier war lediglich die Aussage zu treffen, dass selbstverständlich der höhere Substanzwert dem Gutachtenwert vorgeht. Zusätzlich war Sonderbetriebsvermögen (in Form einer Darlehensforderung und eines unbebauten Grundstücks, dessen Wert nach § 179 BewG zu ermitteln war) anzusetzen. Hierfür ist es gut, wenn sich jeder Kandidat in der Examensvorbereitung mit § 97 Abs. 1 und Abs. 1a BewG intensiv vertraut macht. Denn dann ist schnell einleuchtend, wie die Ermittlung und Aufteilung des gemeinen Werts eines Anteils an einer Personengesellschaft zu erfolgen hat, indem von der Aufteilung des Gesamthandsvermögens auf die einzelnen Gesellschafter ausgehend (vorweg die Kapitalkonten und nur den verbleibenden Rest nach allgemeinen Quoten) das Sonderbetriebsvermögen „einfach" mit den gemeinen Werten hinzugerechnet wird. An dieser Stelle sei darauf hingewiesen, dass es für die Ermittlung des gemeinen Werts von Anteilen an Kapitalgesellschaften eine entsprechende „Regieanweisung" in § 97 Abs. 1b BewG gibt.

Das Examen 2020/2021 war dann die Krönung, denn die Bewertung der übergehenden GmbH-Anteile war sowohl nach dem vereinfachten Ertragswertverfahren als auch nach dem Substanzwertverfahren vorzunehmen. Das war ein sehr aufwändiges und zeitintensives Unterfangen. So waren beim vereinfachten Ertragswertverfahren immerhin 6 Korrekturposten gem. § 202 Abs. 1 Satz 2 BewG zu berücksichtigen, wovon ein Korrekturposten in unmittelbarem Zusammenhang mit neben dem Ertragswert einzeln anzusetzendem nichtbetriebsnotwendigem Vermögen (§ 200 Abs. 2 BewG – Erbbaugrundstück) stand. Darüber hinaus war eine betriebsnotwendige Beteiligung (§ 200 Abs. 3 BewG) einzeln zu berücksichtigen. Der Substanzwert war wegen fehlender Zwischenbilanz auf den Bewertungsstichtag aus einer vorliegenden Vermögensaufstellung zum letzten Bilanzstichtag unter Berücksichtigung der bis zum Bewertungsstichtag eingetretenen (10!) Änderungen (R B 11.5 und R B 11.6 ErbStR 2019) abzuleiten. Von den insgesamt 30 Wertungspunkten für diese Klausur entfielen immerhin 24 Wertungspunkte (inkl. der Bewertung des betrieblichen Erbbaugrundstücks mit drei Wertungspunkten) darauf. Allerdings lag kein begünstigungsfähiges Vermögen i.S.d. § 13b Abs. 1 Nr. 3 ErbStG vor, da der Schenker nicht zu mehr als 25 % unmittelbar an der GmbH beteiligt war, sodass die Begünstigungsprüfung entfiel.

Im Examen 2021/2022 musste zwar auch für die übergehenden GmbH-Anteile eine Bewertung nach dem vereinfachten Ertragswertverfahren und die Substanzwertermittlung vorgenommen werden, jedoch war diese Bewertung weitaus weniger umfangreich als im Examen 2020/2021. So waren beim vereinfachten Ertragswertverfahren lediglich 2 Korrekturposten gem. § 202 Abs. 1 Satz 2 BewG zu berücksichtigen, wovon ein Korrekturposten wiederum in unmittelbarem Zusammenhang mit neben dem Ertragswert einzeln anzusetzendem nichtbetriebsnotwendigem Vermögen (§ 200 Abs. 2 BewG) stand. Darüber hinaus war auch wieder eine betriebsnotwendige Beteiligung (§ 200 Abs. 3 BewG) einzeln zu berücksichtigen. Der Substanzwert war wegen fehlender Zwischenbilanz auf den Bewertungsstichtag – analog der Prüfungsklausuren 2017/2018, 2018/2019 und 2020/2021 – aus einer vorliegenden Vermögensaufstellung zum letzten Bilanzstichtag unter Berücksichtigung der bis zum Bewertungsstichtag eingetretenen (überschaubaren 3) Änderungen (R B 11.5 und R B 11.6 ErbStR 2019) abzuleiten.

Im Examen 2022/2023 wurde wiederum die Thematik der Bewertung und Begünstigung einer Beteiligung an einer Personengesellschaft (KG) aufgegriffen. Hier war im Gegensatz zum Examen 2019/2020 der Wert des Gesamthandsvermögens zunächst nach dem vereinfachten Ertragswertverfahren zu ermitteln und dann mit dem vorgegebenen Substanzwert abzugleichen. Bei der Wertermittlung war darüber hinaus Sonderbetriebsvermögen zu berücksichtigen.

Auch im Examen 2023/2024 stand beim Übergang des Gewerbebetriebs die Ermittlung des Substanzwerts in moderatem Umfang der zu beurteilenden Einzelpositionen im Mittelpunkt der Bewertung. Dieser war lediglich mit dem vorgegebenem Gutachterwert nach IDW S1 abzugleichen.

Die Bewertung von Betriebsvermögen/nicht notierten Anteilen an Kapitalgesellschaften wird angesichts der enormen Praxisrelevanz wohl auch ein Dauerthema im Examen bleiben. Das vereinfachte Ertragswertverfahren sowie die Substanzwertermittlung müssen beherrscht werden. Besonderer Wert sollte auch auf den Abschluss der Betriebsvermögensbewertung mit vollständigen Feststellungen gelegt werden. Dazu gehören neben den bewertungsrechtlichen Vorgaben von § 151, § 153, § 154 BewG auf der Besteuerungsebene insbesondere die Feststellungen gem. § 13b Abs. 10 ErbStG. Allein diese Feststellungen wurden im Examen 2019/2020 und im Examen 2022/2023 mit vier Wertungspunkten bedacht, im Examen 2021/2022 sowie im Examen 2023/2024 immerhin mit drei Wertungspunkten. Im Übrigen erleichtert die Feststellung nach § 13b Abs. 10 ErbStG die nachfolgende Prüfung der Steuerbefreiungsvorschriften nach §§ 13a–13c ErbStG erheblich, da im Anschluss problemlos mit dem Prüfungsschema in R E 13b.9 Abs. 2 ErbStR 2019 gearbeitet werden kann.

3.2.5.3 Dauerthema 3: Bewertung und Besteuerung übriger Vermögenswerte

In den betrachteten Examensklausuren gab es neben Grundvermögen und Betriebsvermögen bzw. nicht notierten Anteilen an Kapitalgesellschaften regelmäßig auch eine „bunte" Palette anderweitiger Vermögensgegenstände, die in den steuerpflichtigen Erwerb fielen.

Im Examen 2014/2015 ging es um den Ansatz eines Sachleistungsanspruchs. Der Verkäufer hatte das Kaufobjekt (Fernsehgerät) dem Vertreter des RR übergeben, dem es auf dem Rückweg (und vor dem Tod des RR) gestohlen wurde. Der gleichwohl geschuldete Kaufpreis war als Nachlassverbindlichkeit anzusetzen, obwohl der gestohlene Fernseher nicht zum steuerpflichtigen Erwerb zählte. Darüber hinaus gab es einen Sachleistungsanspruch bzgl. eines Grundstücks (verbunden mit einer Grunderwerbsteuerverbindlichkeit).

Bei den Sachverhaltsangaben zum Grundbesitz der Klausur 2014/2015 fielen rückständige Mieten auf, die ebenfalls zu den übrigen Vermögenswerten gehörten.

Auch im Examen 2015/2016 gab es die Thematik eines Sachleistungsanspruchs (Reisegutschein für eine Weltreise), Konten auf den Cayman Islands sowie ein Girokonto in Norwegen.

Im Examen 2016/2017 ging es um ein Oldtimer-Fahrrad, das der Erblasser RR vor seinem Tod zur Reparatur gegeben hatte. Der vorkaufsberechtigte Fahrradhändler berechnete nach

Ansicht der Alleinerbin einen viel zu hohen Werklohn, weshalb das Fahrrad noch beim Händler stand.

Im Examen 2017/2018 lag die Herausforderung insbesondere darin zu erkennen, dass es sich bei dem Girokonto bei einer inländischen Bank und einer dort in einem Schließfach deponierten Skulptur aufgrund der beschränkten Steuerpflicht nicht um Inlandsvermögen i.S.v. § 121 BewG handelte.

Bei den wenigen übrigen Vermögenswerten in der Examensklausur 2018/2019 – Bankguthaben, Hausrat und Pkw – ergaben sich keine nennenswerten Probleme. Das im Sachverhalt angedeutete Problem einer Vorschenkung bzw. eines Rückfalls einer Schenkung (Die Ehefrau hatte dem Erblasser zum Geburtstag einen Oldtimer geschenkt, der als Teil des Nachlasses zurückfiel) war ohne Auswirkung, da aufgrund der Verhältnisse gerade kein Fall von § 13 Abs. 1 Nr. 10 ErbStG vorlag.

Im Examen 2019/2020 verzichtete der Klausurersteller gänzlich auf Probleme im Bereich des übrigen Vermögens. Zu berücksichtigen waren ein Bankguthaben zum Nennwert und Hausrat, der hinter dem Freibetrag nach § 13 Abs. 1 Nr. 1 Buchst. a ErbStG zurückblieb.

Im Examen 2020/2021 stellte sich die Frage nach weiteren Vermögenswerten ohnehin nicht, da ausschließlich die bereits genannten GmbH-Anteile verschenkt wurden.

Auch in der Examensklausur 2021/2022 war der Übergang weiterer Vermögenswerte mit Bargeld und einem Girokonto überschaubar und unproblematisch.

In der Examensklausur 2022/2023 galt dies auch für den Ansatz des übergehenden Hausrats. Darüber hinaus musste jedoch auch erkannt werden, dass ein Sachleistungsanspruch auf Lieferung eines Grundstücks bestand und entsprechend im Rahmen des Vermögensanfalls anzusetzen war und dass neben dem Erwerb durch Erbanfall für die Ehefrau auch ein Erwerb nach § 3 Abs. 1 Nr. 4 ErbStG in Form der (hälftigen) Leistung aus einer Lebensversicherung vorlag.

In der Examensklausur 2023/2024 war zu erkennen, dass die Versicherungszahlung bezüglich eines Pkw-Schadens nicht zum Betriebsvermögen, sondern zum übrigen Vermögen gehörte. Unproblematisch war der Ansatz eines Bankguthabens.

Hinsichtlich anzuwendender Steuerbefreiungen im Bereich des übrigen Vermögens spielten lediglich die Freibeträge nach § 13 Abs. 1 Nr. 1 Buchst. a, b ErbStG für Hausrat und andere bewegliche körperliche Gegenstände eine Rolle.

3.2.5.4 Dauerthema Nachlassverbindlichkeiten

In den Examensklausuren 2014/2015 – 2019/2020, sowie 2021/2022 – 2023/2024 waren in den zu beurteilenden Fällen eines Erwerbs von Todes wegen waren jeweils Nachlassverbindlichkeiten nach § 10 Abs. 1 Satz 2 i.V.m. Abs. 5, 6 ErbStG abzugsfähig, differenziert nach Erblasserschulden gem. § 10 Abs. 5 Nr. 1 ErbStG (insbesondere Rentenschulden in verschiedenen Konstellationen, mit Sachleistungsansprüchen korrespondierende Verbindlichkeiten, GrESt-Schuld, Darlehensschulden mit Gegenwartwertermittlung), Erbfallschulden gem. § 10 Abs. 5 Nr. 2 ErbStG (Vermächtnisse, Pflichtteile, Auflagen) und Erbfallkosten gem. § 10 Abs. 5 Nr. 3 ErbStG (Kosten der Bestattung, Grabpflegekosten, etc.).

In allen Klausuren bis einschließlich 2016/2017 hatte RR Grundvermögen angeschafft und dabei jeweils mit den Verkäufern bzgl. der Entrichtung des Kaufpreises Rentenzahlungen in unterschiedlichsten Varianten vereinbart.

Im Examen 2014/2015 musste der Barwert einer Rentenverbindlichkeit errechnet werden, bei der der Berechtigte eine natürliche Person war (Lebenszeitrente gem. § 14 Abs. 1 BewG) und der Barwert einer Rente, bei der der Berechtigte der jeweilige Eigentümer eines Grundstücks war (immerwährende Rente gem. § 13 Abs. 2 BewG). Ein bei Tod des Berechtigten der Lebenszeitrente zu zahlender Abfindungsbetrag (Einmalbetrag) war wegen § 6 BewG nicht zu berücksichtigen.

Ein gleichgelagertes Problem stellte sich im Examen 2016/2017 hinsichtlich einer Zahlungsverpflichtung der Alleinerbin, die erst zum Tragen kommen sollte, wenn sie die spanische Staatsbürgerschaft erlangt hatte. Auch das fiel unter § 6 BewG.

Eine solche Rentenverpflichtung trat auch im Examen 2017/2018 auf, allerdings im Zusammenhang mit der Anschaffung der GmbH-Anteile (20 %). Da diese aber kein begünstigungsfähiges Vermögen darstellten, waren keine weiteren Besonderheiten beim Ansatz der Nachlassverbindlichkeit zu beachten. Während es im Examen 2018/2019 eine niedrig verzinste Darlehensschuld mit einer Laufzeit von 5 ½ Jahren war, für die der Gegenwartswert ermittelt werden musste (für einen Wertungspunkt!), so handelte es sich im Examen 2019/2020 sowie im Examen 2021/2022 um eine unverzinsliche, in Raten zu tilgende Darlehensschuld mit einer Laufzeit von mehr als einem Jahr und unter Berücksichtigung einer Aufschubzeit (im Examen 2019/2020 für immerhin 3 Wertungspunkte, im Examen 2021/2022 für 2 Wertungspunkte).

In der Klausur 2014/2015 mussten die Kandidaten ein schwebendes Geschäft erkennen. Was auf der Aktivseite zu einem Sachleistungsanspruch führte, war bei den Nachlassverbindlichkeiten als Erblasserschuld i.S.d. § 10 Abs. 5 Nr. 1 ErbStG anzusetzen. In der Klausur 2014/2015 hatte RR ein Grundstück erworben und dafür bereits den Kaufpreis bezahlt. Die Eintragung des Eigentumswechsels erfolgte aber erst nach dem Tod des RR. Zum einen verlangte die Lösung in diesem Fall den Ansatz eines Sachleistungsanspruchs (Anspruch auf Verschaffung des Eigentums). Zum anderen musste die auf RR entfallende Verpflichtung zur Zahlung der Grunderwerbsteuer bei den Nachlassverbindlichkeiten angesetzt werden – § 10 Abs. 5 Nr. 1 ErbStG, §§ 1 Abs. 1 Nr. 1, 13 Nr. 1, 8 Abs. 1, 9 Abs. 1 Nr. 1 und 2 Abs. 1 Nr. 1 GrEStG.

Im Examen 2023/2024 musste ein Vermächtnis gegenüber einem Mitarbeiterehepaar in Form jeweils eigener Rentenansprüche (mit auflösender bzw. aufschiebender Bedingung) bei nur anteiliger Abzugsfähigkeit wegen § 10 Abs. 6 Satz 5 ErbStG berücksichtigt werden.

Auch die Erbfallkosten nach § 10 Abs. 5 Nr. 3 ErbStG bereicherten die Klausuren, i.d.R. über den Pauschbetrag, z.T. auch ohne eine Sachverhaltsangabe zu den Kosten (insofern bestand das Risiko, die Position gänzlich zu übersehen), z.T. über die höheren tatsächlichen Kosten.

Bekannt war auch die in den Klausuren aufgeworfene Frage, ob die noch nicht konkret geltend gemachten Pflichtteilsansprüche der Kinder des RR als Nachlassverbindlichkeit gem. § 10 Abs. 5 Nr. 2 ErbStG zu berücksichtigen sind – nämlich gar nicht. In der Examensklausur 2013/2014 hatte die Ehegattin Carola zuvor gegenüber dem allein erbenden Sohn Hans Pflichtteilsansprüche konkret geltend gemacht. Dies führte jedoch zu keiner Nachlassverbindlichkeit, weil die Ehegattin ein Vermächtnis erhalten hatte, das größer war als ihr Pflichtteil (vgl. § 2307 BGB). Im Examen 2015/2016 musste der Sohn des RR als Alleinerbe den Wert des Pflichtteils der Ehefrau Carola innerhalb eines Monats bei einem Notar hinterlegen. Auch das war kein Geltendmachen i.S.d. § 3 Abs. 1 Nr. 1 ErbStG.

Im Sachverhalt 2018/2019 war der in Portugal lebende Sohn umfangreich als Vermächtnisnehmer eingesetzt, aber schließlich aufgrund der engen Aufgabenstellung gar nicht zu beachten. Allerdings waren die Gegenstände des Vermächtnisses dennoch vollständig zu prüfen, da diese bei der Alleinerbin im Vermögensanfall und entsprechend bei den Nachlassverbindlichkeiten § 10 Abs. 5 Nr. 2 ErbStG zu berücksichtigen waren (juristische Betrachtungsweise). Pflichtteilsansprüche waren wiederum jedenfalls nicht geltend gemacht worden und daher schnell zu verwerfen. Im Examen 2019/2020 stand die Frage eines Pflichtteilsanspruchs nicht, da der Erblasser seinen Sohn (aus einer früheren Beziehung stammend) als Alleinerben eingesetzt hatte. Die aktuelle Lebensgefährtin war nicht bedacht worden.

In der Examensklausur 2020/2021 stand die Frage nach Nachlassverbindlichkeiten nicht, da es sich um einen Fall einer Schenkung unter Lebenden handelte. Jedoch waren hier die anfallenden Erwerbsnebenkosten (z.B. Notar) abzugsfähig, da sie vom Beschenkten zu tragen waren (H E 10.7 „Behandlung von Erwerbsnebenkosten ..." ErbStH 2019).

In der Examensklausur 2021/2022 stand die Frage der Berücksichtigung eines evtl. bestehenden Pflichtteilsanspruchs für den testamentarisch von der Erbfolge ausgeschlossenen Sohn ("Berliner Testament") als Nachlassverbindlichkeit für die erbende Ehefrau. Da laut. Sachverhalt der Sohn einen Pflichtteil nicht geltend gemacht hat, war eine entsprechende Nachlassverbindlichkeit nicht abzuziehen. Offensichtlich brauchte dieser Fakt in der Lösung nicht gewürdigt werden. Allerdings bestand ein Vermächtnis in Form einer – auflösend bedingten – Rentenzahlung gegenüber dem Sohn. Da diese auflösende Bedingung im Besteuerungszeitpunkt bereits eingetreten war, war dieses Vermächtnis ebenfalls nicht als abzugsfähige Nachlassverbindlichkeit zu berücksichtigen. Darauf sollte in der Lösung hingewiesen werden. Auch im Examen 2023/2024 tangierte die Klausur die Thematik des Pflichtteilsanspruchs. Der von der Erbfolge testamentarisch ausgeschlossene Sohn des Erblassers verzichtete auf die Geltendmachung seines Pflichtteilsanspruchs, da der Erblasser zu seinen Gunsten eine Lebensversicherung abgeschlossen hatte. Dazu sollte es einen kurzen Hinweis in der Lösung geben.

3.3 Herangehensweise an die Lösung der Klausur Erbschaft-/Schenkungsteuer und Bewertung

3.3.1 Lösungsschema für die Klausur Erbschaft-/Schenkungsteuer und Bewertung

Die Auswertung der Examensklausuren der letzten zehn Jahre hat gezeigt, dass die Klausurlösung aufgrund der allgemeinen Aufgabenstellung, die festzusetzende Erbschaft-/Schenkungsteuer respektive den steuerpflichtigen Erwerb zu ermitteln, einer festen Lösungsstruktur im Aufbau zu folgen hat, aus der sich logisch der Klausuraufbau ergibt. Unabdingbar für ein erfolgreiches Abschneiden in der Examensklausur ist daher, dass die Klausurlösung systematisch dieser Struktur folgt. Insofern bereitet die Erbschaft-/Schenkungsteuerklausur im Allgemeinen keine besonderen Aufbauprobleme.

Dementsprechend können allein schon unter Einhaltung dieser Lösungsstruktur gut Punkte gesammelt werden. Wenn dann noch die oben dargestellten, regelmäßig wiederkehrenden Themenschwerpunkte beherrscht werden, steht dem Erfolg nichts im Wege.

LÖSUNGSSCHEMA
für gängige Fallgestaltungen einer Erbschaft- und Schenkungsteuerklausur

STEUERPFLICHT (Vorspann)
- **Sachliche Steuerpflicht**, § 1 Abs. 1 i.V.m. §§ 3–8 ErbStG
- **Persönliche Steuerpflicht**, § 2 ErbStG
- **Entstehung der Steuer**, § 9 ErbStG = **Bewertungsstichtag**, § 11 ErbStG
- **Steuerklasse** des Erwerbers, § 15 Abs. 1 ErbStG
- **Steuerschuldnerschaft**, § 20 ErbStG

ERMITTLUNG des STEUERPFLICHTIGEN ERWERBS und der FESTZUSETZENDEN ERBSCHAFT-/SCHENKUNGSTEUER (Hauptteil)
§ 10 ErbStG i.V.m. § 12 ErbStG unter Heranziehung der einschlägigen Regelungen des BewG

Ermittlung des Werts des Vermögensanfalls
Bewertung des übergehenden Vermögens, § 12 ErbStG
- übriges Vermögen
- Grundbesitz
- Betriebsvermögen
- ausländisches Vermögen

und
Berücksichtigung sachlicher Steuerbefreiungen, §§ 13, 13a–13d ErbStG
= **Wert des gesamten Vermögensanfalls**

⇩

Ermittlung des Werts der Bereicherung
Erwerb von Todes wegen:
./. abzugsfähige Nachlassverbindlichkeiten, § 10 Abs. 5–9 ErbStG
= **Wert der Bereicherung**

Schenkung unter Lebenden
./. Vollschenkung: ggf. anfallende Erwerbsnebenkosten (H E 10.7 ErbStH 2019)
./. gemischte Schenkung/Schenkung unter Auflage: Gegenleistungen bzw. Auflagen sowie ggf. anfallende Erwerbsnebenkosten (R E 7.4 ErbStR 2019 i.V.m. H E 10.7 ErbStH 2019)
= **Wert der Bereicherung**

⇩

Ermittlung des Werts des steuerpflichtigen Erwerbs
./. persönlicher Freibetrag, § 16 ErbStG
./. besonderer Versorgungsfreibetrag, § 17 ErbStG (nur bei Erwerben von Todes wegen)
= **steuerpflichtiger Erwerb** (Abrundung auf volle hundert Euro, § 10 Abs. 1 Satz 6 ErbStG)

⇩

Ermittlung der festzusetzenden Erbschaft-/Schenkungsteuer
    steuerpflichtiger Erwerb × Steuersatz, § 19 Abs. 1 und ggf. Abs. 3 ErbStG
= **Erbschaft-/Schenkungsteuer**

> **Klausurtipp!** Für eine effiziente Klausurbearbeitung müssen Sie die grundlegende Struktur zur Lösung einer Erbschaft- und Schenkungsteuerklausur „im Schlaf" beherrschen und konsequent „abarbeiten" können!

3.3.2 Hinweise zur formalen Herangehensweise an die Klausurbearbeitung
Erfassen von Sachverhalt und Aufgabenstellung

Der Erfolg bei der Bearbeitung der Klausur Erbschaft-/Schenkungsteuer und Bewertung steht und fällt mit der zügigen klausurrelevanten Erfassung der Aufgabenstellung und dementsprechend des Klausursachverhalts.

- **„Überfliegen"** (grobes Lesen) Sie zunächst den **Sachverhalt** und verschaffen Sie sich so einen ersten Überblick. Erfassen Sie, ob ein Sachverhalt, ggf. mit Untersachverhalten, vorliegt oder mehrere und mit welchem Tatbestand (Erwerb von Todes wegen/Schenkung unter Lebenden) für wen zu beurteilen ist/sind (Erbe/Vermächtnisnehmer/Beschenkter).
- **Verinnerlichen** Sie die **konkrete Aufgabenstellung** mit den entsprechenden Bearbeitungshinweisen, denn deren exakte Erfassung ist der erste Schritt zur richtigen Lösung des Sachverhalts. Unterschätzen Sie dabei nicht die Bedeutung der Bearbeitungshinweise, geben diese Ihnen doch beispielsweise gezielt Hinweise, worauf Sie explizit eingehen sollten (z.B. „Notwendige gesonderte Feststellungen sind ggf. darzustellen.") oder wie Sie ggf. Berechnungen vorzunehmen haben („Selbst ermittelte Geldbeträge und Prozentsätze sind ggf. auf zwei Nachkommastellen zu runden").
- Lesen Sie dann unter dem Blickwinkel der Aufgabenstellung den **Sachverhalt** genau durch und **analysieren** Sie diesen nach den enthaltenen Problemstellungen entsprechend der Aufgabenstellung **(Feinerarbeitung)**. Das mag am besten gelingen, wenn (wenigstens) die Kernprobleme visuell aufgezeigt und transparent gemacht werden; siehe dazu im Folgenden die beispielhaft aufbereitete Examensklausur 2014/2015.
    - Heben Sie beim intensiven Durcharbeiten die wesentlichen Punkte hervor (markieren, unterstreichen, ggf. Randnotizen und eigene Stichpunkte für Lösungsansätze), jedoch sparsam und gezielt, damit das Wesentliche klar erkennbar bleibt.
    - Systematisieren Sie die Sachverhaltsangaben zunächst, da Angaben zu den einzelnen Themenschwerpunkten an verschiedenen Stellen des Sachverhalts, z.T. auch in der Aufgabenstellung zu finden sind.
- Betrachten Sie **jede Angabe kritisch**, auch wenn sie Ihnen zunächst bedeutungslos erscheint. Nur selten gibt es überflüssige Angaben. Aber **interpretieren Sie nichts hinein**, was der Sachverhalt nicht hergibt.

Formulierung der Lösung

- Anzustrebendes Ziel muss für Sie sein, die **Klausur komplett durchzulösen**, auch wenn dies aus Zeitgründen zu Lasten der Genauigkeit und Ausführlichkeit in der Begründung geht.
- In Anbetracht der Zeitknappheit ist es auch **nicht möglich**, zunächst einen **ausführlichen Lösungsentwurf** zu entwickeln, den Sie anschließend „ins Reine" übertragen. Sie müssen sich vielmehr auf das Skizzieren der Lösung konzentrieren, wobei Ihnen das **Lösungsschema** zur Ermittlung des steuerpflichtigen Erwerbs und der festzusetzenden Erbschaft- bzw. Schenkungsteuer, die in den Hilfsmitteln weiter nutzbaren **Ermittlungsschemata**, wie z.B. bei der Bewertung von Grundstücken, bzw. **typische Paragrafen-Ketten** (Standard-

formulierungen) eine wertvolle Hilfe sind. Hierdurch minimieren Sie auch die Gefahr, wichtige Punkte zu vergessen.

- Versuchen Sie nicht, all Ihr Wissen zu einer Thematik in die Lösung einzubauen und den Sachverhalt vollständig bis ins letzte Detail lösen zu wollen. Konzentrieren Sie sich **auf das Wesentliche** und **Prüfen und Erörtern Sie nichts Überflüssiges**. Sprechen Sie möglichst alle aufgeworfenen Rechtsfragen mit Lösungsansätzen an, um ein Maximum an Punkten erzielen zu können.

  Beherzigen Sie, dass die Klausurprobleme gezielt und konzentriert zu lösen sind. Seitenlange Ausarbeitungen sind im Examen nicht förderlich und auch nicht machbar. Mitunter vermögen sogar nur Stichworte eine ausreichende Begründung zu geben. Es ist jedoch niemandem verwehrt, mehr und Ausführlicheres zu schreiben, um sich einer 100 %igen Punktevergabe zu nähern. Indes mag aber der Zeitfaktor nie aus den Augen verloren werden.

- **Formulieren** Sie in Anbetracht des limitierten Zeitbudgets Ihre **Lösungsansätze kurz und prägnant** in der gebotenen Tiefe.

- **Hinweis zum Umfang der Ausarbeitung!** Lassen Sie sich nicht verunsichern, wenn in den Vorbereitungsklausuren etc. die Lösungshinweise zu den zu beurteilenden Sachverhalten sehr (bzw. zu) ausführlich dargestellt werden. Diese können Sie nicht 1:1 übernehmen. Sie sind in der Regel zu umfangreich und als unbedingt nachzuahmende 1:1-Vorgabe für das eigene Klausurschreiben nicht geeignet. Es ist in der Kürze der im Examen vorgegebenen Bearbeitungszeit nicht möglich, seitenlang zu der sich aufbauenden Klausurproblematik Stellung zu nehmen. Es reicht aber andererseits auch aus, die angebotene Lösung in knapper Form zu begründen. Ein Hinweis auf die richtige Gesetzesbestimmung oder die richtige Stelle in den Richtlinien muss i.d.R. nicht weiter kommentiert werden. Die Aufgabe in der Musterklausur lautete: „Begründen Sie Ihre Entscheidungen unter Angabe der maßgeblichen Vorschriften". Das ist weniger, als die gefundene Lösung umfänglich mit ausführlicher Darstellung zu begründen. Oftmals wird von den Examenskandidaten zu viel (Überflüssiges) geschrieben. Das kostet Zeit und bringt gleichwohl keine Punkte.

- Der Sachverhalt ist prinzipiell **zunächst nach der Gesetzeslage zu lösen**. Nur wenn sich die Lösung nicht aus den gesetzlichen Vorschriften ergibt, ist diese nach der Verwaltungsmeinung zu entwickeln (z.B. über R E 7.4. ErbStR 2019, wenn es um die Beurteilung gemischter Schenkungen und Schenkungen unter Auflage geht).

- **Begründen Sie, wie und warum** Sie zu einer bestimmten Lösung gekommen sind. Denken Sie daran, dass es erfahrungsgemäß **ohne Begründung (und ohne Berechnung) keine Punkte** gibt.

  Es genügt also nicht, nur das fertige Ergebnis zu präsentieren. In der Examensklausur werden die Punkte vor allem auf dem zutreffenden Lösungsweg zu dem (hoffentlich richtigen) Ergebnis erzielt.

- Wer in der Examensklausur merkt, dass er mit einem Teilsachverhalt (z.B. mit der Bewertung von einzelnen Vermögensgegenständen oder Verbindlichkeiten) etwas (mehr) anfangen kann bzw. damit gut zurechtkommt, darf oder sollte diesen Teil der Fallbearbeitung ggf. vorziehen. Stets ist beim Schreiben der Klausur genügend Papier vorhanden, sodass jede Ausarbeitung zu einem neuen Teilsachverhalt auf ein neues Blatt Papier niedergeschrieben werden sollte – jedenfalls dann, wenn der neue Sachverhaltsteil umfangreicher ist. Dann

haben Sie problemlos die Möglichkeit, vorgezogen ausformulierte Lösungsteile später in die gebotene Seitenreihenfolge rechtzeitig vor Abgabe der Klausur einzuordnen.
- Die Lösung einer Erbschaft- und Schenkungsteuerklausur ist erfahrungsgemäß im **Urteilsstil** abzufassen, d.h. das Ergebnis der Beurteilung **(das Urteil)** steht **am Anfang** der Darstellung. Erst daran anschließend erfolgt die Begründung. Für den Urteilsstil typisch ist, dass die Begründung im Anschluss an das „Urteil" häufig als Nebensatz mit **„weil"** oder **„denn"** oder **„da"** beginnt.

> **Beispielsformulierung:** Für das Grundstück kann der Befreiungsabschlag von 10 % nach § 13d Abs. 1 ErbStG in Anspruch genommen werden, weil es nach § 13d Abs. 3 ErbStG zu fremden Wohnzwecken vermietet wird, im Inland belegen ist und weder zum begünstigten Betriebsvermögen noch zum begünstigten Vermögen eines Betriebs der Land- und Forstwirtschaft gehört.

- **Beginnen** Sie die Lösung **mit der Anspruchsgrundlage**. Achten Sie darauf, dass die Lösung nicht nur eine Aneinanderreihung von Rechtsvorschriften ergibt, sondern **systematisch zusammenhängend dargestellt** wird. Der Klausurkorrektor kann aus der Darstellung Ihrer Lösung erkennen, ob Sie es verstanden haben, was Sie in Ihrer Lösung angeben oder ob es nur eine aus den einzelnen Rechtsnormen „abgeschriebene" Lösung ist.

> **Beispiel:** Beurteilung der sachlichen und persönlichen Steuerpflicht.
>
> **Lösung Variante 1:**
> Die Erbin hat einen Erwerb von Todes wegen nach § 1 Abs. 1 Nr. 1 ErbStG. Da sie Inländerin gem. § 2 Abs. 1 Satz 1 Nr. 1 Satz 2 Buchst. a ErbStG ist, ist die unbeschränkte persönliche Steuerpflicht gegeben. Es liegt ein Erbanfall nach § 3 Abs. 1 Nr. 1 ErbStG vor.
>
> **Lösung Variante 2:**
> Die Erbin hat als Gesamtrechtsnachfolgerin (§ 1922 BGB) einen Erwerb von Todes wegen durch Erbanfall gem. § 1 Abs. 1 Nr. 1 ErbStG i.V.m. § 3 Abs. 1 Nr. 1 ErbStG. Die Erbin ist Inländerin, da sie ihren Wohnsitz i.S.d. § 8 AO im Inland hat. Somit liegt unbeschränkte persönliche Steuerpflicht nach § 2 Abs. 1 Nr. 1 Satz 2 Buchst. a ErbStG vor.
> Die Lösung nach Variante 1 ist eine zwar vollständige Lösung, die aber erkennen lässt, dass die systematischen Zusammenhänge nicht befriedigend umgesetzt werden können. Die Anspruchsgrundlage des § 1 Abs. 1 Nr. 1 ErbStG ist im Zusammenhang mit der Umsetzung in § 3 ErbStG anzugeben. Deshalb ist Variante 2 die für eine Klausur deutlich bessere Lösung.

- **Strukturieren und gliedern Sie Ihre Lösung – auch optisch sichtbar.**
    - Gliedern Sie Ihre Lösung bei typischer Fallgestaltung nach den Lösungsschritten des dargestellten Lösungsschemas.
    - Bauen Sie z. B. Ihre Klausurlösung zur Ermittlung des Vermögensanfalls von der Reihenfolge her möglichst so auf, wie die einzelnen Vermögenspositionen im Klausursachverhalt dargestellt sind. Sie können davon ausgehen, dass die dem Klausurkorrektor vorliegende Musterlösung ebenfalls dem Weg der Sachverhaltsdarstellung folgt.

3.3 Herangehensweise an die Lösung der Klausur Erbschaft-/Schenkungsteuer und ...

- Orientieren Sie sich bei der Gliederung von Teilsachverhalten an den Ihnen zur Verfügung stehenden Ermittlungsschemata, z.B. bei der Bewertung von bebauten Grundstücken an H B 184 bzw. H B 189 ErbStH 2019.
- Bilden Sie entsprechende **Überschriften** zu den einzelnen Lösungsschritten und Teilsachverhalten, heben Sie Unterpunkte hervor und vergessen Sie nicht, **Absätze** zwischen den einzelnen Punkten zu bilden.

3.3.3 Visuelle Aufbereitung der Original-Examensklausur 2014/2015

Eine **visuelle Aufbereitung des Sachverhalts** wird exemplarisch anhand der Original-Examensklausur 2014/2015 nachfolgend dargestellt.

1. **Steuerpflicht**
    - Sachliche Steuerpflicht – Erwerb von Todes wegen, Erbanfall, § 1 Abs. 1 Nr. 1 i.Vm. § 3 Abs. 1 Nr. 1 ErbStG, § 1922 BGB
    - persönliche Steuerpflicht, § 2 Abs. 1 Nr. 1 Satz 2 Buchst. a ErbStG
    - Ermittlung des steuerpflichtigen Erwerbs, § 10 ErbStG; Bewertung, § 12 ErbStG
    - Entstehung der Steuer, Bewertungsstichtag, §§ 9, 11 ErbStG
    - Steuerklasse, Steuerschuldner, § 15 Abs. 1, § 20 ErbStG
2. **Bewertung der übergehenden Vermögensgegenstände und Begünstigungsprüfung – Vermögensanfall**
    a) **Grundvermögen**
    Bewertung eines gemischt genutzten Grundstücks im Ertragswertverfahren, §§ 184 ff. BewG
    Teilweise Begünstigung nach § 13 Abs. 1 Nr. 4b ErbStG
    b) **Betriebsvermögen**
    Bewertung nach dem vereinfachten Ertragswertverfahren, §§ 199 ff. BewG
    Begünstigung nach §§ 13a, 13b ErbStG a.F.
    c) **Übriges Vermögen**
    Sachleistungsanspruch Fernseher – Ansatz (?), Bewertung mit dem gemeinen Wert, § 9 BewG, keine Steuerbefreiung
    Sachleistungsanspruch Grundstück – Bewertung mit dem gemeinen Wert, § 9 BewG, keine Steuerbefreiung
    Lebensversicherungsanspruch – Ansatz?
    Mietforderung – Bewertung mit dem Nennwert, § 12 Abs. 1 BewG, keine Steuerbefreiung
3. **Nachlassverbindlichkeiten – Wert der Bereicherung**
    - § 10 Abs. 5 Nr. 1 ErbStG
    Verbindlichkeit wegen Rohrleitungsrecht
    Kaufpreisverbindlichkeit Fernseher
    Verbindlichkeit Grunderwerbsteuer
    - § 10 Abs. 5 Nr. 2 ErbStG
    Pflichtteilsansprüche
    - § 10 Abs. 5 Nr. 3 ErbStG
    Erbfallkosten – Pauschbetrag
4. **Steuerpflichtiger Erwerb und festzusetzende Erbschaftsteuer**
    - Persönlicher Freibetrag, § 16 Abs. 1 ErbStG
    - Besonderer Versorgungsfreibetrag, § 17 ErbStG – keine Kürzung

- Steuersatz, § 19 Abs. 1 ErbStG
- Härteausgleich, § 19 Abs. 3 ErbStG?
- Festzusetzende ErbSt

Es ist eine individuell zu entscheidende Frage, wie umfangreich und in welcher Form die Examenskandidaten den Sachverhalt visuell aufbereiten. Für die visuelle Aufbereitung des Klausursachverhalts darf nicht zu viel Zeit verwendet werden. Wichtig ist, die Lösungsstruktur mit den „Eckpunkten" transparent zu machen.

Jeder Examenskandidat hat individuell für sich zu entscheiden, wie ausführlich oder kompakt und selektiv die visuelle Aufbereitung sein kann bzw. sein muss. Bestenfalls sollte dies in mehreren Probeklausuren mit unterschiedlichem Detailgrad getestet werden. Dabei ist individuell auch das richtige Maß zwischen notwendiger Visualisierung und für die Lösung letztlich vorhandener Zeit zu finden.

Mit dem Lösungsschema, den Themenschwerpunkten und den Hinweisen zur „formalen" Herangehensweise vor Augen geht es nun an die Ausarbeitung der Klausurlösung. Jetzt heißt es, knapp (in Anbetracht des Zeitfaktors) und präzise Wissen zu Papier zu bringen. Und da helfen Ihnen in den einzelnen Lösungsschritten der dargestellten Lösungsstruktur effektive **Standardformulierungen**, die („schlafwandlerisch") sicher abrufbar sein müssen.

3.4 Zu den Lösungsschritten im Einzelnen
3.4.1 Klausureinstieg – Steuerpflicht

Nahezu in jeder Klausur kann, wenn die Aufgabe so gestellt ist, wie dies in den Examensklausuren der letzten Jahre der Fall war, mit dem mehr oder weniger gleichen Klausureinstieg begonnen werden, indem auf die sachliche und persönliche Steuerpflicht, die Entstehung der Steuer und den Bewertungsstichtag, die Steuerklasse und die Steuerschuldnerschaft eingegangen wird. Die dafür i.d.R. zu vergebenden zwei Punkte müssen standardisiert eingefahren werden. Die nachstehende Beispielsformulierung ist in dieser oder ähnlicher Form zu verwenden. Die Examenskandidaten müssen dabei natürlich erkennen, dass ggf. zu dem einen oder anderen Punkt ausführlicher oder auch weniger ausführlich oder gar nicht Stellung zu nehmen ist.

Beispielsformulierung: Die Ehefrau Carola Rundlich (CR) wird Alleinerbin nach ihrem Ehemann Robert Rundlich (RR).

Lösung: Die Ehefrau CR ist testamentarische Alleinerbin und damit Gesamtrechtsnachfolgerin nach § 1922 BGB. Für sie liegt ein Erwerb von Todes wegen durch Erbanfall nach § 1 Abs. 1 Nr. 1 i.V.m. § 3 Abs. 1 Nr. 1, 1. Alt. ErbStG vor.
(Alternativ für Vermächtnis [bei testamentarischer Zuwendung einzelner Vermögensgegenstände]: V steht ein Vermächtnis zu. Dadurch wird das Recht begründet, vom Erben die Herausgabe [Übereignung/Übertragung] des Wertpapierdepots, des Grundstücks, der Goldbarren, der Uhr, des Fahrrads etc. zu fordern. Das Vermächtnis unterliegt als Erwerb von Todes wegen nach §§ 1 Abs. 1 Nr. 1, 3 Abs. 1 N. 1, 2. Alt. ErbStG der Erbschaftsteuer.)

3.4 Zu den Lösungsschritten im Einzelnen

> Der Erwerb durch CR unterliegt nach § 2 Abs. 1 Nr. 1 Satz 2 Buchst. a ErbStG der unbeschränkten Steuerpflicht mit dem gesamten Vermögensanfall, da der Erblasser RR seinen Wohnsitz (§ 8 AO) im Inland hatte und somit Inländer war.
> Als steuerpflichtiger Erwerb gilt die Bereicherung der CR, soweit sie nicht steuerfrei ist, § 10 Abs. 1 Satz 1 ErbStG. Zur Ermittlung der Bereicherung sind von dem Vermögensanfall die Nachlassverbindlichkeiten gem. § 10 Abs. 1 Satz 2 ErbStG abzuziehen.
> Die Bewertung richtet sich gem. § 12 ErbStG nach den Vorschriften des BewG. Bewertungsstichtag ist der Zeitpunkt der Entstehung der Steuer am … (Todestag des Erblassers) gem. § 9 Abs. 1 Nr. 1 ErbStG i.V.m. § 11 ErbStG (bei einer Schenkung: mit dem Zeitpunkt der Ausführung der Schenkung, § 9 Abs. 1 Nr. 2 ErbStG).
> CR gehört der Steuerklasse I an, § 15 Abs. 1 Steuerklasse I Nr. 1 ErbStG. Sie ist Steuerschuldnerin nach § 20 Abs. 1 Satz 1 ErbStG (bei einer Schenkung: der Beschenkte als auch der Schenker).

a) Sachliche Steuerpflicht
Erwerb von Todes wegen gem. § 1 Abs. 1 Nr. 1 ErbStG

> **Klausurtipp!** Leiten Sie aus der Aufgabenstellung ab, wer – Erbe(n), Vermächtnisnehmer und/oder Pflichtteilsberechtigte – zu beurteilen ist. Prüfen Sie diese Frage sehr genau, damit Sie weder zu viel noch zu wenig bearbeiten.

Gegebenenfalls sind erbrechtliche Überlegungen anzustellen. Insbesondere muss hier geprüft werden, wer aufgrund welcher Rechtsvorschriften welchen Erbteil erhält.

Ist ausschließlich der Erbe zu würdigen und gehen zugleich Vermögenswerte auf einen Vermächtnisnehmer über bzw. hat ein Pflichtteilsberechtigter seinen Anspruch geltend gemacht, ist zu beachten, dass diese Tatbestände beim Erben im Rahmen der Nachlassverbindlichkeiten (§ 10 Abs. 5 Nr. 2 ErbStG) mindernd zu berücksichtigen sind.

Insbesondere bzgl. vorhandener Pflichtteilsansprüche ist der Sachverhalt genau auf Hinweise zu „durchforsten", ob ein von der Erbfolge ausgeschlossener Pflichtteilsberechtigter seinen Anspruch geltend gemacht hat oder nicht.

> **Klausurtipp!** Bei einem zu beurteilenden Erwerb von Todes wegen durch Erbanfall ist stets auch zu prüfen, ob es Vermächtnisnehmer bzw. Pflichtteilsberechtigte gibt, denn das hätte wiederum Einfluss auf die Ermittlung des steuerpflichtigen Erwerbs (Nachlassverbindlichkeiten) des Erben.

Schenkung unter Lebenden gem. § 1 Abs. 1 Nr. 2 ErbStG
Der Sachverhalt einer **Schenkung unter Lebenden** hat sich in der Examensklausur 2020/2021 auf den **Haupttatbestand** des § 7 Abs. 1 Nr. 1 ErbStG, die **freigebige Zuwendung** (Vollschenkung), konzentriert.

Verpflichtet sich der Bedachte, Gegenleistungen (die unter dem tatsächlichen Wert des zugewendeten Vermögens liegen) zu erbringen bzw. Auflagen zu übernehmen, liegt insoweit keine Bereicherung vor. Es handelt sich dann vielmehr um den Sonderfall einer **gemischten Schenkung** bzw. einer **Schenkung unter Auflage** (Leistungs- bzw. Nutzungs-/Duldungsauflage).

Daraus abgeleitet könnten sich auch folgende **Sachverhaltskonstellationen für künftige Examensklausuren** ergeben:

- eine gemischte Schenkung oder Schenkung unter Auflage (Leistungs- und/oder Nutzungs- und Duldungsauflage) bzw. ein Mischfall aus gemischter Schenkung und Schenkung unter Auflage (R E 7.4 ErbStR 2019);
- eine Kombination einer Schenkung unter Lebenden (als Vollschenkung oder gemischte Schenkung bzw. Schenkung unter Auflage) mit nachfolgendem Erwerb von Todes wegen unter Anwendung des § 14 ErbStG.

Beispielsformulierung:
a) Mutter M schenkt ihrer Tochter T ein Grundstück.
b) Mutter M schenkt ihrer Tochter T das selbst genutzte Einfamilienhausgrundstück unter dem Vorbehalt des lebenslänglichen Wohnrechts für sich selbst. Die Kosten der Übertragung soll die T übernehmen.

Lösung:
a) Für die Tochter T als Beschenkte liegt mit der unentgeltlichen Zuwendung des Grundstücks durch die Mutter eine Schenkung unter Lebenden durch freigebige Zuwendung nach § 1 Abs. 1 Nr. 2 ErbStG i.V.m. § 7 Abs. 1 Nr. 1 ErbStG vor."
b) Für die Tochter T als Beschenkte liegt mit der Zuwendung des Einfamilienhausgrundstücks unter Vorbehalt des lebenslänglichen Wohnrechts für die Schenkerin eine Schenkung unter Nutzungsauflage vor, die als Schenkung unter Lebenden gem. § 1 Abs. 1 Nr. 2, § 7 Abs. 1 Nr. 1 ErbStG i.V.m. R E 7.4 ErbStR 2019 der Schenkungsteuer unterliegt.
Die Vorschriften über Erwerbe von Todes wegen sind nach § 1 Abs. 2 ErbStG/R E 1.1 ErbStR grundsätzlich auch für Schenkungen unter Lebenden anzuwenden. Als steuerpflichtiger Erwerb gilt die Bereicherung der T, soweit sie nicht steuerfrei ist, § 10 Abs. 1 Satz 1 ErbStG. Zur Ermittlung der Bereicherung sind die Auflage (das Wohnrecht mit seinem Kapitalwert gem. § 14 Abs. 1 BewG) sowie die von der Beschenkten getragenen Erwerbsnebenkosten nach R E 7.4 Abs. 1 und Abs. 4 ErbStR 2019 i.V.m. H E 7.4 Abs. 4 und H E 10.7 „Behandlung von Erwerbsnebenkosten ..." ErbStH 2019, abzuziehen.

b) Persönliche Steuerpflicht
Der Umfang der Besteuerung richtet sich danach, ob die Voraussetzungen für die unbeschränkte bzw. für die beschränkte persönliche Steuerpflicht nach § 2 ErbStG gegeben sind.
- **Unbeschränkte Steuerpflicht** nach § 2 Abs. 1 Nr. 1 ErbStG liegt vor, wenn der Erblasser, der Schenker oder der Erwerber **Inländer** ist.
Erfahrungsgemäß wird in den Examensklausuren hinsichtlich der Inländereigenschaft in erster Linie nach § 2 Abs. 1 Nr. 1 Satz 2 Buchst. a ErbStG auf natürliche Personen mit Wohnsitz oder gewöhnlichem Aufenthalt im Inland abgestellt. Sie sollten daher mit den Definitionen „Wohnsitz" und „gewöhnlicher Aufenthalt" i.S.d. §§ 8, 9 AO vertraut sein. Nutzen Sie dazu auch den AEAO. Dieser kann bzgl. der Definitionen – wie die Erfahrung gezeigt hat – ausgesprochen hilfreich sein.

3.4 Zu den Lösungsschritten im Einzelnen

> **Klausurtipp!**
> Beachten Sie, dass für die unbeschränkte persönliche Steuerpflicht ausreichend ist, wenn einer der am Erwerbsvorgang Beteiligten – Erblasser bzw. Schenker oder Erwerber – Inländer ist. Dies muss sich (auch wenn beide Beteiligte Inländer sein sollten) so auch verbal in der Lösung widerspiegeln.

Die Steuerpflicht tritt dann für den gesamten Vermögensanfall ein, d.h. in die Ermittlung des Vermögensanfalls ist sowohl das im Inland als auch das im Ausland belegene Vermögen einzubeziehen.

> **Beispielsformulierung:** Die in Südafrika lebende Ehefrau CR wird Alleinerbin nach ihrem in München wohnhaften Ehemann RR.
>
> **Lösung:** Die CR ist unbeschränkt steuerpflichtig mit dem gesamten Vermögensanfall, da der Erblasser aufgrund seines Wohnsitzes im Inland i.S.d. § 8 AO Inländer war, § 2 Abs. 1 Nr. 1 Satz 2 Buchst. a ErbStG.

- **Beschränkte persönliche Steuerpflicht** nach § 2 Abs. 1 Nr. 3 ErbStG liegt vor, wenn weder der Erblasser bzw. der Schenker noch der Erwerber Inländer ist, jedoch Inlandsvermögen i.S.d. § 121 BewG übertragen wird.

> **Beispielsformulierung:** Der seit seiner Geburt 1990 in Buenos Aires (Argentinien) lebende Sohn S wird Alleinerbe nach seinem ebenfalls seit seiner Geburt 1960 in Argentinien wohnhaften, am 01.02.2024 verstorbenen Vater V.
>
> **Lösung:** Da weder der Erblasser V noch der Erbe S einen Wohnsitz oder gewöhnlichen Aufenthalt i.S.d. §§ 8, 9 AO im Inland hatten und somit im Besteuerungszeitpunkt keine Inländer waren, liegt keine unbeschränkte Steuerpflicht nach § 2 Abs. 1 Nr. 1 Satz 2 Buchst. a ErbStG vor. Auch die Voraussetzungen nach § 2 Abs. 1 Nr. 1 Satz 2 Buchst. b und c ErbStG sind nicht gegeben. Der Erbe ist – bezogen auf das zum Nachlass gehörende Inlandsvermögen i.S.d. § 121 BewG – beschränkt steuerpflichtig, § 2 Abs. 1 Nr. 3 ErbStG. Ein DBA mit Argentinien liegt nicht vor.

c) Entstehung der Steuer und Bewertungsstichtag

Dieser Punkt dürfte in der Examensklausur keine Probleme bereiten.

> **Beispielsformulierung:** Die in München wohnhafte Tochter T wird Alleinerbin nach ihrer ebenfalls in München wohnhaften, am 07.02.2024 verstorbenen Mutter M.
>
> **Lösung:** Für diesen Erwerb von Todes wegen durch Erbanfall ist der Bewertungsstichtag nach § 11 BewG der Tag der Entstehung der Steuer gem. § 9 Abs. 1 Nr. 1 ErbStG, d.h. der Todestag der Erblasserin am 07.02.2024.
>
> Mutter M schenkt Ihrer Tochter T am 07.02.2024 Barvermögen i.H.v. 500.000 €.
>
> **Lösung:** Für diese Schenkung unter Lebenden durch freigebige Zuwendung ist der Bewertungsstichtag nach § 11 BewG der Tag der Entstehung der Steuer gem. § 9 Abs. 1 Nr. 2 ErbStG, d.h. der Tag der Ausführung der Schenkung am 07.02.2024.

Beachten Sie jedoch bezüglich des Zeitpunkts der Entstehung der Steuer, dass:
- bei einem **aufschiebend bedingten Erwerb** die Steuer erst im Zeitpunkt des Eintritts der Bedingung entsteht, § 9 Abs. 1 Nr. 1 Buchst. a ErbStG.
- bei einem Pflichtteilsanspruch die Steuer erst im Zeitpunkt seiner Geltendmachung entsteht, § 9 Abs. 1 Nr. 1 Buchst. b ErbStG.
- der **Zeitpunkt der Ausführung einer Grundstücksschenkung** sich danach richtet, wann die Auflassung i.S.d. § 925 BGB sowie die Eintragungsbewilligung gem. § 19 GBO vorliegen (R E 9.1 Abs. 1 Satz 1 und 2 ErbStR 2019).

d) Steuerklasse und Steuerschuldner

Da die **Steuerklasse** des Erwerbers nach § 15 Abs. 1 ErbStG mehrfach benötigt wird, empfiehlt es sich, diese vorab zu bestimmen.

Steuerschuldnerschaft: Während bei einem **Erwerb von Todes wegen** nach § 20 Abs. 1 Satz 1 ErbStG der **Erwerber** Steuerschuldner ist, beachten Sie, dass bei einer **Schenkung unter Lebenden** der **Beschenkte und** der **Schenker** Steuerschuldner (Gesamtschuldner gem. § 44 AO) sind. Darauf ist in der Lösung hinzuweisen.

> **Klausurtipp!** Prüfen Sie, ob lt. Sachverhalt der Erblasser die Entrichtung der vom Erwerber geschuldeten Steuer einem anderen auferlegt hat bzw. ob der Schenker die Entrichtung der vom Beschenkten geschuldeten Steuer vertraglich selbst übernommen (Examen 2020/2021) oder einem Dritten auferlegt hat. In diesem Fall gilt nach § 10 Abs. 2 ErbStG als Erwerb der Betrag, der sich bei einer Zusammenrechnung des Erwerbs nach § 10 Abs. 1 ErbStG mit der aus ihm errechneten Steuer ergibt. (Beachte: H E 10.5 „Abrundung" ErbStH 2019).

3.4.2 Ermittlung des steuerpflichtigen Erwerbs
3.4.2.1 Einleitung

Es ist gesondert darauf zu achten, dass bei der Klausur Erbschaft-/Schenkungsteuer und Bewertung eine rein **juristische Betrachtungsweise** gilt. Wirtschaftliche Betrachtungsweisen sind nicht angebracht. Das hat z.B. zur Folge, dass die Examenskandidaten bei den einzelnen Sachverhalten die Aktivseite und die Passivseite bzw. das Aktivvermögen und die Verbindlichkeiten exakt trennen müssen – insbesondere bei schwebenden Geschäften. Die den einzelnen Vermögensgegenständen zuzuordnenden Schulden dürfen nicht bei diesen direkt berücksichtigt und vom Erwerb abgezogen werden (jedenfalls bei Erwerben von Todes wegen; bei gemischten Schenkungen bzw. Schenkungen unter Auflage beachten Sie R E 7.4 Abs. 1 ErbStR 2019). Sie sind vielmehr getrennt bei den Verbindlichkeiten aufzuzeigen und dem Gesamterwerb bei den Nachlassverbindlichkeiten „gegenzurechnen", um zur Bereicherung des Erwerbers zu kommen. Die juristische Betrachtungsweise greift vor allem auch dann, wenn ertragsteuerlich von wirtschaftlichem Eigentum auszugehen ist. Ein mit notariellem Vertrag vom Erblasser erworbenes Grundstück mag nach erfolgter Auflassung, beidseits beim Grundbuchamt erklärtem Eigentumsumschreibungsantrag und bereits vereinbartem Übergang von Nutzen und Lasten zwar wirtschaftlich (und ertragsteuerlich) dem Erwerber/Erben zuzurechnen und bei ihm ggf. sogar zu bilanzieren sein. Im Todesfall geht erbschaftsteuerlich aber vor der Eigentumsumschreibung im Grundbuch (nur oder erst) ein Eigentumsverschaffungsanspruch auf den Erben gem. § 1922 BGB über und kein Eigentum am Grundstück.

3.4 Zu den Lösungsschritten im Einzelnen

> **Klausurtipps!** Nutzen Sie für die Ermittlung des steuerpflichtigen Erwerbs das Ermittlungsschema in R E 10.1 Abs. 1 ErbStR 2019 und bauen Sie die Klausurlösung danach auf.
> Ergeben sich bei der Ermittlung des steuerpflichtigen Erwerbs Euro-Beträge mit Nachkommastellen, sind diese jeweils zugunsten des Steuerpflichtigen auf volle Euro-Beträge auf- bzw. abzurunden, H B 10.1 „Abrundung/Aufrundung" ErbStH 2019.

Bei der Ermittlung des steuerpflichtigen Erwerbs müssen die einzelnen auf den Erwerber übergehenden Vermögenspositionen sowie Schulden und Abzüge bewertet werden. Die Bewertung richtet sich nach den in § 12 ErbStG enthaltenen Vorschriften.

Beachten Sie, dass bei beschränkter persönlicher Steuerpflicht (§ 2 Abs. 1 Nr. 3 ErbStG) nur das Inlandsvermögen i.S.d. § 121 BewG der Erbschaft- und Schenkungsteuerpflicht unterliegt.

> **Klausurtipp!** In § 121 BewG wird abschließend aufgezählt, was unter die Definition „Inlandsvermögen" fällt. Prüfen Sie für jede übergehende Vermögensposition einzeln, ob es sich dabei um der beschränkten Steuerpflicht unterliegendes Inlandsvermögen handelt oder nicht.

3.4.2.2 Allgemeines zur Ermittlung des Vermögensanfalls

Im Rahmen der Ermittlung des Vermögensanfalls sind die übergehenden Vermögensgegenstände jeweils auf zwei Ebenen zu betrachten – **der Bewertungs- und der Besteuerungsebene**.

a) Bewertungsebene

Im ersten Schritt haben Sie die einzelnen Vermögensgegenstände zu bewerten. Wegweiser, um zu einem für erbschaft- und schenkungsteuerliche Zwecke richtigen Wert zu gelangen, ist die Anwendungsvorschrift des § 12 „Bewertung" ErbStG. § 12 ErbStG stellt insoweit die „Brücke" aus dem ErbStG zu den maßgeblichen Bewertungsvorschriften des BewG dar, die für die Bewertung heranzuziehen sind.

> **Klausurtipp!** Die Zitierweise in der Klausurlösung muss, wenn es um die Bewertungsansätze geht, stets mit § 12 ErbStG und der Angabe des zutreffenden Absatzes beginnen.

Erfahrungsgemäß ist die Bewertung kein besonders schwerer Teil in einer Klausur. Leider werden aber in diesen Klausurteilen nicht die erreichbaren Punkte auch tatsächlich erzielt. Es ist nicht ausreichend, als Lösung eine Auflistung von Rechtsvorschriften, verbunden mit der Angabe eines Werts, anzugeben. Damit verschenken Sie leicht erreichbare Punkte! Eine gute Lösung zeichnet sich durch drei Elemente aus:
- einen kurzen Hinweis, was warum zu bewerten ist,
- eine exakte Angabe der maßgebenden Vorschrift (Gesetz, ggf. Richtlinie/Erlass),
- den Wert, der sich nach der maßgebenden Vorschrift ergibt.

Es ist schwer, anhand des Klausursachverhalts exakt ermitteln zu wollen, wie viele Punkte es für die einzelnen Teilsachverhalte gibt. Eine Orientierung sollte dabei die Auswertung der Examensklausuren der letzten Jahre sein. Sie müssen sich so schnell und so zielstrebig wie möglich durch den Sachverhalt durchkämpfen. Manchmal können kurze Teilsachverhalte erhebliche „Knackpunkte" enthalten, die dann auch zu vielen Punkten führen. Manchmal können aber auch lange Teilsachverhalte eher simpel sein, die dann auch weniger Punkte bringen. Deshalb ist es von besonderer Bedeutung, dass Ihnen insbesondere die Strukturen der Bewertung von Grundbesitz als auch die Bewertung von Betriebsvermögen bzw. nichtnotierten Anteilen an Kapitalgesellschaften in „Fleisch und Blut" übergehen.

b) Besteuerungsebene

Prüfen Sie nach der Wertermittlung immer im zweiten Schritt, ob für den jeweiligen Vermögensgegenstand eine sachliche Steuerbefreiungsvorschrift Anwendung findet. Entsprechend der Systematik des ErbStG ist diese jeweils direkt bei den Vermögensgegenständen zu berücksichtigen.

> **Klausurtipp!** Gehen Sie bei den sachlichen Steuerbefreiungen immer genau auf die jeweiligen Voraussetzungen ein, allein die Feststellung „ist begünstigt nach ..." reicht nicht aus.

Weiterhin müssen Sie beachten, dass teilweise Voraussetzungen abzuprüfen sind, die zum Zeitpunkt der Vermögensübertragung vorliegen müssen (z.B. beim Betriebsvermögen, beim selbst genutzten Familienheim) und darüber hinaus dann noch weitere (Behalte-)Voraussetzungen einzuhalten sind (z.B. die Behaltefrist für Betriebsvermögen bzw. das selbst genutzte Familienheim). Regelmäßig kann auf die Behaltevoraussetzungen in der Examensklausur nur abstrakt eingegangen werden.

Nachfolgend wird schwerpunktmäßig auf die Vermögenspositionen eingegangen, die nach der vorangegangenen inhaltlichen Analyse der Examensklausuren der letzten zehn Jahre als regelmäßig **wiederkehrende Themenbereiche** („Dauerthemen") anzusehen sind und – bei allen „exotischen Ausrutschern", die inhaltlich immer vorkommen können – bei denen man als Examenskandidat „sattelfest" sein sollte.

3.4.2.3 Bewertung und Besteuerung von Grundvermögen

a) Bewertungsebene

aa) Einleitung

Grundbesitz ist gem. § 12 Abs. 3 ErbStG für erbschaft- und schenkungsteuerliche Zwecke mit dem nach § 151 Abs. 1 Satz 1 Nr. 1 BewG auf den Bewertungsstichtag (§ 11 ErbStG) gesondert festgestellten Wert anzusetzen. Diese **gesonderte Feststellung** ist in der Klausurlösung regelmäßig voranzustellen. Beachten Sie jedoch, dass **ausländischer Grundbesitz** nach § 12 Abs. 7 ErbStG mit dem gemeinen Wert anzusetzen ist und nach § 151 Abs. 4 BewG nicht der gesonderten Feststellung unterliegt.

> **Klausurtipp!** In der Klausurlösung ist neben der gesonderten Feststellung des Wertes der wirtschaftlichen Einheit (§ 2 BewG) nach § 151 Abs. 1 Satz 1 Nr. 1 BewG stets auch auf die gesonderte Feststellung der Art und der Zurechnung der wirtschaftlichen Einheit nach § 151 Abs. 2 Nr. 1 und Nr. 2 BewG hinzuweisen.

In § 151 Abs. 1 Satz 1 Nr. 1 BewG wird der „Wegweiser" auf § 157 BewG und damit für das weitere bewertungsrechtliche Vorgehen gegeben. Nach § 157 Abs. 1 BewG erfolgt die Feststellung der Grundbesitzwerte unter Berücksichtigung der **tatsächlichen Verhältnisse und der Wertverhältnisse zum Bewertungsstichtag**.

Für die wirtschaftlichen Einheiten des **Grundvermögens** erfolgt nach § 157 Abs. 3 BewG die Bewertung unter Anwendung der **§§ 176–198 BewG**. Diese umfasst – wie die Examensklau-

3.4 Zu den Lösungsschritten im Einzelnen

suren der letzten zehn Jahre gezeigt haben – sowohl die Bewertung unbebauter und bebauter Grundstücke als auch die Bewertung von Sonderfällen.

> **Klausurtipp!** Die **Bewertungsvorschriften** für die **Bewertung von Grundvermögen** müssen Sie **beherrschen**! Damit sind Sie zugleich in der Lage, Betriebsgrundstücke i.S.d. § 99 Abs. 1 Nr. 1 i.V.m. Abs. 3 BewG zu bewerten.

bb) Unbebaute Grundstücke

Die Wertermittlung für unbebaute Grundstücke erscheint auf den ersten Blick relativ einfach, denn im Klausursachverhalt müssen sowohl die Grundstücksfläche als auch der Bodenrichtwert vorgegeben sein. Aber gerade diesbezüglich kann es folgende „Klausurfallen" geben:

- **Grundstücksfläche**
  Die Bewertung hat nach § 157 Abs. 1 BewG auf der Basis der tatsächlichen Verhältnisse zum Bewertungsstichtag zu erfolgen, d.h. bei der Berechnung ist auf die tatsächliche Grundstücksfläche zum Bewertungsstichtag abzustellen. Der Klausursachverhalt ist dahingehend genau zu analysieren, ob Anhaltspunkte für zu berücksichtigende Änderungen hinsichtlich der Grundstücksfläche vorliegen, z.B. aufgrund einer zeitnah vor dem Bewertungsstichtag durchgeführten Nachvermessung.

- **Bodenrichtwert**
  Anzusetzen ist der Bodenrichtwert, der vom örtlichen Gutachterausschuss nach § 179 Satz 3 BewG turnusmäßig zuletzt zu ermitteln war. Zu den wertbeeinflussenden Grundstücksmerkmalen, die dem Bodenrichtwert-Grundstück zugrunde liegen, gehört nach R B 179.2 Abs. 1 Satz 7 ErbStR 2019 auch das Maß der baulichen Nutzung, das sich u.a. in der **Geschossflächenzahl** (GFZ) ausdrücken kann. Wird im Klausursachverhalt darauf verwiesen, dass das zu bewertende Grundstück hinsichtlich der GFZ von dem Bodenrichtwert-Grundstück abweicht, ist eine Umrechnung des Bodenrichtwerts vorzunehmen.

> **Klausurtipp!** Die Bodenrichtwertanpassung aufgrund unterschiedlicher Geschossflächenzahlen ist prädestiniert, in einer Examensklausur abgefragt zu werden, da diese Umrechnung mithilfe von R B 179.2 Abs. 2 ErbStR 2019 i.V.m. H B 179.2 ErbStH 2019 vorgenommen werden kann.

> **Beispielsformulierung:** Das für erbschaftsteuerliche Zwecke für die Erbin EF zu bewertende unbebaute Grundstück mit einer Fläche von 990 m² liegt in einem Gebiet mit einer GFZ von 0,4; auf Grund von besonderen alten Rechten kann das Grundstück mit einer GFZ von 0,5 bebaut werden. Der Bodenrichtwert (BRW) für gleichartige Grundstücke im Richtwertgebiet wurde vom örtlichen Gutachterausschuss zum 01.01.01 mit 600 €/m² bestimmt. Die Nachbarn haben ein im Grundbuch eingetragenes Wegerecht, dessen Wert zutreffend 2.000 € beträgt. Ein anerkannter Grundstückssachverständiger hat den Wert des Grundstücks auf den Todestag (01.07.01) mit 630.000 € festgestellt. Das Gutachten ist nicht zu beanstanden. Der gesondert festzustellende Grundbesitzwert ist auf den Bewertungsstichtag 01.07.01 zu ermitteln.

> **Lösung:** Das Grundstück (wirtschaftliche Einheit, § 2 BewG) ist Grundbesitz i.S.d. § 19 Abs. 1 BewG. Es handelt sich um ein Grundstück des Grundvermögens, §§ 157 Abs. 3, 176 Abs. 1 Nr. 1, § 70 Abs. 1 BewG. Für Zwecke der ErbSt ist nach § 12 Abs. 3 ErbStG auf den Bewertungsstichtag (Todestag) der Grundbesitzwert gem. § 151 Abs. 1 Satz 1 Nr. 1 BewG gesondert festzustellen.
>
> In dem Feststellungsbescheid sind nach § 151 Abs. 2 BewG mit anzugeben:
> - nach Nr. 1 die Art der wirtschaftlichen Einheit – unbebautes Grundstück, § 178 BewG;
> - nach Nr. 2 die Zurechnung – Erbin EF zu 1/1, § 39 Abs. 1 AO, § 1922 BGB.
>
> Bewertung gem. §§ 177, 179 BewG mit dem gemeinen Wert gem. § 9 BewG:
> Fläche × BRW zum 01.01.01
> Außenanlagen sind damit mit abgegolten (R B 179.1 Abs. 1 Satz 1 ErbStR 2019).
> Anpassung des BRW wegen abweichender GFZ des zu bewertenden Grundstücks von der allgemeinen GFZ gem. R B 179.2 Abs. 2 ErbStR 2019 i.V.m. H B 179.2 Abs. 2 „Abweichende planungsrechtlich zulässige GFZ" ErbStH 2019 (Umrechnungskoeffizient)
>
> **Ableitung des Bodenrichtwerts bei abweichender Geschossflächenzahl**
>
> $$\frac{\text{Umrechnungskoeffizient für die GFZ des zu bewertenden Grundstücks } 0{,}72}{\text{Umrechnungskoeffizient für die GFZ des Bodenrichtwertgrundstücks } 0{,}66} \times \text{BRW 600 €/m}^2 = \text{Bodenwert 654,54 €/m}^2$$
>
> („volle Cent" R B 179.3 Abs. 1 Satz 1 ErbStR)
>
> Wert: 990 m² × 654,54 €/m² = 647.994,60 €; abgerundet 647.994 € („volle Euro" R B 179.3 Abs. 1 Satz 2 ErbStR 2019).
> Wertbeeinflussendes Grundstücksmerkmal (Wegerecht) bleibt außer Ansatz, R B 179.2 Abs. 8 ErbStR 2019.
> Der Wert lt. vorliegendem Gutachten ist niedriger als der nach § 179 BewG ermittelte Wert und somit nach § 198 BewG als nachgewiesener gemeiner Wert maßgebend.
> **Festzustellender Grundbesitzwert** **630.000 €**

cc) Bebaute Grundstücke

Voraussetzung für die zutreffende Wertermittlung bebauter Grundstücke ist die Einstufung des Grundstücks in die **richtige Grundstücksart gem. § 181 BewG**. Daher ist sorgfältig anhand der Kriterien in § 181 BewG i.V.m. Rz. 8 Abs. 1 AEBew JStG 2022 zu prüfen, welche Art von Grundstück vorliegt.

Die **Abgrenzung der Grundstücksarten** ist stets nach dem **Verhältnis der Wohn- und Nutzflächen** vorzunehmen, wobei zu beachten ist, dass Nutzflächen, die in einem Nutzungszusammenhang mit Wohnflächen stehen, wie z.B. Garagen, nicht einzubeziehen sind (Rz. 8 Abs. 1 S. 3 f. AE Bew JStG 2022). **Nebengebäude** (wie z.B. Garagen) sind jedoch im Grundbesitzwert zu erfassen, wenn sie sich auf dem mit dem Hauptgebäude bebauten Grundstück befinden (R B 180 Abs. 5 ErbStR 2019).

3.4 Zu den Lösungsschritten im Einzelnen

> **Beispielsformulierung:** Übertragung eines bebauten Grundstücks im Rahmen eines Erwerbs von Todes wegen durch Erbanfall vom Vater V auf den Sohn S, das zu 85 % seiner Fläche Wohnzwecken und zu 15 % seiner Fläche gewerblichen Zwecken dient.
>
> **Lösung:** Das Grundstück (wirtschaftlicher Einheit, § 2 BewG) ist Grundbesitz i.S.d. § 19 Abs. 1 BewG, für das für Zwecke der Erbschaftsteuer gem. § 12 Abs. 3 ErbStG auf den Bewertungsstichtag (Todestag, § 11 ErbStG) ein Grundbesitzwert nach einem gesonderten Verfahren gem. § 151 Abs. 1 Satz 1 Nr. 1 BewG festzustellen ist. In dem Feststellungsbescheid sind nach § 151 Abs. 2 BewG mit anzugeben gem. Nr. 1 die Art der wirtschaftlichen Einheit – bebautes Grundstück, Mietwohngrundstück gem. § 180 Abs. 1 i.V.m. § 181 Abs. 1 Nr. 2, Abs. 3 BewG (Rz. 8 Abs. 1 Nr. 2 AEBew JStG 2022), da mehr als 80 % der gesamten Wohn-/Nutzfläche Wohnzwecken dienen und kein Ein- und Zweifamilienhaus oder Wohnungseigentum vorliegt; gem. Nr. 2 die Zurechnung – Sohn S als Gesamtrechtsnachfolger zu 1/1, § 39 Abs. 1 AO, § 1922 BGB. Gemäß § 157 Abs. 1 BewG ist der Grundbesitzwert nach den tatsächlichen Verhältnissen und den Wertverhältnissen zum Bewertungsstichtag festzustellen und gem. § 157 Abs. 3 i.V.m. den §§ 176 ff. BewG zu ermitteln. Die Bewertung richtet sich dabei grundsätzlich nach dem gemeinen Wert, §§ 9, 177 BewG.

Anwendung des Ertragswertverfahrens bzw. des Sachwertverfahrens

Mit dem JStG 2022 sind zum 01.01.2023 nicht unerhebliche gesetzliche Neuregelungen für die Bewertung des Grundvermögens für erbschaft- und schenkungsteuerliche (und grunderwerbsteuerliche) Zwecke in Kraft getreten. Nachdem der Klausurersteller in der Examensklausur 2023/2024 auf die Bewertung eines Grundstücks verzichtet hatte, dürfte in der Examensklausur 2024/2025 mit einer Grundstücksbewertung nach neuem Recht zu rechnen sein.

> **Klausurtipp!** Für die Ermittlung des Grundbesitzwerts nach dem Ertragswertverfahren bzw. dem Sachwertverfahren sollten stets die **Ermittlungsschema** in Rz. 16 AEBew JStG 2022 bzw. Rz. 43 AEBew JStG 2022 genutzt werden. Damit sind die Berechnungsschritte einschließlich der dafür heranzuziehenden gesetzlichen Vorschriften stringent vorgegeben. Zu beachten ist jedoch, dass Besonderheiten dort nicht abgebildet werden.

> **Beispielsformulierung:**
> a) Bewertung eines Einfamilienhausgrundstücks für erbschaftsteuerliche Zwecke, für das weder Vergleichspreise noch Vergleichsfaktoren vorliegen.
> b) Bewertung eines gemischt genutzten Grundstücks für erbschaftsteuerliche Zwecke, für das sich eine übliche Miete ermitteln bzw. nicht ermitteln lässt.
>
> **Lösung:**
> a) Das Einfamilienhausgrundstück ist gem. § 182 Abs. 1, Abs. 2 Nr. 3 BewG i.V.m. § 183 BewG nach dem Vergleichswertverfahren zu bewerten. Da weder Vergleichspreise noch Vergleichsfaktoren vom örtlichen Gutachterausschuss vorliegen, kommt das Sachwertverfahren gem. § 182 Abs. 4 Nr. 1 BewG i.V.m. §§ 189–191 BewG zur Anwendung.

> **b)** Für das gemischt genutzte Grundstück kommt das Ertragswertverfahren nach § 182 Abs. 1, Abs. 3 Nr. 2 BewG i.V.m. §§ 184–189 BewG zur Anwendung, weil sich eine übliche Miete für alle Einheiten ermitteln lässt.
> Für das gemischt genutzte Grundstück kommt das Sachwertverfahren nach § 182 Abs. 4 Nr. 2 BewG i.V.m. §§ 189–191 BewG zur Anwendung, weil sich eine übliche Miete nicht (für alle Einheiten) ermitteln lässt (R B 182 Abs. 5 ErbStR 2019).

Bei der Analyse der Examensklausuren der zurückliegenden Jahre haben sich folgende Besonderheiten herauskristallisiert bzw. werden bezüglich der Neuregelungen hervorgehoben, die bei der Bewertung nach dem Ertragswert- bzw. dem Sachwertverfahren zu beachten sind:

- **Ermittlung des Bodenwerts**
  Die für die Wertermittlung unbebauter Grundstücke zu beachtenden „Klausurfallen" sind auch für die Bodenwertermittlung relevant, da die Ermittlung gem. § 184 Abs. 2 BewG bzw. § 189 Abs. 2 BewG nach § 179 BewG erfolgt.
- **Ermittlung des Gebäudeertragswerts nach dem Ertragswertverfahren**
  – Bei der **Ermittlung des Rohertrags** ist
    → gem. § 186 Abs. 1 BewG auf das am Bewertungsstichtag für zwölf Monate vertraglich vereinbarte Entgelt als Sollmiete abzustellen. Zu beachten ist, dass umlagefähige Betriebskosten nicht mit anzusetzen bzw. ggf. aus den vorgegebenen Werten herauszurechnen sind.

    > **Klausurtipp!** Denken Sie daran, dass nicht gezahlte (werthaltige) Mieten kurzfristige Forderungen darstellen, die bei den erbschaftsteuerlichen Berechnungen im Rahmen der Ermittlung des Vermögensanfalls als übriges Vermögen mit ihrem nach § 12 Abs. 1 ErbStG i.V.m. § 12 Abs. 1 BewG ermittelten Wert anzusetzen sind.

    → gem. § 186 Abs. 2 BewG bei Leerstand, unentgeltlicher Überlassung, Eigennutzung sowie bei einer um mehr als 20 % von der üblichen Miete abweichenden vereinbarten Miete die übliche Miete anzusetzen.
    → bei gemischt genutzten Grundstücken bzw. Geschäftsgrundstücken genau zu prüfen, ob sich für alle (!) auf dem Grundstück befindlichen selbstständigen Gebäude oder Gebäudeteile auch eine übliche Miete ermitteln lässt. Ist das nicht der Fall, muss die gesamte wirtschaftliche Einheit nach dem Sachwertverfahren bewertet werden (R B 182 Abs. 4 ErbStR 2019), wie es sich in der Examensklausur 2015/2016 gezeigt hat.
  – Bei den **Bewirtschaftungskosten** erfolgte eine komplette Neuregelung. Nunmehr sind gem. § 187 Abs. 2 i.V.m. Abs. 3 BewG ausschließlich die angepassten Bewirtschaftungskosten aus Anlage 23 zum BewG anzusetzen mit der Konsequenz einer detaillierten Kostenberechnung.
  – **Restnutzungsdauer (RND)**
    → Für die gem. § 185 Abs. 3 Satz 3 BewG aus dem Unterschiedsbetrag zwischen der **wirtschaftlichen Gesamtnutzungsdauer** des Gebäudes (Anlage 22 zum BewG – hier erfolgte z.T. eine Erhöhung der wirtschaftlichen Gesamtnutzungsdauer für bestimmte Grundstücksarten) und dem **Alter des Gebäudes** am Bewertungsstichtag zu ermittelnde RND sollte für die **Bestimmung des Alters des Gebäudes** am Bewertungsstichtag die Vereinfachungsregel gem. **§ 185.3 Abs. 3 Satz 4 BewG** genutzt werden.

3.4 Zu den Lösungsschritten im Einzelnen

- → Bei **durchgreifenden Modernisierungen** (i.S.d. Modernisierungselemente gem. Tabelle 1 in Rz. 21 AEBew JStG 2022) innerhalb der letzten 10 Jahre – wie es z.B. in der Examensklausur 2018/2019 der Fall war – ist zu prüfen, ob diese zu einer Verlängerung der RND führen (§ 185 Abs. 3 Satz 5 BewG) und die neue RND dann nach Rz. 21 AEBew JStG 2022 zu berechnen ist.
- → Für ein noch nutzbares Gebäude ist nach § 185 Abs. 3 Satz 6 BewG eine **Mindest-RND** von mindestens 30 % der wirtschaftlichen Gesamtnutzungsdauer zu beachten.
- **Bodenwertverzinsung**
  - → Hier ist ggf. zu berücksichtigen, dass die **Berechnung** nach § 185 Abs. 2 Satz 3 BewG nur bezogen auf die Grundstücksfläche zu erfolgen hat, die einer dem Gebäude angemessenen Nutzung entspricht (R B 185.1 Abs. 3 ErbStR 2019).
  - → Bzgl. des anzuwendenden Liegenschaftszinssatzes dürfte regelmäßig davon auszugehen sein, dass im Sachverhalt kein Zinssatz vom örtlichen Gutachterausschuss vorgegeben sein wird, sondern der entsprechende Liegenschaftszinssatz nach § 188 Abs. 2 Satz 2 BewG zu nutzen ist. Die typisierten Liegenschaftszinssätze wurden an das Marktniveau angepasst (abgesenkt).
- Zu beachten ist, dass als **Mindestwert** gem. § 184 Abs. 3 Satz 2 BewG der Bodenwert anzusetzen ist, wenn der ermittelte Gebäudereinertrag 0 bzw. negativ ist.
- Ein **separater Ansatz sonstiger baulicher Anlagen**, insbesondere von Außenanlagen, erfolgt **nicht**. Diese sind gem. § 184 Abs. 4 BewG mit dem nach § 184 Abs. 1-3 BewG ermittelten Ertragswert abgegolten.

- **Ermittlung des Gebäudesachwerts nach dem Sachwertverfahren**
  - **Regelherstellungskosten (RHK)**
    - → Für die Bestimmung des richtigen Ausgangswertes nach Anlage 24 zum BewG (RHK je m² Bruttogrundfläche) sind die notwendigen Parameter zur Grundstücksart, zur **Art des Gebäudes** und zum **Gebäudestandard** aus den Sachverhaltsangaben herauszufiltern.

> **Klausurtipp!** Für Wohnungseigentum in Gebäuden, die wie EFH und ZFH gestaltet sind, ist die Gebäudeart EFH bzw. ZFH anzusetzen (H B 190.2 Abs. 1 „Wohnungseigentum" ErbStH 2019).

  Nicht vergessen – die RHK sind noch mit dem für das Bewertungsjahr aktuellen **Baupreisindex** (differenziert (!) für Wohn- bzw. Nichtwohngebäude) zu **indizieren**.
  - Es dürfte davon auszugehen sein, dass die **Bruttogrundfläche (§ 190 Abs. 1 Satz 3 BewG) im Klausursachverhalt vorgegeben** ist und nicht erst ermittelt werden muss.
  - Neu eingeführt wurde ein **Regionalfaktor** gem. § 190 Abs. 3 i.V.m. Abs. 5 BewG.
  - Die **Alterswertminderung** wurde abgelöst durch den **Alterswertminderungsfaktor** gem. § 190 Abs. 3 i.V.m. Abs. 6 BewG. Dieser entspricht dem Verhältnis der Restnutzungsdauer des Gebäudes am Bewertungsstichtag zur wirtschaftlichen Gesamtnutzungsdauer des Gebäudes gem. Anlage 22 zum BewG.
    - → Bei der Ermittlung des Restnutzungsdauer als Differenz zwischen der **wirtschaftlichen Gesamtnutzungsdauer** des Gebäudes gem. Anlage 22 zum BewG und dem **Alter des Gebäudes** am Bewertungsstichtag sollte für die **Bestimmung des Alters**

des Gebäudes die Vereinfachungsregel gem. **R 190 Abs. 6 Satz 3 BewG** genutzt werden.
- → Bei **durchgreifenden Modernisierungen** (i.S.d. Modernisierungselemente gem. Tabelle 1 in Rz. 21 AEBew JStG 2022) innerhalb der letzten 10 Jahre ist zu prüfen, ob diese zu einer Verlängerung der RND führen (§ 190 Abs. 6 Satz 4 BewG) und die neue RND dann entsprechend Rz. 21 AEBew JStG 2022 zu berechnen ist, vgl. Rz. 54 AEBew JStG 2022.
- Bei der anzuwendenden **Wertzahl** gem. § 191 BewG dürfte davon auszugehen sein, dass im Sachverhalt keine Wertzahl des örtlichen Gutachterausschusses zur Verfügung steht, sondern eigenständig mittels Anlage 25 zum BewG (Anpassung an das aktuelle Marktniveau) zu bestimmen ist.
- **Sonstige bauliche Anlagen**
  - → Der Wert dieser Anlagen ist nach § 189 Abs. 4 BewG grundsätzlich mit dem nach § 189 Abs. 1-3 BewG ermittelten Sachwert abgegolten.
  - → **Besonders werthaltige Außenanlagen** sind jedoch separat mit ihrem gemeinen Wert anzusetzen. Außenanlagen, wie z.B. Schwimmbecken, gelten als besonders werthaltig, wenn gem. Rz. 60 Satz 4 AEBew JStG 2022 ihre Sachwerte in der Summe 10 % des Gebäudesachwerts übersteigen. Für deren Bewertung ist Rz. 60 AEBew JStG 2022 einschlägig.

> **Klausurtipp!** Nutzen Sie für die Ermittlung des Grundbesitzwertes nach dem Sachwertverfahren unter Einbeziehung von Nebengebäuden und besonders werthaltigen Außenanlagen das Beispiel in Rz. 44 „Bewertung im Sachwertverfahren" AEBew JStG 2022.

dd) Sonderfälle

Die Examensklausuren 2019/2020, 2020/2021 und 2022/2023 haben gezeigt, dass sich die Examenskandidaten in der Prüfungsvorbereitung zwingend auch mit der Bewertung von:
- Erbbaurechten/Erbbaugrundstücken (§§ 192–194 BewG),
- Gebäuden auf fremdem Grund und Boden/belastetes Grundstück (§ 195 BewG),
- Grundstücken im Zustand der Bebauung (§ 196 BewG)

Insbesondere bei der Bewertung von Erbbaurechten und Erbbaugrundstücken sowie Gebäuden auf fremdem Grund und den entsprechend belasteten Grundstücken hat es mit dem JStG 2022 eine grundlegende Neuregelung der Bewertungsvorschriften gegeben.

> **Klausurtipp!** Nutzen Sie für die **Bewertung von Erbbaurechten** bzw. Erbbaugrundstücken stets die **Ermittlungsschemata** in **Rz. 68 AEBew JStG 2022** bzw. **Rz. 80 AEBew JStG 2022** sowie für **Gebäude auf fremdem Grund und Boden** bzw. das **belastete Grundstück** die **Ermittlungsschemata** in **Rz. 90 AEBew JStG 2022** bzw. **Rz. 99 AEBew JStG 2022**.

> **Klausurtipp!** Beachten Sie, dass sich bei der Grundbesitzwertermittlung ergebende Euro-Beträge mit Nachkommastellen jeweils zugunsten des Steuerpflichtigen nach H B 177 ErbStH 2019 auf volle Euro-Beträge auf- oder abzurunden sind.

3.4 Zu den Lösungsschritten im Einzelnen

ee) Ansatz eines niedrigeren gemeinen Wertes

Ist im Klausursachverhalt ein durch Gutachten ermittelter Grundstückswert angegeben bzw. liegt ein Kaufpreis für das Grundstück innerhalb eines Jahres vor (oder nach) dem Bewertungsstichtag vor (R B 198 Abs. 3 und 4 ErbStR 2019), heißt das, dass Sie den nach den Bewertungsvorschriften des BewG ermittelten Wert mit diesem Wert abzugleichen haben. Sofern danach ein **niedrigerer gemeiner Wert** gem. § 198 BewG nachgewiesen werden kann, ist dieser Wert **anzusetzen**.

> **Beispiel zur Bewertung nach dem Ertragswertverfahren**
> Für das bebaute Grundstück in Wedel, Nordseestr. 17, ist für erbschaftsteuerliche Zwecke für die Erbin auf den Bewertungsstichtag 15.10.2023 (Todestag) der gesondert festzustellende Grundbesitzwert gem. § 151 Abs. 1 Satz 1 Nr. 1 BewG zu ermitteln. Von der gesamten Wohn- und Nutzfläche werden 270 m² in drei Wohnungen zu Wohnzwecken und 30 m² für einen Lotto- und Zeitungsladen genutzt. Alle Gebäudeteile sind fremdvermietet. Für den gewerblichen Teil wird entsprechend den vertraglichen Vereinbarungen eine Kaltmiete von 12.000 € jährlich gezahlt; für die Vermietung zu Wohnzwecken werden insgesamt 2.000 € Kaltmiete monatlich erzielt.
> Das 810 m² große Grundstück war 2013 bebaut und ab Januar 2014 erstmals fremdvermietet worden. Das Gebäude wurde in den zurückliegenden Jahren in gewöhnlichem Umfang in Stand gehalten. Der letzte vor dem Todestag festgestellte Bodenrichtwert beträgt 450 €/m².
>
> **Lösung:** Das Grundstück (wirtschaftliche Einheit, §§ 2, 70 Abs. 1 BewG) ist Grundbesitz i.S.d. § 19 Abs. 1 BewG. Es handelt sich um ein Grundstück der Vermögensart Grundvermögen, §§ 157 Abs. 3, 176 Abs. 1 Nr. 1 BewG. Für Zwecke der ErbSt ist nach § 12 Abs. 3 ErbStG auf den Bewertungsstichtag (Todestag, §§ 9 Abs. 1 Nr. 1, 11 ErbStG) der Grundbesitzwert gem. § 151 Abs. 1 Satz 1 Nr. 1 BewG gesondert festzustellen.
> In dem Feststellungsbescheid sind nach § 151 Abs. 2 BewG mit anzugeben:
> - nach Nr. 1 die Art der wirtschaftlichen Einheit – bebautes Grundstück, Mietwohngrundstück gem. §§ 180 Abs. 1 Satz 1, 181 Abs. 1 Nr. 2 und Abs. 3 BewG (Rz. 8 AEBew JStG 2022), da es zu mehr als 80 % seiner gesamten Wohn-/Nutzfläche zu Wohnzwecken genutzt wird (270 m²/300 m² = 90 % Nutzung zu Wohnzwecken; 30m²/300 m² = 10 % gewerbliche Nutzung und es sich weder um Ein- bzw. Zweifamilienhaus noch um Wohnungseigentum handelt.
> - nach Nr. 2 die Zurechnung – Erbin zu 1/1, § 39 Abs. 1 AO, § 1922 BGB.
>
> Gemäß § 157 Abs. 1 BewG ist der Grundbesitzwert nach den tatsächlichen Verhältnissen und den Wertverhältnissen zum Bewertungsstichtag festzustellen und gem. § 157 Abs. 3 i.V.m. §§ 176 ff. BewG zu ermitteln. Die Bewertung richtet sich dabei grundsätzlich nach dem gemeinen Wert, § 177 Abs. 1 i.V.m. § 9 BewG. Dieser ist im Ertragswertverfahren nach § 182 Abs. 1 und 3 Nr. 1 i.V.m. §§ 184–188 BewG zu ermitteln. Es erfolgt eine getrennte Ermittlung von Boden- und Gebäudeertragswert. Beide Werte ergeben zusammen den Ertragswert des Grundstücks, § 184 Abs. 1-3 BewG. Der Wert baulicher Außenanlagen und sonstiger Anlagen ist mit dem ermittelten Ertragswert gem. § 184 Abs. 1-3 BewG abgegolten.

Ermittlung Bodenwert:
Der Bodenwert ist der Wert des unbebauten Grundstücks gem. §§ 184 Abs. 2, 179 BewG (R B 179.1 Abs. 2 Satz 1 ErbStR) und ergibt sich aus der Grundstücksfläche und dem Bodenrichtwert
810 m² × 450 €/m² = **364.500 €**

Ermittlung Gebäudeertragswert:
Zugrunde zu legen ist der Grundstücksrohertrag gem. § 185 Abs. 1 Satz 2 BewG i.V.m. § 186 BewG, wobei die vereinbarte Kaltmiete im Besteuerungszeitpunkt maßgebend ist; umlagefähige Betriebskosten sind nicht einzubeziehen, § 186 Abs. 1 Satz 1 und 2 BewG.

Rohertragsberechnung nach § 186 Abs. 1 BewG
- Ladengeschäft im EG – vereinbarte Miete am Bewertungsstichtag: 12.000 €
- zu Wohnzwecken vermietete Wohnungen:
  2000 €/Monat × 12 Monate = 24.000 €
= Rohertrag 36.000 €
./. Bewirtschaftungskosten, § 185 Abs. 1 i.V.m. § 187 BewG,
Anlage 23 zum BewG, Rz. 34 ff. AEBew JStG 2022
Für Wohnnutzung:
1. Verwaltungskosten
   (230 € x 122,2 ÷ 81,6 =) 344 € x 3 Wohnungen = ./. 1.032 €
2. Instandhaltungskosten
   (9 € x 122,2 ÷ 81,6 =) 13,50 € x 270 m² = ./. 3.645 €
3. Mietausfallwagnis
   2 % v. Rohertrag 24.000 € = ./. 480 €
Für gewerbliche Nutzung:
1. Verwaltungskosten
   3 % v. Rohertrag 12.000 € = ./. 360 €
2. Instandhaltungskosten Gebäudeart 13 lt. Anl. 24 II. BewG
   i.V.m. H B 190.2 Abs. 2 ErbStH
   13,50 € x 30 m² x 50 % ./. 203 €
3. Mietausfallwagnis
   4 % v. Rohertrag 12.000 € = ./. 480 €
= Grundstücksreinertrag (§ 185 Abs. 1 BewG) 29.800 €
./. Bodenwertverzinsung, §§ 185 Abs. 2, 188 Abs. 2 Satz 2 Nr. 1 BewG
(keine übergroße Fläche ersichtlich, § 185 Abs. 2 Satz 3 BewG)
Bodenwert 364.500 € x 3,5 % = ./. 12.758 €
Differenzbetrag 17.042 €
= Gebäudereinertrag, § 185 Abs. 2 Satz 1 und 2 BewG,
(positiv, Mindestwertregelung gem. § 184 Abs. 3 Satz 2 BewG eingehalten)
x Vervielfältiger, § 185 Abs. 3 BewG, Anl. 21 zum BewG abhängig von
Liegenschaftszinssatz: 3,5 % und Restnutzungsdauer (RND)
RND:
wirtschaftliche Gesamtnutzungsdauer (Anl. 22 zum BewG): 80 Jahre
./. Alter am Bewertungsstichtag (§ 185 Abs. 3 Satz 4 BewG)
  Jahr Bewertungsstichtag 2023 ./. Jahr Bezugsfertigkeit 2013 = 10 Jahre
= RND 70 Jahre

3.4 Zu den Lösungsschritten im Einzelnen

(Die Mindest-RND gem. § 185 Abs. 3 Satz 6 BewG ist überschritten.)	26,00
= **Gebäudeertragswert**	**443.092 €**
Ertragswert nach § 184 Abs. 3 Satz 1 BewG	**807.592 €**
Ein niedrigerer gemeiner Wert gem. § 198 BewG wird nicht nachgewiesen.	
Festzustellender Grundbesitzwert nach § 151 Abs. 1 Satz 1 Nr. 1 BewG	**807.592 €**

b) Besteuerungsebene

Nach der Wertermittlung sind auf der Besteuerungsebene die Voraussetzungen für die Anwendung der **sachlichen Steuerbefreiungen** nach:
- § 13 Abs. 1 Nr. 4a–4c ErbStG für das selbst genutzte Familienheim bzw.
- § 13d ErbStG bei zu Wohnzwecken vermieteten Grundstücken/Grundstücksteilen

zu prüfen.

> **Klausurtipp!** Beachten Sie, dass sich bei **zu unterschiedlichen Zwecken genutzten Grundstücken** (teils gewerblich, teils zu eigenen und/oder zu fremden Wohnzwecken) die Steuerbefreiung immer nur jeweils auf den Grundstücksteil bezieht, für den die entsprechenden Voraussetzungen vorliegen. Die **Aufteilung** erfolgt im **Verhältnis der Wohn- und Nutzflächen**, R E 13.3 Abs. 2 Satz 14 f. bzw. 13d Abs. 6 Satz 6 ff. ErbStR 2019.

Sind nicht alle Voraussetzungen für die Gewährung einer sachlichen Steuerbefreiung erfüllt, ist darauf in der Lösung mit entsprechender Begründung hinzuweisen.

Zu beachtende „Feinheiten" bzgl. der Anwendung der Steuerbefreiungen:
- **Steuerbefreiung bei Übertragung des selbst genutzten Familienheims**
  - **§ 13 Abs. 1 Nr. 4b ErbStG:** Bei einem **Erwerb von Todes wegen** durch den überlebenden **Ehegatten** ist anhand des Sachverhalts zu prüfen, ob für den überlebenden Ehegatten im Besteuerungszeitpunkt eine weitere Selbstnutzung zu eigenen Wohnzwecken von Dauer (für die nächsten zehn Jahre) unterstellt werden kann (§ 13 Abs. 1 Nr. 4b Satz 5 ErbStG).

> **Beispielsformulierung:** Die Ehefrau CR wird Alleinerbin nach ihrem Ehemann RR. Zum Nachlass gehört u.a. ein Einfamilienhausgrundstück in München, welches bis zum Tod des Erblassers von ihm und seiner Ehefrau zu eigenen Wohnzwecken genutzt wurde. CR beabsichtigt nach dem Tod des Ehemanns, im Laufe des folgenden Jahres ihren Lebensmittelpunkt ins Ausland zu verlegen.
>
> **Lösung:** Die Steuerbefreiung nach § 13 Abs. 1 Nr. 4b ErbStG für das selbst genutzte Familienheim kann nicht gewährt werden, da die Erbin lt. Sachverhalt beabsichtigt, ihren Lebensmittelpunkt innerhalb des nächsten Jahres ins Ausland zu verlegen.

  - **§ 13 Abs. 1 Nr. 4c ErbStG:** Bei einem **Erwerb von Todes wegen** durch **Kinder** ist zu prüfen, ob von einer unverzüglichen Selbstnutzung zu eigenen Wohnzwecken ausgegangen werden kann und ob diese von Dauer (für die nächsten zehn Jahre) sein wird (§ 13 Abs. 1 Nr. 4c Satz 5 ErbStG). Darüber hinaus ist zu beachten, dass die Steuerbefreiung auf eine Wohnfläche von – objektbezogen – 200 m² begrenzt ist und damit eine über 200 m² hinausgehende Wohnfläche der ErbSt unterliegt (§ 13 Abs. 1 Nr. 4c Satz 1 ErbStG, R E 13.4 Abs. 7 ErbStR 2019).

> **Beispielsformulierung:** Die Tochter T wird Alleinerbin nach ihrem am 20.01.01 verstorbenen Vater V. Zum Nachlass gehört u.a. ein Einfamilienhausgrundstück in Köln, welches durch den Erblasser bis zu seinem Tod zu eigenen Wohnzwecken genutzt wurde. Die Wohnfläche beträgt 300 m². Der gem. § 12 Abs. 3 ErbStG i.V.m. § 151 Abs. 1 Satz 1 Nr. 1 BewG auf den Todestag gesondert festgestellte Grundbesitzwert beträgt 900.000 €. Unmittelbar nach dem Tod des V hat T mit notwendigen Renovierungsarbeiten begonnen und ist dann 02.05.01 mit ihrem Ehemann und ihrem Sohn in das Haus eingezogen und nutzt es zu eigenen Wohnzwecken.
>
> **Lösung:** Der Erwerb des Einfamilienhausgrundstücks ist gem. § 13 Abs. 1 Nr. 4c ErbStG dem Grunde nach steuerfrei, da es vom Erblasser zu eigenen Wohnzwecken genutzt wurde und von der Tochter als Alleinerbin unverzüglich zur Selbstnutzung zu eigenen Wohnzwecken bestimmt ist. Die Mitnutzung durch den Ehemann und den Sohn ist unschädlich (R E 13.4 Abs. 7 Satz 6 i.V.m. R E 13.3 Abs. 2 Satz 6 ErbStR 2019). Die Steuerbefreiung ist jedoch nicht in vollem Umfang zu gewähren, da diese gem. § 13 Abs. 1 Nr. 4c Satz 1 ErbStG auf eine Wohnfläche von 200 m² beschränkt ist. Der Umfang der Steuerbefreiung und der anteilig der Besteuerung unterliegende Grundbesitzwert bei einer Wohnfläche von 300 m² ermittelt sich wie folgt:
>
> | | |
> |---|---:|
> | Grundbesitzwert | 900.000 € |
> | ./. Steuerbefreiung gem. § 13 Abs. 1 Nr. 4c ErbStG | |
> | 900.000 € × 200 m²/300 m² | ./. 600.000 € |
> | **Steuerpflichtiger Teil** | **300.000 €** |

- Bei einer bestehenden **Weitergabeverpflichtung**, z.B. aufgrund eines Vermächtnisses, kann die Steuerbefreiung im Falle eines Erwerbs von Todes wegen nicht in Anspruch genommen werden (§ 13 Abs 1 Nr. 4b Satz 2 f. und Nr. 4c Satz 2 f. ErbStG).

> **Beispielsformulierung:**
> a) Examensklausur 2014/2015: Übergang des gemischt genutzten Grundstücks in Starnberg, Seeweg 17 (EG: Ladengeschäft der Ehefrau, OG: zu eigenen Wohnzwecken genutzten Wohnung des RR) vom Erblasser RR durch Erbanfall (§ 3 Abs. 1 Nr. 1 ErbStG) auf die Ehefrau, die lt. Sachverhalt unverzüglich nach dem Tod des RR in die Wohnung einzog (s. Musterklausur Kapitel 3.2.4).
> b) Examensklausur 2018/2019: Übergang der vom Erblasser zu eigenen Wohnzwecken genutzten Eigentumswohnung in Lissabon durch Erbanfall (§ 3 Abs. 1 Nr. 1 ErbStG) auf die in Köln wohnhafte Ehefrau, die vermächtnisweise auf den gemeinsamen Sohn zu übertragen ist.

3.4 Zu den Lösungsschritten im Einzelnen

> **Lösung:**
> a) Für die Ehefrau kann die Steuerbefreiung nach § 13 Abs. 1 Nr. 4b ErbStG für das OG gewährt werden, da sie die Wohnung unverzüglich zu eigenen Wohnzwecken nutzt; jedoch ist eine Steuerbefreiung gem. § 13d Abs. 1 i.V.m. Abs. 3 ErbStG für das EG nicht möglich, da keine Vermietung zu Wohnzwecken erfolgt.
> b) Für die Ehefrau kann die Steuerbefreiung für das selbst genutzte Familienheim nach § 13 Abs. 1 Nr. 4b Satz 1 ErbStG nicht gewährt werden, da sie die Wohnung nicht unverzüglich zu eigenen Wohnzwecken nutzt und die Vermächtnisverpflichtung gegenüber dem Sohn besteht, § 13 Abs. 1 Nr. 4b Satz 2 ErbStG.
> Klausursystematisch muss das Grundstück zunächst bei der Erbin in voller Höhe bei der Ermittlung des Vermögensanfalls angesetzt und dann in gleicher Höhe bereicherungsmindernd i.R.d. Nachlassverbindlichkeiten gem. § 10 Abs. 5 Nr. 2 ErbStG berücksichtigt werden.

- **Steuerbefreiung für zu Wohnzwecken vermietete Grundstücke**
  - Für die Gewährung des **Befreiungsabschlags von 10 %** gem. § 13d Abs. 1 ErbStG ist zu prüfen, ob die Voraussetzungen nach § 13d Abs. 3 ErbStG für das gesamte Grundstück bzw. für Teile des Grundstücks vorliegen (R E 13d Abs. 6 Satz 6 ff. ErbStR 2019).
  - Die Gewährung des Befreiungsabschlags ist weder an eine Behaltefrist noch an weitere Voraussetzungen geknüpft.
  - Der **Befreiungsabschlag** ist **zu gewähren**, auch wenn das zur Vermietung zu Wohnzwecken bestimmte Grundstück bzw. der dafür bestimmte Grundstücksteil im Besteuerungszeitpunkt (z.B. wegen Mieterwechsel, Modernisierung) **zwischenzeitlich (teilweise) nicht vermietet** ist (R E 13d Abs. 6 Satz 4 ErbStR 2019).
  - Auf die Höhe des Nutzungsentgelts kommt es nicht an. Liegt allerdings eine **unentgeltliche Überlassung** vor, ist der **Abschlag nicht zu gewähren** (R E 13d Abs. 6 Satz 2 und 3 ErbStR 2019).
  - Bei einer bestehenden **Weitergabeverpflichtung**, z.B. aufgrund eines Vermächtnisses, kann der Befreiungsabschlag nicht in Anspruch genommen werden. Bzgl. des klausursystematischen Ansatzes gilt gleichermaßen das zum selbst genutzten Familienheim Gesagte (s.o.).

> **Beispielsformulierung:** Die Tochter T wird Alleinerbin nach ihrem am 20.01.01 verstorbenen Vater V. Zum Nachlass gehört u.a. ein gemischt genutztes Grundstück in Köln. Das Erdgeschoss mit einer Nutzfläche von 200 m² ist zu fremdgewerblichen Zwecken vermietet. Das Obergeschoss mit einer Wohnfläche von ebenfalls 200 m² ist zu fremden Wohnzwecken vermietet. Der gem. § 12 Abs. 3 ErbStG i.V.m. § 151 Abs. 1 Satz 1 Nr. 1 BewG auf den Todestag gesondert festgestellte Grundbesitzwert beträgt 600.000 €.
>
> **Lösung:** Für das Grundstück ist die sachliche Steuerbefreiung gem. § 13d Abs. 1 ErbStG teilweise zu gewähren, da es teilweise zu Wohnzwecken vermietet ist und auch die weiteren Voraussetzungen des § 13d Abs. 3 ErbStG erfüllt sind.
> Maßgebend für die Aufteilung des festgestellten Grundbesitzwertes ist das Verhältnis der Wohn- und Nutzflächen (R E 13d Abs. 6 Satz 7 ErbStR 2019). Der der Besteuerung unterliegende anteilige Grundbesitzwert ist wie folgt zu ermitteln:

Grundbesitzwert	600.000 €
Hiervon entfallen auf die vermietete Wohnung	
600.000 € × 200 m²/400 m² = 300.000 € × 10 % Befreiungsabschlag =	./. 30.000 €
Steuerpflichtiger Teil	**570.000 €**

3.4.2.4 Bewertung und Besteuerung von Betriebsvermögen und von nicht notierten Anteilen an Kapitalgesellschaften

a) **Bewertungsebene**

aa) **Einleitung**

Es dürfte davon auszugehen sein, dass in der Examensklausur entweder Betriebsvermögen **oder** nicht notierte Anteile an Kapitalgesellschaften i.S.d. § 11 Abs. 2 BewG zu bewerten sind, da der Bewertungsmodus im Ergebnis derselbe ist.

Betriebsvermögen ist gem. § 12 Abs. 5 ErbStG für erbschaft- und schenkungsteuerliche Zwecke mit dem nach § 151 Abs. 1 Satz 1 Nr. 2 BewG auf den Bewertungsstichtag (§ 11 ErbStG) festgestellten Wert anzusetzen.

Nicht notierte Anteile an Kapitalgesellschaften i.S.d. § 11 Abs. 2 BewG sind gem. § 12 Abs. 3 ErbStG für erbschaft- und schenkungsteuerliche Zwecke mit dem nach § 151 Abs. 1 Satz 1 Nr. 3 BewG auf den Bewertungsstichtag (§ 11 ErbStG) festgestellten Wert anzusetzen.

> **Klausurtipp!** In der Klausurlösung sollten Sie neben der gesonderten Feststellung des Wertes der wirtschaftlichen Einheit nach § 151 Abs. 1 Satz 1 Nr. 2 bzw. Nr. 3 BewG stets auch auf die gesonderte Feststellung der Zurechnung der wirtschaftlichen Einheit nach § 151 Abs. 2 Nr. 2 Satz 2 BewG hinweisen.

Einen direkten „Wegweiser" auf § 157 BewG, wie dies bei der Grundbesitzbewertung unmittelbar in § 151 Abs. 1 Satz 1 Nr. 1 BewG für das weitere Vorgehen vorgegeben ist, gibt es in § 151 Abs. 1 Satz 1 Nr. 2 und Nr. 3 BewG nicht. Für die Bewertung von Betriebsvermögen und von nicht notierten Anteilen an Kapitalgesellschaften gilt aber auch, dass das weitere bewertungsrechtliche Vorgehen über § 157 BewG geregelt ist.

Nach **§ 157 Abs. 5 BewG** ist für **Betriebsvermögen** der gemeine Wert (Betriebsvermögenswert) unter Zugrundelegung der tatsächlichen und der Wertverhältnisse zum Bewertungsstichtag unter Anwendung des **§ 109 Abs. 1 bzw. Abs. 2 BewG i.V.m. § 11 Abs. 2 BewG** zu ermitteln.

Nach **§ 157 Abs. 4 BewG** ist für **nicht notierte Anteilen an Kapitalgesellschaften** der gemeine Wert (Anteilswert) unter Zugrundelegung der tatsächlichen und der Wertverhältnisse zum Bewertungsstichtag unter Anwendung des **§ 109 Abs. 2 BewG i.V.m. § 11 Abs. 2 BewG** zu ermitteln.

> **Klausurtipp!** Vergessen Sie nicht, den ermittelten gemeinen Wert einer Kapitalgesellschaft nach **§ 97 Abs. 1b BewG** aufzuteilen.

3.4 Zu den Lösungsschritten im Einzelnen

> **Beispielsformulierung:**
> a) Im Rahmen eines Erwerbs von Todes wegen durch Erbanfall wird ein Gewerbebetrieb (Einzelunternehmen) vom Vater V auf den Sohn S übertragen.
> b) Im Rahmen eines Erwerbs von Todes wegen durch Erbanfall werden vom Vater V auf den Sohn S die vom Erblasser gehaltenen 100 % an der Z-GmbH übertragen.
>
> **Lösung:**
> a) Der Gewerbebetrieb (§ 95 Abs. 1 BewG i.V.m. § 15 Abs. 1 Satz 1 Nr. 1 EStG) ist eine wirtschaftliche Einheit des Betriebsvermögens (§ 2 BewG). Das Betriebsvermögen ist gem. § 12 Abs. 5 ErbStG i.V.m. § 151 Abs. 1 Satz 1 Nr. 2 BewG mit dem auf den Bewertungsstichtag (Todestag, § 11 ErbStG) gesondert festgestellten gemeinen Wert anzusetzen. Im Feststellungsbescheid mit anzugeben ist nach § 151 Abs. 2 Nr. 2 Satz 2 BewG die Zurechnung: Sohn S als Gesamtrechtsnachfolger zu 1/1, § 39 Abs. 1 AO, § 1922 BGB. Der Bewertung sind gem. 157 Abs. 5 BewG die tatsächlichen und die Wertverhältnisse zum Bewertungsstichtag zugrunde zu legen. Der Betriebsvermögenswert ist unter Anwendung des § 109 Abs. 1 BewG i.V.m. § 11 Abs. 2 BewG zu ermitteln.
> b) Der 100 %ige Anteil an der Z-GmbH ist mit dem auf den Bewertungsstichtag (Todestag, § 11 ErbStG) gesondert festgestellten Anteilswert gem. § 12 Abs. 2 ErbStG i.V.m. § 151 Abs. 1 Satz 1 Nr. 3, § 97 Abs. 1 Nr. 1 BewG anzusetzen. Im Feststellungsbescheid mit anzugeben ist nach § 151 Abs. 2 Nr. 2 BewG die Zurechnung: Sohn als Gesamtrechtsnachfolger zu 1/1, § 39 Abs. 1 AO, § 1922 BGB. Der Bewertung sind gem. 157 Abs. 4 BewG die tatsächlichen und die Wertverhältnisse zum Bewertungsstichtag zugrunde zu legen. Der gemeine Wert ist unter Anwendung des § 109 Abs. 2 BewG i.V.m. § 11 Abs. 2 BewG zu ermitteln.
>
> [Berechnung]

Gehen Sie aufgrund der Ihnen im Examen zur Verfügung stehenden Hilfsmittel davon aus, dass die Bewertung von Betriebsvermögen und von nicht notierten Anteilen an Kapitalgesellschaften nach dem **vereinfachten Ertragswertverfahren** (§ 11 Abs. 2 Satz 4 BewG) **oder** der **Substanzwertermittlung** (§ 11 Abs. 2 Satz 3 BewG) vorzunehmen ist, ggf. ergänzt um die **Aufteilung** des Betriebsvermögenswertes **bei einer Beteiligung an einer Personengesellschaft** (§ 97 Abs. 1a BewG).

Die Annahme, dass allein schon aus Zeitgründen im Examen nur eine der beiden Wertermittlungsmethoden (ausführlich) Anwendung findet, wurde spätestens in der Examensklausur 2020/2021 mit der Bewertung der übergehenden GmbH-Anteile sowohl nach dem vereinfachten Ertragswertverfahren als auch dem Substanzwertverfahren widerlegt.

bb) Anwendung des vereinfachten Ertragswertverfahrens

> **Klausurtipp!** Eine Orientierungshilfe für die Ermittlung des gemeinen Wertes nach dem vereinfachten Ertragswertverfahren bietet das **Ermittlungsschema in R B 200 Abs. 1 ErbStR 2019**.

> **Beispielsformulierung:** Für erbschaftsteuerliche Zwecke ist ein Gewerbebetrieb nach dem vereinfachten Ertragswertverfahren inkl. nicht betriebsnotwendigem Vermögen zu bewerten. Der Substanzwert liegt vor.
>
> **Lösung:** Die Bewertung erfolgt gem. § 11 Abs. 2 Satz 4 BewG i.V.m. §§ 199–203 BewG im vereinfachten Ertragswertverfahren, da der gemeine Wert nicht aus Verkäufen ableitbar ist und eine andere Wertermittlung durch den Steuerpflichtigen nicht vorgenommen wurde. Der Substanzwert als Mindestwert darf nach § 11 Abs. 2 Satz 3 BewG nicht unterschritten werden.
>
> **I. Ermittlung des Jahresertrages**
> Zur Ermittlung des Ertragswertes ist gem. § 200 Abs. 1 BewG der zukünftig nachhaltig erzielbare Jahresertrag mit dem Kapitalisierungsfaktor gem. § 203 BewG zu multiplizieren. Dabei ist gem. §§ 201 Abs. 1 und 2, 202 BewG von den Betriebsergebnissen der letzten drei abgelaufenen Wirtschaftsjahre auszugehen (sog. Durchschnittsertrag). Das nicht betriebsnotwendige Vermögen und die damit im Zusammenhang stehenden Schulden sind hierbei nach § 200 Abs. 2 BewG gesondert anzusetzen. Die damit korrespondierenden Aufwendungen und Erträge sind nach § 202 Abs. 1 Satz 2 Nr. 1 Buchst. f und Nr. 2 Buchst. f BewG (R B 202 Abs. 1 und 3 ErbStR 2019) zu korrigieren.
> [Berechnung]
> = Durchschnittsertrag = zukünftig nachhaltig erzielbarer Jahresertrag
>
> **II. Multiplikation des Jahresertrages mit dem Kapitalisierungsfaktor von 13,75 (§ 203 Abs. 1 BewG)**
> = Ertragswert
>
> **III. Hinzurechnung des – einzeln zu bewertenden – nicht betriebsnotwendigen Vermögens (§ 200 Abs. 2 BewG)**
> = Zwischenwert
> Mindestens ist der Substanzwert gem. § 11 Abs. 2 Satz 3 BewG anzusetzen. Dieser ist lt. Sachverhalt (nicht) überschritten.
> = Gemeiner Wert des Betriebsvermögens (Zwischenwert oder Substanzwert)

Beachten Sie für die Wertermittlung nach dem vereinfachten Ertragswertverfahren im Interesse einer effektiven Vorgehensweise Folgendes:
- Den **umfangreichsten und damit zeitintensivsten Teil in der Bearbeitung** wird die **Ermittlung** des zukünftig nachhaltig erzielbaren Jahresertrags ausmachen, d.h. **des Durchschnittsertrages**, der gem. **§ 201 Abs. 1 und Abs. 2 BewG aus den Betriebsergebnissen der letzten drei Wirtschaftsjahre** vor dem Bewertungsstichtag abzuleiten ist.
- Bevor Sie jedoch mit der Ermittlung der Betriebsergebnisse der letzten drei Wirtschaftsjahre beginnen, sollten Sie zunächst prüfen, ob **einzeln anzusetzende Wirtschaftsgüter** i.S.d. § 200 Abs. 2-4 BewG lt. Sachverhalt vorhanden sind, da diese auch Auswirkung auf die Betriebsergebnisse der einzelnen Wirtschaftsjahre haben, denn die damit korrespondierenden Aufwendungen und Erträge sind nach § 202 Abs. 1 Satz 2 Nr. 1 Buchst. f und Nr. 2 Buchst. f BewG (R B 202 Abs. 1 und 3 ErbStR 2019) zu korrigieren.
- Für die Ermittlung der jeweiligen Betriebsergebnisse ist **§ 202 BewG** heranzuziehen. Analysieren Sie – ausgehend vom **Gewinn (§ 202 Abs. 1 Satz 1 bzw. Abs. 2 BewG) – für jedes einzelne Wirtschaftsjahr, ob solche Vermögensminderungen oder Vermögens-

3.4 Zu den Lösungsschritten im Einzelnen

mehrungen vorliegen, die einmalig sind bzw. den zukünftig nachhaltig erzielbaren Jahresertrag nicht beeinflussen. **Korrigieren** Sie diese nach § 202 Abs. 1 Satz 2 Nr. 1–3 BewG entsprechend durch Hinzurechnung oder Kürzung und berücksichtigen Sie den Abzug eines **pauschalen Ertragsteueraufwands von 30 %** gem. § 202 Abs. 3 BewG (R B 202 ErbStR 2019).

> **Klausurtipp!** Prüfen Sie konsequent für jedes der drei zu betrachtenden Wirtschaftsjahre einzeln der Reihe nach die in § 202 Abs. 1 Satz 2 Nr. 1–3 BewG aufgeführten Korrekturposten durch. So laufen Sie nicht Gefahr, etwas zu vergessen.

- Sind nach § 200 Abs. 2-4 BewG **einzeln hinzuzurechnende Wirtschaftsgüter** zu berücksichtigen, sind diese mit ihrem in einer Einzelbewertung ermittelten gemeinen Wert anzusetzen. Dabei ist insbesondere zu beachten, dass nicht betriebsnotwendiges Vermögen (§ 200 Abs. 2 BewG) sowie junges Betriebsvermögen (§ 200 Abs. 4 BewG) mit dem Nettowert anzusetzen sind, wenn mit diesem Vermögen Schulden in wirtschaftlichem Zusammenhang stehen.
  Denken Sie daran, dass **Betriebsgrundstücke** (i.S.d. § 99 Abs. 1 Nr. 1 BewG) nach den Bewertungsvorschriften für Grundvermögen gem. §§ 176–198 BewG zu bewerten (§ 157 Abs. 3 BewG) sind.

> **Klausurtipp!** Als Mindestwert ist der Substanzwert gem. § 11 Abs. 2 Satz 3 BewG anzusetzen.
> Der nach dem vereinfachten Ertragswertverfahren ermittelte Wert ist somit noch mit dem Substanzwert abzugleichen.
> Ist ein Substanzwert nicht vorgegeben und auch wegen fehlender Einzelangaben nicht ermittelbar, sollten Sie in der Klausurlösung zumindest darauf hinweisen, dass die Mindestwertprüfung mangels Angaben nicht möglich ist.

cc) Ermittlung des Substanzwertes

Der Substanzwert kann in der Examensklausur nach zwei Sachverhaltskonstellationen ermittelt werden:

- **Auf den Bewertungsstichtag liegt ein Zwischenabschluss vor.**

> **Klausurtipp!** Nutzen Sie für die **Ermittlung des Substanzwertes** die Verwaltungsanweisungen. In **R B 11.5 und R B 11.6 bzw. R B 109.3 ErbStR 2019** erhalten Sie konkrete Handlungsanleitungen für den Ansatz und die Bewertung der einzelnen Positionen einschließlich der zu berücksichtigenden Besonderheiten und Vereinfachungen.

- **Auf den Bewertungsstichtag liegt kein Zwischenabschluss vor.**
  In einem solchen Fall kann der Vermögenswert aus Vereinfachungsgründen aus der auf den Schluss des letzten vor dem Bewertungsstichtag endenden Wirtschaftsjahrs erstellten Vermögensaufstellung abgeleitet werden (R B 11.6 Abs. 3 Satz 2 bzw. R B 109.3 Abs. 3 Satz 2 ErbStR 2019). Dieser Wert wird erfahrungsgemäß im Klausursachverhalt als **Ausgangswert** vorgegeben sein.

Die besondere Herausforderung für Sie besteht darin, die im Vermögen bis zum Bewertungsstichtag eingetretenen **Veränderungen** gem. R B 11.6 Abs. 3 Satz 2 bzw. R B 109.3 Abs. 3 Satz 2 ErbStR 2019 durch entsprechende **Korrekturen** zu berücksichtigen.

> **Klausurtipp!** Gleichen Sie den ermittelten Substanzwert mit dem im Klausursachverhalt erfahrungsgemäß vorgegebenen – nach dem vereinfachten Ertragswertverfahren ermittelten Wert bzw. einem nach IDW S1 ermittelten Gutachterwert – ab.

> **Beispielsformulierung:** Für den 20 %igen Anteil an der X-GmbH (Stammkapital 100.000 €) ist für erbschaftsteuerliche Zwecke der Substanzwert zu ermitteln. Eine Zwischenbilanz auf den Todestag 20.03.01 wurde für die GmbH nicht erstellt. Vielmehr wurde eine Vermögensaufstellung zum 20.03.01 erstellt.
> Der zutreffend nach IDW S1 durch Gutachten der Wirtschaftsprüfungsgesellschaft R&E ermittelte Ertragswert der GmbH auf den Bewertungsstichtag (Todestag, § 11 ErbStG) beträgt 2.000.000 €.
>
> **Lösung:** Der Substanzwert wird gem. § 11 Abs. 2 Satz 3 BewG mit Hilfe einer Vermögensaufstellung (R B 11.6 Abs. 4 ErbStR 2019) ermittelt, indem von den zum Betriebsvermögen der GmbH gehörenden Wirtschaftsgütern und sonstigen aktiven Ansätzen die zum Betriebsvermögen gehörenden Schulden und sonstigen Abzüge (§ 97 Abs. 1 Nr. 1 BewG) abgezogen werden. Die Wertermittlung erfolgt im Rahmen einer Einzelbewertung mit dem gemeinen Wert gem. § 109 Abs. 2 i.V.m. § 11 Abs. 2 BewG (R B 11.6 Abs. 1 ErbStR 2019). Da auf den Bewertungsstichtag kein Abschluss vorgenommen wurde, ist der Wert des Betriebsvermögens der GmbH aus der erstellten Vermögensaufstellung unter vereinfachter Berücksichtigung der bis zum Bewertungsstichtag eingetretenen Änderungen abzuleiten, R B 11.6 Abs. 2–4 ErbStR 2019.
> [Berechnung]
> = Substanzwert (angenommen)   1.800.500 €
> Der nach IDW S1 ermittelte Gutachterwert ist höher als der Mindestwert i.S.d. § 11 Abs. 2 Satz 3 BewG. Der maßgebende Wert des Betriebsvermögens der GmbH beträgt somit 2.000.000 €. Der gemeine Wert der Anteile bestimmt sich gem. § 97 Abs. 1b BewG nach dem Verhältnis des Anteils am Stammkapital zum gemeinen Wert des Betriebsvermögens der GmbH.
> 2.000.000 € × 20.000 € (20 % von 100.000 €) ÷ 100.000 € =   400.000 €

dd) Ermittlung und Aufteilung des Betriebsvermögenswertes bei Personengesellschaften

> **Klausurtipp!** Gehen Sie bei der **Ermittlung und Aufteilung des Wertes von Anteilen an Personengesellschaften** genau in der Schrittfolge vor, wie Sie Ihnen in der gesetzlichen Vorschrift des **§ 97 Abs. 1a BewG** vorgegeben ist. Nutzen Sie dazu auch die Beispiele in H B 97.4 ErbStH 2019.

b) Besteuerungsebene

Nach der Wertermittlung ist die Anwendung der Steuerbegünstigungen nach **§§ 13a–13c ErbStG** zu prüfen.

3.4 Zu den Lösungsschritten im Einzelnen

- In den Aufgabenstellungen der Examensklausuren wird regelmäßig darauf hingewiesen, dass notwendige **gesonderte Feststellungen**, z.T. zielgerichtet jene nach **§ 13b Abs. 10 ErbStG**, darzustellen sind. Die gesonderte Feststellung des gemeinen Wertes
  - der Finanzmittel,
  - der jungen Finanzmittel,
  - des Verwaltungsvermögens,
  - des jungen Verwaltungsvermögens sowie
  - der Schulden

  gem. § 13b Abs. 10 ErbStG sollten Sie daher vorab vornehmen.
- Zunächst zu klärende Voraussetzungen:
  - Liegt **begünstigungsfähiges Vermögen** i.S.d. § 13b Abs. 1 ErbStG vor?

  Wenn ja:
  - Wie hoch ist der Anteil des Verwaltungsvermögens?

  90 %-Test nach § 13b Abs. 2 Satz 2 ErbStG.

  Beträgt der gemeine Wert des Verwaltungsvermögens weniger als 90 % des gemeinen Wertes des begünstigungsfähigen Vermögens, liegt kein „übermäßiges" Verwaltungsvermögen vor. Das begünstigungsfähige Vermögen ist somit begünstigt, soweit gem. § 13b Abs. 2 Satz 1 ErbStG sein gemeiner Wert den um das unschädliche Verwaltungsvermögen gekürzten Nettowert des Verwaltungsvermögens übersteigt.

> **Beispielsformulierung:** Begünstigung eines Gewerbebetriebs für erbschaftsteuerliche Zwecke.
>
> **Lösung:** Der Gewerbebetrieb gehört gem. § 13b Abs. 1 Nr. 2 ErbStG zum begünstigungsfähigen Vermögen. Für die Gewährung der Steuerbefreiungen nach § 13a ErbStG ist der Anteil des Verwaltungsvermögens nach § 13b Abs. 2 Satz 2 ErbStG zu prüfen (90 %-Test). [Annahme: Die Prüfung hat ergeben, dass das Verwaltungsvermögen weniger als 90 % beträgt.]
> Der Gewerbebetrieb ist grundsätzlich begünstigt, da kein „übermäßiges" Verwaltungsvermögen vorliegt.

- Ermitteln Sie dann das **begünstigte Vermögen** i.S.d. § 13b Abs. 2 Satz 1 ErbStG sowie das **steuerpflichtige Vermögen**.

> **Klausurtipp!** Gehen Sie bei der Ermittlung des begünstigten Vermögens und des steuerpflichtigen Vermögens konsequent nach dem **Ermittlungsschema in R E 13b.9 Abs. 2 ErbStR 2019** vor. Dieses führt Sie zielgerichtet durch jeden einzelnen Berechnungsschritt.

- Auf das **begünstigte Vermögen** können folgende Begünstigungsregelungen Anwendung finden:
  - **Vorwegabschlag für Familienunternehmen**, sofern die Voraussetzungen nach § 13a Abs. 9 ErbStG vorliegen.
  - Bei einem Wert des begünstigten Vermögens von nicht mehr als 26 Mio. €:
    - → **Regelverschonung**, d.h. Verschonungsabschlag von 85 % gem. § 13a Abs. 1 Satz 1 ErbStG und ggf. Abzugsbetrag gem. § 13a Abs. 2 ErbStG, oder

→ **Optionsverschonung**, d.h. Verschonungsabschlag von 100 % gem. § 13a Abs. 10 Satz 1 Nr. 1 ErbStG, wenn das Verwaltungsvermögen gem. § 13a Abs. 10 Satz 2 und 3 ErbStG nicht mehr als 20 % beträgt. Denken Sie immer daran, dass der 90 %-Test nach § 13b Abs. 2 Satz 2 ErbStG und die Verwaltungsvermögensquote nach § 13a Abs. 10 ErbStG unterschiedlich berechnet werden (Brutto-Test versus Netto-Quote).

> **Klausurtipp!** Die Optionsverschonung wird **antragsgebunden** gewährt. Prüfen Sie daher, ob in der Aufgabenstellung darauf hingewiesen wird, dass **erforderliche Anträge** gegenüber dem Finanzamt als gestellt gelten.

– Bei einem Wert des begünstigten Vermögens von mehr als 26 Mio. € (Großerwerbe) kann wahlweise (antragsgebunden) das **Abschmelzmodell** gem. § 13c ErbStG oder die **Verschonungsbedarfsprüfung** gem. § 28a ErbStG angewendet werden.

> **Klausurtipp!** Erfahrungsgemäß dürfte in der Examensklausur davon auszugehen sein, dass die **Regelverschonung oder die Optionsverschonung** anzuwenden ist.

> **Beispielsformulierung:** Begünstigung eines Gewerbebetriebs für erbschaftsteuerliche Zwecke:
> a) Anwendung der Regelverschonung,
> b) Beantragung der Optionsverschonung.
>
> **Lösung:**
> a) Da der ermittelte Anteil des Verwaltungsvermögens i.S.d. § 13a Abs. 10 Satz 2 und 3 ErbStG mit [konkret ermittelter Wert] mehr als 20 % beträgt, kann ein Antrag auf Optionsverschonung nicht gestellt werden. Die Regelverschonung nach § 13a Abs. 1 und 2 ErbStG kommt zur Anwendung.
> b) Für einen Antrag auf Optionsverschonung nach § 13a Abs. 10 ErbStG ist der Anteil des Verwaltungsvermögens gem. § 13a Abs. 10 Satz 2 und 3 ErbStG zu ermitteln. Der [konkret ermittelte] Anteil beträgt weniger als 20 %. Die Optionsverschonung nach § 13a Abs. 10 ErbStG kann somit beantragt werden.

Abschließend sollte noch auf die Einhaltung der **Lohnsummenregelung** nach § 13a Abs. 3 ErbStG bzw. § 13a Abs. 10 ErbStG sowie die **Behaltefrist** nach § 13a Abs. 6 ErbStG bzw. § 13a Abs. 10 ErbStG allgemein hingewiesen werden, sofern nicht konkrete Sachverhaltsangaben eine eingehendere Würdigung hinsichtlich des rückwirkenden Wegfalls der Steuerbefreiung und damit der (anteiligen/prozentualen) Nachversteuerung – wie in der Examensklausur 2021/2022 – erfordern.

3.4.2.5 Bewertung und Besteuerung von übrigem Vermögen

a) Bewertungsebene

Die Bewertung des übrigen Vermögens erfolgt gem. § 12 Abs. 1 ErbStG nach den allgemeinen Bewertungsvorschriften des BewG.

- **Hausrat, andere bewegliche körperliche Gegenstände** (z.B. Pkw, Segelyacht) **sowie Sachleistungsansprüche**

3.4 Zu den Lösungsschritten im Einzelnen

> **Beispielsformulierung:** Hausrat/Bewegliche körperliche Gegenstände/Sachleistungsansprüche sind mit dem gemeinen Wert gem. § 12 Abs. 1 ErbStG i.V.m. § 9 Abs. 1 und 2 BewG anzusetzen.

- **Wertpapiere und Anteile**

> **Beispielsformulierung:** Börsennotierte Wertpapiere sind gem. § 12 Abs. 1 ErbStG i.V.m. § 11 Abs. 1 BewG mit dem niedrigsten am (bzw. dem letzten innerhalb von 30 Tagen vor dem) Stichtag notierten Kurs anzusetzen.

Zur Bewertung nichtnotierter Anteile an Kapitalgesellschaften i.S.d. § 11 Abs. 2 BewG – siehe Kapitel 3.4.2.4.

- **Kapitalforderungen**

Typischerweise sind darunter zu bewerten: Bankguthaben, Zinsforderungen (inkl. Zinsberechnung), Miet- sowie Darlehensforderungen, Steuererstattungs- und Gewinnausschüttungsansprüche, Einlagen typischer stiller Gesellschafter.

> **Beispielsformulierung:** Ansatz des Bankguthabens mit dem Nennwert gem. § 12 Abs. 1 ErbStG i.V.m. § 12 Abs. 1 Satz 1 BewG ...

Für die Prüfung von besonderem Interesse ist die Bewertung von Kapitalforderungen mit dem vom Nennwert abweichenden **Gegenwartswert**, wenn besondere Umstände (fehlende, niedrige oder hohe Verzinsung) vorliegen.

Der Gegenwartswert ist gem. R B 12.1 ErbStR 2019 und H B 12.1 „Bewertung von Kapitalforderungen und -schulden" ErbStH 2019 i.V.m. „Gleichlautender Erlass betr. Bewertung von Kapitalforderungen und Kapitalschulden sowie von Ansprüchen/Lasten bei wiederkehrenden Nutzungen und Leistungen für Zwecke der Erbschaft- und Schenkungsteuer" vom 09.09.2022 (BStBl S. 1351) zu ermitteln.

> **Klausurtipp!** Für die Bewertung von Kapitalforderungen (resp. Kapitalschulden) sowie von wiederkehrenden und lebenslänglichen Nutzungen und Leistungen ist der Erlass „... betr. Bewertung von Kapitalforderungen und Kapitalschulden sowie von Ansprüchen/Lasten bei wiederkehrenden Nutzungen und Leistungen für Zwecke der Erbschaft- und Schenkungsteuer" vom 10.10.2010 (BStBl I 2010, 810) ein unerlässliches Hilfsmittel. Diesen Erlass müssen Sie in seiner Anwendung für die Prüfung beherrschen.

> **Beispielsformulierung:** Bewertung einer unverzinslichen Darlehensforderung mit einer Laufzeit von mehr als einem Jahr und Fälligkeit in einem Betrag.
>
> **Lösung:** Die Darlehensforderung ist mit dem vom Nennwert abweichenden Gegenwartswert gem. § 12 Abs. 1 Satz 1 und 2, Abs. 3 BewG sowie R B 12.1 Abs. 1 Nr. 1 ErbStR 2019, H B 12.1 ErbStH 2019 i.V.m. dem Erlass vom 09.09.2022 zu bewerten, da es unverzinslich sowie in einem Betrag fällig ist und die Laufzeit am Todestag noch mehr als ein Jahr beträgt.
> Berechnung entsprechend o.g. Erlass unter II. 1.2.1.

- **Wiederkehrende sowie lebenslängliche Nutzungen und Leistungen**

> **Beispielsformulierung:** Die Bewertung erfolgt mit dem Kapitalwert gem. § 12 Abs. 1 ErbStG i.V.m. § 13 bzw. § 14 BewG:
> Jahreswert × Vervielfältiger = Kapitalwert

> **Klausurtipp!** Examenskandidaten haben oftmals zeitliche Probleme bei der Berechnung des vom Nennwert abweichenden Gegenwartswerts (insbesondere bei zu berücksichtigenden Aufschubzeiten und Interpolationen beim Vervielfältiger) oder des Kapitalwerts von Renten (insbesondere bei Rentenzahlungen an mehrere Personen mit Rentenminderung beim ersten Todesfall, Höchstlaufzeitrenten, Mindestlaufzeitrenten, Renten mit Anlauffristen). Auch hier gilt: Durchschreiben und sich nicht verzetteln. I.d.R. werden hierfür ca. drei Punkte vergeben. Aus Zeitgründen ist ggf. auf die Berechnungen zu verzichten. Mehr als zwei Punkte gehen dabei nicht verloren.

b) **Besteuerungsebene**
- Für Hausrat und andere bewegliche körperliche Gegenstände kann eine sachliche Steuerbefreiung in Abhängigkeit der Steuerklasse in Anspruch genommen werden.

> **Beispielsformulierung:** Steuerklasse I: Für Hausrat ist nach § 13 Abs. 1 Nr. 1 Buchst. a ErbStG der Freibetrag i.H.v. 41.000 € sowie für andere bewegliche körperliche Gegenstände nach § 13 Abs. 1 Nr. 1 Buchst. b ErbStG der Freibetrag i.H.v. 12.000 € zu gewähren.

Für einen Sachleistungsanspruch auf einen beweglichen körperlichen Gegenstand kann eine Steuerbefreiung nach § 13 Abs. 1 Nr. 1 Buchst. b bzw. Buchst. c ErbStG nicht gewährt werden, da kein körperlicher Gegenstand gegeben ist. Darauf ist in der Klausurlösung hinzuweisen.
- Sofern es sich bei Anteilen an Kapitalgesellschaften um begünstigungsfähiges Vermögen i.S.d. § 13b Abs. 1 Nr. 3 ErbStG handelt, wird auf die Ausführungen in Kapitel 3.4.2.4 verwiesen.

3.4.2.6 Ermittlung des Wertes der Bereicherung

a) **Bei Erwerben von Todes wegen**

Die Bewertung der abzugsfähigen Nachlassverbindlichkeiten erfolgt gem. § 12 ErbStG nach den einschlägigen Vorschriften des BewG, insbesondere gem. § 12 Abs. 1 ErbStG nach den allgemeinen Bewertungsvorschriften.

Damit Nachlassverbindlichkeiten auch berücksichtigt werden können, muss immer eine Anspruchsgrundlage nach § 10 Abs. 5 ErbStG vorliegen und geprüft werden.

> **Klausurtipp!** Prüfen Sie immer der Reihe nach ab, ob Nachlassverbindlichkeiten nach § 10 Abs. 5 Nr. 1, Nr. 2 und/oder Nr. 3 ErbStG abzugsfähig sind.

3.4 Zu den Lösungsschritten im Einzelnen

- **Erblasserschulden gem. § 10 Abs. 5 Nr. 1 ErbStG**

  > **Klausurtipp!** Ein grober klausursystematischer Fehler läge vor, wenn die in wirtschaftlichem Zusammenhang mit Vermögenspositionen stehenden Schulden bereits beim Ansatz dieser Vermögenspositionen im Rahmen des Vermögensanfalls mindernd berücksichtigt worden wären.
  > Denken Sie aber daran, dass Schulden, die in wirtschaftlichem Zusammenhang mit dem zum Erwerb gehörenden Betriebs- bzw. land- und forstwirtschaftlichen Vermögen stehen, bereits bei der Bewertung dieser wirtschaftlichen Einheiten berücksichtigt werden.

  Zu den Erblasserschulden gehören vor allem:
  - **Kapitalschulden,** insbesondere Steuer-, Darlehens- und Hypothekenschulden sowie Kaufpreisverbindlichkeiten.
    Kapitalschulden sind – analog der Bewertung von Kapitalforderungen – mit dem Nennwert bzw. dem Gegenwartswert nach § 12 BewG i.V.m. dem Erlass vom 10.10.2010 zu bewerten.
  - **Rentenschulden**, insbesondere Kaufpreisrenten (z.B. im Zusammenhang mit einem zum Nachlass gehörenden Grundstück), die ausgestaltet sein können
    → als wiederkehrende, auf eine bestimmte Zeit beschränkte Renten.
      Die Bewertung erfolgt mit dem Kapitalwert gem. § 13 Abs. 1 BewG.
    → als lebenslängliche Renten, die wiederum ausgestaltet sein können als abgekürzte bzw. verlängerte Leibrenten.
      Die Bewertung erfolgt mit dem Kapitalwert gem. § 13 Abs. 1 bzw. § 14 Abs. 1 BewG i.V.m. dem Erlass vom 10.10.2010 (III. 1.2.5).
    → als Leibrenten, die von der Lebenszeit mehrerer Personen abhängen.
      Die Bewertung erfolgt mit dem Kapitalwert gem. § 14 Abs. 1 und 3 BewG i.V.m. dem Erlass vom 10.10.2010 (III. 1.2.6, 2.3 [Beispiel]).

  Hinsichtlich der **Abzugsfähigkeit von Schulden und Lasten** ist immer zu prüfen, ob diese in wirtschaftlichem Zusammenhang mit Vermögenspositionen stehen, die bei der Besteuerung nicht angesetzt werden (bei beschränkter Steuerpflicht) oder vollständig bzw. teilweise von der Besteuerung befreit sind (gem. § 13 Abs. 1 Nr. 4b bzw. Nr. 4c ErbStG, §§ 13a, 13c und 13d ErbStG). In diesen Fällen ist die Abzugsfähigkeit **nach § 10 Abs. 6 ErbStG ausgeschlossen bzw. begrenzt**.

- **Erbfallschulden gem. § 10 Abs. 5 Nr. 2 ErbStG**
  Abzugsfähig sind Verbindlichkeiten aus Vermächtnissen, Auflagen sowie Pflichtteilsansprüchen, sofern diese tatsächlich geltend gemacht wurden.
  Die Bewertung ist abhängig von den konkreten Vermögenspositionen, auf die sich das Vermächtnis bzw. die Auflage bezieht. Pflichtteilsansprüche sind als reine Geldansprüche mit dem Nennwert nach § 12 Abs. 1 BewG zu bewerten.

  > **Klausurtipp!** Beachten Sie beim Abzug von Schulden und Lasten, die nicht in wirtschaftlichem Zusammenhang mit einzelnen Vermögensgegenständen des Vermögensanfalls stehen, die Beschränkung des Abzugs gem. § 10 Abs. 6 Satz 5 ff. ErbStG.

- **Erbfallkosten gem. § 10 Abs. 5 Nr. 3 ErbStG**
  Hinsichtlich abzugsfähiger Erbfallkosten müssen Sie exakt prüfen, in welcher Höhe lt. Sachverhalt Kosten für die Bestattung des Erblassers, die Grabstätte etc. angefallen sind – siehe

zu den abzugsfähigen Kosten auch unter H E 10.7 ErbStH 2019. Soweit diese Kosten nachweislich höher sind als 10.300 €, können sie in voller Höhe abgezogen werden. Beachten Sie dabei, dass Grabpflegekosten als Leistungen von unbestimmter Dauer mit ihrem nach § 13 Abs. 2 BewG berechneten Kapitalwert für unbestimmte Dauer in die Kostenermittlung einzubeziehen sind.

> **Klausurtipp!** Prüfen Sie für den Abzug höherer Erbfallkosten als 10.300 €, ob in der Aufgabenstellung darauf hingewiesen wird, dass **erforderliche Nachweise** gegenüber dem Finanzamt als erbracht gelten.

Sofern die Aufwendungen insgesamt unter 10.300 € liegen bzw. im Klausursachverhalt zu den Erbfallkosten konkrete Angaben fehlen, kann für Erbfallkosten der **Pauschbetrag von 10.300 €** nach § 10 Abs. 5 Nr. 3 Satz 2 ErbStG abgezogen werden.

b) Bei Schenkungen unter Lebenden

Bei **gemischten Schenkungen** und **Schenkungen unter Auflage** wird der Wert der Bereicherung ermittelt, indem von dem nach § 12 ErbStG zu ermittelnden Steuerwert der Leistung des Schenkers die **Gegenleistungen** sowie die **Leistungs- bzw. Nutzungs- und Duldungsauflagen** mit ihrem nach § 12 ErbStG ermittelten Wert **abzuziehen** sind (R E 7.4 Abs. 1 Satz 1 und 2 ErbStR 2019).

Denken Sie daran, dass, soweit das zugewendete Vermögen nach §§ 13 (mit Ausnahme der pauschalen Freibeträge nach § 13 Abs. 1 Nr. 1 ErbStG), 13a, 13c bzw. 13d ErbStG befreit ist, der Abzug der damit in wirtschaftlichem Zusammenhang stehenden Gegenleistungen und Auflagen nach § 10 Abs. 6 ErbStG i.V.m. R E 7.4 Abs. 2 ErbStR 2019 beschränkt ist.

Sowohl im Zusammenhang mit der Ausführung einer freigebigen Zuwendung (Vollschenkung) als auch einer gemischten Schenkung bzw. Schenkung unter Auflage können zwangsläufig Kosten (Folgekosten der Schenkung) anfallen, vor allem allgemeine Erwerbsnebenkosten (z.B. Kosten für Notar, Grundbuchamt, Handelsregister), aber auch Steuerberatungs- und Rechtsberatungskosten oder Gutachterkosten.

> **Klausurtipp!** Greifen Sie für den Abzug von Erwerbsnebenkosten auf **H E 10.7 ErbStH 2019** – „Behandlung von Erwerbsnebenkosten und Steuerberatungskosten sowie Rechtsberatungskosten im Zusammenhang mit einer Schenkung" – sowie auf **R E 7.4 Abs. 4 ErbStR 2019 i.V.m. H E 7.4 Abs. 4 ErbStH 2019** zurück.

3.4.2.7 Ermittlung des steuerpflichtigen Erwerbs

Zu prüfen ist, ob ggf. eine steuerfreie Zugewinnausgleichsforderung nach § 5 Abs. 1 ErbStG von der Bereicherung abzuziehen ist und/oder Vorerwerbe nach § 14 ErbStG hinzuzurechnen sind. Diese Vorschriften spielen in den Examensklausuren der zurückliegenden Jahre keine Rolle, mit Ausnahme der Examensklausur 2023/2024. Hier fand erstmals die Hinzurechnung eines Vorerwerbs gem. § 14 Abs. 1 ErbStG ihren Niederschlag.

Abzuziehen waren immer – sofern der Wert der Bereicherung positiv war (Ausnahme: Examen 2016/2017) der persönliche Freibetrag nach § 16 Abs. 1 ErbStG und bei einem Erwerb von Todes wegen bei Vorliegen der Voraussetzungen der besondere Versorgungsfreibetrag nach § 17 ErbStG (z.T. gekürzt um den Kapitalwert von gesetzlichen Versorgungsbezügen).

> **Klausurtipp!** Vergessen Sie nicht, den ermittelten **steuerpflichtigen Erwerb** gem. § 10 Abs. 1 Satz 6 ErbStG **auf volle 100 €** nach unten **abzurunden**.

3.4.2.8 Ermittlung der festzusetzenden Erbschaft-/Schenkungsteuer

> **Klausurtipp!** Nutzen Sie für die **Ermittlung der festzusetzenden Erbschaft- bzw. Schenkungsteuer** das **Ermittlungsschema** in **R E 10.1 Abs. 2 ErbStR 2019**.

Mit der Ermittlung der tariflichen Erbschaft-/Schenkungsteuer haben die Examenskandidaten i.d.R. keine Probleme. Lediglich die Härteausgleichsregelung des § 19 Abs. 3 ErbStG könnte einen kleinen „Stolperstein" darstellen.

> **Klausurtipp!** Ob die Härteausgleichsregelung nach § 19 Abs. 3 ErbStG im konkreten Fall überhaupt zur Anwendung kommt, sollte zunächst mittels der „Tabelle der maßgebenden Grenzwerte ..." in **H E 19 ErbStH 2019** geprüft werden.

Da erfahrungsgemäß zum Ende hin die Zeit knapp wird, ist ggf. nur auf § 19 Abs. 3 ErbStG und H E 19 ErbStH 2019 hinzuweisen, dass der Härteausgleich Anwendung findet bzw. keine Anwendung findet. Mit dem Verzicht auf die Berechnung würde im Ergebnis i.d.R. maximal ein Punkt verloren gehen.

> **Klausurtipp!** Ergeben sich bei der Ermittlung der **Erbschaft- und Schenkungsteuer** Euro-Beträge mit Nachkommastellen, sind diese zugunsten des Steuerpflichtigen **auf volle Euro-Beträge zu runden**, H B 10.1 „Abrundung/Aufrundung" ErbStH 2019.

3.5 Ausblick auf das Steuerberaterexamen 2024/2025

Einen Ausblick auf die kommende StB-Klausur im Fach Erbschaft-/Schenkungsteuer und Bewertung zu nehmen heißt, auf die Examensklausuren der letzten Jahre zurückzuschauen. Deren Analyse hat gezeigt, dass sich in der Tat, angefangen von der Aufgabenstellung über die sich daraus ergebende Struktur der Klausurlösung bis hin zu der sich wiederholenden Rechtsthematik, insbesondere mit den Schwerpunkten der Bewertung und Begünstigung von Betriebsvermögen bzw. von nicht notierten Anteilen an Kapitalgesellschaften sowie von Grundvermögen, die Klausurthemen regelmäßig wiederholen. Wer sich optimal auf das Examen vorbereiten will, sollte sich daher intensiv mit den Examensklausuren der letzten Jahre auseinandergesetzt haben, soweit Informationen dazu zur Verfügung stehen.

Wollte man eine konkrete Prognose für die Examensklausur 2024/2025 abgeben, so kann davon ausgegangen werden, dass die Standardproblemfelder realistischerweise weiter prüfungsrelevant sind. Es fällt der Blick erneut auf die Bewertung und Besteuerung von Betriebsvermögen bzw. von nicht notierten Anteilen an Kapitalgesellschaften.

Nachdem in der Examensklausur 2023/2024 zum Dauerbrennerthema „Bewertung und Begünstigung von Grundvermögen" lediglich die Begünstigung nach § 13d ErbStG aufgegriffen wurde, kann davon ausgegangen werden, dass in der Examensklausur 2024/2025 eine Grundstücksbewertung (Grundvermögen bzw. Betriebsgrundstück) und zwar mit den seit 01.01.2023 geltenden Bewertungsregeln (!) vorzunehmen ist.

Auch die Bewertung von Kapitalforderungen respektive Kapitalschulden mit dem vom Nennwert abweichenden Gegenwartswert sowie die Bewertung von Nutzungen und Leistungen in den unterschiedlichsten Varianten der §§ 13 und 14 BewG dürfte weiter zur Standardproblematik gehören.

Denkbar wäre auch, dass der Klausurersteller den Tatbestand einer Schenkung unter Lebenden weiter aufgreift. Nachdem in der Examensklausur 2020/2021 eine Vollschenkung zu beurteilen war, könnte der Spielraum dahingehend ausgeweitet werden, dass der Klausurersteller der Examensklausur nunmehr eine gemischte Schenkung und/oder eine Schenkung unter Auflage (Leistungsauflage, Nutzungs-/Duldungsauflage) zugrunde legt.

Und unterschätzen Sie die „kleinen" Sondervorschriften nicht. Vielleicht lässt der Klausurersteller, nachdem er in der Examensklausur 2023/2024 bereits den § 14 ErbStG aufgegriffen hatte, auch in die Examensklausur 2024/2025 die eine oder andere Sondervorschrift, wie § 5, § 6, § 21, § 23, § 27 ErbStG, in den Sachverhalt einfließen.

Ob mit grunderwerbsteuerlichen Problemen gerechnet werden sollte, wird zum Teil stark bezweifelt. Die meisten Examenskandidaten würde ein Ausschluss des Themas an dieser Stelle vermutlich freuen, denn die grunderwerbsteuerlichen Problemfelder bereiteten den Examenskandidaten in der Vergangenheit große Schwierigkeiten – weniger, weil es um schwierige Lösungen ging, sondern vielmehr, weil überhaupt die Grunderwerbsteuer so ausgiebig Prüfungsgegenstand (2016/2017) war. Hier wird aber weiterhin die Auffassung vertreten, dass sich die Kandidaten für das Examen 2024/2025 auch in die Grundzüge des Grunderwerbsteuerrechts einarbeiten sollten.

III. Klausur Ertragsteuer

1. Klausur Einkommensteuer/Internationales Steuerrecht
1.1 Besonderheiten der Klausur Einkommensteuer/Internationales Steuerrecht

Abgesehen von den Jahren 2010, 2011 und 2018 enthielt die Klausur des zweiten Examenstags seit dem Jahr 2006 stets mindestens einen Teil der Problematiken aus dem Bereich des Internationalen Steuerrechts. Beginnend im Prüfungsjahr 2006/2007 bis hin zum Examen 2009/2010 – also **vier Termine** in Folge hindurch – enthielt der Einkommensteuerteil, der am zweiten Tag des Examens zu schreibenden Ertragsteuerklausur, stets einen „Internationalen Teil". Im Examenstermin 2007, im Termin des Jahres 2013 und auch im Jahr 2020 war zudem noch im Körperschaftsteuerteil ein internationaler Bezug enthalten (§ 26 KStG bzw. § 2 KStG i.V.m. § 49 EStG). Im Durchgang 2015/2016 war erstmals auch am dritten Tag also im Bereich des Bilanzsteuerrechts eine Problemstellung aus dem IStR enthalten. Zwar sah es am dritten Tag des Examens 2019 danach aus, als wäre die Regelung des § 1 Abs. 1 AStG einschlägig, da aber nach Ansicht der Finanzverwaltung die verdeckte Einlage der Korrektur nach § 1 Abs. 1 AStG vorgeht, war auf diese Regelung letztlich nicht einzugehen.

In der Klausur des zweiten Prüfungstags des Jahres 2017 war im Teil I der Bereich des IStR mit 24 von 60 Punkten vertreten. Im Teil II fand sich neben der Körperschaftsteuer nur noch ein 5 Punkte umfassender gewerbesteuerlicher Teil. Im schriftlichen Teil des Examens 2016/2017 wurde neben dem umfangreichen lohnsteuerlichen Teil allerdings nur ein sehr kleiner Teil aus dem IStR Bereich abgefragt. Bereits im Examensdurchgang 2012 war ein sehr großer Teil (ca. 27 Punkte!) der Klausur des zweiten Examenstages dem Bereich des Internationalen Steuerrechts zuzuordnen. Auch die Klausur des Jahres 2013 enthielt insgesamt wieder 10 Punkte, die diesem Bereich zugeschlagen werden können. Die Klausur des Jahres 2014 erhielt wieder einen umfangreichen „IStR-Teil". Insgesamt können 14 Punkte hier verortet werden. Die Klausur 2015 des zweiten Tages begann mit Themen aus dem Bereich des IStR und auch die dritte Klausur des schriftlichen Durchgangs 2015 enthielt eine Problemstellung der sog. Entstrickung.

Auch in der Klausur, die am Tag 2 des Jahres 2019 zu schreiben war, war der Bereich des IStR mit 13 Punkten vertreten. So verwundert es nicht, dass im Jahr 2020 erneut ca. 17 Punkte dem Kernbereich des Internationalen Steuerrechts zugeordnet werden können, im Jahr 2021 waren es 11 Punkte, im Jahr 2022 genau 25 Punkte also 25 % des zweiten Tages und im Jahr 2023 waren es ca. 40 Punkte.

Die Gewerbesteuer, die vor allen Dingen in den Jahren 2010 und 2011 sehr stark und im Jahr 2012 immerhin wieder mit 16 von 100 Punkten vertreten war, erreichte im Jahr 2013 einen Umfang von 7 Punkten. Im Jahr 2014, im Jahr 2015/2016 und auch im Jahr 2020 wurde im Teil II die Gewerbesteuer zusammen mit der Körperschaftsteuer geprüft, wobei im Jahr 2014 die gewerbesteuerliche Organschaft darzustellen war. Im Jahr 2015 wurden hingegen wieder eher die „klassischen Bereiche" der GewSt abgeprüft. Im schriftlichen Teil der Prüfung 2016 war die Gewerbesteuer allerdings nur in sehr geringem Umfang vertreten. Die Klausur des zweiten Tages enthielt jedoch einen sehr umfangreichen lohnsteuerlichen Teil. Im Jahr 2018 war die GewSt allerdings wieder mit 14 Punkten vertreten. Auch im Jahr 2019, in dem die GewSt auch zusammen mit der Körperschaftsteuer „abgefragt" wurde, konnten wieder streng genommen 17 Punkte dem Bereich der Gewerbesteuer zugeordnet werden. Im Jahr 2020 war der Teil II der Klausur des zweiten Tages mit „Körperschaftsteuer und Gewerbesteuer" überschrieben, wobei es im reinen GewSt-Teil um die Ermittlung des Gewerbesteuermessbetrags einer gewerblich geprägten KG ging und der kleinere Teil dieses Klausurteils Fragen im Zusammenhang mit dem Gewerbesteuermessbetrag einer GmbH betraf. Im Jahr 2021 enthielt die Klausur des zweiten Tages einen eigenen Teil Gewerbesteuer durch dessen richtige Beantwortung 12 Punkte erreicht werden konnten. Auch im Jahr 2022 wurde der Gewerbesteuer ein eigener – allerdings nur 8 Punkte umfassender – Teil gewidmet.

Zunächst werden die **inhaltlichen Themenschwerpunkte** der vergangenen sechzehn Termine dargestellt. Da die einkommensteuerlichen Vorschriften in sehr starkem Maß von Gesetzesänderungen betroffen sind, scheint es nicht sinnvoll, mehr als sechzehn Jahre zurückliegende Termine inhaltlich zu beleuchten. An die Darstellung der inhaltlichen Schwerpunkte schließt sich die **kritische Auseinandersetzung mit den jeweiligen Aufgabenstellungen** eines einkommensteuerlichen Teils der Klausur an. Es folgt eine **systematische Darstellung der Möglichkeiten des Klausuraufbaus** vor dem Hintergrund der jeweiligen Aufgabenstellung und ein Schema zur Ermittlung des Gewerbesteuermessbetrags. Im Anschluss daran wird eine ca. 20 Punkte umfassende Einkommensteuerklausur besprochen. Zudem werden **Formulierungsvorschläge** gegeben, die sich einerseits in einen gelungenen Aufbau integrieren lassen, die aber vor allen Dingen das ergebnisorientierte „Vorankommen" beim Klausurschreiben erheblich beschleunigen und so das „Problem der immer knappen Zeit" etwas abmildern können. Bevor ein Ausblick auf das Examen 2023/2024 erfolgt, wird ein Teilsachverhalt aus dem Examen 2013 inklusive Musterlösung besprochen.

1.2 Themenschwerpunkte der letzten 16 Jahre

Bezüglich des Einkommensteuerteils der Ertragsteuerklausur ist eine tabellarische Darstellung nicht angebracht, da letztlich im Laufe der letzten sechzehn Jahre stets verschiedene inhaltliche Schwerpunkte ausgemacht werden konnten. Im Folgenden werden die inhaltlichen Schwerpunkte der vergangenen sechzehn Jahre beleuchtet und einer aufmerksamen Analyse unterzogen. Im Rahmen der Analyse wird des Weiteren auf Wiederholungen, Abweichungen und „Neuentwicklungen" aus dem Bereich der Aufgabenstellungen eingegangen.

1.2.1 Klausur 2023/2024

Teil I der Klausur, die im Jahr 2023 am zweiten Tag des Examens zu schreiben war, war mit Einkommensteuer überschrieben und bestand aus Sachverhalt 1, der 40 Punkte umfasste und Sachverhalt 2, der 20 Punkte umfasste. Teil II war mit Gewerbesteuer überschrieben und umfasste 25 von 100 Punkten. Teil III war mit Körperschaftsteuer überschrieben und umfasste schließlich noch die letzten von 15 von insgesamt 100 Punkten.

Im Sachverhalt 1 des Teil I „ging es um" Herrn G mit Wohnsitz in Deutschland, der ein Einzelunternehmen betrieb und bilanzierte. Er hatte eine Zweigniederlassung in der Schweiz, in der ein Gewinn erwirtschaftet wurde, der von der Schweiz besteuert wurde. G überführte eine Maschine von Deutschland in die Zweigniederlassung in der Schweiz und erfasste diesen Vorgang i.R. der Gewinnermittlung nicht.

Neben der unternehmerischen Tätigkeit war G noch zu 100 % an einer Gesellschaft mit Sitz in der Schweiz beteiligt, die dort im sog. Niedrigsteuergebiet ansässig war. Die Beteiligung war dem Privatvermögen zugeordnet. G bekam für die Tätigkeit als Geschäftsführer dieser Gesellschaft

1.2 Themenschwerpunkte der letzten 16 Jahre

ein angemessenes Gehalt und pendelte bis auf an 20 Tagen im Jahr täglich zwischen Deutschland und der Schweiz hin und her. Die Schweizer Gesellschaft war Eigentümerin einer Ferienwohnung in der Schweiz, die ausschließlich G zur Verfügung stand und sonst nicht vermietet wurde. G musste aber kein Entgelt für die Nutzung der Immobilie entrichten. Die Schweizer Gesellschaft nahm schließlich noch eine Gewinnausschüttung vor und behielt Schweizer Verrechnungssteuer ein.

Es galt die Summe der steuerpflichtigen Einkünfte des G zu ermitteln und dabei auf tarifliche Besonderheiten sowie die Anrechenbarkeit ausländischer Steuern einzugehen.

Somit war ein sog. Outbound-Fall zu lösen. Es waren aber Besonderheiten des DBA-Schweiz zu beachten. Auch die Regelung des § 4g EStG spielte eine Rolle. Ebenso wie die grenzüberschreitende Arbeitnehmertätigkeit, hier im Rahmen des Sonderfalles eines Schweizer Grenzpendlers. Da die Gesellschaft in einem sog. Niedrigsteuerland ansässig war, waren die Regelungen der sog. Hinzurechnungsbesteuerung zu beachten, es war eine verdeckte Gewinnausschüttung zu erkennen und in Bezug auf die offene Ausschüttung war der Bezug zur Hinzurechnungsbesteuerung - in diesem Fall die erstmals ab 2022 anwendbare Regelung - des § 11 AStG zu beachten.

Im Sachverhalt 2 spielte Frau F die Hauptrolle. Sie war 20 %-ige Kommanditistin einer KG, die gewerbliche Einkünfte erzielte. F übertrug der KG im Februar 2022 ein Grundstück, das diese für ihre gewerblichen Zwecke nutzte. Die Übertragung erfolgte zugunsten des für F geführten variablen Kapitalkonto II. Die KG veräußerte das von F vor der Übertragung an die KG seit 2017 im Privatvermögen gehaltene Grundstück bereits im Oktober 2023 wieder. F erhielt eine angemessene Vergütung von der KG für ihre Tätigkeit für die KG. Die KG erwirtschaftete insgesamt einen Verlust. Eine andere Kommanditistin übertrug ihren Anteil an der KG auf die F für einen bestimmten Preis. F kaufte sich noch einen Sportwagen und entnahm dazu aus dem Vermögen der KG einen bestimmten Betrag. Zum 31.12.2021 war nach § 15a Abs. 4 EStG ein verrechenbarer Verlust für F festgestellt.

Es galt die Summe der steuerpflichtigen Einkünfte der F für das Jahr 2022 zu ermitteln.

Bezüglich dieses Sachverhalts lässt sich sagen, dass es um klassische Problematiken aus dem Bereich der Besteuerung des Personengesellschaften geht. Also § 15 Abs. 1 Nr. 2 EStG, Probleme im Bereich der Ergänzungsbilanzen bzgl. des aktivierten Firmenwertes, Sonderbetriebsvermögen bezüglich des Grundstücks und natürlich vor allen Dingen die Regelung des § 15a EStG. Schießlich sollte bezüglich des Grundstücksverkauf durch die KG § 23 Abs. 1 S. 5 Nr. 1 EStG nicht übersehen werden.

Teil II der Klausur war mit Gewerbesteuer überschrieben und es konnten 25 Punkte erreicht werden. Der Sachverhalt umfasste 3 Seiten und es galt den Gewerbesteuermessbetrag für das von P betriebene Einzelunternehmen für den Erhebungszeitraum 2022 zu ermitteln. Zudem sollte auf die sachliche und persönliche Gewerbesteuerpflicht eingegangen werden.

M.E. kann dieser Teil der Klausur als ein absolut klassischer Gewerbesteuerteil bezeichnet werden. Die drei Seiten Sachverhalt waren in 4 Einzelsachverhalte unterteilt. Zum einen ging es um ein gemietetes Grundstück und somit um klassische Hinzurechnungen nach § § 8 Nr. 1 d GewStG. Des weiteren wurde ein Gebäude vom Privatvermögen ins Betriebsvermögen überführt. Also musste die Einlage nach § 6 Abs. 1 Nr. 5 EStG und bezüglich der AfA die Regelung des § 7 Abs. 1 S. 5 EStG erkannt werden. Bei der Kürzung bezüglich des Grundstücks im Rahmen des § 9 Nr. 1 S. 1 GewStG musste § 20 GewStDV gesehen werden. Im Rahmen eines weiteren Teilsachverhalts ging es um eine Gewinnausschüttung also das Teileinkünfteverfahren und dann § 8 Nr. 5

und § 9 Nr. 2a GewStG wobei Finanzierungsaufwendungen richtig berücksichtigt werden mussten. Zu guter Letzt musste der Hinzurechnungsfreibetrag des § 8 Nr. 1 GewStG i.H.v. 200.000 € mit in die Berechnungen einbezogen werden, genau wie die Abrundung auf volle 100 €, der Freibetrag i.H.v. 24.500 € und die Multiplikation mit 3,5 % also die Regelung des § 11 Abs. 1 und § 11 Abs. 2 GewStG.

1.2.2 Klausur 2022/2023

Die Klausur, die am zweiten Tag des Examens 2022 zu schreiben war, umfasste drei Teile. Teil I war mit „Einkommensteuer" überschrieben und untergliederte sich in Sachverhalt 1–3. Insgesamt konnten in diesem Teil I 60 Punkte erreicht werden. 25 davon durch Sachverhalt 1, der komplett dem Bereich des IStR zugeordnet werden kann. 17 mit Sachverhalt 2, der auch Fragen der Arbeitnehmerbesteuerung enthielt und 18 Punkte mit Sachverhalt 3, der Problematiken der Besteuerung von Personengesellschaften zum Gegenstand hatte. Teil II bestand aus einem kurzen Sachverhalt zur Gewerbesteuer; hier konnten 8 Punkte erreicht werden. Teil III der Klausur war dann mit Körperschaftsteuer überschrieben.

Im Einzelnen „ging" es im Teil I und Teil II um folgende Problematiken:

Im Teil I und dort im Sachverhalt 1 der Klausur aus dem Jahr 2022 ging es um eine Influenzerin, die sowohl in Düsseldorf als auch in Rom einen Wohnsitz hatte.

Laut Sachverhalt war der Mittelpunkt der Lebensinteressen aber in Deutschland zu sehen. Die Influenzerin hatte Unterhaltszahlungen i.H.v. 750 € pro Monat an ihren Exmann (Enrico), der in Italien wohnte, zu leisten. Aus alter Verbundenheit zu ihrer Schwiegermutter in Italien überwies sie auch ihr monatlichen Unterhalt – ohne dazu verpflichtet zu sein – in Höhe von 500 €.

In Italien – die Influenzerin (Simone K.) lebt, wenn sie dort ist, in einer Eigentumswohnung – hat sie sich im Jahr 2021 über 183 Tage aufgehalten. Sie hat in Italien noch eine Wohnung mit positiven Einkünften vermietet und diese, in 2015 angeschaffte Wohnung, dann mit Gewinn verkauft.

In Italien hatte sie bezüglich Ihrer Tätigkeit als Influenzerin eine Zweigniederlassung gegründet. Hier wurde in 2021 ein Gewinn erzielt, wobei im Gewinn eine Gewinnausschüttung von einer Italienischen Kapitalgesellschaft enthalten ist. Es war das komplette DBA-Italien als Anlage zur Klausur „mitgeliefert".

Des Weiteren ist S. noch mit 30 % an einer Brasilianischen Kapitalgesellschaft beteiligt. Die Beteiligung gehört zum inländischen Betriebsvermögen und S. erhält eine Ausschüttung und die Brasilianische Gesellschaft behält eine Quellensteuer von 30 % ein.

Nun hat S. noch eine Ferienwohnung, die ihrem Privatvermögen in Deutschland zugeordnet ist, mit Verlust vermietet.

Es war die festzusetzende Einkommensteuer für den VZ 2021 der S. zu ermitteln.

Somit war ein „klassischer" Outbound-Fall mit und ohne DBA und mit Gewinnen und Verlusten zu lösen. Es konnten, wie es seit 2022 in den Klausuren angegeben ist, insgesamt 25 von 100 Punkten erreicht werden. Somit waren 25 % des Tages 2 gleichsam dem Bereich IStR zugeordnet.

Im Sachverhalt 2 sollte die Summe der steuerpflichtigen Einkünfte des U. für das Jahr 2021 ermittelt werden. Der Sachverhalt umfasste genau eine Textseite . Der unbeschränkt steuerpflichtige U war als Geschäftsführer einer inländischen GmbH beschäftigt und nutzte einen rein elektrisch betriebenen Firmenwagen mit einem Bruttolistenpreis von 80.000 € an 120 Tagen nachweislich für Fahrten zwischen seiner Wohnung und dem Betrieb der GmbH. U führte kein

1.2 Themenschwerpunkte der letzten 16 Jahre

Fahrtenbuch. An 110 Tagen arbeitet U zu Hause, hatte dort aber kein häusliches Arbeitszimmer. Er hatte in mehreren Tranchen insgesamt 50 % der Anteile an der GmbH erworben, hielt diese Anteile alle im Privatvermögen und übertrug sie im Rahmen der vorweggenommenen Erbfolge an seinen Neffen C., der ihm eine monatliche Rente i.H.v. 1.000 € dafür zahlte. Zum Zeitpunkt der Übertragung der Anteile beendete U. seine Tätigkeit als Geschäftsführer und C. trat seine Nachfolge an. Vor der Übertragung kam es noch zu einer Gewinnausschüttung der GmbH an U., die aus dem steuerlichen Einlagekonto der GmbH erfolgte.

Dieser Teil kann schon als „klassischer" Einkommensteuerteil bezeichnet werden. Neben hoch aktuellen Themen, wie die „Elektromobilität" und die Homeoffice-Pauschale, waren auch Klassiker wie § 20 Abs. 1 Nr. 1 S. 2 EStG und die Vermögensübertragung gegen wiederkehrende Leistungen – hier lag schlicht eine sogenannte Versorgungsleistung vor – vertreten. Bezüglich der Übertragung auf den Neffen C. mussten die Grundsätze des Erlasses 10/5 beherrscht werden. Hier lag eine voll unentgeltliche Übertragung gegen Versorgungsleistungen vor, somit war § 22 Nr. 1a EStG als Einkunftsart zu erkennen. Eine Aufteilung in einen entgeltlichen und unentgeltlichen Teil war nicht vorzunehmen.

Im Sachverhalt 3 hatten M und R eine V-OHG gegründet. M war zu 40 % und R zu 60 % beteiligt und R war auch der alleinige Geschäftsführer der V-OHG, deren Gesellschaftszweck in der Vermietung einer Immobilie und der Verwaltung des B-GmbH-Anteils bestand. Die V-OHG erwarb ein Grundstück und bebaute es mit einem Gebäude, um es schließlich an die E-GmbH zu verpachten. Im Laufe des Sachverhalts erwarb R, der schon zu 40 % an der E-GmbH beteiligt war noch weitere 30 % hinzu. Schließlich veräußerte M seinen Anteil an der OHG an R. Die V-GmbH, an der die V-OHG zu 10 % beteiligt war, nahm an die V-OHG eine Vorabausschüttung i.H.v. 200.000 € vor.

Es galt für 18 Punkte die Summe der Einkünfte des M. zu ermitteln.

Es ging also zunächst um das Erkennen der Betriebsaufspaltung, die auch beim „nur" Besitz-unternehmer entsprechende Auswirkungen hat, die Regelung des § 6 Abs. 1 Nr. 5 EStG war zu erkennen. Die Veräußerung des Anteils führt dann zur Regelung des § 16 Abs. 1 S.1 Nr. 2 EStG. Hier war dann noch auf die Besonderheit des Teileinkünfteverfahrens im Bereich des § 16 und § 34 EStG einzugehen und da noch eine Veräußerung eines Grundstücks erfolgt war noch auf § 23 EStG. Also „Alles in Allem" auch ein sehr klassischer ESt-Fall.

Teil II betraf ausschließlich den Bereich der Gewerbesteuer. Es galt für insgesamt 8 Punkte den Gewerbesteuermessbetrag für den Erhebungszeitraum 2021 sowie den vortragsfähigen Gewerbeverlust zum 31.12.2021 der E-OHG zu ermitteln bzw. festzustellen.

Die E-OHG betreibt einen Handel mit Elektrogeräten und brachte schon einen vortragsfähigen Gewerbeverlust zum 31.12.2020 i.H.v. 200.000 € mit. K. S. und M. sowie die A-GmbH waren zu je 25 % an der E-OHG beteiligt. K. hatte seinen Anteil zum 01.01.2021 unentgeltlich an seinen Sohn P. übertragen. M. und die A-GmbH haben ihre Anteile am 31.12.2020 an G veräußert und jeweils einen Veräußerungsgewinn i.H.v. 40.000 € erzielt. Der laufende Gewinn der OHG betrug für 2021 80.000 € und es wurden Schuldzinsen, Miete für eine Lagerhalle, Miete für Hochregale und Miete für einen LKW (Verbrennungsmotor) bezahlt.

Diese 8 Punkte konnten somit für die Lösung „absolut klassischer" gewerbesteuerlicher Themen erreicht werden. Zunächst musste das System des § 8 Nr. 1 GewStG beherrscht werden und dann die Regelung des § 10a GewStG und hier vor allen Dingen GewstR 10a Abs. 3 das

Merkmal der Unternehmeridentität bei Mitunternehmerschaften – Stichwort: Gesellschafterbezogene Prüfung.

1.2.3 Klausur 2021/2022

Teil I der Klausur 2021, der mit Einkommensteuer überschieben war, umfasste drei unabhängig voneinander zu lösende Sachverhalte.

Teil I war mit Einkommensteuer überschrieben und umfasste 3 Sachverhalte. Teil II war mit Gewerbesteuer überschrieben und umfasste einen Sachverhalt und Teil III war mit Körperschaftsteuer überschrieben und umfasste auch nur einen Sachverhalt.

Sachverhalt 1 des Teils I „Einkommensteuer" lag folgende Aufgabenstellung zugrunde:

Ein älteres Ehepaar übertrug im Rahmen der vorweggenommenen Erbfolge ein mehrstöckiges Zweifamilienhaus auf ihre Tochter wobei die Tochter eine Einmalzahlung an ihren Bruder zu zahlen hatte. Das an die Tochter übertragene Gebäude wurde nach der Übertragung umfassend saniert.

Es ging also zunächst um die Grundsätze aus dem Erlass zur vorweggenommenen Erbfolge (Beck-Erlass-Texte 7/3)., dann um die Aufteilung der Abfindungszahlungen auf die beiden Geschosse des Hauses. Dann natürlich um „den Klassiker" nämlich die Regelung des § 6 Abs. 1 Nr. 1a EStG bei teilentgeltlichem Erwerb im Rahmen der Einkünfte aus VuV. Hier spielte dann bezüglich der AfA auch die Regelung des § 11d EStDV eine Rolle. Nicht zu unterschätzen war die Regelung des § 35c EStG, da energetische Sanierungsmaßnahmen auch durchgeführt wurden, und zwar in der Wohneinheit, die die Tochter selbst zu Wohnzwecken nutzte. Der Sachverhalt enthielt noch einen sehr kleinen Teil zu den Einkünften aus Kapitalvermögen – hier konnten 3 Punkte erreicht werden, wenn erkannt wurde, dass die Günstigerprüfung nach § 32d Abs. 6 EStG es ermöglicht negative Einkünfte aus VuV zur Geltung zu bringen.

Im Sachverhalt 2 des Teil I ging es um einen selbständig tätigen Steuerberater, der seinen Gewinn nach § 4 Abs. 3 EStG ermittelt. Der Steuerberater brachte zum 31.12.2020 seine Praxis in die eigens dafür gegründete GmbH gegen Gewährung von neuen Anteilen ein. Zum Betriebsvermögen der Kanzlei gehörte ein Bürogebäude und ein Oldtimer. Zunächst ging es also um den Wechsel der Gewinnermittlungsart und die Ermittlung des Übergangsgewinns. Im Anschluss daran um die Regelung des § 20 UmwStG. Da natürlich Anteile verkauft wurden, musste der Zusammenhang zwischen § 17 EStG und dem oben ermittelten Einbringungsgewinn I erkannt werden.

Der Bereich des IStR war im Sachverhalt 3 vertreten. Zunächst war die Frage der unbeschränkten Steuerpflicht zu klären, da die natürliche Person, deren einkommensteuerliche Situation im Veranlagungszeitraum 2020 zu beurteilen war (nennen wir ihn PH) seinen „Hauptwohnsitz" in Katar hatte aber uneingeschränkt über eine 62 qm große Wohnung in Deutschland verfügte. Diese Wohnung nutze er mehrmals im Jahr und sie war nie vermietet. Damit war PH unbeschränkt einkommensteuerpflichtig.

PH hielt eine 100 % Beteiligung an einer Gesellschaft (Ltd – laut Angaben im Sachverhalt vom Rechtstypus her einer deutschen GmbH vergleichbar) mit Sitz auf den Cayman-Islands. Die Gesellschaft erwirtschaftete 2019 einen Gewinn von 150.000 € durch Vermarktung von Softwarelizenzen. Die lizenzierte Software wurde von Dritten entwickelt und der Gewinn blieb auf den Cayman Islands unbesteuert. Im Juni 2020 erfolgte eine Gewinnausschüttung i.H.v. 50.000 € ohne Quellensteuerabzug.

1.2 Themenschwerpunkte der letzten 16 Jahre   213

Dann hatte PH noch eine 40 %ige Beteiligung an einer Partnership mit Sitz auf den Bahamas. Vom Rechtstypus laut Sachverhalt her eine nicht gewerblich tätige oder infizierte Personengesellschaft. Die Gesellschaft war Eigentümerin eines Bürogebäudes in Deutschland. Das 2015 angeschaffte Gebäude wurde im Veranlagungszeitraum 2020 zunächst vermietet und dann veräußert. Die Partnership vermiete noch ein Gebäude in Brasilien. Die Einkünfte wurden in Brasilien versteuert und die Gesellschaft kehrte 2020 an PH einen Gewinn aus.

Das war die Zusammenfassung des Sachverhalts. Nun sollten die einkommensteuerlichen Folgen für PH im Veranlagungszeitraum 2020 erklärt werden.

Somit war in Bezug auf die Ltd. die Hinzurechnungsbesteuerung zu prüfen und zu bejahen. Die Rechtsfolge des § 10 Abs. 2 AStG trat ein, da es sich bei der Gesellschaft auf den C-Islands um eine sog Zwischengesellschaft handelte. Die Voraussetzungen des § 7 Abs. 1 AStG waren problemlos erfüllt. Auch § 8 Abs. 3 AStG (niedrige Besteuerung) lagen vor und die Einkünfte waren solche aus § 8 Abs. 1 Nr. 6 a AStG).

Die Ausschüttung war dann nach § 3 Nr. 41 EStG steuerfrei. Ab 2022 wäre dies die Regelung des § 11 AStG. Bezüglich der Vermietungseinkünfte war § 21 EStG zu prüfen und die brasilianische Steuer konnte nach § 34c EStG angerechnet werden. Bezüglich der Veräußerung der Immobilie war § 23 Abs. 1 Nr. 1 EStG einschlägig.

Insgesamt waren bis hierhin 60 Punkte erreichbar.

Teil II der Klausur umfasste etwas mehr als eine DIN A4 Seite Sachverhaltstext und war mit Gewerbesteuer überschrieben. Im Rahmen der Aufgabenstellung sollte auf die sachliche und persönliche Gewerbesteuerpflicht eingegangen werden und die Gewerbesteuermessbeträge ermittelt werden.

Es ging um eine OHG an der 2 natürliche Personen beteiligt sind. Die OHG betreibt einen Baustoffhandel und einen Verleih von Baumaschinen. Beide Bereiche sind von den Mitarbeitern und den Räumen her getrennt und haben eine selbständige Buchhaltung. Eine dritte natürliche Person (nennen wir sie P) ist als stille Gesellschafterin am Bereich Baustoffhandel beteiligt. Bei dieser Beteiligung geht es um eine Gewinn- und Verlustbeteiligung i.H.v. 20 % und die Beteiligung umfasst auch noch Kontrollrechte nach § 716 BGB und diese Person ist auch als Prokuristin bei der OHG beschäftigt.

Also war zu erkennen, dass P atypisch still beteiligt ist und somit eine sog. doppelstöckige Personengesellschaft vorliegt. Die atypische stille Gesellschaft betrieb einen selbständigen Gewerbebetrieb und die OHG betrieb einen selbständigen Gewerbebetrieb. Es lagen also zwei getrennt voneinander zu behandelnde Gewerbebetriebe vor. Das Gehalt, das P als Prokuristin bekommt, führt zu Sonderbetriebseinahmen und ist beim Gewerbeertrag zu erfassen.

Insgesamt wurden dafür weitere 11 Punkte vergeben.

1.2.4 Klausur 2020/2021

Die Klausur war in zwei Teile unterteilt und jeder der beiden Teile nochmals in drei unabhängig voneinander lösbare Sachverhalte.

Im Teil I, Sachverhalt 1 war die Summe der steuerpflichtigen Einkünfte der unbeschränkt steuerpflichtigen Frau A zu ermitteln. Frau A war als Steuerberaterin zu $^1/_3$ an der ABC-GbR, die eine Steuerberatungspraxis betreibt, beteiligt. Die GbR ermittelten den Gewinn nach § 4 Abs. 3 EStG. A schied im Laufe des Jahres aus der GbR aus, wobei die GbR von B und C weitergeführt wurde. Es ging also um die (unechte) Realteilung einer dreigliedrigen GbR. Übertragen wurde ein Teilbetrieb und ein Einzel-WG. Aufgrund der Übertragung in eine Betriebsaufspaltung, deren

Voraussetzungen geprüft und die im Anschluss daran bejaht werden musste, war insgesamt die Übertragung zu Buchwerten möglich.

Da die Steuerberater-GbR ihren Gewinn zunächst nach 4 Abs. 3 EStG ermittelte, war somit noch ein Wechsel zur Gewinnermittlung nach BVV und die Ermittlung des Übergangsgewinns nötig.

Außerdem waren noch anschaffungsnahe HK in einem Fall versteckt (§ 6 Abs. 1 Nr. 1a EStG) und eine überhöhte Miete als vGA im Rahmen der Betriebsaufspaltung.

Im Sachverhalt 2 musste das zu versteuernde Einkommen einer Schülerin ermittelt werden. Diese lebte nach dem Tod der Mutter im VZ 2019 alleine mit ihrem Vater zusammen in Deutschland und produzierte in ihrer Freizeit erfolgreich Kurzvideos, in denen sie Kosmetikartikel testete und bewertete. Es ging also um gewerbliche Einkünfte einer sog. Influencerin/Produkttesterin. In diesem Rahmen war die Beurteilung von Sachbezügen vorzunehmen. Eine Halbwaisenrente also § 22 Nr. 1 S. 3 a) aa) EStG war auch noch als Einkunftsart enthalten. Da das zu versteuernde Einkommen zu ermitteln war, spielten Sonderausgaben (Partei-Spenden) und außergewöhnliche Belastungen (Beerdigungskosten) auch noch eine Rolle.

Im Sachverhalt 3, also im letzten Sachverhalt des ESt-Teils spielte ein deutscher Staatsbürger, der einen unverschämt hohen Gelbetrag in einer Lotterie gewonnen hatte, also ein Lottomillionär die Hauptrolle. Bereits im Jahr 2018 hatte er begonnen auf einer Motorsegeljacht die Welt zu umsegeln und hatte im Jahr 2019 keinen Wohnsitz oder gewöhnlichen Aufenthalt in Deutschland.

Er hatte allerdings Beteiligungen an einer inländischen und an einer ausländischen Kapitalgesellschaft (Sitz in Panama), vermietete Studentenwohnungen in Deutschland und verfügte über ein Wertpapierdepot. Somit spiele die beschränkte Steuerpflicht, sogar die erweitert beschränkte Steuerflicht (§ 2 AStG) eine Rolle. Es ging in diesem Inbound-Fall ohne DBA um einen Veräußerungsgewinn nach § 17 EStG, § 49 Abs. 1 Nr. 2 e) cc) EStG und die neue Regelung die erst seit dem VZ 2019 Anwendung findet. Eine vGA, die Vermietung von Wohnungen, § 21 Abs. 1 Nr. 1 EStG, § 49 Abs. 1 Nr. 6 EStG und die Vermietung eines „Partybikes" § 22 Nr. 3 EStG, § 49 Abs. 1 Nr. 9 EStG spielten auch eine Rolle.

Im Teil II, der mit Körperschaftsteuer/Gewerbesteuer überschieben war ging es im Sachverhalt 1 um die Ermittlung des GewSt-Messbetrags (nicht nur des Gewerbeertrags) für eine KG und eine GmbH. Hier waren allerding u.E. wirkliche „Klassiker" enthalten. So z.B. Beteiligungserträge im Teileinkünfteverfahren und nicht abziehbare Betriebsausgaben und natürlich Hinzurechnungen nach § 8 Nr. 1 GewStG (negative Hinzurechnung), Hinzurechnungen nach § 8 Nr. 5 GewStG (keine Schachtelbeteiligung zu Beginn des EHZ, Unterschied zu § 8b Abs. 4 Satz 6 KStG) und die Kürzung § 9 Nr. 1 GewSt (erweiterte Kürzung), § 9 Nr. 2 GewStG und logischerweise auch § 9 Nr. 2a GewStG. Im Sachverhalt 2 wurde die beschränkte KSt-Pflicht wie auch schon im Jahr 2013 geprüft.

1.2.5 Klausur 2019/2020

Die Klausur, die am Tag 2 des schriftlichen Examens 2019 zu schreiben war, umfasste insgesamt 14 Seiten. Sie bestand aus Teil I, der mit Einkommensteuer überschrieben war und aus Teil II, der mit Körperschaftsteuer und Gewerbesteuer überschrieben war. Teil I unterteilte sich in die Sachverhalte 1 und 2 und Teil II unterteilte sich auch in die Sachverhalte 1 und 2, wobei der Sachverhalt 2 den Bereich der KSt betraf und der Sachverhalt 1 den Bereich der Gewerbesteuer. Beginnen wir mit den Inhalten des Teil I und hier im Sachverhalt 1. „Hauptdarsteller"

1.2 Themenschwerpunkte der letzten 16 Jahre   215

war der unbeschränkt steuerpflichtige und konfessionslose SK der eine Kaffee-Rösterei in Berlin betreibt. Die Aufgabe bestand darin die Summe der Einkünfte des SK für den VZ 2018 zu ermitteln. Der Sachverhalt war in die Teile a) bis h) unterteilt. Es ging um die einkommensteuerliche Berücksichtigung von Aufwendungen für die Erneuerung einer defekten Röstmaschine, die Beköstigung von Zwischenhändlern, einen Firmenwagen und Reisekosten. Des Weiteren war die Beteiligung an einer GmbH, sowie die Aufwendungen für ein Grundstück und die Beteiligung an einer KG sowie die Beteiligung an einem Fonds zu beleuchten. Zu prüfen bzw. zu kennen waren somit die Regelungen der EStR 6.6 und die Regelung des § 7a Abs. 9 EStG. Auch die Regelung des § 4 Abs. 5 Nr. 2 EStG brachte genau so 2 Punkte wie die Kenntnis der Regelung des § 6 Abs. 1 Nr. 4 EStG. Wer die Rechtsprechung des BFH zu sowohl betrieblich als auch privat veranlassten Reisen kannte, konnte weitere drei Punkte holen. Die Beteiligung an der GmbH und die Überlassung des Grundstücks an diese GmbH führte zu einer Betriebsaufspaltung und die nötige Kürzung der Betriebsausgaben nach § 3c Abs. 2 S. 6 EStG füllte das Punktekonto weiter. Im Rahmen der Beteiligung an der KG spielte die Regelung des § 15a EStG die entscheidende Rolle. Um letztlich auch noch die „besonderen Punkte" holen zu können, musste die Regelung des § 16 InvStG und die des § 2 Abs. 6 InvStG bekannt sein.

Im Sachverhalt 2 „ging es um" den irakischen Staatsbürger LM, der als freiberuflicher Schauspieler der Kinderbuchfigur des Räuber Hotzenplotz in Deutschland tätig war. Er lebte seit 1981 in Deutschland verließ aber die Bundesrepublik zum 30.06.2018 wieder und begründete seinen einzigen Wohnsitz in Bagdad (Irak – Nicht-DBA-Staat). LM kam aber nach seinem Umzug in den Irak weiterhin nach Deutschland, hielt sich ca. 10 mal 2-3 Tage in Deutschland auf, um in Deutschland aus Schauspieler aufzutreten. Er hielt eine Beteiligung an der im Jahr 2010 gegründeten Kasper und Seppel GmbH mit Sitz in München. Hier kam es auch noch zu einer Gewinnausschüttung, die im Oktober 2018 beschlossen wurde. Wer hier die Regelung des § 2 Abs. 7 S. 3 EStG richtig anwenden konnte, hatte den Einstieg gefunden. Natürlich brachte die Regelung des § 6 AStG auch insgesamt 3 Punkte. So auch die Regelung des § 50a EStG. § 20 Abs. 1 Nr. 1 S. 1 EStG musste genauso wie die Regelung des § 32d Abs. 2 Nr. 3 EStG auch beherrscht werden. Im Gewerbesteuerteil, der – wie oben bereits erwähnt – dem Körperschaftsteuerteil angeschlossen war, wurden „die Klassiker" also § 8 GewStG, § 9 Nr. 1 GewStG und auch die Regelung des § 10a GewStG geprüft. Es ging im Sachverhalt 1 des Teil II um eine GmbH und Co KG mit Sitz in Köln, die zwei Ladenlokale unterhielt und auch an einer unbeschränkt körperschaftsteuerpflichtigen GmbH beteiligt war.

1.2.6 Klausur 2018/2019

Die Klausur des Durchgangs 2018/2019, die am Tag 2 des Examens zu schreiben war, bestand aus Teil I und Teil II. Teil II betraf ausschließlich den Bereich der KSt. Teil I war in drei Sachverhalte unterteilt. Fangen wir beim Sachverhalt 3 an: Dieser umfasste 14 Punkte, die zu 100 % der GewSt zuzuordnen waren. Hier spielte die Regelung des § 10a GewStG die entscheidende Rolle, da es um die Frage ging, ob Verluste des Jahres 2016 im EZ 2017 berücksichtigt werden konnten. Wer die Regelung des § 10a GewStG bezüglich Personengesellschaften beherrschte, war auf der sicheren Seite. Sonst spielte nur die Regelung des § 8 Nr. 8 GewStG und die des § 9 Nr. 2 GewStG eine Rolle.

Sachverhalt 1 der Klausur des letztjährigen Durchgangs hatte die Veräußerung eines Mitunternehmeranteils durch eine natürliche Person zum Gegenstand. Es ging also zunächst um die Regelung des § 16 EStG. Da aber ein negatives Kapitalkonto eines Kommanditisten vorlag, musste die Regelung des § 15a EStG beherrscht werden. Die Entwicklung der Kapitalkonten waren darzustellen. Insgesamt konnten 25 Punkte erreicht werden.

Sachverhalt 2, im Rahmen dessen Lösung 20 Punkte erreichbar waren, betraf Auswirkungen eines Verzichts auf eine Pensionszusage im Rahmen eines Verkaufs einer Beteiligung, der unter § 17 EStG fiel. Ebenso spielten Versorgungsbezüge nach § 19 Abs. 1 Satz 1 Nr. 2 und Abs. 2 Satz 2 Nr. 2 EStG eine Rolle genau wie eine Zahlung aus einem Pensionsfonds die unter § 22 Nr. 5 EStG fiel und die Übertragung einer Pensionsverpflichtung auf einen Pensionsfonds. Da eine Kaufpreisrate erst 2 Jahre später zur Auszahlung kam, war eine Verzinsung nötig und somit Einkünfte nach § 20 Abs. 1 Nr. 7 EStG zu prüfen.

1.2.7 Klausur 2017/2018

Die Klausur die am zweiten Tag des Examens 2017/2018 zu schreiben war umfasste insgesamt 11 Seiten und war in zwei Teile untergliedert. Das DBA-Deutschland-Türkei lag als Anlage bei. Die Klausur umfasste zwei Teile. Wobei der 4 Seiten Aufgabenstellung umfassende Teil I Fragen des EStG und des IStR betraf. Es galt die Summe der Einkünfte des türkischen Staatsbürgers Hamit A. für den Veranlagungszeitraum 2016 zu ermitteln. Hamit A., geb. im Jahr 1951 war ledig und lebte seit 2011 in Deutschland. Er war als Arbeitnehmer tätig und wurde als Arbeitnehmer regelmäßig zu einer T-GmbH in die Türkei entsandt. Die T-GmbH hat ihren Sitz in Ankara und entspricht von der Rechtsform her der deutschen GmbH. Hamit A. wurde dann zum 30. Juni 2016 gekündigt und erhielt noch eine Abfindung i.H.v. 70.000 €. Im Laufe der Jahre als Angestellter nahm Hamit A auch an einem Aktienoptionsprogramm für Mitarbeiter teil und erwarb Aktien der K-AG, seiner inländischen Arbeitgeberin. Bezüglich dieser Aktien erhielt Hamit A. eine Gewinnausschüttung und es wurden auch noch Aktien verkauft. Nach dem Ausscheiden aus dem Arbeitsverhältnis bekam Hamit A. noch drei Monate Arbeitslosengeld und ab dem 01.10.2016 eine Altersrente wegen Arbeitslosigkeit aus der gesetzlichen Rentenversicherung. Desweitern hatte Hamit A. noch eine Direktzusage eines früheren Arbeitgebers bekommen und daraus ab Oktober 2016 monatliche Auszahlungen in Höhe von über 1.000 € erhalten. Es war dann unbedingt noch zu beachten, dass Hamit A zum 30. September 2016 nach Istanbul umgezogen ist und seinen Wohnsitz in Deutschland endgültig verließ. Die Aufgabe zum Sachverhalt forderte, dass die Summe der steuerpflichtigen Einkünfte des Hamit A. für den VZ 2016 ermittelt werden sollten wobei auf die Veranlagungsart sowie tarifliche Besonderheiten einzugehen war.

Im Rahmen der Lösung waren somit Fragestellungen aus dem Bereich der Einkünfte aus § 19 EStG zu lösen. Es war auf die Regelung des § 2 Abs. 7 S. 3 EStG – also den Wechsel zwischen unbeschränkter und beschränkter Steuerpflicht – einzugehen. Bezüglich der Aktienoptionen war § 3 Nr. 39 EStG anzusprechen und in Bezug auf die grenzüberschreitende Arbeitnehmertätigkeit die einschlägige Regelung des Art. 15 DBA-Türkei. Natürlich spielte auch § 50d Abs. 8 EStG wieder eine Rolle. Bezüglich der Abfindung war auf § 34 EStG einzugehen und bezüglich der nach DBA steuerfreien Einkünfte auf § 32b Abs. 1 Nr. 3 EStG. Der Verkauf der Aktien brachte die Regelung des § 20 Abs. 2 EStG ins Spiel wobei hier Art. 10 DBA-Türkei zu beachten war. Bezüglich der gesetzlichen Rente war § 22 Nr. 1 S. 3a.aa EStG einschlägig. Die Direktversicherung führte zu Einkünften aus § 22 Nr. 5 EStG und in diesem Bereich war Art. 18 DBA-Türkei zu beachten. im letzten Teil der gesamten Klausur waren noch vier Punkte aus dem Bereich der GewSt zu holen. Hier ging es lediglich um die Regelung des § 9 Nr. 1 S. 1 GewStG und im Rahmen einer Vermietung um § 8 Nr. 1 Buchst. e GewStG. Sonst musste beachtet werden, dass aktivierte Bauzinsen nicht zu einer Hinzurechnung nach § 8 Nr. 1 Buchst. a GewStG führen.

1.2.8 Klausur 2016/2017

Die Klausur, die am 12.10.2016 zu schreiben war, umfasste zwei Teile. Teil I war mit Einkommensteuer, Teil II mit Körperschaftsteuer und Gewerbesteuer überschrieben. Insgesamt umfasste die Klausur 11 Seiten, wobei der Teil II auf Seite 7 begann. Teil I der Aufgabe enthielt „nur" einen Sachverhalt. Dieser war in einzelne Teile – die Teile A. bis F. – untergliedert. Das überraschende Moment der Klausur war ohne jeden Zweifel die Aufgabenstellung. Diese lautete: „Ermitteln Sie die ertragsteuerlichen Abzugsverpflichtungen der GmbH, die sich aus dem Sachverhalt dem Grunde und der Höhe nach ergeben. Gehen Sie auch auf den Zeitpunkt ein, zu dem die Steuerabzugsbeträge einzubehalten und abzuführen sind. Die GmbH möchte für ihre Arbeitnehmer und Geschäftspartner nach Möglichkeit einen pauschalen Steuerabzug vornehmen. Sofern Lohneinkünfte nach individuellen Lohnsteuerabzugsmerkmalen (§ 39 EStG) zu versteuern sind, ist zur Höhe der Lohnsteuer keine Aussage zu treffen".

Im Teil A des Sachverhalts führte die GmbH eine Inventur durch und beschäftigte für drei Arbeitstage fünf Schüler, die jeweils 200 € Lohnentgelt erhielten und nicht im Rahmen eines 450 €-Jobs angestellt waren. Die insgesamt 75 Mitarbeiter (fünf davon waren die Schüler), die bei der Inventur mitwirkten, bekamen an einem der drei „Inventurtage" ein Abendessen. Die Kosten beliefen sich auf 30 € pro Person. Hier war somit die Vorschrift des § 40a EStG und die Regelung der LStR 19.6 Abs. 2 S. 2 zu untersuchen.

Im Teil B. ging es um die Erneuerung des Gartencenters eines Baumarktes, den die GmbH betreibt. Im Rahmen der Lösung war letztlich auf die Regelungen der §§ 48 ff. (Bauabzugssteuer) einzugehen

Im Teil C waren die steuerlichen Auswirkungen einer Weihnachtsfeier zu besprechen. Zunächst musste geklärt werden, welche Zuwendungen der GmbH an die Arbeitnehmer aus Anlass der Feier als Arbeitslohn i.S.d. § 19 Abs. 1 S. 1 Nr. 1a EStG einzustufen sind. Da auch noch eine Band aus Kolumbien für die musikalische Unterhaltung sorgte, war auf die Regelung des § 50a EStG einzugehen. Des Weiteren wurde drei Mitarbeitern noch ein Reisegutschein für ihre erfolgreiche Tätigkeit im Unternehmen zugewandt. Hier war also § 37b Abs. 2 EStG anzusprechen.

Im Teil D war ein Darlehen, dass der Gesellschafter-Geschäftsführer der GmbH zu fremdüblichen Konditionen gegeben hatte zu behandeln. Somit war über § 20 Abs. 1 Nr. 7 EStG die Regelung des § 32d Abs. 2 Nr. 1 Buchst. b EStG zu sehen. Ein Kapitalertragsteerabzug war nicht vorzunehmen. Anders war es bei der Ehefrau des Gesellschafter-Geschäftsführers, die sich typisch still an der GmbH beteiligt hatte. An sie, die nicht wirtschaftlich und finanziell von ihrem Ehemann abhängig war, wurde eine Gewinnbeteiligung ausbezahlt. Diese unterlag dem Kapitalertragsteuerabzug. Gleiches galt für die Gewinnausschüttung an die französische Mutter der GmbH, wobei hier ein Hinweis auf § 50d Abs. 2 EStG zu erfolgen hatte.

Teil E hatte die steuerlichen Folgen eines „Job-Tickets" zum Gegenstand. Des Weiteren war auf die Auswirkungen eines 50 € teuren Geschenks, das jeder Mitarbeiter zu Weihnachten bekommt, einzugehen. Zudem übernimmt die GmbH jedes Jahr die Kosten für einen Umtrunk auf dem Weihnachtsmarkt und die Kosten für eine Gruppenunfallversicherung, die sowohl die betrieblichen wie auch die privaten Risiken der Mitarbeiter versichert. In diesem Teil musste somit unter anderem auf die Regelung des § 8 Abs. 2 und § 8 Abs. 3 EStG eingegangen werden.

Im Teil F ging es schließlich um 10 VIP-Tickets für ein Fußballspiel, die die GmbH den wichtigsten Kunden zugewandt hatte. Somit war auf die Regelung des § 4 Abs. 5 S. 1 Nr. 1 EStG, erneut auf die Regelungen des § 37b Abs. 2 und Abs. 3 EStG und die Regelung des § 4 Abs. 5 Nr. 2 EStG einzugehen.

1.2.9 Klausur 2015/2016

Die Klausur des zweiten Tages umfasste zwei Teile wobei Teil I mit „Einkommensteuer" überschrieben war und Teil II mit „Körperschaftssteuer und Gewerbesteuer". Dem insgesamt 14 Seiten umfassenden Klausursachverhalt war das DBA-Niederlande als Anlage beigefügt. Im Sachverhalt 1 des Teil I war das zu versteuernde Einkommen des RS für den VZ 2014 zu ermitteln. RS lebte das ganze Jahr 2014 über in Vaals (Niederlande) und bezog eine gesetzliche Rente aus der BRD zudem veräußerte er eine Beteiligung an einer deutschen GmbH und vermietete eine in den Niederlanden belegene Immobilie. Neben bestimmten Vorsorgeaufwendungen war noch die Problematik einer Parteispende (vgl. dazu unten) enthalten. Zunächst war hier also zu erkennen, dass RS nicht unbeschränkt einkommensteuerpflichtig nach § 1 Abs. 1 EStG ist. Dann musste aber § 1 Abs. 3 EStG erkannt werden. Die Besteuerung der gesetzlichen Rente und die Regelung des § 17 EStG waren dann eher als „Standardproblematiken" abzuarbeiten. Die Einkünfte aus der vermieteten Wohnung in Vaals (Niederlande) waren sowohl im Bereich des § 1 Abs. 3 EStG als auch vor dem Hintergrund des § 32b Abs. 1 Nr. 5 EStG zu erwähnen. Im Sachverhalt 2 des Teil I lautete die Aufgabenstellung: „Prüfen Sie, ob für den Sohn T und die Tochter A im VZ 2014 Freibeträge nach § 32 Abs. 6 EStG zu gewähren sind. Zudem war das zu versteuernde Einkommen des EM für den VZ 2014 zu ermitteln. In diesem Sachverhalt war also zunächst die Vorschrift des § 32 EStG also Fragen der steuerlichen Berücksichtigung eines Kindes und Unterhaltszahlungen an Kinder zu prüfen. Im Rahmen der Ermittlung des zvE des EM spielten Fragen aus dem Bereich der Lohnsteuer wie vor allen Dingen Probleme aus den Themen private Nutzung eines Pkw, Fahrten Wohnung erste Tätigkeitsstätte und häusliches Arbeitszimmer die entscheidende Rolle. Im Sachverhalt 3 waren die steuerpflichtigen Einkünfte des GD für den VZ 2014 zu ermitteln. Der unbeschränkt steuerpflichtige GD führte in Hamburg einen kleinen Fahrradladen und ermittelte seinen Gewinn nach § 4 Abs. 3 EStG. Neben der „klassischen" Gewinnermittlung nach § 4 Abs. 3 EStG war noch die Problematik der Geschäftsaufgabe und somit auch der Wechsel der Gewinnermittlungsart enthalten. Zudem war noch der Verkauf eines Grundstücks nach Betriebsaufgabe also die Vorschrift des § 23 Abs. 1 S. 5 Nr. 1 EStG enthalten.

1.2.10 Klausur 2014/2015

Insgesamt umfasste die Klausur des zweiten Tages im Jahr 2015 zwei Teile. Teil I war mit Einkommensteuer überschrieben. Teil II mit Körperschaftssteuer und Gewerbesteuer. Teil I begann wie folgt: „Jose S., ledig, ist brasilianischer Staatsbürger und lebt seit 1994 in Deutschland. Am 10. März 2013 erwirbt J.S. in Brasilien eine Rinderfarm ..." Zugegebenermaßen ist dies ein nicht gerade zu erwartender Einstieg. Was „dann kam" war jedoch u.E. schon „planbar". J.S. verzog zum Juli 2013 nach Brasilien und war zum Zeitpunkt des Wegzugs aus Deutschland mit 15 % im Privatvermögen an einer inländischen GmbH beteiligt. Dieser Gesellschaft hatte er ein verzinsliches Darlehn gewährt und er erhielt auch noch eine Ausschüttung. Zudem erhält er am Jahresende noch Zinsen von einem inländischen Kreditinstitut. Es galt die steuerlichen Einkünfte für den VZ 2013 zu ermitteln. Im Sachverhalt 2 des Teil I vermieteten zunächst die Eheleute M ein Dreifamilienhaus. Diese übertrugen sie im Wege der vorweggenommenen Erbfolge an CM. Dieser vermietet einen Teil des Hauses an eine GmbH deren Alleingesellschafter er war und veräußerte die Immobilie dann. Im Sachverhalt 3 war der Arbeitnehmer A.K. mit Lebensmittelpunkt in der BRD auch für die spanische Betriebsstätte seines inländischen Arbeitgebers tätig. Er vermietet darüber hinaus ein in Spanien gelegenes Ferienhaus und war als Aufsichtsrat eines

1.2 Themenschwerpunkte der letzten 16 Jahre   219

spanischen Unternehmens tätig. Es galt das zu versteuernde Einkommen des A.K. für den VZ 2013 zu ermitteln. Somit waren nach dem „wirklich eher schwer verdaulichem Einstieg" doch eher die „Klassiker" abgefragt worden.

Wer sich im Bereich des IStR im Rahmen der Vorbereitung mit der Funktions- und Wirkungsweise eines DBA beschäftigt hatte, wer die Betriebsaufspaltung und deren Ende durch Wegfall der Voraussetzungen durchdrungen hatte und wer darüber hinaus auch die Grundzüge der Einkünfte aus Kapitalvermögen und der Wegzugsbesteuerung (§ 6 AStG) gut vorbereitet hatte, dem bereiteten diese Klausurteile keine unlösbaren Probleme.

1.2.11 Klausur 2013/2014

Die Prüfungsaufgabe des **Jahres 2013/2014** aus dem Einkommensteuer- und Ertragsteuerrecht des schriftlichen Teils umfasste zwei Teile. Teil I und Teil II, die sich auf 11 Seiten Sachverhalt erstreckten.

Teil I war überschrieben mit „Einkommensteuer und Gewerbesteuer" und umfasste die Sachverhalte 1–5 und 8 der insgesamt 11 Seiten. Der Teil II war überschrieben mit „Körperschaftsteuer" und umfasste nur einen Sachverhalt.

Im Sachverhalt 1 überträgt ein selbständiger Malermeister der seinen Gewinn durch BVV ermittelt sein Einzelunternehmen mit allen Aktiva und Passiva auf die von ihm neu gegründete GmbH gegen Gewährung von Anteilen an der GmbH. Es geht also um § 16 Abs. 1 EStG, § 20 UmwStG und § 17 EStG also vor allen Dingen um den sog. Einbringungsgewinn I.

Im Sachverhalt 2 war für insgesamt 14 Punkte eine u.E. kaum über die Grundzüge hinausgehende Gewinnermittlung nach § 4 Abs. 3 EStG vorzunehmen.

Sachverhalt 3 betraf Fragen des internationalen Steuerrechts. Ein in London (GB) wohnhafter Rechtsanwalt, der auch in Düsseldorf über eine Eigentumswohnung verfügte, unterhielt ein Festgeldkonto in der BRD und veräußerte eine Wohnung in der BRD. Problematisch war hier, dass beim unbeschränkt steuerpflichtigen Anwalt der DBA-Ansässigkeitsstaat Großbritannien war.

Im Sachverhalt 4 waren die Einkünfte eines Einzelunternehmers zu ermitteln wobei § 15a EStG die entscheidende Rolle spielte.

Im Sachverhalt 5 schließlich war noch für 5 Punkte aus dem Bereich der Gewerbesteuer auf die Regelungen der § 3 Nr. 40 und § 3c Abs. 2 EStG sowie § 9 Nr. 2a EStG einzugehen.

Der Teil II, also der Körperschaftsteuerteil, betraf eine Körperschaft, die weder Sitz noch Ort der Geschäftsleitung im Inland hatte. In den Klausurteil war also über § 2 KStG i.V.m. § 49 EStG einzusteigen.

1.2.12 Klausur 2012/2013

Im **Jahr 2012/2013** bestand die Klausur, die am zweiten Tag des Examens zu schreiben war, aus zwei Teilen und sehr umfangreichen Anlagen. Der erste Teil war mit Einkommensteuer und Gewerbesteuer überschrieben und in die Sachverhalte 1 bis 4 untergliedert.

Im Sachverhalt 1 war die Gewerbesteuer eines Einzelhandelsgeschäfts für den Erhebungszeitraum 2011 zu ermitteln. Einer der Schwerpunkte hierbei lag auf der Vorschrift des § 4 Abs. 4a EStG. Es waren also die im Zusammenhang mit Überentnahmen nicht abziehbaren Schuldzinsen zu ermitteln. Im Rahmen der Hinzurechnungen zum Gewerbeertrag nach § 8 GewStG waren § 8 Nr. 1 Buchstabe a GewStG und § 8 Nr. 1 Buchstabe e GewStG anzusprechen. Somit war es fast klar, dass im Bereich der Kürzungen § 9 Nr. 1 Satz 1 GewStG und auch § 20 Abs. 1 S. 2 GewStDV anzusprechen waren. Zum Ende des Sachverhalts 1 war noch kurz auf die Zerlegung (§ 28 Abs. 1 GewStG) einzugehen.

Im Sachverhalt 2 ging es ausschließlich um die einkommensteuerlichen Folgen der Bestellung eines Erbbaurechts, mithin um die Einkünfte aus Vermietung und Verpachtung nach § 21 Abs. 1 Nr. 1 EStG. Es spielten sogar § 11 Abs. 1 S. 2 und S. 3 EStG eine Rolle. Im Bereich der mit den Einnahmen zusammenhängenden Werbungskosten war der Anbau eines zusätzlichen Balkons und ein Fassadenanstrich zu beurteilen, natürlich war auch die AfA-Bemessungsgrundlage zu ermitteln.

Im Sachverhalt 3 des Einkommensteuerteils 2012/2013 war der unbeschränkt Steuerpflichtige, dessen Einkünfte für den Veranlagungszeitraum 2011 zu ermitteln waren, zum Teil im Betriebsvermögen zum anderen Teil im Privatvermögen an einer Kapitalgesellschaft mit Sitz in Österreich beteiligt und es kam im Jahr 2011 zu einer Gewinnausschüttung.

Im Sachverhalt 4 lebte der Steuerpflichtige, dessen Einkünfte für den VZ 2011 zu ermitteln waren, seit 1974 in Deutschland. Er verzog aber am 28.02.2011 nach Österreich. Als Aufsichtsratsmitglied einer AG mit Sitz in Deutschland erhielt er eine Vergütung. Er vermietete das ganze Jahr 2011 eine zum Privatvermögen gehörende Wohnung in Salzburg und veräußerte im Oktober 2011 alle Anteile an einer GmbH (Sitz in Deutschland), die er seit 1995 im Privatvermögen hielt. Im Körperschaftsteuer-Teil (Teil II) der Klausur vom Oktober 2012 war die inländische UG, deren zu versteuerndes Einkommen und deren festzusetzende Körperschaftsteuer zu ermitteln waren, an einer, mit einer deutschen Kapitalgesellschaft vergleichbaren Gesellschaft, in Oman (Nicht-DBA-Staat) beteiligt und es kam zu einem Beteiligungsertrag. Außerdem unterhielt die inländische UG noch eine Betriebsstätte in Oman, in der ein Gewinn erzielt wurde, der wiederum in Oman besteuert wurde.

1.2.13 Klausur 2011/2012

Im **Jahr 2011/2012** bestand die Klausur aus zwei Teilen. Teil I war mit Einkommensteuer/ Gewerbesteuer überschrieben, Teil II mit Körperschaftsteuer. Der mit Einkommensteuer/ Gewerbesteuer überschriebene Teil I der letztjährigen Klausur war in vier Teilsachverhalte unterteilt. Im Rahmen der Aufgabenstellung zum Sachverhalt 4 war die Gewerbesteuerpflicht einer KG zu prüfen und bejahendenfalls der Gewerbesteuermessbetrag für 2010 zu ermitteln. Ein Schema zur Ermittlung des Gewerbesteuermessbetrags findet sich im Kapitel 1.4.3. Auch die Aufgabe 2 zum Sachverhalt 2 betraf Fragen der Gewerbesteuer. Hier war die sachliche und persönliche Gewerbesteuerpflicht im Hinblick auf ein Einzelunternehmen und später einer KG zu prüfen. Auch hier musste der Gewerbesteuermessbetrag ermittelt werden, wobei nicht auf Hinzurechnungen (§ 8 GewStG) und Kürzungen (§ 9 GewStG) einzugehen war. Im Rahmen des Sachverhalts 1, 2 und 3 waren jeweils die einkommensteuerpflichtigen Einkünfte von unbeschränkt steuerpflichtigen Personen zu ermitteln. Alle drei Sachverhalte hatten nahezu ausschließlich Fragen aus dem Bereich der Besteuerung der Personengesellschaften zum Gegenstand. Es war auf Fragen der mitunternehmerischen Betriebsaufspaltung, Fragen aus dem Bereich des § 4 Abs. 4a EStG, Fragen aus dem Bereich des § 34a EStG, Fragen aus dem Bereich des § 24 UmwStG und auf Fragen aus dem Bereich des § 15a Abs. 1 EStG einzugehen. Einzig der Sachverhalt 3 befasste sich mit dem „reinen" Bereich der Einkommensteuer, wobei hier ein nur 10 Verrechnungspunkte umfassender Sachverhalt mit Einkünften aus Vermietung und Verpachtung (§ 21 EStG) und einem privaten Veräußerungsgeschäft § 23 EStG zu lösen war.

1.2 Themenschwerpunkte der letzten 16 Jahre

1.2.14 Klausur 2010/2011

Im Rahmen der Klausur des zweiten Tages im **Jahr 2010/2011** betrafen die ersten vier von insgesamt 11 Seiten Aufgabentext den Bereich der Einkommensteuer im weitesten Sinne. Im ersten Teilsachverhalt waren die Einkünfte eines unbeschränkt steuerpflichtigen Ehepaars für den Veranlagungszeitraum 2009 zu ermitteln. Der Ehegatte war **selbständig tätiger Arzt**. Er erwarb zu einer Zeit, als er noch als angestellter Arzt tätig war, ein Grundstück, welches er mit einem Gebäude bebauen ließ. Zur Finanzierung der damit zusammenhängenden Aufwendungen schloss er mit seiner Frau einen Darlehnsvertrag ab. Dieses bebaute Grundstück vermiete er zunächst an ein Unternehmen, bevor er es in das Vermögen seiner Arztpraxis einlegte, um es betrieblich zu nutzen. Das bebaute Grundstück veräußerte er schließlich noch im Veranlagungszeitraum 2009. Im Rahmen der **Gewinnermittlung nach § 4 Abs. 3 EStG** waren ansonsten nur noch die Überweisungen seitens einer GmbH, die mit den Forderungen gegen Privatpatienten betraut war, problematisch.

Neben Problemen im Zusammenhang mit der Bewertung der Einlage und einer § 6b-Rücklage (über § 6c EStG auch beim § 4 Abs. 3-Rechner möglich) durfte § 23 Abs. 1 EStG bei der Veräußerung des Grundstücks aus dem Betriebsvermögen nicht übersehen werden (vgl. § 23 Abs. 1 S. 5 Nr. 1 EStG). Bezüglich des Darlehns war noch auf Probleme aus dem Bereich der „Verträge zwischen nahen Angehörigen" einzugehen. Vgl. zu einem sehr ähnlichen Sachverhalt mit Lösungsvorschlag Kap. 1.5.

Die 1942 geborene Ehefrau erhielt von ihrer früheren Arbeitgeberin eine Versorgungszusage in Höhe von monatlich 2.000 €. Diese Versorgungszusage wurde von der früheren Arbeitgeberin auf einen Pensionsfonds übertragen. Neben den Einkünften aus § 20 Abs. 1 Nr. 7 EStG, die natürlich nicht übersehen werden durften, war noch auf § 20 Nr. 5 EStG und § 19 Abs. 2 EStG einzugehen.

Im zweiten Teilsachverhalt war aus der Sicht einer GmbH zu prüfen ob und ggf. in welcher Höhe sich in den geschilderten sechs Teilsachverhalten Arbeitslohn ergibt, der dann dem Lohnsteuerabzug zu unterwerfen ist. Im Rahmen dieser Aufgabenstellung waren sozialversicherungsrechtliche Beiträge, die Dienstwagen-Überlassung, Beiträge zu einer Direktversicherung, die jährliche Weihnachtsfeier im Restaurant, die Beiträge für eine Gruppenunfallversicherung und ein Scheck vom Einzelhandelsverband, den ein Mitarbeiter der GmbH erhielt, als Lohnsteuersicht zu beurteilen. Hier waren somit Probleme aus dem Bereich des § 19 EStG, § 6 Abs. 1 Nr. 4 S. 2 EStG, § 8 Abs. 2 S. 3 EStG, § 38 und § 40 EStG und des § 2 LStDV anzusprechen.

1.2.15 Klausur 2009/2010

Im **Jahr 2009/2010** Jahr bestand der erste Teil der Ertragsteuerklausur, der mit Einkommensteuer/Gewerbesteuer überschrieben war, aus vier Teilaufgaben.

Im Rahmen der Teilaufgabe 1 übertrug der Vater an seinen Sohn einen im Privatvermögen gehaltenen GmbH-Anteil im Wege der **gemischten Schenkung**, wobei nach der Trennungstheorie somit eine Aufteilung in eine entgeltliche und eine unentgeltliche Anteilsübertragung im Bereich des § 17 EStG zu besprechen war. Der zweite Teil dieser ersten Teilaufgabe hatte eine Entnahme zum Teilwert unter Berücksichtigung einer Teilwertabschreibung und einer Wertaufholung und Probleme im Bereich des Halbeinkünfteverfahrens zum Gegenstand. Wobei hier auch noch eine gewerbesteuerliche Würdigung verlangt wurde.

In der Teilaufgabe 2 lebte C in Bahrain, also in einem Nicht-DBA-Staat und schreibt im Auftrag eines inländischen Verlags ein Buch und eine Kolumne für eine deutsche Wochenzeitschrift.

Zudem vermiete er eine Wohnung in Eisenach und bekam von einer inländischen Betriebsstätte einer „ausländischen OHG" einen Verlust zugewiesen. Es war die festzusetzende Einkommensteuer des C zu ermitteln. Somit waren im Rahmen der beschränkten Steuerpflicht verschiedene Einkunftsarten und Besonderheiten der beschränkten Steuerpflicht zu besprechen (§§ 49, 50 EStG). Dieser Klausurteil wird in leicht abgewandelter Form unten beispielhaft besprochen (vgl. Kap. 1.4).

Die Teilaufgabe 3 hatte ausschließlich Fragen des Ehegattensplittings zum Gegenstand, wobei eine der beiden Empfängerinnen des Unterhalts jedoch in Lichtenstein lebte, womit im Rahmen der Lösung in § 10 Abs. 1 Nr. 1 EStG noch § 1a EStG (sog. fiktive unbeschränkte Steuerpflicht) zu integrieren war.

Im Teilsachverhalt 4 waren überwiegend Probleme aus dem Bereich des UmwStG zu lösen, wobei am Rande auch noch auf § 16 und § 22 EStG einzugehen war. Eine bisher von zwei Gesellschaftern geführte OHG wollte die Geschäfte als GmbH weiterführen, wobei am Ende des Veranlagungszeitraums und nach dem Formwechsel einer der ehemals zwei Gesellschafter seine Gesellschaftsanteile an den anderen veräußerte.

1.2.16 Klausur 2008/2009

Die **Ertragsteuerklausur 2008/2009** bestand aus zwei Teilen. Der erste Teil untergliederte sich nochmals in Teil I a und Teil I b. Nur Teil I a betraf einkommensteuerliche Fragen. Teil I b betraf ausschließlich Gewerbesteuer und Teil II nur Körperschaftsteuer. Der erste der beiden Sachverhalte umfasste die Frage, ob einem Ehepaar für ihr Kind der Kinderfreibetrag nach § 32 Abs. 6 EStG zu gewähren ist. Im Rahmen der Ermittlung des zu versteuernden Einkommens der Eheleute waren gewerbliche Einkünfte nach § 17 EStG zu prüfen. Auch Einkünfte nach § 15 Abs. 1 Satz 1 Nr. 1 EStG waren zu untersuchen, wobei hier auch Fragen der privaten Kfz-Nutzung zu erörtern waren. Des Weiteren waren Einkünfte aus Kapitalvermögen (§ 20 Abs. 1 Nr. 7 EStG), solche aus Vermietung und Verpachtung (§ 21 Abs. 1 Nr. 1 EStG) und auch sonstige Einkünfte (privates Veräußerungsgeschäft gemäß § 22 Nr. 2 i.V.m. § 23 Abs. 1 Nr. 1 EStG) zu prüfen. Im zweiten Teilsachverhalt bildete die Regelung des § 15a EStG den alleinigen Prüfungsgegenstand.

1.3 Der innere Bereich – Fachliche Prüfungsinhalte – Analyse

Die aufmerksame Analyse der fachlichen Prüfungsinhalte des Einkommensteuerteils der Ertragsteuerklausur der letzten sechzehn Jahre zeigt (leider), dass **wirklich „alles dran kommen kann"**. Es wurden bei Weitem **nicht nur die „Klassiker"** – wie beispielsweise, die Betriebsveräußerung, Betriebsaufgabe – also Probleme im Bereich des § 16 EStG –, die gewerblichen Einkünfte nach § 17 EStG, Probleme aus dem Bereich der vorweggenommenen Erbfolge usw. abgefragt. Zwar war in den letzten drei Jahren auch wieder einiges aus dem Bereich dieser „Klassiker" dran, jedoch wurden ggf. im Rahmen der Vorbereitung vernachlässigte – **vermeintliche „Randbereiche"**, wie Fragen des Kinderfreibetrags, Probleme im Bereich der beschränkten Steuerpflicht, oder vielleicht auch die „Elektromobilität", Probleme im Bereich der fiktiven unbeschränkten Steuerpflicht (§ 1a EStG), Fragen zur privaten Kfz-Nutzung, Grundzüge der Gewinnermittlung nach § 4 Abs. 3 EStG, Probleme mit ausländischen Einkünften im Nicht-DBA-Bereich und im DBA-Bereich, Fragen aus dem Bereich der Lohnsteuer und sogar die Zerlegung des Gewerbesteuermessbetrags wurde von den Kandidaten verlangt. Nicht zuletzt deshalb wurde im Rahmen der Themendarstellung auch auf die beispielsweise im Bereich der AO verwandte tabellarische Aufstellung verzichtet.

1.3 Der innere Bereich – Fachliche Prüfungsinhalte – Analyse

Nun drängt sich die Frage nach dem Nutzen solcher Erkenntnisse für die Examensvorbereitung auf.

Im Rahmen der Examensvorbereitung ist wohl stets **die Zeit der limitierende Faktor**. Es wird nur sehr wenig Privilegierte geben, die sich genau die Zeit nehmen können, die ihrer Meinung nach für die perfekte Vorbereitung nötig ist. Meist wird „die Zeit zum Lernen" sich auf die Wochenenden im Jahr vor der Prüfung und auf vielleicht noch drei bis maximal 3,5 Monate (Zeit der Freistellung) unmittelbar vor der Prüfung beschränken. Um dieses Zeitfenster optimal auszunutzen, sollte das sehr zeitaufwendige Erarbeiten und Verstehen einzelner Spezialprobleme vermieden werden. Was nützt es beispielsweise, wenn man sich mehrere Stunden mit der Berechnung des Veräußerungsgewinns nach der FiFo-Methode des § 23 Abs. 1 Nr. 2 S. 2 EStG a.F. bei der Veräußerung von im Sammeldepot verwahrten Aktien – auch im Examen 2023 noch insoweit anwendbaren § 23 Abs. 1 Nr. 2 EStG a.F. – beschäftigt. Es kann doch sehr viel sinnvoller sein, sich klar zu machen, für welche Wertpapiere bzw. deren Veräußerung noch im Veranlagungszeitraum 2009 beim Zufluss im Veranlagungszeitraum 2023 die Regelung des § 23 Abs. 1 Nr. 2 EStG a.F. gilt und wie das Verhältnis dieser Norm zu § 17 Abs. 1 EStG und § 20 Abs. 2 Nr. 1 EStG ist. Dafür muss nicht viel mehr als eine halbe Stunde aufgewendet werden. In der „gesparten" Zeit besteht dann die Möglichkeit, das zu anderen Themen angesammelte Wissen anhand einiger Beispiele noch mal zu vertiefen. Insbesondere bei der Lösung bzw. der Punktevergabe die Sachverhalte 1 (Einbringungsgewinn I) und 2 (Gewinnermittlung nach § 4 Abs. 3 EStG) des Teil I der Klausur der Jahre 2012 bzw. 2015 betreffend, fällt auf, dass nahezu alle erreichbaren Punkte durch die systematisch logische Anwendung der gesetzlichen Regelungen erreicht werden konnten. Es wurden hier kaum über Grundzüge hinausgehende vertiefte Kenntnisse abgeprüft.

Des Weiteren lässt sich erkennen, dass in die Prüfungsarbeiten nicht selten **Ausschnitte von „neueren BFH-Entscheidungen" bzw. neueren BMF-Schreiben und auch neueren gesetzlichen Regelungen (z.B. § 19 Abs. 1 Nr. 1a EStG oder im Jahr 2021 die Regelung des § 35c EStG)** eingearbeitet waren – oder im Jahr 2022 eben die „Elektromobilität". Meist waren dies Teilsachverhalte aus Entscheidungen des BFH, die – vom Jahr der Prüfung aus zurückgerechnet – nicht älter als eineinhalb bis zwei Jahre waren. Also beispielsweise bei der schriftlichen Prüfung im Herbst des Jahres 2006, die „über" den Veranlagungszeitraum 2005 geschrieben wurde, eine Entscheidung des BFH aus dem Jahr 2004. Diese BFH-Entscheidungen erschienen nicht (unbedingt) in der amtlichen Sammlung des BFH also in BFHE und sie wurden auch nicht im Bundessteuerblatt veröffentlicht. Die Entscheidungen konnten nur in BFH/NV, einer Fachzeitschrift des Haufe-Verlags, nachgelesen werden. Statt sich in der zu Verfügung stehenden Zeit ausschließlich neuen weiteren unbekannten Stoff zu erarbeiten, kann es sehr viel nützlicher sein, den bereits gelernten **Stoff in BFH-Entscheidungen wiederzuerkennen** und ihn **anhand dieser Entscheidungen nochmals zu wiederholen**. In der Klausur des zweiten Tages 2011/2012 war die Lösung zum Problem im Zusammenhang mit § 34a EStG im BMF-Schreiben vom 11.08.2008 zu finden, auch das BMF-Schreiben vom 28.02.2010 zu Fragen einer Pensionszusage spielte eine Rolle. Im Jahr 2019 wäre die Kenntnis der – nicht im BStBl veröffentlichten – Entscheidung des BFH vom 23.02.2012, IV R 31/09; BFH/NV 2012, 1448 und die Kenntnis des BMF-Schreibens vom 16.05.2011, BStBl I 2011, 530 hilfreich gewesen. Im Rahmen des Teil I, Sachverhalt 2 der Klausur des Jahres 2016/2017 spielte das BMF-Schreiben vom 24.10.2014, BStBl I 2014, 1412 also das BMF-Schreiben zur Reform des steuerlichen Reisekostenrechts ab

01.01.2014 eine entscheidende Rolle. Im Jahr 2020 im Rahmen der Frage des Ausscheidens einer Gesellschafterin aus der GbR spielte das BMF-Schreiben vom 19.12.2018, BStBl I 2019 I S. 6 Rz. 12 EStG eine Rolle.

1.4 Der äußere Bereich – Aufgabenstellungen und Gliederung – Allgemeines

Der Aufbau der Einkommensteuerteile hat sich vom Jahr 2004 an begonnen zu verändern. Bis zum Jahr 2004 bildeten meist sehr umfangreiche Sachverhalte den Gegenstand der Prüfung. Im Rahmen der letzten fünf Termine bestanden die Einkommensteuerteile jedoch vielmehr aus zwei bis vier Teilaufgaben bzw. verschiedenen kürzeren Sachverhalten. Dieser Trend wird sich wohl auch in den kommenden Jahren nicht wesentlich ändern. Im Gegenteil war die Klausur aus dem Jahr 2009 sogar wegweisend für einen neuen Trend. Beim Sachverhalt, der der dritten Teilaufgabe des Jahres 2009 zugrunde lag, wurde ausschließlich nach der Berücksichtigung von Aufwand im Rahmen des § 10 Abs. 1 Nr. 1 i.V.m. § 1a EStG und § 33a Abs. 1 EStG gefragt. Diese Teilaufgabe konnte völlig isoliert von der ganzen übrigen Klausur gelöst werden, da keinerlei Bezug zu den anderen Teilaufgaben bzw. Sachverhalten bestand. Es ist von 2009 bis zum Jahr 2013 durchaus erkennbar, dass stets kürzere Teilsachverhalte präsentiert werden und die Fallfragen sich ganz spezifisch auf ein oder zwei Einzelprobleme beschränken. Rein lohnsteuerliche Fragestellungen waren bis zum Jahr 2010 noch nie Gegenstand einer Steuerberaterexamensklausur. Wer sich mit Fragen aus dem Bereich der Lohnsteuer im Rahmen seiner beruflichen Tätigkeit beschäftigt, der hatte bei der Falllösung wohl keine Probleme. Im Rahmen der Vorbereitungskurse werden lohnsteuerliche Fragen nur in geringem Umfang oder gar nicht behandelt. Mithilfe der Regelungen der LStDV und der Einkommensteuerrichtlinien war die Klausur jedoch nicht mehr völlig unlösbar. Auch im Jahr 2015/2016 war Sachverhalt 2 des Teil I wieder dem Bereich der Lohnsteuer zuzuordnen. Im Durchgang 2016/2017 hätte die Überschrift des Teil I eher Lohnsteuer bzw. Abzugsteuern als Einkommensteuer lauten müssen. Der Teil umfasste 60 % des gesamten zweiten Tages. Auch an dieser Stelle sei erneut der Hinweis auf die Bedeutung des IStR gelegt. Im Jahr 2020 spielen „Probleme" aus diesem Bereich sowohl im ESt-Teil als auch im KSt-Teil eine nicht untergeordnete Rolle und im Jahr 2021 waren quasi auch wieder 10 % dem IStR zuzuordnen und 2022 schließlich wieder „satte" 25 %.

1.4.1 Der äußere Bereich – Aufgabenstellungen im Detail

Bezüglich des Einkommensteuerteils der Ertragsteuerklausur waren bis zum Jahr 2008 zwei verschiedene Klausurtypen zu unterscheiden. Seit der Klausur 2009 kann wohl auch noch von einem weiteren Klausurtyp ausgegangen werden. Der Bereich der Lohnsteuer – aus der Klausur des Jahres 2010 – oder auch ganz typisch der Sachverhalt 5 des Teil I des Jahres 2013/2014 kann diesem seit 2009 existierenden Klausurtyp zugeordnet werden.

1.4.1.1 Typ I

Als Klausurtyp I wird eine komplette Klausur oder Teile einer Klausur bezeichnet, in deren Rahmen zunächst – meist beginnend mit den persönlichen Verhältnissen – verschiedene Geschäftsvorfälle eines oder mehrerer natürlicher Personen im Laufe eines Jahres beschrieben werden.

Eine solche Klausur bzw. ein solcher Klausurteil könnte typischerweise wie folgt beginnen.

1.4 Der äußere Bereich – Aufgabenstellungen und Gliederung – Allgemeines

> **Beispiel:**
> **Allgemeines – Familienverhältnisse**
> Der von Frau Brunhilde Gaga geschiedene Franz Friek (FF geb. am 10.10.1963) hat am 11.10.2023 noch mal geheiratet nämlich Frau Berta Friek (BF geborene Schlosser geb. am 12.10.1962). FF und BF leben gemeinsam in einem Einfamilienhaus mit Garten in Hamburg.
>
> **Rente der BF**
> Seit März 2021 bekommt BF eine Erwerbsunfähigkeitsrente von einem inländischen Versicherer in Höhe von 470 € monatlich. Ab Januar 2022 wurde die Rente – entsprechend den vertraglichen Vereinbarungen – um monatlich 30 € – erhöht und stets zum fünfzehnten jeden Monats auf ihrem Konto gutgeschrieben. Diese Rente wird BF bis zum Erreichen ihres 63. Lebensjahrs gezahlt werden.
>
> **Beteiligung der BF an der Zwiebel und Knoblauch GmbH**
> Die im Januar 2006 gegründete Zwiebel und Knoblauch-GmbH mit Sitz in Ulm (Stammkapital 50.000 € – eingetragen im Handelsregister seit 21. Januar 2006) stellt Gewürze her. Bereits im März 2013 erwarb BF für 500 € einen entsprechenden Anteil am Stammkapital der GmbH, den sie seither im Privatvermögen hält.
> Ihre damaligen Anschaffungsnebenkosten (Eintragung usw.) beliefen sich auf 40 €. Bereits im Januar 2018 benötigte die Z-K-GmbH neues Kapital. Die Gesellschafter beschlossen auf der Gesellschafterversammlung im Februar 2018 eine Kapitalerhöhung auf 100.000 € wobei sich als neue Gesellschafterin die Vamp.-AG mit einer Einlage i.H.v. 50.000 € an der Z-K-GmbH beteiligen sollte. Alle übrigen Gesellschafter verzichteten auf die Annahme der ihnen eingeräumten Angebote auf den Bezug neuer Anteile. Die Kapitalerhöhung und auch die neue Struktur der Anteile wurden am 11. November 2018 im Handelsregister eingetragen.
> Mit notariellem Vertrag vom 08.08.2023 veräußerte BF ihren kompletten Anteil an der Z-K-GmbH für 20.000 € an Herrn Graf. Dieser übernahm vereinbarungsgemäß die Nebenkosten und war vertraglich verpflichtet den Kaufpreis in zwei gleichen Raten zu je 10.000 € zu bezahlen. Die erste Rate war am 06.09.2023 fällig. Zu diesem Zeitpunkt wurde Herr Graf auch bereits – wie vertraglich vereinbart – als neuer Anteilseigner im Handelsregister eingetragen. Er zahlte die Rate pünktlich. Auch die zweite Rate von 10.000 € überwies er – wie vertraglich vereinbart – pünktlich zum 15.01.2024.
>
> **Wohnung der BF in der Kreuzstraße 17 in Dresden**
> Ende des Jahres 2023 verstarb die Schwester der BF. In ihrem Testament vermachte sie der BF 600.000 €. Auf Drängen ihres Steuerberaters …

Ein Lösungsvorschlag folgt unten.

Bei diesem Klausurtyp wird die entweder dem Sachverhalt vorangestellte oder am Ende des Sachverhalts präsentierte Aufgabenstellung meist lauten:

> Ermitteln Sie das **zu versteuernde Einkommen** des X oder der Eheleute X und Y für den Veranlagungszeitraum 20xx. Eventuelle Wahlrechte zugunsten des niedrigst möglichen zu versteuernden Einkommens gelten als ausgeübt.

Die Ermittlung des zu versteuernden Einkommens einer bzw. mehrerer natürliche/r Person/en für ein bestimmtes Jahr (Veranlagungszeitraum) stellt **das „Kerngeschäft"** beim Lösen einer solchen Klausur dar. Diese Aufgabenstellung war im Jahr 2019 im Sachverhalt 3 des Teil I gegeben und auch im Jahr 2020 im Sachverhalt 2 des Teil I.

Daran ändert sich auch nichts, wenn die Aufgabenstellung, wie in den Jahren 2006, 2009 und im Sachverhalt 1 des Jahres 2022 lautet:

> Ermitteln Sie die **festzusetzende Einkommensteuer** des X für den Veranlagungszeitraum 20xx. Eventuelle Wahlrechte zugunsten der niedrigst möglichen zu festzusetzenden Einkommensteuer gelten als ausgeübt.

Um die festzusetzende Einkommensteuer ermitteln zu können, muss zunächst das zu versteuernde Einkommen ermittelt bzw. gefunden werden.

Soweit, wie im Jahr 2008, im Jahr 2012, im Sachverhalt 2 des Teil I des Jahres 2013/2014, in den Sachverhalten 1 und 2 des Teil I im Jahr 2014, im Sachverhalt 3 des Teil I des Jahres 2016/2017 und auch im Jahr 2019 sowie im Jahr 2018 und im Sachverhalt 1 und Sachverhalt 3 des Teil I des Jahres 2020, im Sachverhalt 2 und 3 des Teil I aus dem Jahr 2022 und im Teil I Sachverhalt 1 des Jahres 2023 die Aufgabenstellung wie folgt lautet:

> Ermitteln Sie **die Einkünfte** der Eheleute B oder des unbeschränkt steuerpflichtigen B für den Veranlagungszeitraum 2007, 2011, 2012, 2014, 2016, 2018 bzw. 2019, 2021 oder 2022. Eventuelle Wahlrechte zugunsten des niedrigst möglichen zu versteuernden Einkommens gelten als ausgeübt. Oder in den Hinweisen: Sofern verschiedene Lösungsmöglichkeiten bestehen, ist das für das Jahr 2014 (2016) günstigste steuerliche Ergebnis zu wählen.

bleibt das „Kerngeschäft der Klausurlösung" unverändert. Nur ausgehend vom Gesamtbetrag der Einkünfte, den es 2008 bzw. 2011 zu ermitteln galt, kann das zu versteuernde Einkommen gefunden werden.

> Im Rahmen der Aufgabenstellung der Klausur 2008 und auch im Jahr 2016/2017 bei Sachverhalt 2 und 3 war noch folgender Hinweis enthalten: „**Auf Steuerpflicht, Tarif und Veranlagungsart ist nicht einzugehen**".

Wenn und soweit **ein solcher Hinweis nicht gegeben** wird, sollte bevor mit der Ermittlung der Einkünfte, des zu versteuernden Einkommens oder der festzusetzenden Einkommensteuer begonnen wird, kurz aber erschöpfend auf die **Frage der Steuerpflicht** eingegangen werden.

> **Beispiel:** Der Alleinstehende A ist türkischer Staatsbürger und lebt nach seinem Umzug aus Ankara (Türkei) seit Mai 2023 in einer Zweiraumwohnung in Bochum.
> Nun vermietet A noch Wohnungen in der Türkei, betreibt ein Handelsgewerbe im Inland, ist an mehreren in- und ausländischen Kapitalgesellschaften beteiligt, wobei Teile der zur Veräußerung anstehenden Beteiligungen im Privatvermögen andere im Betriebsvermögen gehalten werden und eine gesetzliche Altersrente erhält A zudem noch ...

Im Rahmen der Lösung sollte der „**Fußgängerpunkt**" zur Steuerpflicht, Veranlagungsart und zum Tarif „unbedingt mitgenommen" werden:

Der Einstieg könnte beispielsweise (sehr kurz) lauten:

1.4 Der äußere Bereich – Aufgabenstellungen und Gliederung – Allgemeines

> A ist nach **§ 1 EStG i.V.m. § 8 AO unbeschränkt einkommensteuerpflichtig**, da er im Veranlagungszeitraum 2023 ab Mai mit der Wohnung in Bochum einen **inländischen Wohnsitz** unterhält. Die **ausländische Staatsbürgerschaft** ist insoweit irrelevant. Der Alleinstehende A unterliegt **der Einzelveranlagung** (§ 25 Abs. 1 EStG) und dem **Grundtarif** (§ 32a Abs. 1 EStG).

Wenn im oben genannten Beispiel nach dem zu versteuernden Einkommen der Eheleute Franz und Berta Friek gefragt wird, sollte kurz darauf eingegangen werden, dass beide nach § 1 Abs. 1 EStG i.V.m. § 8 AO unbeschränkt steuerpflichtig sind. Nach § 26 Abs. 1 EStG können die beiden im Veranlagungszeitraum 2023 zusammen veranlagt werden (auch ohne entsprechenden Antrag, § 26 Abs. 3 EStG) und würden in diesem Fall vom Splittingtarif nach § 32a Abs. 5 EStG profitieren.

In der Examensklausur der Jahre 2010, 2011, im Sachverhalt 1 des Teils I der Klausur des Jahres 2013/2014, im Sachverhalt 2 und 3 des Teil I im Jahr 2016/2017, wie auch im Teil I Sachverhalt 1 des Jahres 2019 war hingegen vermerkt, dass CM bzw. SK unbeschränkt steuerpflichtig ist bzw. auf die Steuerpflicht, die Veranlagungsart und den Tarif nicht einzugehen ist.

So war es auch im Sachverhalt 1 und Sachverhalt 2 des Teil I der Klausur aus dem Jahr 2021 und im Sachverhalt 2 und 3 des Teil I der Klausur aus dem Jahr 2022 und im Teil I Sachverhalt 1 des Jahres 2023. Ausführungen zur unbeschränkten Steuerpflicht sind dann natürlich entbehrlich. Wohingegen zum Steuertarif durchaus Ausführungen nötig sein können.

Klausurlösung:

Punktzahl (Gesamtpunktzahl)	Allgemeines
	FF und BF sind im Veranlagungszeitraum 2023 beide **unbeschränkt einkommensteuerpflichtig nach § 1 Abs. 1 EStG**, da sie ihren Wohnsitz nach § 8 AO in Deutschland haben. Sie sind im VZ 2023 verheiratet und leben nicht dauernd getrennt. Die **Voraussetzungen des § 26 EStG sind somit erfüllt.**
1 (1)	Da FF und BF keine Wahl bzgl. der Veranlagungsart getroffen haben, ist nach § 26 Abs. 3 EStG von der Zusammenveranlagung auszugehen und es wird der **Splittingtarif nach § 32a Abs. 5 EStG** zugrunde gelegt. Auf den Tarif kann entweder bereits an dieser Stelle eingegangen werden, es kann – soweit nach der Höhe der festzusetzenden ESt gefragt wird – aber auch zum Ende der Klausur erst darauf einzugehen sein.
1 (2)	**Rente** BF erzielt durch die Erwerbsunfähigkeitsrente, die als **abgekürzte Leibrente** anzusehen ist, sonstige Einkünfte nach § 22 Nr. 1 S. 3a bb S. 5 EStG, wobei die Einnahmen im Veranlagungszeitraum 2023 (12 × 500 € =) 6.000 € betragen.

2 (3–4)	Diese abgekürzte Rente ist mit dem **Ertragsanteil nach der Tabelle bei § 55 Abs. 2 EStDV** zu versteuern. Die Rente wird bis zum Oktober 2027 ausbezahlt werden, denn BF wird am 12.10.2027 ihren 63. Geburtstag haben. Da die Rente im März 2021 zu laufen begann und im Oktober 2027 enden wird, läuft sie 6 Jahre und 7 Monate. Der **Ertragsanteil beträgt somit: 7 %**, nach R 22.4 Abs. 4 EStR ist stets auf volle Jahre abzurunden. Somit: 420 € zu versteuernder Ertragsanteil.
1 (5)	**Abzüglich der Werbungskosten-Pauschbetrags von 102 €** nach § 9a Nr. 3 EStG ergeben sich **Einkünfte i.H.v. 318 €**.
1 (6)	**Veräußerung der Beteiligung an der Z-K-GmbH** Durch die Veräußerung der Anteile an der Z-K-GmbH erzielt BF **Einkünfte aus § 17 EStG**. Die Beteiligung gehört zum Privatvermögen.
	Problematisch ist, ob BF innerhalb der letzten fünf Jahre vor der Veräußerung mit mindestens 1 % am Kapital der Gesellschaft beteiligt war. **Als Zeitpunkt der Veräußerung ist die (zivilrechtliche oder auch wirtschaftliche) Übertragung der Anteile auf Herrn Graf anzusehen also der 06.09.2021.** Somit müsste BF im Zeitraum vom 06.09.2018 bis zum 06.09.2023 zu irgendeinem Zeitpunkt mit mindestens 1 % an der GmbH beteiligt gewesen sein.
2 (7–8)	Beim Erwerb ihrer Anteile im März 2013 war sie mit 1 % am Kapital der Gesellschaft beteiligt. Durch die Kapitalerhöhung sank ihre Beteiligungsquote auf 0,5 %. Dies aber nicht schon zum Zeitpunkt des Gesellschafterbeschlusses im Februar 2018, sondern erst mit **Eintragung der Kapitalerhöhung im Handelsregister am 11.11.2018** (vgl. dazu BFH vom 14.03.2006, VIII R 49/04). Da die Veräußerung der Anteile im September 2023 erfolgte, und BF bis zum 10.11.2018 noch mit 1 % an der GmbH beteiligt war, war sie innerhalb der letzten fünf Jahre vor der Veräußerung relevant beteiligt und der nun zu ermittelnde Gewinn ist steuerbar.
1 (9)	Unabhängig davon, dass **BF der Veräußerungserlös teilweise erst im Veranlagungszeitraum 2024 zufließt, ist der Gewinn in 2023 zu versteuern**. § 11 Abs. 1 EStG findet insoweit keine Anwendung, da § 17 Abs. 2 EStG eine sog. Gewinnermittlungsvorschrift eigener Art ist (vgl. H 17 Abs. 7 „Stichtagsbewertung" EStH und BFH vom 01.04.2008, IX B 257/07). Der Gewinn entsteht somit im Veranlagungszeitraum 2022 im Zeitpunkt der Veräußerung, also bei Übertragung des Eigentums.

1.4 Der äußere Bereich – Aufgabenstellungen und Gliederung – Allgemeines

1 (10)	**Ermittlung:** Erlös 20.000 € abzüglich Anschaffungskosten und Anschaffungsnebenkosten ./. 540 € = 19.460 € davon nach Teileinkünfteverfahren § 3 Nr. 40c und § 3c Abs. 2 EStG (60 %) = 11.676 €
1(11)	Ein **Freibetrag nach § 17 Abs. 3 EStG** ergibt sich bei diesem Betrag und der Beteiligungshöhe von 1 % bzw. 0,5 % nicht mehr. Dies war im übrigen auch in der Klausur des Jahres 2021 genau so erwähnt worden. Nach § 17 EStG sind mithin 11.676 € (nicht der Gewerbesteuer unterliegende) gewerbliche Einkünfte zu versteuern.

1.4.1.2 Typ II

Als Klausur-Typ II kann die **sog. Beraterklausur** bezeichnet werden. Dieser Klausurtyp wurde im Jahr 2005/2006 letztmals präsentiert. Somit könnte ein solcher Klausurtyp durchaus „mal wieder" zu erwarten sein.

Der Klausurteil begann wie folgt.

> **Beispiel:** In Ihrer Kanzlei erscheinen A, B und C und bitten Sie, sie beim Erstellen der Steuererklärungen für das Jahr 2004 zu beraten. Auf Nachfrage erfahren Sie folgende Sachverhalte.

Die Aufgabenstellung entspricht der oben dargestellten. A, B und C wollten entweder („nur") die Höhe ihres zu versteuernden Einkommens ermittelt haben oder ihre Einkommensteuerbelastung (also die Höhe der vom Finanzamt festzusetzenden Einkommensteuer) im Jahr 2004 erfahren.

In einen solchen Klausurtyp lassen sich u.E. sehr gut Fragen aus dem weiten Bereich der Abgeltungssteuer also vor allen Dingen Probleme aus dem Bereich des § 32d EStG einbauen. Solche Probleme haben in den seit 2010 vergangenen Terminen erstaunlicherweise kaum eine Rolle gespielt. Da seit den Entscheidungen des BFH aus dem Jahr 2014 (vgl. drei Urteile jeweils vom 29.04.2014, VIII R 9/13, VIII R 44/13 und VIII R 35/13) und BFH-Urteile vom 12.05.2015, VIII R 14/13, vom 25.08.2015, VIII R 3/14 und vom 28.07.2015, VIII R 50/14 die Rechtsprechung zu diesem Bereich auch „vorhanden" ist und das BMF-Schreiben vom 20.12.2022 hier doch sehr aktuell ist (vgl. Erlasse I 43/1), wäre dieser Bereich u.E. sehr gut als Klausurinhalt geeignet.

1.4.1.3 Typ III

Der Klausur-Typ III lässt sich wohl am besten beschreiben als die Prüfung einer oder mehrerer Normen zu einem Thema anhand eines **kurzen Sachverhalts**. Als Beispiel für diesen Klausurtyp wird der leicht abgewandelte Sachverhalt der dritten Teilaufgabe des Jahres 2009/2010 besprochen.

> **Dieser lautete:** Herr X, wohnhaft in Stuttgart, ist seit 20.09.2022 rechtskräftig von seiner Ehefrau E geschieden. Seine gerichtlich festgesetzten Unterhaltszahlungen betragen im Veranlagungszeitraum 2023 monatlich 1.100 €. Auch die zweite Ehe des X mit Frau F hielt nicht lange; sie wurde am 30.09.2023 rechtskräftig geschieden, wobei die Unterhaltsverpflichtung im Veranlagungszeitraum 2023 monatlich 1.200 € beträgt. Beiden Unterhaltsverpflichtungen ist X immer fristgerecht nachgekommen. Frau E wohnt in Stuttgart. Frau F hingegen ist 2022 nach Belgien verzogen. Herr X beantragt für den Veranlagungszeitraum 2023 den Abzug der Unterhaltsaufwendungen als Sonderausgabe oder außergewöhnliche Belastung. Die entsprechende Anlage U, die von Frau F unterschieben ist, liegt der Einkommensteuererklärung bei. Des Weiteren liegt auch eine Bescheinigung des Finanzamts Brüssel, aus der hervorgeht, dass Frau F ihre Unterhaltszahlungen dort versteuert hat, vor. Für Frau E liegt keine Anlage U vor.

Die Aufgabe lautete:
„Prüfen Sie, ob für die Unterhaltsaufwendungen ein Sonderausgabenabzug bzw. ein Abzug als außergewöhnliche Belastung in Betracht kommt und begründen Sie Ihre Auffassung."

Im Rahmen der Lösung solcher Klausuren bzw. Klausurteile ist also **die Prüfung der Tatbestandsmerkmale** einer oder mehrerer Vorschriften vorzunehmen. Nicht mehr und auch nicht weniger. Den Prüfungsaufbau gibt also der Tatbestand der einschlägigen Norm vor.

Im Examen 2009 war dies zunächst die Vorschrift des § 10 Abs. 1 Nr. 1 EStG. Heute wäre es die wortgleiche Vorschrift des § 10 Abs. 1a Nr. 1 EStG, die ja auch im Jahr 2022 bezüglich der Unterhaltszahlungen an den in Italien lebenden Exmann wieder eine Rolle gespielt hat.

Soweit die Tatbestandsvoraussetzungen dieser Norm erfüllt sind, tritt eine der Rechtsfolgen, nach der gefragt war, nämlich die Möglichkeit eines Sonderausgabenabzugs, ein.

Die Lösung einer solchen Klausur beginnt also im Grunde genommen mit dem „Abschreiben" der einschlägigen Norm. Hier ein **Formulierungsvorschlag:**

> „Unterhaltsleistungen an geschiedene Ehegatten sind als Sonderausgaben nach § 10 Abs. 1a Nr. 1 EStG zunächst abziehbar, wenn der Geber dies mit Zustimmung des Empfängers beantragt."
>
> Nun kann in die Prüfung des Sachverhalts „eingestiegen werden" und klargestellt werden, dass ein solcher Antrag vorliegt. Aber nur bzgl. Frau F liegt die Zustimmung zum Sonderausgabenabzug, nämlich die unterschriebene Anlage U, vor.
>
> Also scheidet ein Sonderausgabenabzug nach § 10 Abs. 1a Nr. 1 EStG bezüglich Frau E bereits an dieser Stelle aus.

Und dann zum nächsten Tatbestandsmerkmal der Norm:

> Nach § 10 Abs. 1a Nr. 1 EStG kann ein Sonderausgabenabzug bzgl. Frau F aber nur vorgenommen werden, wenn F unbeschränkt steuerpflichtig ist. Nach ihrem Wegzug nach Belgien ist sie dies nicht mehr, denn weder die Voraussetzungen des § 1 Abs. 1, des § 1 Abs. 2 noch des § 1 Abs. 3 EStG liegen vor. Nun ist § 1a EStG zu kennen und zu prüfen. Über § 1a Abs. 1 Nr. 1 EStG sind Unterhaltsleistungen an den geschiedenen Ehegatten auch dann als Sonderausgabe abziehbar, wenn der Empfänger nicht unbeschränkt einkommensteuerpflichtig ist, aber seinen Wohnsitz in einem EU/EWR-Staat hat.

1.4 Der äußere Bereich – Aufgabenstellungen und Gliederung – Allgemeines

> Da auch die weiteren Voraussetzungen des § 1a EStG erfüllt sind, kann Herr X die Unterhaltsleistungen in Höhe von 13.805 € im Veranlagungszeitraum 2023 abziehen. Laut Sachverhalt belaufen sich die tatsächlich geleisteten Zahlungen aber auf insgesamt 14.400 €. Der übersteigende Betrag in Höhe von 595 € darf nicht als außergewöhnliche Belastung nach § 33a Abs. 1 EStG abgezogen werden (§ 33 Abs. 2 Satz 2 EStG).

Bezüglich Frau E (die keine Zustimmung zum Sonderausgabenabzug gegeben hat) ist § 33a Abs. 1 EStG zu prüfen. Die Zahlungen des Herrn X könnten im Rahmen dieser Vorschrift als außergewöhnliche Belastungen berücksichtigt werden. Nun ist zu untersuchen, ob Frau E auch bedürftig ist ... Hier enthielt der Originalsachverhalt einige Angaben anhand dieser die Prüfung dann vorzunehmen war.

Diese „typische juristische" Vorgehensweise fällt nicht unbedingt jedem leicht. Wohl unter Anderem meist bedingt durch die tägliche Arbeit sind viele Kandidaten geneigt, Klausuren des Typ III viel zu knapp zu beantworten.

Wenn die Frage lautet: „Prüfen Sie, ob ..." kann die Antwort **entweder im Urteilsstil**, d.h. beginnend mit dem Ergebnis und fortfahrend mit der Begründung aufgebaut werden. Die Antwort lässt sich aber auch im **sog. Gutachtenstil**, d.h. die Lösung kommt erst nach der Begründung darstellen. Es empfiehlt sich bei der Fragestellung „Prüfen Sie, ob ..." die Lösung im Gutachtenstil aufzubauen. Durch die Wahl dieses Aufbaus wird die **Gefahr des Vergessens** einzelner Tatbestandsmerkmale verringert, da man bei diesem Aufbau gezwungen wird Tatbestandsmerkmal für Tatbestandsmerkmal also Schritt für Schritt vorzugehen.

Sofern die Fragestellung lautet: „Nehmen Sie gutachterlich zu dem im Sachverhalt aufgeworfenen Fragen Stellung ..." ist die Antwort **zwingend im Gutachtenstil** (vgl. dazu auch Kap. II. 1.3) darzustellen.

> **Dazu noch ein weiteres Beispiel:** Unterstellen wir eine der im Sachverhalt vorkommenden Personen (genannt X) ist alleinstehend und spendet im Jahr 2023 einen Betrag von 2.000 € an eine der großen politischen Parteien. Genau diese Problematik – nämlich eine Parteispende i.H.v. 3.500 € war im Jahr 2015/2016 im Teil I Sachverhalt 1 abgefragt worden und wieder im Jahr 2020 im Teil I Sachberhalt 2. Diese Person X fragt sich nun, wie sich diese Parteispende, über die eine sog. Spendenquittung vorliegt, im Jahr 2023 auf seine Einkommensteuerbelastung auswirkt. Die Aufgabe soll lauten: „Nehmen Sie gutachterlich zu der im Sachverhalt aufgeworfenen Frage Stellung ..."!

Natürlich könnte einfach geantwortet werden:
  „Die Einkommensteuerbelastung sinkt."
Die Antwort ist richtig, aber von den wahrscheinlich maximal möglichen 4 Punkten wäre mit dieser Antwort wohl keiner erreicht. Bei der Falllösung muss zwingend im Gutachtenstil also wie folgt vorgegangen werden:

> Die Parteispende kann im Veranlagungszeitraum 2023 einer Steuerermäßigung nach § 34g EStG und zu einer Berücksichtigung im Rahmen der Sonderausgaben nach § 10b Abs. 2 EStG führen.

> Nach § 34g Satz 1 EStG vermindert sich die tarifliche Einkommensteuer bei Zuwendungen an politische Parteien, wobei die Parteispende eine solche Zuwendung darstellt, da nach § 10b Abs. 1 EStG unter Zuwendungen sowohl Spenden als auch Mitgliedsbeiträge zu verstehen sind.
>
> Nach § 34g S. 2 EStG beträgt die Steuerermäßigung jedoch nur 50 % der Ausgaben, höchstens allerdings 825 €. Da X 2.000 € aufwendet, erreicht er zunächst eine Steuerermäßigung in Höhe von 825 €. Für diese 825 € wurden 1.650 € der Parteispende „verbraucht".
>
> Der noch nicht verbrauchte Betrag, also die Differenz zwischen den tatsächlich gespendeten 2.000 € und den bisher berücksichtigten 1.650 € somit ein Betrag von 350 € kann im Rahmen der Sonderausgaben in voller Höhe nach § 10b Abs. 2 EStG berücksichtigt werden.

1.4.2 Prüfungsschemata, Vorgehensweise und weitere Formulierungsvorschläge

Soweit die unbeschränkte Steuerpflicht laut Sachverhalt ohne weitere Prüfung gegeben ist, oder im Rahmen der Prüfung positiv festgestellt wurde, ist es empfehlenswert zur Lösung der genannten Aufgabenstellungen die **Richtlinie 2 (EStR 2) als Prüfungsschema** heranzuziehen:

R 2 EStR lautet:

(1) Das zu versteuernde Einkommen ist wie folgt zu ermitteln:		
1		Summe der Einkünfte aus den Einkunftsarten
2	+	Hinzurechnungsbetrag (§ 52 Abs. 3 Satz 3 EStG sowie § 8 Abs. 5 Satz 2 AIG)
3	=	Summe der Einkünfte
4	./.	Altersentlastungsbetrag (§ 24a EStG)
5	./.	Entlastungsbetrag für Alleinerziehende (§ 24b EStG)
6	./.	Freibetrag für Land- und Forstwirte (§ 13 Abs. 3 EStG)
7	=	Gesamtbetrag der Einkünfte (§ 2 Abs. 3 EStG)
8	./.	Verlustabzug nach § 10d EStG
9	./.	Sonderausgaben (§§ 10, 10a, 10b, 10c EStG)
10	./.	Außergewöhnliche Belastungen (§§ 33 bis 33c EStG)
11	./.	Steuerbegünstigung der zu Wohnzwecken genutzten Wohnungen, Gebäude und Baudenkmale sowie der schutzwürdigen Kulturgüter (§§ 10e bis 10i EStG, § 52 Abs. 21 Satz 6 EStG i.d.F. vom 16.04.1997, BGBl I 1997, 821 und § 7 FördG)
12	+	zuzurechnendes Einkommen gem. § 15 Abs. 1 AStG
13	=	Einkommen (§ 2 Abs. 4 EStG)
14	./.	Freibeträge für Kinder (§§ 31, 32 Abs. 6 EStG)
15	./.	Härteausgleich nach § 46 Abs. 3 EStG, § 70 EStDV
16	**=**	**zu versteuerndes Einkommen (§ 2 Abs. 5 EStG)**

1.4 Der äußere Bereich – Aufgabenstellungen und Gliederung – Allgemeines

	(2) Die festzusetzende Einkommensteuer ist wie folgt zu ermitteln:
1	Steuerbetrag
	a) nach § 32a Abs. 1, 5, § 50 Abs. 3 EStG
	oder
	b) nach dem bei Anwendung des Progressionsvorbehalts (§ 32b EStG) oder der Steuersatzbegrenzung sich ergebenden Steuersatz
2	+ Steuer aufgrund Berechnung nach den §§ 34, 34b EStG
3	= tarifliche Einkommensteuer (§ 32a Abs. 1, 5 EStG)
4	./. Minderungsbetrag nach Punkt 11 Ziffer 2 des Schlussprotokolls zu Artikel 23 DBA Belgien in der durch Artikel 2 des Zusatzabkommens vom 05.11.2002 geänderten Fassung (BGBl II 2003, 1615)
5	./. ausländische Steuern nach § 34c Abs. 1 und 6 EStG, § 12 AStG
6	./. Steuerermäßigung nach § 35 EStG
7	./. Steuerermäßigung für Steuerpflichtige mit Kindern bei Inanspruchnahme erhöhter Absetzungen für Wohngebäude oder der Steuerbegünstigungen für eigengenutztes Wohneigentum (§ 34f Abs. 1 und 2 EStG)
8	./. Steuerermäßigung bei Zuwendungen an politische Parteien und unabhängige Wählervereinigungen (§ 34g EStG)
9	./. Steuerermäßigung nach § 34f Abs. 3 EStG
10	./. Steuerermäßigung nach § 35a EStG
11	+ Steuern nach § 34c Abs. 5 EStG
12	+ Nachsteuer nach § 10 Abs. 5 EStG i.V.m. den §§ 30, 31 EStDV
13	+ Zuschlag nach § 3 Abs. 4 Satz 2 Forstschäden-Ausgleichsgesetz
14	+ Anspruch auf Zulage für Altersvorsorge nach § 10a Abs. 2 EStG
15	+ Anspruch auf Kindergeld oder vergleichbare Leistungen, soweit in den Fällen des § 31 EStG das Einkommen um Freibeträge für Kinder gemindert wurde
16	= **festzusetzende Einkommensteuer (§ 2 Abs. 6 EStG)**

Die Richtlinie gibt also in jedem ihrer Absätze ein **16 Punkte umfassendes „Prüfungsschema"** vor.

Absolut unabhängig von der inhaltlichen Gestaltung des Sachverhalts, also unabhängig davon, ob beispielsweise Einkünfte aus Vermietung und Verpachtung oder gewerbliche Einkünfte nach § 16 und/oder § 17 EStG oder die Regelung des § 22 EStG den inhaltlichen Schwerpunkt des Sachverhalts bestimmen, ist stets zunächst die **Summe der Einkünfte aus den verschiedenen Einkunftsarten** zu ermitteln.

Diese Prüfung bildet meist den **Schwerpunkt der Arbeit** des Typ I und des Typ II. Es gibt keine Regel mit welchen der im Sachverhalt auftretenden Einkunftsarten zu beginnen ist, oder welche stets zum Ende der Arbeit zu prüfen sind. Das EStG unterscheidet jedoch zwischen sieben Einkunftsarten, die wiederum in **Gewinneinkunftsarten und Überschusseinkunftsarten** unterteilt werden. Im Rahmen der Ermittlung der Einkünfte der jeweiligen Einkunftsart ist diese Unterscheidung für den Prüfungsaufbau hilfreich.

Bei den Überschusseinkunftsarten also bei:
- den Einkünften aus nicht selbstständiger Arbeit (§ 19 EStG),
- den Einkünften aus Kapitalvermögen (§ 20 EStG),
- den Einkünften aus Vermietung und Verpachtung (§ 21 EStG) und
- den sonstigen Einkünften (§ 22 EStG)

sollten zunächst die in diesem Rahmen **steuerbaren Einnahmen** ermittelt werden. Im Anschluss daran sind die davon **abzugsfähigen Werbungskosten** zu ermitteln.

Damit der Korrektor schnell und eindeutig dieses Vorgehen erkennen kann, empfiehlt sich bei Einkünften aus Vermietung und Verpachtung beispielsweise folgender Einstiegssatz:

> „**Durch die Vermietung der Wohnung XXXX erzielt A Einkünfte aus Vermietung und Verpachtung nach § 21 Abs. 1 EStG, die durch den Überschuss der Einnahmen über die Werbungskosten zu ermitteln sind**".
> I. Einnahmen: ...
> II. Werbungskosten: ...

So wurde Jahr 2012 für den Satz „P erzielt durch die Vermietung der beiden Wohnungen des Zweifamilienhauses Einkünfte aus Vermietung und Verpachtung nach § 21 Abs. 1 Nr. 1 EStG" im Rahmen der Lösung des Sachverhalts 2 des Teils I, ein Punkt vergeben. Im Jahr 2013/2014 wurde für die Sätze: „K erzielt Einkünfte aus Gewerbebetrieb (§ 15 Abs. 1 S. 1 Nr. 1 EStG). Einkünfte sind der Gewinn (§ 2 Abs. 2 S. 1 Nr. 1 EStG), der laut Sachverhalt gem. § 4 Abs. 3 EStG ermittelt werden kann" ein Punkt vergeben. Dies, obwohl der Einstieg in den Sachverhalt 2 des Teil I lautete: „K (wohnhaft in Wuppertal) ist seit Jahren gewerblich tätig und vorsteuerabzugsberechtigt. Seinen Gewinn hat er zulässigerweise nach § 4 Abs. 3 EStG ermittelt. Für 2012 hat K einen Gewinn von 20.000 € ermittelt. Folgende Sachverhalte sind dabei unberücksichtigt geblieben: ..." Im Jahr 2014 wurde beispielsweise ein Punkt für die Feststellung vergeben, dass A.K. als Aufsichtsratsmitglied Einkünfte nach § 18 Abs. 1 Nr. 3 EStG erzielt und in diesem Rahmen sein Gewinn zu ermitteln ist. Im vergangenen Jahr wurde ein Punkt für die Feststellung vergeben, dass EM im Rahmen seiner Tätigkeit als angestellter Mitarbeiter im Außendienst Einkünfte aus § 19 Abs. 1 S. 1 Nr. 1 EStG erzielt.

Unterstellen wir, die vermietete Wohnung wäre im Rahmen einer vorweggenommenen Erbfolge gegen Zahlung eines Ausgleichs in das Eigentum des Steuerpflichtigen gelangt und es wären kurz nach Übergang von Nutzen und Lasten umfangreiche Renovierungsarbeiten am Objekt vorgenommen worden. Sicher beginnt der Sachverhalt mit „dieser Geschichte". Meist am Ende dieses Sachverhalts bzw. Sachverhaltsteils finden sich Ausführung zum Mieter, der Höhe der Miete und der „Zahlungsmoral". Die Lösung sollte auf keinen Fall mit einer „vorangestellten Abhandlung" der Problematik aus Bereich der vorweggenommenen Erbfolge beginnen. Dieser Teil des Sachverhalts spielt erst bei der Ermittlung der Werbungskosten (AfA, anschaffungsnaher Aufwand usw.) eine Rolle. Es empfiehlt sich, in solchen Fällen immer zunächst mit der Nennung der Einkunftsart zu beginnen. Also mit dem o.g. Satz: Durch die Vermietung der Wohnung

1.4 Der äußere Bereich – Aufgabenstellungen und Gliederung – Allgemeines

erzielt A Einkünfte aus Vermietung und Verpachtung nach § 21 Abs. 1 EStG, die durch den Überschuss der Einnahmen über die Werbungskosten zu ermitteln sind." Im Anschluss daran sollte zu Problemen im Bereich der Einnahmen Stellung genommen werden. Beispielsweise haben die Mieter die Dezembermiete des Jahres 2019 erst im Januar 2020 überwiesen oder Kürzungen aus bestimmten Gründen vorgenommen. Oder es wurde ein Zuschuss der Gemeinde zur Miete gewährt (vgl. dazu R 21.5 EStR). Erst wenn die „Einnahmenseite" abgearbeitet ist – und somit schon einige „Fußgängerpunkte" mitgenommen wurden – sollten komplexe Ausführungen zur vorweggenommenen Erbfolge im Bereich der als Werbungskosten zu berücksichtigenden AfA-Beträge erfolgen.

Bei den **Gewinneinkunftsarten** also vor allem bei:
- Einkünften aus Gewerbebetrieb (§§ 15, 16, 17 EStG) und bei
- Einkünften aus selbstständiger Arbeit (§ 18 EStG)

kann es darum gehen, den laut Sachverhalt bereits ermittelten Gewinn zu korrigieren.

Unterstellt X betreibe ein „kleines" Fabrikationsunternehmen und seine Einkünfte seien laut Sachverhalt nach § 4 Abs. 3 EStG durch die sog. Einnahmen-Überschussrechnung ermittelt worden. So kann der Einstiegssatz in die Prüfung wie folgt lauten:

> **Aus seinem Fabrikationsunternehmen erzielt X Einkünfte aus Gewerbebetrieb nach § 15 Abs. 1 Satz 1 Nr. 1 EStG. Die Voraussetzungen des § 15 Abs. 2 EStG sind erfüllt und die Einkünfte aus Gewerbebetrieb sind der Gewinn (§ 2 Abs. 2 Nr. 1 EStG).**

Wie oben gesehen, war dies nahezu der „original ein Punkt wertige" Einleitungssatz zur Lösung des Sachverhalt 2 im Teil I des Jahres 2013/2014. Nun ist es meist empfehlenswert jeden im Sachverhalt auftretenden „Geschäftsvorfall" auf seine Gewinnauswirkung hin zu untersuchen, wobei bei der vorliegenden Gestaltung noch auf die Zulässigkeit der Gewinnermittlung nach § 4 Abs. 3 EStG (§§ 140, 141 AO) eingegangen werden sollte. Genau dieses Vorgehen „brachte auch" bei der Lösung des Sachverhalts 3 des Teil I des vergangenen Jahres entscheidende Punkte.

Soweit im Sachverhalt eine Betriebsaufgabe oder Betriebsveräußerung (§ 16 EStG im weitesten Sinne) oder die Veräußerung von Anteilen an Kapitalgesellschaften nach § 17 EStG angesprochen ist, sind diese Vorschriften entsprechend ihrer Tatbestandsmerkmale und Besonderheiten anhand der im Sachverhalt aufgeworfenen Probleme zu erläutern.

Soweit die **Summe der Einkünfte** aus den (u.U. verschiedenen) Einkunftsarten ermittelt ist, ist wenn kein Altersentlastungsbetrag (§ 24a EStG) und auch kein Entlastungsbetrag für Alleinerziehende (§ 24b EStG) bzw. kein Freibetrag für Land- und Forstwirte (§ 13 Abs. 3 EStG) vorliegt, der **Gesamtbetrag der Einkünfte** bereits gefunden.

Nun sind noch die Punkte 8–15 der Richtlinie 2 (R 2 EStR) zu beachten.

./.	Verlustabzug nach § 10d EStG
./.	Sonderausgaben (§§ 10, 10a, 10b, 10c EStG)
./.	außergewöhnliche Belastungen (§§ 33 bis 33c EStG)
./.	Steuerbegünstigung der zu Wohnzwecken genutzten Wohnungen, Gebäude und Baudenkmale sowie der schutzwürdigen Kulturgüter (§§ 10e bis 10i EStG, § 52 Abs. 21 Satz 6 EStG i.d.F. vom 16.04.1997, BGBl I 1997, 821 und § 7 FördG)
+	zuzurechnendes Einkommen gem. § 15 Abs. 1 AStG
=	Einkommen (§ 2 Abs. 4 EStG)
./.	Freibeträge für Kinder (§§ 31, 32 Abs. 6 EStG)
./.	Härteausgleich nach § 46 Abs. 3 EStG, § 70 EStDV
=	**zu versteuerndes Einkommen**

Natürlich sind in (wohl) keinem Fall zu jedem angesprochen Punkt Ausführungen erforderlich. Soweit aber im Sachverhalt beispielsweise **Spenden und/oder Mitgliedsbeiträge an gemeinnützige Organisationen und/oder politische Parteien** auftauchen, ist an einen **Sonderausgabenabzug** und ggf. auch an eine **Steuerermäßigung** (vgl. Kap. 1.4.1.3) zu denken.

Sollte im entscheidenden Veranlagungszeitraum **kein inländischer Wohnsitz (§ 8 AO)** vorliegen und die unbeschränkte Steuerpflicht **nicht über den gewöhnlichen Aufenthalt (§ 9 AO)** im Inland, bzw. die Regelungen des **§ 1 Abs. 2, Abs. 3 und § 1a EStG** „erreichbar" sein, wird regelmäßig zu prüfen sein, ob der Steuerpflichtige mit seinen **inländischen Einkünften nach § 49 EStG der beschränkten Steuerpflicht (§ 1 Abs. 4 EStG)** oder wie im Durchgang 2013/2014 **nach § 2 KStG i.V.m. § 49 EStG der beschränken Körperschaftsteuer** unterliegt. Wie gesagt, war im Jahr 2015/2016 im Sachverhalt 1 des Teil I genau an die Regelung des § 1 Abs. 3 EStG (unbeschränkte Einkommensteuerpflicht auf Antrag) zu denken.

Abschließend sei gesagt, dass **R 2 EStR** am besten als **„roter Faden"** begriffen werden sollte.

Die einzelnen Punkte der Richtlinie bieten eine logisch zwingende Orientierungsmöglichkeit beim Lösen der im Sachverhalt aufgeworfenen Probleme. Die Probleme sind aber nur erkennbar und lösbar, wenn im Rahmen der Examensvorbereitung ausreichend Wissen über die einzelnen Vorschriften erarbeitet wurde. Das (verständlicherweise häufig sehr mühsam und – so viel Pathos sei erlaubt – manchmal auch unter Qualen) erarbeitete Wissen wiederum, sollte strukturiert abrufbar sein. Hier hilft ein Vorgehen nach R 2 EStR – dem roten Faden! Einer erfolgreichen Klausur steht dann nichts mehr im Wege!

1.4.3 Prüfungsschema zur Ermittlung des Gewerbesteuermessbetrags

Soweit im Rahmen der Klausur wieder der Gewerbesteuermessbetrag eines Gewerbebetriebs i.S.d. § 2 GewStG zu ermitteln sein sollte, wäre eine Prüfung anhand des folgenden Schemas zu empfehlen:

1.5 Die Musterklausur

> Gewinn oder Verlust nach einkommensteuerlichen Regelungen aber modifiziert durch § 7 GewStG
> + Hinzurechnungen (§ 8 GewStG)
> = Summe des Gewinns und der Hinzurechnungen
> ./. Kürzungen (§ 9 GewStG)
> = maßgebender Gewerbeertrag (§ 10 GewStG)
> ./. Gewerbeverlust (§ 10a GewStG, Verlustvortrag)
>   Abrundung auf volle 100 €
> ./. Freibetrag (§ 11 Abs. 1 GewStG)
> = **Gewerbeertrag**
> diesen multiplizieren mit der Steuermesszahl nach § 11 Abs. 2 GewStG von 3,5 % ergibt den Steuermessbetrag.
> Soweit dann noch die tatsächliche Gewerbesteuerschuld zu ermitteln wäre, müsste der Gewerbesteuermessbetrag nur noch:
> mit dem Hebesatz der Gemeinde (§ 16 Abs. 1 GewStG) multipliziert werden und die **Gewerbesteuerschuld**
> wäre gefunden.

1.5 Die Musterklausur – angelehnt an Teil I, Sachverhalt 2 aus dem Jahr 2013/2014 und an einen Teil der Fragestellung des Sachverhalts 3 im Teil I der Klausur 2015/2016 angepasst an den Veranlagungszeitraum 2024, über den die Klausur im Jahr 2024 wohl zu schreiben sein wird

> **Sachverhalt:** A (wohnhaft in Heidelberg) ist seit Jahren gewerblich tätig und vorsteuerabzugsberechtigt. Seinen Gewinn hat er zulässigerweise nach § 4 Abs. 3 EStG ermittelt. Für 2023 hat A einen Gewinn von 40.000 € ermittelt. Folgende Sachverhalte sind dabei unberücksichtigt geblieben.
>
> **1. Anmietung Lagerraum**
> A hat einen Lagerraum angemietet, der betrieblich genutzt wird. Der Mietzins beträgt monatlich 300 € und ist zum 30. eines Monats fällig. Versehentlich hat A die Miete für November und Dezember insgesamt erst am 07.01.2024 überwiesen. Im Übrigen ist die Miete stets pünktlich überwiesen worden.
>
> **2. Kauf Lieferwagen**
> Am 01.12.2023 erwarb A einen Lieferwagen zum Kaufpreis von 71.400 € (60.000 € zzgl. 11.400 USt). Die Auslieferung erfolgte am 10.12.2023. Seitdem wurde der Wagen von A ausschließlich betrieblich genutzt. Den Kaufpreis zahlte A allerdings erst am 05.01.2024. Die betriebsgewöhnliche Nutzungsdauer des Wagens beträgt 5 Jahre.

3. Verkauf Maschine

Am 31.12.2023 hat A eine ausschließlich betrieblich genutzte Maschine zum Preis von 4.760 € (4.000 € zzgl. 740 € USt) verkauft und unter Eigentumsvorbehalt übereignet. Den Kaufpreis erhielt er in bar erst am 19.02.2024. A hatte die Maschine am 01.01.2021 zum Preis von 4.000 € (zzgl. 760 € USt) erworben und für die Wirtschaftsjahre 2021 bis 2023 eine jährliche AfA in zutreffender Höhe von 1.000 € berücksichtigt.

4. Unfall

A ist Eigentümer eines Pkw, den er nur zu Privatfahrten nutzt. Am 02.12.2023 musste A zu einem Kunden nach München. Da der Firmenwagen zu diesem Zeitpunkt von einem Mitarbeiter genutzt wurde, nahm A ausnahmsweise den privaten Pkw. Bei der Fahrt übersah A grob fahrlässig einen anderen Wagen und verursachte dadurch einen Unfall. Hierdurch wurde der Pkw stark beschädigt. Die von A am 13.12.2023 bezahlten Reparaturkosten beliefen sich auf 18.000 € (zzgl. 3.420 € USt). Die darüber hinaus durch den Unfall bedingte Wertminderung (merkantiler Minderwert) wurde von einem Sachverständigen auf 2.000 € geschätzt. Nach der Reparatur wurde der Pkw von K wieder ausschließlich zu Privatfahrten genutzt.

5. Diebstahl

Am 30.08.2023 wurde aus der Garage des K ein ausschließlich betrieblich genutzter Anhänger gestohlen. Den Anhänger hatte K am 01.01.2021 zu einem Kaufpreis von 5.000 € (zzgl. 950 € USt) erworben und für die Wirtschaftsjahre 2021 und 2022 eine jährliche AfA in zutreffender Höhe von 1.000 € berücksichtigt. Der Teilwert des Anhängers betrug zum Zeitpunkt des Diebstahls 4.500 €. Von der Versicherung erhielt K am 01.11.2023 einen Betrag von 4.000 €. Am 10.01.2024 kaufte A – wie von vornherein beabsichtigt – einen neuen Anhänger, da er diesen dringend betrieblich benötigt. AfA wurde von A in 2023 nicht gewinnmindernd berücksichtigt.

Im Übrigen hat A keine Einkünfte erzielt.

Aufgabe: Ermitteln Sie die Einkünfte des nach § 1 Abs. 1 EStG unbeschränkt steuerpflichtigen A für den Veranlagungszeitraum 2022. Begründen Sie Ihre Ergebnisse unter Angabe der einschlägigen Rechtsgrundlagen.

Hinweis! A berechnet die USt zulässigerweise nach vereinnahmten Entgelten (§ 20 UStG).

Lösungsvorschlag:

Punktzahl (Gesamtpunktzahl)	
1 (1)	A erzielt Einkünfte aus Gewerbebetrieb (§ 15 Abs. 1 S. 1 Nr. 1 EStG). Einkünfte sind der Gewinn (§ 2 Abs. 2 S. 1 Nr. 1 EStG), der laut Sachverhalt gem. § 4 Abs. 3 EStG ermittelt werden konnte. Ausgangsgröße ist der Betrag von 40.000 €.
	Anmietung Lagerraum
1 (2)	Die Mietzahlungen stellen dem Grunde nach Betriebsausgaben i.S.d. § 4 Abs. 4 EStG dar. Die zeitliche Zuordnung bestimmt sich nach § 11 EStG. Ausgaben sind nach § 11 Abs. 2 S. 1 EStG grundsätzlich in dem Kalenderjahr abzusetzen, in dem sie geleistet worden sind. Danach wären nur 3.000 € im Jahre 2023 zu berücksichtigen (10 × 300 €).

1.5 Die Musterklausur

2 (3/4)	Eine Ausnahme gilt für wiederkehrende Ausgaben (vgl. § 11 Abs. 2 S. 2 EStG). Diese sind im Kalenderjahr, zu dem sie wirtschaftlich gehören, abgeflossen. Die Voraussetzungen des § 11 Abs. 2 S. 2 EStG i.V.m. § 11 Abs. 1 S. 2 EStG liegen jedoch nur im Hinblick auf die Dezembermiete vor. Die Ausgaben sind zwar kurze Zeit nach Ablauf des Jahres 2023, zu dem sie wirtschaftlich gehören, abgeflossen. Kurze Zeit bei regelmäßig wiederkehrenden Einnahmen ist dabei ein Zeitraum von bis zu 10 Tagen (H 11 „Allgemeines" EStH). Nach Ansicht des BFH vom 24.07.1986 (IV R 309/84) und der Finanzverwaltung (H 11 „Allgemeines" EStH) muss jedoch zusätzlich auch die Fälligkeit der Forderung kurze Zeit vor bzw. nach Ende des Kalenderjahres eingetreten sein. Dies trifft nur im Hinblick auf die Dezembermiete zu. Im Jahr 2023 ist daher nur ein Betrag i.H.v. 300 € als Betriebsausgabe zu berücksichtigen. Die a.A., die vom FG Düsseldorf vgl. 09.12.2019, 3 K 2040/18 E, EFG 2020, 271, vertreten wurde, wurde vom BFH nicht bestätigt (vgl. VIII R 1/20).
1 (5)	**Kauf Lieferwagen** Dem Grunde nach stellt der gesamte Kaufpreis einschließlich der Vorsteuer eine Betriebsausgabe i.S.d. § 4 Abs. 4 EStG dar. Nach § 4 Abs. 3 S. 3 EStG bleiben allerdings die Vorschriften über die AfA unberührt. Nicht betroffen ist davon die Vorsteuer (vgl. § 9b Abs. 1 S. 1 EStG). Maßgeblich ist insoweit § 11 Abs. 2 S. 1 EStG. Die Vorsteuer ist daher erst in 2024 zu berücksichtigen.
1 (6)	Die Anschaffungskosten für den Lieferwagen sind hingegen auf die betriebsgewöhnliche Nutzungsdauer zu verteilen. Die AfA ist vorzunehmen, sobald ein Wirtschaftsgut angeschafft ist (R 7.4 Abs. 1 S. 1 EStR). Angeschafft ist das Wirtschaftsgut im Zeitpunkt seiner Lieferung. Die AfA kann somit nur zeitanteilig ab der Lieferung in Anspruch genommen werden, vgl. § 7 Abs. 1 S. 4 EStG. Auf den Zeitpunkt des Abschlusses des Kaufvertrages kommt es nicht an. Die Nutzungsdauer des Lieferwagens beträgt laut Sachverhalt 5 Jahre. Dies entspricht einem Jahresbetrag von 12.000 €. Im Jahr 2023 kann mithin ein Betrag von 1.000 € als Betriebsausgabe abgezogen werden ($^1/_{12}$ des Jahresbetrags von 12.000 €).
1 (7) 1 (8)	**Verkauf Maschine** Der Kaufpreis stellt dem Grunde nach eine Betriebseinnahme dar. Diese ist jedoch erst im Jahr 2024 zu berücksichtigen, vgl. § 11 Abs. 1 S. 1 EStG. In Höhe des Restbuchwertes ist eine Betriebsausgabe (§ 4 Abs. 4 EStG) zu berücksichtigen. Dies folgt aus dem Grundsatz der Totalgewinngleichheit. Zeitlich ist der Restbuchwert laut Anlageverzeichnis im Jahr der Veräußerung abzuziehen. Da A bisher nur 3.000 € als AfA abgezogen hat, ist noch ein weiterer Betrag von 1.000 € als Betriebsausgabe zu berücksichtigen.

1 (9)	**Unfall** Die Reparaturkosten stellen eine Betriebsausgabe dar, da das verlustauslösende Ereignis betrieblich veranlasst war. Das Verschulden des A führt nicht zu einer privaten Veranlassung. Nicht maßgeblich ist auch, dass der Schaden an einem Wirtschaftsgut des Privatvermögens eingetreten ist.
1 (10)	Die Reparaturkosten (18.000 € + 3.420 €) sind in 2023 zu berücksichtigen, § 11 Abs. 2 S. 1 EStG. Die Wertminderung (merkantiler Minderwert) i.H.v. 2.000 € führt hingegen zu keinem Abfluss, wenn der Pkw behalten wird (vgl. BFH vom 31.01.1992, VI R 57/88). Die USt ist insoweit kein sog. durchlaufender Posten nach § 4 Abs. 3 S. 2 EStG. **Hinweis!** Auch § 7 Abs. 1 S. 7 ESG (AfaA) und § 6 Abs. 1 Nr. 1 S. 2 EStG (Teilwertabschreibung) können insoweit nicht angewendet werden (vgl. BFH vom 31.12.1992, VI R 57/88, a.A. bei entsprechender Begründung vertretbar).
1 (11)	**Diebstahl** Die bis zum Zeitpunkt des Diebstahls (zeitanteilige) AfA i.H.v. 750 € ist in 2023 als Betriebsausgabe zu berücksichtigen. Dagegen stellt auch der Restwert laut Anlagevermögen i.H.v. 2.250 € eine Betriebsausgabe i.S.d. § 4 Abs. 4 EStG dar. Gleichzeitig führt die Zahlung der Versicherungssumme zu einer in 2023 zu berücksichtigenden Betriebseinnahme.
2 (12/13)	Soweit am Schluss des Wirtschaftsjahrs, in dem das Wirtschaftsgut aus dem Betriebsvermögen ausgeschieden ist, noch keine Ersatzbeschaffung vorgenommen wurde, kann i.H.d. aufgedeckten stillen Reserven eine steuerfreie Rücklage gebildet werden, wenn zu diesem Zeitpunkt eine Ersatzbeschaffung ernstlich geplant und zu erwarten ist, vgl. R 6.6 Abs. 4 S. 1 EStR. Dies gilt bei der Gewinnermittlung nach § 4 Abs. 3 EStG sinngemäß (R 6.6 Abs. 5 S. 1 EStR). Wird der Schaden nicht in dem Wirtschaftsjahr beseitigt, in dem er eingetreten ist oder in dem die Entschädigung gezahlt wird, ist es aus Billigkeitsgründen aus Verwaltungsansicht nicht zu beanstanden, wenn sowohl der noch nicht abgesetzte Betrag der Anschaffungskosten des ausgeschiedenen Wirtschaftsguts als auch die Entschädigungsleistung erst in dem Wirtschaftsjahr berücksichtigt werden, in dem der Schaden beseitigt wird (R 6.6 Abs. 5 S. 4 EStR). Voraussetzung ist, dass die Anschaffung eines Ersatzwirtschaftsguts bei beweglichen Gegenständen bis zum Schluss des ersten Wirtschaftsjahrs, das auf das Wirtschaftsjahr des Eintritts des Schadensfalls folgt, angeschafft worden ist, vgl. R 6.6 Abs. 5 S. 5 EStR. Die Voraussetzungen sind hier erfüllt. Steuerliche Auswirkung hat der Sachverhalt damit für das Jahr 2023 keine.

1.5 Die Musterklausur

	Zusammenfassung:
	40.000 € (Ausgangswert)
	./. 3.300 € (Lagerraum)
	./. 1.000 € (Lieferwagen)
	./. 1.000 € (Maschine)
	./. 21.420 € (Unfall)
	./. 750 € (Diebstahl)
1 (14)	12.530 €
14 Punkte	Insgesamt

Zum Vergleich hierzu nun folgend noch eine Übungsklausur, die an den Teilsachverhalt 1 aus dem Jahr 2010/2011 angelehnt ist und ebenfalls an den Veranlagungszeitraum 2023 angepasst wurde:

Sachverhalt: Der verheiratete Franz Groß (F.G.) (geb. 01.05.1960) ist Zahnarzt und wohnt in Mannheim. Im Anschluss an eine Tätigkeit als angestellter Zahnarzt hat er im Juli 2017 eine eigene Zahnarztpraxis eröffnet.
Mit Kaufvertrag vom 20.06.2013 erwarb F.G. ein unbebautes Grundstück in Mannheim. Die Anschaffungskosten inklusive aller Anschaffungsnebenkosten beliefen sich auf 400.000 €.
In den Jahren 2016/2017 ließ F.G. auf dem Grundstück ein Gebäude errichten (Bauantrag 01.12.2017, Fertigstellung 15.01.2018). Die Kosten dafür beliefen sich auf 600.000 €. Den Neubau überließ er ab Fertigstellung einer AG, an der er nicht beteiligt ist, im Rahmen eines fünfjährigen Mietvertrags als deren Unternehmenssitz.
Wegen diverser Streitigkeiten musste F.G. das Mietverhältnis zum 30.06.2018 schon wieder kündigen kündigen und nutzte das Gebäude ab dem 01.07.2018 für seine neu eröffnete Praxis. Der Teilwert des bebauten Grundstücks betrug in 2018 1.120.000 €, wobei 500.000 € auf den Grund und Boden entfielen und 620.000 € auf das Gebäude. In 2023 betrug der Teilwert des Grund und Bodens 560.000 €, der des Gebäudes 640.000 €.
Die Herstellungskosten des Gebäudes finanzierte er durch ein Darlehen seiner Ehefrau Martina, die über das Geld wegen eines Lottogewinns verfügte. Im Rahmen des schriftlichen Darlehnsvertrages wurde ein angemessener Zinssatz von 5 % vereinbart. Die monatlichen Zinszahlungen, die sich auf 2.500 € beliefen, zahlte F.G. stets pünktlich auf ein Konto, über welches ausschließlich Martina G. verfügen konnte. Sicherheiten ließ sich Martina G. nicht einräumen.
Mit notariellem Vertrag vom 11.05.2023 veräußerte F.G. das Grundstück zum Preis von 1.200.000 € an den X. Nutzen, Lasten und Gefahren sollten mit Bezahlung des Kaufpreises am 01.09.2023 auf X übergehen. Die Arztpraxis verlegte F.G. in eigens für die Praxis gemietete Räume.

Wegen Zahlungsschwierigkeiten des X wurde am 01.09.2023 nur ein Teilbetrag des Kaufpreises i.H.v. 400.000 € auf das Konto des F.G. überwiesen. 600.000 € überwies X am 01.11.2023 auf das Konto der Martina G. zur Tilgung des Darlehens. Der Restbetrag von 200.000 € wurde F.G. am 20.01.2024 auf seinem Konto gutgeschrieben.

Die vorläufige Einnahmenüberschussrechnung des F.G. weist einen Gewinn von 280.000 € aus, wobei der oben beschriebene Sachverhalt bislang nicht berücksichtigt ist.

Aufgabe: Ermitteln Sie die sich aus dem vorstehenden Sachverhalt für den Veranlagungszeitraum 2023 ergebenden Einkünfte des F.G.

Sofern verschiedene Lösungsmöglichkeiten bestehen, ist das für 2023 steuerlich günstigste Ergebnis zu wählen.

Lösungsvorschlag:

Punktzahl (Gesamtpunktzahl)	1. Ermittlung der Einkünfte des F.G. im Veranlagungszeitraum 2023
1 (1)	F.G. erzielt durch seine Tätigkeit als Zahnarzt Einkünfte aus selbständiger Tätigkeit i.S.d. § 18 Abs. 1 Nr. 1 Satz 1 EStG. Er ermittelt seinen Gewinn zulässigerweise nach § 4 Abs. 3 EStG, vgl. §§ 140, 141 AO. Zu dem Gewinn aus selbständiger Arbeit gehört auch der Gewinn aus der Veräußerung des Grundstücks in Mannheim, denn seit 07.2018 stellt das bebaute Grundstück notwendiges (freiberufliches) Betriebsvermögen dar. Es wurde ab diesem Zeitpunkt ausschließlich und unmittelbar für seine freiberuflichen Zwecke genutzt; vgl. R 4.2 Abs. 7 EStR. Zu diesem Zeitpunkt waren der Grund und Boden und das Gebäude in das Betriebsvermögen einzulegen.
1 (2)	Die Einlage des Grund und Bodens war mit dem Teilwert i.H.v. 500.000 € zu bewerten, nach § 6 Abs. 1 Nr. 6 ist § 6 Abs. 1 Nr. 5 S. 1 EStG anzuwenden. Das Gebäude ist allerdings innerhalb von 3 Jahren seit der Fertigstellung in das Betriebsvermögen eingelegt worden. In diesem Fall findet § 6 Abs. 1 Nr. 5 S. 1, 2. HS Buchst. a EStG Anwendung. Die Einlage ist also mit den um die AfA für den Zeitraum zwischen Fertigstellung und Einlage gekürzten Herstellungskosten zu bewerten. Der AfA-Satz betrug nach § 7 Abs. 4 S. 1 Nr. 2a EStG 2 %. 600.000 € × 2 % : 2 (6 Monate) = 6.000 € AfA. Der Einlagewert beträgt mithin: 594.000 €. Vgl. zum Ganzen auch noch BFH-Urteil vom 18.08.2010, X R 40/06 und vom 28.10.2009, VIII R 46/07 und daraufhin ergangenes BMF-Schreiben vom 27.10.2010, BStBl I 2010, 1204.

1 (3)	Das Gebäude wurde von F.G. zur Erzielung von Einkünften aus VuV (§ 21 Abs. 1 Nr. 1 EStG) verwendet, sodass die AfA-Bemessungsgrundlage nach der Einlage nach § 7 Abs. 4 Satz 1 HS 2 i.V.m. Abs. 1 Satz 5 ebenfalls 594.000 € beträgt. Der AfA-Satz beträgt 3 %, da der Bauantrag nach dem 31.12.2000 gestellt wurde (vgl. § 7 Abs. 4 Satz 1 Nr. 1 EStG). 594.000 € × 3 % × 5 Jahre und 6 Monate (01.07.2017 bis 31.12.2022) = 98.010 €. Im Jahr der Veräußerung kann die AfA nur vom Beginn des Jahres bis zur Veräußerung in Anspruch genommen werden (R 7.4 Abs. 8 EStR). Diese AfA ist zudem als Betriebsausgabe zu berücksichtigen: 594.000 € × 3 % × 8 Monate = 11.880 € (01.01.2023 bis 31.08.2023).
1 (4)	Die (Rest-)Buchwerte von Grund und Boden und Gebäude sind mit Zufluss des Teilveräußerungserlöses nach § 4 Abs. 3 Satz 4 EStG als Betriebsausgabe zu erfassen. D.h. 1.000.000 € sind im Veranlagungszeitraum 2023 zugeflossen. Davon entfallen 500.000 € auf den Grund und Boden. Beim Gebäude sind 594.000 € ./. 98.010 € ./. 11.880 € somit 484.110 € anzusetzen.
1 (5)	Für den Gewinn aus der Veräußerung des Grund und Bodens sowie des Gebäudes kann F.G. gem. § 6c i.V.m. § 6b EStG den Abzug einer Betriebsausgabe vornehmen. Das Grundstück hat mehr als 6 Jahre zum inländischen Betriebsvermögen gehört. Zu beachten ist noch § 6c Abs. 2 EStG. Aus R 6c Abs. 1 S. 3 EStR ergibt sich, dass ohne Rücksicht auf den Zeitpunkt des Zuflusses des Veräußerungserlöses als Gewinn der Betrag begünstigt ist, um den der Veräußerungspreis nach Abzug der Veräußerungskosten die Aufwendungen für das veräußerte Wirtschaftsgut übersteigt, die bis zur Veräußerung noch nicht als Betriebsausgaben abgesetzt worden sind. Somit ist die nach § 6c EStG begünstigte Betriebsausgabe wie folgt zu ermitteln: Veräußerungspreis 1.200.000 € Buchwert Grund und Boden ./. 500.000 € Buchwert Gebäude ./. 484.110 € **Betriebsausgabe** **215.890 €**
1 (6)	Die 200.000 €, die erst im Veranlagungszeitraum 2023 zufließen, sind im Falle des § 6c EStG bereits im Jahr 2023 als Betriebseinnahme anzusetzen, dies ergibt sich aus R 6c Abs. 1 S. 3 EStR. Danach ist der Veräußerungspreis bei Inanspruchnahme des Betriebsausgabenabzugs nach § 6c EStG in voller Höhe im Veräußerungszeitpunkt als Betriebseinnahme zu erfassen (nicht erst bei Zufluss), auch wenn er nicht gleichzeitig, d.h. im Veranlagungszeitraum 2023 zufließt.

1 (7)	**Zinsen für das Darlehn** Bei den Zinsen handelt es sich um Betriebsausgaben nach § 4 Abs. 4 EStG. Sie sind betrieblich veranlasst, weil das Darlehen zur Herstellung des Gebäudes verwendet wurde und das Gebäude zum notwendigen Betriebsvermögen gehört. Zwar erfolgte die Darlehnsvergabe unter nahen Angehörigen und eine dingliche Sicherung ist nicht vergeben, dennoch kann das Darlehen steuerlich anerkannt werden. Der Darlehnsvertrag wurde wirksam geschlossen und durchgeführt, insbesondere hat laut Sachverhalt F.G. immer fristgerecht gezahlt und die Beträge wurden auf ein Konto überwiesen, über welches M. nur alleine verfügen kann. Auch stammen die Darlehnsmittel nur aus dem Vermögen der M und der Zinssatz entspricht dem unter Dritten üblichen Zinssatz. Bitte schauen Sie sich zum Thema Darlehen unter Angehörigen unbedingt das BMF-Schreiben vom 29.04.2014 und die Entscheidung des BFH vom 22.10.2013, X R 26/11 an.
1 (8)	Die in 2023 gezahlten Zinsen von 20.000 € (600.000 € × 5 % = 30.000 €) zeitanteilig für 8 Monate sind als Betriebsausgaben zu berücksichtigen. **Ermittlung der Einkünfte** Ermittlung der Einkünfte aus § 18 EStG 280.000 € abzüglich AfA Gebäude 2023 ./. 11.880 € abzüglich Buchwertabgang Grundstück ./. 500.000 € abzüglich Buchwertabgang Gebäude ./. 484.110 € abzüglich Zinsen ./. 20.000 € plus Veräußerungspreis Grundstück 1.200.000 € abzüglich § 6c EStG-Betriebsausgabe ./. 215.890 € = 248.120 €
1 (9)	**Privates Veräußerungsgeschäft (§ 23 Abs. 1 Satz 5 Nr. 1 EStG)** Durch die Veräußerung hat F.G. den Tatbestand des § 23 Abs. 1 Satz 5 Nr. 1 EStG erfüllt. F.G. hat das bebaute Grundstück am 01.07.2018 in sein Betriebsvermögen eingelegt. Die Veräußerung aus dem Betriebsvermögen erfolgte am 11.05.2023. Die Anschaffung im Privatvermögen erfolgte am 20.06.2013. Zwischen Anschaffung im Privatvermögen und Veräußerung aus dem Betriebsvermögen liegen somit weniger als 10 Jahre. Das Gebäude ist in das Veräußerungsgeschäft mit einzubeziehen, weil es innerhalb von 10 Jahren seit der Anschaffung des Grundstücks errichtet worden ist (§ 23 Abs. 1 Nr. 1 S. 2 EStG).

1 (10)	An die Stelle des Veräußerungspreises tritt der für den Zeitpunkt der Einlage angesetzte Wert, d.h. 500.000 € für den Grund und Boden und 594.000 € für das Gebäude. Dies ergibt sich aus § 23 Abs. 3 Satz 2 EStG. Insgesamt beträgt der Wert demnach 1.094.000 €. Die Herstellungskosten des Gebäudes sind um die AfA zu mindern, die i.R.d. Vermietung in Anspruch genommen wurde. Sie betragen daher 594.000 €. Der Gewinn beträgt somit 1.094.000 € abzüglich (um AfA geminderte Herstellungskosten des Gebäudes) ./. 594.000 € abzüglich (Anschaffungskosten Grund und Boden) ./. 400.000 € = 100.000 €
1 (11)	Der Gewinn ist nach § 23 Abs. 3 Satz 6 EStG in dem Kalenderjahr anzusetzen, in dem der Preis für die Veräußerung aus dem Betriebsvermögen zugeflossen ist. Problematisch ist hier, dass der Veräußerungspreis in zwei verschiedenen Veranlagungszeiträumen zugeflossen ist. Nach Tz. 36 des BMF-Schreibens vom 05.10.2000: Der private Veräußerungsgewinn bei Einlage in das Betriebsvermögen und anschließender Veräußerung des Wirtschaftsguts aus dem Betriebsvermögen ist in dem Kalenderjahr anzusetzen, in dem der Veräußerungspreis zufließt. Fließt der Veräußerungspreis in Teilbeträgen über mehrere Kalenderjahre zu, ist der Veräußerungsgewinn erst zu berücksichtigen, wenn die Summe der gezahlten Teilbeträge die ggf. um die Absetzungen für Abnutzung, erhöhten Absetzungen und Sonderabschreibungen geminderten Anschaffungs- oder Herstellungskosten des veräußerten Wirtschaftsguts übersteigt.
1 (12)	Teilzahlung in 2023: 1.000.000 € abzüglich Anschaffungskosten für Grund und Boden ./. 400.000 € abzüglich geminderte Herstellungskosten für Gebäude ./. 594.000 € = **übersteigender Betrag im Veranlagungszeitraum 2023, der als Gewinn aus § 23 EStG anzusetzen ist** 6.000 € Der Rest ist dann im Veranlagungszeitraum 2024 anzusetzen. Somit sind 94.000 €, nämlich 100.000 € ./. 6.000 € im Veranlagungszeitraum 2023 im Rahmen des § 23 EStG zu erfassen.

1.6 Ausblick auf die Steuerberaterprüfung 2024/2025 und Hinweise zur Vorbereitung

Den Versuch zu unternehmen die inhaltlichen Schwerpunkte des Einkommensteuerteils der kommenden Klausur genau vorherzusagen wäre u.E. völlig verfehlt. Auch der Nutzen prozentualer Wahrscheinlichkeiten bezüglich bestimmter möglicher Themen, die etwa aus einer Aufstellung der Themen der vergangenen Jahre gewonnen werden, ist für die kommende Prüfung eher fragwürdig. Es ist viel eher hervorzuheben, dass jedes einkommensteuerliche Thema und insbesondere auch der Bereich des Internationalen Steuerrechts den Prüfungsgegenstand bilden kann. Vor allem sog. **Randgebiete**, wie Probleme im Zusammenhang mit Sonderausgaben z.B.

die Zuwendungen an politische Parteien (wie im Durchgang 2015/2016 und 2020/2021 abgeprüft) und auch die Einkünfte eines gesetzlichen Rentners oder Einkünfte aus § 22 Nr. 3 EStG können im Rahmen einzelner Klausurteile abgefragt werden. Im Rahmen der Vorbereitung kann es also nicht **darum gehen „Gesetze, Richtlinien und Erlasse auswendig zu lernen"**. Es sollte vielmehr versucht werden die Arbeit mit Gesetzen, Richtlinien und Erlassen zu „trainieren", damit die präsentierten Fälle mit diesen „vorhandenen Hilfsmitteln" gelöst werden können. Die oben dargestellten Hinweise zum Aufbau und zu Formulierungen sollen bei diesem „Training" und natürlich vor allem beim „Ernstfall" helfen.

Ganz besonders ist hervorzuheben, dass ein **„reines Lernen" des Stoffs** maximal die Hälfte einer gelungenen Examensvorbereitung ausmachen sollte. Die andere Hälfte ist das **Klausurtraining.** Nur wer anhand mehrerer sechsstündigen Klausuren „den Ernstfall" trainiert hat, wird spüren, was sie/ihn erwartet und schon im Bereich der Vorbereitung die individuell am besten passenden Lösungsstrategien erarbeiten können.

„Bleiben Sie immer dabei!" Schreiben Sie Klausuren und unterstellen Sie dabei immer, dass diese Klausur Ihr Examen wäre. Zugegeben dies klingt etwas übertrieben es gilt Folgendes:

Hin und wieder stehen Teilnehmer bei Klausurkursen nach eineinhalb bis maximal zwei Stunden auf und verlassen die Übung, ohne die Klausur zu Ende bearbeitet zu haben. Nicht selten kommentieren diese Teilnehmer die vorgelegte Klausur mit den Worten: „So ein Mist, das ist viel zu abgefahren, so etwas kommt doch ohnehin nicht im echten Examen dran …" oder auch „das ist doch viel zu banal, das erreicht niemals das Niveau des Examens". Ein solches Vorgehen ist nichts anderes als (luxuriöse) **Zeitverschwendung**! Woher wissen diese Teilnehmer was „dran kommt" und was nicht. Sie können es u.E. nicht wissen. Im Jahr 2013/2014 gab es Punkte für die Norm des § 11 Abs. 2 S. 2 EStG bezüglich einer verspäteten Mietzahlung, also wirklich absoluten „Anfängerstoff". Im Durchgang 2016 waren u.a. ganz banale Fragen zum Arbeitslohn zu beantworten und im Jahr 2021/22 war eine ganz einfache Aufstellung der Einkünfte aus Kapitalvermögen bzw. nur das banale Verständnis der Norm des § 32d Abs. 6 EStG gefragt. Im Jahr 2022 wurden im Rahmen der Gewerbesteuer absolute Grundkenntnisse der Regelung des § 8 Nr. 1 GewStG verlangt.

Wenn man „schon aufsteht" mit dem Ziel eine Klausur zu schreiben, sich also sechs Stunden mit einem steuerlichen Sachverhalt auseinanderzusetzen, dann sollte man sein Vorhaben auch zu Ende bringen. Wenn nicht, verringern Sie die Wahrscheinlichkeit des Bestehens der Steuerberaterprüfung und haben darüber hinaus zudem ein schlechtes Gewissen.

2. Klausur Körperschaftsteuer
2.1 Besonderheiten der Klausur Körperschaftsteuer
2.1.1 Punkteanteil und Zeitpunkt im Rahmen der Steuerberaterprüfung

Am Mittwoch, mithin dem Tag nach der gemischten Klausur müssen sich die Teilnehmer der Ertragsteuerklausur zum Steuerberaterexamen stellen. Grundsätzlich kann diese sich vorwiegend aus den folgenden Themeninhalten zusammensetzen:
- Einkommensteuer,
- Gewerbesteuer,
- Körperschaftsteuer,
- Umwandlungssteuerrecht,
- Internationales Steuerrecht.

Regelmäßig kamen in den vergangenen Jahren der Einkommensteuerteil (immer flankiert mit dem Sonderbereich des Internationalen Steuerrechts) sowie der Körperschaftsteuerteil an diesem zweiten Bearbeitungstag vor. Zumeist wird bei der Aufgabenstellung eine Gewichtung zugunsten des Einkommensteuerteils vorgenommen, welches für sich genommen natürlich das breitere Aufgabenspektrum bietet. Der Körperschaftsteuerteil – in den letzten beiden Jahren schwerpunktmäßig flankiert durch die Gewerbesteuer – machte in den vergangenen Jahren meistens einen Bearbeitungsteil von 30 % bis 40 % aus. Dies ergibt bei einer Auspunktung von 100 Punkten für die gesamte Ertragsteuerklausur einen Punkteanteil von 30 bis 40 Punkten für den Bereich Körperschaftsteuer, wobei in den letzten Jahren verzeichnet werden muss, dass der Bearbeitungsanteil der Körperschaftsteuer zugunsten der Einkommen- und Gewerbesteuer schwindet bzw. sich die Ertragsteuer allgemein sich nicht mehr nur auf den nationalen Teil beschränkt, sondern vielmehr auch grenzüberschreitende Sachverhalte beinhaltet. Natürlich kann aufgrund des bereits vorgestellten Aufgabenspektrums nicht von einer gleichmäßigen Gewichtung in jedem Jahr ausgegangen werden. Zwar wird zumeist bei der Hinzunahme einer Aufgabenstellung aus der Gewerbesteuer die Auspunktung des reinen Einkommensteueranteils gemindert, jedoch ergeben sich aufgrund der fließenden Verknüpfungsmöglichkeiten zwischen dem Einkommen- und Körperschaftsteuerteil sowie dem Teil für das internationale Steuerrecht und dem Körperschaftsteuerteil ständige Überlagerungen, die sich in beiden Bereichen wiederfinden.

Aufgrund der augenscheinlich geringen Anzahl von Vorschriften des Körperschaftsteuergesetzes gegenüber dem Einkommensteuergesetz und einer damit verbundenen Annahme einer vermeintlichen fehlenden Bandbreite ist jedoch Vorsicht geboten, da über die Vorschrift des § 8 Abs. 1 Satz 1 KStG eine Vielzahl von Vorschriften aus dem Einkommensteuergesetz für anwendbar erklärt wird und der geneigte Klausurenlöser sich im Zweifel sogar nach Prüfung der beiden Normen mit der Anwendung einer Vorschrift im Weg des „lex speciales" entscheiden muss.

Jedoch Bange machen gilt nicht. Auch im Körperschaftsteuerteil ist es enorm wichtig, sich über die absolut notwendigen Fußgängerpunkte die Punkte für das fundierte Fachwissen zu holen. Die selten vorkommende Anwendung von ganz bestimmten BFH-Urteilen kann als Spitze der Punktesammlung angesehen werden. Was natürlich nicht gleichbedeutend damit ist, nun jede Rechtsprechung des BFH in sich aufzusaugen, deren Kenntnis für die Prüfung zwar von hohem Wert ist, jedoch zumeist solche Problemstellungen in den Klausuren betraf, die in den Verwaltungsanweisungen bereits enthalten sind. Eine Ausnahme stellt hier vielleicht die Teilaufgabe bezüglich der Beurteilung von Gründungskosten einer Kapitalgesellschaft aus dem

Körperschaftsteuerteil des Jahres 2018/2019 dar, welche für sich gesehen jedoch aufgrund der Sachverhaltsdarstellung und der gegebenen Präsenz in jeder medialen Darstellung nicht als schwierig einzustufen war.

In der Regel haben die meisten Prüfungskandidaten aufgrund der bisher stark abgegrenzten Aufgabengebiete im praktischen Berufsleben kaum oder nur wenig Berührungspunkte mit der Körperschaftsteuer, die zumeist auf der Basis des Bilanzsteuerrechts und des Einkommensteuerrechts im Bereich der rechtlichen Beurteilung von tatsächlichen Lebenssachverhalten anzuwenden ist. Insoweit dies bei der Aufnahme und Verarbeitung der eben gelesenen Zeilen zu einem unguten Gefühl führt, kann diesem mit folgendem Argument entgegengetreten werden. Es erscheint aufgrund der bisherigen Erfahrungen augenscheinlich einfacher, wenig oder kaum Kenntnis von der körperschaftsteuerlichen Materie zu haben, da somit zumeist kein gefährliches „Halbwissen" vorhanden ist und der Aufbau des Fachwissens unvoreingenommen stattfinden kann. Einzige Voraussetzung sollte sein, dass man bereit ist, sich einer neuen Grundsystematik im Wege einer dreistufigen Einkommensermittlung zu öffnen, die so grundsätzlich im Einkommensteuerrecht nicht gegeben ist.

In Auswertungen der Klausurergebnisse der letzten 15 Jahre bleibt eindeutig festzustellen, dass die Prüfungskandidaten, die sich streng an das System zur Lösung auf der Basis der dreistufigen Einkommensermittlung der Klausurbestandteile halten, die besten Ergebnisse erzielen. Denn gegenüber dem Einkommensteuerrecht ist diese „feste" Lösungsstruktur für das Körperschaftsteuerrecht durchaus gegeben. Das bietet einerseits für den Prüfungsteilnehmer immer einen Anhaltspunkt für den Beginn der Lösung der Körperschaftsteuerklausur mit dem Gefühl einer gewissen Sicherheit dem Lösungsweg im ausreichenden Maße nahezukommen. Andererseits kann mit dem einführenden gezielt angesetzten strukturierten Grundlagenwissen ein gewisses Maß an „Fußgängerpunkten mitgenommen" werden, die am Ende den Ausschlag geben können. Das trifft insbesondere auf die Lösungsstruktur des Jahres 2018/2019 zu, in der neben der Systematik der Anwendung von Bewertungsvorschriften des § 6 Abs. 1 Nr. 5 EStG die körperschaftsteuerliche „Nachfolge"-Beurteilung eine besondere Bedeutung zukam. Die Klausur 2021/2022 beinhaltete – wie bereits in den Vorjahren – im Körperschaftsteuer-Teil eine gewisse Ungleichheit zwischen der gewerbe- und körperschaftsteuerlichen Gewichtung, welches sich konsequenter Weise auch auf den Schwierigkeitsgrad der Aufgabenstellungen ausgewirkt hat. Diese Ungleichheit hatte sich in der Steuerberaterklausur 2022/2023 zwar wieder zugunsten des Körperschaftsteuerrechts verlagert, jedoch muss bei den Prüfungsaufgaben der Steuerberaterklausur 2023/2024 wiederum eine Abkehr davon festgestellt werden, welches überwiegend der einkommensteuerlichen Abhandlungen von Wechselwirkungen im Rahmen der steuerlichen Entstrickung sowie der Durchgriffsbesteuerung bei Zwischengesellschaften geschuldet war. Um aber dennoch eine gewisse Palette von Fragestellungen im Bereich der Körperschaftsteuer abzudecken, neigen die Klausurenersteller in der Vergangenheit zur Wiedergabe von kurzen, in sich geschlossenen Sachverhalten.

Trotzdem bleibt die Siegerdevise: Hält man sich an das strukturierte Lösungssystem im überwiegenden Maße, ist die Lösungsfindung weitgehend erleichtert und ermöglicht es dem Teilnehmer, seine fundamentalen Grund- und Systemkenntnisse dem Korrektor zu vermitteln, was dann bei der einen oder anderen Benotung durchaus zu Wohlwollen also Punkten führen kann.

2.1.2 Mehrläufige Fragestellungen und Zeitmanagement

Erste und wichtigste Aufgabe für den Teilnehmer bei der Lösung einer Körperschaftsteuerklausur sollte (wie auch in allen anderen Fachbereichen) sein, die Aufgabenstellung genau zu lesen und festzustellen, wonach wirklich gefragt wird. Da in der Regel im Klausurfall die rechtliche Würdigung der Besteuerung einer Kapitalgesellschaft vorzunehmen ist, wird die Aufgabe nicht auf die Art der Ermittlung der Einkünfte (§ 8 Abs. 2 KStG) hinauslaufen, was den geneigten Klausurenlöser jedoch schon wieder zum Leichtsinn verleiten lässt, dass das nie der Fall sein könnte. Als Tipp an dieser Stelle: Eine holländische B.V. (Kapitalgesellschaft) könnte mit inländischen Einkünften mindestens 6 Einkunftsarten haben und dann wäre die Fragestellung nach den Einkünften schon wieder plausibler. Auch die Vereine sowie ein Betrieb gewerblicher Art einer juristischen Person des öffentlichen Rechts fallen nicht unter die gesetzliche Fiktion des § 8 Abs. 2 KStG und dürfen sich mit der Auseinandersetzung mehrerer Einkunftsarten erfreuen. Der „Teufel" steckt mithin im Detail.

Bei Kapitalgesellschaften wird die Fragestellung eher nach dem zu versteuernden Einkommen der Gesellschaft als nach dem Jahresüberschuss nach Handelsbilanz und nach dem Gewinn aufgrund der Steuerbilanz lauten. Die größte Herausforderung ist dabei aber, dass sowohl die Veränderung der Handelsbilanz und das Steuerbilanzergebnis als auch das zu versteuernde Einkommen der Gesellschaft ermittelt werden müssen. Hieraus ergeben sich für die Lösung, die nachfolgend im Kap. 2.3 aufgeführten Bearbeitungshinweise sowie konkrete dargestellte Lösungsoptionen, in der neben der Handelsbilanz auch das Steuerbilanzergebnis und das zu versteuernde Einkommen aus einer tabellarischen Darstellung der Lösung direkt entnommen werden kann.

Zwingend und unerlässlich ist es, darauf zu achten, dass die Bearbeitung der Sachverhalte des Körperschaftsteuerteiles in der Ertragsteuerklausur immer so zu erfolgen hat, dass der **Sachverhalt zunächst einmal handelsrechtlich zu prüfen ist**. Erst wenn diese Prüfung vollumfänglich abgeschlossen ist, kann in einem weiteren Schritt dann die steuerliche Beurteilung im Rahmen der Steuerbilanz erfolgen, wobei mit dem Abschluss dessen der bilanzielle Auswirkungsbereich verlassen wird. Erst im Anschluss erfolgt die außerbilanzielle Ermittlung des zu versteuernden Einkommens der GmbH auf der Grundlage aller außerbilanziellen „Korrektur"-Ermittlungsvorschriften. Diese Einkommensermittlung hat der BFH in ständiger Rechtsprechung als Gewinnermittlungsstufe 1 (insoweit die Auswirkung der Handelsbilanz und der Steuerbilanz) und Gewinnermittlungsstufe 2 (insoweit die Auswirkung auf das zu versteuernde Einkommen) bezeichnet, wobei die Begrifflichkeit der Gewinnermittlung sich ausschließlich auf § 2 Abs. 2 Nr. 1 EStG i.V.m. § 8 Abs. 2 KStG bezieht.

Abschließend stellt sich nach der Ermittlung des zu versteuernden Einkommens immer die Frage nach der Verwendung des Einkommens und damit verbunden dem Ausschüttungsverhalten der Kapitalgesellschaft. Dabei kann neben der nunmehr schon standardmäßigen Fortschreibungen und Feststellung des steuerlichen Einlagekontos (ebenso in den Jahren 2019/2020, 2020/2021 und auch wieder in 2023/2024) auch die Verwendung des steuerlichen Einlagekontos mit den Folgewirkungen für die betroffenen Anteilseigner (im Jahr 2022/2023) sowie die Wirksamkeit von Ausschüttungen sowie Ausschüttungssperren eine Rolle spielen (so wiederholt im Jahr 2018/2019). Erstmals im Bearbeitungsjahr 2021/2022 fanden sich auch verfahrensrechtliche Aspekte und ihre Auswirkungen auf die Körperschaftsteuer wieder.

Weitere Feststellungen könnten sich im Rahmen von Nennkapitalerhöhungen aus eigenen Mitteln der Gesellschaft bzw. einer Herabsetzung des Nennkapitals bezogen auf den Sonderausweis ebenso ergeben wie die Feststellung von Verlusten im Rahmen von möglichen mittelbaren und unmittelbaren Rotationen von Gesellschaftsanteilen.

2.2 Themenschwerpunkte der letzten Jahre

Sicherlich erscheint es für die Vorbereitung auf den ersten Blick hilfreich, sich einen Überblick über die **Themenschwerpunkte der Klausuren der letzten Jahre** zu verschaffen. Jedoch ist das nur die halbe Wahrheit, denn die wichtigste Aufgabe beim Lösen einer Klausur ist es, anhand des Sachverhaltes zu erkennen, welche Rechtsprobleme zu erörtern sind. Mithin sollte die Wertigkeit des verstehenden Lesens immer noch vor der Hoffnung einer vermeintlichen Wiederholung von Sachthemen liegen.

Nichtsdestotrotz – ein Blick lohnt sich alle Mal. Besonders auffällig ist, dass die Problemstellung der **verdeckten Gewinnausschüttung** in den letzten Jahren immer (ohne Gewichtung allerdings im Jahr 2019/2020; dafür wesentlich präsenter im Jahr 2020/2021, 2021/2022 bis 2023/2024) in dem Körperschaftsteuerteil der Ertragsteuerklausur enthalten war. Aufgrund der ausführlichen Problemstellungen bezüglich der ertragsteuerlichen Behandlung von Kapitalerträgen aus der Prüfungsklausur 2023/2024 war die verdeckte Gewinnausschüttung auch im einkommensteuerlichen Teil mit abzuhandeln. Daneben stellt auch die verdeckte Einlage ein relativ „sicher vorkommendes" Prüfungsfeld in dem Körperschaftsteuerteil der Ertragsteuerklausur dar, wobei es häufig darum geht, die Nichtvorlage der verdeckten Einlage mangels einlagefähigen Vermögensvorteil zu untersuchen. Beide Themengebiete waren auch im 2018/2019 als Hauptbestandteil im Körperschaftsteuerteil vertreten, welches sich im Körperschaftsteuerteil 2021/2022 aber nur für die verdeckte Gewinnausschüttung fortgesetzt hatte; nunmehr wurde im Körperschaftsteuerteil der Klausur 2022/2023 der Trend fortgesetzt. Neben den Themenbereichen der verdeckten Gewinnausschüttung und der verdeckten Einlage sind die außerbilanziellen Korrekturen rund um den § 8b KStG (auch in 2022/2023) immer wiederkehrend in den Aufgabenstellungen enthalten. Auch die ertragsteuerliche Organschaft (ebenfalls in 2021/2022) sowie Umwandlungsvorgänge kann immer wieder ein beliebtes Thema sein. Auffällig in der Prüfungsklausur 2022/2023 war, dass die bilanzielle Behandlung von Sonderbetriebsvermögen einer Kapitalgesellschaft sich ebenso im Körperschaftsteuerteil wie auch die differenziert zu betrachtende Übertragung eines Mitunternehmeranteils wiedergefunden hatte.

Da die Körperschaftsteuer aufgrund der Fülle der außerbilanziellen Hinzurechnungsvorschriften (aus dem EStG, KStG und AO) sowie der fehlenden Privatsphäre bei Kapitalgesellschaften und Genossenschaften sich nahezu perfekt für die Anwendung außerbilanzieller Korrekturvorschriften eignet, verwundert es auch nicht, dass in den letzten 25 Jahren in 20 Jahren das Steuerbilanzergebnis durch „normale" außerbilanzielle Korrekturvorschriften zu korrigieren gewesen ist. Hierbei handelt es sich in der Regel um den Abzug von Körperschaft- oder Gewerbesteuervorauszahlungen, die Abzugsfähigkeit von Steuernachzahlungszinsen, der Anwendung von nichtabziehbaren Aufwendungen im Rahmen des § 4 Abs. 5 EStG (Ausgleichszahlungen für außenstehende Anteilseigner – 2021/2022) oder Aufsichtsratsvergütungen im Sinne des § 10 Nr. 4 KStG (auch 2021/2022). Auf der Hand sollte aber liegen, dass es für diese Themengebiete in der Regel nur wenige Punkte gibt und diese auch nur bei vollständiger Darlegung der rechtlichen Grundlagen. Aber das sind die klassischen „Fußgängerpunkte", die im Zweifel über ein Bestehen oder Nichtbestehen entscheiden können.

2.2 Themenschwerpunkte der letzten Jahre

Natürlich liegt es auch auf der Hand, dass in Klausuren Fragen zur Beurteilung von Sachverhalten innerhalb von Handels- und/oder Steuerbilanz gestellt werden (in den letzten 12 Jahren bei 11 Klausuren), denn dieses Themengebiet ist nicht allein dem Bilanzsteuerrecht vorbehalten. Dabei stand u.a. auch die korrespondierende Betrachtung der bilanziellen Auswirkungen und der außerbilanziellen Berichtigung durch verdeckte Gewinnausschüttungen, verdeckte Einlagen oder auch Beteiligungserträge zur Auswahl.

Was jedoch in jedem Fall mit zunehmender Häufigkeit auch Klausurthema im Körperschaftsteuerrecht war (im Prüfungsjahr 2020/2021 in voller Präsenz und in den letzten beiden Jahren lediglich bei der Einkommensteuer), ist das Internationale Steuerrecht. Neben der Vielschichtigkeit der Anwendung der Rechtsgrundlagen aus dem Einkommen- und Körperschaftsteuerrecht sind auch das mögliche Schrankenrechts eines Doppelbesteuerungsabkommens und die Vorschriften des Außensteuergesetzes zu beachten. Bereits in den vorherigen Auflagen dieses Buches haben wir darauf hingewiesen, dass aufgrund des Fehlens in den letzten Prüfungsjahren durchaus abgeleitet werden kann, dass in der Zukunft in den Ertragsteuerklausuren wieder fest mit dem Internationalen Steuerrecht gerechnet werden muss – was sich letztendlich im Prüfungsjahr 2021/2022 sowohl im Einkommensteuerteil mit der Anwendung des § 2 AStG als auch im Körperschaftsteuerteil mit der Behandlung der Besteuerung einer beschränkt steuerpflichtigen Kapitalgesellschaft bewahrheitet hat. In der Klausur des Jahres 2022/2023 erfolgte wiederum die Verlagerung zum Einkommensteuerrecht (Betriebsstättengewinne sowie die Besteuerung nach dem Belegenheitsprinzip). Der vorläufige Höhepunkt wurde allerdings in der Prüfungsklausur des Jahres 2023/2024 erreicht, in dem Steuerentstrickungen durch das Verbringen von Wirtschaftsgütern aus dem inländischen Stammhaus in eine ausländische Betriebsstätte genau so erörtert wurde, wie die Zurechnungen der Einkünfte bei sogenannten Zwischengesellschaften für die unbeschränkt steuerpflichtigen Anteilseigner dieser Gesellschaften in der Wechselwirkung mit Einkommensverwendungen der Zwischengesellschaften.

In einer Prüfungsklausur der Vorjahre war ein Sachverhalt mit einer beschränkt steuerpflichtigen Kapitalgesellschaft Gegenstand der Prüfung. Die erste Schwierigkeit war hier, das gedankliche Lösen von der stetigen Annahme des Vorliegens von gewerblichen Einkünften bei einer Kapitalgesellschaft. Mangels Anwendung des § 8 Abs. 2 KStG kommt es grundsätzlich bei einer beschränkt steuerpflichtigen Kapitalgesellschaft nicht zwangsläufig sondern u.a. nur unter Anwendung des § 15 Abs. 2 EStG zur Annahme von gewerblichen Einkünften. Demzufolge erwirbt eine beschränkt steuerpflichtige Kapitalgesellschaft, die rein vermögensverwaltend tätig ist, eine Beteiligung an einer anderen Kapitalgesellschaft im Privatvermögen, deren spätere Veräußerung – so in der Prüfungsklausur des Jahres 2020/2021 – dann die Prüfung der Tatbestandsvoraussetzungen des § 17 EStG nach sich zieht. Im Rahmen der Vermögensverwaltung durch Vermietung von Immobilien einer beschränkt steuerpflichtigen Körperschaft kommt es demnach nicht zur Anwendung des § 21 Abs. 3 EStG und somit zur Vorlage von Einkünften aus Vermietung und Verpachtung im Rahmen von Privatvermögen einer Kapitalgesellschaft. Damit war für die Annahme von inländischen Einkünften nur die Vorschrift des § 49 Abs. 1 Nr. 6 EStG anzuwenden, welche wiederum auf der Basis der dort vorhandenen Subsidiaritätsklausel die Anwendung des § 49 Abs. 1 Nr. 2 f Satz 3 EStG und somit über eine mit § 8 Abs. 2 KStG vergleichbare Fiktion die Annahme von gewerblichen Einkünften zulässt.

Die Klausur des letzten Jahres befasste sich – wie bereits im Vorjahr – u.a. mit der Beurteilung von Beteiligungserträgen mit unterschiedlichen Beteiligungshöhen. Dabei hatte der Prüfungsersteller gerade im Prüfungsjahr 2021/2022 die Wechselwirkung derartiger Erträge mit der verdeckten Gewinnausschüttung als vorgelagertes Element und im Prüfungsjahr 2022/2023 entsprechende Dreieckskonstellationen mit einbezogen.

Die **Ermittlung der Körperschaftsteuer- und Gewerbesteuerrückstellungen** gehören ebenso wie die Ermittlung des ausschüttbaren Gewinns und die Feststellungen zum steuerlichen Einlagenkonto nach § 27 KStG zum festen Bestandteil der Körperschaftsteuerteile der letzten Jahre und dienen aufgrund ihrer relativ guten Strukturierbarkeit als sicherer Punktelieferant. Dabei wird gesetzessystematisch nicht nur die Ebene der Kapitalgesellschaft betrachtet, sondern auch die Wechselwirkung zwischen der Entwicklung von Besteuerungsgrundlagen bei der Kapitalgesellschaft und deren Auswirkungen auf die jeweiligen Anteilseigner. Je nachdem, ob eine natürliche oder eine juristische Person Anteilseigner der Kapitalgesellschaft ist, ergeben sich steuerliche Beurteilungen nach dem Einkommen- oder Körperschaftsteuerrecht.

Verstärkt werden wird die Thematisierung der Behandlung von körperschaftsteuerlichen und damit einhergehenden gewerbesteuerlichen Verlustberücksichtigungen aufgrund der Verquickung des § 8c KStG mit dem § 10a GewStG (so auch im Prüfungsjahr 2016/2017). Dafür sorgt nicht nur die Verquickung des § 8c KStG mit dem § 10a GewStG – so auch im Prüfungsjahr 2016/2017. Ob die Vorschriften des § 8c Abs. 1 Satz 1 und 2 KStG aufgrund der nunmehr restriktiven Rechtsprechung gegen die Verfassungsmäßigkeit dieser Vorschriften Prüfungsthema werden, darf ebenso wegen der verfassungsrechtlichen Bedenken bezweifelt werden, wie die Auswahl des § 4h EStG i.V.m. § 8a KStG.

Die Neueinführung des fortführungsgebundenen Verlustabzuges wurde als der Neubeginn der Verlustverrechnung für Körperschaften gefeiert, wobei derzeit die Ernüchterung gerade auch in Bezug auf die Rechtsprechung bereits eingetreten sein sollte. Danach können Körperschaften ihre steuerlichen Verluste trotz eines schädlichen Anteilseignerwechsels gem. § 8c KStG nutzen, wenn sie die Anforderungen des § 8d KStG erfüllen. Die Regelung knüpft dabei an eine Fortführung des bisherigen Geschäftsbetriebs und ist entsprechend als **fortführungsgebundener Verlustvortrag** benannt. Der Gesetzgeber zielt auf die Beseitigung steuerlicher Hemmnisse durch die bestehende Verlustverrechnungsbeschränkung des § 8c KStG bei der Kapitalausstattung von Unternehmen ab. Gem. § 8c KStG führt ein schädlicher Beteiligungserwerb von mehr als 25 % respektive mehr als 50 % im Grundsatz zu einem quotalen oder vollständigen Untergang bestehender körperschaftsteuerlicher und gewerbesteuerlicher Verlustvorträge (vgl. §§ 8c KStG, 10a Satz 10 GewStG). Der durch den § 8d KStG aufgezeigte Beobachtungszeitraum darf fortführungsschädliche Ereignisse nicht enthalten. Wenn während des Beobachtungszeitraums eines der in § 8d Abs. 2 KStG genannten Ereignisse eintritt, ist die Feststellung eines fortführungsgebundenen Verlustvortrags ausgeschlossen (vgl. § 8d Abs. 1 Satz 1 KStG). Ein entsprechend schädliches Ereignis liegt u.a. vor, wenn der Geschäftsbetrieb eingestellt wird, der Geschäftsbetrieb ruhend gestellt wird, der Geschäftsbetrieb einer andersartigen Zweckbestimmung zugeführt wird, etc. Es kommt gem. § 8d Abs. 2 Satz 1 Hs. 1 KStG zum Untergang des zuletzt festgestellten Bestands. Die Neuregelung des fortführungsgebundenen Verlustvortrags nach § 8d KStG soll – mit einer Ausschlussfrist belegt – im Rahmen der Abgabe der erstmaligen Steuererklärungen beantragt werden und entsprechend für die gewerbesteuerlichen Verlustvorträge gelten. Ein Antrag nach § 8d KStG wirkt danach auch für die gewerbesteuerlichen Verluste respektive die Ermittlung des Gewerbesteuer-Messbetrags; es gelten mittels § 8d Abs. 1 Satz 7 KStG die allgemeinen Verfah-

2.2 Themenschwerpunkte der letzten Jahre

rensregeln des § 10d Abs. 4 EStG (Hinweise auf die Anwendungsregelungen gem. § 34 Abs. 6a KStG).

Aufgrund der Aufgabenstellungen der Jahre 2018/2019 bis 2020/2021 ist die Bearbeitung eines körperschaftsteuerlich relevanten Sachverhaltes augenscheinlich zugunsten der Gewerbesteuer in den Hintergrund geraten. Durch die Klausur des Jahres 2021/2022 ist nunmehr wiederum eine relativierende Gewichtung zu verzeichnen, die beiden Themengebieten eine gewisse gleichgewichtete Bearbeitungszeit einräumt.

Thema/Problembereich	Verdeckte Gewinnausschüttung	Korrekturen außerhalb der Bilanz (z.B. gem. § 10 KStG)	Steuerberechnung Körperschaftsteuer/Gewerbesteuer	Gesonderte Feststellungen insbesondere nach § 27 KStG	Steuerfreiheit von Beteiligungserträgen nach § 8b KStG	Sonstige (z.B. GewSt Organschaft Kapitalherabsetzung 2014 und 2013 Kapitalerhöhung 2011/12, stille Gesellschaft 2005/06)	Verdeckte Einlage	Korrekturen innerhalb von Handels- und Steuerbilanz	Nichtabzugsfähige Betriebsausgaben	Internationales Steuerrecht	Verlustabzug und Mantelkauf nach § 8 Abs. 4 KStG bzw. neu § 8c KStG	Fragestellungen aus dem Umwandlungssteuerrecht	Organschaft	Gesellschafterfremdfinanzierung gem. § 8a KStG	Vereinsrecht, Spendenabzug und -quittungen
2001/00	x	x	x	x	x	x	x	x						x	
2002/01	x	x	x	x	x	x	x		x						
2003/02	x	x		x	x	x		x	x						x
2004/03	x		x		x			x		x	x				
2005/04	x		x		x					x			x	x	
2006/05	x	x			x	x	x				x	x			
2007/06	x	x	x	x			x				x	x			x
2008/07	x		x				x	x	x					x	
2009/08	x	x		x	x		x				x		x	x	
2010/09	x	x	x				x	x	x		x		x		
2011/10	x	x	x	x	x		x	x	x		x				
2012/11	x	x		x	x	x		x					x		
2013/12	x	x	x		x			x		x		x			
2014/13	x	x	x	x	x	x			x						
2015/14	x		x		x	x		x					x		
2016/15		x													
2017/16	x	x		x	x		x				x				
2018/17	x	x		x	x	x	x								
2019/18	x	x		x	x		x	x							
2020/19		x		x	x			x					x		
2021/20	x			x	x					x					
2022/21	x	x			x	x	x						x		
2023/22	x	x		x	x			x	x						x
2024/23	x	x	x	x	x										x
Häufigkeit	**22**	**20**	**13**	**17**	**21**	**11**	**13**	**10**	**8**	**9**	**7**	**6**	**6**	**3**	**4**

2.3 Konkrete Bearbeitungshinweise
2.3.1 Standardaufgaben und Standardfragestellungen
2.3.1.1 Ausweis des sogenannten „Bilanzgewinns"

Grundsätzlich ist in einer Körperschaftsteuerklausur der Jahresüberschuss (§ 266 (3) A.V. HGB) der Ausgangspunkt für die dreistufige Einkommensermittlung. Die Handelsbilanz muss jedoch unter Berücksichtigung einer möglichen Gewinnverwendung oder gesellschaftsvertraglich beschlossener Einstellung von Beträgen in Rücklagen und der Minderung von Rücklagen den Bilanzgewinn entsprechend § 268 Abs. 1 HGB ausweisen. In diesen Fällen ist bei der Ermittlung des zu versteuernden Einkommens immer zunächst vom Bilanzgewinn auf das Jahresergebnis (Jahresüberschuss oder Jahresfehlbetrag) zurückzurechnen.

Aufstellungsmöglichkeit gem. § 268 Abs. 1 i.V.m. § 270 Abs. 2 HGB

Diverse Aktiva	1.200.000 €	Stammkapital		100.000 €
Forderung Körperschaftsteuer	150.000 €	Gewinnrücklage		90.000 €
Forderung SolZ	8.250 €	Bilanzgewinn		676.250 €
		Jahresüberschuss	666.250 €	
		+ Gewinnvortrag	80.000 €	
		./. Einstellung in die Gewinnrücklagen	./. 70.000 €	
		=	666.250 €	
		Verbindlichkeiten		489.440 €
		Umsatzsteuer		2.560 €
	1.358.250 €			**1.358.250 €**

Rückrechnung von Bilanzgewinn auf Jahresüberschuss
(laut Handelsbilanz/Steuerbilanz)

	Bilanzgewinn	676.250 €
./.	Gewinnvortrag	./. 80.000 €
+	Einstellung in die Rücklage	+ 70.000 €
=	**Jahresüberschuss**	**666.250 €**

Für die Entwicklung des Bilanzgewinns gilt folgendes Schema:

	Jahresüberschuss/-fehlbetrag	
+	Entnahmen aus Kapitalrücklage	
+	Entnahmen aus Gewinnrücklagen	
./.	Einstellung in Kapitalrücklagen	
./.	Einstellung in Gewinnrücklagen	
+	Gewinnvortrag	
./.	Verlustvortrag	
=	**Bilanzgewinn/Bilanzverlust**	

2.3.1.2 Ermittlung des Handelsbilanzgewinns, Steuerbilanzgewinns und des zu versteuernden Einkommens mit dem Fünfspaltenschema

Im Körperschaftsteuerteil der Ertragsteuerklausuren der letzten achtzehn Jahre ist bei mehr als der Hälfte der Klausuren wie auch im vorletzten Jahr nach dem zu versteuernden Einkommen und teilweise auch (wie im Klausurjahr 2012/2013) nach den Auswirkungen auf die Handels- und Steuerbilanz bei der jeweiligen Kapitalgesellschaft gefragt worden. Hierbei sollte auf der Basis der nachfolgenden Übersicht die Lösung in konsequenter Reihenfolge ausgehend von der Handelsbilanz über die Steuerbilanz bis hin zu den außerbilanziellen Einkommenskorrekturen entwickelt werden. Bei Nichtbeachtung dieser Reihenfolge kann ein Scheitern zumindest für diesen Klausurteil schon besiegelt sein.

Text-ziffer	Lösungshinweise	Auswirkung Handels-bilanz	Auswirkung Steuerbilanz	Auswirkung auf das zu versteu-ernde Ein-kommen
	Gewinn laut vorläufiger Handels-bilanz/Sachverhalt	xxx.xxx,xx €		
	Ausgangsgröße für die Steuerbilanz ist nach § 5 Abs. 1 S. 1 EStG der Jahresüberschuss laut Handelsbilanz/ Bewertungsvorbehalt beachten		xxx.xxx,xx €	
	Ausgangsgröße für die Ermittlung des zu versteuernden Einkommens ist gem. § 8 Abs. 1 KStG nach den Vorschriften des EStG zu ermitteln, d.h. der Steuerbilanzgewinn ist zu verwenden			xxx.xxx,xx €
1	Laut Sachverhalt stellt die Pensions-verpflichtung ...			

Anhand dieses Schemas können die einzelnen Fragestellungen des Klausurtextes der Reihe nach abgearbeitet werden.

Links in der Spalte Textziffer sollte der Verweis auf die Aufgabenstellung bzw. auf den einzelnen Sachverhalt erfolgen.

In der Spalte Lösungshinweise sind rechtliche und buchungstechnische Auswirkungen, Änderungen und Anmerkungen des entsprechenden Sachverhaltes aufzunehmen.

Am **Ende der Bearbeitung** ist die Spalte Handelsbilanz zu summieren. Die Summe der Änderungen ist dann über den Maßgeblichkeitsgrundsatz des § 5 Abs. 1 S. 1 EStG oben in die zweite Zeile der Änderungen der Steuerbilanzspalte zu übernehmen. Insoweit ergibt sich als Summe der Spalte 3 der geänderte Jahresüberschuss laut Handelsbilanz, der eben maßgeblich für die Steuerbilanz ist.

Danach sind in der Spalte 4 von dem maßgeblichen Jahresabschluss alle Zu- und Abgänge im Rahmen der Steuerbilanzbeurteilung, wie z.B. die abweichende Beurteilung der Pensionsrück-

2.3 Konkrete Bearbeitungshinweise

stellung wegen § 6a EStG hinzurechnen bzw. abzuziehen. Die Summe der 4. Spalte stellt somit den Jahresüberschuss laut Steuerbilanz dar.

Dieses **Steuerbilanzergebnis** ist nach § 8 Abs. 1 KStG maßgeblich für die Ermittlung des zu versteuernden Einkommens. Somit ist die Summe dieser Spalte dann in der 5. Spalte oben als Ergebnis der Steuerbilanz zuerst einzutragen. Danach erfolgen alle Hinzurechnungen und Kürzungen im Rahmen der Einkommensermittlung, hier insbesondere die nicht abzugsfähigen Betriebsausgaben nach § 4 Abs. 5 EStG bzw. § 10 KStG, sowie die steuerfreien verdeckten Einlagen nach § 8 Abs. 3 S. 3 KStG und die steuerpflichtigen bzw. die sich nicht auf das Einkommen auswirkenden offenen und verdeckten Gewinnausschüttungen nach § 8 Abs. 3 S. 2 KStG.

Die Summe der 5. Spalte ergibt im Ergebnis dann das **zu versteuernde Einkommen der Kapitalgesellschaft**.

> **Beachte!** Manchmal ist es für einen Kandidaten nachvollziehbarer, wenn er selbst einmal eine Klausur korrigieren muss. Also sollte man sich selbst einen Gefallen tun und die Klausur für einen unvoreingenommen Dritten ordentlich aufzubereiten. Auch der Korrektor der Steuerberaterklausuren ist nur ein Mensch. Deshalb sollte man stets bemüht sein, die Lösung optisch und inhaltlich angenehm und einfach zu gestalten. Dazu gehören auch ausreichende Hinweise auf die Lösungen der einzelnen Klausurteile.

Ob man sich bei der Prüfung für die voranstehende Ergebniserarbeitung entscheidet oder einen anderen pragmatischeren, jedoch übersichtlichen Weg wählt, muss in eigenen Übungsklausuren herausgearbeitet werden.

Es macht für die Ausarbeitung einer für den Korrektor nachvollziehbaren Lösung in jedem Fall Sinn, die Lösungsergebnisse aus dem jeweiligen Sachverhalt auf einem gesonderten Blatt in übersichtlicher Form aufzuzeichnen. Damit vermeidet man ein Vergessen von wichtigen Ergebnisteilen bei der Gesamtermittlung sei es nun beim Handels- bzw. Steuerbilanzgewinn oder bei der summarischen Ermittlung der außerbilanziellen Korrekturen.

Der Bundesfinanzhof hatte im Rahmen der Ausurteilung ausführlich dargestellt, dass die **Gewinnermittlung der GmbH** sich auf mehreren Stufen vollzieht. Dabei ging er grundsätzlich von 2 Stufen aus, da die handelsrechtliche Betrachtung bei der Entscheidung des entscheidenden Senates bereits abgeschlossen war. Ausgehend von der Steuerbilanz setzt diese jedoch selbstredend die bereits abgeschlossene Betrachtung der Handelsbilanz voraus.

2.3.1.3 Feststellung des steuerlichen Einlagenkontos – Auswirkungen beim Gesellschafter

Durch **Einlagen und Ausschüttungen** bzw. Kapitalerhöhungen oder -herabsetzungen kann es bei der empfangenden bzw. leistenden Körperschaft zu Veränderungen beim steuerlichen Einlagenkonto kommen. Es ist fast die Regel, dass in den Aufgabenstellungen nach den erforderlichen Feststellungen bei der GmbH gefragt wird. Einerseits kann das Auswirkungen für einen notwendigen Einbehalt von Steuerabzugsbeträgen haben und anderseits aufgrund des notwendigen Ausweises in einer Steuerbescheinigung zu unterschiedlichen Einkunftsquellen beim Anteileigner führen. Aus diesem Grund ist es unerlässlich, das steuerliche Einlagenkonto im Rahmen der Klausurlösung fortzuschreiben.

Um einzelnen Textziffern in Bezug auf das steuerliche Einlagenkonto und ggf. in Bezug auf die Auswirkungen beim Anteilseigner zeitlich optimal zu würdigen, sollte ein Beiblatt über die Zu- und Abflüsse der Körperschaft gefertigt werden.

Aufgrund der gesetzlich vorgegebenen Verwendungsreihenfolge des § 27 Abs. 1 Satz 3 KStG ist bei der Ermittlung der Verwendung des Eigenkapitals der Bestand des Vorjahres maßgebend. Demzufolge können Leistungen der Gesellschaft grundsätzlich nicht aus Zugängen der Neurücklagen oder des steuerlichen Einlagekontos aus dem laufenden Veranlagungszeitraum finanziert werden. Dabei muss immer der Kontext zwischen dem Satz 3 und dem Satz 5 aus dieser Vorschrift hergestellt werden. Denn die eigentliche Verwendungsreihenfolge aus dem § 27 Abs. 1 Satz 5 KStG nimmt keinen Bezug darauf, welcher Bestand des Eigenkapitals als verwendet gelten soll.

Der nach § 27 Abs. 1 S. 5 KStG dafür benötigte **ausschüttbare Gewinn** ist wie folgt zu ermitteln:
Eigenkapital laut Steuerbilanz (inklusive Gewinnrücklagen etc.)
./. gezeichnetes Kapital
./. (positiver) Bestand des steuerlichen Einlagekontos **des Vorjahres**

= **ausschüttbarer Gewinn (wenn negativ: Ansatz mit 0)**
(vgl. auch Tz. 14 des BMF-Schreibens vom 04.06.2003, IV A 2 – S 2836 – 2/03)

Tipp! Für die Zuführungen zum steuerlichen Einlagekonto und für alle gesellschaftsrechtlich veranlasste Leistungen der Gesellschaft bzw. Erbringungen von gesellschaftsrechtlich veranlassten Vermögenszuwendungen seitens des Gesellschafters sollte ein gesondertes Blatt verwendet werden. Damit kann die Fortschreibung des steuerlichen Einlagekontos – wie auch im Prüfungsjahr 2019/2020 bis 2023/2024 gefordert – schnell und zügig erfolgen.

Beispiel:
Tz. 1: Der Anteilseigner A (40 %) erhält von der A GmbH eine Pensionszusage. Im Kalenderjahr 2022 ist die Pensionsrückstellung laut Handels- und Steuerbilanz um 24.000 € zu erhöhen. Die Pension stellt in voller Höhe eine verdeckte Gewinnausschüttung dar.

Tz. 2: A hat der A-GmbH im Dezember 2023 ein Grundstück für 500.000 € verkauft, das diese noch am 28.12.2023 mit 450.000 € bezahlt. Die Restzahlung erfolgte am 21.01.2024. Der Kaufpreis war um 70.000 € zu hoch. Dies stellt eine verdeckte Gewinnausschüttung dar.

Tz. 3: Der Mitgesellschafter B verlangt, wie auch im Gesellschaftsvertrag vereinbart, von A die Rückzahlung der verdeckten Gewinnausschüttung. A zahlt den Betrag von 70.000 € im März 2023 zurück. Da es sich hierbei um die Rückzahlung einer verdeckten Gewinnausschüttung handelt, liegt nach H 8.9 KStH 2015 „Rückgewähr einer verdeckten Gewinnausschüttung" KStH eine verdeckte Einlage und keine negative verdeckte Gewinnausschüttung vor (Beispiel mit adäquaten Lösungsteil war in der Prüfungsklausur 2018/2019 vorhanden).

Lösung:

Tz	vE	vGA	Zeitpunkt des Geldflusses	Betrag	Leistung/ Ausschüttung i.S.v. § 27 KStG	Erhöhung/ Einlage i.S.v. § 27 KStG
1		x	Bei Beginn der Pension	24.000 €	0 €	0 €

2		x	28.12.2023 bei Zahlung; die restlichen 50.000 € gelten erst bei Zahlung als verwendet	20.000 €	20.000 €	0 €
3	x		In 2024: Der Rückgriffsanspruch ist zwar bilanziert, eine Zahlung erfolgte jedoch nicht in 2023. Einlagen sind nach Tz. 26 des BMF-Schreibens vom 04.06.2003, IV A 2 – S 2836 – 2/03 erst mit dem Zufluss als Zugang beim steuerlichen Einlagenkonto zu erfassen.	70.000 €	0 €	0 €
Summe					20.000 €	0 €

Für den Anteilseigner A ergeben sich folgende steuerliche Konsequenzen:

Tz. 1: Mangels Abfluss bei der Verwendung des Einkommens und mangels Zufluss i.S.v. § 11 Abs. 1 EStG erzielt A in 2022 noch keine Einkünfte aus Kapitalvermögen gem. § 20 Abs. 1 Nr. 1 S. 2 EStG. Dies ist erst bei Beginn der Pensionszahlungen der Fall.

Tz. 2: Da A den Kaufpreis für das Grundstück am 28.12.2023 erhalten hat, liegt bei ihm in 2023 ein Zufluss nach § 11 Abs. 1 Satz 1 EStG vor, er erzielt in Höhe des angemessenen Kaufpreises ggf. Einkünfte nach § 22 Nr. 2 EStG i.V.m. § 23 Abs. 1 Satz 1 Nr. 1 EStG; in Höhe des gesellschaftsrechtlich veranlassten Anteils des Kaufpreises in 2024 Einnahmen nach § 20 Abs. 1 Nr. 1 S. 2 EStG i.H.v. 20.000 €. Diese unterliegen je nach Sachverhalt entweder der Subsidiarität nach § 20 Abs. 8 EStG, oder als Einkünfte aus Kapitalvermögen der Abgeltungssteuer nach § 32d Abs. 1 EStG bzw. der Tarifbesteuerung, wenn A den Antrag nach § 32d Abs. 2 Nr. 3a und b EStG gestellt hat und die Antragsvoraussetzungen vorliegen. Die restlichen 50.000 € sind erst bei Zufluss in 2024 als Einkünfte aus Kapitalvermögen zu erfassen, es sei denn A wäre ein beherrschender Gesellschafter.

Tz. 3: Durch die verdeckte Einlage erhöhen sich beim Anteilseigner nach § 6 Abs. 6 S. 2 EStG bzw. nach H 17 Abs. 5 „verdeckte Einlage" EStH die Anschaffungskosten auf die Beteiligung.

2.3.1.4 Kapitalerhöhung und -herabsetzung, Sonderausweis nach § 28 KStG

Nicht so leicht zu handhaben ist für die meisten Kandidaten eine mögliche Nennkapitalerhöhung bzw. -herabsetzung. Während die Durchführung der Stammkapitalerhöhung grundsätzlich noch den vermeintlich einfacheren Part für die Lösung darstellt, ist die Weiterführung in den Folgezeiträumen mit mehreren Fallstricken bestückt. Natürlich muss erst einmal herausgearbeitet werden, ob es sich bei der Nennkapitalerhöhung um externe Zuführungen von „frischem Kapital" durch die Anteilseigner oder um eine Nennkapitalerhöhung aus eigenen Mitteln der Kapitalgesellschaft handelt. Nur im zweiten Fall ist überhaupt eine weiterführende Bearbeitung für die Kandidaten notwendig. Denn insoweit die Gesellschaft Eigenmittel für die Nennkapitalerhöhung verwendet, erscheint dies grundsätzlich für die Gesellschaft selbst ohne Bedeutung. Jedoch für den gedachten Fall der Liquidation der Gesellschaft im Jahre 2023 würde das aus den Eigenmitteln zugeführte Nennkapital im Falle der Schlussauskehrung bei den Anteilseignern zur Besteuerung im Sinne des § 17 EStG führen. Da es sich jedoch um bisher nicht besteuerte Einkommensverwendungen der Gesellschaft für den Anteilseigner handelt, führt das zu einem falschen Ergebnis, da es an der bisherigen wirtschaftlichen Belastung der Anteilseigner fehlt. Aus diesem Grund bedarf es bei dieser Art der Nennkapitalerhöhung um die Fortschreibung eines Sonderausweises im Sinne des § 28 Abs. 1 Satz 3 KStG, damit die notwendige Schlussbesteuerung beim Anteilseigner nicht „verloren" gehen kann.

Auch dieser ist nach § 28 Abs. 1 S. 4 i.V.m. § 27 Abs. 2 KStG jährlich gesondert festzustellen. Die Regelungen des § 28 Abs. 2 KStG sind im BMF-Schreiben zu § 27 KStG Tz. 40 vom 04.06.2003 (BStBl I 2003, 366) in einer Tabelle zusammengefasst.

Auch für den Fall der Kapitalerhöhung aus Gesellschaftsmitteln enthält dieses BMF-Schreiben eine hilfreiche Tabelle (Tz. 36). Da diese bei der Klausur vorliegt, sollte bereits im Wege der Vorbereitung auf das Steuerberaterexamen anhand dieser skizzenhaften Übersichten der Lösungsweg geübt werden.

> **Beispiel (aus dem oben genannten BMF-Schreiben):**
> Die A-GmbH weist zum Schluss des vorangegangenen Wirtschaftsjahres folgende Beträge aus:
> - Nennkapital 200.000 € (davon nicht eingezahlt 20.000 €),
> - Sonderausweis 50.000 €,
> - steuerliches Einlagekonto 0 €.
>
> Es erfolgt eine Kapitalherabsetzung um 100.000 €, die auch auf den nicht eingezahlten Teil von 20.000 € entfällt, und Rückzahlung des eingezahlten Nennkapitals i.H.v. 80.000 €.

		Vorspalte	Einlagekonto	Sonderausweis
	Anfangsbestand		0 €	50.000 €
	Betrag der Kapitalherabsetzung	100.000 €		
./.	Verringerung des Sonderausweises	./. 50.000 €		./. 50.000 €
=	Zwischenergebnis	50.000 €		
./.	ausstehende Einlagen auf das Nennkapital	./. 20.000 €		
=	Zugang beim steuerlichen Einlagekonto	30.000 €	+ 30.000 €	
=	Zwischenergebnis		30.000 €	0 €
	Rückzahlung von Nennkapital	80.000 €		
./.	Verringerung des Sonderausweises	./. 50.000 €		
=	Abgang vom steuerlichen Einlagekonto	30.000 €	./. 30.000 €	
	Schlussbestände		0 €	0 €

2.3 Konkrete Bearbeitungshinweise

> Die 50.000 € Rückzahlung aus dem steuerlichen Einlagenkonto führen beim Anteilseigner nach § 28 Abs. 2 S. 2 KStG zu einem Bezug i.S.d. § 20 Abs. 1 Nr. 2 EStG. Dieser unterliegt dann je nachdem dem Teileinkünfteverfahren (Achtung hier § 3 Nr. 40e und nicht d EStG), der Abgeltungssteuer oder bei Körperschaften den Regelungen des § 8b Abs. 1 und 5 bzw. Abs. 4 KStG. Soweit, wie hier in Bezug auf die 30.000 €, ein darüberhinausgehender Betrag herabgesetzt wird, kommt es zu einer Minderung der Anschaffungskosten und zu Einnahmen im Zusammenhang mit dem „Verkauf" von Anteilen an Körperschaften. Insoweit sind dann die Regelungen des § 17 Abs. 4 EStG, des Teileinkünfteverfahrens und des § 8b Abs. 2 und 3 KStG zu beachten.

2.3.1.5 Reihenfolge der rechtlichen Würdigung – die RGMB-Regel

Bei der Bearbeitung der Sachverhalte ist in den letzten Jahren häufig ein Teil der Punkte für die Beurteilung der Wertansätze in der Handelsbilanz vergeben worden. Dies dürfte einerseits durch die gesonderten Regelungen für einen handelsbilanziellen Ausweis bei Kapitalgesellschaften gegenüber anderen Kaufleuten und andererseits durch die Einführung der Regelungen durch das BilMoG und die damit einhergehende Ausweitung der Abweichungsmöglichkeit zwischen Handels- und Steuerbilanz begründet sein.

Unabhängig von der Bepunktung sollte bei einer komplexen Struktur des Sachverhaltes die **RGMB-Regel** beachtet werden:
1. R = Ruhe bewahren.
2. G = ganz genau lesen.
3. M = malen.
4. B = buchen.

Es ist wichtig, dass bereits bei der Erarbeitung von Übungsklausuren prüfungsähnliche Umgebungselemente aufgebaut werden. Demzufolge sollte jeder, dem die Möglichkeit eingeräumt wird, Übungsklausuren weniger in hermetisch abgeschlossenen Räumen unter Ausschluss der Öffentlichkeit schreiben, sondern vielmehr den Fokus auf die Ausarbeitung in einer Gruppe legen. Damit übt der Kandidat neben dem aktiven Wegdenken von akustischen Störsignalen auch das auf sich fokussierte Lösen der einzelnen Sachverhalte. Es gilt die Umgebung völlig auszublenden und sich nicht von den Aktionen und Reaktionen in unmittelbarer Nähe beeinflussen zu lassen.

Vorrangig gilt es, anhand des Aufgabenteils, die Anforderungen aufzunehmen und in das verstehende Lesen zu integrieren. Dabei sollte sofort auch aufgenommen werden, ob der Verfasser der Klausur bestimmte Themenbereiche laut Aufgabenstellung komplett ausgegrenzt wissen will oder ob mit Unterstellungen gearbeitet wird, wie zum Beispiel mit der nachfolgenden Aussage: Insoweit sich aus dem Sachverhalt nichts anderes ergibt, gelten notwendige Anträge als gestellt.

In den Lösungen zahlreicher Probeklausuren und auch bei der Durchsicht der von den Prüflingen gefertigten Originallösungen (zumeist im möglichen Überdenkungsverfahren) zeigt sich immer wieder, dass die Sachverhalte von den Prüflingen nicht zutreffend oder nicht vollumfänglich erfasst werden. Dies ist insbesondere dem ungenauen und flüchtigen Lesen der Sachverhalte geschuldet und führt leider oft zum Nicht-Erlangen der „Fußgängerpunkte" und damit zum möglichen Nichtbestehen der Prüfung. Es liegt in der Natur der Sache, dass bei der Ausarbeitung des sich auftuenden Sachverhaltes bereits im Kopf eine grobe Lösungsskizze umrissen wird, welches durch kurze, stichprobenartige Randnotizen am Sachverhalt ihren Niederschlag finden sollte. Jedoch sollte man sich durch diese anfängliche Überlegung nicht dazu verleiten lassen, den Lösungsweg konsequent nach den gesetzlichen Anforderungen gutachterlich darzulegen. Allzu oft wird dann in der Lösung mit Unterstellungen gearbeitet bzw. mit Sachverhaltsangaben, die so aus diesem nicht entnommen werden können. Als Faustformel sollte gelten: Wenn der Punkt erreicht ist, dass mit Unterstellungen argumentiert werden muss, dann ist entweder der Sachverhalt nicht korrekt aufgearbeitet worden oder der eingeschlagene Lösungsweg nicht der richtige.

Mit diesen Regeln – die natürlich nicht das Nonplusultra darstellen können – werden die Sachverhalte im Körperschaftsteuerteil der Steuerberaterklausuren sicherlich einfacher zu lösen sein.

Da die außerbilanziellen Korrekturen – wie die verdeckte Einlage oder die verdeckten Gewinnausschüttungen – immer davon ausgehen, wie sich der Vorgang in der Handels- oder Steuerbilanz ausgewirkt hat, ist es absolut hilfreich diese erfolgswirksame Auswirkung auch darzustellen. Das hilft einerseits dem Korrektor der Klausur, den Lösungsweg des Kandidaten nachvollziehen zu können und andererseits bleibt bei Beibehaltung dieser „sturen" Abarbeitung der Lösungskette die Fehlerquote hinreichend gering. Demnach erscheint es greifbarer, wenn die handels- oder steuerbilanztechnische Buchung des Sachverhaltes aufgezeigt werden kann.

Wie die Reihenfolge als solches sich darstellen könnte und welche Fehlerquellen sich bei der Nichteinhaltung offenbaren können, soll an dem folgenden Fallbeispiel dargelegt werden.

Beispiel: Der Anteilseigner A (35 Jahre alt – 100 %-Beteiligung – seit fünfzehn Jahren angestellter Geschäftsführer) lässt sich von der Gesellschaft eine Pension einräumen. Diese Pensionszusage erfolgt im Rahmen eines zivilrechtlich nicht wirksamen Vertrages. Darüber hinaus fehlt es an der schriftlichen Vereinbarung der Pensionszusage. Aufgrund einer Überversorgung ist die Pensionszusage in Höhe von 40 % ohne Zweifel gesellschaftsrechtlich veranlasst. Der Jahresüberschuss laut Handelsbilanz beträgt 300.000 €, die Rückstellung von 200.000 € ist nicht passiviert worden. Der steuerlich anzusetzende Wert der Rückstellung beträgt gem. § 6a EStG 160.000 €.

Beachte! Bei dem Wort „Pensionszusage" in einem Sachverhalt zucken die Kandidaten in aller Regel erst einmal zusammen – wie vermutlich auch im Prüfungsjahr 2018/2019 (hier allerdings im Einkommensteuerteil der Prüfung) bzw. im Prüfungsjahr 2020/2021 – und im Kopf ergeben sich die ersten Gedanken, dass man diese Aufgabe ohnehin nicht lösen kann. Dabei ist es doch grundsätzlich kein Problem, solch einen Fall zu meistern. Es liegt auf der Hand, dass niemand verlangen wird, im Rahmen eines Steuerberaterexamens ein versicherungsmathematisches Gutachten über die Anwendung der Heubeckschen Tabellen zu fertigen; also handelt es sich doch um einen ganz normalen passiven Ausweis einer zukünftigen Verbindlichkeit, deren Wertgrundlage im Rahmen der Pensionsvereinbarung geschaffen wurde.

Deshalb ist bei einer Prüfung dieser Pensionszusage im Rahmen der Körperschaftsteuerklausur in Bezug auf die Prüfungsreihenfolge festzustellen, dass die meisten Prüflinge dazu neigen, mit dem Wort Pensionszusage in aller Regel die verdeckte Gewinnausschüttung vorrangig in Verbindung zu bringen. Jedoch ist **immer** zuerst zu prüfen, ob es sich um ein

2.3 Konkrete Bearbeitungshinweise

zivilrechtlich wirksames Schuldversprechen der GmbH gegenüber dem Geschäftsführer handelt. Diese Reihenfolge ergibt sich auch aus R 8.7 KStR 2015.

Dabei wird durch die Aufgabenstellung natürlich bewusst suggeriert, dass aufgrund der 100 %-Beteiligung der Kandidat darauf „anspringt", das erlernte Wissen über die Voraussetzung für die Anerkennung von Verträgen zwischen einem beherrschenden Gesellschafter und der Gesellschaft niederzuschreiben und die verdeckte Gewinnausschüttung als Lösung zu präsentieren.

Lösung: Die Gesellschaft ist nicht verpflichtet, dem Gesellschafter eine Pensionszusage zu gewähren. Das Gewähren der Pensionszusage setzt für die GmbH voraus, dass diese zivilrechtlich verpflichtet ist, eine solche Pension später auch zu zahlen. Mangels zivilrechtlicher Wirksamkeit entfällt bereits bei Aufstellung der Handelsbilanz ein Ansatz der Pensionsrückstellung. Insoweit ist kein handelsrechtlicher Aufwand entstanden, der somit auch nicht nach § 6a EStG zu korrigieren ist oder als verdeckte Gewinnausschüttung hinzugerechnet werden kann. Insbesondere für die verdeckte Gewinnausschüttung mangelt es neben der Vermögensminderung an einer Minderung des Unterschiedsbetrages, da es sich nicht um einen Aufwand der Handelsbilanz und damit der Steuerbilanz gehandelt hat. A hat somit auch keinen Anspruch auf die Auszahlung einer Pension.

Fortentwicklung des Beispiels: Der Vertrag ist zivilrechtlich wirksam mündlich abgeschlossen worden.

Lösung: Es ist erneut zu prüfen, ob es sich um eine handelsrechtlich zutreffende Verpflichtung der Gesellschaft gegenüber dem Geschäftsführer handelt. Dies ist aufgrund der zivilrechtlichen Wirksamkeit der Pensionszusage gegeben, da insoweit aus der Vertragsfreiheit keine formellen Anforderungen an die Wirksamkeit einer Pensionszusage gestellt werden. Insoweit schuldet die GmbH ihrem Geschäftsführer eine Pension, eine Rückstellung ist unter Hinweis auf § 252 Abs. 1 Nr. 5 HGB i.V.m. § 249 Abs. 1 Satz 1 HGB in der Handelsbilanz aufwandswirksam zu erfassen.

Die in der Handelsbilanz erfasste Rückstellung wird über den Maßgeblichkeitsgrundsatz des § 5 Abs. 1 S. 1 EStG auch auf der Ebene der ertragsteuerlichen Beurteilung der Kapitalgesellschaft übernommen. Jedoch sind darüber hinaus nach § 5 Abs. 6 EStG die steuerlichen Ansatz- und Bewertungsvorschriften zu berücksichtigen. Eine Rückstellung nach Steuerrecht kann aufgrund von § 6a EStG nicht erfolgen, da die Zusage laut Sachverhalt nicht schriftlich erfolgte, was § 6a Abs. 1 Nr. 3 EStG für die Bildung einer Rückstellung in der Steuerbilanz jedoch fordert. Insoweit ist für die Pensionsrückstellung § 6a EStG mit der Maßgabe anzuwenden, dass die in der Handelsbilanz als Aufwand behandelte Rückstellungseinbuchung wieder zu korrigieren ist.

An dieser Stelle ist es absolut wichtig, dass man die Lösung nicht „vorwegnimmt". Nichts wäre jetzt verheerender als die Aussage, dass die Pensionsrückstellung aufgrund formaler Kriterien nicht anzuerkennen ist. Damit würden wesentliche Punkte (mithin „Fußgängerpunkte") der Lösung liegen bleiben. Der Kandidat sollte bestrebt sein, den Korrektor auf seinem Lösungsweg „mitzunehmen", damit dieser ohne Kenntnis der vermeintlichen Musterlösung die Herleitung einwandfrei nachvollziehen kann. Handelsrechtlich handelt es sich um einen

Aufwand, da zivilrechtlich eine Pensionsverpflichtung eingetreten ist. Somit ist in der Handelsbilanz eine Rückstellung nach § 249 Abs. 16 Satz 1 HGB zwingend zu passivieren.

Da die Rückstellung in der Handelsbilanz laut Sachverhalt noch nicht gebildet worden ist, ist hier im Rahmen der Handelsbilanz ein Betrag von 200.000 € mit einem Minus in der Spalte Handelsbilanz, also in der Spalte 3 zu berücksichtigen. Die Rückstellung ist unter Angabe des Buchungssatzes

Aufwendungen für die Zukunftssicherung an **Pensionsrückstellung**
200.000 € **200.000 €**

in die Handelsbilanz aufzunehmen. Dadurch verringert sich der handelsrechtliche Jahresüberschuss um 200.000 €.

Danach kämen dann die Ausführung zur Maßgeblichkeit und zur Bewertung bzw. zur abweichenden Bewertung im Rahmen des § 6a EStG und dann wäre in der Spalte 4 Steuerbilanz bzw. Überleitungsrechnung nach § 60 Abs. 2 des EStG unter Hinweis auf die formellen Voraussetzungen eine Korrektur von + 200.000 € vorzunehmen. In der Summe hat sich die Rückstellung unter summarischer Betrachtung der Handels- und Steuerbilanz nicht ausgewirkt.

Weitere Fortentwicklung des Beispiels: Die Voraussetzungen des § 6a EStG sind gegeben, jedoch beträgt der Barwert der Pensionszusage i.S.d. § 6a EStG 160.000 €.

Lösung: Unter Fortführung des bisher aufgezeigten Lösungsweges wäre nunmehr die Pensionsrückstellung durch die Erfüllung aller Erfordernisse des § 6a EStG auch in der Steuerbilanz zu bilden. Jedoch weichen einerseits die Ansatzwerte der Pensionsrückstellung zwischen Handels- und Steuerbilanz voneinander ab. Andererseits stellen 40 % der Pensionszusage laut Sachverhalt eine verdeckte Gewinnausschüttung dar. Diese darf nach § 8 Abs. 3 S. 2 KStG das Einkommen der GmbH nicht mindern und ist deshalb bei der Ermittlung des zu versteuernden Einkommens wieder hinzuzurechnen.

Somit ergibt sich unter Anwendung des Schemas folgende Darstellung:

Textziffer	Lösungshinweise	Auswirkung Handelsbilanz	Auswirkung Steuerbilanz	Auswirkung auf das zu versteuernde Einkommen
	Gewinn laut vorläufiger Handelsbilanz/ Sachverhalt	300.000 €		
	Ausgangsgröße für die Steuerbilanz ist nach § 5 Abs. 1 S. 1 EStG der Jahresüberschuss laut Handelsbilanz		100.000 €	
	Ausgangsgröße für die Ermittlung des zu versteuernden Einkommens ist gem. § 8 Abs. 1 KStG nach den Vorschriften des EStG zu ermitteln, d.h. der Steuerbilanzgewinn			140.000 €

2.3 Konkrete Bearbeitungshinweise

Text-ziffer	Lösungshinweise	Auswirkung Handels-bilanz	Auswirkung Steuer-bilanz	Auswirkung auf das zu versteu-ernde Ein-kommen
1	In der Handelsbilanz der GmbH wurde laut Sachverhalt noch keine Pensions-rückstellung gebildet. Da die GmbH sich zivilrechtlich wirksam verpflichtet hat dem Geschäftsführer eine Pension zu zahlen, hat sie nach § 249 HGB eine Rückstellung in der Handelsbilanz zu passivieren. Diese ist nach § 253 HGB mit dem Barwert (laut Sachverhalt i.H.v. 200.000 €) zu bewerten. Pensionsaufwand 200.000 € an Pensionsrückstellung 200.000 €	./. 200.000 €		
	Der Ansatz der Pensionsrückstellung erfolgt grundsätzlich über die Maßgeb-lichkeit des § 5 Abs. 1 S. 1 EStG auch in der Steuerbilanz, soweit sich keine abweichende steuerliche Bewertung ergibt ! § 5 Abs. 6 EStG. Pensionsrückstel-lungen sind in der Steuerbilanz mit dem Barwert nach § 6a Abs. 3 Nr. 1 EStG zu bewerten. Dieser beträgt laut Sachver-halt 160.000 €. Da in der Handelsbilanz die Rückstellung mit 200.000 €, also mit 40.000 € mehr zu passivieren ist, muss insoweit folgende Korrekturbuchung in der Handelsbilanz erfolgen: Pensionsrückstellung 40.000 € an Pensionsaufwand 40.000 €		+ 40.000 €	
	Nunmehr bleibt zu prüfen, ob und wenn in welcher Höhe durch den in der Steuer-bilanz noch enthaltenen Aufwand aus der Bildung der Pensionsrückstellung für A eine verdeckte Gewinnausschüttung vorliegt. Da laut Sachverhalt 40 % der Pensionszusage als verdeckte Gewinn-ausschüttung zu qualifizieren ist, ist inso-weit das zu versteuernde Einkommen um 40 % des noch im Aufwand befindlichen Betrages, also um 64.000 € [(200.000 ./. 40.000) × 40 %] gem. § 8 Abs. 3 S. 2 KStG wegen einer verdeckten Gewinnaus-schüttung zu erhöhen.			

Text-ziffer	Lösungshinweise	Auswirkung Handels-bilanz	Auswirkung Steuer-bilanz	Auswirkung auf das zu versteu-ernde Ein-kommen
	Der Zufluss beim Anteilseigner ist zwar im Kalenderjahr nicht erfolgt, dies ist jedoch zum Zeitpunkt der späteren Auszahlung der Fall. Insoweit liegt ein Teilbetrag I und ein Teilbetrag II von jeweils + 64.000 € vor			+ 64.000 €
	Jahresüberschuss laut Handelsbilanz	100.000 €		
	Jahresüberschuss laut Steuerbilanz		140.000 €	
	Zu versteuerndes Einkommen			204.000 €

In den letzten drei Zeilen können nun alle drei gefragten Größen einfach und schnell abgelesen werden. Dies spart Zeit. Die fehlende Bearbeitungszeit stellt immer wieder einen der größten Problembereiche in den Steuerberaterprüfungen dar.

2.3.2 Die verdeckte Gewinnausschüttung

Eine **verdeckte Gewinnausschüttung** liegt gem. R 8.5 KStR 2015 vor, wenn sie:
1. gesellschaftsrechtlich veranlasst ist, da ein ordentlicher und gewissenhafter Kaufmann diesen Vermögensnachteil nicht hingenommen hätte,
2. eine Vermögensminderung oder verhinderte Vermögensmehrung vorliegt,
3. der/die sich auf den Unterschiedsbetrag nach § 4 Abs. 1 S. 1 EStG ausgewirkt hat (**Gewinnermittlungsstufe I**),
4. kein ordentlicher Gewinnverwendungsbeschluss vorliegt, **und**
5. **dieser** beim Anteilseigner die Eignung besitzt als sonstiger Bezug zu Einkünften nach § 20 Abs. 1 Nr. 1 S. 2 EStG zu führen (BFH vom 07.08.2002, I R 2/02, BStBl II 2004, 131; ständige Rechtsprechung).

Hiernach ist, soweit auch die Anforderung an die Besteuerung nach § 20 Abs. 1 Nr. 1 S. 2 i.V.m. § 11 EStG, notwendig, dass die verdeckte Gewinnausschüttung die Eignung besitzt, beim Anteilseigner zu Einkünften aus Kapitalvermögen zu führen. Dies ist regelmäßig dann der Fall, wenn die verdeckte Gewinnausschüttung dem Anteilseigner zufließt. Ein Zufluss beim Anteilseigner ist auch anzunehmen, wenn die verdeckte Gewinnausschüttung nicht ihm, sondern unmittelbar einer von ihm begünstigten Person oder einer ihm nahestehenden Person zufließt. Auch der Zufluss zu einem späteren Zeitpunkt steht der Annahme einer verdeckten Gewinnausschüttung auf der Ebene der leistenden Körperschaft nicht entgegen.

Hinweis! Im Rahmen der Körperschaftsteuerklausur ist der Kandidat nach der Absolvierung einiger Prüfungsklausuren sehr wohl in der Lage abzuschätzen, ob in dem sich darstellenden Sachverhalt eine oder mehrere verdeckte Gewinnausschüttungen auftreten können. Demzufolge muss beim Auftreten von mehreren Sachverhalten mit inkludierten verdeckten Gewinnausschüttungen die Entscheidung getroffen werden, ob es nicht Sinn macht, die kumulierten

2.3 Konkrete Bearbeitungshinweise

Voraussetzungen für die Annahme einer verdeckten Gewinnausschüttung einmal vollständig darzulegen und dann beim jeweiligen Sachverhalt nur noch das strittige Element herauszuarbeiten. Gerade in der Prüfungsklausur 2023/2024 war aufgrund der „Fremdfinanzierung einer vGA u.a. die mangelnde Zuflusseignung ausschlaggebend für den Nichtansatz einer vGA.

Beispiel: Der Anteilseigner A gewährt der GmbH ein Darlehen i.H.v. 200.000 €, das anstelle mit 1,0 % marktüblichem Zins mit 3,0 % verzinst wird. Somit erhält der Anteilseigner 6.000 € Zinsen.

Lösung: Handelsrechtlich ist ein wirksamer Darlehensvertrag zustande gekommen.
Damit schuldet die GmbH dem Anteilseigner zivilrechtlich einen Zins von 6.000 €. Insoweit ist in der Handelsbilanz eine Verbindlichkeit i.H.v. 6.000 € zulasten des Zinsaufwandes einzustellen. Diese reduziert das Handelsbilanzergebnis um 6.000 €.
In der Spalte Handelsbilanz ist demnach eine Zahl von ./. 6.000 € einzutragen. Über die Maßgeblichkeit des § 5 Abs. 1 S. 1 EStG gelangt der Aufwand in der Handelsbilanz in die Steuerbilanz. Es ergibt sich auch aufgrund der Bewertungs- und Ansatzvorschriften des Steuerrechts keine abweichende Beurteilung, sodass es bei einem Aufwand von 6.000 € in der Steuerbilanz bleibt und sich keine Änderung ergibt.
Erst bei der **Ermittlung des zu versteuernden Einkommens** ist zu prüfen, ob eine verdeckte Gewinnausschüttung vorliegt.

1. Es liegt kein offener Gewinnausschüttungsbeschluss vor.
2. Durch den Mehraufwand in der Handelsbilanz, der auch in der Steuerbilanz vorhanden geblieben ist, ergibt sich eine Auswirkung des überhöhten Zinses auf dem Unterschiedsbetrag nach § 4 Abs. 1 EStG.
3. Ein fremder Geschäftsführer der GmbH hätte einen solchen Darlehensvertrag nur unter der Prämisse abgeschlossen, dass er den marktüblichen Zins von 2.000 € gezahlt hätte. Insoweit liegt eine gesellschaftsrechtliche Veranlassung vor, da der Darlehensgeber auch Anteilseigner der GmbH ist.
4. Durch den ggf. zukünftigen Geldabfluss bei der GmbH an den Gesellschafter ist bei der GmbH eine Vermögensminderung eingetreten.
5. Dadurch, dass der Anteilseigner die Zinszahlungen von der GmbH erhalten hat, ist bei ihm ein Zufluss erfolgt, sodass bei ihm Einkünfte nach § 20 Abs. 1 Nr. 1 S. 2 EStG vorhanden sind.

Somit liegt im vorhandenen Sachverhalt eine verdeckte Gewinnausschüttung vor, die im Rahmen der Ermittlung des zu versteuernden Einkommens bei der GmbH gemäß § 8 Abs. 3 S. 2 KStG außerhalb der Bilanzen hinzuzurechnen ist, da sich das Einkommen nicht durch eine verdeckte Gewinnausschüttung reduzieren darf.

2.3.3 Die verdeckte Einlage

Noch viel spannender ist ein weiteres Problemfeld, das häufig in den Ertragsteuerklausuren zu finden ist, nämlich die Problemstellung der verdeckten Einlage. Hierbei handelt es sich um eine gesellschaftsrechtliche Zuführung von bilanzierungsfähigen Betriebsvermögen in eine GmbH, die nicht aufgrund einer offenen Einlage erfolgt. Die Bewertung dieser verdecken Einlage erfolgt über R 8.9 Abs. 2 KStR 2015 und die Norm des § 6 Abs. 1 Nr. 5 EStG mit dem Teilwert. In dem

Körperschaftsteuerteil der Ertragsteuerklausur ist im Regelfall der Sachverhalt der verdeckten Einlage wie im folgenden Beispiel erläutert zu finden.

Beispiel: Der Anteilseigner A gewährt der GmbH ein Darlehen von 500.000 €. Dieses Darlehen ist zutreffend mit 1,0 % zu verzinsen. Die Zinsen sind jeweils zum Ende des Kalenderjahres fällig. Aufgrund von finanziellen Schwierigkeiten der GmbH ist der Teilwert der Verbindlichkeit am 01.07. auf nur noch 300.000 € gesunken. Der Anteilseigner verzichtet am 01.07. auf die bisher noch nicht gezahlten Zinsen des aktuellen Wirtschaftsjahres und zugleich auch auf seine gesamte Forderung.

Lösung:
Handelsbilanz
Da es sich hier um einen Verzicht aus der Herleitung eines zivilrechtlichen Darlehensvertrages handelt, liegt für die GmbH in der Vereinbarung mit dem Gesellschafter der Wegfall einer Verbindlichkeit vor, die sie in der Handelsbilanz auszubuchen hat. Für diese Ausbuchung gibt es zwei Möglichkeiten. Die erste Möglichkeit wäre, in dem Verzicht eine Zuzahlung des Gesellschafters über die satzungsmäßig geforderten Einlagen hinaus zu sehen, und damit den Vorgang über eine Kapitalrücklage zu erfassen (§ 272 Abs. 2 Nr. 4 HGB), die zweite wäre die Erfassung als Ertrag. Natürlich muss hier die Reflektion aus der Erfassung im Rahmen des Sachverhaltes erfolgen, da dieser handelsrechtliche Vorgang zumeist nicht in Disposition des Kandidaten steht und durch den Sachverhalt vorgegeben wird.
Um die Wirkungsweise der verdeckten Einlage zu 100 % darstellen zu können, ist die Buchung im Rahmen der körperschaftsteuerlichen Ertragsteuerklausur im Regelfall über den Ertrag nachvollziehbarer. Dadurch besteht auch nicht die Gefahr, dass trotz eines geringeren Teilwertes der gesamte Buchwertansatz der Forderung in die Kapitalrücklage eingestellt wird und damit die Steuerpflicht des „verlorenen" Teilwertes übersehen wird.
Damit ergibt sich in der Handelsbilanz folgende Buchung:
Verbindlichkeit gegenüber Gesellschafter = 500.000 €   an   a.o. Ertrag = 500.000 €.

Für die Zinsen ist zwischen denen des ersten Halbjahres und denen in der Zeit ab dem 01.07. bis zum Ende des Wirtschaftsjahres zu unterscheiden.
Die Zinsen bis zum Zeitpunkt des Verzichtes sind zivilrechtlich entstanden. Bei Aufstellungen einer Zwischenbilanz auf den 30.06. würde sich für die Gesellschaft eine Verbindlichkeit in Höhe der ausstehenden Zinszahlungen ergeben. Daher liegt wiederum ein Verzicht des Gesellschafters auf eine Forderung vor.

Einbuchung der Zinsen
Zinsaufwand = 2.500 €   an   Verbindlichkeiten gegenüber Gesellschafter = 2.500 €.
Buchung des Zinsverzichtes
Verbindlichkeiten Gesellschafter = 2.500 €   an   Ertrag = 2.500 €.
Ab dem Darlehens- und Zinsverzicht können Zinsen aufgrund der fehlenden zivilrechtlichen Vereinbarungen nicht mehr entstehen und sind somit auch nicht als verdeckte Einlage zu erfassen
Ergebnis Handelsbilanz + 500.000 € ./. 2.500 € und + 2.500 € = 500.000 €.

2.3 Konkrete Bearbeitungshinweise

Steuerbilanz
Über § 5 Abs. 1 S. 1 EStG sind diese Änderungen in der Handelsbilanz und auch in der Steuerbilanz entsprechend zu berücksichtigen. Eine Korrektur innerhalb der Steuerbilanz ergibt sich aufgrund der geänderten bzw. abweichenden Bewertungsvorschriften des EStG und KStG nicht. Insoweit verbleibt das im Jahresüberschuss bereits erfasste Ergebnis bestehen.

Zu versteuerndes Einkommen
Auf der Ebene des zu versteuernden Einkommens ist zu prüfen, ob und inwieweit eine verdeckte Einlage durch den Vertrag und den Verzicht des Gesellschafters vorliegt.
In diesem Fall zählt klausurtechnisch jetzt nur eines – Zeit sparen. Es macht daher überhaupt keinen Sinn die Tatbestandsvoraussetzungen der verdeckten Einlage im Allgemeinen aufzuzeigen, um sie danach mit den Angaben aus dem Sachverhalt zu bestücken.
Gedanklich sollten die Tatbestandsvoraussetzungen der verdeckten Einlage (natürlich auch die für die verdeckte Gewinnausschüttung) zu jedem Zeitpunkt ohne Nachschlagen abgerufen werden können. Man beginnt mit dem vermeintlich leichten und stellt zunächst das mangelnde Vorliegen einer offenen Einlage sowie die gesellschaftsrechtliche Veranlassung (die beiden Voraussetzungen sind offensichtlich gegeben) fest. Danach ist zu prüfen, ob ein einlagefähiger und buchungsfähiger Vermögensvorteil vorliegt. Dies ist bei einer Forderung gegeben. Gedanklich hat der Anteilseigner die Forderung in die Bilanz der GmbH eingelegt, und die GmbH konnte sodann mit der Verbindlichkeit aufrechnen. Auch wenn hier die abstrakte Vorstellungskraft als solche nicht allseits ausgeprägt sein sollte, hilft doch der H 8.9 KStH 2015 mit der Faustformel, dass ein einlagefähiger Vermögensvorteil immer dann vorliegt, wenn ein Aktivposten entsteht oder sich erhöht oder ein Passivposten wegfällt oder sich mindert. An dieser Stelle erkennt man, wie wichtig es ist, dass zuerst die handelsrechtlichen Auswirkungen über die Erstellung einer virtuellen Zwischenbilanz getroffen wurden, damit der Passivposten und seine Höhe vor dem Verzicht genau bestimmt werden können. Mithin stellt man nun fest, dass eine verdeckte Einlage dem Grunde nach vorliegt. Fraglich bleibt nunmehr nur noch deren Bewertung. Diese richtet sich nach den allgemeinen Vorschriften des § 6 Abs. 1 Nr. 5 EStG mit dem Teilwert zum Zeitpunkt der Zuführung. Aus den Sachverhaltsangaben lässt sich schließen, dass der Teilwert der Verbindlichkeiten gesunken ist. Damit beträgt der Teilwert für das Darlehen 300.000 €, der Teilwert für die bereits zivilrechtlich entstandenen Zinsen beträgt 2.500 €.
Im Ergebnis liegt daher eine verdeckte Einlage i.H.v. 302.500 € des Anteilseigners in die GmbH vor. Diese verdeckte Einlage ist bereits im Ertrag enthalten. Nach § 8 Abs. 3 S. 3 KStG ist dieser Ertrag im Rahmen der Ermittlung des zu versteuernden Einkommens zu kürzen. Damit ergibt sich eine Reduktion des zu versteuernden Einkommens in Höhe von 302.500 €. Die übrigen 302.500 € werden von der außerbilanziellen Korrektur des § 8 Abs. 3 Satz 3 KStG nicht erfasst und verbleiben mangels Kürzungsvorschrift als steuerpflichtiger Ertrag.
Der Betrag der verdeckten Einlage ist zudem in das steuerliche Einlagenkonto gemäß § 27 KStG einzustellen. Der Anteilseigner hat sodann auf seiner Ebene nachträgliche Anschaffungskosten in Höhe von 302.500 € auf die Beteiligung. Dies ergibt sich, wenn die Anteile in einem Betriebsvermögen des Anteilseigners gehalten werden über § 6 Abs. 6 S. 2 EStG, bzw. wenn sie im Privatvermögen gehalten werden über die analoge Anwendung dieser Vorschrift gem. H 17 Abs. 5 „verdeckte Einlage" EStH.

Bedeutsam kann auch die Wechselwirkung der verdeckten Einlage aufgrund von steuerbaren Rechtsbeziehungen zwischen der Gesellschaft und dem Anteilseigner sein.

> **Beispiel:** Der Anteilseigner A veräußert an die Gesellschaft (X-GmbH – 100 %-Beteiligung) ein im Privatvermögen befindliches unbebautes Grundstück, welches dieser am 21.01.2021 zu einem Kaufpreis von 500.000 € erworben hat. Mit notariellem Vertrag vom 30.11.2023 überträgt er das Grundstück an die X-GmbH zu einem Kaufpreis von 900.000 €. Aus dem Sachverhalt kann zutreffend entnommen werden, dass bei vergleichbaren Grundstücksverkäufen ein Verkaufspreis in Höhe von 1.000.000 € (der dem Teilwert entsprechen soll) erzielt werden konnte.
>
> **Aufgabenstellung:** Stellen Sie die ertragsteuerlichen Auswirkungen für das Jahr 2023 für die X-GmbH und den Gesellschafter A gutachterlich dar.
>
> **Hinweis!** Diesen Sachverhalt haben wir nachweislich bereits in den Vorjahren als Beispiel an dieser Stelle aufgezeigt – in der Prüfungsklausur 2018/2019 war genau dieser Sachverhalt in ähnlicher Konstellation mit der gleichen gewollten rechtlichen Bewertung Prüfungsthema.
>
> **Lösung:** Bereits aus der Aufgabenstellung sollten 3 wesentliche Aspekte entnommen werden:
> 1. Es wird nur nach den ertragsteuerlichen Auswirkungen gefragt; demzufolge wären Ausführungen zur Umsatzsteuer oder Grunderwerbsteuer hier völlig fehl am Platze.
> 2. Es sind die Auswirkungen auf der Ebene der Kapitalgesellschaft und der Ebene des Anteileigners gefragt, welches in einer differenzierten Steuersubjektbetrachtung seinen Niederschlag finden muss.
> 3. Das Wort „gutachterlich" verlangt die Aufarbeitung im entsprechenden Schreibstil, demzufolge sollte man sich an die Lösung heranarbeiten und den roten Faden der Lösung für den Korrektor nachvollziehbar darstellen.
>
> Bei solchen äußerlichen kurzen und einfach erscheinenden Aufgabenstellungen liegt zumeist das Problem bereits in der Herangehensweise des Kandidaten. Es stellt sich nämlich die Frage, ob in einer Körperschaftsteuerklausur vorrangig die Kapitalgesellschaft zu betrachten ist oder doch erst der Anteilseigner.
>
> **Hinweis!** Es hat sich bei der Vielzahl der Lösungen bewährt die terminologische Abarbeitung der Sachverhalte einzuhalten. Denn nur, wenn der Ursprung der Einkunftsquelle bekannt ist, kann die Auswirkung auf die beteiligten Steuersubjekte nachvollziehbar dargelegt werden.
>
> Mithin veräußert der Anteilseigner A an die X-GmbH. Also betrachtet man den Anteilseigner A (aufgrund der Aufgabenstellung ja gewünscht) vorrangig. Seine Veräußerung des unbebauten Grundstücks aus dem Privatvermögen stellt ein privates Veräußerungsgeschäft im Rahmen des § 23 Abs. 1 Satz 1 Nr. 1 Satz 1 EStG dar, da zwischen der Anschaffung des Grundstücks und deren Veräußerung nicht mehr als 10 Jahre liegen. Bereits beim Ausformulieren dieses Satzes muss der Kandidat das Tatbestandsmerkmal „Veräußerung" auch auf eine vollentgeltliche Übertragung des Anteilseigners an die X-GmbH reduzieren und zu dem Schluss kommen, dass dies hier ja nur zu $^9/_{10}$ vorliegt, da nur insoweit die Entgeltlichkeit gegeben ist. Demnach kann die bisher zitierte Fundstelle des § 23 Abs. 1 Satz 1 Nr. 1 EStG nur diesen entgeltlichen Vorgang abdecken.

2.3 Konkrete Bearbeitungshinweise

Jetzt muss der Sprung aus den Vorschriften des EStG in das KStG gewagt und analysiert werden, welchen Tatbestand der unentgeltliche Teil für die aufnehmende Kapitalgesellschaft darstellen könnte. Nach der Prüfung der tatbestandlichen Voraussetzungen für die Annahme einer verdeckten Einlage kommt der Kandidat zum Schluss, dass die Voraussetzungen kumulativ vorliegen und der unentgeltliche Teil der Vermögensübertragung von A an die X-GmbH als verdeckte Einlage zu behandeln ist.

Getreu dem erlernten Grundsatz, dass die Einlage keine Veräußerung, sondern nur einen veräußerungsähnlichen Vorgang darstellt, gebietet nunmehr das steuerliche Grundverständnis im § 23 EStG eine Fundstelle zu suchen, die die verdeckte Einlage einer Veräußerung des Grundstücks durch eine Fiktion wirtschaftlich gleichstellt. Hier wird man dann im § 23 Abs. 1 Satz 5 Nr. 2 EStG fündig. Dieses spezifizierte Herausarbeiten der differenzierten Behandlungen eines augenscheinlichen einheitlichen Rechtsvorganges bringt die notwendige Punktzahl. Denn auch die Ermittlungen der Veräußerungsgewinne stellen sich nunmehr nach unterschiedlichen Berechnungsmethoden dar. Während der entgeltliche Teil sich ausschließlich nach § 23 Abs. 3 Satz 1 EStG richtet, kann diese für den unentgeltlichen Teil mangels Vorlage eines Veräußerungspreises nicht erschöpfend gelten.

Entgeltlicher Teil

Veräußerungspreis:	900.000 €
abzüglich Anschaffungskosten	
Für den entgeltlichen Teil wird jedoch nicht der volle Betrag der Anschaffungskosten eingesetzt, sodass diese auf $9/10$ für die Erfassung nach § 23 Abs. 3 Satz 1 EStG zu begrenzen sind	./. 450.000 €
Veräußerungsgewinn	**450.000 €**

Unentgeltlicher Teil

Zur Lösung muss hier zwingend der § 23 Abs. 3 Satz 2 2. HS EStG herangezogen werden, da dieser explizit für die Anwendung des § 23 Abs. 1 Satz 5 Nr. 2 EStG den gemeinen Wert als Ansatz festlegt	100.000 €
Anschaffungskosten $1/10$ von 500.000 €	./. 50.000 €
Veräußerungsgewinn	**50.000 €**

Somit erzielt A steuerpflichtige Einkünfte von 500.000 € (natürlich unter Hinweis auf das Überschreiten der Freigrenze). Für A ergeben sich nunmehr aufgrund der wirtschaftlichen Belastung durch die Besteuerung im Rahmen des § 23 EStG nachträgliche Anschaffungskosten auf die Beteiligung an der X-GmbH in Höhe von 100.000 €.

Damit ist die steuerliche Aufarbeitung für den Gesellschafter abgeschlossen.

Die Betrachtung für die X-GmbH erscheint auf den ersten Blick simpel – ein reiner Anschaffungsvorgang. Demzufolge richtet sich die Bewertung nach den allgemeinen Kriterien des Handelsrechts über die Anschaffungskosten eines Vermögensgegenstandes (§ 255 Abs. 1 Satz 1 HGB). Tatsächlich aufgewendet hat die Gesellschaft jedoch nur 900.000 €, die demnach auch nur als Anschaffungskosten dargestellt werden können. Bezogen auf den unentgeltlichen Teil fehlt es an den Anschaffungskosten, sodass hier die allgemeinen Bewertungsmaßstäbe für eine Einlage herhalten müssen. Demnach wäre grundsätzlich nach § 6 Abs. 1 Nr. 5 EStG der Teilwert (§ 10 BewG) der Bewertungsmaßstab für den unentgeltlichen Teil, mithin 100.000 €. Da die Anschaffung des Rechtsvorgängers (Anteilseigner A) jedoch am 21.01.2021

> stattfand, ergeben sich bei der Berechnung bis zum Zeitpunkt der Einlage nicht mehr als 3 Jahre, wonach die Anwendung der Spezialvorschrift des § 6 Abs. 1 Nr. 5a EStG den Vorrang erhält. Der unentgeltliche Teil ist somit in engster Auslegung des Gesetzes mit 50.000 € zu bewerten, sodass die Gesellschaft das Grundstück mit einem Wert von 950.000 € bilanzieren müsste.

Resümee: Der Anteilseigner A hat den Vorgang in der Summe aus Veräußerungserlös und gemeiner Wert mit 1.000.000 € versteuern müssen. Demnach – unterstellt die Gesellschaft würde das Grundstück am nächsten Tage zu einem Kaufpreis von 1.000.000 € veräußern – würde unter Ansatz des Buchwertes einen Gewinn von 50.000 € auszuweisen sein. Diesen Betrag hat jedoch der Anteilseigner bereits schon einmal besteuert, sodass es nunmehr zu einer partiellen Doppelbesteuerung in Höhe von 50.000 € kommen würde. Hier muss seitens des Kandidaten das Gespür im Wege des Unrechtsbewusstseins geweckt werden, dass dies so nicht sein kann. Damit wird er automatisch auf die Suche nach einer Ausnahmeregelung gehen und in R 8.9 Abs. 4 Satz 4 KStR 2015 fündig werden. Aber auch hier ist das genaue Lesen der Vorschrift immens wichtig:

Zitat: „§ 6 Abs. 1 Nr. 5 Satz 1 Buchstabe a EStG ist in den Fällen zu beachten, in denen das eingelegte Wirtschaftsgut innerhalb der letzten drei Jahre vor dem Zeitpunkt der Zuführung angeschafft oder hergestellt worden ist, es sich aber **nicht** um eine verdeckte Einlage in eine Kapitalgesellschaft gem. § 23 Abs. 1 Satz 1 oder § 20 Abs. 2 Satz 2 EStG handelt, die als Veräußerung gilt und folglich im Einlagezeitpunkt ebenfalls zu einer Besteuerung der stillen Reserven führt".

Beim Überfliegen dieser Richtlinie eröffnet sich das Gefühl, dass der § 6 Abs. 1 Nr. 5a EStG anzuwenden ist. Hier ist jedoch die Reglung im Umkehrschluss auszulegen, denn die Lösung steckt im kleinen Wort „nicht", welches anschließend zur Nichtanwendung des § 6 Abs. 1 Nr. 5a EStG führt.

Den Hinweis auf den Zugang in das steuerliche Einlagekonto im Sinne des § 27 KStG sollte man an dieser Stelle natürlich nicht vergessen.

2.3.4 Unterscheidung von verdeckter Gewinnausschüttung oder verdeckter Einlage – ein Münzwurf?

In komplexeren Sachverhalten erscheint es für einige Prüfungskandidaten sehr schwierig im Rahmen des Sachverhaltes zwischen einer verdeckten Einlage oder einer verdeckten Gewinnausschüttung zu unterscheiden. Dies liegt insbesondere daran, dass sich die Prüfungskandidaten den Sachverhalt nicht ordentlich und strukturiert vergegenwärtigen.

Faustformel sollte es sein, dass je komplizierter und umfangreicher der Sachverhalt sich darstellt, desto mehr Wert auf die visuelle Darstellung der einzelnen Rechtsbeziehungen gelegt werden muss. Hierbei ist es jedoch von allergrößter Bedeutung, dass „richtig" gemalt wird. Mit der richtigen Maltechnik ergibt sich dann eine relativ einfache Hilfe, die zur Ermittlung bzw. zur Entscheidung zwischen verdeckter Gewinnausschüttung und verdeckter Einlage beiträgt. Dabei sollte diese Skizzierung auf einem gesonderten Blatt stattfinden, welches bei der Ausarbeitung der Lösung immer im direkten Blickkontakt liegen sollte.

> **Beispiel:** A-GmbH ist zu 100 % an der B-GmbH und an der C-GmbH (alle unbeschränkt körperschaftsteuerpflichtig) beteiligt. Folgende Sachverhalte ergeben sich:

2.3 Konkrete Bearbeitungshinweise

Die C-GmbH überlässt der B-GmbH ein betrieblich erforderliches Grundstück zu einem monatlichen Pachtentgelt von 20.000 €. Aus den weiteren Sachverhaltsangaben lässt sich herleiten, dass das angemessene Entgelt für die Nutzungsüberlassung des Grundstücks jedoch nur monatlich 15.000 € beträgt.

Nun gilt es, eine Zeichnung des Sachverhaltes anzufertigen.

Hierzu sollten die Beteiligten von oben nach unten, entsprechend ihrer finanziellen Hierarchie gezeichnet werden. Der Anteilseigner steht oben, Schwestergesellschaften stehen nebeneinander und Tochtergesellschaften unter den Mutterunternehmen.

Demnach ergibt sich für den oben genannten Sachverhalt folgende Skizze:

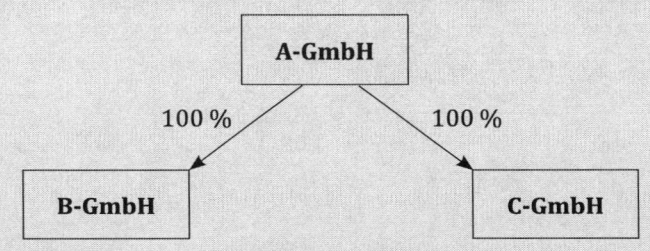

```
         A-GmbH
        /      \
   100 %        100 %
      /            \
  B-GmbH        C-GmbH
```

Hier ist eindeutig erkennbar, dass A-GmbH an der B-GmbH und der C-GmbH beteiligt ist und die B-GmbH und die C-GmbH nicht unmittelbar miteinander verbunden sind, sie jedoch schon aufgrund der gesellschaftsrechtlichen Verknüpfung mit der A-GmbH als nahestehende Personen im Sinne der KStR anzusehen sind.

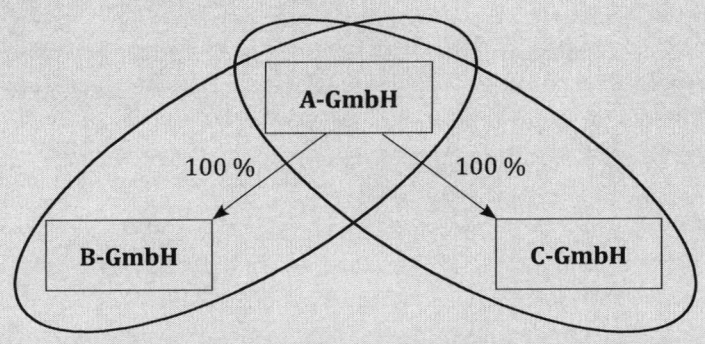

```
         A-GmbH
        /      \
   100 %        100 %
      /            \
  B-GmbH        C-GmbH
```

Auch hier bewährt sich beim Lösungsaufbau die Reihenfolge der Quellen aus zeitlicher Sicht abzuarbeiten.

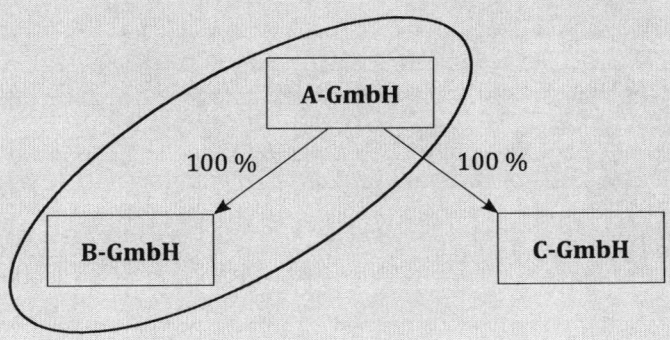

```
         A-GmbH
        /      \
   100 %        100 %
      /            \
  B-GmbH        C-GmbH
```

Der Mittelabgang findet bei der B-GmbH statt, demzufolge beginnt die Prüfung an genau dieser Stelle. Unter Berücksichtigung des Fremdvergleiches kann schnell die Schlussfolgerung gezogen werden, dass die Voraussetzungen für die verdeckte Gewinnausschüttung der B-GmbH vorliegen. Einzig das Tatbestandsmerkmal „gesellschaftsrechtliche Veranlassung" muss hier noch eine wenig unterfüttert werden, da die gesellschaftsrechtliche Zuwendung ja nicht unmittelbar an den Gesellschafter fließt. Demnach muss hier das von der Rechtsprechung entwickelte Konstrukt der nahstehenden Person detaillierter skizziert werden.

Hinweis! Die nahestehende Person ist nicht zu verwechseln mit den Angehörigen im Sinne des § 15 AO. Sie ist auch an nur einer gesetzlichen Stelle wirklich genau definiert – nämlich im § 1 Abs. 2 AStG. Der Begriff der nahstehenden Person im Zusammenhang mit verdeckten Gewinnausschüttungen und verdeckten Einlagen geht jedoch weiter als der gesetzlich definierte Begriff.

Damit ist die monatliche verdeckte Gewinnausschüttung als Einkommensverwendung bei der B-GmbH nach § 8 Abs. 3 Satz 2 KStG dem Einkommen außerbilanziell wieder hinzuzurechnen.

Obwohl der eigentliche Vorteil an die C-GmbH geht, gilt der Grundsatz des § 20 Abs. 5 Satz 1 EStG, wonach der Anteilseigner die Versteuerung vorzunehmen hat. Für die A-GmbH stellen die Einnahmen Dividendenerträge im Sinne des § 20 Abs. 1 Nr. 1 EStG dar, die aufgrund der Fiktion des § 8 Abs. 2 KStG über § 20 Abs. 8 EStG zu den Einkünften aus Gewerbebetrieb zählen.

Hinweis! Auch hier sollte dem vermeintlich unbedeutenden Hinweis auf die unbeschränkte Körperschaftsteuerpflicht aus dem Sachverhalt Bedeutung beigemessen werden, denn die Fiktion des § 8 Abs. 2 KStG würde für den Fall, dass die A-GmbH Sitz und Ort der Geschäftsleitung in Österreich hat, keine Anwendung finden.

Die A-GmbH kann dann im Wege der Einkommensermittlung unter Prüfung des § 8b Abs. 4 KStG diese Dividendenerträge außerbilanziell nach § 8b Abs. 1 Satz 1 KStG 100 % steuerfrei stellen, wobei als Wermutstropfen der pauschale Abzug von nichtabzugsfähigen Betriebsausgaben in Höhe von 5 % der nach § 8b Abs. 1 KStG belassenen steuerfreien Einnahmen verbleibt. In manchen Übungsklausuren war schon zu lesen, dass die Einnahmen zu 95 % steuerfrei bleiben. Das mag saldiert betrachtet so stimmen, allein durch den Gesetzeswortlaut abgedeckt ist es indes nicht. Aus diesem Grund kann man gern als Proberechnung diese Prozentzahl benutzen, nur auf dem Papier der Klausurlösung hat sie nichts zu suchen. Nun ist der frenetische Liebhaber von Buchungssätzen natürlich geneigt zu fragen, wie denn der Buchungssatz für die Erfassung der Dividendenerträge aussehen würde. Diese Frage kann nur unter der Betrachtung der steuerlichen Auswirkungen der Vermietung auf die C-GmbH beantwortet werden.

2.3 Konkrete Bearbeitungshinweise

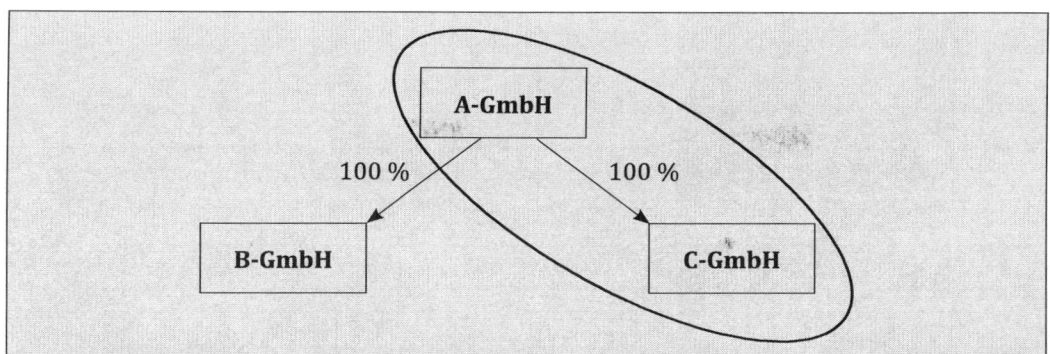

```
        A-GmbH
       /      \
   100%        100%
     /          \
  B-GmbH      C-GmbH
```
(A-GmbH und C-GmbH sind durch eine Ellipse hervorgehoben)

Die C-GmbH bekommt monatlich gesellschaftsrechtlich veranlasst Zuwendungen in Höhe von 5.000 €. Demnach erfolgt bei der Betrachtung der C-GmbH durch die Annahme eines einlagefähigen Vermögensvorteils die Erfassung einer verdeckten Einlage, die nach § 8 Abs. 3 Satz 3 KStG keine Auswirkungen auf das Einkommen haben darf. Es kommt insoweit zur außerbilanziellen Korrektur bei der C-GmbH über das Jahr gesehen in Höhe von 60.000 €. Mit der verdeckten Einlage der A-GmbH in die C-GmbH erhöhen sich somit die Anschaffungskosten für die A-GmbH, sodass der Buchungssatz sich nunmehr über die Erhöhung der Beteiligung an der C-GmbH gegen Dividendenerträge darstellen lässt.

Aufgrund der verschiedenen, sich wechselseitig bedingenden Vorschriften für die verdeckte Gewinnausschüttung sowie die verdeckte Einlage ist gerade im Rahmen von „Dreiecksbeziehungen" immer wieder ein Rückschluss bei der rechtlichen Beurteilung der verdeckten Gewinnausschüttung bzw. der verdeckten Einlage auf die vorangehende Rechtshandlung (entweder des Anteilseigners oder ein diesem nahestehende Person) vorzunehmen.

2.3.5 Wechselwirkungen zwischen dem Körperschaftsteuerrecht und anderen Rechtsgebieten

Es ist nicht ungewöhnlich, dass die Lösung im Körperschaftsteuerrecht sich nicht nur allein aus dem EStG und KStG herleiten lässt wie an dem nachfolgenden Beispiel aufgezeigt werden soll.

Beispiel: Körperschaftsteuer versus Abgabenordnung
Als Ausgangsfall soll der unter Kapitel 2.3.3 beschriebene letzte Fall der „Dreiecksbeziehung" zwischen der Muttergesellschaft A-GmbH sowie den Schwestergesellschafter B-GmbH und C-GmbH dienen.
Die A-GmbH ist zu 100 % an der B-GmbH und an der C-GmbH (alle unbeschränkt körperschaftsteuerpflichtig) beteiligt. Folgende Sachverhalte ergeben sich:
Die C-GmbH überlässt der B-GmbH ein betrieblich erforderliches Grundstück zu einem monatlichen Pachtentgelt von 20.000 €. Aus den weiteren Sachverhaltsangaben lässt sich herleiten, dass das angemessene Entgelt für die Nutzungsüberlassung des Grundstücks jedoch nur monatlich 15.000 € beträgt.
Die bisherige Lösung basierte auf der Erfassung der verdeckten Gewinnausschüttung bei der B-GmbH, der Besteuerung der Dividendenerträge bei der A-GmbH sowie der außerbilanziellen Korrektur der verdeckten Einlage bei der C-GmbH.
Aus einer neuen weiterführenden Aufgabenstellung ergibt sich die Aufforderung zur gutachterlichen Stellungnahme unter der Annahme, dass der Steuerbescheid der B-GmbH bestandkräftig ist und der Zeitpunkt ebenfalls außerhalb der Einspruchsfrist liegt.

Mit dem Wort „gutachterlich" möchte der Aufgabensteller erreichen, dass nicht nur gezielt eine mögliche anzuwendende Vorschrift geprüft wird, sondern auch im Wege des Ausschlussverfahrens die Anwendung anderer, allgemeinerer Änderungsvorschriften ausgegrenzt werden.

Die Reihenfolge sollte lauten: Vom Allgemeinen zu Lex specialis.
Offensichtlich nicht einschlägige Vorschriften werden nunmehr kurz und bündig abgehandelt, bevor sich auf die einzig wichtige Vorschrift, hier die des § 173 Abs. 1 Nr. 1 AO konzentriert wird. Dabei sollte herausgearbeitet werden, was der genaue Tatbestand des § 173 Abs. 1 Nr. 1 AO wirklich ist. Gefordert wird das nachträgliche Bekanntwerden von neuen Tatsachen. Da im Sachverhalt keinerlei Angaben über einen zeitlichen Bezug angegeben sind, kann der Schwerpunkt nicht auf dem Wort „nachträglich" liegen. Vielmehr muss hier die Auseinandersetzung mit dem Wort Tatsachen gesucht werden, welches zu dem Schluss führen sollte, dass diese ausschließlich tatsächliche Lebenssachverhalte darstellen. Die Annahme einer verdeckten Gewinnausschüttung ihrerseits setzt jedoch eine tatbestandliche Prüfung voraus, mithin die Annahme einer Rechtsfolge. Demnach kann bei Bekanntsein des tatsächlichen Lebenssachverhaltes – hier die Vermietung von der C-GmbH an die B-GmbH zu einem monatlichen Mietzins von 20.000 € – die Annahme der verdeckten Gewinnausschüttung nicht zu einer Änderung im Sinne des § 173 Abs. 1 Nr. 1 AO führen. Auch die Spezialvorschrift des § 32a KStG führt hier nicht zur möglichen gewünschten Änderung des Steuerbescheides der B-GmbH, da der § 32a Abs. 1 KStG eine Änderung von Steuerbescheiden eben bei dieser B-GmbH erfordert und der § 32a Abs. 2 KStG nur eine korrespondierende Wechselwirkung zwischen der Muttergesellschaft A-GmbH und der Tochtergesellschaft B-GmbH erzeugt. Demnach kann der Steuerbescheid bei der B-GmbH tatsächlich nicht mehr geändert werden. Diese verfahrensrechtliche Prüfung war erforderlich, um bei der Erfassung der Dividende bei der A-GmbH nach Anwendung der außerbilanziellen Korrekturvorschrift des § 8b Abs. 1 Satz 1 KStG nunmehr den Satz 2 aus dieser Vorschrift prüfen und anwenden zu können. Aufgrund der Einkommensauswirkung der verdeckten Gewinnausschüttung bei der B-GmbH wird die Steuerfreiheit der Dividendenerträge bei der A-GmbH über den § 8b Abs. 1 Satz 2 KStG wieder aufgehoben, sodass per Saldo der Dividendenertrag durch die Muttergesellschaft in voller Höhe zu besteuern ist. Die Anwendung des § 8b Abs. 5 KStG scheidet dementsprechend denkgesetzlich aus. Genau diese Rechtsfolgen waren nach dem Sachverhalt der Prüfungsklausur 2021/2022 vorzunehmen, auch wenn die notwendigen Erwägungen bis zur endgültigen Lösung etwas überschaubarer dargestellt wurden.

Aus einer erweiterten Aufgabenstellung ergibt sich die Aufforderung zur gutachterlichen Stellungnahme unter der Annahme, dass die Steuerbescheide der B-GmbH und der C-GmbH bestandskräftig sind und der Zeitpunkt liegt ebenfalls außerhalb der Einspruchsfrist.
Auch hier sollte voranstehend die Möglichkeit einer verfahrensrechtlichen Änderung geprüft werden. Änderungen bei der Beurteilung der Auswirkungen für die B-GmbH ergeben sich selbstredend nicht. Aufgrund der Auseinandersetzung mit der Vorschrift des § 32a KStG bei der neuen Aufgabenstellung könnte man zu dem Schluss kommen, dass die Änderung bei der C-GmbH doch über § 32a Abs. 2 KStG möglich sein müsste, da hier doch eine Wechselwirkung erreicht werden soll, soweit gegenüber dem Gesellschafter ein Steuerbescheid oder ein Feststellungsbescheid hinsichtlich der Berücksichtigung einer verdeckten Einlage erlassen, auf-

> gehoben oder geändert wird, kann ein Steuerbescheid gegenüber der Körperschaft, welcher der Vermögensvorteil zugewendet wurde, aufgehoben, erlassen oder geändert werden. Jedoch ist die Änderungsmöglichkeit grundsätzlich durch die Änderung der Erfassung der verdeckten Einlage bei dem Gesellschafter beschränkt, welches hier aber nicht den Gegenstand der erfolgswirksamen Änderung bei der A-GmbH darstellt.
>
> Auch hier muss man zu dem Schluss kommen, dass eine Änderung auch bei der C-GmbH nicht erreicht werden kann, sodass sich die verdeckte Gewinnausschüttung bei der B-GmbH und die verdeckte Einlage bei der C-GmbH im vollem Umfang auf das jeweilige Einkommen ausgewirkt haben. Mithin wäre doch jetzt die Versagung der Steuerfreiheit bei der A-GmbH eine doppelte „Bestrafung". So lässt es dann auch die Ausnahme von der Ausnahme der Steuerbefreiung von § 8b Abs. 1 Satz 1 KStG durch die Vorschrift des § 8b Abs. 1 Satz 5 KStG als nachvollziehbar erscheinen. Aber auch hier ist es absolut wichtig, dass selbst bei aktiver Kenntnis der richtigen Lösung der Lösungsweg nicht über den § 8b Abs. 1 Satz 4 KStG allein führt, sondern vielmehr über den § 8b Abs. 1 Satz 1 KStG, dann zu § 8b Abs. 1 Satz 2 KStG und erst dann kann die Regelung des § 8b Abs. 1 Satz 5 KStG untersucht werden.

Körperschaftsteuer versus Gewerbesteuer

Aufgrund der gemeinsamen Tatbestandsvoraussetzungen wird es deutlich, dass die körperschaftsteuerliche und gewerbesteuerliche Organschaft quasi identischen Tatbestandsprüfungen zu unterziehen sind, wobei die Ausnahme nur darin besteht, dass die Gewerbesteuer die Organgesellschaft per Fiktion zur Betriebsstätte des Organträgers macht.

Ein wenig versteckter aber deshalb nicht weniger attraktiv ist die folgende Vorschrift: Auf die Fehlbeträge ist § 8c des KStG entsprechend anzuwenden; dies gilt auch für den Fehlbetrag einer Mitunternehmerschaft, soweit dieser:
1. einer Körperschaft unmittelbar oder
2. einer Mitunternehmerschaft, soweit an dieser eine Körperschaft unmittelbar oder mittelbar über eine oder mehrere Personengesellschaften beteiligt ist.

Das bedeutet, dass selbst bei der Prüfung eines möglichen vortragsfähigen Gewerbeverlustes einer Mitunternehmerschaft an der eine oder mehrere Mitunternehmerschaften wiederum als Gesellschafter beteiligt sind (sogenannte Mehr- oder doppelstöckige Personengesellschaften) und an deren Ende eine Körperschaft steht, mögliche Anteilswechsel auf der Ebene der Körperschaft Auswirkungen bis hoch zur Ebene der Personengesellschaft haben; demzufolge ist für die Gewerbesteuer der § 8c KStG in all seinen Facetten ebenso prüfungswürdig.

2.4 Ausblick auf die Steuerberaterprüfung 2024/2025 und Hinweise zur Vorbereitung

Es ist den letzten Jahren vermehrt die Tendenz zu verzeichnen, dass die Ertragsteuerklausuren in viele kleine Einzelfälle unterteilt wurden. Aufgrund der in den Vorjahren abgearbeiteten Exotenfälle, kann in den kommenden Examensklausuren wieder mit mehr Bezug zur Körperschaft- und Gewerbesteuer gerechnet werden.

Die Themenschwerpunkte im Körperschaftsteuerteil betrafen in den letzten Jahren verstärkt Sonderfälle der verdeckten Gewinnausschüttungen sowie der verdeckten Einlagen. Aufgrund der nunmehr durch mehrere Verwaltungsanweisungen und Rechtsprechungen gefestigten Rechtsgrundlagen eignen sich in diesem Jahr wiederholt die Vorschriften des § 8b KStG (§ 8a

KStG i.V.m. § 4h EStG aufgrund der verfassungsrechtlichen Bedenken eher nicht) sowie die des § 8 Abs. 3 Satz 3 ff. KStG im Wechselspiel mit dem § 15 Abs. 4 Satz 6 ff. EStG (enthalten in der Prüfungsklausur 2023/2024) sowie den §§ 27 und 28 KStG als Themengebieten für den Körperschaftsteuerteil. Da jedoch in den letzten Prüfungsjahren verstärkt auf dem Gebiet der Einkommensteuer geprüft wurde, kann davon ausgegangen werden, dass die Gewichtung auch bei der nächsten Steuerberaterprüfung so beibehalten wird. Anstelle der Gewerbesteuer wäre u.a. denkbar, dass dem Gebiet Umwandlungssteuerrecht (sehr wahrscheinlich) und dem des Internationalen Steuerrecht weiterhin mehr Aufmerksamkeit geschenkt werden wird. Es erscheint von den bisherigen Prüfungsaufgaben eine mögliche Behandlung von grenzüberschreitenden Beurteilungen von Sachverhalten als durchaus denkbar, die sich einerseits mit der Wechselwirkung des § 12 KStG (§ 4 Abs. 1 Satz 3 und 4 EStG waren Gegenstand der Prüfungsklausur 2023/2024) und den jeweiligen Doppelbesteuerungsabkommen beschäftigen und anderseits sich auch aus versteckten Rechtsnormen ergeben könnten, die dem Körperschaftsteuerrecht den Anwendungsvorrang vor einem möglichen Doppelbesteuerungsabkommen einräumen (beispielsweise § 8b Abs. 1 Satz 4 KStG oder § 8 Abs. 1 KStG i.V.m. § 50d Abs. 10 EStG). Eine Anwendung des neuen § 1a KStG ist aus der Sicht des Zeitpunkts sowie des Rechtsstandes der Prüfungsklausur aufgrund der erstmaligen Anwendung für den körperschaftsteuerlichen Veranlagungszeitraum 2022 – gerade mit der sich daraus ergebenden unterschiedlichen Besteuerung auch im internationalen Bereich – sehr wahrscheinlich. Als Geheimtipp für die reine Körperschaftsteuer sollte die Besteuerung im Rahmen der Liquidation gelten, da hier zeitgleich die Ebene der Gesellschaft als auch die Rechtsfolgen bei der Besteuerung für den Gesellschafter betrachtet werden können.

IV. Klausur Buchführung und Bilanzierung

1. Klausur Bilanzierung
1.1 Besonderheiten der Klausur Bilanzierung

Während sich die übrigen Prüfungsklausuren in der Regel aus mehreren Rechtsgebieten zusammensetzen, nämlich Verfahrensrecht und andere Rechtsgebiete (z.B. Erbschaftsteuer, Umsatzsteuer) und Ertragsteuerrecht (mit den Schwerpunkten Einkommensteuer, Körperschaftsteuer und Gewerbesteuer), werden bei der Bilanzklausur sechs Stunden fast ausschließlich Bilanzierungskenntnisse abgefragt. Diese werden auch bei den Themen Umwandlungsrecht und Umwandlungssteuerrecht gefordert.

Das bedeutet, dass hier **keine Ausweichmöglichkeiten auf andere Rechtsgebiete** bestehen. Schwächen in einem Fachgebiet können nicht durch Stärken in einem anderen kompensiert werden. Nur in Ausnahmefällen – wenn der Umwandlungssteuerrechtanteil verhältnismäßig hoch ist – könnte dies gelingen.

Die Bilanzklausur fordert in starkem Maße einen Überblick über nahezu das gesamte Bilanzrecht und Steuerrecht, da sowohl handelsrechtliche Vorschriften (HGB und Umwandlungsgesetz), als auch die gesamte Bandbreite des Steuerrechts abrufbar sein müssen. Hier sind Kenntnisse aus dem Einkommensteuer-, Körperschaftsteuer-, Gewerbesteuer- und Umsatzsteuergesetz genauso erforderlich wie aus dem Grunderwerbsteuer-, Umwandlungssteuergesetz und der Abgabenordnung. Darüber hinaus sind auch Sachverhalte mit Bezug zum internationalen Steuerrecht zu erwarten. In der Steuerberaterprüfung des Jahres 2015/2016 wurde erstmalig die Steuerentstrickung gem. § 4 Abs. 1 S. 3, 4 EStG, § 12 KStG thematisiert. Denkbare Fallgestaltungen könnten also im Bereich der Steuerentstrickung bzw. Steuerverstrickung verknüpft mit der Anwendung von § 4g EStG, im Bereich des Umwandlungssteuerrechts anfallen oder einfach nur die §§ 50a ff. EStG betreffen.

> **Beispiel 1:** Bewertung mit den Herstellungskosten nach § 255 Abs. 2 HGB, § 5 Abs. 1 S. 1 Hs. 1 EStG, ggf. § 6 Abs. 1 Nr. 1b EStG i.V.m. R 6.3 EStR, § 9b Abs. 1 EStG i.V.m. § 15 Abs. 1 Nr. 1, Abs. 2 UStG.

> **Beispiel 2:** Berechnung der Körperschaftsteuer- und Gewerbesteuerrückstellung; § 249 Abs. 1 HGB, § 5 Abs. 1 S. 1 Hs. 1 EStG, § 4 Abs. 5b EStG, §§ 7–10 KStG, §§ 7–11 GewStG.

> **Beispiel 3:** Erwerb GmbH-Anteil mit 95 % oder 95 % neue Gesellschafter einer Personengesellschaft (mit einem inländischen Grundstück im Betriebsvermögen) und nachträglichen Anschaffungskosten; § 255 Abs. 1 HGB, § 5 Abs. 1 S. 1 EStG, H 6.2 EStH, § 1 Abs. 3 GrEStG. (Hier ist auch vermehrt mit Fällen des § 1 Abs. 2a, 3 und 3a EStG zu rechnen; sog. RETT Blocker Modelle im Rahmen von Personengesellschaften.)

> **Beispiel 4:** Überführung eines Wirtschaftsguts aus dem inländischen Stammhaus in die ausländische Betriebsstätte; ggf. DBA, § 4 Abs. 1 S. 3 + 4 EStG bzw. § 12 KStG, § 6 Abs. 1 Nr. 4 Satz 1 Hs. 2 EStG, § 4g EStG.

Beispiel 5: Grenzüberschreitende Umwandlungsfälle.

Die in früheren Jahren in der Aufgabenstellung oftmals geforderte Einheitsbilanz (Handelsbilanz = Steuerbilanz) wird nur noch selten erreichbar und Gegenstand der Aufgabenstellung sein. In diesem Zusammenhang ist das BMF-Schreiben vom 12.03.2010, BStBl I 2010, 239, Beck'sche Steuererlasse 1 zu § 5/14 (rückwirkende Anwendung ab dem Veranlagungszeitraum 2009), in dem die **Grundsätze der Maßgeblichkeit der Handelsbilanz für die Steuerbilanz** (§ 5 Abs. 1 S. 1 Hs. 1 EStG) neu ausgelegt wurden, zu beachten. Es ergeben sich neben diversen Abweichungen gegenüber der Maßgeblichkeit des HGB in der alten Fassung auch einige Unstimmigkeiten. Hier ist bis zur Prüfung die aktuelle Entwicklung zu beachten (z.B. bei den Ansatzpflichten bei Herstellungskosten im Steuerrecht, Verweis auf das BMF-Schreiben vom 25.03.2013, BStBl I 2013, 296). Zwischenzeitlich wurde hier durch die gesetzliche Regelung des § 6 Abs. 1 Nr. 1b EStG Klarheit geschaffen.

Auch bei der Bilanzklausur liegt der Unterschied zwischen Erfolg und Misserfolg in der Intensität der Vorbereitung, die man objektiv nicht mit messbaren Größen erfassen kann. Die Erfolgsaussichten steigen analog zu der Anzahl unter Prüfungsbedingungen geschriebener Übungsklausuren.

Meinungen, die den Prüfungsteilnehmern, die in der Steuerberatung oder Wirtschaftsprüfung beschäftigt sind, größere Bestehensquoten zurechnen, treffen (bestätigt durch die bisherigen Ergebnisse) nicht zu. Die prozentual größte Erfolgsquote im Examen erzielen seit Jahren traditionell die Diplom-Finanzwirte aus der Finanzverwaltung. Damit ist eindrucksvoll widerlegt, dass man nicht täglich mehrere Bilanzen erfolgreich abschließen muss, um ein ausreichendes Prüfungsergebnis in der Bilanzklausur zu erzielen. Allerdings ist es ratsam, soweit man die „Buchung von Geschäftsvorfällen", also die reine Buchführung nicht beherrscht, sich hier selbständig fortzubilden. Diese Kenntnisse werden vorausgesetzt.

Auch in der Bilanzklausur können aktuelle Rechtsprobleme thematisiert werden. Dies gilt besonders wenn die Rechtsprechung rückwirkend für offene Jahre anzuwenden ist. Gerade die Ersatzklausur, die in der Regel erst zu einem späteren Zeitpunkt erstellt wird, könnte diese Probleme beinhalten.

1.2 Themenschwerpunkte ab 2005/2006

Examens-jahr	Bilanzsteuerrechtsthemen						
	Anschaffungs-/Herstellungskosten mit Sonderproblemen	Beteiligungen und Erträge	Selbständige Gebäudeteile etc.	Rücklagen, IAB	Rückstellungen	Forderungen, Verbindlichkeiten	
2005/06	–	–	20 %	10 %	20 %	15 %	
2006/07	35 %	10 %	15 %	10 %	–	–	
2007/08	15 %	–	15 %	10 %	5 %	–	
2008/09	5 %	15 %	15 %	–	–	30 %	
2009/10	–	–	20 %	25 %	15 %	–	
2010/11	10 %	10 %	15 %	10 %	5 %	–	
2011/12	20 %	20 %	–	10 %	10 %	10 %	
2012/13	5 %	5 %	25 %	5 %	10 %	–	

Examens-jahr	Bilanzsteuerrechtsthemen					
	Sonderbetriebsvermögen, Ergänzungsbilanz, Einbringung von Wirtschaftsgütern in Personengesellschaften	Gesellschafterwechsel, Austritt aus Personengesellschaften	Auslandssachverhalte	Anpassung nach Betriebsprüfung, Mehr-/Weniger-Rechnung	Sonstige Themengebiete	Umwandlungsfälle
2005/06	–	–	–	20 %	15 %	–
2006/07	–	–	–	25 %	5 %	–
2007/08	–	25 %	–	30 %	–	–
2008/09	20 %	–	–	–	10 %	15 %
2009/10	–	–	–	30 %	10 %	–
2010/11	30 %	–	–	–	20 %	–
2011/12	25 %	–	–	–	5 %	–
2012/13	–	30 %	5 %	–	15 %	–

Seit der Steuerberaterprüfung 2015/2016 werden die Prüfungsklausuren nicht mehr veröffentlicht und seit 2016/2017 den Teilnehmern auch nicht mehr mitgegeben. Dies hat zur Folge, dass eine vernünftige Prüfungsvorbereitung erschwert wird. Die Themen sind nur anhand der Hinweise der Teilnehmer zuordenbar.

Wenn man dies berücksichtigt und dann die Entwicklung der letzten 11 Jahre gegenüberstellt ergeben sich folgende Tendenzen:

Examensjahr	Bilanzsteuerrechtsthemen					
	Anschaffungs-/ Herstellungskosten mit Sonderproblemen	Beteiligungen und Erträge	Selbständige Gebäudeteile etc.	Rücklagen, IAB	Rückstellungen	Forderungen, Verbindlichkeiten
2013/14	10 %	–	10 %	10 %	10 %	–
2014/15	–	10 %	15 %	–	–	15 %
2015/16	–	–	10 %	–	10 %	10 %
geschätzt 2016/17	10 %	10 %	5 %	10 %	15 %	–
geschätzt 2017/18	25 %	–	5 %	5 %	10 %	10 %
geschätzt 2018/19	10 %	15 %	–	–	5 %	–
geschätzt 2019/20	20 %	–	5 %	25 %	–	–
geschätzt 2020/21	–	10 %	15 %	5 %	10 %	5 %
geschätzt 2021/22	10 %	10 %	35 %	5 %	–	5 %
geschätzt 2022/23	15 %	25 %	5 %	–	10 %	–
geschätzt 2023/24	10 %	10 %	15 %	–	–	10 %
Summe 2013–2023	9,09 %	8,18 %	10,91 %	5,45 %	6,36 %	5,00 %

1.3 Standardaufgaben und Standardfragestellungen

	Sonderbetriebsvermögen, Ergänzungsbilanz, Einbringung von Wirtschaftsgütern in Personengesellschaften	Gesellschafterwechsel, Austritt aus Personengesellschaften	Auslandssachverhalte	Anpassung nach Betriebsprüfung, Mehr-/Weniger-Rechnung	Sonstige Themengebiete	Umwandlungsfälle
2013/14	10 %	10 %	–	10 %	30 %	–
2014/15	15 %	–	–	10 %	25 %	10 %
2015/16	10 %	20 %	10 %	10 %	20 %	–
geschätzt 2016/17	10 %	–	–	5 %	10 %	25 %
geschätzt 2016/17	20 %	10 %	–	–	15 %	–
geschätzt 2018/19	5 %	20 %	–	–	45 %	–
geschätzt 2019/20	20 %	10 %	–	–	20 %	–
geschätzt 2020/21	10 %	–	–	10 %	10 %	25 %
geschätzt 2021/22	–	–	–	–	15 %	20 %
geschätzt 2022/23	–	–	–	–	45 %	–
geschätzt 2023/24	35 %	–	–	–	20 %	–
Summe 2013–2023	12,27 %	6,36 %	0,91 %	4,09 %	23,18 %	8,20 %

1.3 Standardaufgaben und Standardfragestellungen

1.3.1 Allgemeine Ausführungen

Ein Schema wie z.B. in der Umsatzsteuer existiert für Bilanzklausuren nicht. Grundsätzlich sollte man unter Berücksichtigung der Maßgeblichkeit der Handelsbilanz für die Steuerbilanz folgende Vorgehensweise anstreben.

Grundsatz

Bei Bilanzklausuren ist es sinnvoll bei der **rechtlichen Einstufung eines Geschäftsvorfalls** die dargestellte Reihenfolge einzuhalten:

```
Zivilrecht
   ↓
Handelsrecht
   ↓
Steuerrecht
```

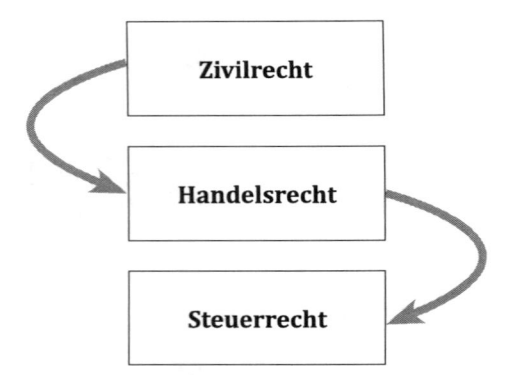

Hierbei sind folgende Schritte zu erledigen:

1. Schritt:

In der Klausur sind unter Umständen außergewöhnliche Tatbestände beim Ansatz von Vermögensgegenständen zunächst zu prüfen:

1. Zurechnung des Vermögensgegenstands/Wirtschaftsguts gem. § 246 Abs. 1 Satz 1 HGB bzw. § 39 Abs. 1, Abs. 2 Nr. 2 AO – zivilrechtliches oder wirtschaftliches Eigentum. Hierbei können z.B. folgende Fälle zu Abweichungen der Eigentumszuordnung führen:
   a) Sicherungsübereignung, Eigentumsvorbehalt,
   b) Erwerb von Grundstücken,
   c) Leasingfälle unter Anwendung der entsprechenden Erlasse,
   d) Eigenaufwand für ein fremdes Wirtschaftsgut (z.B. Gebäude), soweit z.B. ein Ausgleichsanspruch gesetzlich nach §§ 951, 812 BGB besteht (oder Aufwandsverteilungsposten).
2. Die Abgrenzung von Privatvermögen und Betriebsvermögen mit folgenden möglichen Fällen:
   a) Bei beweglichen Wirtschaftsgütern ohne direkte Zugehörigkeit nach der prozentualen Nutzung.
   b) Bei Gebäuden die Prüfung der vorhandenen selbständigen Gebäudeteile im Steuerrecht.

Tipp! Die Zuordnungsentscheidung bei gewillkürtem Betriebsvermögen ist in Klausuren in der Regel bereits getroffen worden. Da die „Buchung" des Wirtschaftsguts (Widmungsakt) entscheidend ist, kann hier aus der Betrachtung des Prüflings nach Ablauf des Wirtschaftsjahres keine abweichende Zuordnung getroffen werden.

Es sollte aber im Einzelfall entschieden werden, wie intensiv auf diese beiden Rechtsprobleme in der Lösung eingegangen wird. Soweit keine Probleme ersichtlich sind, wird auch die Punktevergabe nur gering sein.

Beispiel: Erwerb einer Maschine des Anlagevermögens mit Lieferung am 01.10. des Jahres – hier ist die Zurechnung nach dem zivilrechtlichen Eigentum bei Übergabe zu treffen und es handelt sich um Kaufmannsvermögen bzw. um notwendiges Betriebsvermögen. Da keine rechtlichen Probleme vorhanden sind, werden tiefgreifende Ausführungen nicht zu weiteren Punkten führen.

1.3 Standardaufgaben und Standardfragestellungen

2. Schritt:
Für den Ansatz von Vermögensgegenständen bzw. Wirtschaftsgütern ist in vielen Fällen noch die Maßgeblichkeit der Handelsbilanz für die Steuerbilanz ausschlaggebend (§ 5 Abs. 1 S. 1 Hs. 1 EStG). Allerdings sind hier die Fälle, in denen die Maßgeblichkeit durchbrochen wird – wie z.B. bei der Bildung von Rückstellungen für drohende Verluste aus schwebenden Geschäften – zu beachten (§§ 5 Abs. 4a i.V.m. 5 Abs. 6 EStG).

Auch hier sind wieder die Besonderheiten betreffend der Maßgeblichkeit der Handelsbilanz für die Steuerbilanz nach dem BMF-Schreiben vom 12.03.2010, BStBl I 2010, 239 zu beachten.

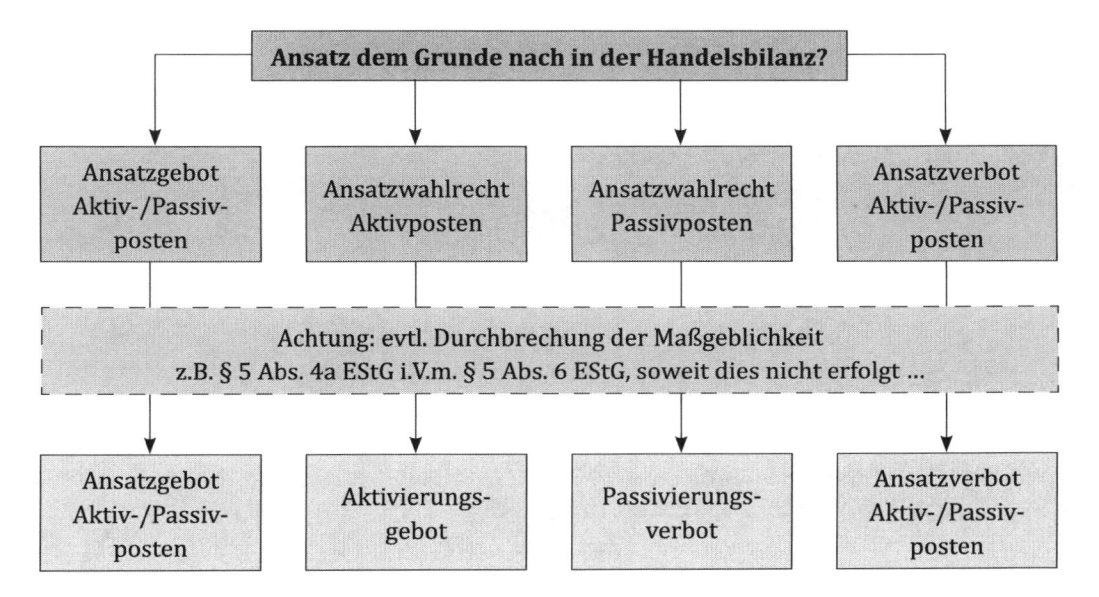

```
                    Ansatz dem Grunde nach in der Handelsbilanz?

    Ansatzgebot      Ansatzwahlrecht    Ansatzwahlrecht      Ansatzverbot
   Aktiv-/Passiv-      Aktivposten        Passivposten      Aktiv-/Passiv-
      posten                                                    posten

         Achtung: evtl. Durchbrechung der Maßgeblichkeit
         z.B. § 5 Abs. 4a EStG i.V.m. § 5 Abs. 6 EStG, soweit dies nicht erfolgt ...

    Ansatzgebot       Aktivierungs-      Passivierungs-       Ansatzverbot
   Aktiv-/Passiv-         gebot              verbot          Aktiv-/Passiv-
      posten                                                    posten
```

Besonderheiten seit BilMoG
Da im Rahmen der Einführung des BilMoG Ansatzwahlrechte vom Grundsatz her abgeschafft wurden, kommt es unter Umständen zur Durchbrechung der Maßgeblichkeit dem Ansatz nach (§ 5 Abs. 6 EStG).

> **Beispiel 1:** Ansatz eines aktiven Rechnungsabgrenzungspostens für als Aufwand berücksichtigte Umsatzsteuer auf am Abschlussstichtag offen ausgewiesene Anzahlungen – im Handelsrecht Aktivierungsverbot/im Steuerrecht Aktivierungsgebot.

Wahlrechte im Handelsrecht führen nicht unbedingt zu einem Ansatzgebot oder -verbot in der Steuerbilanz.

> **Beispiel 2:** Das Aktivierungswahlrecht für bestimmte selbst geschaffene immaterielle Vermögensgegenstände des Anlagevermögens nach § 248 Abs. 2 Satz 1 HGB lässt das Aktivierungsverbot im Steuerrecht unberührt (§ 5 Abs. 2 i.V.m. § 5 Abs. 6 EStG).

Man kann aber auch gerade durch die damalige Abschaffung eines Wahlrechts im Handelsrecht zu einer Einheitsbilanz gelangen.

> **Beispiel 3:** Die Abschaffung der möglichen Bildung von sogenannten „Aufwandsrückstellungen" führt seit einigen Jahren zu einer Einheitsbilanz.

> **Hinweis!** Im Handelsrecht wird es seit Einführung des BilMoG immer problematischer, ob man auch Stellungnahmen des IDW kennen muss. Z.B. wurde in dem Entwurf einer Stellungnahme IDW RS HFA 27 festgelegt, dass – soweit keine latente Steuerabgrenzung vorzunehmen ist – der Ansatz einer Steuerrückstellung nach § 249 HGB geprüft werden muss. Die Bundessteuerberaterkammer schließt sich dieser Auffassung grundsätzlich an. In Klausuren ist dieser Tatbestand in der Regel in der Aufgabenstellung ausdrücklich ausgeschlossen.

3. Schritt:
Auch für die **Bewertung von Vermögensgegenständen bzw. Wirtschaftsgütern** ist die Maßgeblichkeit der Handelsbilanz für die Steuerbilanz zu beachten:

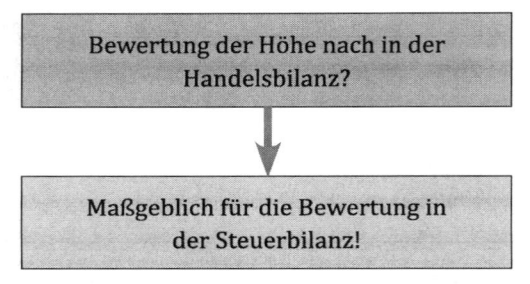

```
┌─────────────────────────────┐
│  Bewertung der Höhe nach in │
│      der Handelsbilanz?     │
└─────────────┬───────────────┘
              ▼
┌─────────────────────────────┐
│ Maßgeblich für die Bewertung │
│     in der Steuerbilanz!    │
└─────────────────────────────┘
```

Beispiele für die derzeitige Anwendung der Maßgeblichkeit und des § 5 Abs. 1 S. 1 Hs. 2 und S. 2 EStG nach dem BMF-Schreiben vom 12.03.2010, BStBl I 2010, 239:

> **Beispiel 1: Keine** zwingende Teilwertabschreibung mehr bei einer dauernden Wertminderung eines Wirtschaftsguts des Anlage- oder Umlaufvermögens nach § 6 Abs. 1 Nr. 1 oder 2 i.V.m. § 5 Abs. 1 S. 1 EStG (tatsächliche Anwendung des Wahlrechts aus dem Steuergesetz), bzw. BMF-Schreiben vom 12.03.2010, Beck'sche Steuererlasse 1 zu § 5/14 Tz. 15).

> **Beispiel 2:** Anwendung des Bewertungsvereinfachungsverfahrens der Lifo-Methode in der Steuerbilanz setzt nicht zwingend das gleiche Verfahren in der Handelsbilanz voraus. Es kann in der Handelsbilanz auch die Einzelbewertung angewandt werden (BMF-Schreiben vom 12.03.2010, Beck'sche Steuererlasse 1 zu § 5/14 Tz. 17).

> **Beispiel 3:** Die nach § 240 Abs. 3 HGB (Festwertbewertung) und Abs. 4 HGB (Gruppenbewertung) möglichen Bewertungsvereinfachungsverfahren sind grundsätzlich auch in die Steuerbilanz zu übernehmen (BMF-Schreiben vom. 12.03.2010, Beck'sche Steuererlasse 1 zu § 5/14 Tz. 7).

1.3 Standardaufgaben und Standardfragestellungen

> **Beispiel 4:** Die steuerrechtlichen Herstellungskosten umfassen auch die Kosten der allgemeinen Verwaltung, brauchen aber nicht zwingend mit einbezogen werden, solange diese auch nicht handelsrechtlich erfasst werden (vgl. § 6 Abs. 1 Nr. 1b EStG bzw. für ältere Veranlagungszeiträume BMF-Schreiben vom 25.03.2013, BStBl I 2013, 296).

1.3.2 Das Zahlenwerk in der Bilanzklausur

Die Bilanzklausur enthält eine Menge von Zahlen. Daher ist eine geordnete Darstellung der rechnerischen Ergebnisse neben den Fundstellen notwendig. Unklare Zahlen oder ein Durcheinander von Berechnungen birgt die Gefahr, dass richtige Ergebnisse vom Korrektor übersehen werden. In diesem Zusammenhang ist es gerade in der Bilanzklausur Voraussetzung, einen funktionsfähigen Taschenrechner zu verwenden. Es ist deshalb ratsam, einen Ersatztaschenrechner mitzunehmen.

Gerade die **grundsätzlich geforderten Wertangaben für Bilanzansätze und Gewinnauswirkungen** sollten nicht in einem Fließtext angegeben, sondern deutlich hervorgehoben werden. Dies kann durch eine gegenüber der rechtlichen Begründung „nach rechts verschobene Darstellung" erfolgen oder aber einfach durch ein Unterstreichen des Ergebnisses.

Die Darstellungsweise sollte grundsätzlich in der Staffelform erfolgen (z.B. bei Kontoentwicklungen). In dieser Form wird dem Korrektor die Punktevergabe erleichtert, da alle wesentlichen Berechnungen direkt untereinander abgehandelt werden. Hierbei darf die Erläuterung durch die zutreffenden Fundstellen aber nicht fehlen.

> **Beispiel:** Die Maschine gehört zum abnutzbaren Anlagevermögen (§ 247 Abs. 2 HGB) und ist gem. §§ 240, 242, 246 Abs. 1 Satz 1 HGB i.V.m. § 5 Abs. 1 S. 1 Hs. 1 EStG in der Bilanz anzusetzen. Die Bewertung erfolgt nach § 253 Abs. 1 Satz 1 und Abs. 3 HGB, § 5 Abs. 1 Satz 1 Hs. 1, Abs. 6 EStG, § 6 Abs. 1 Nr. 1 Satz 1 EStG mit den Anschaffungskosten.
> Die Anschaffungskosten ermitteln sich nach § 255 Abs. 1 HGB i.V.m. § 5 Abs. 1 S. 1 Hs. 1 EStG und R 6.2 EStR wie folgt:
>
>   Rechnungsbetrag ggf. ohne Umsatzsteuer (§ 15 Abs. 1 Nr. 1 UStG, § 9b Abs. 1 EStG)
>   zuzüglich Kosten für die Herstellung des betriebsbereiten Zustands
>   (z.B. Montagekosten)
>   abzüglich Anschaffungspreisminderungen (z.B. Skonto)
>   zuzüglich Anschaffungsnebenkosten (z.B. Zölle)
>
> = Anschaffungskosten
>   vermindert um die Abschreibungen (z.B. § 7g EStG, § 7 Abs. 1, 2 ggf. S. 4 EStG)
>
> = **Bilanzansatz zum Bilanzstichtag**

Auch hier gilt wieder für die Bilanzklausur, es ist nicht erforderlich stilistisch und grammatikalisch exakte Ausführungen zu machen. Es genügen gerade bei der **Darstellung in der Staffelform** stichwortartige Angaben, soweit diese eindeutig und nicht lückenhaft oder gar sinnentstellend sind. Begleitende Worte zu den angegebenen Paragrafen sind notwendig. Eine kommentarlose Auflistung der gesamten Fundstellen könnte nicht ausreichend sein.

1.3.3 Die Angabe von Fundstellen

Seit Generationen zerbrechen sich angehende Steuerberater den Kopf über den Umfang der verlangten Paragrafenangaben und Richtlinienfundstellen im Bilanzsteuerrecht. Diese Frage kann niemals zur vollständigen Zufriedenheit beantwortet werden, da die Punktevergabe im gewissen Rahmen vom Klausursteller abhängt. Versuchen Sie immer alle Ihnen relevant erscheinenden Fundstellen auch anzugeben. Hier gilt wieder der Grundsatz: Je mehr Übungsklausuren Sie gelöst haben, desto eher können Sie abschätzen welche Fundstellen auch zu Punkten führen. Nicht selten erlebt man in Bilanzklausuren, dass eine ganze Seite vom Klausurkorrektor mit „Haken" versehen, aber keine Punkte vergeben wurden.

> **Beispiel:** Gerade die immer wieder umstrittene Frage der „Einleitung" bei Bilanzklausuren ist hier ein ideales Beispiel.
> Man könnte die Lösung eines Sachverhalts z.B. wie folgt beginnen: Der Einzelunternehmer ist Kaufmann i.S.d. § 1 HGB und somit buchführungspflichtig nach § 238 HGB bzw. § 140 AO. Die Maßgeblichkeit nach § 5 Abs. 1 S. 1 Hs. 1 EStG ist zu berücksichtigen.

In der Regel werden hierfür Punkte vergeben! Aber in welchem Fall denn nun?

U.E. sollte man diese Angaben nur in einer Prüfungsklausur machen, in der nur ein Unternehmen vorkommt. In den letzten Jahren sind aber in der Regel 3 eigenständige Sachverhalte thematisiert worden, sodass der Klausurersteller hierfür nicht dreimal Punkte vergibt.

In den letzten Jahren gab es auch häufiger Sachverhalte in Prüfungsklausuren, in denen sie sich nur zu den steuerrechtlichen Auswirkungen äußern sollten. Auch in diesen Fällen kann es aber notwendig sein, Fundstellen aus dem Handelsrecht zu zitieren, da sie maßgebend sind für den steuerrechtlichen Ansatz oder die Bewertung.

Eine Ausnahme gab es in einer Steuerberaterprüfungsklausur in der der Teilnehmer aufgrund des Gründungsvertrags der Gesellschaft (auszugsweise beigefügt) feststellen sollte, dass es sich nicht um eine GbR, sondern um eine OHG handelt. Anschließend musste man sich natürlich zur handelsrechtlichen Buchführungspflicht der OHG im Gegensatz zur GbR äußern.

1.3.4 Standardaufgabenstellungen

Lesen sie immer zu Beginn der Bearbeitung die genaue Aufgabenstellung durch. Erst danach wissen sie genau, auf welche Schwerpunkte sie in den einzelnen Sachverhalten achten müssen. Dabei sind die folgenden Fragen zu beantworten:
a) Wie ausführlich müssen die Begründungen sein?
b) Werden Berechnungen und Entwicklungen einzelner Bilanzposten verlangt?
c) Sind handelsrechtliche und steuerrechtliche Ausführungen zu machen?
d) Soll soweit möglich eine Einheitsbilanz erstellt werden?
e) Sind Korrekturbuchungssätze anzugeben? Für Handels- oder Steuerbilanz? Oder evtl. eine Überleitungsrechnung nach § 60 Abs. 2 Satz 1 EStDV für steuerliche Zwecke? In den letzten Jahren war die Aufgabenstellung meistens: Zwei eigenständige Buchungskreise, mit:
   – dem Buchungskreis „alle Bereiche" wenn Handelsrecht und Steuerrecht identisch und
   – soweit abweichend mit dem jeweiligen Buchungskreis „nur Handelsrecht" bzw. „nur Steuerrecht".
f) Müssen gesonderte Klausuranlagen ausgefüllt werden? Z.B. eine Mehr- und Wenigerrechnung oder eine Bilanz (inklusive Sonder- und Ergänzungsbilanz)?

1.3 Standardaufgaben und Standardfragestellungen

g) Wird ein möglichst hoher oder möglichst niedriger Gewinn gewünscht? Hier wird i.d.R. ein möglichst hohes Eigenkapital in der Handelsbilanz gefordert (1. Prorität) und ein steuerrechtlich möglichst niedriger Gewinn (2. Priorität).
h) Soll der Übertragung von stillen Reserven der Vorzug vor der Bildung von Rücklagen gewährt werden?
i) Wie soll die Gewinnauswirkung dargestellt werden? Bilanzpostenmethode oder Erfolgspostenmethode?
j) Ergeben sich Gewinnkorrekturen außerhalb der Bilanz? Z.B. § 3 Nr. 40 EStG, § 3c Abs. 2 EStG oder § 8b KStG.

Die Aufgabenstellung kann auch für die einzelnen Sachverhalte unterschiedlich sein. In den letzten Jahren bestehen die Prüfungsklausuren im Bereich Bilanzierung aus drei unabhängigen Sachverhalten, die jeweils eigenständige Aufgabenstellungen haben. Dies wird unter Umständen am Anfang der Klausur mit den Worten: „Die Klausur besteht aus ... × ... voneinander unabhängigen Sachverhalten" deutlich gemacht.

Sie sollten aber sämtliche Geschäftsvorfälle in den Einzelsachverhalten aufmerksam durchlesen. Sie erkennen dadurch, ob einzelne Sachverhalte miteinander verbunden sind. Es ist äußerst unangenehm, wenn sie erst nach Bearbeitung einer Textziffer weitere, lösungsbeeinflussende Sachverhaltsangaben entdecken.

Beispiel: Übertragung von stillen Reserven nach § 6b EStG auf angeschaffte Wirtschaftsgüter.

Eine **grafische Übersicht auf Konzeptpapier** ist bei unübersichtlichen Unternehmensstrukturen und bei verschachtelten Beteiligungsverhältnissen ratsam.

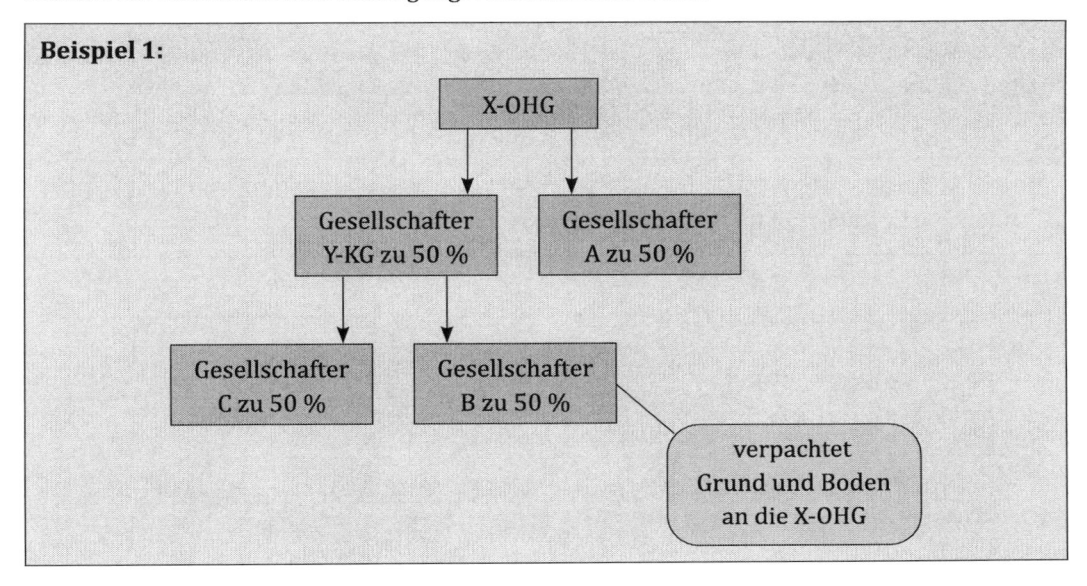

Beispiel 1:

```
                    X-OHG
                   /      \
                  ↓        ↓
         Gesellschafter   Gesellschafter
         Y-KG zu 50 %     A zu 50 %
            /     \
           ↓       ↓
   Gesellschafter  Gesellschafter
   C zu 50 %       B zu 50 % ――― verpachtet
                                 Grund und Boden
                                 an die X-OHG
```

Beispiel 2:

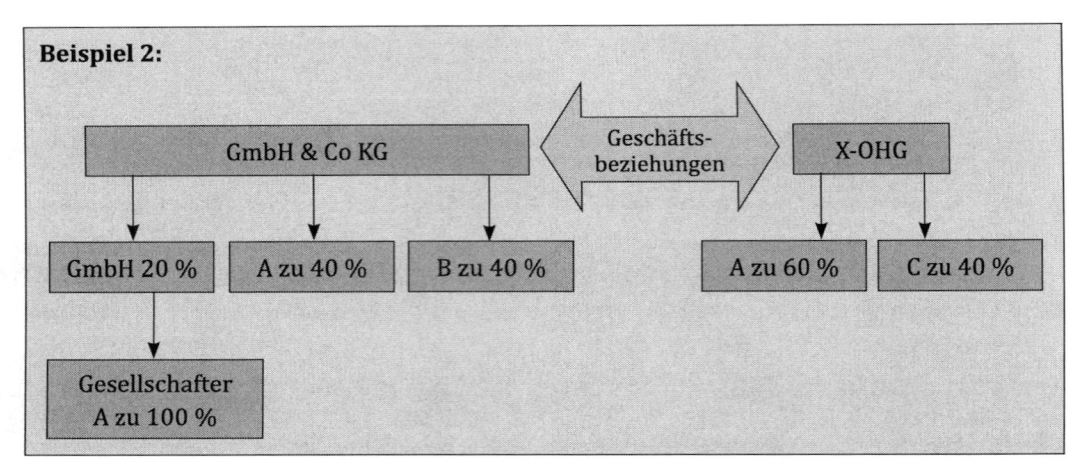

```
         GmbH & Co KG          <-- Geschäfts- -->      X-OHG
                                   beziehungen
    ↓         ↓         ↓                      ↓          ↓
 GmbH 20 %  A zu 40 %  B zu 40 %            A zu 60 %  C zu 40 %
    ↓
 Gesellschafter
 A zu 100 %
```

Bei umfangreichen und komplexen Sachverhalten kann eine Auflistung („brain storming") einzelner – möglicherweise versteckter – Themen empfehlenswert sein. Die Notizen zu bestimmten Themenbereichen können bereits beim erstmaligen Lesen des Sachverhalts erfolgen. Hierdurch kann eine Reihenfolge für die Bearbeitung des Sachverhalts oder der Textziffer festgelegt werden.

Beispiel: Abbruch, Abbruchkosten, Herstellungskosten Neubau, Abschreibung, Zuschuss, Option nach § 9 UStG, Vorsteuer etc.

Die **erstmalige Durchsicht der Klausur** dient insbesondere ihrer persönlichen Zeiteinteilung. Sie sollen umfangreiche und schwierige Sachverhalte erkennen und ihre Arbeitsweise danach ausrichten. Besonders die Reihenfolge der Bearbeitung von Bilanzklausuren mit einem Anteil an Umwandlungssteuerrecht kann entscheidend sein. Dabei ist individuell zu überlegen, ob man lieber mit dem Sachverhalt zum Umwandlungssteuerrecht anfängt oder diesen in der Bearbeitung hintenanstellt.

Wichtige Feststellungen sollten sie auf einem gesonderten Blatt notieren und während der gesamten Bearbeitungszeit im Auge behalten.

Beispiel 1: Wenn sie in einer Bilanzklausur neben diversen Textziffern auch die korrigierte Gewerbesteuerrückstellung berechnen sollen, ist es sinnvoll bereits auf einem gesonderten Blatt die Gewinnauswirkungen aus den einzelnen Textziffern und mögliche Hinzurechnungen (§ 8 GewStG) oder Kürzungen (§ 9 GewStG) zu notieren. Die spätere Suche nach den notwendigen Angaben in ihrer Klausur ist meistens sehr zeitaufwendig. Außerdem kann es sein, dass sie die Gewerbesteuerrückstellung aus zeitlichen Gründen nicht mehr berechnen können, aber noch vereinzelte Punkte durch das gesonderte parallel erstellte Extrablatt erzielen können.

Beispiel 2: Wenn sie in einem Aufgabenbereich die latenten Steuern nach § 274 HGB berechnen sollen, empfiehlt es sich die Unterschiedsbeträge in den Ansätzen in der Handels- und Steuerbilanz immer gleich nach Bearbeitung einer Tz. auf ein gesondertes Blatt zu übertragen.

1.3 Standardaufgaben und Standardfragestellungen

Bei der **Aufgabenstellung** ist darauf zu achten, ob sie insgesamt oder nur für Teilbereiche umsatzsteuerliche oder gewerbesteuerliche Aspekte beurteilen sollen oder ob derartige Ausführungen gänzlich zu unterlassen sind. Dies kann ebenso mögliche Auswirkungen auf die Grunderwerbsteuer oder Schenkungsteuer betreffen.

> **Beispiel:** Bei Anwendung der Leasingerlasse wird oftmals eine umsatzsteuerlich zutreffende Behandlung in der Aufgabenstellung unterstellt.

Das **primäre Ziel einer Bilanzklausur** ist selten die abschließende Erstellung einer Bilanz mit der dazugehörigen Gewinn- und Verlustrechnung. Vielmehr steht die Lösung von komplexen Einzelproblemen im Vordergrund, die zu einem umfangreichen Klausursachverhalt zusammengefasst werden. Erst am Ende sämtlicher Einzelprobleme kann eine berichtigte Bilanz und Gewinn- und Verlustrechnung verlangt und erstellt werden. Vor diesem Hintergrund sollte jedem Teilnehmer bewusst sein, dass eine zahlenmäßig aufgehende Bilanz am Klausurende niemals besonders hoch ausgepunktet wird und somit kein konkreter Anhaltspunkt für den Erfolg einer Bilanzsteuerrechtsklausur sein kann.

Die Folgenden o.g. **Standardaufgabenstellungen** können eine Klausurlösung wie folgt beeinflussen:

a) **Wie ausführlich müssen die Begründungen sein?**
Sie sollten versuchen alle relevanten Fundstellen zu benennen. Sicher werden sie immer wieder schon in Übungsklausuren Abweichungen zwischen den ihnen relevant erscheinenden Angaben und den in der Musterlösung geforderten feststellen. Lassen Sie sich hiervon nicht beeinflussen. Je mehr Fundstellen Sie zu der Thematik nennen, desto größer ist die Wahrscheinlichkeit, Punkte dafür zu bekommen.

b) **Werden Berechnungen und Entwicklungen einzelner Bilanzposten verlangt?**
In jeder Aufgabenstellung werden die von Ihnen ermittelten Bilanzansätze zum Bilanzstichtag gefordert. Hierbei ist der Ansatz zu begründen und die Wertermittlung in der Regel mithilfe der Staffelmethode darzustellen. Abweichungen zwischen der Handels- und der Steuerbilanz sind möglich.

c) **Sind handelsrechtliche und steuerrechtliche Ausführungen zu machen?**
Grundsätzlich sind immer die handels- und steuerrechtlichen Ausführungen zu tätigen. Dies bedingt schon die Maßgeblichkeit der Handelsbilanz für die Steuerbilanz. Es kann teilweise in der Aufgabenstellung gefordert werden, dass sie sich nur bilanzsteuerrechtlich äußern sollen. Dies kann der Fall sein beim Ausscheiden eines Gesellschafters aus einer Personengesellschaft oder beim Gesellschafterwechsel. Hier sind die steuerrechtlichen Probleme weit interessanter als die handelsrechtlichen Auswirkungen.

d) **Soll soweit möglich eine Einheitsbilanz erstellt werden?**
Auch diese Aufgabenstellung ist in der Regel gegeben. Dies kann bedeuten, dass mögliche handelsrechtliche Wahlrechte in ihrer Ausübung durch die Aufgabenstellung in einer bestimmten Richtung ausgeübt werden müssen.

> **Beispiel:** Es wurde im Rahmen der Aufnahme eines Darlehens ein Damnum vereinbart. Die Anwendung des § 250 Abs. 3 HGB lässt folgende Möglichkeiten zu:
> 1. Behandlung als Aufwand,
> 2. Aktivierung und planmäßige Auflösung.
>
> Steuerrechtlich muss das Damnum aktiviert (§ 250 Abs. 3 HGB i.V.m. § 5 Abs. 1 S. 1 Hs. 1 EStG, § 5 Abs. 5 Satz 1 Nr. 1 EStG) und planmäßig aufgelöst werden. Wenn nun eine Einheitsbilanz gefordert wird, bleibt im Handelsrecht nur die zweite Variante als zwingende Lösung übrig. Hier können in der Lösung, mit Hinweis auf die Aufgabenstellung, die übrigen Möglichkeiten unberücksichtigt bleiben.

Unter Berücksichtigung des BilMoG hat diese Aufgabenstellung an Bedeutung verloren, da:
1. einige handelsrechtlichen Wahlrechte vom Grundsatz weggefallen sind und
2. die umgekehrte Maßgeblichkeit ab dem Veranlagungszeitraum 2009 nicht mehr anzuwenden ist und
3. die Maßgeblichkeit der Handels- für die Steuerbilanz durch das BMF-Schreiben vom 12.03.2010, BStBl I 2010, 239 weiter eingeschränkt wurde.

In den letzten Jahren findet man für die handelsrechtliche Darstellung oft die Vorgabe, dass ein möglichst hohes Eigenkapital ausgewiesen werden soll.

e) **Sind Korrekturbuchungssätze anzugeben?**

Eine für Praktiker immer wieder schwierige Aufgabenstellung ist die Bildung von Korrekturbuchungssätzen. Hier ist nicht gemeint, dass eine Stornobuchung oder eine Umkehrbuchung vorzunehmen ist. Die bisher zutreffend angesprochenen Bilanzkonten und Erfolgs- bzw. Aufwandskonten sollen nicht aufgegriffen werden. Hierbei handelt es sich um eine Aufgabenstellung, die in jedem Prüfungsjahr gestellt wird (die Anzahl der vergebenen Punkte ist hier nicht zu unterschätzen).

> **Beispiel:** Der Kaufmann bilanziert zum Zeitpunkt der Veräußerung:
> Gebäude 5.000 €
> Grund und Boden 15.000 €
> Das Grundstück gehört seit 30 Jahren zum Betriebsvermögen.
>
> Das Grundstück wird für 60.000 € veräußert. Entsprechend der Zuordnung des Kaufpreises bucht der Kaufmann:
> Sonstige Forderung 60.000 € an Grund und Boden 50.000 €
>   Gebäude   10.000 €
>
> Die Voraussetzungen für die Bildung einer § 6b Rücklage sind erfüllt. Der Korrekturbuchungssatz lautet:
> Grund und Boden 35.000 €
> Gebäude   5.000 € an Rücklage § 6b 40.000 €

Sie sollten immer versuchen, die **Korrekturbuchungssätze** zu bilden. Für Korrekturbuchungssätze werden je nach Umfang ein bis zwei Punkte vergeben. Wenn sie bereits den gesamten Sachverhalt gelöst haben, sind das vom Grundsatz her „einfache Punkte", die sie unbedingt mitnehmen sollten. Dabei ist es nicht erforderlich, alle Korrekturen in einem Buchungssatz unterzubringen. Sie können aus Gründen der Übersichtlichkeit auch mehre-

1.3 Standardaufgaben und Standardfragestellungen

re einzelne Buchungssätze bilden. Im vorherigen Beispiel wäre als Korrekturbuchung auch möglich:

Anlagenabgang	20.000 €	an	Grund und Boden	15.000 €
			Gebäude	5.000 €
Grund und Boden	50.000 €	an	Sonstige betriebliche	
Gebäude	10.000 €		Erträge	60.000 €
Sonstiger betrieblicher Aufwand	60.000 €	an	Rücklage § 6b	60.000 €

Auch hierbei handelt es sich um Korrekturbuchungssätze. Die Punktevergabe ist in beiden Varianten identisch.

Denkbar ist auch die Erstellung einer Überleitungsrechnung nach § 60 Abs. 2 Satz 1 EStDV.

f) Müssen gesonderte Klausuranlagen ausgefüllt werden?

Das Ausfüllen von gesonderten Klausuranlagen betrifft z.B. folgende Fälle:
- Die Erstellung einer Schlussbilanz ist erforderlich. Dies betrifft ggf. auch Sonder- und Ergänzungsbilanzen.
- Die Erstellung der Bilanz nach Anpassung aufgrund einer Betriebsprüfung ist gefordert.
- Sie sollen die Gewinnänderungen in einer Mehr- und Wenigerrechnung darstellen.
- Die Gewinnverteilung auf die einzelnen Gesellschafter einer Personengesellschaft ist vorzunehmen.

Alle Aufgabenstellungen sind aber auch ohne gesonderte Klausuranlagen denkbar.

g) Wird ein möglichst hoher oder möglichst niedriger Gewinn gewünscht?

In den meisten Fällen wird zumindest aus steuerrechtlicher Sicht ein möglichst niedriger Gewinn gewünscht (ggf. unter Berücksichtigung der vorrangigen Übertragung von stillen Reserven vor der Bildung von Rücklagen). Im Rahmen dieser Vorgabe sind bei Ansatz- oder Bewertungswahlrechten evtl. Entscheidungen vorgegeben. Man sollte aber immer auch argumentieren, dass dieser Ansatz oder diese Bewertung sich aufgrund der Aufgabenstellung ergibt. In Einzelfällen müssen hier zunächst alle möglichen Varianten dargestellt werden, um dann die auszuwählen, die zum niedrigsten möglichen Gewinn führt.

Beispiel 1: Bewertung von Fertigerzeugnissen mit den Herstellungskosten. Bei einem möglichst niedrigen Gewinn würde hier die Untergrenze der Herstellungskosten angesetzt werden (soweit dies nicht gegen die Bewertungsstetigkeit verstößt).
Hier wäre bei der üblichen Aufgabenstellung eine vorgegebene Priorität entscheidend z.B.: Handelsrechtlich ein hohes Eigenkapital (1. Priorität) und steuerrechtlich ein möglichst niedriger Gewinn (2. Priorität). Diese Aufgabenstellung würde zu einem möglichst hohen Ansatz der Herstellungskosten führen (und zwar Handelsbilanz identisch mit der Steuerbilanz).

Beispiel 2: Eine Teilwertabschreibung im Steuerrecht kann wahlweise vorgenommen werden. Entsprechend der Aufgabenstellung ist also zu entscheiden.

> **Beispiel 3:** Die Entscheidung im Zusammenhang mit der Abschreibung könnte zwischen der linearen AfA und der Abschreibung nach Maßgabe der Leistung zu treffen sein. Außerdem kann die Frage der Berücksichtigung einer Sonderabschreibung gem. § 7g EStG aufkommen.

Die **Ermittlung des niedrigsten Gewinns** kann auch zu unterschiedlichen Auswirkungen führen:

> **Beispiel 4:** In der Steuerbilanz wird ein Sammelposten wahlweise gebildet (§ 6 Abs. 2a EStG), der in die Handelsbilanz nicht zwingend übernommen wird.

Eine besondere Stellung hat die **Sonderabschreibung nach § 7g EStG**. Auch die Berücksichtigung einer Sonderabschreibung führt zu einer insgesamt höheren Abschreibung und damit zu einem niedrigeren Gewinn. Sie müssen bei jedem Sachverhalt darauf achten, ob die Voraussetzungen des § 7g EStG erfüllt sind. Dies kann auf unterschiedliche Weise erfolgen:

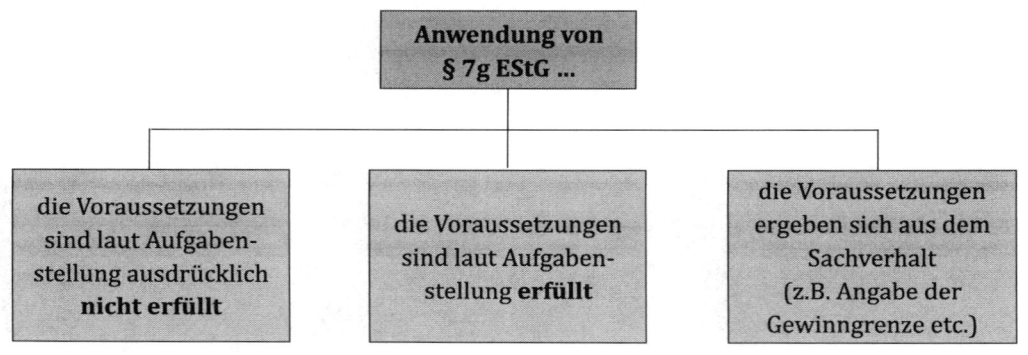

Anwendung von § 7g EStG ...
- die Voraussetzungen sind laut Aufgabenstellung ausdrücklich **nicht erfüllt**
- die Voraussetzungen sind laut Aufgabenstellung **erfüllt**
- die Voraussetzungen ergeben sich aus dem Sachverhalt (z.B. Angabe der Gewinngrenze etc.)

Gerade durch die derzeitige Problematik der „parallelen" Anwendung der alten und der neuen Fassung des § 7g EStG (§ 52 Abs. 16 EStG), ergeben sich in Klausuren vielfältige Möglichkeiten:

- Die **Sonderabschreibung nach § 7g EStG** ist auch für Wirtschaftsgüter möglich, die unter Berücksichtigung des Leasingerlasses dem Leasingnehmer zugerechnet werden.
- Beim Erwerb im Rahmen eines echten Mietkaufs oder verdeckten Ratenkaufs ist eine Sonderabschreibung nicht ausgeschlossen.
- In **Umwandlungssteuerrechtsfällen** (z.B. Einbringung eines Einzelunternehmens in eine Personengesellschaft) beim Ansatz des gemeinen Werts müsste – unter Beachtung der übrigen Voraussetzungen – eine Sonderabschreibung möglich sein.
- Ob im **Falle eines Erwerbs eines Mitunternehmeranteils** der „neue" Gesellschafter für seine anteiligen Anschaffungskosten § 7g EStG anwenden kann. Ist nicht eindeutig geregelt, aber vermutlich durch § 7g Abs. 7 EStG ausgeschlossen.
- Die Bildung eines IAB, z.B. in 2019 und Erwerb des Wirtschaftsguts in 2023 führt zur Anwendung des § 7g EStG a.F.

Ebenso sollte in den einzelnen Textziffern nicht die Möglichkeit der **Bildung eines Investitionsabzugsbetrags** nach § 7g EStG vergessen werden. Dies kann unter Umständen neben der eigentlichen Rechtsproblematik thematisiert werden.

1.3 Standardaufgaben und Standardfragestellungen

> **Beispiel:** Für eine Abbruchverpflichtung ist eine Rückstellung zu bilden. Im Zusammenhang mit der Ermittlung der zu erwartenden Abbruch- und Rekultivierungskosten wird im Sachverhalt erwähnt, dass der Unternehmer in den nächsten drei Jahren für die Durchführung der Abbrucharbeiten einen Bagger (geschätzte Anschaffungskosten 20.000 €) erwerben möchte. Die Anschaffungskosten für den Bagger sind wegen § 5 Abs. 4b EStG nicht in die Rückstellungsbewertung einzubeziehen. Sollten aber die Voraussetzungen des § 7g EStG erfüllt sein, ist es für den steuerlich niedrigsten Gewinn zwingend erforderlich einen Investitionsabzugsbetrag zu bilden.

Abschließend ist anzumerken, dass die **Übertragung von stillen Reserven** bzw. steuerfreien Rücklagen auf andere Wirtschaftsgüter maßgeblich durch die Aufgabenstellung beeinflusst werden kann. Soweit nur der steuerrechtlich niedrigste Gewinn gefordert wird, käme eine Übertragung von aufgedeckten stillen Reserven auf ein anderes Wirtschaftsgut – und damit ggf. eine Minderung der Abschreibungsbemessungsgrundlage – nicht infrage.

> **Beispiel:** Bei der Veräußerung eines Gebäudes wurde eine stille Reserve von 100.000 € aufgedeckt. Die Voraussetzungen des § 6b Abs. 4 Satz 1 speziell Nr. 2 EStG sind erfüllt. Im gleichen Jahr wird ein anderes Gebäude mit Anschaffungskosten von 300.000 € erworben. Das Gebäude ist mit 2 % abzuschreiben.
>
> **Aufgabe 1:** Ermittlung des niedrigsten steuerlichen Gewinns.
> Die aufgedeckte stille Reserve wird in eine Rücklage gem. § 6b Abs. 3 EStG eingestellt. Das Gebäude wird mit 2 % von 300.000 = 6.000 € abgeschrieben.
>
> **Aufgabe 2:** Ermittlung des niedrigsten steuerlichen Gewinns. Stille Reserven und steuerfreie Rücklagen sollen soweit wie möglich auf andere Wirtschaftsgüter übertragen werden.
> Übertragung der stillen Reserve auf das Gebäude. Das Gebäude wird mit 2 % von 200.000 € = 4.000 € abgeschrieben.

Erst mit dem Zusatz der grundsätzlich vorzunehmenden Übertragung von stillen Reserven ist die Lösung in der Aufgabenstellung 2 die zutreffende.

Ein möglichst hoher steuerlicher Gewinn wird eher selten in der Aufgabenstellung verlangt. Aber Sie sollten trotzdem die Angaben in der Aufgabe dahingehend sorgfältig prüfen. Es wäre auch eine Kombination wie folgt möglich: „Die GmbH möchte einen hohen Kapitalansatz ausweisen, jedoch möglichst wenig Steuern zahlen. Im Zweifel soll die geringere Steuerlast vorgehen." In diesem Falle kann der Klausursteller gezielt feststellen, ob Sie die handelsrechtlichen und steuerrechtlichen Bilanzierungsvorschriften und deren Wechselwirkungen beherrschen.

h) **Wie soll die Gewinnauswirkung dargestellt werden?**
Für die **Darstellung der Gewinnermittlung** sind **zwei Möglichkeiten** gegeben:
1. **Erfolgspostenmethode** und
2. **Bilanzpostenmethode**.

Entweder es wird Ihnen in der Aufgabenstellung eine der beiden Möglichkeiten vorgegeben oder sie können sich selbst für eine Variante entscheiden. In diesem Fall sollten Sie aber nicht bei jeder Textziffer eine unterschiedliche Darstellungsform wählen. In der Prüfungsklausur 2010/2011 wurde erstmalig und auch bisher zum letzten Mal gefordert, beide Methoden darzustellen.

Zu 1.: Erfolgspostenmethode
Es sind nur die Auswirkungen auf die Posten der Gewinn- und Verlustrechnung darzustellen (z.B. Abschreibungen, Zinsaufwand, Mieterträge etc.).

Zu 2.: Bilanzpostenmethode
Hier sind nur die Auswirkungen auf die Bilanzposten darzustellen. Das bedeutet, Sie müssen entsprechend dem Betriebsvermögensvergleich die Änderungen beim Betriebsvermögen, den Entnahmen und den Einlagen angeben.

Korrekturposten	**Gewinnauswirkung**
Erhöhung Aktivposten	Gewinnerhöhung
Minderung Aktivposten	Gewinnminderung
Erhöhung Passivposten	Gewinnminderung
Minderung Passivposten	Gewinnerhöhung
Erhöhung der Entnahmen	Gewinnerhöhung
Minderung der Entnahmen	Gewinnminderung
Erhöhung der Einlagen	Gewinnminderung
Minderung der Einlagen	Gewinnerhöhung

Die beiden Verfahren sind eindeutig zu trennen. Bei Angabe der Gewinnauswirkung in einer „Mischform" erhalten sie keine Punkte.

> **Beispiel:** Laut Aufgabenstellung soll der Gewinn nach der Bilanzpostenmethode dargestellt werden und sie formulieren wie folgt: „... der Posten Gebäude hat sich um 5.000 € gemindert, sodass die Abschreibungen sich um 5.000 € erhöht haben ...".

i) **Ergeben sich Gewinnkorrekturen außerhalb der Bilanz?**
Auch in Bilanzklausuren sind für die Ermittlung des steuerlichen Gewinns die Korrekturen, die außerhalb der Bilanz vorzunehmen sind darzustellen. Dies kann z.B. in folgenden Fällen notwendig sein:
- Nicht abzugsfähige Betriebsausgaben gem. § 4 Abs. 5 EStG.
- Gewerbesteuer ist keine Betriebsausgabe mehr nach § 4 Abs. 5b EStG.
- Anwendung des Teileinkünfteverfahrens (§§ 3 Nr. 40, 3c Abs. 2 EStG).
- Berücksichtigung von § 12 EStG.

1.3 Standardaufgaben und Standardfragestellungen

- Anwendung von § 8b KStG.
- Korrekturen nach § 10 KStG.
- Gewinnzuschläge nach § 6b Abs. 7 EStG.
- Anwendung von § 15 Abs. 1 S. 3 i.V.m. § 13 Abs. 5 EStG.

Beispiel der Aufgabenstellung einer möglichen Prüfungsklausur:
Allgemeiner Sachverhalt (wesentliche Angaben):
- Gewinnermittlung nach § 5 Abs. 1 EStG, erforderliche Verzeichnisse nach § 5 Abs. 1 S. 2, 3 EStG geführt ...
- Handelsrechtlich ein möglichst hohes Eigenkapital und steuerlich ein möglichst niedriger Gewinn ..., im Zweifel soll der Wunsch ein möglichst hohes Eigenkapital Vorrang haben ...
- Gehen sie davon aus, dass Sie den Jahresabschluss am 31.03. des Folgejahres aufstellen.

Aufgaben:
- Erläutern sie, unter Angabe der einschlägigen Vorschriften, wie die nachfolgenden Einzelsachverhalte handels- und steuerrechtlich zu behandeln sind.
- Die für die Erstellung der Handelsbilanz und Steuerbilanz zum 31.12. noch erforderlichen Buchungssätze, bzw. Korrekturbuchungssätze) sind anzugeben. Beachten sie dabei die Hinweise zu den Buchungskreisen.
- Berechnen sie den sich abschließend ergebenden Gewinn. Abweichungen zwischen Handels- und Steuerbilanz sind darzustellen.
- Außerbilanzielle Korrekturen sind anzugeben.

Hinweise!
- Die Buchhaltung ist so eingerichtet, dass für Buchungen, die handels- und steuerrechtlich identisch sind, der Buchungskreis „alle Bereiche" anzusprechen ist. Im Falle vom Handelsrecht abweichender Buchungen ist jeweils entweder der Buchungskreis „nur Handelsrecht" und/oder der Buchungskreis „nur Steuerrecht" zu buchen.
- Auf die Gewerbesteuer und latente Steuern ist nicht einzugehen.
- Die Veranlagungen der Vorjahre sind ohne Vorbehalt der Nachprüfung durchgeführt und nicht mehr änderbar.
- Cent-Beträge sind auf volle Euro zu runden.

1.3.5 Standardthemen und Prüfungsschwerpunkte

Wenn man sich die **Verteilung der Themengebiete der letzten Jahre in den Bilanzklausuren** ansieht (vgl. Kap. 1.2), sind Prüfungsschwerpunkte nur bedingt ersichtlich.

Man kann aber zunächst davon ausgehen, dass bestimmte Themengebiete meistens einen größeren Umfang in der Prüfungsklausur ausmachen. Hierunter fallen z.B.:
- Grundstücke und selbständige Gebäudeteile
- Beteiligungen inkl. Betriebsaufspaltung
- Besondere Fallkonstellationen zu Anschaffungs- und Herstellungskosten.
- Umwandlungssteuerrechtsfälle (für zukünftige Prüfungen).
- Gründung von Personengesellschaften.

Gerade in den letzten beiden Jahren haben sich zwei Schwerpunkte „zurückgemeldet". Die Gebäude und selbständigen Gebäudeteile haben mit ca. 25 % der Punkte einen großen Anteil ausgemacht. Dazu kam in der Prüfung 2021/22– erstmalig seit dem Jahr 2006 – ein Fall des Umwandlungsgesetzes dazu.

Wenn man sich nun die Entwicklung der letzten elf Jahre anschaut ergibt sich ein anderes Bild:

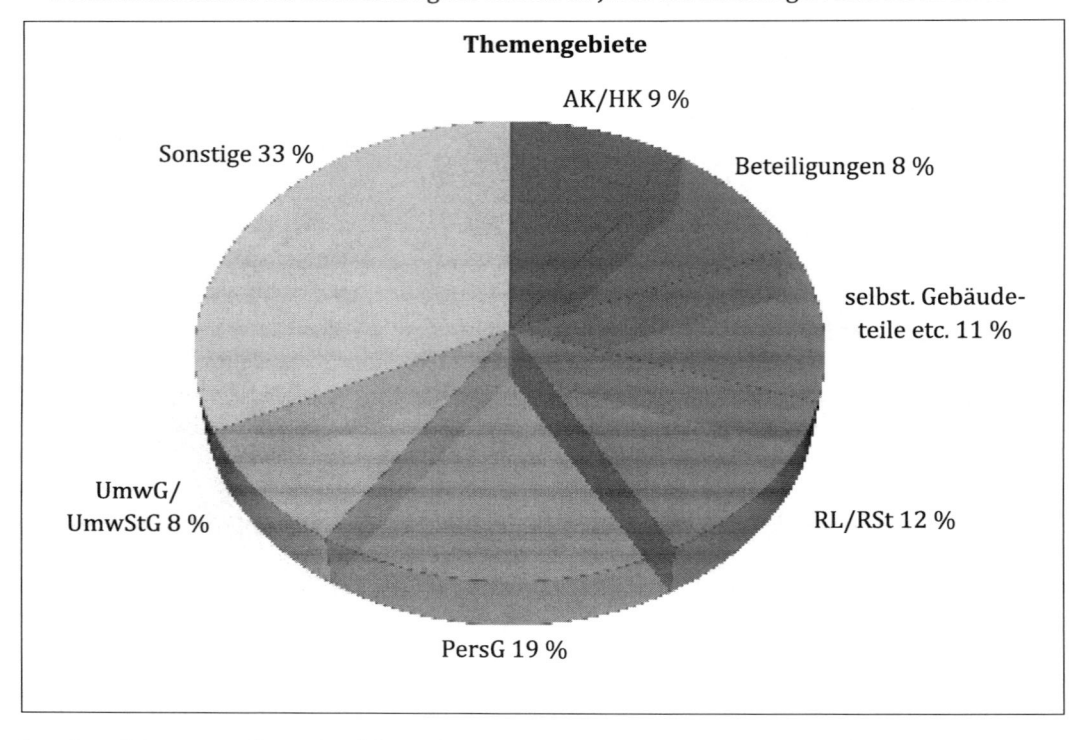

Themengebiete

- AK/HK 9 %
- Beteiligungen 8 %
- selbst. Gebäudeteile etc. 11 %
- RL/RSt 12 %
- PersG 19 %
- UmwG/UmwStG 8 %
- Sonstige 33 %

Der Anteil der steuerfreien Rücklagen hat in den letzten Jahren wieder zugenommen (Prüfungsklausur 2018/19: Rücklage für Ersatzbeschaffung, Prüfungsklausur 2019/2020, 2020/2021, 2021/2022 und 2022/2023: Rücklage gem. § 6b EStG).

Die sonstigen Themen, auf die in der Vorbereitung nicht der Schwerpunkt liegt, nehmen vom Umfang her immer mehr zu. Es handelt sich allerdings dabei nicht um schwierige Themen. Speziell im Jahr 2022/2023 und auch im Jahr 2023/2024 handelte es sich um Themen, die eher der Ertragsteuerklausur zuzuordnen sind (z.B. Realteilung und Erbfolge).

Grundstücke mit ihren möglichen Problembereichen wie z.B. selbständigen Gebäudeteilen, Abbruch, Aufstockung oder Mietereinbauten werden wieder häufiger Gegenstand der Prüfungsklausur.

Eine Einschätzung zu den möglichen Themenbereichen in der Prüfung 2024/2025 wird zu einem späteren Zeitpunkt vorgenommen.

Im Gegensatz dazu war das Thema Umwandlungsrecht bzw. Umwandlungssteuerrecht nur in geringem Umfang prüfungsrelevant. Aufgabenstellungen zu diesem Themengebiet betrafen in den letzten Jahren meistens § 24 UmwStG.

Trotzdem würde ich folgende Themen zusätzlich noch zu den Standardthemen rechnen:

1.3 Standardaufgaben und Standardfragestellungen

- Erwerb von neuen Wirtschaftsgütern bei gleichzeitigem Ausscheiden von alten Wirtschaftsgütern (z.B. Tausch, Tausch mit Baraufgabe, Enteignung, Zwangsversteigerung, Ausscheiden aufgrund höherer Gewalt), u.a. in der Klausur im Jahr 2023.
- Ermittlung von Herstellungskosten evtl. mit Zuschlagskalkulation (Betriebsabrechnungsbogen, s. Steuerberaterprüfung 2017/2018) und 2022/2023.
- Steuerfreie Rücklagen (§ 6b EStG, R 6.5 EStR, R 6.6 EStR).
- Gebäudeerwerb mit Abbruchabsicht oder Teilabbruchabsicht.
- Abschreibungen in besonderen Fällen (Teilwertabschreibung, AfaA, nachträgliche Herstellungskosten).
- Rückstellungen für Rückbauverpflichtungen.
- Finanzierungsleasing.
- Echter/Unechter Mietkauf.
- Forderungen oder Verbindlichkeiten in ausländischer Währung.
- Bewertungseinheiten.
- Sonderbetriebsvermögen (evtl. bei GmbH & Co KG).
- Übertragungen nach § 6 Abs. 3 EStG oder § 6 Abs. 5 EStG (BMF-Schreiben vom 08.12.2011).
- Handelsrechtliche „Sonderfälle" wie z.B. Planvermögen/Pensionsrückstellungen und selbst geschaffene immaterielle Vermögensgegenstände.
- Gesellschafterwechsel und Ausscheiden eines Gesellschafters.

1.3.6 Weitere potenzielle Klausurthemen

Zu den potenziell möglichen Klausurthemen gehören neben den Standardthemen, vor allem aktuelle Änderungen im Steuerrecht, die noch bis zur Erstellung der Klausur erfolgen.

Weitere Klausurthemen der letzten Jahre:

- Warenbewertung mit Bewertungsvereinfachungsverfahren (s. Prüfungsklausur 2015 und 2017, 2018).
- Forderungen und Verbindlichkeiten in ausländischer Währung.
- Einzel- und Pauschalwertberichtigung bei Forderungen.
- Immaterielle Vermögensgegenstände und Geschäfts- oder Firmenwert.
- Latente Steuerabgrenzung (in fast jeder Steuerberaterprüfungsklausur).
- Beteiligungen (an Kapitalgesellschaft oder Personengesellschaft).
- Bilanzberichtigung/Bilanzänderung.
- Darlehensverbindlichkeiten.
- Rückstellung für Rückbauverpflichtungen.
- Retrograde Ermittlung des Teilwerts (z.B. „Ladenhüterbewertung" in der Prüfungsklausur 2016).
- Realteilung (Prüfungsklausur 2022, obwohl eher Thema der Ertragsteuerklausur).
- Organschaft.

Aktuelle Themen:

- Bewertungseinheiten (letztmalig in der Prüfungsklausur 2015/2016).
- Steuerentstrickungs- bzw. Steuerverstrickungstatbestände.
- Anwendung von § 5 Abs. 7 EStG, § 4f EStG z.B. für „erworbene" Drohverlustrückstellungen (s. auch BMF-Schreiben vom 30.11.2017, Beck'sche Steuererlasse 1 zu § 5/1).

- BMF-Schreiben vom 08.12.2011, BStBl I 2011, 1279 zu § 6 Abs. 5 EStG und vom 11.07.2011, BStBl I 2011, 713 zu § 6 Abs. 6 EStG (Beck'sche Steuererlasse 1 zu § 6/15 und § 4/15).
- Gründung von Personengesellschaften (§ 6 Abs. 5 EStG, § 6 Abs. 6 EStG, § 24 UmwStG).
- Entwicklung im Bereich der „Gesamtplanrechtsprechung", Auslegung diverser BFH-Urteile durch die Verwaltung (vgl. auch Beck'sche Steuererlasse 1 zu § 6/32).
- BMF-Schreiben, Beck'sche Steuererlasse 1 zu § 6/18
- BMF-Schreiben vom 16.07.2014 zur dauernden Wertminderung (Beck'sche Steuererlasse 1 zu § 6/12).
- BMF-Schreiben vom 19.12.2018 zur Realteilung unter Berücksichtigung der aktuellen Rechtsprechung zum Ausscheiden eines Gesellschafters (Beck'sche Steuererlasse 1 zu § 16/3).
- BMF-Schreiben zu Verwaltungsgrundsätze Betriebsstättengewinnaufteilung vom 22.12.2016 (Beck'sche Steuererlasse 725 zu § 1/11).
- Anwendung § 7g EStG (Investitionsabzugsbetrag und Sonderabschreibung), degressive AfA nach § 7 Abs. 2 EStG.
- Option nach § 1 Abs. 1a KStG.

1.3.7 Gutachterliche Stellungnahme

Bereits zweimal wurde von den Teilnehmern eine Aussage zu einer **steuerlichen Gestaltung** in der Prüfungsklausur gefordert. Hier die beiden Aufgabenstellungen:

Aufgabenstellung 2008/2009:

Stellen Sie unter Hinweis auf die einschlägigen handels- und steuerrechtlichen Vorschriften dar, welche Alternativen zur Umsetzung der vorgesehenen Struktur möglich sein können und wägen Sie die steuerlichen Vor- bzw. Nachteile der einzelnen Alternativen ab. Legen Sie dabei dar, warum ggf. einzelne Alternativen als Umstrukturierungsmaßnahmen rechtlich nicht möglich sind.

Begründen Sie unter Hinweis auf die einschlägigen handels- und steuerrechtlichen Vorschriften, welche Alternative Sie der Geschäftsleitung der A-GmbH als Umstrukturierung mit der geringsten steuerlichen Auswirkung vorschlagen wollen. Entwickeln Sie – ausgehend von der steuergünstigsten Alternative – die aus der Umstrukturierung entstehenden handelsrechtlichen und steuerrechtlichen Bilanzansätze der Gesellschaften Grundstücksverwaltung, Produktion, Beteiligungsverwaltung und der Holding A-GmbH zum 01.01.2009. Erläutern Sie jeweils unter Angabe der gesetzlichen Vorschriften die Bilanzansätze.

Aufgabenstellung 2010/2011:

1. Welche Rechtsform für die Projektgesellschaft sollte gewählt werden, um den Vorgaben der Brüder zu entsprechen (Haftungsbegrenzung, keine Versteuerung der stillen Reserven bei B, Beibehaltung von Privatvermögen bei P)?
2. Wie gelingt eine Übertragung/Überführung der Grundstücke in das Vermögen der Projektgesellschaft ohne Versteuerung von stillen Reserven bei B und P?
3. Stellen Sie die steuerlichen Folgen für das Jahr 2009 dar, wenn der Abbruch der bestehenden Gebäude erst nach dem Übergang der Grundstücke auf die Projektgesellschaft vorgenommen wird. Die letzten Mietverhältnisse endeten im Februar 2009, der Abbruch erfolgt am 02.03.2009. Gehen Sie dabei davon aus, dass die Herstellungskosten für das Neugebäude 5 Mio. € betragen und Fertigstellung/Bauabnahme am 01.01.2009 ist.

1.3 Standardaufgaben und Standardfragestellungen

Hinweis! Auf gewerbesteuerliche, schenkungssteuerliche, umsatzsteuerliche oder grunderwerbsteuerliche Problematiken bzw. die Ermittlung der Anschaffungsnebenkosten bei den Grundstücken ist nicht einzugehen.

Tipp! Erwarten Sie bei so einer Aufgabenstellung nicht, dass sie genau die „Musterlösung" präsentieren werden. Die Wahrscheinlichkeit, dass Sie innerhalb von zwei Stunden, **die eine** sinnvolle steuerrechtliche Gestaltung eines komplexen Gebildes mit diversen Gesellschaften zu Papier bringen, liegt bei fast 0 %. Versuchen Sie mehrere Ansatzmöglichkeiten darzustellen und dabei möglichst unterschiedliche Vorschriften aufzugreifen. Oftmals werden schon die Gedankengänge mit Punkten belohnt. Man hätte z.B. in der Klausur 2008/2009 bereits ausreichend Punkte bekommen, wenn man auf alle Möglichkeiten eingegangen wäre (d.h. § 6 Abs. 3 und Abs. 5 EStG, Realteilung, §§ 20 und 24 UmwStG ...).

Bei dem Sachverhalt in der Klausur 2010/2011 ist u.E. nicht nur eine Lösung denkbar. Hier konnte nur bedingt mit der Darstellung mehrerer Möglichkeiten gepunktet werden. Auch eine steuerliche Gestaltung ohne Berücksichtigung von Auswirkungen bei der Schenkungsteuer, der Grunderwerbsteuer, der Umsatzsteuer und der Gewerbesteuer erscheinen mir nicht sinnvoll.

Es scheint sich aber sinnvollerweise um eine Aufgabenstellung zu handeln, die sich nicht durchgesetzt hat. Zumindest bei den Prüfungen der letzten 12 Jahre hat man wieder die altbewährten Aufgabenstellungen gewählt.

1.3.8 Die Musterklausur

Bilanzsteuerrecht

Vorbemerkung:

Klausurverfasser: Prof. Dr. Gerhard Girlich und Steuerberater und Rechtsanwalt Karsten Melzer.

Teil I

Hinweise zur Bearbeitung
- Tag der Bilanzaufstellung ist der heutige Tag.
- Die A-GmbH, vertreten durch den Geschäftsführer A, möchte Rechtsstreitigkeiten mit dem Finanzamt vermeiden, sodass bei der Abschlusserstellung im Zweifel die Verwaltungsauffassung anzuwenden ist.
- Die Steuerbescheide bis 2021 sind ohne Vorbehalte der Nachprüfung ergangen und bestandskräftig. Sie können nach den Vorschriften der Abgabenordnung nicht geändert werden.
- Die Voraussetzungen des § 7g EStG sind in 2022 und in den Vorjahren als erfüllt anzusehen. Gehen Sie davon aus, dass, soweit die A-GmbH eine Anschaffung bzw. Herstellung plante, die steuerlichen Vergünstigungsvorschriften in 2021 im maximalen Umfang – begrenzt auf 50 % der geplanten Anschaffungs-/Herstellungskosten, ausgeschöpft worden sind und ein möglicher Investitionsabzugsbetrag in 2022 im höchstmöglichen Umfang übertragen werden soll. Ein neuer IAB ist nicht zu bilden.
- Die GmbH versteuert ihre Umsätze nach den allgemeinen Vorschriften des UStG und ist zum vollen Abzug der Vorsteuer berechtigt.
- Aufgrund des Risikomanagements wünscht die Firma die Bildung von Bewertungseinheiten in der Handelsbilanz.

A. Allgemeines

Sie sind Steuerberater der Albrecht-GmbH (A-GmbH). Diese betreibt die Herstellung und den Handel mit Polstermöbeln. Sitz der Gesellschaft ist Heidelberg. Die Gesellschaft wurde am 14.03.2000 gegründet. Das Stammkapital der A-GmbH beträgt 100.000 € und ist bei Gründung im Jahr 2000 durch Albert Albrecht (A) voll eingezahlt worden. Geschäftsführer und Alleingesellschafter der A-GmbH ist Albert Albrecht, der vom Selbstkontrahierungsverbot (§ 181 BGB) befreit ist. Das Wirtschaftsjahr der A-GmbH stimmt mit dem Kalenderjahr überein. Nach den Betriebsgrößenmerkmalen wird die A-GmbH als kleine Kapitalgesellschaft eingestuft.

Der Geschäftsführer der A-GmbH legt Ihnen die durch seinen Buchhalter erstellte vorläufige Handelsbilanz und die vorläufige Steuerbilanz der A-GmbH zum 31.12.2022 vor und bittet Sie, die unten angeführten Sachverhalte noch abschließend zu würdigen. Die A-GmbH möchte in der Handelsbilanz einen möglichst niedrigen Jahresüberschuss ausweisen. Ebenfalls wünscht sie – für jedes relevante Jahr – einen möglichst niedrigen steuerlichen Gewinn. Es ist aber zu beachten, dass die Abschreibungen nach Möglichkeit einheitlich vorgenommen und stille Reserven vorrangig übertragen werden sollen. Soweit möglich sollen aber steuerliche Sonderabschreibungen und eine eventuell mögliche degressive AfA in Anspruch genommen werden.

B. Aufgabe

1. Bitte beurteilen Sie die nachfolgenden Sachverhalte, aus handelsrechtlicher und steuerrechtlicher Sicht, dem Grunde und der Höhe nach. Begründen Sie Ihre Rechtsauffassung bzw. Lösung unter Angabe der handels- und steuerrechtlichen Vorschriften.
2. Entwickeln Sie die Abweichungen bei handels- und steuerrechtlichen Bilanzansätzen zum 31.12.2022.
3. Handelsrechtliche Abschluss- und Korrekturbuchungen sind anzugeben. Ausgehend von der handelsrechtlichen Buchung sind die Umbuchungen zur Erstellung der Steuerbilanz (§ 60 Abs. 2 Satz 2 EStDV) anzugeben.
4. Weiterhin sind die zusätzlichen Änderungen (über den steuerbilanziellen Gewinn hinaus) im Hinblick auf das zu versteuernde Einkommen der A-GmbH darzustellen.
5. Zu gewerbesteuerlichen Auswirkungen ist nicht Stellung zu nehmen. Ebenso sind keine Rückstellungen für die Gewerbe- und Körperschaftsteuer zu bilden.
6. Gehen Sie ggf. bei der Anwendung von § 253 Abs. 2 HGB von einem Marktzins von 4,0 % aus.
7. Die ertragssteuerliche Belastung der GmbH beträgt 30 %.

C. Sachverhalte

1. Grundstück "Sonderstr. 6"

Am 01.01.2022 veräußerte die A-GmbH das unbebaute Grundstück "Sonderstr. 6" an die AXY OHG (siehe 2.) für fremdübliche 150.000 €. Dieses Grundstück wurde bisher als Lagerplatz der A-GmbH genutzt, jetzt aber nicht mehr benötigt. Die A-GmbH hatte dieses Grundstück im Jahr 2008 erworben und bisher mit den Anschaffungskosten in Höhe von 75.000 € bilanziert. Die Veräußerungsnebenkosten in Höhe von 9.000 € trug die AXY OHG.

Die A-GmbH buchte bisher:

Bank	150.000 €	an	GruBo "Sonderstr. 6"	75.000 €
			s.b. Erträge	75.000 €

2. Beteiligung an der AXY OHG

Die A-GmbH ist seit dem 01.03.2004 zu 1/3 an der AXY OHG beteiligt. Die Anschaffungskosten der A-GmbH für die Beteiligung an der OHG, welche im Wege der Bargründung entstanden ist, haben 100.000 € betragen (Einzahlung auf Kapitalkonto I). Laut Gesellschaftsvertrag erfolgt die Gewinnverteilung nach der Beteiligungsquote. Leistungen der Gesellschafter an die AXY OHG liegen nicht vor, auch sind die Gesellschafter nicht berechtigt, Gewinn vorab zu entnehmen. Vielmehr sieht der Gesellschaftsvertrag vor, dass eventuelle Gewinnanteile nach Feststellung des Jahresüberschusses/-fehlbetrages bzw. nach Gesellschafterbeschluss als Vorabgewinn entsprechend der Gewinnverteilung an die Gesellschafter ausgezahlt werden. Der Gewinnanteil 2021 der A-GmbH an der OHG in Höhe von 10.000 € wurde am 30.12.2021 beschlossen und am 15.05.2022 an die A-GmbH überwiesen. Die Erfassung in der Buchführung der A-GmbH erfolgte zutreffend.

Der für 2022 vorläufig ermittelte handelsrechtliche Jahresüberschuss der AXY OHG beträgt 60.000 €. Laut Gesellschafterbeschluss vom 30.12.2022 soll der handelsrechtliche Jahresüberschuss voll ausgeschüttet werden. Hierin sind nicht abzugsfähige Betriebsausgaben gemäß § 4 Abs. 5 Satz 1 Nr. 2 EStG in Höhe von 3.000 € enthalten. Die Anschaffung des Grundstücks „Sonderstr. 6" (siehe 1.) wurde zutreffend gebucht. Weitere Buchungen hinsichtlich des Grundstücks sind noch nicht vorgenommen worden.

Die A-GmbH hat die Beteiligung an der OHG in der Handelsbilanz, wie in den Vorjahren, zum 31.12.2022 in Höhe von 100.000 € bilanziert.

Im Jahresabschluss 2022 hat die A-GmbH noch keine weiteren Konsequenzen aus der Beteiligung gezogen. Die Steuerliche Gewinnermittlung der AXY OHG zum 31.12.2022 wurde noch nicht beim Finanzamt eingereicht.

3. Erweiterung

Wie bereits in 2021 geplant, hat die A-GmbH zur Ausstellung ihrer Möbel ab dem 01.08.2022 ein altes Lagergebäude für monatlich 4.000 € zzgl. 640 € Umsatzsteuer angemietet (zutreffend gebucht). Vom Vermieter wurde der A-GmbH die Möglichkeit eingeräumt, das Gebäude vor Mietbeginn nach ihren Vorstellungen zu gestalten. Da die A-GmbH Investitionssicherheit haben wollte, wurde der Zeitmietvertrag auf 10 Jahre abgeschlossen. Dieses entspricht auch der voraussichtlichen Mietdauer, da Mietverlängerungsoptionen im Mietvertrag fehlen und eine weitergehende Nutzung durch die A-GmbH nicht geplant ist.

Wie bereits in 2021 geplant, baute die A-GmbH einen Lastenaufzug (betriebsgewöhnliche Nutzungsdauer 10 Jahre, Fertigstellung 01.08.2022) in das Gebäude ein. In 2021 rechnete die A-GmbH noch mit Aufwendungen in Höhe von 50.000 € zzgl. 9.500 €. Tatsächlich entstanden hierfür in 2022 nur Aufwendungen in Höhe von 40.000 € zuzüglich 7.600 € Umsatzsteuer, welche am 30.12.2022 vom Bauunternehmen mit einer ordnungsgemäßen Rechnung zutreffend abgerechnet und von der A-GmbH am 20.01.2023 beglichen wurden. Daher erfolgte in 2022 keine Buchung. Der Vermieter bestand aber darauf, dass der Aufzug bei Beendigung des Mietvertrags wieder entfernt wird. Die A-GmbH schätzt die für die Entfernung des Aufzugs nach Beendigung des Mietvertrags anfallenden Kosten auf netto 24.000 €. Dies entspricht gegenüber dem Jahr 2022 einer Preissteigerung von 20 %. Auch dieser Vorgang wurde in 2022 mangels Zahlung nicht gebucht.

4. Einkauf USA

Die A-GmbH hat vom amerikanischen Unternehmer X aus Chicago Polstermöbel zum Kaufpreis von 75.000 USD bezogen. Der Kaufpreis ist am 10.02.2023 fällig. Zur Zeit der Lieferung am 30.10.2022 betrug der Wechselkurs 1 € = 1,30 USD.

Um das Kursrisiko abzusichern, kaufte die A-GmbH am 30.10.2022 bei der B-Bank zum an diesem Tag bestehenden Wechselkurs 50.000 USD für 38.461 €. Die Zahlung in Höhe von 38.461 € an die B-Bank ist, wie der gesamte Kaufpreis, am 10.02.2023 fällig.

Die A-GmbH trat die Forderung gegenüber der B-Bank Anfang Februar 2023 an X ab und teilte dieses der B-Bank mit. Die B-Bank zahlt daher am 10.02.2023 50.000 USD an X aus. Die A-GmbH überwies ebenfalls am 10.02.2023 38.461 € an die B-Bank und die restliche Kaufpreisschuld in Höhe von 25.000 USD an X.

Am 31.12.2022 betrug der Wechselkurs 1,00 € = 1,20 USD.
In 2023 hat sich der Kurs wie folgt entwickelt:
- ab 15.01.2023   1 € = 1,21 USD
- ab 10.02.2023   1 € = 1,23 USD
- ab 15.03.2023   1 € = 1,25 USD
- Heute   1 € = 1,30 USD

Die Polstermöbel waren am 31.12.2022 zu 25 % verkauft. Der Verkauf der Ware wurde zutreffend erfasst. Im Übrigen hat die A-GmbH noch keine Konsequenzen aus dem Sachverhalt gezogen.

Teil II
A. Allgemeines
Im März 2023 erscheint bei Ihnen der Einzelunternehmer Franz Fahrig (FF). FF betreibt in Ulm die Herstellung und den Handel mit Fahrrädern.

Die Gewinnermittlung erfolgt nach § 5 Abs. 1 EStG. Etwa erforderliche Verzeichnisse nach § 5 Abs. 1 Satz 2 und 3 EStG werden geführt. Die Voraussetzungen des § 7g EStG liegen nicht vor. Das Kalenderjahr und das Wirtschaftsjahr stimmen überein. FF ist zum Vorsteuerabzug berechtigt. Er versteuert seine Umsätze nach vereinbarten Entgelten mit dem Steuersatz von 19 %. Es ist von einem Marktzinssatz von 5,5 % auszugehen. Die Belege der Buchführung liegen vor und die Aufzeichnungspflichten wurden beachtet. FF wünscht im Jahr 2022 einen möglichst hohen Eigenkapitalausweis in seiner Handelsbilanz (1. Priorität) und einen möglichst niedrigen steuerlichen Gewinn (2. Priorität), wobei der Übertragung evtl. Rücklagen Vorrang eingeräumt werden soll.

Auf die Bauabzugsteuer und § 13b UStG ist nicht einzugehen.

B. Aufgabe
Erläutern Sie unter Angabe der einschlägigen Vorschriften, wie die nachfolgenden Einzelsachverhalte unter Berücksichtigung der Besteuerungsmerkmale handelsrechtlich und steuerrechtlich zu behandeln sind. Die für die Erstellung der Handelsbilanz noch erforderlichen Buchungssätze (ggf. Korrekturbuchungssätze) sind anzugeben. Im Falle einer vom Handelsrecht abweichenden steuerlichen Lösung sind zur Erstellung einer Überleitungsrechnung (§ 60 Abs. 2 Satz 1 EStDV) die entsprechenden Abweichungen (ausgehend von der Handelsbilanz) anzugeben.

> **Hinweis:**
> Auf latente Steuern ist nicht einzugehen.

C. Sachverhalte

1. Beteiligung an der X-GmbH

FF ist seit dem 01.01.1998 an der X-GmbH zu 30 % beteiligt. Er hat die Anteile an der X-GmbH seit der Anschaffung bilanziert. Die Anschaffungskosten haben 150.000 € betragen. Die X-GmbH übernimmt neben ihrer Geschäftstätigkeit auch Teile des Warenvertriebs für das Einzelunternehmen des FF. Der Buchwert des GmbH-Anteils beträgt zum 31.12.2021 100.000 €. Dieser Ansatz resultiert aus einer zutreffenden Teilwertabschreibung im Jahr 2000 in Höhe von 20.000 € und einer weiteren Teilwertabschreibung in 2006 in Höhe von 30.000 €.

Zur Finanzierung der Beteiligung hatte FF im Rahmen einer Umschuldung am 01.01.2014 ein Fälligkeitsdarlehen in Höhe von 100.000 € aufgenommen. Das Darlehen ist zum 31.12.2023 fällig und wurde in Höhe von 100 % ausgezahlt. Die Zinsen für das Darlehen betragen jährlich 6 %. In 2022 sind Zinsen in Höhe von 6.000 € angefallen, die von FF als Aufwand erfasst wurden. Das Darlehen ist seit der Darlehensaufnahme in den Bilanzen des FF in Höhe von 100.000 € ausgewiesen.

Am 01.07.2022 (Übergang des Eigentums) veräußerte FF die Beteiligung an der X-GmbH für 230.000 € an die Z-GmbH. Die Nebenkosten übernahm die Z-GmbH. Das Darlehen ging nicht auf die Z-GmbH über.

Der Veräußerungserlös wurde in 2023 dem betrieblichen Bankkonto des FF gutgeschrieben. Eine Buchung ist noch nicht erfolgt. Die Wertsteigerung der Beteiligung an der X-GmbH trat Mitte 2022 aufgrund einer nicht vorhersehbaren Nachfrage nach den Dienstleistungen der X-GmbH ein.

Den Veräußerungserlös reinvestierte FF in die Aufstockung eines Verwaltungsgebäudes (siehe 2b.).

2. Investitionen

a) LKW

Mit Vertrag vom 15.03.2022 kaufte FF einen LKW (betriebsgewöhnliche Nutzungsdauer 8 Jahre) zur Auslieferung seiner Fertigungsprodukte für 100.000 € zzgl. Umsatzsteuer. Hinsichtlich des Kaufpreises wurde ab dem Zeitpunkt der Auslieferung eine zinslose Ratenzahlung zu 8 vierteljährlichen Raten je 12.500 € vereinbart, wobei die Raten für jedes Quartal nachschüssig gezahlt werden sollen.

Die Umsatzsteuer wurde gesondert abgerechnet und zutreffend behandelt.

Der LKW wurde am 15.04.2022 an FF ausgeliefert. Die Rechnung beinhaltete folgenden Vermerk: „Die gelieferte Ware bleibt bis zur vollständigen Zahlung des Kaufpreises unser Eigentum." FF hat die erste bis dritte Rate aufgrund eines Buchhaltungsfehlers erst am 02.01.2023 überwiesen und den LKW mangels Eigentum bisher nicht bilanziert.

b) Grundstück "Schmittstr. 11c"

FF erwarb mit notariellem Kaufvertrag vom 02.01.2022, Übergang Nutzen und Lasten zum 01.04.2022 das Grundstück "Schmittstr. 11c" zum Kaufpreis von 500.000 € (Bezahlung 2022). Die Eintragung im Grundbuch erfolgte am 01.07.2022. Die Nebenkosten des Erwerbs in Höhe von 25.000 € (kein Vorsteuerabzug möglich) trug vereinbarungsgemäß FF. Der Anteil des Grund und Bodens beträgt 20 %. Das Grundstück war zum Zeitpunkt des Erwerbs mit einem zweigeschossigen Gebäude bebaut (Baujahr 1983), das zudem einen Eckflügel hatte, der FF nicht gefiel. FF benötigte zwar für die Verwaltung seines Einzelunternehmens ein dreigeschossiges Gebäude ohne Eckflügel, doch ließ er sich von der einzigartigen Lage des Gebäudes und von seinem Architekten, der schon die Umbaupläne vorbereitet hatte, überzeugen, dieses Objekt zu erwerben.

Um den Grund und Boden besser nutzen zu können wurde am 01.10.2022 damit begonnen den Eckflügel (20 % der bisherigen Gebäudesubstanz; entspricht auch der anteiligen Nutzfläche) abzureisen. Die Abbruchkosten betrugen 10.000 € zzgl. 1.900 € Umsatzsteuer (Bezahlung in 2022).

Das Erdgeschoss und das Obergeschoss blieben aber trotz der Baumaßnahmen nutzungsfähig, so dass FF die Verwaltung des Betriebs größtenteils in die "Schmittstr. 11c" verlagern konnte.

Die Kosten für die Aufstockung des Gebäudes betrugen 100.000 € zzgl. 19.000 € Umsatzsteuer (Bezahlung in 2022). Die Baumaßnahme wurde am 30.11.2022 abgenommen. Das Gebäude hat eine Restnutzungsdauer von 50 Jahren. FF hat noch keine Buchungen vorgenommen, da er sich über die Behandlung des Vorgangs unschlüssig ist.

3. Zweigniederlassung

FF hat eine mit 10 Mitarbeitern ausgestattete Zweigniederlassung in der Hauptstraße 5 in Linz (Österreich). Aufgrund der hohen Nachfrage in Österreich benötigte diese Zweigniederlassung Ende 2020 einen zusätzlichen LKW zwecks Auslieferung der Produkte. Aus diesem Grund wurde ab dem 30.12.2020 ein LKW, der bisher im Hauptsitz des Unternehmens in Ulm genutzt wurde, ausschließlich in der Zweigniederlassung genutzt. Die Nutzung war von FF auf Dauer beabsichtigt. Die behördliche Abwicklung der Überführung nach Österreich wurde ordnungsgemäß vorgenommen und der LKW in Österreich zugelassen.

Den LKW (ursprüngliche betriebsgewöhnliche Nutzungsdauer 8 Jahre) hatte FF am 01.01.2017 für 160.000 € zzgl. Umsatzsteuer erworben und bis zu seiner Überführung linear abgeschrieben. Der gemeine Wert des LKW betrug am 30.12.2020 100.000 €, so dass bei der Überführung ein Ertrag in Höhe von 20.000 € entstand. Dieser wurde steueroptimal behandelt.

Da FF den LKW wieder dauerhaft in Ulm benötigte, überführte er ihn am 30.12.2022 wieder nach Deutschland. Der Buchwert in der Buchführung in der Zweigniederlassung in Linz beträgt am 30.12.2022 zutreffend 65.000 €. Der Lkw hatte am 30.12.2022 einen gemeinen Wert von 70.000 €. Die betriebsgewöhnliche Restnutzungsdauer beträgt ab dem Zeitpunkt der Rückführung 2 Jahre.

In 2022 wurden noch keine Buchungen vorgenommen.

Die umsatzsteuerliche Behandlung und die entsprechenden Angaben in den Umsatzsteuererklärungen in Deutschland und Österreich erfolgten in 2020 bis 2022 zutreffend – hierzu sind keine Ausführungen erforderlich.

Anlage: Auszug aus dem DBA-Österreich
Art. 5 Betriebsstätte
(1) Im Sinne dieses Abkommens bedeutet der Ausdruck "Betriebsstätte" eine feste Geschäftseinrichtung, durch die die Tätigkeit eines Unternehmens ganz oder teilweise ausgeübt wird.
(2) Der Ausdruck "Betriebsstätte" umfasst insbesondere:
   a) einen Ort der Leitung,
   b) eine Zweigniederlassung,
   c) eine Geschäftsstelle,
   d) eine Fabrikationsstätte,
   e) eine Werkstätte und
   f) ein Bergwerk, ein Öl- oder Gasvorkommen, einen Steinbruch oder eine andere Stätte der Ausbeutung von Bodenschätzen.
(3) Eine Bauausführung oder Montage ist nur dann eine Betriebsstätte, wenn ihre Dauer zwölf Monate überschreitet.
(4) Ungeachtet der vorstehenden Bestimmungen dieses Artikels gelten nicht als Betriebsstätten:
   a) Einrichtungen, die ausschließlich zur Lagerung, Ausstellung oder Auslieferung von Gütern oder Waren des Unternehmens benutzt werden;
   b) Bestände von Gütern oder Waren des Unternehmens, die ausschließlich zur Lagerung, Ausstellung oder Auslieferung unterhalten werden;
   c) Bestände von Gütern oder Waren des Unternehmens, die ausschließlich zu dem Zweck unterhalten werden, durch ein anderes Unternehmen bearbeitet oder verarbeitet zu werden;
   d) eine feste Geschäftseinrichtung, die ausschließlich zu dem Zweck unterhalten wird, für das Unternehmen Güter oder Waren einzukaufen oder Informationen zu beschaffen;
   e) eine feste Geschäftseinrichtung, die ausschließlich zu dem Zweck unterhalten wird, für das Unternehmen andere Tätigkeiten auszuüben, die vorbereitender Art sind oder eine Hilfstätigkeit darstellen;
   f) eine feste Geschäftseinrichtung, die ausschließlich zu dem Zweck unterhalten wird, mehrere der unter den Buchstaben a bis e genannten Tätigkeiten auszuüben, vorausgesetzt, dass die sich daraus ergebende Gesamttätigkeit der festen Geschäftseinrichtung vorbereitender Art ist oder eine Hilfstätigkeit darstellt.
(5) Ist eine Person – mit Ausnahme eines unabhängigen Vertreters im Sinne des Absatzes 6 – für ein Unternehmen tätig und besitzt sie in einem Vertragsstaat die Vollmacht, im Namen des Unternehmens Verträge abzuschließen, und übt sie die Vollmacht dort gewöhnlich aus, so wird das Unternehmen ungeachtet der Absätze 1 und 2 so behandelt, als habe es in diesem Staat für alle von der Person für das Unternehmen ausgeübten Tätigkeiten eine Betriebsstätte, es sei denn, diese Tätigkeiten beschränken sich auf die in Absatz 4 genannten Tätigkeiten, die, würden sie durch eine feste Geschäftseinrichtung ausgeübt, diese Einrichtung nach dem genannten Absatz nicht zu einer Betriebsstätte machen.

(6) Ein Unternehmen wird nicht schon deshalb so behandelt, als habe es eine Betriebsstätte in einem Vertragsstaat, weil es dort seine Tätigkeit durch einen Makler, Kommissionär oder einen anderen unabhängigen Vertreter ausübt, sofern diese Personen im Rahmen ihrer ordentlichen Geschäftstätigkeit handeln.

(7) Allein dadurch, dass eine in einem Vertragsstaat ansässige Gesellschaft eine Gesellschaft beherrscht oder von einer Gesellschaft beherrscht wird, die im anderen Vertragsstaat ansässig ist oder dort (entweder durch eine Betriebsstätte oder auf andere Weise) ihre Tätigkeit ausübt, wird keine der beiden Gesellschaften zur Betriebsstätte der anderen.

Art. 7 Unternehmensgewinne

(1) Gewinne eines Unternehmens eines Vertragsstaats dürfen nur in diesem Staat besteuert werden, es sei denn, das Unternehmen übt seine Tätigkeit im anderen Vertragsstaat durch eine dort gelegene Betriebsstätte aus. Übt das Unternehmen seine Tätigkeit auf diese Weise aus, so dürfen die Gewinne des Unternehmens im anderen Staat besteuert werden, jedoch nur insoweit, als sie dieser Betriebsstätte zugerechnet werden können.

(2) Übt ein Unternehmen eines Vertragsstaats seine Tätigkeit im anderen Vertragsstaat durch eine dort gelegene Betriebsstätte aus, so werden vorbehaltlich des Absatzes 3 in jedem Vertragsstaat dieser Betriebsstätte die Gewinne zugerechnet, die sie hätte erzielen können, wenn sie eine gleiche oder ähnliche Tätigkeit unter gleichen oder ähnlichen Bedingungen als selbständiges Unternehmen ausgeübt hätte und im Verkehr mit dem Unternehmen, dessen Betriebsstätte sie ist, völlig unabhängig gewesen wäre.

(3) Bei der Ermittlung der Gewinne einer Betriebsstätte werden die für diese Betriebsstätte entstandenen Aufwendungen, einschließlich der Geschäftsführungs- und allgemeinen Verwaltungskosten, zum Abzug zugelassen, gleichgültig, ob sie in dem Staat, in dem die Betriebsstätte liegt, oder anderswo entstanden sind.

(4) Soweit es in einem Vertragsstaat üblich ist, die einer Betriebsstätte zuzurechnenden Gewinne durch Aufteilung der Gesamtgewinne des Unternehmens auf seine einzelnen Teile zu ermitteln, schließt Absatz 2 nicht aus, dass dieser Vertragsstaat die zu besteuernden Gewinne nach der üblichen Aufteilung ermittelt; die gewählte Gewinnaufteilung muss jedoch derart sein, dass das Ergebnis mit den Grundsätzen dieses Artikels übereinstimmt.

(5) Auf Grund des bloßen Einkaufs von Gütern oder Waren für das Unternehmen wird einer Betriebsstätte kein Gewinn zugerechnet.

(6) Bei der Anwendung der vorstehenden Absätze sind die der Betriebsstätte zuzurechnenden Gewinne jedes Jahr auf dieselbe Art zu ermitteln, es sei denn, dass ausreichende Gründe dafür bestehen, anders zu verfahren.

(7) Dieser Artikel gilt auch für die Einkünfte aus der Beteiligung an einer Personengesellschaft.
Er erstreckt sich auch auf Vergütungen, die ein Gesellschafter einer Personengesellschaft von der Gesellschaft für seine Tätigkeit im Dienst der Gesellschaft, für die Gewährung von Darlehen oder für die Überlassung von Wirtschaftsgütern bezieht, wenn diese Vergütungen nach dem Steuerrecht des Vertragsstaats, in dem die Betriebsstätte gelegen ist, den Einkünften des Gesellschafters aus dieser Betriebsstätte zugerechnet werden.

(8) Gehören zu den Gewinnen Einkünfte, die in anderen Artikeln dieses Abkommens behandelt werden, so werden die Bestimmungen jener Artikel durch die Bestimmungen dieses Artikels nicht berührt.

Art. 13 Gewinne aus der Veräußerung von Vermögen

(1) Gewinne, die eine in einem Vertragsstaat ansässige Person aus der Veräußerung unbeweglichen Vermögens im Sinne des Artikels 6 bezieht, das im anderen Vertragsstaat liegt, dürfen im anderen Staat besteuert werden.

(2) Gewinne aus der Veräußerung von Aktien und sonstigen Anteilen an einer Gesellschaft, deren Aktivvermögen überwiegend aus unbeweglichem Vermögen in einem Vertragsstaat besteht, dürfen in diesem Staat besteuert werden.

(3) Gewinne aus der Veräußerung beweglichen Vermögens, das Betriebsvermögen einer Betriebsstätte ist, die ein Unternehmen eines Vertragsstaats im anderen Vertragsstaat hat, oder das zu einer festen Einrichtung gehört, die einer in einem Vertragsstaat ansässigen Person für die Ausübung einer selbständigen Arbeit im anderen Vertragsstaat zur Verfügung steht, einschließlich derartiger Gewinne, die bei der Veräußerung einer solchen Betriebsstätte (allein oder mit dem übrigen Unternehmen) oder einer solchen festen Einrichtung erzielt werden, dürfen im anderen Staat besteuert werden.

(4) Gewinne aus der Veräußerung von Seeschiffen oder Luftfahrzeugen, die im internationalen Verkehr betrieben werden, von Schiffen, die der Binnenschifffahrt dienen, und von beweglichem Vermögen, das dem Betrieb dieser Schiffe oder Luftfahrzeuge dient, dürfen nur in dem Vertragsstaat besteuert werden, in dem sich der Ort der tatsächlichen Geschäftsleitung des Unternehmens befindet.

(5) Gewinne aus der Veräußerung, des in den vorstehenden Absätzen 1 bis 4 nicht genannten Vermögens dürfen nur in dem Vertragsstaat besteuert werden, in dem der Veräußerer ansässig ist.

(6) Bei einer natürlichen Person, die in einem Vertragsstaat während mindestens fünf Jahren ansässig war und die im anderen Vertragsstaat ansässig geworden ist, berührt Absatz 5 nicht das Recht des erstgenannten Staates, bei Anteilen an Gesellschaften nach seinen innerstaatlichen Rechtsvorschriften bei der Person einen Vermögenszuwachs bis zu ihrem Ansässigkeitswechsel zu besteuern. Besteuert der erstgenannte Vertragsstaat bei Wegzug einer in diesem Staat ansässigen natürlichen Person den Vermögenszuwachs, so wird bei späterer Veräußerung der Anteile, wenn der daraus erzielte Gewinn in dem anderen Staat gemäß Absatz 5 besteuert wird, dieser Staat bei der Ermittlung des Veräußerungsgewinns als Anschaffungskosten den Betrag zugrunde legen, den der erstgenannte Staat im Zeitpunkt des Wegzugs als Erlös angenommen hat.

Art. 22 Vermögen

(1) Unbewegliches Vermögen im Sinne des Artikels 6, das einer in einem Vertragsstaat ansässigen Person gehört und im anderen Vertragsstaat liegt, darf im anderen Staat besteuert werden.

(2) Bewegliches Vermögen, das Betriebsvermögen einer Betriebsstätte ist, die ein Unternehmen eines Vertragsstaats im anderen Vertragsstaat hat, oder das zu einer festen Einrichtung gehört, die einer in einem Vertragsstaat ansässigen Person für die Ausübung einer selbständigen Arbeit im anderen Vertragsstaat zur Verfügung steht, darf im anderen Staat besteuert werden.

1.3 Standardaufgaben und Standardfragestellungen

(3) Seeschiffe und Luftfahrzeuge, die im internationalen Verkehr betrieben werden, und Schiffe, die der Binnenschifffahrt dienen, sowie bewegliches Vermögen, das dem Betrieb dieser Schiffe oder Luftfahrzeuge dient, dürfen nur in dem Vertragsstaat besteuert werden, in dem sich der Ort der tatsächlichen Geschäftsleitung des Unternehmens befindet.

(4) Alle anderen Vermögensteile einer in einem Vertragsstaat ansässigen Person dürfen nur in diesem Staat besteuert werden.

Lösungshinweise zur Übungsklausur Bilanzsteuerrecht
Klausurthemen
Teil I:
- § 6b EStG - Rücklage
- Handels- und steuerrechtliche Behandlung von Anteilen an PersG
- Mietereinbauten und Rückbaukosten
- Fremdwährungsverbindlichkeiten
- Latente Steuern

Teil II:
- KSt
- Beteiligung an Kapitalgesellschaft und § 6b EStG - Rücklage
- Zuordnung von Verbindlichkeiten
- Verdecktes Zinsgeschäft im Zusammenhang mit Erwerb von Anlagevermögen
- Erwerb mit Abbruchabsicht und nachträgliche Herstellungskosten
- Transfer von Anlagevermögen zwischen in- und ausländischen Betriebsstätten

Sachverhalt	Punkte
Teil I **1. Grundstück "Sonderstr. 6" (5,5 Punkte)** Das Grundstück war bisher zutreffend aktiviert (§ 246 Abs. 1 Satz 1 HGB; § 5 Abs. 1 Satz 1 HS 1 EStG). Der Ertrag aus der Veräußerung des unbebauten Grundstücks durch die A-GmbH an die AXY-OHG (zukünftig: Veräußerung) i. H. v. 75.000 € ist handelsrechtlich zutreffend erfasst worden.	0,5
Korrekturbuchungen: Der Erlös aus der Veräußerung ist steuerlich nicht den Einkünften aus einer Mitunternehmerschaft i.S.d. § 8 Abs. 1 Satz 1 KStG i. V. m. § 15 Abs. 1 Satz 1 Nr. 2 Satz 1 HS 2 EStG zuzuordnen, sondern den Einkünften der A-GmbH (vgl. H 15.8 III „Tätigkeitsvergütung", 2. Spiegelstrich EStH). Der Veräußerungsgewinn i. S. d. § 6b Abs. 2 EStG beträgt 75.000 € (150.000 € ./. 75.000 €).	1,0
Die Veräußerung ist begünstigt gem. § 6b Abs. 1 Satz 1 EStG, da insbesondere die 6-Jahres-Frist gemäß § 6b Abs. 4 Satz 1 Nr. 2 EStG erfüllt ist und das Grundstück Anlagevermögen (§ 247 Abs. 2 HGB, R 6.1 Abs. 1 EStR) einer inländischen Betriebsstätte darstellte. Die A-GmbH hat unabhängig von der handelsrechtlichen Behandlung nach § 5 Abs. 1 Satz 1 HS 1 EStG aufgrund eines eigenständigen steuerlichen Wahlrechts (§ 5 Abs. 1 Satz 1 HS. 2 und Abs. 6 EStG) die Möglichkeit, nach § 6b Abs. 1 Satz 2 Nr. 1 und Abs. 4 Satz 1 Nr. 3 EStG die stillen Reserven aus der Veräußerung auf die Anschaffungskosten des Grundstücks "Sonderstr. 6" der AXY OHG zu übertragen.	1,0
Die Übertragung ist jedoch nach R 6b.2 Abs. 6 Satz 1 Nr. 2 EStR, welcher entsprechend auf eine GmbH angewendet werden kann, nur insoweit möglich als die GmbH als Mitunternehmerin an der AXY OHG beteiligt ist. Gleichzeitig ist ein Betrag in Höhe des begünstigten Gewinns von den Anschaffungs- oder Herstellungskosten der in dem anderen Betrieb angeschafften Wirtschaftsgüter erfolgsneutral abzusetzen. Die Anschaffungskosten des Grundstücks entfallen nach § 39 Abs. 2 Nr. 2 AO zu $^{1}/_{3}$ auf die A-GmbH (AK = Kaufpreis zuzüglich Nebenkosten 159.000 € x $^{1}/_{3}$ = 53.000 €). Laut Aufgabenstellung soll diese Übertragung vorrangig erfolgen.	1,0
Soweit die stillen Reserven nicht übertragen werden können (22.000 €), kann die A-GmbH nach derselben Vorschrift steuerlich eine Reinvestitionsrücklage nach § 6b Abs. 3 EStG bilden. Auch dieses ist laut Aufgabenstellung geboten.	1,0
Steuerliche Abschlussbuchung: s. b. Ertrag 75.000 € an Beteiligung AXY OHG 53.000 € Rücklage § 6b EStG 22.000 €	1,0

Anmerkung: Die Übertragung erfolgt erfolgsneutral. Daher ist der s. b. Ertrag in Höhe von 53.000 € rückgängig zu machen. In der Ergänzungsbilanz der GmbH bei der AXY OHG erfolgt eine Übertragung der stillen Reserven erfolgsneutral über das Kapitalkonto. Dieses wirkt sich aber aufgrund der "Spiegelbildmethode" (dazu unten) auf die Bewertung der Beteiligung in der Steuerbilanz aus. Daher erfolgt die Buchung hier direkt gegen das Konto Beteiligung AXY OHG.	
Korrekturen bei Ermittlung des z.v.E.: - **2. Beteiligung an der AXY OHG (11 Punkte)** **Handelsbilanz** Die Beteiligung an der AXY OHG stellt handelsrechtlich einen Vermögensgegenstand dar, der der A-GmbH zuzurechnen ist (§ 246 Abs. 1 Satz 1 und 2 HGB). Die Bewertung erfolgt grundsätzlich nach § 253 Abs. 1 Satz 1 HGB mit den Anschaffungs-**Korrekturen bei Ermittlung des z.v.E.:** Kosten von 100.000 € (§ 255 Abs. 1 HGB).[1] Bilanzansatz Beteiligung zum 31.12.2022: 100.000 €	**0,5**
Der Gewinnanteil an der AXY OHG (= $^1/_3$ des Jahresüberschusses) für 2022 ist, soweit er den Anteil am Jahresüberschuss betrifft, handelsrechtlich als Forderung zu aktivieren und mit den Anschaffungskosten/Nennwert zu bewerten (§ 246 Abs. 1 Satz 1 HGB, § 253 Abs. 1 Satz 1 HGB). Bilanzansatz Forderung 31.12.2022: 20.000 €	**1,0**
Die (steuerliche) Übertragung der stillen Reserven des Grundstücks "Sonderstr. 6" (s. u.) hat keinen Einfluss auf den handelsrechtlichen Ansatz der Beteiligung an der AXY OHG bei der A-GmbH. Handelsrechtliche Abschlussbuchung der A-GmbH: Forderungen 20.000 € an Beteiligungserträge 20.000 €	**0,5**
Steuerbilanz Steuerlich stellt die Beteiligung an einer Personengesellschaft wegen des steuerlichen Durchgriffs auf die Gesellschafter (= sog. „Transparenzprinzip"; vgl. § 39 Abs. 2 Nr. 2 AO, § 15 Abs. 1 Satz 1 Nr. 2 EStG) kein eigenständiges Wirtschaftsgut dar und ist somit auch keiner Bewertung zugänglich. Für den steuerlichen Ansatz der Beteiligung ist das in den Steuerbilanzen (Gesamthands-, Sonder- und Ergänzungsbilanzen) der Personengesellschaft ausgewiesene Kapital des Gesellschafters maßgebend (sog. „Spiegelbildmethode"):	**1,5**
• Der Gewinnanteil der A-GmbH für 2021 ist am 15.05.2022 gegen Minderung des Kapitalanteils ausbezahlt worden und somit am 31.12.2022 bei der Ermittlung der Kapitalkonten nicht mehr zu berücksichtigen.	**1,0**

---

[1] Durch das Gesetz zur Modernisierung des Personengesellschaftsrechts (MoPeG) wird das Gesamthandsvermögen ab dem 01.01.2024 aufgegeben. Dadurch ergibt sich nach derzeitigem Stand keine Auswirkung auf die handelsrechtliche Bilanzierung.

- Der Gewinnanteil der A-GmbH für 2022 ist am 31.12.2022 nicht als Forderung auszuweisen, sondern bei der Ermittlung der Kapitalkonten in den OHG-Bilanzen als Zugang zu berücksichtigen. **1,0**

- Die Kapitalkonten in den OHG-Bilanzen werden nicht durch die Hinzurechnung der nicht abziehbaren Betriebsausgaben beeinflusst, weil es sich insoweit um eine Erhöhung des Gewinns außerhalb der Bilanz der AXY OHG handelt. **1,0**

- Gem. R 6b.2 Abs. 6 Satz 1 Nr. 2 und Abs. 8 EStR erfolgt die Übertragung der stillen Reserven wegen der Personenbezogenheit des § 6b EStG unter Minderung des steuerlichen Kapitals der A-GmbH bei der AXY OHG. Das geschieht zweckmäßigerweise in einer negativen Ergänzungsbilanz für die A-GmbH. **1,0**

Im Rahmen der Gewinnverteilung wirken sich die nicht abziehbaren Betriebsausgaben in der einheitlichen und gesonderten Gewinnfeststellung der AXY OHG aus. Eine Berücksichtigung der nicht abzugsfähigen Betriebsausgaben (§ 8 Abs. 1 Satz 1 KStG i. V. m. § 4 Abs. 5 Satz 1 Nr. 2 EStG), welche sich auf den Steuerbilanzgewinn der AXY OHG ausgewirkt haben, erfolgt ausschließlich außerhalb der Steuerbilanz der A-GmbH (unabhängig von der sogenannten „Spiegelbildmethode"). Der nach § 15 Abs. 1 Satz 1 Nr. 2 EStG zu berücksichtigende Gewinnanteil beträgt 21.000 €. **1,0**

Gewinnverteilung bei der AXY OHG (als Ausgangsbasis für die steuerbilanzielle und steuerliche Behandlung bei der A-GmbH):

	A-GmbH	(XY)
	$^1/_3$	(Hinweis)
Jahresüberschuss 60.000 €		
Gewinnanteil Gesamthandsbilanz	20.000 €	40.000 €
nicht abzugsfähige BA (§ 4 Abs. 5 Satz 1 Nr. 2 EStG)	1.000 €	2.000 €
Steuerlicher Gewinnanteil	**21.000 €**	**42.000 €**

0,5

Entwicklung des Beteiligungskontos in der Steuerbilanz der A-GmbH (nach der sog. „Spiegelbildmethode"):

Beteiligungsansatz zum 31.12.2021	110.000 €
./. Entnahme Gewinnanteil am 15.05.2022	10.000 €
+ Gewinnanteil Gesamthandsbereich	20.000 €
./. Minderung aufgrund Übertragung stiller Reserven (Erg.-Bilanz)	./. 53.000 €
= Beteiligungsansatz zum 31.12.2022	**67.000 €**

1,0

Umbuchung zur Erstellung der Steuerbilanz: Beteiligung AXY OHG 20.000 € an Forderungen 20.000 €	0,5
Korrekturen bei Ermittlung des z. v. E.: § 8 Abs. 1 Satz 1 KStG i. V. m. § 4 Abs. 5 Satz 1 Nr. 2 EStG: + 1.000 €	0,5
3. Erweiterung (19,5 Punkte) **a) Lastenaufzug** Der Lastenaufzug ist kein Scheinbestandteil[2], sondern stellt eine Betriebsvorrichtung i. S. v. § 68 Abs. 2 Nr. 2 BewG (R 4.2 Abs. 3 Satz 3 Nr. 1 EStR i. V. m. BMF-Schreiben vom 15.01.1976, Tz. 3 und Tz. 10 Satz 1, Beck-Erlasse, 1, § 7/1) bzw. eine technische Anlage in der Handelsbilanz und damit ein selbständiges bewegliches Wirtschaftsgut bzw. einen Vermögensgegenstand (vgl. H 7.1 „Betriebsvorrichtungen" EStH, gleichlautende Erlasse der obersten Finanzbehörden der Länder vom 05.06.2013, Beck-Erlasse, 200, § 68/1) dar.	1,0
Investitionsabzugsbetrag Da laut Aufgabenstellung steuerliche Vergünstigungen im höchstmöglichen Umfang, begrenzt auf 50 % der geplanten Anschaffungs-/Herstellungskosten i. S. d. § 255 Abs. 2 HGB, ausgeschöpft wurden, die Voraussetzungen des § 8 Abs. 1 KStG i. V. m. § 7g Abs. 1 EStG erfüllt waren und der Lastenaufzug ein abnutzbares bewegliches Wirtschaftsgut des Anlagevermögens (R 6.1 Abs. 1 EStR) sein wird, wurde im VZ 2021 in Höhe von 50 % von 50.000 € = 25.000 € außerhalb der Steuerbilanz abgerechnet.	1,0
In 2022 ist der in Anspruch genommene Investitionsabzugsbetrag i. H. v. 50 % der tatsächlichen Herstellungskosten (50 % von 40.000 € = 20.000 €) gem. § 8 Abs. 1 Satz 1 KStG, § 7g Abs. 2 Satz 1 EStG außerhalb der Steuerbilanz hinzuzurechnen. Der i. H. v. 5.000 € zu hoch gebildete Investitionsabzugsbetrag bleibt bestehen und ist in 2021 nicht rückgängig zu machen.	1,0
Gleichzeitig sind innerhalb der Steuerbilanz die Herstellungskosten des Lastenaufzuges gemäß § 8 Abs. 1 Satz 1 KStG i.V.m. § 7g Abs. 2 Satz 2 HS 1 EStG um 50 % von 40.000 € = 20.000 € zu mindern. Die geminderten Herstellungskosten stellen die AfA-Bemessungsgrundlage (= 40.000 € abzüglich 20.000 € = 20.000 €) dar (§ 8 Abs. 1 Satz 1 KStG i. V. m. § 7g Abs. 2 Satz 2 HS 2 EStG).	1,0
Wegen des Wegfalls der umgekehrten Maßgeblichkeit können steuerliche Vergünstigungen in der Handelsbilanz keine Berücksichtigung mehr finden.	
Betriebsvorrichtung Der Lastenaufzug ist der A-GmbH ab Fertigstellung (= 01.08.2022) gem. § 246 Abs. 1 Satz 2 HS 2 HGB und § 39 Abs. 2 Nr. 1 AO zuzurechnen und gem. § 247 Abs. 2 HGB, § 5 Abs. 1 Satz 1 HS 1 EStG als Anlagevermögen zu bilanzieren.	0,5

---

[2] Da die betriebsgewöhnliche Nutzungsdauer des Aufzuges 10 Jahre beträgt und damit exakt der Mietdauer entspricht, liegt kein Scheinbestandteil vor. Anders würde es sich verhalten, wenn die Nutzungsdauer die Mietdauer überschreiten würde.

Die Bewertung erfolgt mit den fortgeführten Herstellungskosten (§ 253 Abs. 1 Satz 1 und Abs. 3 Satz 1 und 2 HGB; § 5 Abs. 1 Satz 1 und Abs. 6 EStG i.V.m. § 6 Abs. 1 Nr. 1 Satz 1 EStG). Die Herstellungskosten betragen gem. § 255 Abs. 2 HGB, § 5 Abs. 1 Satz 1 HS 1 EStG 40.000 € und stellen die Bemessungsgrundlage für die Abschreibung dar. Wegen des Vorsteuerabzugs sind diese netto (§ 9b Abs. 1 EStG i. V. m. § 15 Abs. 1 Satz 1 Nr. 1 UStG).	1,0
Handels- und steuerrechtlich ist die lineare Abschreibung bzw. AfA mit 10 % zulässig (§ 253 Abs. 3 Satz 2 HGB, § 7 Abs. 1 Satz 1 und 2 EStG). Um ein möglichst niedriges steuerliches Ergebnis zu erzielen und da die Anschaffung nach dem 31.12.2019 und vor dem 01.01.2023 erfolgte, wird in der Steuerbilanz statt der linearen AfA die degressive AfA gemäß § 7 Abs. 2 Sätze 1 und 2 EStG gewählt. Dieses Wahlrecht kann gem. § 5 Abs. 1 Satz 1 HS 2 EStG unabhängig vom Wertansatz in der Handelsbilanz ausgeübt werden; laut Aufgabenstellung sind steuerliche Sonderabschreibungen zu berücksichtigen. Die degressive AfA beträgt gem. § 7 Abs. 2 Sätze 1 und 2 EStG höchstens das Zweieinhalbfache des bei der linearen AfA in Betracht kommenden Prozentsatzes und darf 25 % nicht übersteigen. Gemäß § 7 Abs. 2 Satz 3 i.V.m. § 7 Abs. 1 Satz 4 EStG ist die degressive AfA zeitanteilig vorzunehmen.	1,0
Da die Voraussetzungen des § 7g Abs. 6 EStG laut Aufgabenstellung erfüllt sind und der Lastenaufzug als abnutzbares, bewegliches Wirtschaftsgut des Anlagevermögens gilt, kann steuerlich neben der degressiven AfA auch eine Sonder-AfA nach § 8 Abs. 1 Satz 1 KStG, § 7g Abs. 5 EStG in Anspruch genommen werden. Da ein möglichst niedriger steuerlicher Gewinn gesucht wird, ist diese in vollem Umfang in Anspruch zu nehmen.	1,0

Bilanzansatz Lastenaufzug:

	HB	StB
Herstellungskosten	40.000 €	40.000 €
Abzugsbetrag nach § 7g Abs. 2 Satz 2 EStG		./. 20.000 €
Abschreibung/AfA (10 %, bzw. 25 % x 5/12)[3]	./. 1.667 €	./. 2.083 €
Sonder-AfA [20 % x (40.000 € ./. 20.000 €)]		./. 4.000 €
Bilanzansatz zum 31.12.2022	**38.333 €**	**13.917 €**

0,5

---

3 Die Abschreibung bzw. AfA berechnet sich wie folgt:
 - Abschreibung: $40.000 \, € \times 1/10 \times 5/12 = 1.666 \, €$
 - AfA: $20.000 \, € \times 25 \% \times 5/12 = 2.083 \, €$

1.3 Standardaufgaben und Standardfragestellungen

Sonstige Verbindlichkeit Da die Bauleistung in 2022 noch nicht bezahlt wurde, ist gem. § 246 Abs. 1 Satz 1 HGB, § 5 Abs. 1 Satz 1 HS 1 EStG eine sonstige Verbindlichkeit anzusetzen, die gem. § 253 Abs. 1 Satz 2 1. Alt. HGB, § 5 Abs. 1 Satz 1 HS 1 EStG, § 6 Abs. 1 Nr. 3 i. V. m. Nr. 2 Satz 1 EStG mit dem Erfüllungsbetrag bzw. Rückzahlungsbetrag i. H. v. 47.600 € zu bewerten ist. Aufgrund der kurzen Laufzeit erfolgt keine Abzinsung in der Steuerbilanz (§ 6 Abs. 1 Nr. 3 Satz 2 EStG)[4]; in der Handelsbilanz ist eine Abzinsung wegen des Vorsichtsprinzips (§ 252 Abs. 1 Nr. 4 HGB) nicht zulässig. Die Vorsteuer ist als sonstige Forderung anzusetzen (§ 246 Abs. 1 S. 1 HGB; § 5 Abs. 1 S. 1 HS 1 EStG) und mit den Anschaffungskosten (= Nennwert) zu bewerten (§ 253 Abs. 1 S. 1 HGB; § 6 Abs. 1 Nr. 2 S. 1 EStG).	**1,0**
Handelsrechtliche Abschlussbuchung Technische Anlagen 40.000 € an sonstige Verbindlich- 47.600 € Vorsteuer 7.600 € keiten Abschreibungen 1.667 € an Technische Anlagen 1.667 €	**1,0**
Umbuchungen zur Erstellung der Steuerbilanz[5] AfA 24.416 € an Technische Anlagen 24.416 €	**1,0**
Korrekturen z. v. E.: Hinzurechnung i.H.v. 20.000 € (§ 7g Abs. 2 Satz 2 HS 1 EStG) **b) Rückstellung** Bezüglich der voraussichtlichen Kosten für die Wiederherstellung des Ursprungszustandes ist eine Rückstellung gemäß § 246 Abs. 1 Satz 1, § 249 Abs. 1 Satz 1 HGB i.V.m. § 5 Abs. 1 Satz 1 HS 1 EStG zu bilden, da die Wiederherstellungsverpflichtung mit dem Einbau des Lastenaufzugs rechtlich bzw. wirtschaftlich entstanden ist.	**1,0**
Bewertung in der Handelsbilanz Die Bewertung erfolgt gemäß § 253 Abs. 1 Satz 2 Alt. 2 HGB grundsätzlich mit dem voraussichtlichen Erfüllungsbetrag in Höhe von 24.000 €. Da die Laufzeit der Rückstellung größer als ein Jahr ist, ist dieser nach § 253 Abs. 2 Satz 1 HGB mit (laut. Aufgabenstellung) 4 % abzuzinsen: Die Abzinsung erfolgt für 9 Jahre und 7 Monate (vom Bilanzstichtag 31.12.2022 bis zum Tag der Beseitigungsverpflichtung = Ende des Mietvertrags am 31.07.2032).	**1,0**

---

[4] Sonst hätte ein Antrag nach § 52 Abs. 12 Satz 3 EStG auf Absehen der Abzinsung gestellt werden müssen. Dafür genügt der Ansatz des nicht abgezinsten Betrags in der Steuerbilanz.

[5] Berechnung: (20.000 € + 2.083 € + 4.000 €) ./. 1.667 € = 24.416 €.

Ermittlung des Vervielfältigers (VV): Schritt 1: Abzinsungsvervielfältiger für 9 und 10 Jahre VV für 9 Jahre 0,70259 ($1,04^9$) VV für 10 Jahre 0,67556 ($1,04^{10}$) Differenz 0,02703	**1,0**
Schritt 2: Abzinsungsvervielfältiger für 9 Jahre und 7 Monate VV für 9 Jahre 0,70259 abzüglich $^7/_{12}$ von 0,02703 ./. 0,01577 Vervielfältiger 0,68682	**0,5**
Berechnung der handelsrechtlichen Rückstellung zum 31.12.2022: 24.000 € x 0,68682 = 16.484 € Handelsrechtliche Abschlussbuchung: s. b. Aufwendungen 16.484 € an Rückstellungen 16.484 €	**0,5**
Anmerkung: Bei den sogenannten Verteilungsrückstellungen ist es auch vertretbar den voraussichtlichen Erfüllungsbetrag gleichmäßig auf die Zeit bis zur Fälligkeit zu verteilen (Beck'scher Bilanzkommentar, § 249, Rz. 35 und Beck'scher Bilanzkommentar, § 253, Rz. 164 f.). Da aber handels- und steuerrechtlich ein möglichst niedriger Gewinn gesucht wird ist der maximale Rückstellungsbetrag zu passivieren.	
Bewertung in der Steuerbilanz Wegen des Bewertungsvorbehalts nach § 5 Abs. 6 EStG ist steuerlich der Höchstbetrag des § 6 Abs. 1 Nr. 3a EStG zu beachten. Maßgebend sind die Preisverhältnisse am Bilanzstichtag (§ 6 Abs. 1 Nr. 3a lit. f EStG), d.h. am 31.12.2022: 24.000 €/120 % x 100 % = 20.000 €.	**1,0**
Die Rückstellung ist außerdem bis zum Ende der Laufzeit (= Laufzeit des Mietvertrages) zeitanteilig gleichmäßig anzusammeln (jährlich $^1/_{10}$ = 2.000 €, für 2022 anteilig $^5/_{12}$ = 833 €; § 6 Abs. 1 Nr. 3a lit. d EStG).	**1,0**
Weiterhin ist die Rückstellung, unabhängig von dem marktüblichen Zinssatz, mit 5,5 % abzuzinsen (§ 6 Abs. 1 Nr. 3a lit. e Satz 1 EStG).	**0,5**
Die Abzinsung erfolgt für 9 Jahre und 7 Monate (vom Bilanzstichtag 31.12.2022 bis zum Tag der Beseitigungsverpflichtung = Ende des Mietvertrags am 31.07.2032). Sie ist nach dem BMF-Schreiben vom 26.05.2005 (Beck-Erlasse, 1, § 6/19; Tz. 29) und der Anlage 2 dazu vorzunehmen. Der Abzinsungsvervielfältiger ermittelt sich wie folgt.	

Ermittlung des Vervielfältigers (VV): (Beck-Erlasse, 1, § 6/19; Tabelle 2) Schritt 1: Abzinsungsvervielfältiger für 9 und 10 Jahre VV für 9 Jahre 0,618 VV für 10 Jahre 0,585 Differenz 0,033 Schritt 2: Abzinsungsvervielfältiger für 9 Jahre und 7 Monate VV für 9 Jahre 0,61800 abzüglich $7/12$ von 0,033 ./. 0,01925 Vervielfältiger 0,59875	1,5
Berechnung der steuerrechtlichen Rückstellung zum 31.12.2022: 20.000 € x $5/120$ x 0,59875 = 499 € Umbuchungen zur Erstellung der Steuerbilanz: Rückstellungen 15.985 € an s. b. Aufwendungen 15.985 €	0,5
Korrekturen z.v.E.: - Hinweis: Nach R 6.11 Abs. 3 EStR ist der handelsrechtliche Bilanzansatz der höchstmögliche Ansatz in der Steuerbilanz.	
4. Einkauf USA (8,0 Punkte) **Waren** Die Waren sind - soweit am Bilanzstichtag noch vorhanden - gem. § 246 Abs. 1 HGB, § 5 Abs. 1 Satz 1 HS 1 EStG zu bilanzieren. Es handelt sich um Vermögensgegenstände bzw. Wirtschaftsgüter des Umlaufvermögens gem. § 247 Abs. 2 HGB Umkehrschluss (R 6.1 Abs. 2 EStR).	0,5
Die Bewertung erfolgt gem. § 253 Abs. 1 Satz 1 HGB; § 5 Abs. 1 Satz 1 HS 1, Abs. 6 EStG i.V.m. § 6 Abs. 1 Nr. 2 Satz 1 EStG grundsätzlich mit den Anschaffungskosten. Für die Ermittlung der Anschaffungskosten (§ 255 Abs. 1 HGB, § 5 Abs. 1 Satz 1 HS 1 EStG) ist nach H 6.2 „Ausländische Währung" – erster Spiegelstrich EStH der Kurs zum Zeitpunkt der Lieferung anzusetzen = 75.000 USD/1,3 = 57.692 €.	1,0
Da der Teilwert/Zeitwert am 31.12.2022 über den Anschaffungskosten liegt (75.000 USD/1,20 = 62.500 €), bleibt es bei der Bewertung in Höhe der Anschaffungskosten. Bewertung zum 31.12.2022: 57.692 € x 75 % = 43.269 €	0,5

Kaufpreisverbindlichkeit Die Kaufpreisverbindlichkeit ist gem. § 246 Abs. 1 Satz 1 HGB, § 5 Abs. 1 Satz 1 HS 1 EStG anzusetzen. Die Bewertung erfolgt grundsätzlich gem. § 253 Abs. 1 Satz 2, 1. Alt HGB, § 5 Abs. 1 Satz 1, Abs. 6 EStG i. V. m. § 6 Abs. 1 Nr. 3 i. V. m. Nr. 2 Satz 1 EStG, § 5 Abs. 1 Satz 1 HS 1 EStG in Höhe des Erfüllungsbetrags bzw. Rückzahlungsbetrags zum Zeitpunkt der Aufnahme der Verbindlichkeit = 57.692 € (75.000 USD/1,30).	1,0
Zum 31.12.2022 beträgt der Rückzahlungsbetrag 75.000 USD/1,20 = 62.500 €. Es ist daher zu prüfen, ob der höhere Rückzahlungsbetrag handels- bzw. steuerrechtlich anzusetzen ist. **Abgesicherte Fremdwährungsverbindlichkeit (50.000 USD = $^2/_3$):** Soweit die Warenverbindlichkeit durch die Forderung gegenüber der B-Bank abgesichert ist ($^2/_3$), unterbleibt die Bewertung mit dem höheren Rückzahlungsbetrag, da handelsrechtlich eine Bewertungseinheit vorliegt (§ 254 HGB)[6]. Tatsächlich besteht insoweit kein Kursrisiko. Steuerrechtlich wird diesem gem. § 5 Abs. 1a Satz 2 EStG gefolgt: 50.000 USD/1,30 = 38.461 €	1,0
Nicht abgesicherte Fremdwährungsverbindlichkeit (25.000 USD = 1/3): Handelsrechtlich ist die Verbindlichkeit gem. § 252 Abs. 1 Nr. 4 HS 1, § 253 Abs. 1 Satz 2 1. Alt HGB nach § 256a Satz 1 HGB zwingend mit dem Devisenkassamittelkurs am Bilanzstichtag anzusetzen = 25.000 USD/1,20 = 20.833 €.	1,0
Steuerrechtlich kann die Verbindlichkeit gem. § 5 Abs. 1 Satz 1 HS 2 und Abs. 6 EStG in Verbindung mit § 6 Abs. 1 Nr. 3 i. V. m. Nr. 2 Satz 2 EStG bei Vorliegen einer dauernden Werterhöhung mit dem höheren Teilwert bewertet werden. Soweit eine nur vorübergehende Werterhöhung vorliegt, darf der höhere Wert nicht angesetzt werden. Nach dem BMF-Schreiben vom 02.09.2016 (Beck-Erlasse,1, § 6/12; Rn. 34) gehört die Verbindlichkeit zum laufenden Geschäftsverkehr. Deshalb liegt eine dauernde Werterhöhung bis zur Höhe der Verbindlichkeit von 25.000 USD/1,23 = 20.325 € vor. Grundsätzlich ist dabei auf die Wertentwicklung bis zum Tag der Bilanzaufstellung, hier jedoch bis zum davor liegenden Tag der Zahlung, abzustellen.	1,0

Bewertung der Verbindlichkeit	HB	StB	
AK (abgesichert)	38.461 €	38.461 €	
nicht abgesichert	20.833 €	20.325 €	
Bewertung 31.12.2022	**59.294 €**	**58.786 €**	0,5

---

[6] Die Bewertungseinheit ist nur aufgrund der Aufgabenstellung zwingend zu bilden. Nach Auffassung des IDW besteht bei Bewertungseinheiten grundsätzlich ein Wahlrecht (vgl. IDW RS HFA 35, Tz. 4).

Handelsrechtliche Umbuchungen:					
Wareneinkauf	57.692 €	an	Fremdwährungsverbindlichkeiten	57.692 €	
Waren	43.269 €	an	Bestandsveränderungen	43.269 €	
Wertdiff. Verbindlichkeiten	1.602 €	an	Fremdwährungsverbindlichkeiten	1.602 €	1,0
Umbuchungen zur Erstellung der Steuerbilanz					
Fremdwährungsverbindlichkeiten	508 €	an	Wertdiff. Verbindlichkeiten	508 €	0,5
Korrekturen z.v.E.: -					

5. Latente Steuern (4,0 Punkte)

Die A-GmbH ist als kleine Kapitalgesellschaft gem. § 274a Nr. 4 HGB von der Anwendung der Vorschrift des § 274 HGB (latente Steuern) befreit. Sie hat aber die Möglichkeit latente Steuern auszuweisen. Da laut Aufgabenstellung in der Handelsbilanz ein möglichst niedriger Eigenkapitalausweis gefordert wird, sind passive latente Steuern § 274 Abs. 1 Satz 1 HGB auszuweisen. — 1,0

Vorliegend sind passive latente Steuern gegeben, da die passiven latenten Steuern (Bilanzierungsdifferenz: 99.416 €) die aktiven latenten Steuern (Bilanzierungsdifferenz: 16.493 €) übersteigen. Es sind saldiert passive latente Steuern in Höhe von 30 % (§ 274 Abs. 2 HGB) von 82.923 € = 24.877 € auszuweisen. — 1,0

	Tz.	HB (in €)	StB (in €)	aktiv latente Steuern (in €)	passive latente Steuern (in €)	
RL § 6b EStG	1, 2		22.000		22.000	
Beteiligungen[7]	2	100.000	67.000		33.000	
Forderung	2	20.000	0		20.000	
Lastenaufzug	3	38.333	13.917		24.416	
Rückstellung	3	16.484	499	15.985		
Verbindlichkeiten	4	59.294	58.786	508		
Summe				16.493	99.416	
Gesamt (saldiert)					82.923	1,0

---

7 Bezüglich der nicht abzugsfähigen Betriebsausgabe wird keine latente Steuer erfasst, da es sich um eine permanente Differenz handelt.

Handelsrechtliche Abschlussbuchung Steueraufwand 24.877 € an passive latente Steuern 24.877 €	0,5
Steuerrechtlich ist die Passivierung unzulässig, da es sich hierbei um kein Wirtschaftsgut handelt (vgl. Stellungnahme der Bundessteuerberaterkammer vom 30.09.2011 zum IDW ERS HFA 7 n. F.). **Umbuchungen zur Erstellung der Steuerbilanz** passive latente Steuern 24.877 € an Steueraufwand 24.877 €	0,5
[Punktesumme Teil I: 48,0]	

Teil II **1. Beteiligung an der X-GmbH (14,0 Punkte)**	
GmbH-Anteil Der GmbH-Anteil ist gem. § 246 Abs. 1 Satz 1 HGB, § 5 Abs. 1 Satz 1 HS 1 EStG ein Vermögensgegenstand/Wirtschaftsgut des Anlagevermögens gem. § 247 Abs. 2 HGB bzw. R 6.1 Abs. 1 EStR und als notwendiges Betriebsvermögen zu bilanzieren, da die X-GmbH Teile des Warenvertriebs des FF übernimmt (R 4.2 Abs. 1 Satz 1 EStR; H 4.2 I „Beteiligungen" EStH).	1,0
Handelsbilanz Die Veräußerung des Anteils in 2022 führt zu einer Aufdeckung der stillen Reserven in Höhe von 130.000 € (Veräußerungserlös 230.000 € ./. Buchwert 100.000 €).	0,5
Buchungssatz in der Handelsbilanz Forderung 230.000 € an Beteiligung X-GmbH 100.000 € s. b. Erträge 130.000 €	1,0
Steuerbilanz Wegen des Maßgeblichkeitsprinzips des § 5 Abs. 1 Satz 1 HS 1 EStG erfolgt die Aufdeckung der stillen Reserven auch in der Steuerbilanz. Gem. § 5 Abs. 1 Satz 1 HS 2 EStG können aber Wahlrechte, die nur steuerrechtlich bestehen unabhängig vom handelsrechtlichen Wertansatz ausgeübt werden (BMF vom 12.03.2010, Beck`sche Steuererlasse,1, § 5/14, Rn. 14). Der Veräußerungsgewinn ist grundsätzlich nach § 6b Abs. 10 Satz 1 EStG begünstigt. Die Voraussetzungen, insbesondere die 6-jährige Zugehörigkeitsfrist des § 6b Abs. 10 Satz 4 EStG i. V. m. § 6b Abs. 4 Satz 1 Nr. 2 EStG, und die Höchstgrenze von 500.000 € sind erfüllt.	1,0
Begünstigter Gewinn (§ 6b Abs. 10 Satz 4 EStG i. V. m. § 6b Abs. 2 Satz 1 EStG)	
Veräußerungserlös	230.000 €
./. Buchwert i. S. d. § 6b Abs. 2 Satz 2 EStG	150.000 €
=	80.000 €
	0,5

Bei der Ermittlung des begünstigten Gewinns ist von dem Buchwert auszugehen, der sich bei Zugrundelegung von § 6 Abs. 1 Nr. 2 Satz 3 i.V.m. Nr. 1 Satz 4 EStG (steuerliches Wertaufholungsgebot) ergäbe (§ 6b Abs. 10 Satz 4 i.V.m. Abs. 2 Satz 2 EStG). Soweit durch den Buchwertansatz die ursprüngliche Teilwertabschreibung rückgängig wird, ist der Veräußerungsgewinn nicht nach § 6b Abs. 10 EStG begünstigt.	1,0
Der nach § 6b Abs. 10 Satz 1 EStG begünstigte Gewinn kann steuerlich entweder auf den LKW (siehe 2a) oder das Gebäude (siehe 2b) übertragen werden. Aufgrund der Aufgabenstellung (steuerlich möglichst niedriger Gewinn) erfolgt die Übertragung der stillen Reserven auf das Gebäude, da die übertragenen stillen Reserven nach § 6b Abs. 6 EStG (R 7.3 Abs. 4 Satz 1 EStR) die AfA-Bemessungsgrundlage mindern und die AfA beim LKW aufgrund der niedrigeren Nutzungsdauer höher ist. Die Einstellung in einer Rücklage würde zwar zu keiner Kürzung der AfA Bemessungsgrundlage und damit zum insgesamt günstigsten steuerlichen Ergebnis in diesem Jahr führen, jedoch hat laut Aufgabenstellung die Übertragung stiller Reserven Vorrang vor der Bildung einer Rücklage.	1,0
Soweit der Gewinn auf die Wertaufholung entfällt (50.000 €), unterliegt er dem Teileinkünfteverfahren gem. § 3 Nr. 40 Satz 1 lit. a Satz 1 EStG. Der Umstand, dass die Teilwertabwertung in 2006 nach § 3c Abs. 2 Satz 1 EStG a.F. nur zur Hälfte berücksichtigt wurde ist dabei unbedeutend.	1,0
Der Umstand, dass die Teilwertabwertung in Höhe von 20.000 € in 2000 erfolgte führt jedoch dazu, dass eine außerbilanzielle Korrektur entfällt. Die Teilwertabwertung hat gemäß § 3 Nr. 40 Satz 1 lit. a Satz 2 EStG den steuerlichen Gewinn mangels zeitlicher Anwendbarkeit von § 3c Abs. 2 EStG (vgl. § 52 Abs. 4 Satz 13 EStG) in vollem Umfang gemindert.	1,0

Überleitungsrechnung: weniger so. betr. Ertrag	./. 80.000 €
Korrekturen außerhalb der Bilanz: § 3 Nr. 40 Satz 1 lit. a EStG	./. 12.000 €[8]
Gewinn	**./. 92.000 €**

	1,0
Hinweis: Das bloße Halten von Beteiligungen an Kapitalgesellschaften ist keine unternehmerische Tätigkeit; die Beteiligung gehört nicht zum (umsatzsteuerlichen) Unternehmensvermögen des FF. Daher unterliegt die Veräußerung der Beteiligung nicht der Umsatzsteuer.	
Darlehen Das mit der Finanzierung des GmbH-Anteils im Zusammenhang stehende Darlehen stellt im vollen Umfang eine Betriebsschuld (H 4.2 XV „Betriebsschuld" EStH) dar. Der Ansatz erfolgt gemäß § 246 Abs. 1 Satz 1 HGB, § 5 Abs. 1 Satz 1 HS 1 EStG.	0,5

---

8 40 % von 30.000 € = 12.000 €.

Da der Veräußerungserlös im Betriebsvermögen verbleibt und nicht von FF entnommen wird, stellt die Darlehensschuld auch nach der Veräußerung des Anteils weiterhin Betriebsvermögen gemäß R 4.2 Abs. 15 Satz 3 EStR dar. Das Darlehen steht nunmehr nach der Umwidmung des Darlehens im Zusammenhang mit den erworbenen Wirtschaftsgütern (siehe 2., Investitionen).	1,0
Die Bewertung des Darlehens erfolgt zum 31.12.2022 gem. § 253 Abs. 1 Satz 2, 1 Alt. HGB in der Handelsbilanz mit dem Erfüllungsbetrag und gem. § 6 Abs. 1 Nr. 3 i. V. m. § 6 Abs. 1 Nr. 2 Satz 1 EStG, mit dem Rückzahlungsbetrag (H 6.10 „Anschaffungskosten"- 1. Spiegelstrich EStH) i.H.v. 100.000 €.	0,5
Eine Abweichung zwischen Handelsbilanz und Steuerbilanz besteht insoweit nicht. → Keine Korrekturen veranlasst	
Zinsen Die Schuldzinsen wurden in 2022, da das Darlehen zum Betriebsvermögen gehört, gemäß § 252 Abs. 1 Nr. 5 HGB, § 5 Abs. 1 Satz 1 HS 1, § 4 Abs. 4 EStG zutreffend als Aufwand bzw. Betriebsausgabe erfasst.	0,5
Steuerrechtlich ist zu beachten, dass die Zinsen 01-06/2022 (3.000 €) wegen des Teileinkünfteverfahrens nach § 3c Abs. 2 Satz 1 EStG nur zu 60 % abzugsfähig sind. Die Korrektur erfolgt außerbilanziell.	1,0
Hinsichtlich der Zinsen 07-12/2022 erfolgt keine außerbilanzielle Korrektur, da diese nicht mehr im Zusammenhang mit Einnahmen aus der Beteiligung an der Kapitalgesellschaft stehen. Das Darlehen steht nunmehr mit dem Gebäude (siehe 2b, Investitionen) im Zusammenhang.	1,0
Außerbilanzielle Korrektur: § 3c Abs. 2 EStG + 1.200 € Gewinn + 1.200 €	0,5
2. Investitionen **a) LKW (11,5 Punkte)** Der LKW ist FF trotz des Eigentumsvorbehalts (§ 449 BGB) nach § 246 Abs. 1 Satz 2 HS 2 HGB und § 39 Abs. 2 Nr. 1 AO als wirtschaftlichem Eigentümer zuzurechnen. Der LKW ist gemäß § 246 Abs. 1 Satz 1 HGB bzw. § 5 Abs. 1 Satz 1 HS 1 EStG zu bilanzieren. Dieser ist ein beweglicher Vermögensgegenstand/Wirtschaftsgut des Anlagevermögens gem. § 247 Abs. 2 HGB bzw. R 6.1 Abs. 1 EStR.	1,0
Die Bewertung erfolgt gem. § 253 Abs. 1 Satz 1 und Abs. 3 Satz 1 und 2 HGB bzw. § 5 Abs. 1 HS 1 und Abs. 6 EStG i. V. m. § 6 Abs. 1 Nr. 1 Satz 1 EStG grundsätzlich mit den fortgeführten Anschaffungskosten i. S. d. § 255 Abs. 1 HGB. Die Anschaffungskosten sind gem. § 255 Abs. 1 HGB i. V. m. § 5 Abs. 1 Satz 1 EStG in Höhe des Barwerts (der „zinslosen" Stundung) anzusetzen. Die abzugsfähige Vorsteuer gehört gem. § 9b Abs. 1 EStG i. V. m. § 15 Abs. 1 Satz 1 Nr. 1 UStG nicht zu den Anschaffungskosten.	1,0

Eine Stundungsvereinbarung beinhaltet stets einen Zinsanteil, denn wirtschaftlich betrachtet ist – gleichgültig was vereinbart wurde – grundsätzlich eine Verzinsung des gestundeten Kaufpreises zu unterstellen. Diese Vermutung ist nur widerlegt, wenn der Verkäufer im Hinblick auf den Abschluss anderer Geschäfte auf eine Verzinsung verzichtet hat, was vorliegend nicht gegeben ist (siehe auch Beck'sche Bilanzkommentar, § 253 HGB, Rz. 66 f.).	1,0
Für die Steuerbilanz erfolgt die Barwertermittlung gem. R 6.2 Satz 2 EStR zwingend nach dem Bewertungsrecht (§ 12 Abs. 1 BewG). Wegen des vorgegebenen Marktzinses von 5,5 % ist dieser Barwert auch in der Handelsbilanz zu verwenden. Barwert: Jahreswert 50.000 € x 1,897 (zwei Jahre) 94.850 € (Vervielfältiger aus Tabelle 2 zu § 12 Abs. 1 BewG, Beck-Erlasse, 200, § 12/1)	1,0

Der LKW ist in der Handelsbilanz linear und zeitanteilig nach § 253 Abs. 3 Satz 2 HGB abzuschreiben. Um ein möglichst niedriges steuerliches Ergebnis zu erzielen, wird in der Steuerbilanz statt der linearen AfA die degressive AfA gem. § 7 Abs. 2 Sätze 1 und 2 EStG gewählt. Dieses Wahlrecht kann gemäß § 5 Abs. 1 Satz 1 HS 2 EStG unabhängig vom Wertansatz in der Handelsbilanz ausgeübt werden. Die degressive AfA beträgt gem. § 7 Abs. 2 Sätze 1 und 2 EStG höchstens das Zweieinhalbfache des bei der linearen AfA in Betracht kommenden Prozentsatzes und darf 25 % nicht übersteigen. Gemäß § 7 Abs. 2 Satz 3 i.V.m. § 7 Abs. 1 Satz 4 EStG ist die degressive AfA zeitanteilig vorzunehmen.

Handelsbilanz

Anschaffungskosten	94.850 €
Abschreibung/AfA 94.850 €/8 x $^9/_{12}$	./. 8.892 €
Bewertung LKW zum 31.12.2022	**85.958 €**

Steuerbilanz

Anschaffungskosten	94.850 €
AfA 94.850 € x 25 % x $^9/_{12}$	./. 17.784 €
Bewertung LKW zum 31.12.2022	**77.066 €**

1,0

Verbindlichkeit
Die Verbindlichkeit stellt eine Betriebsschuld (§ 246 Abs. 1 Satz 1 HGB; § 5 Abs. 1 Satz 1 EStG und H 4.2 Abs. 15 „Betriebsschuld" EStH) dar.

0,5

Bewertung in der Handelsbilanz Die Verbindlichkeit ist zum Bilanzstichtag in der Handelsbilanz in Höhe des Erfüllungsbetrags zu bewerten gem. § 253 Abs. 1 Satz 2 Alt. 1 HGB. Handelsrechtlich sind Verbindlichkeiten grundsätzlich nicht abzuzinsen. Eine Abzinsung von Verbindlichkeiten würde eine Vorwegnahme künftiger Erträge und damit einen Verstoß gegen das Realisationsprinzip bedeuten. Jedoch liegt bei einem unverzinslichen Ratenkauf wie auch bei einem nicht nur kurzfristig zinslos gestundeten Kaufpreis ein Erfüllungsgeschäft vor, welches verdeckte Zinsen enthält. Hier liegt eine versteckte nicht zu passivierende Verbindlichkeit im Rahmen eines schwebenden Kreditgeschäfts vor.	1,0
Ein Abzinsungszinssatz wie im Steuerrecht üblich von 5,5 % ist nur anzunehmen, wenn nicht im Sachverhalt ein anderer marktüblicher Zinssatz angegeben ist (Beck'scher Bilanzkommentar § 253 HGB, Rz. 66). Da der Marktzinssatz laut Aufgabenstellung 5,5 % beträgt ergeben sich keine Unterschiede zur Bewertung in der Steuerbilanz.	1,0
Bewertung in der Steuerbilanz In der Steuerbilanz sind Verbindlichkeiten mit dem Rückzahlungsbetrag anzusetzen und grundsätzlich abzuzinsen gem. § 6 Abs. 1 Nr. 3 Satz 1 EStG. Da versteckte Zinsen im Erfüllungsbetrag enthalten sind, liegt eine Ausnahme vom Abzinsungsgebot nach § 6 Abs. 1 Nr. 3 Satz 2 EStG vor. [9]	1,0
Zugangs- und Folgebewertung in Handels- und Steuerbilanz Der Wert der Verbindlichkeit beträgt zum Zeitpunkt der Anschaffung 94.850 €. Da die Zinsen laufend entstehen, dürfen sie zum Zeitpunkt des Kaufs noch nicht als Verbindlichkeit ausgewiesen werden.	0,5
Anmerkung: • Für vertretbar gehalten wird auch die Bewertung der Verbindlichkeit mit dem Rückzahlungsbetrag i. H. v. 100.000 € (8 x 12.500 €) und die Bildung eines aktiven Rechnungsabgrenzungsposten zum Zeitpunkt der Anschaffung für die Zinsen, der nach der Zinsstaffelmethode aufzulösen ist. • Vertreten wird auch die Auffassung, der Zinsanteil könne nach der Barwertvergleichsmethode ermittelt werden. Dies würde jedoch eine Abzinsung durch die „Hintertür" bedeuten, was zu einem Verstoß gegen das Realisationsprinzip führen würde. Zum 31.12.2022 beinhaltet die Verbindlichkeit sowohl die Kaufpreisverpflichtung als auch die bis dahin entstandenen Zinsen. Bei der Wertberechnung ist zu beachten, dass die Verbindlichkeit verspätet getilgt wird (1. bis 3. Rate erst am 02.01.2023).	

---

[9] Sonst hätte ein Antrag nach § 52 Abs. 12 Satz 3 EStG auf Absehen der Abzinsung gestellt werden müssen. Dafür genügt der Ansatz des nicht abgezinsten Betrags in der Steuerbilanz.

1.3 Standardaufgaben und Standardfragestellungen

Schritt 1: Ohne die rückständige Tilgung wird die Verbindlichkeit wie folgt bewertet: Ermittlung des Vervielfältigers nach Tabelle 3 zum BMF-Schreiben vom 26.05.2005 (Beck'sche Steuererlasse, 1, § 6/19, Rz. 10). Laufzeit 1 Jahr und 3 Monate: Vervielfältiger 1 Jahr 0,974 Vervielfältiger 2 Jahre 1,897 Differenz 0,923 $3/12$ 0,231 ergibt Vervielfältiger für 1 Jahr 3 Monate (0,974 + 0,231) = 1,205 Bewertung Verbindlichkeit: 50.000 € x 1,205 = 60.250 €	1,0
Schritt 2: Bei der Bewertung der Verbindlichkeit zum 31.12.2022 ist dieser Wert um die noch nicht erbrachte Tilgung für das 2. bis 4. Quartal 2022 zu erhöhen: Bewertung zum 31.12.2022: 60.250 € + (12.500 € x 3) = 97.750 €	0,5
Hinweis: Die Steigerung der Verbindlichkeit von 94.850 € auf 97.750 € resultiert aus den entstandenen Zinsen (2.900 €).	
Abschlussbuchungen in der Handelsbilanz Fuhrpark 94.850 € an so. Verbindlichkeiten 94.850 € Abschreibung 8.892 € an Fuhrpark 8.892 € Zinsaufwand 2.900 € an so. Verbindlichkeiten 2.900 €	1,0
Überleitungsrechnung Mehr steuerliche AfA + 8.892 € (17.784 € ./. 8.892 €) weniger Gewinn ./. 8.892 €	
b) Grundstück "Schmittstr. 11c" (15,0 Punkte) Das Grundstück ist FF bereits ab dem Übergang Nutzen und Lasten (= 01.04.2022) gemäß § 246 Abs. 1 Satz 2 HS 2 HGB, § 39 Abs. 2 Nr. 1 AO wirtschaftlich zuzurechnen. Der Grund und Boden sowie das Gebäude sind gem. § 246 Abs. 1 Satz 1 HGB bzw. § 5 Abs. 1 Satz 1 HS 1 EStG als zwei Vermögensgegenstände/Wirtschaftsgüter des Anlagevermögens gem. § 247 Abs. 2 HGB bzw. R 6.1 Abs. 1 EStR zu bilanzieren. Der Kaufpreis ist auf den Grund und Boden, sowie das Gebäude im Verhältnis der Verkehrswerte aufzuteilen (H 7.3 „Kaufpreisaufteilung" EStH).	1,0

Gebäude Die Bewertung des Gebäudes erfolgt in der Handelsbilanz gem. § 253 Abs. 1 Satz 1 und Abs. 3 Satz 1 und 2 HGB bzw. in der Steuerbilanz gem. § 5 Abs. 1 Satz 1 HS 1 und Abs. 6 EStG in Verbindung mit § 6 Abs. 1 Nr. 1 Satz 1 EStG mit den anteiligen Anschaffungskosten gem. § 255 Abs. 1 HGB bzw. den Herstellungskosten gem. § 255 Abs. 2 HGB abzüglich der planmäßigen Abschreibung/AfA. Die Anschaffungskosten ermitteln sich nach § 255 Abs. 1 HGB. Die Nebenkosten gehören zu den Anschaffungskosten.	0,5
Da 20 % des Gebäudeflügels abgebrochen wurden, lagen die Voraussetzungen für eine außerplanmäßige Abschreibung (§ 253 Abs. 3 Satz 5 HGB) bzw. Absetzung für außergewöhnliche Abnutzung (AfaA i.S.d. § 7 Abs. 1 Satz 7 HS 1 EStG) zum 01.10.2022 vor. Die außerplanmäßige Abschreibung ist zwingend vorzunehmen. Da ein möglichst niedriger steuerlicher Gewinn gesucht ist, ist das Wahlrecht zur AfaA auszuüben.	1,0
Anmerkungen: Bei der Berechnung der AfaA werden die nachträglichen Herstellungskosten nicht berücksichtigt. Der Abbruch rechtfertigt auch eine TW-Abwertung gemäß § 6 Abs. 1 Nr. 1 Satz 2 und 3 EStG. (Eine AfaA geht einer TW-Abwertung aber vor.) Eine Änderung der Bemessungsgrundlage für die Abschreibung bzw. AfA erfolgt gem. § 11c Abs. 2 EStDV erst im Jahr 2023. Diese Vereinfachungsregel wird auch im Handelsrecht aufgrund des Grundsatzes der Wirtschaftlichkeit und da kein Verstoß gegen das Willkürverbot vorliegt angewendet.	
Berechnung der außerplanmäßigen Abschreibung bzw. AfaA	

Kaufpreis (500.000 € x 80 %)	400.000 €
+ Anteilige Nebenkosten (25.000 € x 80 %)	20.000 €
= Zugangswert des alten Gebäudes (01.04.2022)	420.000 €
./. Abschreibung (420.000 € x 2 % x $^6/_{12}$)	4.200 €
= Buchwert am 30.09.2022	**415.800 €**

➡ Außerplanmäßige Abschreibung/AfaA 20 %	83.160 €	1,0
Die Aufstockung des Gebäudes führt als Erweiterung des Gebäudes zum Entstehen von Herstellungskosten nach § 255 Abs. 2 Satz 1 HGB.		0,5

1.3 Standardaufgaben und Standardfragestellungen

Die Vorsteuerbeträge auf die Aufstockungskosten sind gem. § 15 Abs. 1 Satz 1 Nr. 1 UStG abzugsfähig und gehören mangels Aufwand nicht zu den Herstellungskosten (§ 9b Abs. 1 EStG).

Die planmäßige Abschreibung in der Handelsbilanz ist aufgrund der Restnutzungsdauer von 50 Jahren mit 2 % vorzunehmen und erfolgt in der Handelsbilanz zeitanteilig (§ 253 Abs. 3 Satz 1 und 2 HGB). Die (nachträglichen) Herstellungskosten können in der Handelsbilanz von Beginn des Wirtschaftsjahres an bzw. im vorliegenden Fall ab dem Übergang von Nutzen und Lasten (01.04.2022) bei der Abschreibungs-Bemessungsgrundlage berücksichtigt werden (Grundsatz der Wirtschaftlichkeit und kein Verstoß gegen das Willkürverbot; siehe Beck'sche Bilanzkommentar, § 253 HGB, Rz. 225. | 1,0

Bewertung des Gebäudes in der Handelsbilanz

Kaufpreis (500.000 € x 80 %)	400.000 €
+ Anteilige Nebenkosten (25.000 € x 80 %)	20.000 €
= Zugangswert des alten Gebäudes (01.04.2022)	420.000 €
+ Erweiterungsaufwendungen	100.000 €
= Bemessungsgrundlage für die Abschreibung	520.000 €
./. Abschreibung (520.000 € x 2 % x $^{9}/_{12}$)	7.800 €[10]
./. außerplanmäßige Abschreibung (Abbruchkosten)	83.160 €
= Buchwert zum 31.12.2022	**429.040 €**

1,0

Die stillen Reserven aus der Veräußerung der Beteiligung an der X-GmbH sind gemäß § 6b Abs. 10 Satz 2 EStG auf das neue Gebäude zu übertragen. Dies ist gem. § 5 Abs. 1 Satz 1 HS 2 EStG auch in der Steuerbilanz in Abweichung von der Handelsbilanz möglich, wenn eine ausreichende Dokumentation im Sinne des § 6b Abs. 4 Satz 1 Nr. 5 EStG erfolgt. Es ist zu beachten, dass gemäß § 6b Abs. 10 Satz 2 EStG nur der steuerpflichtige Teil der stillen Reserven übertragen werden kann (60 % von 80.000 € = 48.000 €). Im Übrigen erfolgt die Auflösung als Ertrag und eine Korrektur des Gewinns außerhalb der Bilanz gem. § 3 Nr. 40 Satz 1 lit. a Satz 1 EStG in Höhe von 32.000 €. | 1,5

Die AfA-Bemessungsgrundlage wird durch die Übertragung der stillen Reserven gemindert (§ 6b Abs. 6 Satz 2 EStG). | 1,0

---

10 Es ist auch vertretbar den Abschreibungssatz auf Basis der Restnutzungsdauer neu zu berechnen.

Die AfA für das Gebäude ist gem. § 7 Abs. 4 Satz 1 Nr. 2 lit. a EStG in Höhe von 2 % zu berücksichtigen (Baujahr 1983 = Bauantrag vor 01.04.1985) und zeitanteilig vorzunehmen (§ 7 Abs. 1 Satz 4 EStG analog).
Die (nachträglichen) Herstellungskosten sind nach R 7.4 Abs. 9 EStR von Beginn des Wirtschaftsjahres an bzw. im vorliegenden Fall ab dem Übergang von Nutzen und Lasten (01.04.2022) bei der AfA-Bemessungsgrundlage zu berücksichtigen. 1,0

Bewertung des Gebäudes in der Steuerbilanz

Kaufpreis (500.000 € x 80 %)	400.000 €
+ Anteilige Nebenkosten (25.000 € x 80 %)	20.000 €
= Zugangswert des alten Gebäudes (01.04.2022)	420.000 €
+ Erweiterungsaufwendungen	100.000 €
./. Übertragung stiller Reserven, § 6b EStG	48.000 €
= Bemessungsgrundlage für die Abschreibung	472.000 €
./. Abschreibung (472.000 € x 2 % x $^{9}/_{12}$)	7.080 €
./. außerplanmäßige Abschreibung (Abbruchkosten)	83.160 €
= Buchwert zum 31.12.2022	**381.760 €**

1,0

Grund und Boden
Der Grund und Boden ist gem. § 253 Abs. 1 Satz 1 HGB, § 6 Abs. 1 Nr. 2 Satz 1 EStG mit den Anschaffungskosten gem. § 255 Abs. 1 HGB zu bewerten.
Handelsrechtlich stellt der (Rest)Buchwert und die Abbruchkosten Aufwand dar und ist folglich nicht Teil der Herstellungskosten (Beck'scher Bilanzkommentar, § 255 HGB, Rz. 306 und 313 ff.). Der extensive Herstellungsbegriff von H 6.4 „Abbruchkosten" EStH, welcher sich auf das Abbruchkosten-Urteil des BFH stützt, ist mit dem Grundsatz der Einzelbewertung und dem Herstellungskostenbegriff nicht vereinbar.

Kaufpreis (500.000 € x 20 %; § 255 Abs. 1 Satz 1 HGB)	100.000 €
Anteilige Nebenkosten (25.000 € x 20 %; § 255 Abs. 1 Satz 2 HGB)	5.000 €
Bilanzansatz HB zum 31.12.2022	**105.000 €**

1,0

Anmerkung:
Die Ansicht des Beck'schen Bilanzkommentars ist in der Literatur umstritten. Im Rahmen dieses Lösungshinweises wird dieser herrschenden Meinung jedoch gefolgt.

1.3 Standardaufgaben und Standardfragestellungen

In der Steuerbilanz erfolgt die Bewertung ebenfalls mit den Anschaffungskosten (§ 5 Abs. 1 Satz 1 HS 1, 5 Abs. 6, 6 Abs. 1 Nr. 2 Satz 1 EStG). Das Gebäude wurde in Teilabbruchabsicht erworben. Dafür spricht der Beweis des ersten Anscheins, da dieses teilweise innerhalb von 3 Jahren nach Abschluss des obligatorischen Rechtsgeschäfts, hier des Kaufvertrages abgerissen wurde. Da kein Zusammenhang mit der Herstellung eines Wirtschaftsguts besteht, gehören sowohl die Abbruchkosten, als auch der (Rest-)Buchwert zu den Anschaffungskosten des Grund und Bodens (H 6.4 „Abbruchkosten" EStH).	1,0

Anschaffungskosten GruBo

Kaufpreis (500.000 € x 20 %; § 255 Abs. 1 Satz 1 HGB)	100.000 €
Anteilige Nebenkosten (25.000 € x 20 %; § 255 Abs. 1 Satz 2 HGB)	5.000 €
Abbruchkosten	10.000 €
Restbuchwert Gebäudeteil	83.160 €
Bewertung zum 31.12.2022	**198.160 €**

1,0

Abschlussbuchungen in der Handelsbilanz

Grund und Boden 105.000 €
Gebäude 520.000 € [420.000 € + 100.000 € Aufstockung]
Vorsteuer 20.900 € [Aufstockung und Abriss]

Abbruchaufwand	10.000 €	an	Bank		655.900 €
Aufwand	83.160 €	an	Gebäude		83.160 €
					[Restbuchwert Abbruch]
Abschreibung	7.800 €	an	Gebäude		7.800 €

1,0

Überleitungsrechnung

Weniger Aufwand (Restbuchwert, Abbruchkosten)	+ 93.160 €
Mehr Ertrag (mangels Übertragung § 6b EStG)	+ 32.000 €
Korrektur nach § 3 Nr. 40 Satz 1 lit. a EStG	./. 32.000 €
weniger Aufwand (AfA)	+ 720 € [7.800€ ./. 7.080 €]

1,0

Anmerkung:
In Teilziffer 1 wurden 80.000 €, also 100 % der aufgedeckten stillen Reserven in der Überleitungsrechnung abgezogen. Da hier aber die Übertragung auf das Gebäude erfolgt, dürfen nur 60 % der stillen Reserven, also der steuerpflichtige Teil übertragen werden. Daher wird hier in der Überleitungsrechnung der Gewinn um 32.000 € erhöht und in gleicher Höhe außerhalb der Bilanz abgezogen.

3. Zweigniederlassung (11,5 Punkte) **Ansatz und Bewertung des LKW in der Handelsbilanz** Der LKW ist handelsrechtlich im Einzelunternehmen des FF gem. § 246 Abs. 1 Satz 1 HGB als Vermögensgegenstand des Anlagevermögens gem. § 247 Abs. 2 HGB zu bilanzieren und mit den fortgeführten Anschaffungskosten gem. § 253 Abs. 1 Satz 1 und Abs. 3 Satz 1 und 2 HGB zu bewerten. Handelsrechtlich gibt es keine Fiktion der Entstrickung. Der Restbuchwert betrug zum 31.12.2021: 160.000 € abzgl. Abschreibung (5 x 20.000 € =100.000 €) = 60.000 €	1,0
Bewertung des LKW	

Restbuchwert 31.12.2021	60.000 €
abzgl. Abschreibung 2022	20.000 €
Restbuchwert 31.12.2022	**40.000 €**

Abschlussbuchungen in der Handelsbilanz Abschreibung 20.000 € an LKW 20.000 €	1,0
Ansatz und Bewertung des LKW in der Steuerbilanz Durch die funktionale Zuordnung des LKW zur österreichischen Betriebsstätte (Art. 5 Abs. 1 und Abs. 2 lit. B DBA-Österreich; vgl. auch § 5 Abs. 1 Satz 1 BsGaV) Ende 2020 hat die Bundesrepublik Deutschland das Besteuerungsrecht an den stillen Reserven des LKW verloren (Art. 13 Abs. 3 DBA-Österreich). Es wurde daher eine Entnahme gem. § 4 Abs. 1 Satz 3 und 4 EStG fingiert.	1,0
Diese wurde gem. § 6 Abs. 1 Nr. 4 Satz 1 HS 2 EStG mit dem gemeinen Wert bewertet (100.000 €). Zur Ermittlung der stillen Reserven war der Buchwert zum Zeitpunkt der Überführung zu ermitteln. Dieser betrug [AK 160.000 € abzüglich 4 Jahre lineare AfA (R 7.4 Abs. 8 Satz 1 EStR) = 80.000 €] 80.000 €. Die stillen Reserven betrugen somit 20.000 €.	1,0
Nach Auffassung der Finanzverwaltung (BMF, Schreiben vom 22.12.2016, Rn. 20) ist der LKW nach der Entnahme unverzüglich mit dem Entnahmewert wieder einzulegen und in der Steuerbilanz mit dem Entnahmewert abzuschreiben (sog. „step-up"). Da der LKW der österreichischen Betriebsstätte zuzuordnen ist muss die AfA (100.000 €/4 Jahre = 25.000 €) außerhalb der Bilanz wieder hinzugerechnet werden (Art. 7 Abs. 1 S. 1 HS 1 und S. 2 DBA-Österreich). Der Bilanzansatz zum 31.12.2020 beträgt daher 100.000 €. Zum 31.12.2021 beträgt der Bilanzansatz 75.000 € und zum 31.12.2022 würde dieser 50.000 € betragen. Die innerbilanziell als Aufwand zu erfassende AfA ist außerhalb der Bilanz wieder hinzuzurechnen. Die handelsrechtliche Abschreibung ist im Rahmen der steuerlichen Überleitungsrechnung entsprechend zu kürzen.	1,5

1.3 Standardaufgaben und Standardfragestellungen

§ 4g Abs. 1 EStG war anwendbar, da der LKW in einen Mitgliedstaat der Europäischen Union überführt wurde und die Voraussetzungen des § 36 Abs. 5 Satz 1 EStG vorlagen.[11] In Höhe der stillen Reserven wurde daher gem. § 4g Abs. 1 Satz 1 EStG ein steuerlicher Ausgleichsposten innerhalb der Bilanz gebildet.	1,0
Gem. § 4g Abs. 2 Satz 1 EStG war der Ausgleichsposten in 2020 und 2021 und ist der Ausgleichsposten in 2022 jährlich zu einem Fünftel (= 4.000 €) gewinnerhöhend aufzulösen. Hinweis: Bereits im Wirtschaftsjahr der Bildung erfolgt eine ungemilderte Auflösung, d.h. keine pro rata temporis Betrachtung; vgl. Wortlaut des § 4g Abs. 2 EStG.	1,0
Da der LKW nunmehr wieder der inländischen Geschäftsleitungsbetriebsstätte zugeordnet ist[12], wird bei der Überführung nach Deutschland gem. § 4 Abs. 1 Satz 8 HS 2 EStG eine Einlage fingiert. Die Bewertung der Einlage erfolgt gem. § 6 Abs. 1 Nr. 5a EStG grundsätzlich zum gemeinen Wert (70.000 €). Innerhalb der Bilanz ist der Wert der Maschine um 20.000 €[13] aufzustocken. Da Deutschland aber aufgrund von Art. 13 Abs. 3 DBA-Österreich kein Besteuerungsrecht an den stillen Reserven hat ist der innerbilanziell erfasste Ertrag außerhalb der Bilanz abzurechnen. Es ergibt sich daher keine Auswirkung in der steuerlichen Überleitungsrechnung.	1,5
Die Bewertung des LKW zum Bilanzstichtag erfolgt gem. § 6 Abs. 1 Nr. 1 Satz 1 EStG mit dem fortgeführten Zuführungswert. Die AfA ergibt sich gem. § 7 Abs. 1 Satz 1 und 2 EStG und § 7 Abs. 1 Satz 4 EStG zeitanteilig für einen Monat.[14]	

Einlagewert	70.000 €
AfA § 7 Abs. 1 Satz 1 EStG $1/12$ (Rest-ND 2 Jahre)	./. 2.917 €
Buchwert zum 31.12.2022	**67.083 €**

Überleitungsrechnung

Mehr Ertrag Auflösung Ausgleichsposten (adB)	+ 4.000 €	
Weniger Abschreibung/AfA	+ 17.083 € (20.000 € ./. 2.917 €)	
Gewinn	**+ 21.083 €**	1,0

[Punktesumme Teil II: 52,0]

[Erreichbare Gesamtpunktzahl: 100]

---

11 Obwohl das ATADUmsG vom 25.06.2021 stammt, ist § 4g Abs. 1 EStG nach § 52 Abs. 8a EStG bereits zum 01.01.2020 anwendbar. Die anderen Absätze sind ab dem VZ 2021 anzuwenden (vgl. hierzu Drüen, in: Brandis/Heuermann, Ertragssteuerrecht, § 4g EStG, Rn. 4c).

12 Auch nach § 5 Abs. 1 S. 1 BsGaV ergibt sich keine andere Zuordnung.

13 Der vorläufige Bilanzansatz zum 31.12.2022 beträgt 50.000 €. Da der Einagewert 70.000 € beträgt, erfolgt eine Aufstockung von 20.000 €.

14 Da die (fiktive) Einlage in die deutsche Steuerbilanz bereits zum 30.12.2020 erfolgte und zum 30.12.2022 nur ein „step-up" erfolgte, kann ab dem 30.12.2022 mangels Neuanschaffung kein Wechsel zur degressiven AfA erfolgen.

Notenspiegel/Bewertungsschema

Punkte	Note
0–19	6
20–29	5,5
30–39	5
40–49	4,5
50–58	4
59–66	3,5
67–73	3
74–80	2,5
81–87	2
88–94	1,5
95–100	1

1.4 Rückblick auf die Prüfungsklausur 2015/2016

Die Grundsatzaufteilung der Bilanzklausur ist in den letzten Jahren berechenbarer geworden. Es gab wieder einen Sachverhalt zu Personengesellschaften (Sonderbetriebsvermögen und Gesellschafterwechsel), sowie einen Fall zur Anpassung der Bilanzen nach einer Betriebsprüfung. Dies sind inzwischen Standardthemen. Innerhalb der bilanziellen Aufgabenstellungen gab es Themen die regelmäßig aufgegriffen werden (z.B. Grundstücke) und auch wieder eher untypische Themenbereiche (wie Lifo-Verfahren mit Layer Bildung).

Negativ anzumerken ist allerdings, dass in der Lösung betreffend der Weiterentwicklung der Ergänzungsbilanz im Fall des Gesellschafterwechsels die BFH-Rechtsprechung vom 20.11.2014 nicht angewandt wurde (inzwischen durch BMF-Schreiben vom 19.12.2016 geregelt).

Insgesamt bleibt für die letztjährige Bilanzklausur festzustellen, dass ca. 80 % der Themen auch zu erwarten waren.

Die in der letzten Auflage prognostizierten Themen wie z.B. Gesellschafterwechsel, Anpassung der Folgejahre nach Betriebsprüfung, Steuerentstrickung und Ansatzeinschränkungen nach § 5 Abs. 7 EStG/§ 4f EStG sind auch aufgegriffen worden.

1.5 Rückblick auf die Prüfungsklausur 2016/2017 (soweit Teilnehmern bekannt)

Auch diese Prüfungsklausur bestand aus 3 unabhängigen Teilen. In den ersten beiden Teilen (Einzelunternehmen und Personengesellschaft) waren nur bilanzsteuerrechtliche Ansätze gefordert. Im dritten Teil mit der GmbH als Unternehmen sollte sowohl handelsrechtlich als auch steuerrechtlich Bezug zu den Sachverhalten genommen werden.

Mit einem größeren Anteil (ca. 25 %) wurde ein Sachverhalt zu § 24 UmwStG thematisiert. Durch die eher Praxis ferne Aufgabenstellung waren hier schon die ersten Probleme entstanden. Wer die Aufgabenstellung nicht „bewusst" gelesen hat (in der Eröffnungsbilanz der Pers-Ges sollen die Buchwerte fortgeführt werden) bekam hier in der Folge nur wenige Punkte vom Korrektor.

Ansonsten waren Themen wie Anpassung nach Betriebsprüfung oder Grundstücke enthalten, die zu den Dauertatbeständen gehören. Hier war der Prüfungsteilnehmer grundsätzlich darauf vorbereitet.

1.6 Rückblick auf die Prüfungsklausur 2017/2018 (soweit Teilnehmern bekannt)

Wie zu erwarten waren es drei voneinander unabhängige Sachverhalte (Einzelunternehmen, Personengesellschaft, GmbH). Die Aufgabenstellung hat keine Besonderheiten beinhaltet. Abweichend von den Vorjahren war allerdings in allen drei Teile sowohl auf die handelsrechtliche als auch steuerrechtliche Darstellung einzugehen.

Im Einzelunternehmen waren die erwarteten Themen wie z.B. die Bilanzierung einer Verbindlichkeit in ausländischer Währung und auch das „Dauerthema" selbstgeschaffene immaterielle Vermögensgegenstände zu beurteilen. Darüber hinaus – wie in den letzten Jahren Standard – auch wieder die Bewertung von Umlaufvermögen. Allerdings mit der Anwendung der Lifo-Methode im Bereich der Herstellungskosten durchaus unüblich.

Der zweite Teil zur Personengesellschaft beinhaltete einen großen Anteil zum Sonderbetriebsvermögen mit verhältnismäßig einfachen Sachverhalten. Außerdem gab es schon wieder einen Gesellschafterwechsel mit der Anwendung des BMF-Schreibens vom 19.12.2016 – welches nicht in den Beck'schen Erlassen enthalten war und auch nicht mit der Klausur zur Verfügung gestellt wurde.

Bei der GmbH wurde – endlich – ein Sachverhalt zu Herstellungskosten mit Zuschlagskalkulation erstellt. Weitere Themen waren der Erwerb eines GoF und ein Fall der Rücklage für Ersatzbeschaffung.

1.7 Rückblick auf die Prüfungsklausur 2018/2019 (soweit Teilnehmern bekannt)

Der Aufbau der Klausur entsprach den Erwartungen (erster Teil: Einzelunternehmen, zweiter Teil: Personengesellschaften, dritter Teil: Kapitalgesellschaften). Die Themen waren sehr überraschend, da im Ergebnis insgesamt nicht so anspruchsvoll.

Es gab den zu erwartenden Fall des Ausscheidens eines Gesellschafters aus der Personengesellschaft ohne große Problemstellungen und mit einem geringen Punkteanteil.

Die Bilanzsteuerrechtlichen Sachverhalte bezogen sich auf tägliche Praxisprobleme wie z.B. erhaltene Anzahlungen, entgeltlich erworbene immaterielle VG/WG und pauschale Wertberichtigung bei Forderungen.

Im Teil III wurden spezielle Themen zur GmbH angesprochen (bilanzsteuerliche Behandlung einer vGA/Erwerb eigener Anteile und ihre Darstellung).

Ein zeitliches Problem bei der Lösung der Bilanzklausur gab es in diesem Jahr nicht.

1.8 Rückblick auf die Prüfungsklausur 2019/2020 (soweit Teilnehmern bekannt)

Die Systematik der letzten Jahre wurde wieder beibehalten (drei eigenständige Sachverhalte; Einzelunternehmen, Personengesellschaft und GmbH). Im Bereich Personalgesellschaften gab es einen kurzen Fall zum Gesellschafterwechsel. Ansonsten wurde § 6b EStG mehrmals thematisiert (§ 6b Abs. 1, bzw. 3 und 10 EStG). Den selbständigen Gebäudeteilen wurde mehr „Platz" eingeräumt, teilweise im Bereich des Sonderbetriebsvermögens. Am Ende gab es noch einen Fall zu selbstgeschaffenen immateriellen Vermögensgegenständen.

1.9 Rückblick auf die Prüfungsklausur 2020/2021 (soweit Teilnehmern bekannt)

In diesem Jahr gab es wieder eine Bilanzklausur bestehend aus drei unabhängigen Teilen. Dieses Jahr handelte es sich in zwei Teilen jeweils um ein Einzelunternehmen und im dritten Teil um eine Pers-Ges. Von den erwarteten Themen gab es keine Überraschungen. Bilanzielle Themen wie Gratisaktien, Forderungen in ausländischer Währung, Rückstellung für Rückbauverpflichtung, § 6b Rücklagen und selbständige Gebäudeteile waren zu erwarten. Ebenso war seit einigen Jahren ein Gründungsfall einer Pers-Ges mit der Anwendung von § 24 UmwStG längst fällig. Im Rahmen der Gründung wurde dann auch die Anwendung von § 6 Abs. 5 S. 3 EStG abgeprüft. Ein Fall zur Anpassung nach Bp hat die Klausur abgerundet. Teilweise handelte es sich um „Standardthemen" und teilweise um Themen die endlich mal Gegenstand der Prüfungsklausur wurden.

Insgesamt gab es also wenig Überraschungen in der Bilanzklausur. Die Klausur an sich war aber im Vergleich zu den Vorjahren durchaus mit einem höheren Schwierigkeitsgrad versehen. Zeitlich und fachlich u.E. deutlich anspruchsvoller als in den Vorjahren.

1.10 Rückblick auf die Prüfungsklausur 2021/2022 (soweit Teilnehmern bekannt)

Die Klausur bestand wieder aus drei unabhängigen Teilen. Allerdings gab es im dritten Teil zur Personengesellschaft keine typischen Themengebiete. Es waren nur Sachverhalte mit handelsrechtlichen und bilanzsteuerrechtlichen Themen.

Insgesamt waren in großem Umfang Sachverhalte zu Grundstücken und selbständigen Gebäudeteilen enthalten (ca. $1/3$ der Punkte). Dies war unter Berücksichtigung der letzten Jahre eine Überraschung, ist aber u.E. zu begrüßen, da es sich auch um Schwerpunkte in der Vorbereitung und auch in der Praxis handelt.

Der zweite Teil behandelte unerwartet eine Verschmelzung von zwei GmbHs. Grundsätzlich war es an der Zeit in der Prüfungsklausur Bilanz einen Fall des Umwandlungsgesetzes zu bringen. Hier bleibt abzuwarten, ob dieser Trend beibehalten wird.

Als Fazit bleibt festzuhalten, dass dieses Jahr eher Themen enthalten waren, die nicht zu den vermuteten Schwerpunkten gehörten. Insgesamt war die Klausur aber gut lösbar (zeitlich und fachlich).

1.11 Rückblick auf die Prüfungsklausur 2022/2023 (soweit Teilnehmern bekannt)

Vorneweg bleibt festzuhalten, dass in diesem Jahr die Bilanzklausur keinen Teilnehmer „gerettet" haben wird. Im Gegensatz zu den letzten Jahren, in denen der dritte Tag oft die „Eintrittskarte" in die mündliche Prüfung bedeutet hat, war es in diesem Jahr eher das Gegenteil. Ob das dem Umstand geschuldet ist, dass die Ersatzklausur eingesetzt wurde, ist nicht auszuschließen. Die Art der Klausurerstellung passt zumindest nicht zu den letzten Jahren.

Allein schon der zeitliche Umfang (vier selbständige Sachverhalte) war so erheblich, dass eine Lösung nicht innerhalb von 6 Stunden möglich war. Dieses Jahr war es umso wichtiger die Lösung stichpunktartig zu verfassen. Durch die umfangreiche Klausur wird die Musterlösung diverse Fußgängerpunkte nicht einfordern, was wiederum bedeutet, dass das eigentlich vermittelte Lösungsschema einer Bilanzklausur nicht zum Ziel geführt hat. Bei realistischer Betrachtung und Berücksichtigung des Lösungsschemas (Ansatz, Zugangsbewertung, Folgebewertung) hätten hier mindestens 120 Punkte vergeben werden müssen.

In den ersten beiden Teilen ging es um bilanzsteuerrechtliche Themen, die teilweise zu erwarten waren. Speziell ein Anwendungsfall von § 5 Abs. 7 EStG bzw. § 4f EStG mit dem BMF-Schreiben Beck'sche Steuererlasse 1 zu § 5/1 wurde seit Jahren vermutet. Auch eine Kapitalerhöhung bei einer AG gegen Einlage ist zwar ein schwieriges Thema, wird aber in der Vorbereitung ausführlich dargestellt. Das zum dritten Mal innerhalb von 5 Jahren Herstellungskosten mit Gemeinkostenzuschlagsätzen als Kalkulationsverfahren vorkommt, zeigt nicht von Ideenreichtum. Der „beigefügte" Betriebsabrechnungsbogen inkl. Vorkostenstellen hat nicht viel mit Bilanzsteuerrecht zu tun, sondern fällt eher in die Kosten- und Leistungsrechnung. Natürlich sollte ein späterer Steuerberater auch hier den Überblick haben, fraglich ist nur, ob es in diesem Umfang Teil der Prüfung sein sollte.

In den Teilen drei und vier kamen dann ertragsteuerliche Themen vor. Es gab einen Fall der echten Realteilung mit Spitzenausgleich. Die Lösung, betreffend die Aufteilung in einen entgeltlichen und unentgeltlichen Teil, sollte im Idealfall zwei Varianten darstellen, da die Berechnung nicht eindeutig ist und sich auch nicht aus dem BMF-Schreiben ergibt. Im letzten Teil wurde es dann besonders abstrus. Ausgangsfall war eine Betriebsaufspaltung mit teilentgeltlicher Überlassung. Laut Aufgabenstellung sollte aber auch auf einkommensteuerliche, sowie körperschaftsteuerliche Aspekte eingegangen werden. Die Ermittlung von Einkünften aus Vermietung und Verpachtung, die Stellungnahme zur Abgeltungssteuer und auch die Entwicklung des steuerlichen Einlagekontos waren gefordert.

Es bleibt zu hoffen, dass der Klausurersteller dieses Jahres sich an den Vorgänger Klausuren bis einschließlich 2021 orientiert.

1.12 Rückblick auf die Prüfungsklausur 2023/2024

Leider war die Bilanzklausur wieder eine zweite Ertragsteuerklausur. Es wurden zwar mehr bilanzsteuerrechtliche Sachverhalte abgefragt als im Vorjahr, aber als Bilanzklausur im eigentlichen Sinne kann sie nicht verstanden werden. Man hat den Eindruck der Ersteller kann sich nicht so richtig mit dem Handelsrecht und dem Bilanzsteuerrecht anfreunden.

Es gab drei verschiedene Teile die zu bearbeiten waren. Der erste und zweite Teil kam einer Bilanzklausur schon nah. Im ersten Teil ging es um grundsätzlich typische Themen der Bilanzklausur. Der Zweite Teil beinhaltete eine Gründung einer Personengesellschaft und im letzten Teil ging es um eine Erbfolge. Bis auf Teil drei könnte man eine normale Klausur vermuten. Allerdings kam im ersten Teil das Thema Kapitalerhöhung bei einer Aktiengesellschaft im zweiten Jahr hintereinander vor und das ist eigentlich so speziell, dass es in einem Jahr definitiv ausreicht. Die übrigen Themen in diesem Teil waren von der Auswahl akzeptabel, von der Lösung fragwürdig. Immer wenn der Teilnehmer sein spezielles Wissen aufgrund der intensiven Vorbereitung anwenden wollte, war es nicht notwendig. Ein Beispiel: Im Rahmen eines Tauschvorgangs wurde ein Fahrzeug in Zahlung genommen und ein Elektrofahrzeug angeschafft. Die Probleme die zu erwarten waren sind Themen wie Ermittlung des Pkw Privatanteils, Behandlung des Zuschusses (R 6.5 EStR) vom Bundesamt für Wirtschaft und Ausfuhrkontrolle, verdeckter Preisnachlass und degressive Abschreibung, bzw. Sonderabschreibung nach § 7g EStG. Alle Themen waren entweder in der Aufgabenstellung ausgeschlossen oder im Sachverhalt ignoriert (z.B. keine Angaben zum Zuschuss). Dies irritiert den Teilnehmer zunehmend. Dann fehlten im Sachverhalt Angaben, um die Klausur lösen zu können. Für ein Gebäude wurde kein Baujahr, bzw. Fertigstellungsdatum genannt, so dass die Musterlösung eine von mehreren Lösungen darstellt. Eine in einem anderen Sachverhalt als „Delkredere" bezeichnete pauschale Wertberichtigung wurde mit Hinweis auf den Rationalisierungserlass der Finanzverwaltung gelöst. Weder der Begriff des Delkredere ist zeitgemäß noch die Anwendung eines Erlasses, der nicht mehr „nachlesbar" ist. Abgesehen davon handelt es sich bei den möglichen 1 % nur um eine Nichtaufgriffsgrenze und nicht um eine Pauschale.

Eine Übertragungsmöglichkeit einer § 6b EStG Rücklage wurde im zweiten Teil nicht thematisiert, obwohl sie vorhanden war. Die geforderte Gewinnverteilung entspricht in Bezug auf die Punktevergabe nicht einer Prüfungsklausur.

Der dritte Teil erinnert an die Klausur im Vorjahr und stellt eine ertragsteuerliche Problematik dar.

Als Fazit bleibt festzuhalten, dass der Klausurersteller bemüht war eine Bilanzklausur zu erstellen, die aber leider nicht an die Vorjahre bis 2021 heranreicht.

1.13 Ausblick auf die Steuerberaterprüfung 2024/2025

Man kann als Maßstab wohl nur die Klausuren der letzten zwei Jahre heranziehen. Dabei bleibt festzuhalten, dass sie bitte auch mit allen ertragsteuerlichen Themen rechnen müssen. Bisher waren Betriebsaufspaltung, echte Realteilung und Erbfolge inbegriffen. Darüber hinaus Kosten- und Leistungsrechnung (Herstellungskosten mit BAB und Vorkostenstellen) und Finanzierung (Kapitalerhöhung bei einer AG).

Außerdem vermuten sie bitte nicht immer das „spezielle Problem". Der Klausurersteller verzichtet meistens auf schwierige Sachverhalte. Sie dürfen nicht zu viel Zeit verschenken auf der Suche nach dem eigentlichen Problem.

Betrachtet man die letzten zehn Jahre kann man folgendes feststellen:

Die Bilanzklausuren seit der Einführung des BilMoG haben sich von ihrer Art geändert. Bis einschließlich 2014/2015 wurde die handelsrechtliche Problembewältigung konsequent gefordert, auch wenn dies bedeutet hat mit Kommentaren (oder IDW Stellungnahmen) begründen zu müssen.

In der Auspunktung selber wurde aber fast ausschließlich Wert auf die Fundstellen aus dem HGB gelegt.

Das ist ein Problem, welches in der Zukunft für Steuerberaterprüfungsklausuren weiter bestehen bleiben wird.

In den Klausuren 2017 bis 2022 ist vom Klausurersteller wieder in allen drei Sachverhalten eine handelsrechtliche Lösung erwartet worden. Dies ist in den Aufgabenstellungen der beiden Jahre davor und in Teilen im Jahr 2023 ausnahmsweise nicht der Fall gewesen.

Fazit betreffend der Klausuren der letzten zehn Jahre:

Die Bilanzklausuren sind (bis auf die letzten beiden Jahre) ausrechenbar gewesen. Es gibt im Normalfall einen Bereich zum Bilanzsteuerrecht (auch mit handelsrechtlichen Problemen), einen Sachverhalt zu Personengesellschaften (evtl. nur steuerrechtlich orientiert) und einen Fall zu Kapitalgesellschaften (immer mit latenter Steuerabgrenzung).

Konkret ist in der Regel (Ausnahme die letzten beiden Jahre) im ersten Sachverhalt ein Einzelunternehmen, im zweiten eine Personengesellschaft und im dritten eine GmbH als Unternehmen zu erwarten.

Für die **Prüfung 2024/2025** sollte man wieder eine Klausur auf dem Niveau der beiden Vorjahre erwarten.

1.13 Ausblick auf die Steuerberaterprüfung 2024/2025

Bei den Themengebieten kann man nur spekulieren, da gerade in den Jahren bis 2021 eine Vielzahl der erwarteten Gebiete auch in den Sachverhalten eingearbeitet wurden. Eine Themeneingrenzung für diese kommende Prüfung in Buchführung und Bilanzierung ist kaum möglich. Alle hier vermuteten Themen basieren auf einer „normalen" Klausur.

Unter dieser Annahme könnte man vermuten, dass ein Aufgabenteil zum Umwandlungssteuerrecht erstellt werden wird, unter Berücksichtigung der Prüfungsklausur 2021 eher zu § 20 UmwStG oder zu § 21 UmwStG. Hier könnte dann auch eine Gesamtrechtsnachfolge mit Anwendung des UmwG enthalten sein (z.B. Einbringung eines Einzelunternehmens in eine GmbH im Rahmen einer Ausgliederung).

Auch ein Sachverhalt zur Anpassung nach Betriebsprüfung sollte vermutlich wieder einmal enthalten sein. Im Bereich der Personengesellschaften gab es rückblickend folgende Themen:
- 2023/24   Erbfolge betreffend eines Mitunternehmeranteils/Gründung einer PersG,
- 2022/23   echte Realteilung,
- 2021/22   Kein Thema enthalten,
- 2020/21   Gründung einer PersG,
- 2019/20   Gesellschafterwechsel,
- 2018/19   Ausscheiden eines Gesellschafters aus der Pers-Ges,
- 2017/18   Gesellschafterwechsel,
- 2016/17   Aufnahme eines Gesellschafters in eine bestehende Pers-Ges,
- 2015/16   Gesellschafterwechsel.

Ein Themenbereich der Vorjahre kann hier auch enthalten sein. Wenn man eine gewisse Systematik erkennen möchte, dann wäre wohl mal wieder ein Fall des Gesellschafterwechsels zu erwarten. Eher unwahrscheinlich ist eine echte oder unechte Realteilung.

Abschließende Themenschwerpunkte für die anstehende Steuerberaterprüfung lassen sich für die Bilanzklausur vermuten, obwohl die Auswahlmöglichkeiten recht umfangreich sind.

Zusammengefasst sind u.E. folgende Themen zu erwarten:
- Forderungen oder eher Verbindlichkeiten in ausländischer Währung evtl. verbunden mit einer Bewertungseinheit,
- Garantie- bzw. Gewährleistungsrückstellung,
- Mietkauf,
- Grundstücke i.V.m. § 6b EStG, Mietereinbauten, selbständige Gebäudeteile,
- Pensionsrückstellungen,
- Latente Steuerabgrenzung,
- Im Bereich der Warenbewertung ein Bewertungsvereinfachungsverfahren (evtl. permanente Lifo-Methode),
- Anpassung nach Betriebsprüfung,
- Gründung einer GmbH (mit § 20 UmwStG unter Berücksichtigung einer sonstigen Gegenleistung, ggf. §§ 123–140, 152–160 UmwG),
- Aktien evtl. mit Anwendung von § 6b Abs. 10 EStG (Themen: dauernde Wertminderung, § 6b Abs. 10 EStG bei Pers-Ges) vielleicht im dritten Jahr hintereinander,
- Steuerentstrickungsfälle gem. § 4 Abs. 1 S. 3 und 4 EStG, § 12 Abs. 1 S. 1 und 2 KStG mit § 4g EStG, auch denkbar ein Fall von § 4 Abs. 1 Satz 3 HS 2 EStG i.V.m. § 4 Abs. 1 Satz 9 EStG,
- personenbezogene Steuervergünstigungen bei Personengesellschaften (§ 6b EStG; § 6 Abs. 5 EStG),

- Mögliche steuerliche Gestaltungen im Zusammenhang mit dem BMF-Schreiben vom 20.11.2019, Beck'sche Steuererlasse 1 zu § 6/18; Übertragung von Mitunternehmeranteilen mit Sonderbetriebsvermögen,
- Behandlung Elektro- und Hybridfahrzeuge (mit Zuschuss i.S.d. R 6.5 EStR),
- § 7g EStG war in den letzten Jahren immer ausgeschlossen und könnte durch die Anpassungen im JStG 2020 an Bedeutung gewonnen haben,
- Divisionskalkulation mit Äquivalenzziffern (Thema Herstellungskosten/Kosten- und Leistungsrechnung),
- Evtl. ein Fall von § 1 Abs. 1a KStG,
- Alle möglichen ertragsteuerlichen Problembereiche mit Bezug zu § 15 EStG.

2. Klausur Umwandlungssteuer
2.1 Besonderheiten der Umwandlungssteuer im Steuerberaterexamen
2.1.1 Umwandlungen in der Steuerberaterprüfung als Teile der Ertrags- und Bilanzklausur

Das Umwandlungssteuerrecht stellt für viele Kandidaten der Steuerberaterprüfung eine der größeren Herausforderungen dar, die es zur Vorbereitung auf bzw. in der Prüfung zu bewältigen gilt. Je nach Interessengebieten und Vorbildung stehen einige Kandidaten der komplexen Materie teilweise offen und interessiert gegenüber, andere Kandidaten können und wollen sich dem Themengebiet nicht öffnen und setzen auf den insoweit wenig ratsamen Grundsatz „Mut zur Lücke". Dabei ist die mitunter spürbare Abneigung der Kandidaten in Bezug auf das Umwandlungssteuerrecht regelmäßig unbegründet, denn insgesamt lässt sich die Materie (mindestens in den Grundzügen) systematisch erlernen. Derjenige, der sich die Mühe macht, Systematik, Struktur und Grundprinzipien des Umwandlungssteuergesetzes zu verinnerlichen, wird mit der erforderlichen Sicherheit in die Prüfung gehen und auch umwandlungssteuerrechtlichen Aufgabenstellungen positiv entgegen sehen dürfen. Aus diesem Grund ist es ratsam, sich mit der Materie im Rahmen der Prüfungsvorbereitung vertraut zu machen und die Klausurlösung einer umwandlungssteuerrechtlichen Aufgabenstellung systematisch und strukturiert anzugehen, um sich die vorgesehenen Punkte des Klausurteils nicht entgehen und durch Weglassen der Aufgabe nicht den Eindruck mangelnder Kenntnis entstehen zu lassen.

Umwandlungssteuerrechtliche Sachverhalte und Fragestellungen können dem Teilnehmer der Steuerberaterprüfung **sowohl in der Ertragsteuerklausur am zweiten Tag als auch in der Bilanzklausur am dritten Tag** begegnen.

Im Prüfungsjahr 2022 enthielt die Ertragsteuerklausur einen Sachverhalt zu einem qualifizierten Anteilstausch (§ 21 UmwStG), der zu Buchwerten durchgeführt wurde. Die erhaltenen Anteile wurden von der Gesellschaft sodann innerhalb der siebenjährigen Sperrfrist veräußert, sodass ein Einbringungsgewinn II vom Einbringenden zu versteuern war (§ 22 Abs. 2 UmwStG). In der Bilanzklausur des Prüfungsjahres 2022 waren eine Realteilung und deren Folgen und Sperrfristverstöße zu beurteilen. Im Prüfungsjahr 2021 enthielt die Ertragsteuerklausur eine Teilaufgabe zur Thematik einer Einbringung eines Einzelunternehmens in eine Kapitalgesellschaft, bei der die Rechtsfolgen des § 20 UmwStG zu prüfen waren. Weiterhin wurden die als Gegenleistung für die Einbringung erhaltenen Anteile innerhalb der siebenjährigen Sperrfrist veräußert, sodass es zur rückwirkende Besteuerung eines anteilig abgeschmolzenen Einbringungsgewinns kam (§ 22 Abs. 1 UmwStG). Im Prüfungsjahr 2020 wies die Ertragsteuerklausur eine Teilaufgabe zu § 24 UmwStG auf. Im Prüfungsjahr 2019 enthielt die Ertragsteuerklausur am zweiten Prüfungstag einen Sachverhalt zur Verschmelzung zweier Kapitalgesellschaften (§§ 11 bis 13 UmwStG). Neben der ertragsteuerlichen Würdigung der Verschmelzung selbst waren deren Auswirkungen auf das steuerliche Einlagekonto der beteiligten Kapitalgesellschaften darzustellen. Auch in den Prüfungsjahren zuvor enthielten einige Prüfungsklausuren des Steuerberaterexamens mehrere Aufgabenstellungen zur Umwandlung. In den Prüfungsjahren 2009, 2015 und 2016 wurde das Umwandlungssteuerrecht damit jeweils im Rahmen einer Teilaufgabe geprüft. In den Prüfungsjahren 2017 und 2018 wurde kein Umwandlungsfall geprüft, der die Regelungen des zweiten bis fünften Teils des UmwStG (= sog. Umwandlungsteil) zum Gegenstand hatte. Dagegen wurden kleinere Sachverhalte, die die Regelung des § 24 UmwStG zum Gegenstand hatten geprüft. In den Prüfungsjahren 2015 und 2016 waren die Auswirkungen des Eintritts eines Gesellschafters in eine Offene Handelsgesellschaft zu beurteilen. Dabei waren die Voraussetzungen und Rechtsfolgen des § 24 UmwStG darzustellen und Ergänzungs- und Sonderbilanzen aufzustellen und fortzuentwickeln. Im Prüfungsjahr 2014 war ebenfalls ein umfangreicherer Umwandlungsfall enthalten, der mit 14 Punkten ausgepunktet wurde. Gegenstand dieser Aufgabe waren die steuerlichen „Spätfolgen" des Verkaufs von GmbH-Anteilen, die zu einem Wert unter dem gemeinen Wert eingebracht worden waren (§ 22 UmwStG). Auch die gewerbesteuerliche Einordnung war darzustellen. Im Klausurjahr 2013 war ein Fall der Unternehmensgründung nach § 1 Abs. 3 Nr. 4 i.V.m. § 24 Abs. 1 UmwStG enthalten.

2.1.2 Steuerliche Systematik bei Umwandlungen
2.1.2.1 Änderungen durch das SEStEG

Das **Umwandlungssteuergesetz wurde durch das SEStEG** neu gefasst. Mit dem SEStEG (= Gesetz über steuerliche Begleitmaßnahmen zur Einführung der Europäischen Gesellschaft und zur Änderung weiterer steuerrechtlicher Vorschriften vom 07.12.2006, BGBl I 2006, 2782) wurde die Änderungsrichtlinie (2005/19/EG vom 19.02.2005) zur Fusionsrichtlinie (90/434/EWG vom 23.07.1990) in das nationale Steuerrecht umgesetzt. Die Fusionsrichtlinie regelt das gemeinsame Steuersystem für Fusionen, Spaltungen, die Einbringung von Unternehmensteilen und den Austausch von Anteilen, die Gesellschaften verschiedener Mitgliedstaaten betreffen. Das SEStEG, dessen Verkündung am 12.12.2006 im Bundesgesetzblatt erfolgte, markiert den letzten wichtigen Höhepunkt in der Entwicklung des UmwStG, denn es führte zu einer systematischen Neufassung des UmwStG. Hauptanliegen des SEStEG war insbesondere die Anpassung der steuerlichen Vorschriften an die EU-rechtlichen Vorgaben, die durch die Rechtsform der SE (Societas Europaea), der Rechtsprechung des EuGH und der umwandlungsrechtlichen Weiterentwicklung auf europäischer Ebene erforderlich geworden waren. Bis zum SEStEG erfasste das UmwStG überwiegend nur inländische Umwandlungsvorgänge (Ausnahme § 23 UmwStG a.F. für bestimmte Einbringungsvorgänge innerhalb der EU). Aus der seit 08.10.2004 möglichen grenzüberschreitenden Verschmelzung zu einer SE ergab sich eine Regelungsnotwendigkeit zur Europäisierung des UmwStG. Seit dem 01.01.2006 war die Pflicht zur Realisierung der stillen Reserven (in diesen Fällen) nicht mehr mit dem EU-Recht vereinbar, da nach der Richtlinie zur Änderung der FRL unter bestimmten Voraussetzungen Ertragsteuerneutralität auf Gesellschafts- und Gesellschafterebene zu gewährleisten war.

Insoweit hatten auch die EuGH-Entscheidungen „de Lasteyrie du Saillant" (EuGH vom 11.03.2004, Rs. C-9/02, FR 2004, 659 = DStR 2004, 551), „N" (EuGH vom 07.09.2006, Rs. C-470/04, FR 2006, 1128 = DStR 2006, 1691), „X und Y" (EuGH vom 21.11.2002, Rs. C-436/00, FR 2003, 84 m. Anm. Schnitger = DStRE 2003, 400) und „Sevic Systems" (EuGH vom 13.12.2005, Rs. C-411/03, DStR 2006, 49) und die bevorstehende Regelung zur grenzüberschreitenden Verschmelzung von Kapitalgesellschaften innerhalb der EU durch das zweite Gesetz zur Änderung des Umwandlungsgesetzes (BGBl I 2007, 542) zu der Notwendigkeit einer Europäisierung des UmwStG geführt.

Dieser Notwendigkeit trägt das SEStEG Rechnung, indem es den Anwendungsbereich des UmwStG erweitert und an die europarechtlichen Bedürfnisse angepasst hat. Zwar war zunächst nicht nur die Europäisierung, sondern Globalisierung des Anwendungsbereiches des UmwStG angedacht (vgl. Rödder in R/H/vL, 2. Auflage 2013, Einführung Rn. 14), doch blieb diese – außerhalb des Regelungsbereichs des § 24 UmwStG – aus. Außer der Europäisierung brachte das SEStEG für inländische Umwandlungsvorgänge weitere Neuerungen. So wurde der Verlustübergang gestrichen, die Übernahmegewinnbesteuerung geändert und das Sperrfristregime gänz-

2.1 Besonderheiten der Umwandlungssteuer im Steuerberaterexamen

lich neu gefasst (zur Vertiefung: Benecke/Schnitger, IStR 2006, 765 und IStR 2007, 22; Rödder/Schumacher, DStR 2006, 1525 und DStR 2007, 369).

2.1.2.2 Überblick über die Grundsätze des UmwStG

Einige im UmwStG geltende Grundsätze sollten dem Klausurteilnehmer zunächst bekannt sein: Der Gegenstand der Umwandlung muss in der Regel – abhängig von dem einzelnen Umwandlungsvorgang – das ganze Unternehmen des übertragenden Rechtsträgers oder ein Betrieb, Teilbetrieb, Mitunternehmeranteil bzw. ein Teil eines Mitunternehmeranteils (Umkehrschluss aus § 24 Abs. 3 S. 2 UmwStG) oder eine hundertprozentige Beteiligung an einer KapG sein. Regelmäßig handelt es sich um **Sachgesamtheiten**. Grundsätzlich hat der Ansatz des übergehenden Vermögens mit dem **gemeinen Wert** zu erfolgen. Auf **Antrag** kann unter den durch das UmwStG näher bestimmten Voraussetzungen anstelle des gemeinen Werts der **Buch- oder ein Zwischenwert** angesetzt werden.

Soweit eine **Umwandlung in Gesamtrechtsnachfolge** vorliegt, tritt der übernehmende Rechtsträger in die steuerliche Rechtsstellung des übertragenden Rechtsträgers ein, z.B. bezüglich der weiteren Abschreibungen und der Berücksichtigung von Vorbesitzzeiten.

Der **Verlustübergang** ist seit dem SEStEG generell **ausgeschlossen** (vgl. BT-Drucks. 16/2710, 34).

Mit seiner Revisionsentscheidung stellte der BFH (Urteil vom 17.11.2020, I R 2/18, Vorinstanz: FG Hessen, Urteil vom 29.11.2017, 4 K 127/15) fest, dass in der Verschmelzung einer Gewinn- auf eine Verlustgesellschaft kein Gestaltungsmissbrauch i.S.d. § 42 AO zu erblicken sei. Der BFH urteilte, dass Gestaltungen, die darauf abzielen, dem Steuerpflichtigen die Nutzung eines von ihm erwirtschafteten Verlusts zu ermöglichen, in der höchstrichterlichen Rechtsprechung in zahlreichen Entscheidungen nicht als rechtsmissbräuchlich bewertet worden seien. Der Steuerpflichtige dürfe seine Verhältnisse grundsätzlich so gestalten, dass keine oder möglichst geringe Steuern anfallen und dabei zivilrechtliche Gestaltungen, die vom Gesetz vorgesehen sind, frei verwenden. Eine rechtliche Gestaltung sei erst dann unangemessen, wenn der Steuerpflichtige nicht die vom Gesetzgeber vorausgesetzte Gestaltung zum Erreichen eines bestimmten wirtschaftlichen Ziels gebraucht, sondern dafür einen ungewöhnlichen Weg wählt, auf dem nach den Wertungen des Gesetzgebers das Ziel nicht erreichbar sein soll.

Für die **Umwandlungen des 2.–5. Teils des UmwStG** gilt die **steuerliche Rückwirkung** des **§ 2 UmwStG** und für den Formwechsel einer Kapital- in eine Personengesellschaft eine eigene steuerliche Rückwirkungsregelung in § 9 Satz 3 UmwStG. Danach wird die Umwandlung auf den steuerlichen Übertragungsstichtag zurückbezogen.

Die **Einbringungen des 6.–8. Teils** (nicht der Anteilstausch) können auf Antrag ebenfalls zurück bezogen werden. Insoweit enthalten die Bestimmungen **eigene Rückwirkungsregelungen** (vgl. z.B. § 20 Abs. 6 UmwStG).

Durch den **Ansatz des gemeinen Werts des übergehenden Vermögens** in der Schlussbilanz des übertragenden Rechtsträgers werden bei dem übertragenden Rechtsträger **sämtliche stille Reserven aufgedeckt**. Dies entspricht den allgemeinen Grundsätzen des Ertragsteuerrechts. Denn grundsätzlich sind die stillen Reserven aufzudecken und nach den allgemeinen Prinzipien des Ertragsteuerrechts zu versteuern, wenn der Rechtsträger erlischt oder das Vermögen den Rechtsträger wechselt (Prinzip der Individualbesteuerung, Subjektbindung stiller Reserven). Da die vorgenannten allgemeinen Grundsätze die Aufdeckung der stillen Reserven für nahezu jeden Umwandlungsvorgang bestimmen würden, sah der Gesetzgeber Handlungsbedarf, um betriebswirtschaftlich gewünschte Umstrukturierungsvorgänge nicht zu verhindern (BT-Drucks. 16/2017, S. 25). Hier knüpft das UmwStG mit folgender Lösung an: Sofern eine (spätere) Besteuerung der stillen Reserven des übertragenden Rechtsträgers sichergestellt ist, ermöglicht es auf Antrag die Durchführung von Umwandlungen ohne die Realisierung stiller Reserven, mithin zum Buchwert (oder Zwischenwert). Das Umwandlungssteuerrecht modifiziert insoweit die Folgen, die sich für diese Vorgänge nach den ertragsteuerlichen Einzelsteuergesetzen grundsätzlich ergäben. Um die Umwandlung zu Buchwerten durchführen zu können, sieht das UmwStG das Antragserfordernis als zwingende formale Voraussetzung vor.

Die sich aus den einzelnen Vorschriften des UmwStG ergebenden Voraussetzungen des Buchwertansatzes und das Erfordernis der Antragstellung sind in der Prüfungsklausur herauszuarbeiten. Nur wenn alle Voraussetzungen für einen Buchwertansatz vorliegen, kann der Antrag erfolgreich gestellt werden. Der richtige Wertansatz und das Vorgehen in der Prüfungsklausur hängen damit zunächst von dem Klausurhinweis **„Alle erforderlichen Anträge sind gestellt, alle erforderlichen Bescheinigungen liegen vor."** ab. Regelmäßig ist dieser Hinweis in den „Allgemeinen Hinweisen zum Sachverhalt" zu finden. Wenn dieser Hinweis vom Klausurersteller gegeben wurde, ist davon auszugehen, dass der Steuerpflichtige den Antrag zum Buchwertansatz (oder Zwischenwertansatz) bereits gestellt hat bzw. dieser durch den Klausurbearbeiter zu stellen ist. Jedenfalls sollte klausurtaktisch stets ein Hinweis auf das Antragserfordernis erfolgen.

2.2 Themenschwerpunkte der Klausuren 1992/93 bis 2023/24

Die nachfolgende Tabelle beinhaltet die **Themen aus dem Umwandlungssteuerrecht** getrennt nach der Ertragsteuer- und Buchführungs-/Bilanzklausur. Die Themengebiete von 1992/93 bis 2023/24 wurden berücksichtigt. In den Jahren 1994/95–1997/98 waren keine Umwandlungssachverhalte in den Steuerberaterklausuren enthalten.

Das Fehlen eines Umwandlungssachverhaltes in Examensjahr 2007/08 ist wahrscheinlich auf die Neugestaltung des UmwStG durch das SEStEG zurückzuführen. Im Examensjahr 2008/09 wurde das Thema Umwandlung in einer neuen, besonderen Art und Weise abgefragt. Die in der Bilanzklausur gestellte Aufgabe war eingekleidet in eine gutachtliche Stellungnahme zu umwandlungssteuerrechtlichen Gestaltungsfragen. Der Fall war so gestaltet, dass keine der Vorschriften des Umwandlungssteuerrechts zur gewünschten optimalen steuerlichen Gestaltung führte. Vielmehr waren die allgemeinen steuerlichen Regelungen anzuwenden. Im Jahr 2012/13 war ein Umwandlungsvorgang nach den Regelungen der §§ 11–13 UmwStG als einzelne Textziffer im Körperschaftsteuerteil der Ertragsteuerklausur enthalten. Der Wertansatz musste beurteilt und eine gewinnmindernde Rücklage i.S.d. § 6 Abs. 1 Satz 1 UmwStG gebildet werden. In den Klausurjahren 2010/11 bis 2012/13 gab es ebenfalls keinen klassischen Umwandlungsfall. Im Jahr 2011/12 war ein Sachverhalt der Ertragsteuerklausur aus dem Themengebiet des Umwandlungssteuerrechts enthalten. Es handelte sich um die Einbringung eines Einzelunternehmens in eine Kommanditgesellschaft nach § 1 Abs. 3 Nr. 4 i.V.m. § 24 Abs. 1 UmwStG. Die Benennung der Voraussetzungen für den Buchwertansatz nach § 24 Abs. 2 S. 2 UmwStG und die Ermittlung des Einbringungsgewinns (0,00 €) waren jeweils ausgepunktet. Der Sachverhalt zur Gewerbesteuer in der Ertragsteuerklausur 2010/11 hatte die gewerbesteuerlichen Folgen der Veräußerung eines durch einen Formwechsel nach § 9 UmwStG entstandenen Mitunternehmeranteils im Sinne des § 18 Abs. 3 UmwStG zum Gegenstand. Auch ein Sachverhalt der Bilanzklausur 2010/11 nahm dem ersten Anschein nach Bezug auf umwandlungssteuerrechtliche

2.2 Themenschwerpunkte der Klausuren 1992/93 bis 2023/24

Aspekte. Es ging aber im Ergebnis um die Beurteilung des Zusammenführens zweier steuerlich unterschiedlich verstrickter Grundstücke in eine Zebragesellschaft. Da die Anwendung des § 6 Abs. 5 EStG Gegenstand der Beurteilung war, wird das Klausurjahr 2010/2011 nachfolgend als Umwandlungsfall beurteilt.

Im **Klausurjahr 2009/10 wurde ein praktischer Fall der Umwandlung** in der Ertragsteuerklausur abgeprüft. Die Regelungen der §§ 20 ff. UmwStG mussten infolge des Formwechsels einer Personengesellschaft in eine Kapitalgesellschaft erläutert werden. Weiterhin musste die nachträgliche Besteuerung des Mitunternehmers bzw. des Anteilseigners i.S.d. § 22 UmwStG dargestellt werden.

Im Klausurjahr 2019/20 wurde eine Verschmelzung zweier Kapitalgesellschaften (§§ 13 ff. UmwStG) und im Klausurjahr 2021/22 wurde eine Einbringung in eine Kapitalgesellschaft (§ 20 UmwStG) mit der Entstehung eines Einbringungsgewinns I (§ 22 Abs. 1 UmwStG) infolge Verstoßes gegen die siebenjährige Haltefrist zum Gegenstand jeweils eines Sachverhalts in der Ertragsteuerklausur gemacht.

Der Umwandlungsfall machte in der Vergangenheit etwa 10 bis 40 Punkte der jeweiligen Klausur aus, wobei auch Punkte für die Aufstellung von Bilanzen vergeben wurden.

Die **Problematik des Wertansatzes** (Wertansatz des übergehenden Vermögens zum Buchwert (BW), Zwischenwert (ZW) oder zum gemeinen Wert (GW) bzw. Teilwert (TW)) wurde in nahezu allen Sachverhalten thematisiert und lässt sich daher als einer der prüfungsmäßigen Schwerpunkte erkennen. Ein weiterer Schwerpunkt in Einbringungsfällen liegt regelmäßig in der Beurteilung der steuerlichen Folgewirkungen für den Anteilseigner. Insbesondere die Entstehung und Behandlung des **Einbringungsgewinns I und II** sind hier zu nennen. Auch die **steuerlichen Folgen der Rückwirkung** bzw. des Rückbezugs der Umwandlung werden regelmäßig abgefragt. Insoweit ist die steuerliche Behandlung von Zahlungen, Vereinbarungen und Verträgen in der Zeit zwischen dem Umwandlungsstichtag und der Anmeldung hervorzuheben.

Im **Klausurjahr 2019/20** enthielt die Ertragsteuerklausur am zweiten Tag der Prüfung mit der Verschmelzung zweier Kapitalgesellschaften nach den §§ 11 bis 13 UmwStG einen klassischen Umwandlungsfall.

Im **Klausurjahr 2020/21** enthielt die Ertragsteuerklausur mit der Einbringung eines Betriebs im Ganzen in eine OHG einen Einbringungsfall nach § 24 UmwStG.

Im **Klausurjahr 2021/22** enthielt die Ertragsteuerklausur einen nach § 20 UmwStG zu beurteilenden Einbringungsfall. Es ging um die Einbringung eines Einzelunternehmens in eine Kapitalgesellschaft nach § 20 UmwStG.

Im **Klausurjahr 2022/23** enthielt die Ertragsteuerklausur einen Sachverhalt zu einem qualifizierten Anteilstausch (§ 21 UmwStG), der zu Buchwerten ohne Aufdeckung der stillen Reserven aus den eingebrachten Anteilen durchgeführt wurde. Die erhaltenen Anteile wurden von der Gesellschaft sodann innerhalb der siebenjährigen Sperrfrist veräußert, sodass ein Einbringungsgewinn II vom Einbringenden zu versteuern war (§ 22 Abs. 2 UmwStG).

Im **Klausurjahr 2023/24** wurde in der Bilanzklausur eine KG-Gründung geprüft. Dabei waren zahlreiche Einzelaspekte bilanzieller Art steuerlich zu beurteilen. Ein klassischer Umwandlungsfall wurde jedoch nicht geprüft.

Thema/Problembereich E = Ertragsteuerklausur B = Bilanzklausur	Umwandlung als Teil der Klausur		Teilwert, Zwischenwert, Buchwert ab 2008: Gemeiner Wert, Zwischenwert, Buchwert		Steuerliche Folgen Gesellschafter/ Einbringungsgeborene Anteile		Umwandlungsstichtag – Rückwirkung		Einbringung in eine Kapitalgesellschaft i.S.d. § 20 UmwStG		Abgrenzung § 6 Abs. 5/3 EStG, verschiedene Sachgründungen versus UmwStG		Sonderbilanz/Ergänzungsbilanz		Einbringung Einzelunternehmen oder Teilbetrieb oder GmbH-Anteil in Personengesellschaft (§ 24 UmwStG)		§ 6b EStG-Problematik/Sonderposten mit Rücklagenanteil bei Umwandlung	
	E	B	E	B	E	B	E	B	E	B	E	B	E	B	E	B	E	B
2024/23												X				X		
2023/22	X		X				X											
2022/21	X		X				X											
2021/20																X		
2020/19	X						X											
2019/18		X												X				
2018/17		X				X								X				
2017/16		X				X								X		X		
2016/15														X				X
2015/14		X														X		
2014/13	X				X				X									
2013/12	X		X															
2012/11	X												X					
2011/10	X	X										X						X
2010/09	X				X		X											
2009/08		X								X		X		X		X		X
2008/07																		
2007/06	X	X	X	X		X	X		X		X							X
2006/05																		
2005/04	X				X													
2004/03																		
2003/02	X		X		X		X		X									
2002/01	X	X	X	X	X	X			X	X								
2001/00		X		X					X									
2000/99		X		X							X			X		X		
1999/98		X		X			X		X									
1998/97																		
1997/96																		

2.2 Themenschwerpunkte der Klausuren 1992/93 bis 2023/24

Thema/Problembereich E = Ertragsteuerklausur B = Bilanzklausur	Umwandlung als Teil der Klausur		Teilwert, Zwischenwert, Buchwert ab 2008: Gemeiner Wert, Zwischenwert, Buchwert		Steuerliche Folgen Gesellschafter/ Einbringungsgeborene Anteile		Umwandlungsstichtag – Rückwirkung		Einbringung in eine Kapitalgesellschaft i.S.d. § 20 UmwStG		Abgrenzung § 6 Abs. 5/3 EStG, verschiedene Sachgründungen versus UmwStG		Sonderbilanz/Ergänzungsbilanz		Einbringung Einzelunternehmen oder Teilbetrieb oder GmbH-Anteil in Personengesellschaft (§ 24 UmwStG)		§ 6b EStG-Problematik/Sonderposten mit Rücklageanteil bei Umwandlung	
	E	B	E	B	E	B	E	B	E	B	E	B	E	B	E	B	E	B
1996/95																		
1995/94																		
1994/93		X		X		X								X		X		X
1993/92		X		X			X		X									
Häufigkeit	12	13	6	6	5	6	6	4	5	2	2	3	1	7	0	7	0	5
	25		12		11		10		7		5		8		7		5	

Thema/Problembereich E = Ertragsteuerklausur B = Bilanzklausur	Übernahmegewinn/ Übertragungsgewinn		Rückbehalt wesentliche Betriebsgrundlage		Einbringung von Wirtschaftsgütern – tauschähnlicher Vorgang (§ 6 Abs. 1 Nr. 5 EStG)		Verschmelzung von Kapitalgesellschaften auf Kapitalgesellschaften		Aufstockung/Abstockung		Formwechsel Personengesellschaft auf Kapitalgesellschaft (§§ 20 bis 23 UmwStG)		Allgemeine bzw. Gutachterliche Stellungnahme zum Umwandlungsrecht		Formwechsel Kapitalgesellschaft auf Personengesellschaft (§§ 9, 14 und 18 UmwStG)		Spaltung von Kapitalgesellschaften	
	E	B	E	B	E	B	E	B	E	B	E	B	E	B	E	B	E	B
2024/23														X				
2023/22																		
2021/20																		
2020/19	X						X											
2019/18																		
2018/17																		
2017/16																		
2016/15																		
2015/14																		
2014/13																		

2. Klausur Umwandlungssteuer

Thema/Problembereich E = Ertragsteuerklausur B = Bilanzklausur	Übernahmegewinn/ Übertragungsgewinn	Rückbehalt wesentliche Betriebsgrundlage	Einbringung von Wirtschaftsgütern – tauschähnlicher Vorgang (§ 6 Abs. 1 Nr. 5 EStG)	Verschmelzung von Kapitalgesellschaften auf Kapitalgesellschaften	Aufstockung/ Abstockung	Formwechsel Personengesellschaft auf Kapitalgesellschaften (§§ 20 bis 23 UmwStG)	Allgemeine bzw. Gutachterliche Stellungnahme zum Umwandlungsrecht	Formwechsel Kapitalgesellschaft auf Personengesellschaft (§ 9, 14 und 18 UmwStG)	Spaltung von Kapitalgesellschaften
2013/12	X			X					
2012/11									
2011/10			X				X	X	
2010/09					X				
2009/08	X		X					X	X
2008/07									
2007/06	X			X					
2006/05									
2005/04									
2004/03									
2003/02									
2002/01		X					X		
2001/00	X				X			X	
2000/99			X						
1999/98	X			X					
1998/97									
1997/96									
1996/95									
1995/94									
1994/93					X				
1993/92		X							
Häufigkeit	6	2	3	4	2	2	3	2	1

2.3 Konkrete Bearbeitungshinweise
2.3.1 Einordnung des Sachverhalts
2.3.1.1 Bedeutung der Einordnung des Sachverhalts nach dem UmwG

Das Umwandlungsgesetz (UmwG) als zivilrechtliche Grundlage von Umwandlungsvorgängen wurde in den Examensklausuren der vergangenen Prüfungsjahre nicht intensiv abgeprüft. Für die Anwendung des UmwStG und die zutreffende, klausurmäßige Darstellung der steuerlichen Folgen ist die **Einordnung des Umwandlungsvorgangs nach dem UmwG allerdings** von zentraler Bedeutung.

Regelmäßig ergeben sich bei den Prüfungsteilnehmern Schwierigkeiten, den zu bearbeitenden Fall einer der Umwandlungsarten des UmwG bzw. eines Tatbestandes der Einbringung zutreffend zuzuordnen. Es geht insoweit um die richtige Qualifikation des Vorgangs als Verschmelzung, Spaltung, Vermögensübertragung, Formwechsel oder „sonstiger" Vorgang (z.B. Einbringung). Aus diesem Grund ist es wichtig, die Voraussetzungen der Umwandlungsarten nach dem UmwG zu verinnerlichen.

2.3.1.1.1 Systematik des UmwG

Das UmwG ist in sieben Bücher unterteilt. Das 1. Buch beinhaltet lediglich die Vorschrift des § 1 UmwG, der die von dem UmwG vorgesehenen möglichen Arten der Umwandlung abschließend aufzählt. Dabei handelt es sich gemäß § 1 Abs. 1 Nr. 1 bis 4 UmwG um die Verschmelzung, die Spaltung (in Form der Aufspaltung, Abspaltung und Ausgliederung), die Vermögensübertragung und den Formwechsel. Im 2. bis 5. Buch des UmwG sind Regelungen zu den einzelnen Umwandlungsarten enthalten. Das 2. Buch (§§ 2–122l UmwG) regelt die Vorschriften zur Verschmelzung, das 3. Buch (§§ 123–173 UmwG) die Vorschriften zur Spaltung, das 4. Buch (§§ 174–189 UmwG) die Vorschriften zur Vermögensübertragung und das 5. Buch (§§ 190–304 UmwG) die Vorschriften zum Formwechsel.

Das 6. Buch und 7. Buch enthalten in den §§ 313–316 UmwG die Vorschriften für Straftaten und Zwangsgelder und in den §§ 317–325 UmwG Übergangs- und Schlussvorschriften.

Tabellarische Übersicht der ersten 5 Bücher des UmwG:

Buch des UmwG	1. Buch	2. Buch	3. Buch	4. Buch	5. Buch
Paragrafen des UmwG	§ 1	§§ 2–122m	§§ 123–173	§§ 174–189	§§ 190–304
Regelungsgegenstand	Abschließende Aufzählung der Umwandlungsarten	Verschmelzung	Spaltung	Vermögensübertragung	Formwechsel

Um das UmwG möglichst kompakt und anwenderfreundlich zu gestalten, finden sich in den einzelnen Büchern umfangreiche Verweisungen auf die anderen Teile. Besondere Bedeutung haben insoweit die allgemeinen Vorschriften zur Verschmelzung (§§ 4–35 UmwG), denn sie enthalten einen „versteckten allgemeinen Teil" für die folgenden Bücher (vgl. Winter, in: Schmitt/Hörtnagl, UmwG/UmwStG, 9. Auflage 2020 Vorb. zu §§ 2–38, Rn. 5).

Im Übrigen ist jedes einzelne Buch des UmwG so aufgebaut, dass zunächst die Möglichkeiten der Umwandlung unter Benennung der Umwandlungsarten und der umwandlungsfähigen Rechtsträger geregelt werden. Anschließend werden das einzuhaltende Verfahren und die Besonderheiten für die jeweilige konkrete Rechtsform geregelt. Verfahrensrechtlich erfolgen Umwandlungen regelmäßig als „Dreitakt" und vollziehen sich in drei Phasen: **Vorbereitungsphase, Beschlussphase und Vollzugsphase** (vgl. etwa Decker, in: Henssler/Strohn, Gesellschaftsrecht/UmwG, 5. Auflage 2021, § 1 Rn. 3–7; Winter, in: Schmitt/Hörtnagl, UmwG/UmwStG, 9. Auflage 2020, § 1 Rn. 6–9). In der **Vorbereitungsphase** ist zunächst der Entwurf eines Verschmelzungsvertrages (§§ 4–7 UmwG), eines Spaltungs- und Übernahmevertrages (§§ 125, 126 UmwG) bzw. eines Spaltungsplans (§ 136 UmwG) oder eines Übertragungsvertrages (§§ 176, 177 UmwG) zu erstellen. Dieser fungiert als materielle Grundlage für die Umwandlungsmaßnahme. Die Verträge bzw. Pläne sind notariell zu beurkunden (§ 6 UmwG) und müssen den gesetzlich geregelten Mindestinhalt aufweisen, vgl. § 5 Abs. 1, §§ 122c, 126 Abs. 1, §§ 136 und 192 i.V.m. § 194 UmwG (Decker, in: Henssler/Strohn, Gesellschaftsrecht/UmwG, 5. Auflage 2021, § 1 Rn. 4). Unabdingbare Wirksamkeitsvoraussetzung aller Umwandlungsvarianten ist zudem die Beschlussfassung der Anteilsinhaberversammlung (§§ 13, 122g, 193, 194 Abs. 1 UmwG, **Beschlussphase**). Im Vorfeld der Beschlussfassung sind den Anteilsinhabern die erforderlichen Unterlagen, insbesondere Umwandlungsvertrag/-plan, zu übersenden. Für den Umwandlungsbeschluss sind grundsätzlich die für eine Satzungsänderung erforderlichen Mehrheiten nach dem für den beteiligten Rechtsträger anwendbaren Recht vorgeschrieben. Bei Personengesellschaften gilt grundsätzlich der Einstimmigkeitsgrundsatz (§ 43 Abs. 1 und 2, § 217 Abs. 1 UmwG). Auch der Umwandlungsbeschluss sowie erforderliche Zustimmungserklärungen einzelner Anteilsinhaber sind notariell zu beurkunden, vgl. § 13 Abs. 3, § 193 Abs. 3 UmwG (Decker, in: Henssler/Strohn, Gesellschaftsrecht/UmwG, 5. Auflage 2021, § 1 Rn. 6). Die **Vollzugsphase** bezeichnet den Zeitraum der zwingenden Anmeldung der Umwandlung zur Eintragung in das Handelsregister, der sämtliche Erklärungen und Unterlagen beizufügen sind, anhand derer das Registergericht die Ordnungsmäßigkeit der Umwandlung überprüfen kann. Mit der Eintragung in das zuständige Register wird die Umwandlung anschließend wirksam. Die Eintragung der Umwandlung ist von Amts wegen ihrem ganzen Inhalt nach bekanntzumachen, § 19 Abs. 3 UmwG (vgl. Decker, in: Henssler/Strohn, Gesellschaftsrecht/UmwG, 5. Auflage 2021, § 1 Rn. 7).

2.3.1.1.2 Der Begriff des „Rechtsträgers"

Zwar hat das UmwG verschiedene Umwandlungsarten von Unternehmensträgern zum Gegenstand. Es verwendet jedoch den Begriff des „Unternehmens" nicht. Ob ein Rechtsträger ein Unternehmen im betriebswirtschaftlichen oder rechtlichen Sinn betreibt, spielt für das UmwG keine Rolle. Für die Anwendung des UmwG ist nur relevant, ob eine im Rechtsverkehr auftretende juristische Einheit an einem Umwandlungsvorgang beteiligt ist (vgl. auch RegEBegr., BR-Drucks. 75/94, 71).

Unter den Begriff des Rechtsträgers wird damit jeder Vollinhaber eines Rechts, jede im Rechtsverkehr auftretende und an einem Umwandlungsvorgang beteiligte juristische Einheit bzw. jede Rechtseinheit, die ungeachtet einer rechtlichen Verselbstständigung Träger von Rechten und Pflichten sein kann, gefasst (vgl. Schmitt/Hörtnagl/Stratz/Hörtnagl, 9. Aufl. 2020, UmwG § 1 Rn. 2; Semler/Stengel/Leonard/Stengel, 5. Aufl. 2021, UmwG § 1 Rn. 9 ff.).

2.3 Konkrete Bearbeitungshinweise

Das UmwG verwendet deshalb den **Begriff des „Rechtsträgers" für diese juristische Rechtseinheit, die Trägerin von Rechten und Pflichten sein kann** (vgl. Hörtnagl, in: Schmitt/Hörtnagl, UmwG/UmwStG, 9. Auflage 2020, § 1 Rn. 2).

2.3.1.2 Umwandlungsarten

Als Formen der Umwandlung legt § 1 Abs. 1 UmwG die folgenden Umwandlungsvorgänge abschließend fest:
1. **Verschmelzung,**
2. **Spaltung,**
   a) Aufspaltung,
   b) Abspaltung,
   c) Ausgliederung,
3. **Vermögensübertragung,**
4. **Formwechsel.**

Mit diesen unterschiedlichen Vorgängen nach dem UmwG und den unterschiedlichen Voraussetzungen bzw. systematischen Ähnlichkeiten sollte sich der Prüfungsteilnehmer zunächst vertraut machen.

2.3.1.2.1 Verschmelzung

Die **Verschmelzung** kann im Wege der **Aufnahme** gemäß § 2 Nr. 1 UmwG oder im Wege der **Neugründung** gemäß § 2 Nr. 2 UmwG erfolgen.

Im Wege der Aufnahme erfolgt sie durch Übertragung des Vermögens eines Rechtsträgers oder mehrerer Rechtsträger (übertragende Rechtsträger) als Ganzes auf einen anderen bestehenden Rechtsträger (übernehmender Rechtsträger).

Im Wege der Neugründung erfolgt sie durch Übertragung der Vermögen zweier oder mehrerer Rechtsträger (übertragende Rechtsträger) jeweils als Ganzes auf einen neuen, von ihnen dadurch gegründeten Rechtsträger.

An Verschmelzungen können gem. § 3 UmwG als übertragende, übernehmende oder neue Rechtsträger beteiligt sein: Personenhandelsgesellschaften (OHG, KG) und Partnerschaftsgesellschaften, Kapitalgesellschaften (Gesellschaften mit beschränkter Haftung, Aktiengesellschaften, Kommanditgesellschaften auf Aktien); eingetragene Genossenschaften; eingetragene Vereine (§ 21 BGB); genossenschaftliche Prüfungsverbände; Versicherungsvereine auf Gegenseitigkeit. Soweit sie übertragender Rechtsträger sind, können auch wirtschaftliche Vereine (§ 22 BGB) und natürliche Personen, die als Alleingesellschafter einer Kapitalgesellschaft deren Vermögen übernehmen.

Sowohl bei der Verschmelzung zur Aufnahme als auch zur Neugründung sind den Anteilsinhabern (Gesellschafter, Partner, Aktionäre oder Mitglieder) der übertragenden Rechtsträger Anteile oder Mitgliedschaften an dem übernehmenden oder neuen Rechtsträger zu gewähren.

Der Ablauf der Verschmelzung erfolgt in drei wesentlichen Schritten, der Vorbereitungs-, der Beschluss- und der Vollzugsphase. Es ist ein Verschmelzungsvertrag mit den gesetzlich vorgesehenen Mindestangaben (§§ 4, 5 UmwG) in notarieller Form zu schließen (§ 6 UmwG, §§ 8 ff. BeurkG). Insbesondere soll in dem Vertrag das Umtauschverhältnis der Anteile (§ 5 Nr. 3 UmwG) enthalten sein. Bei einer reinen Aufwärtsverschmelzung entfällt diese Angabe, § 5 Abs. 2 UmwG. Der Verschmelzungsvertrag wird nur wirksam, wenn die Anteilsinhaber ihm durch Verschmelzungsbeschluss zustimmen, § 13 Abs. 1 UmwG. Der Beschluss ist notariell zu beurkunden, §§ 13 Abs. 3 S. 1 UmwG, 36 ff. BeurkG (Protokollform).

Die Verschmelzung ist beim Handelsregister zur Eintragung nach §§ 16 ff. UmwG anzumelden. Der Anmeldung sind gemäß § 17 Abs. 1 UmwG die folgenden Unterlagen beizufügen: der notariell beurkundete Verschmelzungsvertrag, die notariell beglaubigte Niederschrift der Verschmelzungsbeschlüsse, die Abschrift des Verschmelzungsberichts und der Prüfungsbericht der Verschmelzungsprüfung oder die Verzichtserklärungen, ein Nachweis über die rechtzeitige Zuleitung an den Betriebsrat. Weiterhin ist die Schlussbilanz des übertragenden Rechtsträgers beizufügen, die auf einen höchstens acht Monate vor der Anmeldung der Verschmelzung liegenden Stichtag erstellt wurde, § 17 Abs. 2 S. 4 UmwG.

Durch die Verschmelzung erlischt der übertragende Rechtsträger (§ 20 Abs. 1 Nr. 2 S. 1 UmwG). Die übernehmende Gesellschaft tritt in die Rechtsstellung des übertragenden Rechtsträgers ein (§ 20 Abs. 1 Nr. 1 UmwG). Ein Fall der Gesamtrechtsnachfolge liegt vor.

Beispiel: Theo Heusser (TH) ist jeweils mit 100 % an der TH-GmbH und der T-GmbH beteiligt. Mit Beschluss vom 31.01. wird die Aufnahme des Vermögens der T-GmbH durch die TH-GmbH beschlossen.

Lösung: Es liegt eine **Verschmelzung** der T-GmbH auf die TH-GmbH **im Wege der Aufnahme gemäß § 2 Nr. 1 UmwG** vor. Die dafür von der TH-GmbH gewährten neuen Anteile erhält der bisherige Anteilseigner der T-GmbH Theo Heusser.

Beispiel: Thea Neusser (TN) ist jeweils mit 100 % an der T-GmbH und der N-GmbH beteiligt. Mit Beschluss vom 31.01. wird die Übertragung des Vermögens der T-GmbH und der N-GmbH auf die dadurch neu zu gründende TN-GmbH beschlossen.

Lösung: Es liegt eine **Verschmelzung im Wege der Neugründung gemäß § 2 Nr. 2 UmwG** vor, denn die Vermögen der T-GmbH und der N-GmbH werden jeweils als Ganzes auf die neu gegründete TN-GmbH übertragen. Die dafür von der TN-GmbH gewährten neuen Anteile erhält die bisherige Anteilseignerin der beiden GmbH (T-GmbH und N-GmbH) Thea Neusser.

2.3.1.2.2 Spaltung
2.3.1.2.2.1 Grundsätzliches

Die **Spaltung** bewirkt die Aufteilung des Vermögens eines einzelnen Rechtsträgers auf mindestens zwei (bestehende oder neu gegründete) Rechtsträger.

Bei der Spaltung geht damit nur ein Teil des Vermögens des übertragenden Rechtsträgers auf einen anderen Rechtsträger oder mehrere Teile des Vermögens auf mehrere Rechtsträger über. Die Spaltung, zumindest in den Formen der Auf- und Abspaltung, ist das Spiegelbild der Verschmelzung, die das Vermögen verschiedener Rechtsträger durch Übertragung auf einen (bestehenden oder neu gegründeten) Rechtsträger zusammenführt. Diese Spiegelbildlichkeit erlaubt die umfangreichen Verweisungen des Spaltungsrechts auf die Verschmelzungsvorschriften (vgl. Hörtnagl, in: Schmitt/Hörtnagl, UmwG/UmwStG, 9. Auflage 2020, § 123 Rn. 3). Bei allen Spaltungsformen erfolgt die Übertragung des Teilvermögens jeweils als Gesamtheit. Es bedarf insoweit nicht der sachenrechtlichen Übertragung einzelner Gegenstände nach den jeweiligen Vorschriften (keine Einzelrechtsübertragung), denn der Vermögensübergang erfolgt uno

2.3 Konkrete Bearbeitungshinweise

actu im Wege der Sonderrechtsnachfolge (partielle Gesamtrechtsnachfolge). Der übertragende Rechtsträger kann dabei – je nach Form der Spaltung – bestehen bleiben oder erlöschen. Die Spaltungsfähigkeit von Rechtsträgern als übertragende, übernehmende oder neue Rechtsträger regelt § 124 UmwG.

2.3.1.2.2.2 Aufspaltung

Die **Aufspaltung** gemäß § 123 Abs. 1 UmwG ist das direkte Gegenstück der Verschmelzung („Spiegelbild", vgl. RegEBegr. BR-Drs. 75/94 zu § 123), denn das Vermögen des übertragenden Rechtsträgers wird bei der Aufspaltung auf mindestens zwei bestehende Rechtsträger (§ 123 Abs. 1 Nr. 1 UmwG) oder neu zu gründende Rechtsträger (§ 123 Abs. 1 Nr. 2 UmwG) übertragen. Der übertragende Rechtsträger wird ohne Abwicklung aufgelöst.

Die Anteilseigner des übertragenden Rechtsträgers erhalten die für das übertragene Vermögen gewährten Anteile an den übernehmenden Rechtsträgern (§ 123 Abs. 1 UmwG).

Als übertragende, übernehmende oder neue Rechtsträger einer Aufspaltung sind die in § 3 Abs. 1 UmwG genannten Rechtsträger (§§ 124 Abs. 1, 3 Abs. 1 Nr. 1–6 UmwG: oHG, KG und Partnerschaftsgesellschaft, GmbH, AG, KGaA, eG, eingetragene Vereine, genossenschaftliche Prüfungsverbände und VVaG) sowie als übertragende Rechtsträger auch wirtschaftliche Vereine beteiligungs- und damit spaltungsfähig.

> **Beispiel:** Pia No (PN) ist jeweils mit 100 % an der PN-GmbH und der P-GmbH beteiligt. Mit Beschluss vom 31.01. wird eine Umwandlung mit folgenden Voraussetzungen beschlossen: Die Teilbetriebe der PN-GmbH sollen auf die P-GmbH und die N-GmbH übertragen werden. Die N-GmbH wird zu diesem Zweck neu gegründet. Für die Übertragung soll PN Anteile an der P-GmbH und an der N-GmbH erhalten.
>
> **Lösung:** Es liegt eine Aufspaltung vor, wobei es sich in Bezug auf die P-GmbH um eine Aufspaltung zur Aufnahme und in Bezug auf die N-GmbH um eine Aufspaltung zur Neugründung handelt. Die Anteile an der P-GmbH und der N-GmbH erhält PN. Die PN-GmbH erlischt ohne Abwicklung.

2.3.1.2.2.3 Abspaltung

Bei der **Abspaltung** bleibt der übertragende Rechtsträger bestehen. Nur Teile des Vermögens des übertragenden Rechtsträgers gehen im Wege der Sonderrechtsnachfolge auf den übernehmenden Rechtsträger über. Auch die Abspaltung kann zur Aufnahme (§ 123 Abs. 2 Nr. 1 UmwG) oder zur Neugründung (§ 123 Abs. 2 Nr. 2 UmwG) erfolgen.

Die Anteilsinhaber des übertragenden Rechtsträgers erhalten **Anteile** an dem übernehmenden Rechtsträger (§ 123 Abs. 2 UmwG).

Als übertragende, übernehmende oder neue Rechtsträger einer Abspaltung sind – wie bei der Aufspaltung – die in § 3 Abs. 1 UmwG genannten Rechtsträger (§§ 124 Abs. 1, 3 Abs. 1 Nr. 1–6 UmwG: oHG, KG und Partnerschaftsgesellschaft, GmbH, AG, KGaA, eG, eingetragene Vereine, genossenschaftliche Prüfungsverbände und VVaG) sowie als übertragende Rechtsträger auch wirtschaftliche Vereine beteiligungs- und damit spaltungsfähig.

> **Beispiel:** Pia No (PN) ist jeweils mit 100 % an der PN-GmbH und der P-GmbH beteiligt. Die PN-GmbH hat drei Teilbetriebe (TB). Mit Beschluss vom 31.01. wird eine Abspaltung der PN-GmbH durchgeführt. Dabei wird der TB 1 auf die P-GmbH übertragen, die Anteile erhält PN. Der TB 2 wird auf die für diesen Zweck neu gegründete N-GmbH übertragen, diese Anteile erhält ebenfalls PN. Der TB 3 verbleibt bei der PN-GmbH.
>
> **Lösung:** Da die PN-GmbH den TB 3 behält und damit als Rechtsträgerin bestehen bleibt, liegt keine Aufspaltung vor. Da die PN-GmbH auch keine neuen Anteile an den übernehmenden Rechtsträgerinnen erhält, liegt auch keine Ausgliederung vor. Vielmehr liegt eine **Abspaltung zur Aufnahme** (P-GmbH) **und zur Neugründung** (N-GmbH) vor. Die Anteile an der P-GmbH und der N-GmbH erhält PN, die Anteilseignerin der PN-GmbH ist.

2.3.1.2.2.4 Ausgliederung

Die **Ausgliederung** entspricht im Wesenskern der Abspaltung, denn der übertragende Rechtsträger bleibt bestehen.

Der zentrale Unterschied zur Abspaltung besteht darin, dass die Anteile am übernehmenden Rechtsträger – anders als bei der Abspaltung – nicht den Anteilseignern des übertragenden Rechtsträgers, sondern dem übertragenden Rechtsträger selbst gewährt werden, § 123 Abs. 3 UmwG.

Ebenso wie Auf- und Abspaltung kann auch die Ausgliederung zur Aufnahme (§ 123 Abs. 3 Nr. 1 UmwG) oder zur Neugründung (§ 123 Abs. 3 Nr. 2 UmwG) erfolgen.

An einer Ausgliederung beteiligungsfähig sind als übertragende, übernehmende oder neue Rechtsträger gemäß § 124 Abs. 1 UmwG die in § 3 Abs. 1 UmwG genannten Rechtsträger sowie als übertragende Rechtsträger neben wirtschaftlichen Vereinen – anders als bei Auf- und Abspaltung – auch Einzelkaufleute, Stiftungen sowie Gebietskörperschaften oder Zusammenschlüsse von Gebietskörperschaften, die nicht Gebietskörperschaften sind (§ 124 Abs. 1 UmwG).

> **Beispiel:** Pia No (PN) ist jeweils mit 100 % an der PN-GmbH und der P-GmbH beteiligt. Die PN-GmbH hat drei Teilbetriebe. Mit Beschluss vom 31.01. wird eine Spaltung der PN-GmbH vorgenommen. Dabei wird der Teilbetrieb 1 auf die P-GmbH übertragen, die Anteile erhält PN. Der Teilbetrieb 2 wird auf die für diesen Zweck neu gegründete N-GmbH übertragen. Die dafür hingegebenen Anteile erhält die PN-GmbH.
>
> **Lösung:** Da bei der PN-GmbH der Teilbetrieb 3 zurückbleibt, liegt keine Aufspaltung vor. In Bezug auf die Übertragung des Teilbetriebs 1 auf die P-GmbH erhält PN (100 %ige Anteilsinhaberin der PN-GmbH) die Anteile, nicht die PN-GmbH. Insoweit liegt keine Ausgliederung, sondern eine **Abspaltung zur Aufnahme** vor.
> In Bezug auf die Übertragung des Teilbetriebs 2 auf die zu diesem Zweck neu gegründete N-GmbH erhält die übertragende Rechtsträgerin (PN-GmbH) neue Anteile an der N-GmbH. Insoweit liegt eine **Ausgliederung zur Neugründung** vor.

2.3.1.2.3 Vermögensübertragung

Bei der **Vermögensübertragung** des vierten Buches des UmwG (§§ 174–189 UmwG) wird zwischen einer Vollübertragung (§ 176 UmwG) und einer Teilübertragung (§ 177 UmwG) unterschieden. Die Vermögensübertragung als Vollübertragung entspricht im Wesentlichen der im

2.3 Konkrete Bearbeitungshinweise

zweiten Buch geregelten Verschmelzung (§ 174 Abs. 1 UmwG), die Teilübertragung der im dritten Buch geregelten Aufspaltung (§ 174 Abs. 2 Nr. 1 UmwG), Abspaltung (§ 174 Abs. 2 Nr. 2 UmwG) bzw. Ausgliederung (§ 174 Abs. 2 Nr. 3 UmwG) und erfolgt damit jeweils durch Gesamt- oder Sonderrechtsnachfolge. Insofern sind die Vorschriften des Verschmelzungs- und Spaltungsrechts entsprechend anwendbar, was über Verweisungen sichergestellt wird.

Der Unterschied der Vermögensübertragung zu Verschmelzung und Spaltung liegt in der **Art der Gegenleistung**. Anders als bei Verschmelzung oder Spaltung werden bei der Vermögensübertragung nicht Anteile an einem übernehmenden oder neuen Rechtsträger gewährt, sondern eine Gegenleistung anderer Art (z.B. Barleistung, Vermögensgegenstände/Wirtschaftsgüter). Es muss sich um eine Gegenleistung handeln, die nicht in Anteilen oder Mitgliedschaften besteht (§ 174 Abs. 2 UmwG).

Eine Vermögensübertragung ist – in Abweichung zu Verschmelzung und Spaltung – zudem nur möglich unter Beteiligung der in § 175 UmwG genannten Rechtsträger. Dabei regelt § 175 Nr. 1 UmwG die Vermögensübertragung von Kapitalgesellschaften auf die öffentliche Hand, während § 175 Nr. 2 UmwG Fälle der Vermögensübertragung von Versicherungsunternehmen untereinander abschließend regelt (Versicherungs-AG, Versicherungsvereine auf Gegenseitigkeit (VVaG) und öffentlich-rechtliche Versicherungsunternehmen).

> **Beispiel:** Die PN-GmbH überträgt einen ihrer zwei Teilbetriebe auf die Gemeinde. PN ist Alleingesellschafterin der PN-GmbH und hält die Anteile im Betriebsvermögen. Als Gegenleistung für diesen Teilbetrieb erhält PN von der Gemeinde ein Grundstück im Außenbereich der Gemeinde, das PN künftig als Lagerplatz nutzen will.
>
> **Lösung:** Für die Übertragung des Teilbetriebs erhält PN keine Anteile an der übernehmenden Rechtsträgerin, sondern ein anderes Wirtschaftsgut, hier das Grundstück im Außenbereich der Gemeinde. Damit liegt **eine Vermögensübertragung als Abspaltung durch Teilübertragung** gemäß § 174 Abs. 2 Nr. 2 UmwG vor.

2.3.1.2.4 Formwechsel

Bei dem **Formwechsel** bleibt die Identität des formwechselnden Rechtsträgers gewahrt, lediglich das Rechtskleid und die Struktur des Rechtsträgers ändern sich. Es werden weder das Vermögen als Ganzes, noch Teile des Vermögens übertragen. Geregelt ist der Formwechsel im fünften Buch des UmwG (§§ 190–304 UmwG). Bei einem Formwechsel erfolgt damit **kein** Rechtsträgerwechsel. Steuerliche Wirkungen, die an den Rechtsträgerwechsel anknüpfen (z.B. Entstehung von Grunderwerbsteuer bei (Mit-)Übertragung von Grundstücken), können insoweit nicht ausgelöst werden. Formwechselnde Rechtsträger können Personenhandelsgesellschaften und Partnerschaftsgesellschaften, Kapitalgesellschaften, eingetragene Genossenschaften, rechtsfähige Vereine, Versicherungsvereine auf Gegenseitigkeit und Körperschaften und Anstalten des öffentlichen Rechts sein (§ 191 Abs. 1 UmwG). Den Formwechsel eines Einzelunternehmens sieht § 191 UmwG nicht vor.

2.3.2 Systematik des Umwandlungssteuergesetzes
2.3.2.1 Überblick: Systematik des Umwandlungssteuergesetzes

Das UmwStG folgt einer eigenen Systematik. Diese ergibt sich u.a. aus dem unterschiedlichen Besteuerungsregime, das der Besteuerung von Kapitalgesellschaften und Personengesellschaften zugrunde liegt. Das jeweilige Besteuerungskonzept folgt entweder dem Trennungs- oder dem Transparenzprinzip. Im Falle von Umwandlungen von Rechtsträgern, die unterschiedlichen Besteuerungskonzepten unterliegen, müssen diese Prinzipien zur Vermeidung von Besteuerungslücken harmonisiert werden.

Durch Umwandlungen von Kapitalgesellschaften, Personenhandelsgesellschaften und Einzelunternehmen können dementsprechend Besteuerungsebenen entfallen, hinzukommen oder in ihrer Anzahl unverändert bleiben.

Aus steuerlicher Sicht können die einzelnen Umwandlungsvorgänge insgesamt vier Gruppen zugeordnet werden:

Auswirkung des Umwandlungsvorgangs auf die Besteuerungsebene/n	Entfallen einer Besteuerungsebene durch den Umwandlungsvorgang	Hinzukommen einer Besteuerungsebene durch den Umwandlungsvorgang	Keine Änderung bezüglich Besteuerungsebenen durch den Umwandlungsvorgang	Keine Änderung bezüglich Besteuerungsebenen durch den Umwandlungsvorgang
Prinzipien	Wechsel vom Trennungsprinzip zum Transparenzprinzip	Wechsel vom Transparenzprinzip zum Trennungsprinzip	Fortgeltung des Trennungsprinzips	Fortgeltung des Transparenzprinzips
Beispiel	Verschmelzung einer KapG auf eine PersG	Verschmelzung einer PersG auf eine KapG	Verschmelzung einer KapG auf eine KapG	Verschmelzung einer PersG auf eine PersG

Um diesen steuersystematischen Besonderheiten in einzelnen Umwandlungsfällen gerecht zu werden, enthält das Umwandlungssteuergesetz insgesamt zehn Teile.

Sein materieller Kernbereich ist in zwei große Bereiche unterteilt. Hierbei handelt es sich um den sog. **Umwandlungsteil** (Bezeichnung laut BT-Drucks. 16/2710, 34) und den sog. **Einbringungsteil** (Bezeichnung laut BT-Drucks. 16/2710, 28). Der Umwandlungsteil besteht aus den Teilen 2 bis 5 des UmwStG und umfasst damit die §§ 3 bis 19 UmwStG. Der Einbringungsteil besteht aus den Teilen 6 bis 8 und umfasst die §§ 20 bis 25 UmwStG.

2.3.2.2 Teil 1 des Umwandlungssteuergesetzes (§§ 1, 2 UmwStG)
2.3.2.2.1 Allgemeiner Anwendungsbereich und Begriffsbestimmungen, § 1 UmwStG

Teil 1 des UmwStG umfasst die §§ 1, 2 UmwStG und enthält allgemeine Regelungen und Bestimmungen.

Zunächst regelt § 1 UmwStG sachliche und persönliche Anwendungsregelungen, die durch die Öffnung des deutschen Umwandlungssteuerrechts für grenzüberschreitende Umstrukturierungen notwendig wurden, um das Spektrum der an begünstigten Umstrukturierungen nach dem UmwStG teilnahmefähigen Rechtsträger spezifisch zu definieren.

Ein wesentlicher Zweck des § 1 Abs. 1 bis 4 UmwStG besteht insoweit in der Bestimmung, welche Rechtsträger an der gewünschten Umstrukturierungen nach Form, Art und Weise teil-

2.3 Konkrete Bearbeitungshinweise

nehmen können, damit das UmwStG anwendbar ist und damit mögliche Steuererleichterungen gegeben sind. Systematisch beziehen sich die Absätze 1 und 2 auf den Umwandlungsteil (Teile 2 bis 5) und die Absätze 2 und 4 auf den Einbringungsteil (Teile 6 bis 8).

Nach § 1 Abs. 1 Nr. 1 UmwStG **gilt der Umwandlungsteil** etwa für Verschmelzungen, Aufspaltungen und Abspaltungen im Sinne der §§ 2, 123 Abs. 1 und 2 des Umwandlungsgesetzes von **Körperschaften** (jedoch nicht für die Ausgliederung, vgl. § 1 Abs. 1 S. 2 UmwStG).

> **Hinweis!** § 1 Abs. 2 Nr. 1 UmwStG ergänzte den Abs. 1 um zusätzliche Anforderungen, die von den an einer Umwandlung i.S.d. § 1 Abs. 1 UmwStG beteiligten Rechtsträgern persönlich erfüllt sein müssen. Es handelt sich dabei um einen doppelten EU/EWR-Bezug: Die beteiligten Rechtsträger mussten nach dem Recht eines Mitgliedstaats gegründet sein und den Sitz und Ort der Geschäftsleitung innerhalb des Hoheitsgebiets eines Mitgliedstaats haben. Dadurch wurde der persönliche Anwendungsbereich zugunsten von EU-/EWR-Rechtsträgern eingeschränkt. § 1 Abs. 2 UmwStG wurde inzwischen mit Wirkung vom 01.01.2022 durch Gesetz vom 25.06.2021 (BGBl I 2021, 2050) aufgehoben.

Für ein gutes Systemverständnis sollte der § 1 UmwStG und seine Systematik möglichst bekannt sein

2.3.2.2.2 Steuerliche Rückwirkung, § 2 UmwStG

§ 2 UmwStG regelt eine steuerliche Rückwirkung und gilt für die Umwandlungen des Umwandlungsteils (Teile 2 bis 5 UmwStG). Die Vorschrift enthält eine **steuerliche Rückwirkung** auf einen Zeitpunkt, zu dem ein Umwandlungsvorgang aus steuerlicher Sicht und nach Wahl der an der Umwandlung beteiligten Rechtsträger wirksam werden soll. Es handelt sich um den steuerlichen Rückbezug auf einen selbst gewählten Zeitpunkt, in dem die steuerlichen Wirkungen der vorgenommenen Umwandlung eintreten und wirksam werden sollen.

Die Notwendigkeit der steuerlichen Rückwirkung ergibt sich aus dem nachfolgenden Grund:

Die Umwandlung, sei es Verschmelzung oder Spaltung etc., wird durch die Eintragung in das Handelsregister vollzogen (vgl. für die Verschmelzung und Spaltung § 20 Abs. 1 UmwG, § 131 Abs. 1 UmwG). Die dinglichen Wirkungen der Umwandlung (Änderung der materiellen Rechtslage) treten zivilrechtlich damit erst mit der Eintragung in das maßgebliche Register ein. Der übertragende Rechtsträger existiert also über den Tag des Umwandlungsbeschlusses hinaus bis zur Eintragung in das maßgebliche Register (= Zeitpunkt des dinglichen Übergangs des Vermögens, § 20 Abs. 1 UmwG). Das später übergehende Vermögen verbleibt damit bis zur Eintragung bei dem übertragenden Rechtsträger. Nach allgemeinen Grundsätzen bedeutet dies, dass der übertragende Rechtsträger den bis zur Eintragung erwirtschafteten Gewinn nach allgemeinen steuerlichen Grundsätzen versteuern müsste. Dafür müsste der übertragende Rechtsträger auf den (Stich-)Tag der Registereintragung zwingend eine Steuerbilanz aufstellen, um die auf den Stichtag entstandene Steuerlast zutreffend zu ermitteln. Gleichzeitig müsste auch der übernehmende Rechtsträger am Tag der Registereintragung die Übernahme des übergehenden Vermögens als Geschäftsvorfall buchen oder, sofern er mit der Übernahme erst entsteht, eine Eröffnungsbilanz aufstellen.

Hierin liegt allerdings ein (vom Gesetzgeber erkanntes) Problem, denn der exakte Zeitpunkt der Registereintragung kann von den Organen der beteiligten Rechtsträger nicht geplant werden, da dieser Zeitpunkt durch externe, außerhalb der Sphäre der beteiligten Rechtsträger liegende Umstände beeinflusst wird. Es bestünde also eine fortwährende Ungewissheit, zu welchem Stichtag Inventar und Bilanz aufzustellen wären.

Um diesem Problem entgegenzuwirken, hat der Gesetzgeber die Möglichkeit geschaffen, den Stichtag der Umwandlung frei zu wählen. Es ist allerdings darauf zu achten, dass der Zeitraum zwischen Umwandlungsstichtag und Anmeldung der Umwandlung zum maßgeblichen Register einen bestimmten Zeitraum nicht überschreitet.

Denn gemäß § 17 Abs. 2 S. 4 UmwG ist der Anmeldung zum Handelsregister eine Schlussbilanz des übertragenden Rechtsträgers beizufügen, die auf einen **höchstens acht Monate vor der Anmeldung liegenden Zeitpunkt** aufgestellt ist (Hinweis: Verlängerung des Rückwirkungszeitraums auf zwölf Monate für Registeranmeldungen in den Kalenderjahren 2020 und 2021 durch Art. 2 § 4 Gesetz zur Abmilderung der Folgen der COVID-19-Pandemie im Zivil-, Insolvenz- und Strafverfahrensrecht, BGBl I 2020, 569). Auf diese Weise kann der handelsrechtliche Stichtag frei gewählt werden. Die Anmeldung zum Handelsregister muss innerhalb des Zeitraums von acht Monaten (bzw. zwölf Monate) nach dem Umwandlungsstichtag liegen.

Handelsrechtlich gelten die Handlungen des übertragenden Rechtsträgers dann ab dem handelsrechtlichen Stichtag (z.B.: Verschmelzungs- oder Spaltungsstichtag gemäß § 5 Abs. 1 Nr. 6 UmwG bzw. § 126 Abs. 1 Nr. 6 UmwG) bereits als für Rechnung des übernehmenden Rechtsträgers vorgenommen (vgl. auch Tz. 02.13 UmwStE).

Zu beachten ist, dass der handelsrechtliche Umwandlungsstichtag und der steuerliche Übertragungsstichtag i.S.d. § 2 Abs. 1 UmwStG nicht identisch sind (vgl. Tz. 02.01 UmwStE).

Der Stichtag der handelsrechtlichen und steuerlichen Schlussbilanz ist der Tag vor dem handelsrechtlichen Umwandlungsstichtag (Verschmelzungs- bzw. Spaltungsstichtag etc.).

Beispiel (vgl. Tz. 02.02 UmwStE):
Handelsrechtlicher Umwandlungsstichtag: 01.01.24
Stichtag der handelsrechtlichen Schlussbilanz: 31.12.23
Steuerlicher Übertragungsstichtag: 31.12.23

§ 2 UmwStG knüpft an diesen handelsrechtlich gebotenen Rückbezug an und regelt für steuerliche Zwecke, dass Einkommen und Vermögen der beteiligten Rechtsträger so zu ermitteln sind, als ob das Vermögen mit Ablauf des Bilanzstichtags, der dem Vermögensübergang zugrunde liegt, ganz oder teilweise auf den übernehmenden Rechtsträger übergegangen wäre.

Auf diesen Zeitpunkt ist die Steuerbilanz aufzustellen.

§ 2 UmwStG gilt für die Umwandlungsvorgänge nach den Teilen 2 bis 5 des UmwStG, ausgenommen davon ist der Formwechsel, der eine eigenständige steuerliche Rückwirkungsregelung in § 9 Satz 3 UmwStG enthält. Auf einzelne Auswirkungen wird unten näher eingegangen. Im Einbringungsteil finden sich eigene Regelungen zur steuerlichen Rückwirkung (vgl. z.B. § 20 Abs. 6 UmwStG).

2.3.2.3 Teile 2 bis 5 des Umwandlungssteuergesetzes: sog. Umwandlungsteil des UmwStG

Die Teile 2 bis 5 (§§ 3–19 UmwStG) bilden den ersten großen Teilkomplex des UmwStG, den sog. Umwandlungsteil.

Geordnet nach der Rechtsform des übernehmenden Rechtsträgers, regeln sie die steuerlichen Folgen von Umwandlungen, bei denen der übertragende Rechtsträger eine Kapitalgesellschaft ist (§ 1 Abs. 1 UmwStG).

Dabei sind im zweiten Teil (§§ 3 bis 8 UmwStG) die Verschmelzung einer Kapitalgesellschaft auf eine Personenhandelsgesellschaft und ihr Formwechsel in eine Personenhandelsgesell-

2.3 Konkrete Bearbeitungshinweise

schaft (§§ 9 i.V.m. 3 bis 8 UmwStG) geregelt. Im dritten Teil (§§ 11 bis 13 UmwStG) sind die Verschmelzung zweier Kapitalgesellschaften und im vierten Teil (§§ 15, 16 UmwStG) die Auf- und Abspaltung und Vermögensübertragung zwischen zwei Kapitalgesellschaften (§ 15 UmwStG) und einer Kapitalgesellschaft auf eine Personengesellschaft (§ 16 UmwStG) geregelt.

Ausgenommen ist nach **§ 1 Abs. 1 S. 2 UmwStG** die **Ausgliederung** i.S.d. § 123 Abs. 3 UmwG. Diese fällt in den Anwendungsbereich des § 20 UmwStG.

Im fünften Teil (§§ 18, 19 UmwStG) finden sich Vorschriften zu den gewerbesteuerlichen Folgen der vorgenannten Umwandlungen.

2.3.2.4 Teile 6 bis 8 des Umwandlungssteuergesetzes: sog. Einbringungsteil des UmwStG

Nach § 1 Abs. 3 UmwStG wird in den Teilen 6 bis 8 die **steuerliche Behandlung der Ausgliederung** nach § 123 Abs. 3 UmwG in eine Kapitalgesellschaft (§ 20 UmwStG, Teil 6) und in eine Personengesellschaft (§ 24 UmwStG, Teil 7) geregelt. Darüber hinaus wird die Verschmelzung einer Personengesellschaft in eine Kapitalgesellschaft (§ 20 UmwStG, Teil 6) und einer Personengesellschaft in eine Personengesellschaft (§ 24 UmwStG, Teil 7) und die Auf- und Abspaltung (eines Teilbetriebs) von einer Personengesellschaft auf eine Kapitalgesellschaft (§ 20 UmwStG, Teil 6) und von einer Personengesellschaft auf eine Personengesellschaft (§ 24 UmwStG, Teil 7) geregelt. Zudem werden der Formwechsel der Personengesellschaft in eine Kapitalgesellschaft (§ 25 UmwStG, Teil 8), der Anteilstausch (§ 21 UmwStG, Teil 6) und Übertragungen (Einbringung) im Wege der Einzelrechtsnachfolge in Kapitalgesellschaft und in Personengesellschaft geregelt.

2.3.2.5 Teile 9 und 10 des Umwandlungssteuergesetzes

Die Teile 9 und 10 des UmwStG enthalten Vorschriften zur Missbrauchsabwehr und Anwendungsvorschriften.

2.3.2.6 Aktuelle Änderungen im Zusammenhang mit der neu geschaffenen Option nach § 1a KStG

Mit dem Gesetz zur Modernisierung des Körperschaftsteuerrechts wurde eine Option zur Körperschaftsteuer für Personenhandels- und Partnerschaftsgesellschaften eingeführt. Die Vorschrift ist durch das KöMoG vom 25.6.2021 neu in das KStG eingeführt worden (BGBl I 2021, 2050; BT-Drs. 19/28656, 19/29843).

Art. 1 Nr. 3 KöMoG, durch den § 1a KStG eingefügt wird, trat gemäß Art. 12 Abs. 2 KöMoG am Tag nach der Verkündung (30.06.2021), mithin am 01.07.2021, in Kraft.

Der Finanzausschuss hatte insoweit die ursprüngliche Fassung des Art. 12 geändert, die ein Inkrafttreten des gesamten KöMoG am 01.01.2022 vorsah (vgl. dazu auch BT-Drs. 19/29843, 23, 49).

Die Ausübung der Option zur Körperschaftsbesteuerung erfolgt durch unwiderruflichen Antrag der Gesellschaft bei dem für die gesonderte und einheitliche Feststellung zuständigen Finanzamt. Der Antrag ist spätestens einen Monat vor Beginn des Wirtschaftsjahres zu stellen, ab dem die Besteuerung nach dem KStG erfolgen soll.

Als Einbringungszeitpunkt gilt das Ende des Wirtschaftsjahres, das dem Wirtschaftsjahr vorangeht, für das erstmals die Besteuerung nach dem KStG erfolgen soll (§ 1a Abs. 2 Satz 3 KStG).

Aus umwandlungssteuerrechtlicher Sicht gilt der Übergang zur Körperschaftsbesteuerung als Formwechsel i.S.d. § 1 Abs. 3 Nr. 3 UmwStG, vgl. § 1a Abs. 2 S. 1 KStG.

Die §§ 1 und 25 UmwStG sind nach § 1a Abs. 2 Satz 2 KStG entsprechend anzuwenden. Danach ist der Anwendungsbereich des Sechsten bis Achten Teils des UmwStG (§§ 20 ff. UmwStG) eröffnet, jedoch im Einzelfall nur insoweit, als die optierende Gesellschaft die Voraussetzungen des § 1 Abs. 4 S. 1 Nr. 1 UmwStG und die an der optierenden Gesellschaft beteiligten Gesellschafter die Voraussetzungen des § 1 Abs. 4 S. 1 Nr. 2 Buchst. a UmwStG spätestens am steuerlichen Übertragungsstichtag erfüllen (Rn. 01.52 UmwStE) oder das Recht der Bundesrepublik Deutschland hinsichtlich der Besteuerung des Gewinns aus der Veräußerung der Anteile an der optierenden Gesellschaft nicht ausgeschlossen oder beschränkt ist (§ 1 Abs. 4 S. 1 Nr. 2 Buchst. b UmwStG).

Ertragsteuerlich handelt es sich bei der Option um einen fingierten Anschaffungsvorgang einer- und einen Veräußerungsvorgang andererseits (vgl. auch Rn. 00.02 UmwStE). Demnach stellt der fiktive Formwechsel durch Ausübung der Option (ebenso wie der tatsächliche Formwechsel) eine Betriebsaufgabe i. S. d. § 16 Abs. 3 S. 1 EStG dar, die grundsätzlich zur vollständigen Aufdeckung der stillen Reserven führt (vgl. Schiffers/Jacobsen DStZ 21, 348, 358). Eine Buchwert- bzw. Zwischenwertfortführung ist aber, wie beim Formwechsel nach § 9 UmwStG, nur bei Erfüllung der Voraussetzungen des UmwStG möglich. Nach der Rechtsgrundverweisung des § 25 Satz 1 UmwStG findet § 20 UmwStG Anwendung (vgl. Brandis/Heuermann/Wackerbeck, KStG § 1a Rn. 42).

Wenn diese Voraussetzungen bei einzelnen Gesellschaftern nicht erfüllt sind, kommt es zur Aufdeckung der stillen Reserven im Betriebsvermögen der optierenden Personengesellschaft durch insoweit zwingenden Ansatz des gemeinen Wertes.

Da § 4 Abs. 3 EStG bei der optierenden Gesellschaft nach § 1a Abs. 3 Satz 6 KStG nicht anwendbar ist, müssen Einnahmenüberschussrechner im Rahmen des Übergangs zur Körperschaftsbesteuerung zum steuerlichen Übertragungsstichtag zur Gewinnermittlung durch Betriebsvermögensvergleich wechseln. Besteht für die zivilrechtlich fortbestehende Personengesellschaft eine Buchführungspflicht nach dem HGB oder einer ausländischen Rechtsnorm, so gilt diese auch für die optierende Gesellschaft. Besteht eine solche Buchführungspflicht nicht, so ist der Gewinn der optierenden Gesellschaft nach § 4 Abs. 1 EStG zu ermitteln. In beiden Fällen hat die optierende Gesellschaft für steuerliche Zwecke eine Gewinnermittlung unter Beachtung der für Kapitalgesellschaften geltenden Vorschriften zu erstellen (vgl. Rn. 60 des BMF-Schreibens vom 10.11.2021, IV C 2 – S-2707/21/10001 :004).

Ein entstehender Übergangsgewinn ist als laufender Gewinn des Wirtschaftsjahres, das dem Wirtschaftsjahr der erstmaligen Ausübung der Option vorangeht, zu versteuern.

Nach der wirksamen Option wird die optierende Gesellschaft wie eine Kapitalgesellschaft behandelt (§ 1a Abs. 1 Satz 1 KStG, § 2 Abs. 8 GewStG). Daher finden grundsätzlich alle Regelungen, die für Kapitalgesellschaften ungeachtet ihrer spezifischen Rechtsform gelten, auf die optierende Gesellschaft Anwendung, insbesondere also die Vorschriften des KStG, EStG, GewStG, SolZG, AStG und des UmwStG, (vgl. Rn. 50 des BMF-Schreibens vom 10.11.2021, a.a.O.).

Die Beteiligung an einer optierenden Gesellschaft gilt für Zwecke der Besteuerung nach dem Einkommen – und nach § 2 Abs. 8 GewStG auch für Zwecke der Gewerbesteuer – als Beteiligung eines nicht persönlich haftenden Gesellschafters an einer Kapitalgesellschaft, § 1a Abs. 3 Satz 1 KStG (vgl. Rn. 61 des BMF-Schreibens vom 10.11.2021, a.a.O.). Die Veräußerung eines Anteils oder eines Teils eines Anteils an der optierenden Gesellschaft oder dessen verdeckte Einlage in eine Kapitalgesellschaft führt je nach Beteiligungshöhe und Zeitpunkt des Erwerbs der Beteiligung zu Einkünften nach § 20 Abs. 2 S. 1 Nr. 1 oder § 17 Abs. 1 EStG (ggf. i.V.m. § 17 Abs. 6 EStG) i.V.m. § 3 Nr. 40 S. 1 Buchst. c EStG. Werden die Anteile im Betriebsvermögen einer natürlichen Person gehalten, sind § 3 Nr. 40 S. 1 Buchst. a und § 3c Abs. 2 EStG anwendbar.

Als Veräußerung gelten auch die gesetzlich einer Veräußerung gleichgestellten Vorgänge wie insbesondere solche i.S.d. § 17 Abs. 1 S. 2 und Abs. 4, § 20 Abs. 2 S. 2 EStG oder § 6 AStG.

2.3.3 Standardthemen und Prüfungsschwerpunkte
2.3.3.1 Der Wertansatz des übergehenden Vermögens
2.3.3.1.1 Grundsatz: Gemeiner Wert

Im Umwandlungsteil, den Teilen 2 bis 5 des UmwStG, bestimmt der übertragende Rechtsträger den Wert, mit dem das übergehende Vermögen in seiner Schlussbilanz anzusetzen ist. Der übernehmende Rechtsträger ist an diese Wertvorgabe gebunden (Bindungswirkung, vgl. etwa § 4 Abs. 1 Satz 1 UmwStG, § 12 Abs. 1 Satz 1 UmwStG). Dabei gilt der Grundsatz, dass das übergehende Vermögen mit dem gemeinen Wert anzusetzen ist (§§ 3 Abs. 1, 11 Abs. 1 S. 1, 15 Abs. 1 S. 1, 16 S. 1 UmwStG).

Im Einbringungsteil, den Teilen 6 bis 8 des UmwStG (§§ 20 ff. UmwStG), bestimmt der übernehmende Rechtsträger den Wert, mit dem das eingebrachte Vermögen anzusetzen ist. Auch insoweit erfolgt der Ansatz grundsätzlich mit dem gemeinen Wert (§ 20 Abs. 2 S. 1, 21 Abs. 1 S. 1, 24 Abs. 2 S. 1, 25 S. 1 UmwStG).

2.3.3.1.2 Auf Antrag: Buchwert oder Zwischenwert

Auf Antrag dürfen allerdings auch der Buchwert oder ein sog. Zwischenwert angesetzt werden, wenn das Besteuerungsrecht der BRD nicht ausgeschlossen oder beschränkt wird (vgl. § 3 Abs. 2, § 11 Abs. 2, § 15 Abs. 1 S. 2, § 16 S. 1 UmwStG und § 20 Abs. 2 S. 2, § 21 Abs. 1 S. 2, § 24 Abs. 2 S. 2 UmwStG). Der Antrag ist für die Umwandlungen der Teile 2 bis 5 bis zur erstmaligen Abgabe der steuerlichen Schlussbilanz bei dem für die Besteuerung des übertragenden Rechtsträgers zuständigen Finanzamt zu stellen (vgl. § 3 Abs. 2 S. 2, § 11 Abs. 3, § 15 Abs. 1 S. 1, § 16 S. 1 UmwStG).

Für die Einbringungen der Teile 6 bis 8 ist der Antrag bei dem für die Besteuerung des übernehmenden Rechtsträgers zuständigen Finanzamt gemäß §§ 20 Abs. 2 S. 3, 21 Abs. 1 S. 3, 24 Abs. 2 S. 3 UmwStG zu stellen; wird die rechtzeitige Antragstellung zum Buch- oder Zwischenwertansatz versäumt, sind die gemeinen Werte anzusetzen.

2.3.3.1.3 Hinweis zum Zwischenwertansatz

Die Möglichkeit des Zwischenwertansatzes ist bedeutsam und kann in der Prüfungsklausur relevant werden.

Infolge des vollständigen Verlustuntergangs (vgl. etwa § 4 Abs. 2 Satz 2 UmwStG) können Verluste bzw. Verlustvorträge des übertragenden Rechtsträgers nicht auf den übernehmenden Rechtsträger übertragen und von diesem gewinnmindernd genutzt werden.

Das bedeutet für die Prüfungsklausur: Soweit beim übertragenden Rechtsträger Verluste/Verlustvorträge bestehen, können diese steuerlich nur durch Ansatz des übergehenden Vermögens mit dem gemeinen Wert oder einem Zwischenwert in der Schlussbilanz (Übertragungsbilanz) genutzt werden. Durch den Ansatz eines über dem Buchwert liegenden Werts werden stille Reserven aufgedeckt, die dann mit den bestehenden Verlusten saldiert werden können.

Da diese Verrechnung zu einer Verringerung der Steuerlast führt, sollte der Klausurbearbeiter auf diesen Umstand achten und bei der Suche nach dem für den Steuerpflichtigen günstigsten Ergebnis nicht sofort von dem Ansatz des Buchwerts ausgehen, sondern den Ansatz eines Zwischenwerts oder des gemeinen Werts zur vollständigen oder zumindest teilweisen Verlustnutzung in Betracht ziehen. Andernfalls gehen die Verluste vollständig unter.

In der Klausur 2012/13 war der festgestellte Verlustvortrag höher als der durch den Ansatz des übergehenden Vermögens mit den gemeinen Werten entstehende Übertragungsgewinn. Ein Antrag zum Buchwertansatz nach § 11 Abs. 2 UmwStG war deshalb nicht geboten, weil der gemäß § 12 Abs. 3 Halbsatz 2 i.V.m. § 4 Abs. 2 S. 2 UmwStG teilweise nicht zu verhindernde Verlustuntergang noch höher ausgefallen wäre. Der Klausurbearbeiter muss also prüfen und ermitteln, ob und inwieweit nach dem jeweiligen Sachverhalt der Ansatz eines Zwischenwerts oder des gemeinen Werts zur (anteiligen) Verlustnutzung im Sinne des für den Steuerpflichtigen günstigsten, gewünschten Ergebnisses geboten ist.

2.3.3.2 Steuerliche Folgen der Rückwirkung
2.3.3.2.1 Grundsätze des § 2 UmwStG

Bei steuerlicher Rückwirkung sind Einkommen und Vermögen der übertragenden Kapitalgesellschaft und der übernehmenden Personengesellschaft bzw. deren Gesellschafter so zu ermitteln, als ob das Vermögen der Kapitalgesellschaft mit Ablauf des steuerlichen Übertragungsstichtags auf die Übernehmerin bzw. auf die Gesellschafter der Übernehmerin übergegangen wäre (§ 2 Abs. 1 und Abs. 2 UmwStG).

Der steuerliche Übertragungsstichtag ist nach h.M. der Tag, der dem Umwandlungsstichtag (§ 5 Abs. 1 Nr. 6 UmwG) unmittelbar vorangeht (vgl. Tz. 02.02 UmwStE; vgl. auch van Lishaut, in R/H/vL, 3. Auflage 2019, zu § 2 Rn. 10).

Die Geschäftsvorfälle im Rückwirkungszeitraum werden handelsrechtlich und steuerlich dem übernehmenden Rechtsträger zugerechnet.

Die **steuerliche Rückwirkung** gilt somit für die **Einkommensteuer, Körperschaftsteuer und Gewerbesteuer**. Sie gilt jedoch **nicht** für die **Umsatzsteuer**. Bis zur Eintragung der Umwandlung in das Handelsregister bleibt die übertragende Kapitalgesellschaft umsatzsteuerrechtlich Unternehmerin.

2.3.3.2.2 Rückwirkung von Verträgen

Für die Ertragsbesteuerung sind die Einkünfte ab dem Übertragungsstichtag nach denjenigen Grundsätzen zu ermitteln, die für die Besteuerung bei der Übernehmerin gelten.

Liefer- und Leistungsbeziehungen zwischen dem übertragenden und dem übernehmenden Rechtsträger im Rückwirkungszeitraum werden für ertragsteuerliche Zwecke nicht berücksichtigt (vgl. Tz. 02.13 UmwStE).

Im Rückwirkungszeitraum gezahlte Vergütungen aus schuldrechtlichen Vereinbarungen (z.B. Darlehens-, Kauf- und Mietverträge) zwischen dem übertragenden Rechtsträger und Anteilseignern, die Mitunternehmer der Übernehmerin werden, sind dem Gewinnanteil der jeweiligen Mitunternehmer in voller Höhe zuzurechnen (vgl. Tz. 02.36 UmwStE).

Vergütungen an den Gesellschafter-Geschäftsführer der übertragenden Kapitalgesellschaft sind ab dem steuerlichen Übertragungsstichtag nicht mehr als Betriebsausgaben abzugsfähig, sondern werden als Sonderbetriebseinnahmen erfasst (§ 15 Abs. 1 S. 1 Nr. 2 zweiter Halbsatz EStG), soweit der Vergütungsempfänger Mitunternehmer der Personengesellschaft ist (vgl. Beispiel zu Tz. 02.21 UmwStE).

Nach dem Übertragungsstichtag gezahlte Aufsichtsratsvergütungen, die bei der Körperschaftsteuer gemäß § 10 Nr. 4 KStG nur zur Hälfte abgezogen werden dürfen, werden der über-

2.3 Konkrete Bearbeitungshinweise

nehmenden Personengesellschaft als Betriebsausgaben in voller Höhe nach § 2 Abs. 1 UmwStG zugerechnet und wirken sich in voller Höhe gewinnmindernd aus. Dies gilt nur dann nicht, wenn der Empfänger der Aufsichtsratvergütung Gesellschafter der übernehmenden Personengesellschaft ist. Dann handelt es sich bei diesem um Sondervergütungen nach § 15 Abs. 1 S. 1 Nr. 2 zweiter Halbsatz EStG (vgl. Tz. 02.37, Tz. 02.36 UmwStE).

> **Beispiel:** Die F-GmbH soll zum 31.12.22 in die T-OHG formgewechselt werden. Der Formwechsel wird unter Vorlage der Handelsbilanz zum 31.12.22 am 01.07.23 beim Handelsregister beantragt und am 01.11.23 in das Handelsregister eingetragen. Gesellschafter der F-GmbH sind X, Y und Z. X hat als Geschäftsführer der F-GmbH vom 01.01.23 bis 30.10.23 ein Gehalt von insgesamt 150.000 € bezogen. Y hat in dieser Zeit als Vorsitzender des Aufsichtsrates der F-GmbH – ebenso wie der Nichtgesellschafter N – eine Aufsichtsratvergütung von jeweils insgesamt 40.000 € erhalten.
>
> **Lösung:** Die vorstehenden Vergütungen sind ab dem 01.01.23 nicht mehr nach den für Kapitalgesellschaften geltenden steuerlichen Grundsätzen zu behandeln (Abzugsfähigkeit des Gehaltes an X und der Aufsichtsratvergütungen an Y und N als Betriebsausgaben sowie hälftige Hinzurechnung des Aufwands aus den Aufsichtsratvergütungen zum zu versteuernden Einkommen). Vielmehr gelten alle Vergütungen ab dem 01.01.23 als von der T-OHG bewirkt. Die steuerliche Rückwirkung ist aufgrund der Anmeldung innerhalb des Zeitraums von acht Monaten nach dem steuerlichen Übertragungsstichtag gem. § 9 S. 3 UmwStG steuerlich zulässig.
> Die Geschäftsführervergütungen an X in Höhe von 150.000 € und die Aufsichtsratvergütungen an Y in Höhe von 40.000 € stellen damit Vorabvergütungen gem. § 15 Abs. 1 S. 1 Nr. 2 zweiter Halbsatz EStG dar. Die Aufsichtsratvergütungen an den Nichtgesellschafter N in Höhe von 40.000 € sind nunmehr vollständig als Betriebsausgaben abzugsfähig.

2.3.3.2.3 Steuerliche Rückwirkung bei Gewinnausschüttungen

Gewinnausschüttungen im Rückwirkungszeitraum sind nicht unproblematisch, weil verschiedene Konstellationen zu unterscheiden sind. Im Umwandlungssteuererlass werden die Fallgruppen ausführlich dargestellt (vgl. auch Tz. 02.25 ff. UmwStE):

- **Konstellation 1:** Gewinnausschüttungen, die vor dem steuerlichen Übertragungsstichtag beschlossen und abgeflossen sind: Diese im letzten Wirtschaftsjahr der übertragenden Körperschaft (= Wirtschaftsjahr der Umwandlung) vorgenommenen Ausschüttungen (u.a. abgeflossene Vorabausschüttungen, abgeflossene verdeckte Gewinnausschüttungen) sind „unproblematisch", denn sie haben das Betriebsvermögen der übertragenden Körperschaft zum steuerlichen Übertragungsstichtag und damit auch das übergehende Vermögen bereits gemindert (vgl. Tz. 02.25 UmwStE). Sie sind beim Anteilseigner als Einnahmen i.S.d. § 20 Abs. 1 Nr. 1 EStG zu erfassen und unterliegen der Besteuerung nach den allgemeinen Grundsätzen (z.B. § 3 Nr. 40 EStG oder § 32d EStG, § 8b KStG). Für den Zufluss beim Anteilseigner gelten insoweit ebenfalls die gemeinen Grundsätze.

- **Konstellation 2:** Am Übertragungsstichtag bereits beschlossene, aber noch nicht abgeflossene Gewinnausschüttungen und Vorabausschüttungen (bereits beschlossene, aber noch nicht vollzogene offene Gewinnausschüttungen sowie noch nicht abgeflossene verdeckte Gewinnausschüttungen) sind als Schuldposten (z.B. als Ausschüttungsverbindlichkeit oder als passivierte Tantieme) in die steuerliche Schlussbilanz einzustellen (vgl. Tz. 02.27 UmwStE). Für die Anwendung des § 27 KStG gelten diese Ausschüttungen unabhängig vom Zeitpunkt des Zuflusses als am steuerlichen Übertragungsstichtag abgeflossen. Der Zufluss richtet sich für ausscheidende Anteilseigner nach den allgemeinen Regeln. Für (umwandlungsbeteiligte) Anteilseigner, für die die Rückwirkungsfiktion anzuwenden ist, gelten diese gemäß § 2 Abs. 2 UmwStG als am steuerlichen Übertragungsstichtag zugeflossen. Für Anteilseigner, für die ein Übernahmeergebnis nach § 4 UmwStG ermittelt wird, sind die Ausschüttungen als Einkünfte nach § 15 Abs. 1 S. 1 Nr. 2 EStG i.V.m. § 20 Abs. 1 Nr. 1, Abs. 8 EStG zu erfassen und nach den allgemeinen Grundsätzen zu besteuern (§ 3 Nr. 40 EStG oder § 8b KStG). Für Anteilseigner, für die kein Übernahmeergebnis zu ermitteln ist, sind die Ausschüttungen als Einkünfte nach § 20 Abs. 1 Nr. 1 EStG zu erfassen und nach den allgemeinen Grundsätzen zu versteuern (§ 3 Nr. 40 EStG a.F. oder nach „neuer" Rechtslage (Zufluss nach dem 31.12.2008) §§ 32d, 43 Abs. 5 EStG).

- **Konstellation 3:** Nach dem steuerlichen Übertragungsstichtag beschlossene und abgeflossene Gewinnausschüttungen sind steuerlich trotz der eigentlich geltenden Rückwirkungsfiktion zu behandeln als Ausschüttungen des übertragenden Rechtsträgers, soweit umwandlungsunbeteiligte Anteilseigner (= Anteilseigner, die nicht Gesellschafter der übernehmenden Personengesellschaft werden), betroffen sind. Für diese ist ein passiver Korrekturposten in die steuerliche Schlussbilanz einzustellen, der wie eine Ausschüttungsverbindlichkeit wirkt. Der Zufluss der Dividende richtet sich nach den allgemeinen Regeln. Der steuerliche Gewinn der übertragenden KapG mindert sich durch den passiven Korrekturposten nicht (ggf. außerbilanzielle Korrektur). Für umwandlungsbeteiligte Anteilseigner ist kein Korrekturposten zu bilden. Für diese gelten nach dem Übertragungsstichtag beschlossene und abgeflossene Gewinnausschüttungen als schon von der Übernehmerin geleistet (§ 2 Abs. 2 i.V.m. Abs. 1 S. 1 UmwStG). Es liegen insoweit Entnahmen vor (vgl. Tz. 02.32 UmwStE).

2.3.3.3 Grunderwerbsteuer im Zusammenhang mit Umwandlungsfällen

Durch eine Umwandlung ändert sich die zivilrechtliche Vermögenszuordnung. Bei den übertragenden Umwandlungen (Verschmelzung, Spaltung, Ausgliederung und Vermögensübertragung) kann bei Vorhandensein von Immobiliarvermögen Grunderwerbsteuer entstehen. Der Klausurteilnehmer sollte sich also mit den Grundzügen des Grunderwerbsteuerrechts vertraut machen. Sofern eine dahingehende Frage gestellt ist, können die vorgesehenen Punkte „eingesammelt" und im Übrigen das Gesamtbild durch einen diesbezüglichen Hinweis abgerundet werden.

Grundsätzlich unterliegen der Grunderwerbsteuer Erwerbsvorgänge im Sinne des § 1 GrEStG. In Umwandlungsfällen (z.B. Verschmelzung von Kapitalgesellschaften) ist § 1 Abs. 1 Nr. 3 GrEStG zu beachten, der den Übergang des Eigentums kraft Gesetzes besteuert. Der Erwerbsvorgang wird in Umwandlungsfällen mit der Eintragung in das Handelsregister verwirklicht. Der Eigentumsübergang erfolgt insoweit unmittelbar kraft Gesetzes. Die Grunderwerbsteuer entsteht im Zeitpunkt der Handelsregistereintragung. Fraglich ist in diesem Zusammenhang, welche Bemessungsgrundlage zur Ermittlung der Grunderwerbsteuer zugrunde zu legen ist. Zu dieser Frage hat das BVerfG mit Beschluss vom 23.06.2015 für Klarheit gesorgt (vgl. BVerfG, Beschluss vom 23.06.2015, 1 BvL 13/11, 1 BvL 14/11, BVerfGE 139, 285; Vorlage des BFH vom 02.03.2011, II R 23/10). Die Bemessungsgrundlage ist rückwirkend ab dem 01.01.2009 nach § 8 Abs. 2 S. 1 Nr. 2 GrEStG nach dem Wert gemäß § 151 Abs. 1 S. 1 Nr. 1 i.V.m. § 157 Abs. 1 bis 3 BewG zu bestimmen (anwendbar für Erwerbsvorgänge nach dem 31.12.2008, § 23 Abs. 14 GrEStG).

2.3 Konkrete Bearbeitungshinweise

In diesem Bereich gibt es einige Besonderheiten, die an dieser Stelle nicht näher dargestellt werden sollen.

Lediglich auf die Regelungen des § 5 GrEStG und § 6a GrEStG soll noch hingewiesen werden.

Bei Einbringung von Immobiliarvermögen in eine Personengesellschaft wird die Grunderwerbsteuer in Höhe des Anteils nicht erhoben, zu dem der Einbringende (§ 5 Abs. 2 GrEStG) bzw. die einbringenden Mitunternehmer (§ 5 Abs. 1 GrEStG) am Vermögen der Gesamthand beteiligt ist.

§ 6a GrEStG hat das Ziel, konzerninterne Umstrukturierungen unter bestimmten Bedingungen steuerlich durch Nichterhebung der Grunderwerbsteuer zu erleichtern. Der BFH hatte jedoch Zweifel, ob die für die grunderwerbsteuerliche Steuervergünstigung nach § 6a GrEStG bei Umstrukturierungen im Konzern eine unionsrechtlich verbotene Beihilfe darstellt und die Rechtsfrage dem EuGH im Wege eines Vorabentscheidungsersuchens vorgelegt (vgl. BFH, Beschluss vom 30.05.2017, II R 62/14). Der EUGH erblickt in § 6a GrEStG jedoch keinen Verstoß gegen Unionsrecht. Die Regelung stellt keine Beihilfe i.S.d. Art. 107 Abs. 1 AEUV dar (vgl. EuGH A-Brauerei, EU:C:2018:1024, DStR 2019, 49). Die Vorschrift wirkt zwar selektiv, weil sie bestimmte Gesellschaften im Hinblick auf die bei einem Rechtsträgerwechsel anfallende Grunderwerbsteuer begünstigt; dies ist jedoch durch die Natur und den Aufbau des Systems der Grunderwerbsteuer gerechtfertigt (vgl. EuGH A-Brauerei, EU:C:2018:1024, DStR 2019, 49 Rn. 44 ff.). Dies gilt unabhängig davon, ob durch die Anwendung des § 6a GrEStG im Einzelfall eine doppelte Besteuerung innerhalb des Konzerns vermieden wird. Ausreichend ist vielmehr, dass die Vorschrift generell einer im System angelegten, möglichen übermäßigen Besteuerung bei Umwandlungsvorgängen innerhalb eines Konzerns entgegenwirkt. Der EuGH hat die Nichteinstufung des § 6a GrEStG als Beihilfe vor allem damit begründet, dass die Vermeidung einer Doppelbesteuerung und damit einer übermäßigen Besteuerung es rechtfertigen kann, dass die Steuerbefreiung auf Umwandlungsvorgänge zwischen Gesellschaften beschränkt wird, die während eines ununterbrochenen Mindestzeitraums von fünf Jahren vor und fünf Jahren nach diesem Vorgang durch eine Beteiligung von mindestens 95 % miteinander verbunden sind (EuGH A-Brauerei, EU:C:2018:1024, DStR 2019, 49 Rn. 50). Aus dieser Begründung ist jedoch nicht zu folgern, dass § 6a GrEStG nur im Falle einer Doppelbesteuerung keine verbotene Beihilfe, also unionsrechtskonform ist und im Falle einer fehlenden Doppelbesteuerung dem Unionsrecht widerspricht. Eine solche Differenzierung ist in der Vorschrift nicht angelegt. Deshalb ist nach der Entscheidung des EuGH die Steuerbefreiung zu gewähren, wenn die Voraussetzungen des § 6a GrEStG erfüllt sind; insoweit bedarf es keiner Feststellung einer Doppelbesteuerung im konkreten Einzelfall (vgl. BFH, Urteil vom 22.08.2019, II R 18/19 (II R 62/14), DStR 2020, 337 Rn. 14, 15).

Beispiel 1: AB und ZU gründen zum 01.01.18 die AB&ZU-OHG, an der beide zu je ½ beteiligt sein sollen. AB bringt laut Gesellschaftsvertrag sein Einzelunternehmen (Buchwert: 300.000 €) ein. ZU leistet eine Bareinlage von 700.000 €.
Die **Bilanz des Einzelunternehmens** des AB zum 31.12.17 hat folgendes Bild (in €):

	Buchwert	gemeine Werte	stille Reserven		
Grund und Boden	65.000	250.000	185.000	Kapital AB	300.000
Gebäude	125.000	150.000	25.000	Verbindlichkeiten	100.000
Sonstiges Anlagevermögen	130.000	200.000	70.000		
Firmenwert	0	120.000	120.000		
Umlaufvermögen	80.000	80.000	0		
	400.000	800.000	400.000		400.000

Die Kapitalkonten von AB und ZU sollen in der Gesamthandsbilanz der Personengesellschaft gleich hoch sein, AB möchte keine stillen Reserven aufdecken. Die Grunderwerbsteuer soll vereinbarungsgemäß die OHG tragen. Die Bemessungsgrundlage für die Grunderwerbsteuer beträgt 400.000 € gem. § 8 Abs. 2 Nr. 2 GrEStG i.V.m. § 157 Abs. 3 BewG. Der Grunderwerbsteuersatz beträgt 6,5 %.

Lösung: AB ist zur Hälfte am Vermögen der OHG beteiligt. Die Grunderwerbsteuer wird gemäß § 5 Abs. 2 GrEStG daher nur zur Hälfte erhoben.
Die verbleibende Grunderwerbsteuer von 13.000 € (= ½ × 400.000 € × 6,5 %) ist im Verhältnis der Teilwerte in der Gesamthandsbilanz der OHG bei Grund und Boden und Gebäude zu aktivieren.
Die **Eröffnungsbilanz** hat folgendes Bild (in €):

Grund und Boden	258.125	Kapital AB	700.000
Gebäude	154.875	Kapital ZU	700.000
Bank (Einlage B)	700.000	Verbindlichkeiten	100.000
Sonstiges Anlagevermögen	200.000	Verbindlichkeiten GrEStG	13.000
Firmenwert	120.000		
Umlaufvermögen	80.000		
	1.513.000		1.513.000

Eine **negative Ergänzungsbilanz** ist für AB aufzustellen (in €):

Minderkapital	400.000	Grund und Boden	185.000
		Gebäude	25.000
		Sonstiges Anlagevermögen	70.000
		Firmenwert	120.000
	400.000		400.000

2.3 Konkrete Bearbeitungshinweise

Hinweis! Wird die Grunderwerbsteuer nach § 5 Abs. 1 oder Abs. 2 GrEStG nicht erhoben, ist die Missbrauchsverhinderungsregelung des § 5 Abs. 3 GrEStG zu beachten. Die Nichterhebung der Grunderwerbsteuer nach § 5 Abs. 1 oder 2 GrEStG gilt nicht (mehr), wenn sich der Anteil des Veräußerers/der Veräußerer am Vermögen der Gesamthand innerhalb von fünf Jahren nach dem Übergang des Grundstücks auf die Gesamthand vermindert (§ 5 Abs. 3 GrEStG).
Der Grunderwerbsteuerbescheid ist nach § 175 Abs. 1 S. 1 Nr. 2 AO (rückwirkendes Ereignis) zu ändern.

Beispiel 2: Die M-GmbH ist seit dem Jahr 2010 zu jeweils 100 % an der T1-GmbH und der T2-GmbH beteiligt. Die T1-GmbH hat Grundbesitz. Am 01.05.2018 wird die T1-GmbH auf die T2-GmbH verschmolzen.
Lösung: Die Verschmelzung führt zum Erlöschen der T1-GmbH. Ihr Vermögen – einschließlich der Grundstücke – geht auf die T2-GmbH über.
Der Übergang der zuvor der T1-GmbH gehörenden Grundstücke auf die T2-GmbH im Wege der Verschmelzung ist nach § 1 Abs. 1 Nr. 3 GrEStG grunderwerbsteuerbar.
Nach § 6a GrEStG ist dieser Grundstücksübergang jedoch steuerbefreit, weil die M mehr als 95 % an T1 und T2 hält und diese im Verhältnis zur M-GmbH abhängige Unternehmen sind. Auch die Vorbehaltensfrist von 5 Jahren gemäß § 6a S. 5 GrEStG ist erfüllt.
Der Vorgang ist damit grundsätzlich grunderwerbsteuerfrei.
Die Steuerbefreiung bleibt jedoch künftig nur erhalten, wenn auch die Nachbehaltensfrist nach § 6a S. 5 GrEStG eingehalten wird.
Diese wäre dann nicht eingehalten, wenn die Mindestbeteiligung von 95 % der herrschenden M-GmbH am Kapital oder Vermögen der am Umwandlungsvorgang beteiligten (abhängigen) Gesellschaft (T2-GmbH) unterschritten wird oder nicht mehr besteht.

Anmerkung: EuGH-Vorlage mit der Frage, ob die Steuervergünstigung nach § 6a GrEStG eine verbotene Beihilfe im Sinne von Art. 107 Abs. 1 AEUV ist; vgl. BFH, Beschluss vom 30.05.2017, II R 62/14.
EuGH, Urteil vom 19.12.2018, C-374/17, DStR 2019, 49. Der EuGH hat hinsichtlich der Vorlagefrage entschieden, dass Art. 107 Abs. 1 AEUV dahin auszulegen ist, dass eine Steuervergünstigung wie die der Vorlagefrage, die darin besteht, dass der Übergang des Eigentums an einem Grundstück von der Grunderwerbsteuer befreit ist, wenn er aufgrund eines Umwandlungsvorgangs erfolgt, an dem ausschließlich Gesellschaften desselben Konzerns beteiligt sind, die während eines ununterbrochenen Mindestzeitraums von fünf Jahren vor und fünf Jahren nach diesem Vorgang durch eine Beteiligung von mindestens 95 % miteinander verbunden sind, die Voraussetzung der Selektivität des betreffenden Vorteils nicht erfüllt. Danach stellt die Regelung des § 6a GrEStG mangels Selektivität des Vorteils keine verbotene Beihilfe dar.

Hinweis zu den Auswirkungen des MoPeG auf die Grunderwerbsteuer! Der Gesetzgeber hat eine vorläufig geltende gesetzliche Klarstellung vorgenommen, dass rechtsfähige Personengesellschaften für Zwecke der Grunderwerbsteuer als Gesamthand und deren Vermögen als Gesamthandsvermögen gelten. Diese ist in § 24 GrEStG geregelt.

2.3.3.4 Steuerliche Folgen bei dem Anteilseigner bei und nach der Umwandlung

In Umwandlungsfällen sind regelmäßig nicht nur die Folgen der Umwandung, die bei den beteiligten Rechtsträgern ausgelöst werden, sondern auch die sich bei den jeweiligen Anteilseignern ergebenden steuerlichen Folgen darzustellen.

Besonders klausurgeeignet sind Gestaltungen im Bereich der §§ 20 und 21 UmwStG.

§ 20 UmwStG regelt die Einbringung von Unternehmensteilen in eine Kapitalgesellschaft gegen Gewährung neuer Anteile an der übernehmenden Kapitalgesellschaft. Unter den Voraussetzungen des § 20 Abs. 1 S. 2, S. 3 UmwStG kann das eingebrachte Vermögen mit einem unter dem gemeinen Wert liegenden Wert (Buchwert oder Zwischenwert) angesetzt werden. Soweit der Einbringende die erhaltenen Anteile innerhalb von sieben Jahren seit der Einbringung veräußert, ist der Einbringungsgewinn I (§ 22 Abs. 1 UmwStG) zu versteuern.

§ 21 UmwStG wurde durch das SEStEG geschaffen und regelt den Anteilstausch. In § 21 Abs. 1 S. 1 UmwStG findet sich die Legaldefinition des Anteilstauschs als Einbringung von Anteilen an einer Kapitalgesellschaft in eine Kapitalgesellschaft gegen Gewährung neuer Anteile an der übernehmenden Gesellschaft. Zu unterscheiden ist zwischen dem einfachen und dem qualifizierten Anteilstausch. Ein qualifizierter Anteilstausch liegt vor, wenn die übernehmende Gesellschaft nach der Einbringung aufgrund ihrer Beteiligung einschließlich der eingebrachten Anteile nachweisbar unmittelbar die Mehrheit der Stimmrechte an der erworbenen Gesellschaft hat (§ 21 Abs. 1 S. 2 UmwStG). Soweit ein qualifizierter Anteilstausch und die weiteren Voraussetzungen des § 21 UmwStG vorliegen, können die eingebrachten Anteile mit dem Buchwert oder einem Zwischenwert angesetzt werden. Soweit ein Buchwert-/Zwischenwertansatz erfolgt, ist die siebenjährige Sperrfrist des § 22 Abs. 2 UmwStG zu beachten, die bei einer Veräußerung der unter dem gemeinen Wert eingebrachten Anteile durch die übernehmende Gesellschaft die Besteuerung des Einbringungsgewinns II vorsieht.

Klausursachverhalte, die die Besteuerung der Einbringungsgewinne zum Prüfungsgegenstand haben, bieten sich an, um einen Exkurs in das UmwStG zu machen; dies gilt besonders für Klausuren, deren Prüfungsschwerpunkt nicht im Umwandlungssteuerrecht liegt. So waren auch in den vorletzten drei Prüfungsjahren wieder Sachverhalte mit Gestaltungen zu den Einbringungsgewinnen I und II (ausgelöst durch Sperrfristverstöße) enthalten.

2.4 Die Musterklausur

Fall 1: An der ÜN-OHG (Sitz in Wiesbaden) sind die Gesellschafter W mit 56 %, X mit 30 %, Y mit 13,2 % und Z mit 0,8 % beteiligt. Alle Gesellschafter haben ihren Wohnsitz im Inland. Im gleichen Verhältnis sind W, X, Y und Z an der ÜB-GmbH (Sitz in Köln) beteiligt. W hält die Beteiligung im Privatvermögen und hatte als Gründungsgesellschafter Anschaffungskosten von 56.000 €. X war ebenfalls Gründungsgesellschafter und hält seine Beteiligung mit einem Buchwert von 30.000 € in einem anderen Betriebsvermögen. Y hatte die Anteile vor 7 Jahren für 50.000 € erworben und hält sie wie W im Privatvermögen. Z war ebenfalls Gründungsgesellschafter und hält die Anteile mit Anschaffungskosten von 800 € im Privatvermögen. Im Februar des Jahres 18 beschließen die Gesellschafter die Verschmelzung der ÜB-GmbH auf die ÜN-OHG rückwirkend zum 01.01.18. W ist Geschäftsführer der ÜB-GmbH mit einem monatlichen Gehalt von 5.000 €. X vermietet ihr schon seit Jahren ein Bürogebäude zu einem monatlichen Mietzins von 2.000 €. Y hat der ÜB-GmbH vor Jahren ein Darlehn über 100.000 € gewährt, dessen Zinsen sich auf 6 % jährlich belaufen. Die Zinsen sind zum jeweiligen Monatsende fällig und werden bei Fälligkeit gezahlt. Entsprechend ihrer Beteiligungsquote an der ÜB-GmbH sollen die Mitunternehmeranteile an der OHG aufgestockt werden. Es liegt ein notariell beurkundeter Umwandlungsbeschluss vom 21.02.18 vor. Die Anmeldung zum Handelsregister erfolgt am 28.07.18. Die Eintragung wird am 27.11.18 vorgenommen. Die der Umwandlung zugrunde liegende Schlussbilanz der ÜB-GmbH zum 31.12.17 ist nachfolgend abgebildet. Die Werte entsprechen der Steuerbilanz, Abschreibungen wurden linear über die Nutzungsdauer vorgenommen.

Bilanz der ÜB-GmbH zum 31.12.17

Firmenwert	0	Stammkapital	100.000
Grund und Boden	100.000	Gewinnrücklage	100.000
Gebäude	200.000	Kapitalrücklage	10.000
Forderungen	200.000	Jahresüberschuss	100.000
Geschäftsausstattung	50.000		
Waren	100.000	Rückstellungen	120.000
Sonstige Aktiva	150.000	Verbindlichkeiten	370.000
	800.000		**800.000**

Bilanz der ÜN-OHG zum 31.12.17			
Firmenwert	0	I. Kapital W	156.000
Grund und Boden	30.000	II. Kapital X	50.000
Gebäude	120.000	III. Kapital Y	100.000
Forderungen	300.000	IV. Kapital Z	10.000
Geschäftsausstattung	50.000		
Sonstige Aktiva	100.000	Rückstellungen	146.000
		Verbindlichkeiten	138.000
	600.000		**600.000**

Bei der Gewinnermittlung des Jahres 17 wurden bei der ÜB-GmbH Körperschaftsteuervorauszahlungen von 14.000 € und sonstige nicht abziehbare Betriebsausgaben von 22.000 € als Betriebsausgaben abgezogen.
Zum 31.12.17 wurde für die ÜB-GmbH (vor Umwandlung) festgestellt:
Einlagekonto i.S.d. § 27 KStG: 10.000 €.
Die Umwandlungskosten betragen 10.000 € und sind nach der vertraglichen Vereinbarung zwischen ÜB-GmbH und ÜN-OHG von der ÜN-OHG zu tragen. Sofern Grunderwerbsteuer aus dem Übertragungsvorgang entsteht, soll diese ebenfalls von der ÜN-OHG getragen werden. Ziel der Gesellschafter ist es, durch die Umwandlung möglichst wenig Steuerbelastung entstehen zu lassen. Notwendige Anträge sollen gestellt werden.

Aufgabe: Geben Sie **alle** steuerlichen Folgen für W, X, Y, Z, die ÜB-GmbH und die ÜN-OHG an. Bilanzen sind, soweit erforderlich, zu erstellen.
Aus Vereinfachungsgründen ist nicht auf die Gewerbesteuer und den Solidaritätszuschlag einzugehen.

Lösung Fall 1 (Punkte/Gesamtzahl Punkte):
1. Behandlung der Verschmelzung auf Ebene der übertragenden Rechtsträger (ÜB-GmbH)
Auf die Verschmelzung der ÜB-GmbH mit Sitz in Köln auf die ÜB-OHG mit Sitz in Wiesbaden findet der zweite Teil des UmwStG gemäß § 1 Abs. 1 Nr. 1 Alt. 1, Abs. 2 Nr. 1 Alt. 2 UmwStG Anwendung. **(1/1)**
Danach sind die §§ 3 ff. UmwStG auf die Verschmelzung zur Aufnahme (§ 2 Nr. 1 UmwG) der Kapitalgesellschaft ÜB-GmbH auf die Personenhandelsgesellschaft ÜN-OHG (§ 3 Abs. 1 Nr. 1, Abs. 2 UmwG) anwendbar. **(1/2)**
Nach § 3 Abs. 2 S. 1 Nrn. 1 bis 3 UmwStG kann die ÜB-GmbH das übergehende Vermögen in der steuerlichen Schlussbilanz auf Antrag mit dem Buchwert ansetzen, weil das Vermögen bei der ÜN-OHG Betriebsvermögen wird und die Besteuerung der stillen Reserven sichergestellt ist (Nr. 1), das Besteuerungsrecht der BRD nicht ausgeschlossen oder beschränkt wird (Nr. 2) und die Gegenleistung in Gesellschaftsrechten besteht (Nr. 3). **(1/3)**
Als steuerlicher Übertragungsstichtag kann der 31.12.17 gewählt werden, da dieser Stichtag nicht mehr als acht Monate bei Anmeldung zum Handelsregister (hier der 28.07.18) zurückliegt (§ 2 Abs. 1 UmwStG, § 17 Abs. 2 S. 4 UmwG). **(1/4)**

2.4 Die Musterklausur

Die ÜB-GmbH muss dem Finanzamt eine steuerliche Übertragungsbilanz zum gewählten Stichtag (31.12.17) vorlegen. In der steuerlichen Schlussbilanz (= Übertragungsbilanz) der ÜB-GmbH ist der Jahresüberschuss noch um die – als Rückstellung auszuweisende – Körperschaftsteuer des Jahres 17 zu korrigieren. **(1/5)**

2. Ermittlung des zu versteuernden Einkommens für 17

(vorläufiger) Jahresüberschuss 17	100.000 €
Körperschaftsteuer (Vorauszahlungen)	+ 14.000 €
sonstige nicht abziehbare Betriebsausgaben	+ 22.000 €
zu versteuerndes Einkommen 17	**136.000 €** **(1/6)**

Berechnung der Körperschaftsteuerrückstellung vor Umwandlung

15 % Tarifbelastung	20.400 €
Körperschaftsteuervorauszahlungen (= Körperschaftsteueraufwand bisher)	./. 14.000 €
Mehr-Körperschaftsteuer 17 (= Körperschaftsteuerrückstellung)	**6.400 €** **(1/7)**

Damit ist die Körperschaftsteuerrückstellung um 6.400 € zulasten des Jahresüberschusses zu erhöhen, der Solidaritätszuschlag war gemäß Aufgabenstellung zu vernachlässigen. **(1/8)**

3. Steuerliche Schlussbilanz (= Übertragungsbilanz)

Die endgültige **Schlussbilanz** bzw. Übertragungsbilanz der ÜB-GmbH zum 31.12.17 hat damit folgendes Aussehen (in €):

Schlussbilanz ÜB-GmbH

Firmenwert	0	Stammkapital	100.000
Grund und Boden	100.000	Gewinnrücklage	100.000
Gebäude	200.000	Kapitalrücklage	10.000
Forderungen	200.000	**Jahresüberschuss**	**93.600**
Geschäftsausstattung	50.000	**Rückstellungen KSt**	**6.400**
Waren	100.000	Rückstellungen	120.000
Sonstige Aktiva	150.000	Verbindlichkeiten	370.000
	800.000		**800.000**

(1/9)

Der Buchwert in der Schlussbilanz und die endgültige Summe des Eigenkapitals beträgt 303.600 €. Der Übertragungsgewinn (= Ergebnis) beträgt bei Buchwertansatz 0,00 €. **(1/10)**

4. Behandlung bei der ÜN-OHG und deren Gesellschaftern

4.1 Berechnung der Einkünfte aus Kapitalvermögen der Gesellschafter gem. § 7 UmwStG

Auf Ebene der Anteilseigner (W, X, Y, Z) der ÜB-GmbH sind zunächst die Bezüge aus den offenen Rücklagen nach § 7 UmwStG zu ermitteln und den einzelnen Anteilseignern quotal zuzurechnen. Durch die Verschmelzung der ÜB-GmbH auf die ÜN-OHG erfolgt der Wechsel vom Trennungsprinzip zum Transparenzprinzip. Damit noch unversteuerte Rücklagen der ÜB-GmbH nicht infolge der Umwandlung unversteuert bleiben, gilt nach § 7 UmwStG die fiktive Totalausschüttung der offenen Rücklagen. **(1/11)**

Dazu ist zunächst § 29 Abs. 1 KStG i.V.m. § 28 Abs. 2 S. 1 KStG anzuwenden. Nach § 29 Abs. 1 KStG gilt zunächst das Nennkapital der ÜB-GmbH als in vollem Umfang herabgesetzt. Nach § 28 Abs. 2 S. 1 KStG ist der – einen etwaigen Sonderausweis übersteigende – Betrag aus der Herabsetzung des Nennkapitals dem steuerlichen Einlagekonto gutzuschreiben. Zum 31.12.17 (vor der Umwandlung) betrug das steuerliche Einlagekonto i.S.d. § 27 KStG 10.000 €. Nach Herabsetzung des Nennkapitals beträgt es 110.000 €. **(1/12)**

Nach § 7 S. 1 UmwStG gilt folgender Betrag als ausgeschüttet:

Eigenkapital in der Schlussbilanz	303.600 €
Einlagekonto	./. 110.000 €
Ausschüttung	**193.600 €** **(1/13)**

Gemäß § 7 S. 1 UmwStG sind den Anteilseignern die Bezüge aus der „Totalausschüttung" als Einnahmen zuzurechnen (vgl. auch Tz. 07.03, 07.05, 07.07 UmwStE):

- W: 108.416 € (= 56 % von 193.600 €); zu 60 % steuerpflichtig gem. §§ 3 S. 1 Nr. 40d, S. 2, 20 Abs. 8, 15 EStG (= 65.049,60 €). **(1/14)**
- X: 58.080 € (= 30 % von 193.600 €); zu 60 % steuerpflichtig gem. §§ 3 S. 1 Nr. 40d, S. 2, 20 Abs. 8, 15 EStG (= 34.848 €). **(1/15)**
- Y: 25.555,20 € (= 13,2 % von 193.600 €); zu 60 % steuerpflichtig gem. §§ 3 S. 1 Nr. 40d, S. 2, 20 Abs. 8, 15 EStG (= 15.333,12 €). **(1/16)**
- Z: 1.548,80 € (= 0,8 % von 193.600 €); Einnahme unterliegt der Abgeltungssteuer, §§ 32d, 43 Abs. 5 EStG. **(1/17)**

Die Zurechnung der Rücklagen als Einkünfte aus § 20 Abs. 1 S. 1 Nr. 1 EStG erfolgt gemäß § 7 S. 2 UmwStG unabhängig davon, ob für den Anteilseigner ein Übernahmeergebnis (Übernahmegewinn oder -verlust) ermittelt wird.

Tabellarische Übersicht:

	W (56 %)	**X (30 %)**	**Y (13,2 %)**	**Z (0,8 %)**
Anteil an der Gesamtausschüttung	56 % von 193.600 € = 108.416 €	30 % von 193.600 € = 58.080 €	13,2 % von 193.600 € = 25.555,20 €	0,8 % von 193.600 € = 1.548,80 €
TEV oder Abgeltungssteuer	TEV §§ 3 Nr. 40 S. 1 lit. d, S. 2, 20 Abs. 8 EStG (Gewerbliche Qualifizierung, vgl. Tz. 07.07 UmwStE)	TEV §§ 3 Nr. 40 S. 1 lit. d, S. 2, 20 Abs. 8 EStG (Gewerbliche Qualifizierung, vgl. Tz. 07.07 UmwStE)	TEV §§ 3 Nr. 40 S. 1 lit. d, S. 2, 20 Abs. 8 EStG (Gewerbliche Qualifizierung, vgl. Tz. 07.07 UmwStE)	Abgeltungssteuer §§ 32d, 43 Abs. 5 S. 1 EStG
Höhe des grds. steuerpflichtigen Betrags	65.049,60 €	34.848 €	15.333,12 €	387,20 €

2.4 Die Musterklausur

4.2 Anwendung des § 5 UmwStG

Zur Ermittlung des personenbezogenen Übernahmeergebnisses (Tz. 04.19 UmwStE) ist zunächst § 5 UmwStG anzuwenden.

W hält eine wesentliche Beteiligung i.S.d. § 17 Abs. 1 S. 1 EStG an der ÜB-GmbH (im Privatvermögen). Dieser Anteil gilt gem. § 5 Abs. 2 UmwStG als mit den Anschaffungskosten von 56.000 € zum 31.12.17 in die ÜN-OHG eingelegt (vgl. Tz. 05.05 UmwStE). **(1/18)**

Für den Anteil des X an der ÜB-GmbH, der diesen in einem Betriebsvermögen hält, ist § 5 Abs. 3 S. 1 UmwStG anzuwenden. Sofern eine steuerpflichtige Abschreibung in Vorjahren vorgenommen worden wäre, wäre diese durch eine Wertaufholung zu korrigieren. Da vorliegend keine Teilwertabschreibung auf die Anteile vorgenommen wurde, unterbleibt eine steuerpflichtige Wertaufholung.

Der Anteil des X gilt gemäß § 5 Abs. 3 S. 1 UmwStG zum Buchwert von 30.000 € zum Stichtag (31.12.17) in das Betriebsvermögen der ÜN-OHG überführt (vgl. Tz. 05.08 UmwStE). **(1/19)**

Y hält – ebenso wie W – eine wesentliche Beteiligung i.S.d. § 17 Abs. 1 S. 1 EStG. Auch diese gilt gemäß § 5 Abs. 2 UmwStG als mit den Anschaffungskosten von 50.000 € zum 31.12.17 in die ÜN-OHG eingelegt. **(1/20)**

Anders als W und Y hält Z keine wesentliche Beteiligung i.S.d. § 17 Abs. 1 S. 1 EStG an der ÜB-GmbH. Seine Anteile sind auch nicht als Betriebsvermögen steuerverstrickt. Sein 0,8 %iger Anteil gilt nicht als eingelegt (vgl. Tz. 05.05 UmwStE). **(1/21)**

4.3 Berechnung des Übernahmeergebnisses (Übernahmegewinn bzw. Übernahmeverlust)

Anschließend ist für W, X, und Y das (personenbezogene) Übernahmeergebnis zu berechnen, vgl. § 4 Abs. 4, Abs. 5 UmwStG. Da Z einen Anteil von weniger als 1 % an der ÜB-GmbH hält, nimmt Z nicht an der Ermittlung des Übernahmeergebnisses teil (§ 4 Abs. 4 S. 3 UmwStG, vgl. Tz. 04.25 UmwStE).

Berechnung für W:

Übernommenes Vermögen (56 % des Buchkapitals von 303.600 €)	170.016,00 €
abzüglich Anschaffungskosten der wegfallenden Anteile	./. 56.000,00 €
abzüglich anteilige Umwandlungskosten (56 % von 10.000 €)	./. 5.600,00 € **(1/22)**
Übernahmegewinn 1. Stufe, § 4 Abs. 4 S. 1 UmwStG	108.416,00 €
abzüglich Bezüge aus Kapitalvermögen gem. § 7 UmwStG (s.o.)	./. 108.416,00 €
Übernahmeergebnis 2. Stufe, § 4 Abs. 5 S. 2 UmwStG	**0,00 € (1/23)**

In das Feststellungsverfahren einzubeziehen (vgl. Tz. 04.27 UmwStE) und zu versteuern ist die Dividende gemäß § 7 UmwStG in Höhe von 108.416 €; davon sind 60 % steuerpflichtig, mithin 65.049,60 €.

Ergebnis für W:

Steuerpflichtige Bezüge gem. § 7 UmwStG i.V.m. § 20 EStG	65.049,60 €
abziehbarer Übernahmeverlust	./. 0,00 €
zu versteuern als Einkünfte gem. § 15 EStG (§ 20 Abs. 8 EStG)	**65.049,60 € (1/24)**

Berechnung für X:

Übernommenes Vermögen (30 % des Buchkapitals von 303.600 €)	91.080,00 €
abzüglich Buchwert der wegfallenden Anteile	./. 30.000,00 €
abzüglich anteilige Umwandlungskosten (30 % von 10.000 €)	./. 3.000,00 €
Übernahmegewinn 1. Stufe, § 4 Abs. 4 S. 1 UmwStG	58.080,00 €
abzüglich Bezüge aus Kapitalvermögen gem. § 7 UmwStG (s.o.)	./. 58.080,00 €
Übernahmeergebnis 2. Stufe, § 4 Abs. 5 S. 2 UmwStG	**0,00 €**

In das Feststellungsverfahren einzubeziehen (vgl. Tz. 04.27 UmwStE) und zu versteuern ist die Dividende gemäß § 7 UmwStG in Höhe von 58.080 €; davon sind 60 % steuerpflichtig, mithin 34.848 €.

Ergebnis für X:

Steuerpflichtige Bezüge gem. § 7 UmwStG i.V.m. § 20 EStG	58.080,00 €
abziehbarer Übernahmeverlust	./. 0,00 €
zu versteuern als Einkünfte gem. § 15 EStG (§ 20 Abs. 8 EStG)	**34.848,00 €** (1/25)

Ergebnis für Y:

Übernommenes Vermögen (= 13,2 % des Buchkapitals von 303.600 €)	40.075,20 €
abzüglich Anschaffungskosten der wegfallenden Anteile	./. 56.000,00 €
abzüglich anteilige Kosten (13,2 % von 10.000 €)	./. 1.320,00 €
Übernahmeverlust 1. Stufe, § 4 Abs. 4 S. 1 UmwStG	./. 17.244,80 €
abzüglich Bezüge aus Kapitalvermögen gem. § 7 UmwStG (s.o.)	./. 25.555,20 €
Übernahmeergebnis 2. Stufe, § 4 Abs. 5 S. 2 UmwStG	**./. 42.800,00 €** (1/26)

Das Übernahmeergebnis 2. Stufe ist bei Y nur in Höhe des Höchstbetrages gemäß § 4 Abs. 6 S. 4 UmwStG (höchstens 60 % der Bezüge des § 7 UmwStG) in Abzug zu bringen.

Ergebnis für Y:

Steuerpflichtige Bezüge gem. § 7 UmwStG i.V.m. § 20 EStG	15.333,12 €
abziehbarer Übernahmeverlust, § 4 Abs. 6 S. 4 UmwStG	./. 15.333,12 €
zu versteuern als Einkünfte gem. § 15 EStG (§ 20 Abs. 8 EStG)	**0,00 €** (1/27)

Ergebnis für Z:
Da Z keine Beteiligung i.S.d. § 17 EStG an der ÜB-GmbH hielt, gelten seine Anteile nicht als eingelegt. Aus diesem Grund ist für Z kein Übernahmegewinn oder Übernahmeverlust zu ermitteln. Z hat lediglich seinen Anteil an den Bezügen nach § 7 UmwStG i.H.v. 1.548,80 € als Einkünfte aus Kapitalvermögen zu versteuern. Diese unterliegen in voller Höhe der Abgeltungssteuer i.H.v. 387,20 €. **(1/28)**

5. Eröffnungsbilanz der ÜN-OHG
Das von der ÜB-GmbH auf die ÜN-OHG übergehende Eigenkapital mindert sich um die Rückstellung für die Umwandlungskosten (10.000 €) auf 293.600 €. **(1/29)**

2.4 Die Musterklausur

Eröffnungsbilanz der ÜN-OHG nach Verschmelzung (in €)			
Firmenwert	0,00	I. Kapital W	
Grund und Boden	30.000,00	(156.000 + 293.600 × 56 %)	320.416,00
Grund und Boden (von ÜB)	100.000,00	II. Kapital X	
Gebäude	120.000,00	(50.000 + 293.600 × 30 %)	138.080,00
Gebäude (von ÜB)	200.000,00	III. Kapital Y	
Forderungen	300.000,00	(100.000 + 293.600 × 13,2 %)	138.755,20
Forderungen (von ÜB)	200.000,00	IV. Kapital Z	
Geschäftsausstattung	50.000,00	(10.000 + 293.600 × 0,8 %)	12.348,80
Geschäftsausstattung (von ÜB)	50.000,00	Rückstellung (Umwandlungskosten)	10.000,00
Waren (von ÜB)	100.000,00	Rückstellungen (von ÜB)	120.000,00
Sonstige Aktiva	100.000,00	Rückstellung KSt (von ÜB)	6.400,00
Sonstige Aktiva (von ÜB)	150.000,00	Rückstellungen	146.000,00
		Verbindlichkeiten	138.000,00
		Verbindlichkeiten (von ÜB)	370.000,00
	1.400.000,00		1.400.000,00

(1/30)

6. Auswirkungen der Vorgänge im Rückwirkungszeitraum (Geschäftsführergehalt, Miet-/Darlehnszahlung)

Das monatlich gezahlte Geschäftsführergehalt in Höhe von 5.000 € an W stellt bei diesem ab dem Umwandlungsstichtag Sonderbetriebseinnahmen gemäß § 15 Abs. 1 S. 1 Nr. 2 S. 1 zweiter Halbsatz EStG dar. Für den Zeitraum Januar bis August sind insgesamt 40.000 € als Sonderbetriebseinnahmen bei W anzusetzen. **(1/31)**

Die Mietzahlungen für die Anmietung des Bürogebäudes in Höhe von monatlich 2.000 € stellen bei X ebenfalls Sonderbetriebseinnahmen gemäß § 15 Abs. 1 S. 1 Nr. 2 S. 1 zweiter Halbsatz EStG dar, insgesamt also 16.000 €. **(1/32)**

Auch die monatliche Vereinnahmung des Darlehnszinses stellt bei Y Sonderbetriebseinnahmen gemäß § 15 Abs. 1 S. 1 Nr. 2 S. 1 zweiter Halbsatz EStG dar (100.000 × 6 % × $^8/_{12}$ = 4.000 €). **(1/33)**

7. Grunderwerbsteuerliche Folgen bei der ÜN-OHG

In dem übergehenden Vermögen der ÜB-GmbH auf die ÜN-OHG ist inländischer Grundbesitz enthalten. Aufgrund des Verschmelzungsvorgangs fällt gemäß § 1 Abs. 1 Nr. 3 GrEStG Grunderwerbsteuer bei der übernehmenden ÜN-OHG an. Bemessungsgrundlage für die Grunderwerbsteuer ist gemäß § 8 Abs. 2 S. 1 Nr. 2 GrEStG der Grundbesitzwert im Sinne des § 151 Abs. 1 S. 1 Nr. 1 i.V.m. § 157 Abs. 1 bis 3 BewG. Die entstehende Grunderwerbsteuer stellt objektbezogene Kosten und Anschaffungskosten dar und ist zu aktivieren. **(1/34)**

Fall 2: A bringt sein Einzelunternehmen (Sitz in Wiesbaden) zum 01.01.17 in die Ü-GmbH (Sitz in Köln) ein. Das Betriebsvermögen des A hat im Einbringungszeitpunkt einen gemeinen Wert von 10 Mio. €. Der Buchwert beträgt 3 Mio. €. Die Ü-GmbH setzt das eingebrachte Vermögen auf Antrag zulässigerweise mit dem Buchwert von 3 Mio. € an. Am 04.05.19 veräußert A die Anteile (40 %) für 11 Mio. € an B.

Aufgabe: Geben Sie die steuerlichen Folgen für A und die Ü-GmbH an. Erforderliche Anträge sind zu stellen.

Lösung Fall 2 (Punkte/Gesamtzahl Punkte):

Nach § 1 Abs. 3 Nr. 4, Abs. 4 Nr. 1, Nr. 2a), bb) UmwStG ist der 6. Teil des UmwStG auf die Einbringung des Einzelunternehmens durch A in die Ü-GmbH anwendbar. **(1/1)**

A bringt sein Einzelunternehmen in die Ü-GmbH ein und erhält dafür Anteile an der Ü-GmbH. Ein Einbringungsvorgang im Sinne des § 20 Abs. 1 UmwStG liegt vor.

Die übernehmende Ü-GmbH hat das eingebrachte Vermögen nach § 20 Abs. 2 S. 1 UmwStG mit dem gemeinen Wert anzusetzen. **(1/2)**

Auf Antrag kann die übernehmende Ü-GmbH nach § 20 Abs. 2 S. 2 UmwStG das eingebrachte Vermögen mit dem Buchwert ansetzen, soweit die Voraussetzungen des § 20 Abs. 2 S. 2 Nr. 1 bis 3 UmwStG erfüllt sind. Da vorliegend die spätere Besteuerung durch Körperschaftsteuer sichergestellt ist (Nr. 1), die Passivposten des eingebrachten Vermögens die Aktivposten nicht übersteigen (Nr. 2), das Besteuerungsrecht der BRD hinsichtlich der Besteuerung des Gewinns aus der Veräußerung des eingebrachten Vermögens bei der übernehmenden Gesellschaft nicht ausgeschlossen oder beschränkt ist (Nr. 3) und der gemeine Wert von sonstigen Gegenleistungen, die neben den neuen Gesellschaftsanteilen gewährt werden, nicht mehr als 25 % (Nr. 4a) des Buchwerts des eingebrachten Betriebsvermögens oder 500.000 €, höchstens jedoch den Buchwert des eingebrachten Betriebsvermögens (Nr. 4b) beträgt, kann das eingebrachte Vermögen mit dem Buchwert angesetzt werden. **(1/3)**

Zu diesem Zweck ist gemäß § 20 Abs. 2 S. 3 UmwStG spätestens bis zur erstmaligen Abgabe der steuerlichen Schlussbilanz bei dem für die Besteuerung der Ü-GmbH zuständigen Finanzamt ein Antrag auf Buchwertansatz zu stellen. **(1/4)**

Der Wert, mit dem die übernehmende Ü-GmbH das eingebrachte Vermögen ansetzt, gilt für den Einbringenden als Veräußerungspreis des eingebrachten Vermögens und als Anschaffungskosten der Anteile, § 20 Abs. 3 S. 1 UmwStG. **(1/5)**

Durch die Einbringung zu Buchwerten entsteht zum Einbringungszeitpunkt am 01.01.17 kein Veräußerungsgewinn bei A. Die Anschaffungskosten der Anteile betragen 3 Mio. €.

Durch die Veräußerung der Anteile an B am 04.05.19 hat A gemäß § 22 Abs. 1 S. 1 UmwStG einen Gewinn i.S.d. § 16 EStG als sog. Einbringungsgewinn I zu versteuern. **(1/6)**

Es handelt sich dabei gem. § 22 Abs. 1 S. 2 UmwStG um ein rückwirkendes Ereignis nach § 175 Abs. 1 S. 1 Nr. 2 AO. **(1/7)**

Ein Freibetrag nach § 16 Abs. 4 EStG und die Steuerermäßigung nach § 34 EStG werden dem A gemäß § 22 Abs. 1 S. 1, 2. Halbsatz UmwStG bei der Versteuerung des Einbringungsgewinns I nicht gewährt. **(1/8)**

> Der Einbringungsgewinn I wird gem. § 22 Abs. 1 S. 3 UmwStG wie folgt berechnet:
> Gemeiner Wert des Betriebsvermögens des A am 01.01.17   10.000.000 €
> Ansatzwert bei der A-GmbH   ./. 3.000.000 €
> = Gewinn vor zeitlicher Kürzung   7.000.000 €
> Kürzung für abgelaufene Zeitjahre: $2/7$, § 22 Abs. 1 S. 3 UmwStG   ./. 2.000.000 €
> **im Kj. 17 von A zu versteuernder Einbringungsgewinn I**   **5.000.000 €** (1/9)
> Der Einbringungsgewinn I gilt gemäß § 22 Abs. 1 S. 4 UmwStG als nachträgliche Anschaffungskosten der erhaltenen Anteile. (1/10)
>
> **Gewinnermittlung zum 04.05.19**
> Ermittlung: (1/11)
> Veräußerungspreis am 04.05.19:   11.000.000 € × 60 % = 6.600.000 €
> abzüglich ursprünglicher Buchwert zzgl.
> nachträgliche AK aus Einbringungsgewinn I: ./. 8.000.000 € × 60 % = 4.800.000 €
>   = 3.000.000 € × 60 % = 1.800.000 €
> abzüglich Freibetrag nach § 17 Abs. 3 EStG: 0 €
> **Gewinn**   **1.800.000 €**
> Der Gewinn aus der Veräußerung der Anteile an B am 04.05.19 stellt Einkünfte aus § 17 Abs. 1 S. 1 EStG dar und unterliegt dem Teileinkünfteverfahren nach §§ 3 Nr. 40c, 3c Abs. 2 EStG. Er ist zu 60 % steuerpflichtig. (1/12)

2.5 Ausblick auf die Steuerberaterprüfung 2024/2025

In den Prüfungsjahren seit 2019/2020 wurden regelmäßig Sachverhalte zum Umwandlungssteuerrecht geprüft. So wurden in den Prüfungsjahren 2019/2020 und 2021/2022 jeweils Sachverhalte zu Verschmelzungen zweier Kapitalgesellschaften gemäß §§ 11 bis 13 UmwStG zum Prüfungsgegenstand gemacht. Im Prüfungsjahr 2020/2021 wurde eine Einbringung nach § 24 UmwStG geprüft. Im Prüfungsjahr 2021/22 wurde eine Einbringung nach § 20 UmwStG mit der Auslösung eines Einbringungsgewinns nach § 22 Abs. 1 UmwStG geprüft. Im Prüfungsjahr 2022/2023 wurden ein qualifizierter Anteilstausch nach § 21 UmwStG und die Rechtsfolgen eines Sperrfristverstoßes unter Auslösung eines Einbringungsgewinns II geprüft.
Im Prüfungsjahr 2023/2024 wurde kein klassischer Umwandlungs- oder Einbringungsfall geprüft.

Ob und wenn ja, welche Umwandlungsformen und -arten in den folgenden Prüfungsjahren geprüft werden, lässt sich freilich nicht genau vorhersagen. Jedenfalls ist festzustellen, dass seit einiger Zeit wieder klassische Umwandlungssteuerfälle geprüft werden. Mit der Prüfung von Verschmelzungssachverhalten nach §§ 11 bis 13 UmwStG und Einbringungssachverhalten nach § 24 UmwStG, § 21 UmwStG und § 20 UmwStG wurde die Materie in den letzten Prüfungsjahren verstärkt zum Gegenstand der Ertragsteuerklausur in der schriftlichen Steuerberaterprüfung gemacht. Auch in der Bilanzklausur am dritten Tag waren in den letzten beiden Prüfungsjahren Umwandlungssachverhalte enthalten, die einen stärker ausgeprägten ertragsteuerlichen Bezug aufwiesen als in den Prüfungsjahren davor.

Auf die Thematik der Einbringungsgewinne I und II nach § 22 Abs. 1 und Abs. 2 UmwStG ist in diesem Zusammenhang stets besonders hinzuweisen, was auch die Prüfungsjahre 2021/22 und 2022/2023 wieder gezeigt haben.

Darüber hinaus ist die Klausurrelevanz von § 24 UmwStG, der die Einbringung in eine Personengesellschaft regelt, weiterhin unvermindert gegeben und wurde auch im letzten Prüfungsjahr mitgeprüft. So wurde die Einbringung nach § 24 UmwStG in der Bilanzklausur wiederholt thematisiert. Die allgemeine Bilanzaufstellung im Zusammenhang mit den Besonderheiten der aufzustellenden Ergänzungsbilanzen bieten sich im Anwendungsbereich des § 24 UmwStG als Prüfungsgegenstand an.

Allerdings können in Umwandlungsfällen nicht nur die klassischen Fragen zu den Auswirkungen der Umwandlung für die Ertragsteuern abgefragt werden. Auch Exkurse zu angrenzenden Steuerarten bieten sich an. So können beispielsweise auch die durch den Umwandlungsvorgang entstehenden Besonderheiten im Zusammenhang mit der Grunderwerbsteuer und Gewerbesteuer sowie der Umsatzsteuer abgefragt werden. Es ist dabei nicht unwahrscheinlich, dass für die Beantwortung von Fragen zu diesen, in Umwandlungsfällen regelmäßig tangierten Steuerarten auch zukünftig Punkte vergeben werden. Jedenfalls lassen sich auch diese Sonderaspekte bei strukturierter Lösung des gesamten Falles erkennen und erfolgreich bearbeiten.

Sinnvoll ist es mithin, sich mit den Grundzügen des Umwandlungssteuerrechts vertraut zu machen, diese am Fall einzuüben und bei entsprechender Klausurgestaltung eine strukturierte Lösung vorzulegen. Dabei kommt es nach allgemeiner Erfahrung zum Bestehen weniger darauf an, jedes einzelne Detail zu erkennen und vollständig richtig zu lösen, sondern in erster Linie darauf, die wesentlichen Aspekte des Umwandlungssteuerrechts ebenso wie ein kenntnisreiches Gesamtverständnis in der Klausurlösung aufzuzeigen.

Das Erlernen der wesentlichen Grundsätze und das Einüben der Materie am Fall sind deshalb im Hinblick auf eine überzeugende Klausurbearbeitung empfehlenswert. Dies gilt sowohl für Zwecke der Ertragsteuer- als auch, und anscheinend wieder verstärkt, für Zwecke einer überzeugenden Darstellung in der Bilanzklausur.

Stichwortverzeichnis

Symbole
§ 1 Abs. 1a UStG 82

A
Abgabenordnung 17
Ablauf der schriftlichen Steuerberaterprüfung 2
Ablaufhemmung nach § 171 AO 35
Allgemeine Änderungsbefugnis nach § 172 AO 32
Allgemeine Klausurhinweise 1
- allgemeine Tipps 16
- Ausarbeitung der Lösung 10
- Ausgangspunkt für die Lösung einer Klausur 13
- Begründungen und inhaltlicher Aufbau 12
- der erste Prüfungstag 15
- die äußere Form 10
- Erfassen der Aufgabenstellung 9
- Erfassen und Verstehen der Fallfrage 9
- Erstellen eines Lösungskonzeptes 9
- Gedächtnis 4
- Gefühl für Lesbarkeit 11
- gut leserliche Handschrift 11
- Klausurlösung 5
- Klausurpraxis 4
- Ordnungssinn 11
- Rechtschreibung 12
- Sachverhalt grafisch aufbereiten 6
- Sachverhalt skizzieren 6
- Satzbau 12
- vollständige Bearbeitung aller drei Prüfungsklausuren 13
- Vollständiges Erfassen des Sachverhaltes 5
- Vorbereitungsmöglichkeiten 4
- vor der Prüfung – die letzten Tipps 14
- Zitieren der Paragrafen- und Richtlinienfundstellen 14

Allgemeine Tipps 16
Alterswertminderungsfaktor gem. § 190 Abs. 3 i.V.m. Abs. 6 BewG 187
Änderungen des Umsatzsteuer-Anwendungserlasses 130
Änderungen nach § 175 AO 33
- neue Tatsachen 33
- offenbare Unrichtigkeit 32
- widerstreitende Steuerfestsetzung 33

Anfechtungsklage 41
Ansatz
- des übergehenden Hausrats 168
- eines niedrigeren gemeinen Wertes 189

Arglistige Täuschung, Drohung oder Bestechung 32
Aufnahme eines Darlehens, Damnun 292
Aufteilung von Vorsteuerbeträgen bei gemischt genutzten Gebäuden 112
Ausblick
- auf das Steuerberaterexamen 2024/2025, Klausur Erbschaftsteuer 205
- auf die Klausur Abgabenordnung im Steuerberaterexamen 2024/2025 56
- auf die Klausur Körperschaftsteuer im Steuerberaterexamen 2024/2025 277
- auf die Klausur Umsatzsteuer im Steuerberaterexamen 2024/2025 130
- auf die Klausur Umwandlungssteuer im Steuerberaterexamen 2024/2025 377

Ausgangspunkt für die Lösung einer Klausur 13
Ausländische Staatsbürgerschaft 227
Aussetzung der Vollziehung 37
- nach § 361 AO oder nach § 69 FGO 38
- Voraussetzungen 37

B
Bebaute Grundstücke 184
Beginn der Festsetzungsfrist nach § 170 AO 35
Begründetheit der Klage 28
Beiblatt über die Zu- und Abflüsse der Körperschaft 257
Bemessungsgrundlage
- bei der Einfuhr 67
- bei Lieferungen 66, 76
- beim Tausch oder tauschähnlichen Umsätzen 66
- bei unentgeltlichen Wertabgaben und beim innergemeinschaftlichen Verbringen 67

Beraterklausur 229
Berichtigung
- bei Festsetzung unter Vorbehalt der Nachprüfung und vorläufige Steuerfestsetzung 31
- des Vorsteuerabzugs 119
- im Rechtsbehelfsverfahren 31
- nach Bestandskraft 31

Besondere Besteuerungsverfahren der §§ 18h bis 18k UStG 102
Besonderheiten
- der Klausur Einkommensteuer/Internationales Steuerrecht 207
- der Umwandlungssteuer im Steuerberaterexamen 341

Bestehensquote 1
Besteuerungsform, Wechsel 129

Betriebsvermögen, Bewertung und Besteuerung 165, 194
Bewertung
- -svereinfachungsverfahren 286
- und Begünstigung einer Beteiligung an einer Personengesellschaft (KG) 167
- und Besteuerung übriger Vermögenswerte 167
- und Besteuerung von Betriebsvermögen bzw. nicht notierten Anteilen an Kapitalgesellschaften 165
- und Besteuerung von Betriebsvermögen und von nicht notierten Anteilen an Kapitalgesellschaften 194
- und Besteuerung von Grundvermögen 163
- und Besteuerung von übrigem Vermögen 200
- von Erbbaurechten bzw. Erbbaugrundstücken 188
- von Vermögensgegenständen bzw. Wirtschaftsgütern 286

Bilanzklausur
Bilanzpostenmethode 296
Bilanzsteuerrechtsthemen 281
Bildung eines Investitionsabzugsbetrags 294
Bindungswirkung anderer Verwaltungsakte 36
Bodenwert
- Ermittlung 186
- -verzinsung 187

D

Darstellung der Gewinnermittlung 296
Dingliche Haftung 41
Dividende 313

E

Einheitsbilanz 280
Einkommensteuer, festzusetzende 226
Einnahmen, steuerbare 234
Einspruch
- -sverfahren und Klageverfahren 25
- und Aussetzung der Vollziehung 37

Entstehung der Steuer und Bewertungsstichtag 179
Erbfall
- -kosten 203
- -schulden 203

Erblasserschulden 203
Erbschaft-/Schenkungsteuer, Ermittlung der festzusetzenden 205
Erfassung der Aufgabenstellung 9
Erfolgspostenmethode 296
Ermittlung des Handelsbilanzgewinns 256

Erstellen eines Lösungskonzeptes 9
Ertragsanteil 228
Ertragswertverfahren 185
- vereinfachtes 195

Erwerb von Todes wegen 177, 202
EU-Regelung 102

F

Fallabwandlungen 9
Fazit für Examensklausur Umsatzsteuer
- Dreiecksgeschäfte 99
- Geschäftsveräußerung im Ganzen 85
- in Bezug auf § 13b UStG 79
- Kleinunternehmer 130
- Reihengeschäfte 95
- unentgeltliche Wertabgaben 125
- Versandhandel/E-Commerce 107
- Vorsteuerberichtigung 122

Fehlerberichtigung nach § 177 AO 34
Festsetzung
- -sfrist bei Haftungsbescheiden 41
- -sverjährung 34, 41
- unter dem Vorbehalt der Nachprüfung 31

Feststellung des steuerlichen Einlagenkontos 257
Form der Klausur 10
Freibetrag nach § 17 Abs. 3 EStG 229

G

Gebäude
- -ertragswert, Ermittlung 186
- -sachwert, Ermittlung 187

Gesamtnote aus schriftlicher und mündlicher Prüfung 1
Geschäftsveräußerung im Ganzen 82
Gewichtung der Prüfungsvorbereitung 5
Gewinn
- -einkunftsarten 234, 235
- -ermittlung nach § 4 Abs. 3 EStG 221
- -korrekturen außerhalb der Bilanz 296

Grundsatz
- der anteiligen Tilgung 40
- der Maßgeblichkeit der Handelsbilanz für die Steuerbilanz 280

Grundstücke als einheitliche Gegenstände 117
Grundvermögen
- Bewertung und Besteuerung 163, 182

H

Haftung 39
- bei Organschaft 40
- bei Steuerhinterziehung 40

Stichwortverzeichnis

- des Betriebsübernehmers nach § 75 AO 41
- des Gesellschafters nach § 74 AO 40
- des gesetzlichen Vertreters 39
- Inanspruchnahme 41

Hilfsmittel 3

I

Inländischer Wohnsitz 227
Innergemeinschaftlicher Erwerb 66
Innergemeinschaftliches Dreiecksgeschäft 95
Innergemeinschaftliches Verbringen 67
IOSS 102

K

Kapitalerhöhung, Eintragung ins Handelsregister 228
Kapitalforderungen 201
Kapitalgesellschaften, nicht notierte Anteile 165
Klageverfahren 28

Klausur Abgabenordnung 17
- Ablaufhemmung nach § 171 AO 35
- allgemeine Änderungsbefugnis nach § 172 AO 32
- allgemeine Berichtigungsbestimmungen 32
- Änderungen nach § 175 AO 33
- Änderung wegen neuer Tatsachen 33
- Änderung wegen offenbarer Unrichtigkeit 32
- Änderung wegen widerstreitender Steuerfestsetzung 33
- Aufgabe aus dem Bereich Einspruchsverfahren 25
- Ausblick auf die Steuerberaterprüfung 2024/2025 56
- Aussetzung der Vollziehung 37
- Aussetzung der Vollziehung nach § 361 AO oder nach § 69 FGO 38
- Beginn der Festsetzungsfrist nach § 170 AO 35
- Begründetheit der Klage 28
- Beispiel Gutachtenstil 21
- Beispiel Urteilsstil 21
- Berichtigung bei Festsetzung unter Vorbehalt der Nachprüfung und vorläufige Steuerfestsetzung 31
- Berichtigung im Rechtsbehelfsverfahren 31
- Berichtigung nach Bestandskraft 31
- Bindungswirkung anderer Verwaltungsakte 36
- Einspruchs- und Klageverfahren 25
- Einspruchsverfahren 25
- Fehlerberichtigung nach § 177 AO 34
- Festsetzungsverjährung 34, 41

- Fragestellungen aus dem Bereich der Haftung 29
- Gutachtenstil 21
- Haftung 39
- Haftung bei Organschaft 40
- Haftung bei Steuerhinterziehung 40
- Haftung des Betriebsübernehmers nach § 75 AO 41
- Haftung des Gesellschafters nach § 74 AO 40
- Haftung des gesetzlichen Vertreters 39
- Haftungsinanspruchnahme 41
- Klageverfahren 28
- Klausurfall 24, 26, 27, 28
- Klausurfall Haftung 30
- Korrektur von Verwaltungsakten 22
- Musterklausur 42
- Probleme Form und Frist eines Einspruchs und Wiedereinsetzung 26
- Prüfung der Haftung nach § 69 AO 30
- Prüfungsfolge bei Korrektur von Verwaltungsakten 22
- Prüfungsfolge Haftung gemäß § 69 AO 29
- Rechtsbehelfs- und Klageverfahren 35
- Rechtsmittel gegen die Ablehnung der Aussetzung der Vollziehung 39
- rückwirkendes Ereignis 33
- Schulden und Haften 39
- sonstige Änderungsmöglichkeiten nach der AO 32
- Standardaufgaben und Standardfragestellungen 21
- Standardthemen und Prüfungsschwerpunkte 31
- Themenschwerpunkte der letzten Jahre 17
- Umfang der Aussetzung der Vollziehung 38
- Urteilsstil 21
- Verfahrensrechtliches Schicksal des Änderungsverwaltungsakts 37
- Verfahrensvorschriften bei Änderung eines Verwaltungsaktes 36
- Verjährungsfristen 34
- Voraussetzungen für eine Aussetzung der Vollziehung 37
- weitere potenzielle Klausurthemen 42
- Zahlungsverjährung 34
- Zulässigkeit der Klage 28
- Zulässigkeit des Klageverfahrens 36
- Zulässigkeitsvoraussetzungen für das außergerichtliche und das gerichtliche Rechtsbehelfsverfahren 35

Klausur Buchführung und Bilanzierung 279

- Angabe von Fundstellen 288
- Ausblick auf die Steuerberaterprüfung 2024/2025 338
- Besonderheiten der Klausur Bilanzierung 279
- Bilanzpostenmethode 296
- Bildung eines Investitionsabzugsbetrags 294
- Darstellung der Gewinnermittlung 296
- Erfolgspostenmethode 296
- Grundsätze der Maßgeblichkeit der Handelsbilanz für die Steuerbilanz 280
- gutachterliche Stellungnahme 300
- Klausurthemen 311
- Lösungshinweise 311
- Musterklausur 302
- Rückblick auf die Prüfungsklausur 2015/2016 334
- Rückblick auf die Prüfungsklausur 2017/2018 335
- Rückblick auf die Prüfungsklausur 2018/2019 335
- Rückblick auf die Prüfungsklausur 2019/2020 336
- Rückblick auf die Prüfungsklausur 2023/2024 337
- Standardaufgabenstellungen 288, 291
- Standardaufgaben und Standardfragestellungen 283
- Standardthemen und Prüfungsschwerpunkte 297
- Themenschwerpunkte der letzten Jahre 281, 283
- Themenschwerpunkte für die anstehende Steuerberaterprüfung 339
- Übertragung von stillen Reserven 295
- weitere potenzielle Klausurthemen 299
- Zahlenwerk in der Bilanzklausur 287
- Ziel 291

Klausur Einkommensteuer/Internationales Steuerrecht 207
- doppelstöckige Personengesellschaft 213
- Erlass zur vorweggenommenen Erbfolge 212
- Ermittlung des Übergangsgewinns 212
- Hinzurechnungsbesteuerung 213
- Klausur 2021/2022 212
- Klausur 2022/2023 208, 210
- vorweggenommene Erbfolge 212
- Wechsel der Gewinnermittlungsart 212

Klausur Erbschaft-/Schenkungsteuer und Bewertung 147, 163
- Allgemeines zur Ermittlung des Vermögensanfalls 181
- Ansatz eines niedrigeren gemeinen Wertes 189
- Anwendung des Ertragswertverfahrens bzw. des Sachwertverfahrens 185
- Anwendung des vereinfachten Ertragswertverfahrens 195
- Aufgabenstellungen 147
- Aufgabenstellungen der Examensklausuren 2014/2015-2023/2024 147
- Ausblick auf das Steuerberaterexamen 2024/2025 205
- Bebaute Grundstücke 184
- beschränkte persönliche Steuerpflicht 179
- beschränkte persönliche Steuerpflicht nach § 2 Abs. 1 Nr. 3 ErbStG 179
- Besonderheiten 147
- Betriebsvermögenswert bei Personengesellschaften 198
- Bewertung und Besteuerung übriger Vermögenswerte 167
- Bewertung und Besteuerung von Betriebsvermögen und von nicht notierten Anteilen an Kapitalgesellschaften 165, 194
- Bewertung und Besteuerung von Grundvermögen 163, 182
- Bewertung und Besteuerung von übrigem Vermögen 200
- Entstehung der Steuer und Bewertungsstichtag 179
- Erbfallkosten 203
- Erbfallkosten gem. § 10 Abs. 5 Nr. 3 ErbStG 203
- Erbfallschulden 203
- Erbfallschulden gem. § 10 Abs. 5 Nr. 2 ErbStG 203
- Erblasserschulden 203
- Erblasserschulden gem. § 10 Abs. 5 Nr. 1 ErbStG 203
- Erfassen von Sachverhalt und Aufgabenstellung 172
- Ermittlung der festzusetzenden Erbschaft-/Schenkungsteuer 205
- Ermittlung des Gebäudesachwerts beim Sachwertverfahren 187
- Ermittlung des steuerpflichtigen Erwerbs 180, 204
- Ermittlung des Substanzwertes 197
- Ermittlung des Wertes der Bereicherung 202

Stichwortverzeichnis

- Ermittlung und Aufteilung des Betriebsvermögenswertes bei Personengesellschaften 198
- Erwerb von Todes wegen 177
- Erwerb von Todes wegen gem. § 1 Abs. 1 Nr. 1 ErbStG 177
- Examensklausur 2014/2015 153
- Examensklausur 2015/2016 153
- Examensklausur 2016/2017 154
- Examensklausur 2017/2018 155
- Examensklausur 2018/2019 156
- Examensklausur 2019/2020 156
- Examensklausur 2020/2021 157
- Examensklausur 2022/2023 158
- Examensklausur 2023/2024 159
- Festzusetzende Erbschaft-/Schenkungsteuer 205
- Formulierung der Lösung 172
- Gemeinsamkeiten und Unterschiede in den Examensklausuren 152
- gemischte Schenkungen und Schenkungen unter Auflage 204
- Grundvermögen, Bewertung und Besteuerung 182
- Herangehensweise an die Lösung der Klausur Erbschaft-/Schenkungsteuer und Bewertung 170
- Hinweise zur formalen Herangehensweise an die Klausurbearbeitung 172
- Klausureinstieg – Steuerpflicht 176
- Lösungsschema für die Klausur Erbschaft-/Schenkungsteuer und Bewertung 170
- Musterklausur 159
- Nachlassverbindlichkeiten 168
- nicht notierte Anteile an Kapitalgesellschaften i.S.d. § 11 Abs. 2 BewG 194
- persönliche Steuerpflicht 178
- Prüfung von Betriebsvermögen 156
- sachliche Steuerpflicht 177
- Sachverhaltskonstellationen für künftige Examensklausuren 177
- Schenkungen unter Lebenden 177, 204
- Schenkung unter Lebenden gem. § 1 Abs. 1 Nr. 2 ErbStG 177
- Steuerbefreiung bei Übertragung des selbst genutzten Familienheims 191
- Steuerbefreiung für zu Wohnzwecken vermietete Grundstücke 193
- Steuerklasse und Steuerschuldner 180
- steuerpflichtiger Erwerb 180, 204
- Substanzwert 197
- Themenschwerpunkte 149
- Themenschwerpunkte der Examensklausuren 2013/2014 bis 2023/2024 151
- unbebaute Grundstücke 183
- unbeschränkte Steuerpflicht 178
- unbeschränkte Steuerpflicht nach § 2 Abs. 1 Nr. 1 ErbStG 178
- vereinfachtes Ertragswertverfahren 195
- Vermögensanfall, Ermittlung 181
- Verschonungsbedarfsprüfung gem. § 28a ErbStG 200
- visuelle Aufbereitung der Original-Examensklausur 2014/2015 175
- Vorwegabschlag für Familienunternehmen 199
- wiederkehrende sowie lebenslängliche Nutzungen und Leistungen 202
- wiederkehrende Themenschwerpunkte 163

Klausur Ertragsteuer
- Aufgabenstellungen im Detail 224
- Aufgabenstellungen und Gliederung 224
- Ausblick auf die Steuerberaterprüfung 2024/2025 245
- Hinweise zur Vorbereitung 245
- Klausur 2008/2009 222
- Klausur 2009/2010 221
- Klausur 2010/2011 220
- Klausur 2011/2012 220
- Klausur 2012/2013 219
- Klausur 2013/2014 219
- Klausur 2014/2015 218
- Klausur 2015/2016 218
- Klausur 2016/2017 217
- Klausur 2017/2018 216
- Klausur 2018/2019 214, 215
- Klausur 2019/2020 214
- Klausur 2020/2021 213
- Klausur 2021/2022 208, 210
- Klausur 2022/2023 208, 210
- Klausur-Typ I 224
- Klausur-Typ II 229
- Klausur-Typ III 229
- lohnsteuerliche Fragestellungen 224
- Musterklausur 237
- Themenschwerpunkte der letzten Jahre 208

Klausur Körperschaftsteuer 247
- Aspekte und ihre Auswirkungen auf die Körperschaftsteuer 249
- Aufforderung zur gutachterlichen Stellungnahme 276
- Aufgabenstellung 247

- Ausblick auf die Steuerberaterprüfung 2024/2025 277
- Ausgleichszahlungen für außenstehende Anteilseigner 250
- ausschüttbarer Gewinn 258
- Ausweis des sogenannten „Bilanzgewinns" 255
- Beiblatt über die Zu- und Abflüsse der Körperschaft 257
- dreistufige Einkommensermittlung 248
- Einlagen und Ausschüttungen 257
- Ermittlung der Körperschaftsteuer- und Gewerbesteuerrückstellungen 252
- Ermittlung des Handelsbilanzgewinns 256
- Ermittlung des zu versteuernden Einkommens 267
- Feststellung des steuerlichen Einlagenkontos 257
- Feststellung eines fortführungsgebundenen Verlustvortrags 252
- fortführungsgebundener Verlustvortrag 252
- Fünfspaltenschema 256
- Fußgängerpunkte 247
- Gewinnermittlung der GmbH 257
- Hinweise zur Vorbereitung 277
- Kapitalerhöhung und -herabsetzung 259
- konkrete Bearbeitungshinweise 255
- mehrläufige Fragestellungen und Zeitmanagement 249
- Punkteanteil und Zeitpunkt im Rahmen der Steuerberaterprüfung 247
- rechtliche Beurteilung der verdeckten Gewinnausschüttung 275
- RGMB-Regel 261
- Sachverhalt handelsrechtlich prüfen 249
- schädlicher Beteiligungserwerb 252
- Sonderausweis nach § 28 KStG 259
- Standardaufgaben und Standardfragestellungen 255
- Steuerbilanzgewinn 256
- Steuerentstrickungen durch das Verbringen von Wirtschaftsgütern aus dem inländischen Stammhaus in eine ausländische Betriebsstätte 251
- Themeninhalte 247
- Themenschwerpunkt der letzten Jahre 250
- verdeckte Einlage 267
- verdeckte Gewinnausschüttung 266
- verdeckte Gewinnausschüttung oder verdeckte Einlage 272
- Verwendung des Einkommens 249
- Wechselwirkungen zwischen dem Körperschaftsteuerrecht und anderen Rechtsgebieten 275
- Zeichnung des Sachverhaltes 273
- zu versteuerndes Einkommen der Kapitalgesellschaft 257

Klausurlösung 5
Klausursachverhalte 6
Klausur Umsatzsteuer 57
- Abzugsfähigkeit der Vorsteuer 112
- Änderungen des Umsatzsteuer-Anwendungserlasses 130
- Ausblick auf die Steuerberaterprüfung 2023/2024 144
- Bagatellregelung - § 44 UStDV 85
- Beginn der unternehmerischen Tätigkeit im laufenden Jahr 128
- Beispiel der Aufgabenstellung aus einer der letzten Klausuren 297
- Beispiele zum Allgemeinen Teil einer Prüfungsaufgabe 62
- Berichtigung des Vorsteuerabzugs 119
- Besonderheiten 57
- Besteuerungsart 62
- Definition einer Be- oder Verarbeitung 77
- der „Dauerbrenner" 123
- die Versandhandelsregelung (§3c UStG) 99
- Folgen der Kleinunternehmerregelung 128
- Freiland-Fotovoltaikanlagen 70
- innergemeinschaftliches Dreiecksgeschäft 95
- Kleinunternehmer nach § 19 UStG 127
- konkrete Bearbeitungshinweise 61
- Musterklausur 130
- Prüfungsschema für Aufgaben aus dem Umsatzsteuerrecht 64
- PV-Anlagen ab 2023 125
- Rahmen des Unternehmens 62
- Regelbesteuerung 127
- Standardaufgaben und Standardfragestellungen 61
- Standardthemen und Prüfungsschwerpunkte 69
- Steuerpflicht 66
- Übertragung der Steuerschuld auf den Leistungsempfänger gemäß § 13b UStG 69
- umsatzsteuerliches Reihengeschäft 87
- unentgeltliche Wertabgaben 123
- Unternehmer 61
- Versandhandelsregelung 99
- Vorsteuerabzug 107
- Vorsteuerabzug - § 15 UStG 85

Stichwortverzeichnis

- Vorsteuerberichtigung - § 15a UStG 85
- Wechsel der Besteuerungsform 129
- Werklieferungen von Fotovoltaikanlagen 70
- Zeitpunkt des Vorsteuerabzugs 112
- Zuordnung von Leistungen zum Unternehmen 111
- Zusammenhang mit einer vorsteuerabzugsschädlichen Ausgangsleistung 111

Klausur Umwandlungssteuer 341
- § 6a GrEStG 365
- Abspaltung 353
- allgemeiner Anwendungsbereich und Begriffsbestimmungen 356
- Anwendung des § 5 UmwStG 373
- Aufspaltung 353
- Ausblick auf die Steuerberaterprüfung 2024/2025 377
- Ausgliederung 354
- Begriff des Rechtsträgers 350
- Berechnung des Übernahmeergebnisses 373
- Beschlussphase 350
- Buchwert oder Zwischenwert 361
- Einbringung eines Einzelunternehmens in eine Kapitalgesellschaft 341
- Einbringung eines Einzelunternehmens in eine Kapitalgesellschaft nach § 20 UmwStG 345
- Einbringungsteil des UmwStG 359
- Einordnung des Sachverhalts 349
- fiktiver Formwechsel durch Ausübung der Option 360
- Formwechsel 355
- gemeiner Wert 361
- Gewinnausschüttungen 363
- Grunderwerbsteuer im Zusammenhang mit Umwandlungsfällen 364
- Grundsätze des § 2 UmwStG 362
- Hinweis zum Zwischenwertansatz 361
- konkrete Bearbeitungshinweise 349
- Musterklausur 369
- Option nach § 1a KStG 359
- Option zur Körperschaftsteuer für Personenhandels- und Partnerschaftsgesellschaften 359
- qualifizierter Anteilstausch 345
- Rechtsfolgen eines Sperrfristverstoßes unter Auslösung eines Einbringungsgewinns II 377
- rückwirkende Besteuerung eines anteilig abgeschmolzenen Einbringungsgewinns 341
- Rückwirkung von Verträgen 362
- Spaltung 352
- steuerliche Folgen bei dem Anteilseigner bei und nach der Umwandlung 368
- steuerliche Folgen der Rückwirkung 362
- steuerliche Rückwirkung 357
- steuerliche Rückwirkung bei Gewinnausschüttungen 363
- steuerliche Systematik bei Umwandlungen 342
- Systematik des Umwandlungssteuergesetzes 355
- Systematik des UmwG 349
- Systematik und Teile des Umwandlungssteuergesetzes 355
- Themenschwerpunkte der Klausuren 1992/93 bis 2023/24 344
- Überblick über die Grundsätze des UmwStG 343
- Umwandlungsarten 351
- Umwandlungsteil des UmwStG 358
- Vermögensübertragung 354
- Verschmelzung 351
- Verschmelzung einer Gewinn- auf eine Verlustgesellschaft 343
- Vollzugsphase 350
- Vorbereitungsphase 350
- Vorschriften zur Missbrauchsabwehr und Anwendungsvorschriften 359
- Wertansatz des übergehenden Vermögens 361

Klausur Verfahrensrecht 17
Kleinunternehmer nach § 19 UStG 127
Kleinunternehmerregelung 128

Körperschaftsteuer
- versus Abgabenordnung 275
- versus Gewerbesteuer 277

Korrektor der Klausur 10

Korrektur
- -buchungssätze 292
- von Verwaltungsakten 22

L

Langfristige Vorbereitung auf die Steuerberaterprüfung 4
Leibrente, abgekürzte 227
Lösen von Standardfragestellungen 4
Lösung einer Prüfungsklausur der Steuerberaterprüfung 5

M

Maßgeblichkeit der Handelsbilanz 285

Materiellrechtliche Voraussetzungen für den Vorsteuerabzug 111
Mehr- oder doppelstöckige Personengesellschaften 277
Motivation 4

N
Nicht-EU-Regelung 102
Notenvergabe 1

O
Option zur Umsatzsteuer nach § 9 UStG 118
Ort eines innergemeinschaftlichen Fernverkaufs 103
OSS 102
Outbound-Fall 209

P
Probleme Form und Frist eines Einspruchs und Wiedereinsetzung 26
Prüfreihenfolge beim Vorsteuerabzug 68
Prüfung
- der Haftung nach § 69 AO 30
- -sfolge Haftung gemäß § 69 AO 29
- -sschema für Aufgaben aus dem Umsatzsteuerrecht 64
- -stag, erster 15

R
Rechtliche Einstufung eines Geschäftsvorfalls 283
Rechtsbehelfs- und Klageverfahren 35
Rechtsmittel gegen die Ablehnung der Aussetzung der Vollziehung 39
Regelbesteuerung 127
Regionalfaktor gem. § 190 Abs. 3 i.V.m. Abs. 5 BewG 187
Reihengeschäft 87, 88, 96
- mit privaten Endabnehmern 93
Rente, Leibrente 227
Reverse-Charge-Verfahren 69
RGMB-Regel 261

S
Sachwertverfahren 185
Schenkung unter Lebenden 177, 204
Schlichte Rechtsgemeinschaft 62
Schriftliche Steuerberaterprüfung 2024 2
Schulden und Haften 39
Schwellenerwerb 129
Schwerpunkt der Vorbereitung 5
Sonderabschreibung nach § 7g EStG 294

Sonderausweis nach § 28 KStG 259
Sonderfall Erwerb eines Betriebes/Teilbetriebs 86
Sondertatbestände 67
Sonstige Änderungsmöglichkeiten nach der AO 32
Sonstige Leistungen auf dem Gebiet der Telekommunikation 72
Stellungnahmen des IDW 286
Steuerbefreiung für zu Wohnzwecken vermietete Grundstücke 193
Steuerklasse 180
Steuerpflicht 176, 226
- beschränkte 236
- persönliche 178
- sachliche 177
- unbeschränkte 178
Steuerpflichtiger Erwerb, Ermittlung 180, 204
Steuerrecht 207
Steuerschuldner 180
Steuerschuldnerschaft des Leistungsempfängers 74
Substanzwert, Ermittlung 197
Systematik des UmwG 349

T
Tabellarische Übersicht der ersten 5 Bücher des UmwG 349

U
Übergang der Steuerschuldnerschaft 70
Überschusseinkunftsarten 234
Umfang der Aussetzung der Vollziehung 38
Umsatzgrenze für die Besteuerung nach vereinnahmten Entgelten 63
Umsatzsteuer
- materiell-rechtliche Voraussetzungen für den Vorsteuerabzug 110
- nichtwirtschaftliche Tätigkeiten im engeren Sinne 110, 112
- unternehmensfremd genutzte Grundstücke 115
- Zusammenhang von erhaltener Eingangsleistung und getätigter Ausgangsleistung 111
Umwandlung
- in der Steuerberaterprüfung als Teile der Ertrags- und Bilanzklausur 341
- in Gesamtrechtsnachfolge 343
- -ssteuerrechtliche Sachverhalte und Fragestellungen 341
Umwandlungsteuergesetz, Grundsätze 343
Unbebaute Grundstücke 183

Stichwortverzeichnis

V
VAT on e-services 102
Veränderungen beim steuerlichen Einlagenkonto 257
Verdeckte Einlage 267
Verdeckte Gewinnausschüttung 266
– oder verdeckte Einlage 272
– Voraussetzungen 266
Verfahrensrechtliches Schicksal des Änderungsverwaltungsakts 37
Verfahrensvorschriften bei Änderung eines Verwaltungsaktes 36
Verjährungsfristen 34
Verlängerung der Festsetzungsfrist bei Steuerhinterziehung und leichtfertiger Steuerverkürzung 31
Vermögensanfall, Ermittlung 181
Versandhandelsregelung 99
Vollständige Bearbeitung aller drei Prüfungsklausuren 13
Vollständiges Erfassen des Sachverhaltes 5
Vor der Prüfung – die letzten Tipps 14
Vorläufige Steuerfestsetzung nach § 165 AO 31
Vorsteuerabzug 67, 107

W
Wechsel der Besteuerungsform 129
Werbungskosten 234
Wertangaben für Bilanzansätze und Gewinnauswirkungen 287
Wertpapiere und Anteile 201

Z
Zahlungsverjährung 34
Ziel einer Bilanzklausur 291
Zitieren der Paragrafen- und Richtlinienfundstellen 14
Zugelassene Hilfsmittel 3
Zulässigkeit
– der Klage 28
– des Klageverfahrens 36
– des Rechtsbehelfsverfahrens 35
– -svoraussetzungen für das außergerichtliche und das gerichtliche Rechtsbehelfsverfahren 35
Zu versteuerndes Einkommen 256

Weitere Bücher des HDS-Verlags

Jordan, Nachhaltigkeitsberichterstattung (ESRS) und ihre Prüfung – eine Darstellung im europäischen Kontext

Umfang: 310 Seiten
Preis: 59,90 €
ISBN: 978-3-95554-910-7
1. Auflage

Neu 2024

Szczesny, Körperschaftsteuer, Steuern und Finanzen in Ausbildung und Praxis, Bd. 5

Umfang: 436 Seiten
Preis: 54,90 €
ISBN: 978-3-95554-843-6
4. Auflage

4. Aufl. 2023

Arndt, Einkommensteuererklärung 2023 Kompakt

Umfang: 836 Seiten
Preis: 54,90 €
ISBN: 978-3-95554-883-4
15. Auflage

15. Aufl. 2024

Tonner u.a., Kurzvorträge für das Wirtschaftsprüferexamen

Umfang: 304 Seiten
Preis: 59,90 €
ISBN: 978-3-95554-862-9
5. Auflage

5. Aufl. 2023

Schwerberger, Alles Wahnsinn oder was? Über den Sinn des Wahns demenziell und psychisch Erkrankter. Handbuch für Angehörige

Umfang: 108 Seiten
Preis: 24,90 €
ISBN: 978-3-95554-898-8
1. Auflage

Neu 2024

Albert/Schröder/Schulz, Einkommensteuer, Steuern und Finanzen in Ausbildung und Praxis, Bd. 1

Umfang: 520 Seiten
Preis: 54,90 €
ISBN: 978-3-95554-857-5
8. Auflage

8. Aufl. 2023

Fränznick (Hrsg.), Die schriftliche Steuerberaterprüfung 2024/2025

Umfang: 412 Seiten
Preis: 69,90 €
ISBN: 978-3-95554-914-5
15. Auflage

Neu 2024

Dauber/Ossola-Haring, Due Diligence

Umfang: 88 Seiten
Preis: 49,90 €
ISBN: 978-3-95554-763-9
1. Auflage

Neu 2023

Kamchen, Besteuerung und Bilanzierung von Bitcoin & Co.

Umfang: 140 Seiten
Preis: 39,90 €
ISBN: 978-3-95554-887-2
2. Auflage

2. Aufl. 2024

Paket Falltraining 2024
Fälle und Lösungen zum Steuerrecht

Umfang: 8 Bücher mit 2.012 Seiten
Preis: 364,30 €
ISBN: 978-3-95554-918-3
8. Auflage

8. Aufl. 2024

Seefelder, Die GmbH & Co. KG, Rechtsformen und Musterverträge im Gesellschaftsrecht, Bd. 4

Umfang: 120 Seiten
Preis: 49,90 €
ISBN: 978-3-95554-916-9
2. Auflage

2. Aufl. 2024

Fränznick u.a., Der Kurzvortrag in der mündlichen Steuerberaterprüfung 2023/2024

Umfang: 478 Seiten
Preis: 59,90 €
ISBN: 978-3-95554-869-8
15. Auflage

15. Aufl. 2023

Neudert, Falltraining Abgabenordnung und Finanzgerichtsordnung, Fälle und Lösungen zum Steuerrecht, Bd. 3

Umfang: 190 Seiten
Preis: 54,90 €
ISBN: 978-3-95554-888-9
4. Auflage

4. Aufl. 2024

Paket Steuerveranlagungsbücher Kompakt 2022

Umfang: 1.700 Seiten
Preis: 159,80 €
ISBN: 978-3-95554-847-6
14. Auflage

14. Aufl. 2023

Hüffmeier, Internationales Steuerrecht, Steuern und Finanzen in Ausbildung und Praxis, Bd. 10

Umfang: 222 Seiten
Preis: 54,90 €
ISBN: 978-3-95554-886-5
2. Auflage

2. Aufl. 2024

Mutschler/Scheel, Umsatzsteuer, Steuern und Finanzen, Band 4

Umfang: 446 Seiten
Preis: 54,90 €
ISBN: 978-3-95554-849-0
7. Auflage

7. Aufl. 2023

Hoffmann, Lernstrategien für die erfolgreiche Prüfungsvorbereitung

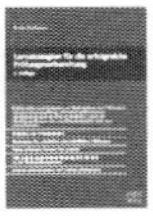

Umfang: 184 Seiten
Preis: 54,90 €
ISBN: 978-3-95554-848-3
2. Auflage

2. Aufl. 2023

Seefelder, Die GmbH & Co. KG auf Aktien, Rechtsformen und Musterverträge im Gesellschaftsrecht, Bd. 5

Umfang: 110 Seiten
Preis: 49,90 €
ISBN: 978-3-95554-917-6
2. Auflage

2. Aufl. 2024

Fränznick, Falltraining Besteuerung der Personengesellschaften, Fälle und Lösungen zum Steuerrecht, Bd. 4

Umfang: 432 Seiten
Preis: 54,90 €
ISBN: 978-3-95554-866-7
3. Auflage

3. Aufl. 2023

Dauber u.a., Vorbereitung auf die mündliche Steuerberaterprüfung/Kurzvortrag 2023/2024 mit Fragen und Fällen aus Prüfungsprotokollen

Umfang: 360 Seiten
Preis: 54,90 €
ISBN: 978-3-95554-868-1
11. Auflage

11. Aufl. 2023

Radeisen, Praktiker-Lexikon Umsatzsteuer

Umfang: 894 Seiten
Preis: 99,90 €
ISBN: 978-3-95554-881-0
14. Auflage

14. Aufl. 2023

Paket Vorbereitung auf die schriftliche Steuerberaterprüfung 2023

Umfang: 3.838 Seiten
Preis: 489,00 €
ISBN: 978-3-95554-865-0

Neu 2023

Birgel, Datenzugriffsrecht auf digitale Unterlagen

Umfang: 90 Seiten
Preis: 49,90 €
ISBN: 978-3-95554-845-2
2. Auflage

2. Aufl. 2023

Grobshäuser u.a., Die mündliche Steuerberaterprüfung 2023/2024

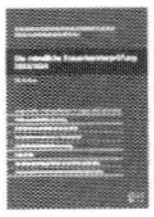

Umfang: 550 Seiten
Preis: 59,90 €
ISBN: 978-3-95554-870-4
16. Auflage

16. Aufl. 2023

Preißer, GmbH & Co KGaA: die ultimative, innovative und passende Gestaltungsalternative für den Mittelstand

Umfang: 140 Seiten
Preis: 99,95 €
ISBN: 978-3-95554-899-5
1. Auflage

Neu 2024

Dauber, Handelsrechtliche und steuerliche Aufbewahrungspflichten

Umfang: 116 Seiten
Preis: 49,90 €
ISBN: 978-3-95554-860-5
1. Auflage

Neu 2023

Jauch, Ausbildungstraining zum Finanzwirt Laufbahnprüfung 2023/2024, Steuern und Finanzen in Ausbildung und Praxis, Bd. 13

Umfang: 172 Seiten
Preis: 41,95 €
ISBN: 978-3-95554-882-7
7. Auflage

7. Aufl. 2023

Güllemann, Kreditsicherungsrecht

Umfang: 196 Seiten
Preis: 34,90 €
ISBN: 978-3-95554-906-0
3. Auflage

3. Aufl. 2024

Ratjen/Sager/Schimpf, Abgabenordnung und Finanzgerichtsordnung, Steuern und Finanzen, Band 7

Umfang: 560 Seiten
Preis: 54,90 €
ISBN: 978-3-95554-915-2
6. Auflage

6. Aufl. 2024

Hüffmeier, Investmentsteuerrecht Kompakt

Umfang: 200 Seiten
Preis: 99,90 €
ISBN: 978-3-95554-907-7
1. Auflage

Neu 2024

Durm u.a., Prüfungstraining zum Diplom-Finanzwirt Laufbahnprüfung 2023/2024, Steuern und Finanzen in Ausbildung und Praxis, Bd. 12

Umfang: 208 Seiten
Preis: 39,95 €
ISBN: 978-3-95554-880-3
7. Auflage

7. Aufl. 2023

Radeisen/Radeisen, Erbschaftsteuer und Bewertung, Steuern und Finanzen in Ausbildung und Praxis, Bd. 3

Umfang: 380 Seiten
Preis: 54,90 €
ISBN: 978-3-95554-908-4
5. Auflage

5. Aufl. 2024

Zielke, Scientific work through plagiarism-free deduction

Umfang: 214 Seiten
Preis: 25,90 €
ISBN: 978-3-95554-818-6
1. Auflage

Neu 2023

Zielke, Exercise book Scientific work through plagiarism-free deduction

Umfang: 134 Seiten
Preis: 25,90 €
ISBN: 978-3-95554-819-3
1. Auflage

Neu 2023

Zielke, Package Scientific work through plagiarism-free deduction

Umfang: 2 Bücher mit 348 Seiten
Preis: 48,90 €
ISBN: 978-3-95554-817-9
1. Auflage

Neu 2023

Paket Steuerveranlagungsbücher Kompakt 2023

Umfang: 1.750 Seiten
Preis: 164,80 €
ISBN: 978-3-95554-905-3
15. Auflage

15. Aufl. 2024

Perbey, Körperschaftsteuererklärung 2023 Kompakt

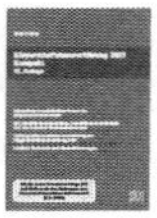

Umfang: 980 Seiten
Preis: 119,90 €
ISBN: 978-3-95554-904-6
15. Auflage

15. Aufl. 2024

Radeisen, Falltraining Umsatzsteuer, Fälle und Lösungen zum Steuerrecht, Bd. 6

Umfang: 272 Seiten
Preis: 49,90 €
ISBN: 978-3-95554-704-2
5. Auflage

5. Aufl. 2022

Seefelder, Die Stille Gesellschaft, Rechtsformen und Musterverträge im Gesellschaftsrecht, Bd. 8

Umfang: 118 Seiten
Preis: 29,95 €
ISBN: 978-3-95554-251-1
1. Auflage

Herzberg/Dauber, Abgabenordnung und Steuerbegünstigte Zwecke für Vereine

Umfang: 176 Seiten
Preis: 44,90 €
ISBN: 978-3-95554-796-7
2. Auflage

2. Aufl. 2022

Fränznick, Falltraining Bilanzsteuerrecht, Fälle und Lösungen zum Steuerrecht, Bd. 2

Umfang: 392 Seiten
Preis: 49,90 €
ISBN: 978-3-95554-815-5
6. Auflage

6. Aufl. 2022

Bernhagen u.a., Falltraining Einkommensteuerrecht, Fälle und Lösungen zum Steuerrecht, Bd. 1

Umfang: 236 Seiten
Preis: 49,90 €
ISBN: 978-3-95554-861-2
5. Auflage

5. Aufl. 2023

Arndt, Einkommensteuererklärung 2022 Kompakt

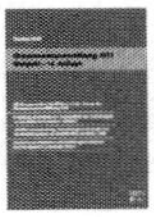

Umfang: 754 Seiten
Preis: 49,90 €
ISBN: 978-3-95554-844-5
14. Auflage

14. Aufl. 2023

Seefelder, Die Aktiengesellschaft (AG), Rechtsformen und Musterverträge im Gesellschaftsrecht, Bd. 2

Umfang: 130 Seiten
Preis: 39,90 €
ISBN: 978-3-95554-749-3
2. Auflage

2. Aufl. 2022

Zielke, Wissenschaftliches Arbeiten durch plagiatfreies Ableiten

Umfang: 156 Seiten
Preis: 15,90 €
ISBN: 978-3-95554-806-3
1. Auflage

Zielke, Übungsbuch Wissenschaftliches Arbeiten durch plagiatfreies Ableiten

Umfang: 108 Seiten
Preis: 15,90 €
ISBN: 978-3-95554-807-0
1. Auflage

Paket Wissenschaftliches Arbeiten durch plagiatfreies Ableiten

Umfang: 2 Bücher mit 264 Seiten
Preis: 29,90 €
ISBN: 978-3-95554-808-7
1. Auflage

Seefelder, Die Gesellschaft bürgerlichen Rechts (GbR), Rechtsformen und Musterverträge im Gesellschaftsrecht, Bd. 3

Umfang: 132 Seiten
Preis: 39,90 €
ISBN: 978-3-95554-793-6
2. Auflage

2. Aufl. 2022

Uppenbrink/Frank, Neue Krisenfrüherkennungspflichten für Steuerberater, Wirtschaftsprüfer und vereidigte Buchprüfer gemäß SanInsFoG und StaRUG

Umfang: 96 Seiten
Preis: 49,90 €
ISBN: 978-3-95554-727-1
1. Auflage

Paket Vorbereitung auf die mündliche Steuerberaterprüfung 2023/2024

Umfang: 4 Bücher mit insg. 1.588 Seiten
Preis: 204,90 €
ISBN: 978-3-95554-871-1
7. Auflage

7. Aufl. 2023

Seefelder, Die GmbH, Rechtsformen und Musterverträge im Gesellschaftsrecht, Bd. 1

Umfang: 148 Seiten
Preis: 39,90 €
ISBN: 978-3-95554-748-6
2. Auflage

2. Aufl. 2022

Voos, Betriebswirtschaft und Recht in der mündlichen Steuerberaterprüfung 2023/2024

Umfang: 200 Seiten
Preis: 44,90 €
ISBN: 978-3-95554-872-8
3. Auflage

3. Aufl. 2023

Hendricks, Bilanzsteuerrecht und Buchführung, Steuern und Finanzen in Ausbildung und Praxis, Bd. 2

Umfang: 412 Seiten
Preis: 54,90 €
ISBN: 978-3-95554-794-3
8. Auflage

8. Aufl. 2022

Neumann, Falltraining Lohnsteuer, Fälle und Lösungen zum Steuerrecht, Bd. 7

Umfang: 124 Seiten
Preis: 49,90 €
ISBN: 978-3-95554-798-1
2. Auflage

2. Aufl. 2022

Blankenhorn, Gewerbesteuer, Steuern und Finanzen in Ausbildung und Praxis, Bd. 14

Umfang: 188 Seiten
Preis: 44,90 €
ISBN: 978-3-95554-802-5
4. Auflage

4. Aufl. 2022

Ulbrich/Dauber, Lohnsteuer für Vereine

Umfang: 168 Seiten
Preis: 44,90 €
ISBN: 978-3-95554-803-2
2. Auflage

2. Aufl. 2022

Dauber u.a., Vereinsbesteuerung Kompakt

Umfang: 988 Seiten
Preis: 109,90 €
ISBN: 978-3-95554-762-2
13. Auflage

13. Aufl. 2022

von Eitzen/Elsner, Buchführung und Bilanzierung

Umfang: 298 Seiten
Preis: 49,90 €
ISBN: 978-3-95554-838-4
2. Auflage

2. Aufl. 2023

Dauber/Ulbrich, Körperschaftsteuer und Gewerbesteuer für Vereine

Umfang: 124 Seiten
Preis: 39,90 €
ISBN: 978-3-95554-711-0
2. Auflage

Hoffmann, Lernstrategien für das Jura-Studium

Umfang: 188 Seiten
Preis: 49,90 €
ISBN: 978-3-95554-730-1
1. Auflage

Patt, Checkliste Einbringung eines Betriebs, Teilbetriebs oder Mitunternehmeranteils in eine Kapitalgesellschaft oder Genossenschaft (§ 20 UmwStG)

Umfang: 92 Seiten
Preis: 49,90 €
ISBN: 978-3-95554-864-3
2. Auflage

2. Aufl. 2023

Seefelder, Wie Sie Ihre Kanzlei vernichten ohne es zu merken

Umfang: 204 Seiten,
Preis: 49,90 €
ISBN: 978-3-95554-816-2
3. Auflage

3. Aufl. 2022

Preißer u.a., Umwandlungsrecht

Umfang: 122 Seiten
Preis: 29,90 €
ISBN: 978-3-95554-721-9
1. Auflage

Fritz, Wie Sie Ihre Familie zerstören ohne es zu merken

Umfang: 168 Seiten
Preis: 39,90 €
ISBN: 978-3-95554-117-0
2. Auflage

Fritz, Wie Sie Ihr Vermögen vernichten ohne es zu merken
Umfang: 238 Seiten
Preis: 39,90 €
ISBN: 978-3-95554-510-9
4. Auflage

Preißer u.a., Umwandlungsrecht/ Umwandlungssteuerrecht, Steuern und Finanzen in Ausbildung und Praxis, Bd. 15
Umfang: 310 Seiten
Preis: 49,90 €
ISBN: 978-3-95554-671-7
1. Auflage

Traub, Abenteuer Steuerberaterprüfung
Umfang: 96 Seiten
Preis: 29,90 €
ISBN: 978-3-95554-709-7
1. Auflage

von Cölln, Veräußerung einer Immobilie im Umsatzsteuerrecht
Umfang: 136 Seiten
Preis: 39,90 €
ISBN: 978-3-95554-672-4
1. Auflage

Wermke u.a., Praxishandbuch Mediation
Umfang: 232 Seiten
Preis: 34,90 €
ISBN: 978-3-95554-171-2
3. Auflage

Hoffmann, Effektive und effiziente Vorbereitung auf die Steuerberaterprüfung, Vorbereitung auf die Steuerberaterprüfung, Bd. 6
Umfang: 188 Seiten
Preis: 49,90 €
ISBN: 978-3-95554-438-6
1. Auflage

Elvers, Abrechnung für Zahnarztpraxen Kompakt
Umfang: 106 Seiten
Preis: 49,90 €
ISBN: 978-3-95554-550-5
2. Auflage

Seefelder, Außergerichtliche Sanierung von Unternehmen, Finanzierung, Bewertung und Sanierung von Unternehmen, Bd. 4
Umfang: 152 Seiten
Preis: 29,90 €
ISBN: 978-3-95554-342-6
1. Auflage

Seefelder, Nachfolge von Unternehmen, Unternehmenskauf, Unternehmensverkauf, Unternehmensnachfolge, Bd. 3
Umfang: 124 Seiten
Preis: 29,95 €
ISBN: 978-3-95554-288-7
1. Auflage

Fränznick u.a., Besteuerung der Personengesellschaften, Steuern und Finanzen in Ausbildung und Praxis, Bd 8.
Umfang: 416 Seiten
Preis: 49,90 €
ISBN: 978-3-95554-718-9
3. Auflage

Seefelder, Die Wahl der richtigen Rechtsform, Rechtsformen und Musterverträge im Gesellschaftsrecht, Bd. 9
Umfang: 188 Seiten
Preis: 49,90 €
ISBN: 978-3-95554-884-1
2. Auflage

Lucas, Lohnsteuer, Steuern und Finanzen in Ausbildung und Praxis, Bd. 11
Umfang: 272 Seiten
Preis: 49,90 €
ISBN: 978-3-95554-705-9
4. Auflage

Seefelder, Kauf und Verkauf von Unternehmen, Unternehmenskauf, Unternehmensverkauf, Unternehmensnachfolge, Bd. 2

Umfang: 138 Seiten
Preis: 29,95 €
ISBN: 978-3-95554-287-0
1. Auflage

Schneider, Familie und Steuern

Umfang: 152 Seiten
Preis: 39,90 €
ISBN: 978-3-95554-708-0
1. Auflage

Seefelder, Kreditsicherheiten, Finanzierung, Bewertung und Sanierung von Unternehmen, Bd. 3

Umfang: 134 Seiten
Preis: 29,90 €
ISBN: 978-3-95554-341-9
1. Auflage

Hoffmann, Lernstrategien für das erfolgreiche Bachelor-Studium

Umfang: 184 Seiten
Preis: 39,90 €
ISBN: 978-3-95554-475-1
1. Auflage

Dauber u.a., Recht, Buchführungspflichten, Haftung und Datenschutz für Vereine

Umfang: 106 Seiten
Preis: 44,90 €
ISBN: 978-3-95554-624-3
1. Auflage

Feindt, Businesspläne Kompakt

Umfang: 112 Seiten
Preis: 49,90 €
ISBN: 978-3-95554-183-5
1. Auflage

Ossola-Haring, Vererbung von GmbH-Anteilen

Umfang: 108 Seiten
Preis: 39,90 €
ISBN: 978-3-95554-765-3
2. Auflage

Patt, Checkliste Besonderheiten bei der Gewerbesteuer in Umwandlungs- und Einbringungsfällen

Umfang: 74 Seiten
Preis: 29,90 €
ISBN: 978-3-95554-636-6
1. Auflage

Merten/Orlowski, Beratung in Krise und Insolvenz

Umfang: 102 Seiten
Preis: 49,90 €
ISBN: 978-3-95554-766-0
1. Auflage

Rhode/Krennrich-Böhm, Betriebswirtschaftliche Problemstellungen für Apotheker/n

Umfang: 130 Seiten
Preis: 49,90 €
ISBN: 978-3-95554-569-7
2. Auflage

Seefelder, Sanierungsplan, Finanzierung, Bewertung und Sanierung von Unternehmen, Bd. 5

Umfang: 120 Seiten
Preis: 29,90 €
ISBN: 978-3-95554-343-3
1. Auflage

Seefelder, Beschlüsse der Gesellschafter einer GmbH, Die Leitung von Unternehmen, Bd. 1

Umfang: 118 Seiten
Preis: 49,90 €
ISBN: 978-3-95554-843-8
2. Auflage

Seefelder, Die Finanzierung von Unternehmen, Finanzierung, Bewertung und Sanierung von Unternehmen, Bd. 2

Umfang: 132 Seiten
Preis: 29,90 €
ISBN: 978-3-95554-340-2
1. Auflage

Müller, Forderungsmanagement für KMU nach dem Minimalprinzip
Umfang: 168 Seiten
Preis: 29,90 €
ISBN: 978-3-95554-170-5
1. Auflage

Patt, Checkliste Einbringung eines Betriebs, Teilbetriebs oder Mitunternehmeranteils in eine Personengesellschaft (§ 24 UmwStG)
Umfang: 78 Seiten
Preis: 29,90 €
ISBN: 978-3-95554-633-5
1. Auflage

Patt, Checkliste Spaltung einer Körperschaft
Umfang: 64 Seiten
Preis: 29,90 €
ISBN: 978-3-95554-635-9
1. Auflage

Seefelder, Die Offene Handelsgesellschaft, Rechtsformen und Musterverträge im Gesellschaftsrecht, Bd. 6
Umfang: 138 Seiten
Preis: 29,95 €
ISBN: 978-3-95554-253-5
1. Auflage

Schinkel, Wirtschaftsmediation und Verhandlung
Umfang: 264 Seiten
Preis: 59,90 €
ISBN: 978-3-95554-176-7
2. Auflage

Dauber, Verträge für Arztpraxen
Umfang: 126 Seiten
Preis: 49,90 €
ISBN: 978-3-95554-575-8
1. Auflage

Benz, Wie Apotheken funktionieren
Umfang: 266 Seiten
Preis: 49,90 €
ISBN: 978-3-95554-498-0
1. Auflage

Grobshäuser/Metzing, Falltraining Internationales Steuerrecht, Fälle und Lösungen zum Steuerrecht, Bd. 8
Umfang: 100 Seiten
Preis: 49,90 €
ISBN: 978-3-95554-429-4
1. Auflage

Patt, Checkliste Umwandlung einer Personengesellschaft in eine Kapitalgesellschaft oder Genossenschaft (§§ 20, 25 UmwStG)
Umfang: 78 Seiten
Preis: 29,90 €
ISBN: 978-3-95554-634-2
1. Auflage

Feindt, Businesspläne für Ärzte und Zahnärzte Kompakt
Umfang: 128 Seiten
Preis: 49,90 €
ISBN: 978-3-95554-184-2
2. Auflage

Ackermann/Petzoldt, Erbrecht, Grundzüge des Rechts für Finanzwirte/Diplom-Finanzwirte/Bachelor of Laws, Bd. 1
Umfang: 108 Seiten
Preis: 29,90 €
ISBN: 978-3-95554-494-2
1. Auflage

Hans-Hinrich von Cölln, Brennpunkte der Umsatzsteuer bei Immobilien
Umfang: 328 Seiten
Preis: 79,90 €
ISBN: 978-3-95554-702-8
4. Auflage

Wermke u.a., Exzellente Kommunikation im Wirtschaftsleben
Umfang: 170 Seiten
Preis: 44,90 €
ISBN: 978-3-95554-371-6
1. Auflage

Gieske, Gesetzliche Betreuung – Fluch oder Segen?
Umfang: 170 Seiten
Preis: 24,90 €
ISBN: 978-3-95554-620-5
1. Auflage

Fuldner, Fristenkontrolle für Steuerberater und Rechtsanwälte
Umfang: 120 Seiten
Preis: 49,90 €
ISBN: 978-3-95554-750-9
1. Auflage

Hoffmann, Mandanten gewinnen – Akquisitionsstrategien für Steuerberater, Rechtsanwälte und Wirtschaftsprüfer
Umfang: 194 Seiten
Preis: 59,90 €
ISBN: 978-3-95554-519-2
1. Auflage

von Eitzen/Zimmermann, Bilanzierung nach HGB und IFRS
Umfang: 384 Seiten
Preis: 44,90 €
ISBN: 978-3-95554-623-6
4. Auflage

Uppenbrink/Frank, Haftungsrisiken für Steuerberater und Wirtschaftsprüfer bei insolvenzgefährdeten Mandaten
Umfang: 104 Seiten
Preis: 49,90 €
ISBN: 978-3-95554-497-3
1. Auflage

Laoutoumai, Gewinnspiele auf Websites und Social-Media-Plattformen
Umfang: 174 Seiten
Preis: 99,95 €
ISBN: 978-3-95554-283-2
1. Auflage

Hendricks/Preuss, Die Betriebsaufspaltung
Umfang: 166 Seiten
Preis: 54,90 €
ISBN: 978-3-95554-381-5
1. Auflage

Perbey, Körperschaftsteuererklärung 2022 Kompakt
Umfang: 978 Seiten
Preis: 119,90 €
ISBN: 978-3-95554-846-9
14. Auflage

Ossola-Haring, Vermögensübertragung und Nießbrauch
Umfang: 96 Seiten
Preis: 39,90 €
ISBN: 978-3-95554-431-7
1. Auflage

Dauber/Pientka/Perbey, Spendenrecht und Sponsoring für Vereine
Umfang: 104 Seiten
Preis: 39,90 €
ISBN: 978-3-95554-627-4
1. Auflage

Uppenbrink, Sanierungsmandate aus Bankensicht: MaRisk – (Problem-)Kreditbearbeitung
Umfang: 122 Seiten
Preis: 49,90 €
ISBN: 978-3-95554-407-2
1. Auflage

Laoutoumai/Sanli, Startups und Recht
Umfang: 230 Seiten
Preis: 49,90 €
ISBN: 978-3-95554-386-0
1. Auflage

Deussen, Jahresabschluss und Lagebericht
Umfang: 248 Seiten
Preis: 49,90 €
ISBN: 978-3-95554-363-1
4. Auflage

Ewerdwalbesloh, Betriebswirtschaftliche Grundlagen und Finanzierung für Arztpraxen, Zahnarztpraxen und Heilberufler Kompakt
Umfang: 132 Seiten
Preis: 49,90 €
ISBN: 978-3-95554-319-8
2. Auflage

Formularsammlung zur Bearbeitung von Sanierungs-/Insolvenzmandaten
Umfang: 540 Seiten
Preis: 199,90 €
ISBN: 978-3-95554-190-3
2. Auflage

Ackermann, Verluste bei beschränkter Haftung nach § 15a EStG
Umfang: 184 Seiten
Preis: 69,90 €
ISBN: 978-3-95554-355-6
1. Auflage

Dauber, Investitionen und Investitionsplanung für Ärzte, Zahnärzte und Heilberufler
Umfang: 82 Seiten
Preis: 49,90 €
ISBN: 978-3-95554-393-8
1. Auflage

Hellerforth, Immobilienmanagement Kompakt
Umfang: 270 Seiten
Preis: 59,90 €
ISBN: 978-3-95554-284-9
1. Auflage

Posdziech, Aktuelle Schwerpunkte der GmbH-Besteuerung
Umfang: 380 Seiten
Preis: 69,90 €
ISBN: 978-3-95554-425-6
3. Auflage

Held/Stoffel, Die Besteuerung der Zahnärzte Kompakt
Umfang: 168 Seiten
Preis: 49,90 €
ISBN: 978-3-941480-86-5
2. Auflage

Ackermann, Sachenrecht,
Grundzüge des Rechts für Finanzwirte/ Diplom-Finanzwirte/Bachelor of Laws, Bd. 2
Umfang: 138 Seiten
Preis: 29,90 €
ISBN: 978-3-95554-365-5
1. Auflage

Uppenbrink/Frank, Sanierung von Arzt-, Zahnarzt-, Heilberuflerpraxen und Apotheken Kompakt
Umfang: 116 Seiten
Preis: 49,90 €
ISBN: 978-3-95554-306-8
2. Auflage

Hild, Steuerabwehr aufgrund eines Steuerstrafverfahren
Umfang: 254 Seiten
Preis: 69,90 €
ISBN: 978-3-95554-432-4
1. Auflage

Poll u.a., Die Bewertung von Krankenhäusern Kompakt
Umfang: 186 Seiten
Preis: 69,90 €
ISBN: 978-3-95554-129-3
2. Auflage

Hendricks/Schlegel, Die Partnerschaftsgesellschaft für Arztpraxen
Umfang: 66 Seiten
Preis: 29,90 €
ISBN: 978-3-95554-413-3
1. Auflage

Wendland, Die wichtigsten Buchungssätze für Ärzte (SKR 03)
Umfang: 118 Seiten
Preis: 29,90 €
ISBN: 978-3-95554-324-2
1. Auflage

Neudert, Steuerstrafrecht Kompakt
Umfang: 94 Seiten
Preis: 29,90 €
ISBN: 978-3-95554-227-6
1. Auflage

Patt, Umstrukturierungen von betrieblichen Unternehmen
Umfang: 214 Seiten
Preis: 49,90 €
ISBN: 978-3-95554-259-7
1. Auflage

Held/Bergtholdt, Erfolgreiche Praxisführung/Checklisten zur Praxisführung für Arzt- und Zahnarztpraxen Kompakt

Umfang: 140 Seiten
Preis: 49,90 €
ISBN: 978-3-95554-305-1
2. Auflage

Fleischhauer/Grabe, Umsatzrealisierung und Erlösabgrenzung nach IFRS 15, IAS 11 und HGB

Umfang: 194 Seiten
Preis: 59,90 €
ISBN: 978-3-95554-285-6
1. Auflage

Feindt, Besteuerung internationaler Arbeitnehmertätigkeit Kompakt

Umfang: 160 Seiten
Preis: 59,90 €
ISBN: 978-3-95554-137-8
1. Auflage

Heßeling, Internetsuchmaschinen im Konflikt mit dem Urheberrecht

Umfang: 216 Seiten
Preis: 99,90 €
ISBN: 978-3-95554-006-7
1. Auflage

Seefelder, Geschäftsordnung für die Geschäftsführung, Die Leitung von Unternehmen, Bd. 2

Umfang: 106 Seiten
Preis: 29,90 €
ISBN: 978-3-95554-412-6
1. Auflage

Dauber, Sozialversicherung für Vereine

Umfang: 140 Seiten
Preis: 39,90 €
ISBN: 978-3-95554-630-4
1. Auflage

Rhode/Krennrich-Böhm, Teilung einer Arztzulassung/Jobsharing

Umfang: 80 Seiten
Preis: 49,90 €
ISBN: 978-3-95554-618-2
1. Auflage

Seefelder, Bewertung von Unternehmen, Finanzierung, Bewertung und Sanierung von Unternehmen, Bd. 1

Umfang: 108 Seiten
Preis: 29,90 €
ISBN: 978-3-95554-339-6
1. Auflage

Nagel/Dauber, Umsatzsteuer für Vereine

Umfang: 180 Seiten
Preis: 39,90 €
ISBN: 978-3-95554-719-6
3. Auflage

Seefelder, Betriebserwerb durch Auffanggesellschaft

Umfang: 106 Seiten
Preis: 39,95 €
ISBN: 978-3-95554-289-4
1. Auflage

Seefelder, Haftungs- und strafrechtliche Risiken bei der Unternehmensführung, Die Leitung von Unternehmen, Bd. 3

Umfang: 120 Seiten
Preis: 39,95 €
ISBN: 978-3-95554-495-9
1. Auflage

Seefelder, Die Partnerschaftsgesellschaft, Rechtsformen und Musterverträge im Gesellschaftsrecht, Bd. 7

Umfang: 134 Seiten
Preis: 29,95 €
ISBN: 978-3-95554-254-2
1. Auflage

HDS Verlag

Die Bücher des HDS-Verlags sind auch als E-Book (Download für zwei Endgeräte wie PC, Mac, Laptop, Apple iPad, Android Tablet PC) sowie zusätzlich als Online-Leseversion verfügbar.

Alle E-Books können Sie unserem E-Book-Shop unter:
https://hds-verlag.ciando.com bestellen.
Alle Bücher können Sie bestellen unter:

Karl-Benz-Str. 19/1, 71093 Weil im Schönbuch
Tel: 07157/65162 – Fax: 07157/620294
E-Mail: info@hds-verlag.de
Internet: www.hds-verlag.de